중국소설사

중국소설사

서 경 호

서울대학교출판문화원

머리말

나는 젊은 시절부터 사물의 기원에 강한 호기심을 지녀 왔다. 그것은 우리가 지금 보고 있는 모든 것이 태초부터 그런 모양으로 유지되어 오지는 않았을 것이라는 막연한 추측 때문이었다. 그리고 대학과 대학원에서 중국문학, 특히 소설을 읽으면서 그 호기심은 점차 중국의 소설이 어떻게 시작되어 지금의 모습에 이르게 되었는가에 초점이 맞추어졌다. 지난 20여 년간 이 문제를 생각하면서 몇 편의 논문을 쓰기도 하였고, 동료들과 이런 문제를 토론하기도 하였다. 이 글은 그런 호기심과 토론의 내용을 내 나름대로 정리하여 본 것이다. 이 글은 지난해에 출판된 《중국문학의 발생과 그 변화의 궤적》이라는 책의 일부를 확장하여 만들어 본 것이다. 그 책은 중국의 글쓰기가 어떻게 시작되어 마침내 문학적 글쓰기까지 이르게 되었는가를 논한 것이고, 이 글은 글쓰기라는 넓은 주제 안에서 소설이라는 형식에 속하는 부분을 따로 떼어서 논의한 것이다. 그래서 이 글의 여기저기에 위에서 언급한 책의 내용과 같은 부분이 나타나는 것을 피할 수 없었는데 이 점에 관해서는 독자들의 양해를 미리 구해 두고 싶다.

이 글은 중국에서 오랜 세월에 걸쳐 진행되어 온 소설적 글쓰기의 진화 과정을 다루고 있다. 내가 원한 것은 단순하기 짝이 없는 이야기의 기록에서 시작되어 점차 세련된 글쓰기로 진화하고 마침내 오늘날 우리가 소설이라고 부르는 작품들이 출현하기까지의 과정을 그려보는 것이었다. 이런 과정을 그려봄으로써 내가 개인적으로 지녀 왔던 호기심도 상당히 충족될 뿐만 아니라 우리의 중국문학 연구에도 조금이나마 도움이 되는 길을 찾아볼 수 있기 때문이다. 또 다른 면에서 보면 이 글은 내가 우리 학계에 대해 지니고 있는 반발심의 발로라고 할 수도 있다. 나는 학문 연구가 큰 그림과 작은 그림을 유기적으로 연결시킨 평면에서 이루어져야 한다고 믿고 있다. 그러나 내가 지금까지 보아온 연구성과에는 큰 그림에 관심을 두지 않고 작은 그림에만 천착하는 경우가 더 많았다. 세부 항목에 천착하는 것이 우리 학계의 주류를 이루는 연구방법이 되어 버린 반면에 큰 그림에 관한 논의는 거의 이루어지지 않는다는 것이 나의 생각이다.

그렇지만 이 글은 그리 새로운 것이 결코 아니다. '중국소설사'라는 제목부터가 1930년대에 중국에서 유행했던 진부한 제목이다. 또 이 글의 내용도 새로운 것은 그리 없다고 나는 생각한다. 첫번째 장에서 밝히고 있듯이 나는 노신(魯迅)이라는 거목의 그림자 밑에서 내 나름의 놀이를 즐기고 있을 뿐이다. 이 글을 쓰기 위해 새롭게 발굴한 자료도 거의 없어서, 대부분의 참고자료는 우리 학계에 이미 잘 알려져 있는 것들뿐이다. 내가 중시한 것은 각각의 자료를 돌멩이로 생각하면서 어떻게 평범한 돌멩이들이 사람이 밟고 건널 수 있는 징검다리를 만들어 내는가를 밝혀 보고자 하는 것이다. 과연 징검다리가 이루어졌는지, 아니면 무심한 돌멩이에 쓸데없는 의미를 부여하고 말았는지를 판단하는 것은 독자의 몫으로 남겨져 있다.

이 글의 집필과 출판은 서울대학교 연구처의 지원을 받아 이루어졌다. 지면을 빌어 서울대학교 연구처에 감사의 뜻을 전하고 싶다. 또 난삽한 원고를 꼼꼼히 교정하고 편집하여 아무것도 아닌 것을 그럴 듯한 것으로 만들어 준 서울대학교출판부의 직원 여러분께 감사의 말씀을 드린다. 아울러 원고를 교정하면서 여러 가지 오류를 잡아 준 홍상훈 선생에게 고마움을 표하는 동시에, 이 글에서 논의된 여러 사항을 진지하게 토론해 준 중국문학사연구회 회원 여러분에게도 고마움을 표한다. 마지막으로 이 글을 쓰는 동안 자주 집을 비운 내게 잔소리 한마디 없이 격려를 아끼지 않았던 아내와 아이들에게 고마움을 전하고자 한다.

2004년 8월 말에
서울대학교 2동 연구실에서

차 례

제 1 장

서 론

글쓰기의 전통에 있어서 중국은 세계의 다른 문화권에서는 볼 수 없는 면을 보여주고 있다. 중국에서는 글쓰기의 전통이 문자의 발생과 보급의 과정에서부터 현재 우리가 읽고 있는 문학 작품에 이르기까지의 전 과정을 추적할 수 있는 자료가 남아 있다. 이런 상황을 서구문화권이나 이슬람문화권과 비교하면 큰 차이가 있음이 분명하다. 서구와 이슬람세계에서는 글쓰기의 전통이 한때 꽃피었다가 공동상태로 빠져들었다가 재탄생되는 징검다리의 모양을 하고 있는 반면에 중국에서는 전 과정이 끊어짐이 없는 선을 유지하고 있기 때문이다. 따라서 글쓰기로서의 문학이 발생하고 진화하는 과정을 관찰함에 있어서 중국은 가장 완벽한 모델을 보여준다고 할 수 있다.

이것은 오늘날 우리가 소설이라고 부르는 글쓰기의 분야에도 마찬가지이다. 중국의 자료를 들여다보면 단순히 글쓰기로서의 소설만이 아니라 그런 글쓰기가 시작되는 과정을 찾아볼 수 있기 때문이다. 따라서 중국은 인간이 지금까지 이루어 온 글쓰기 행위의 원형을 추적할 수 있는 바탕을 마련해 주고 있으며, 나는 이 글에서 그런 바탕을 이용하여 '소설'이라는 글쓰기가 동아시아 사회에서 어떤 과정을 거쳐 오늘에 이르게 되었는가를 관찰하려고 한다.

1. 숨고르기를 하면서

이 글은 중국의 전통시기에 지속되어 온 '소설적 흐름'을 전체적으로 조망해 보기 위한 것이다. 여기에서 말하는 전통시기는 아득한 옛날부터 1920년대 초기에 이르는 기간을 가리킨다.[1] '아득한 옛날'이라고 말하면 이의를 제기할 사람도 있을 것이다. 왜냐하면 대부분의 사람들이 이런 종류의 논의에서 구체적인 시점을 설정하고 싶어하는 강박관념 비슷한 것을 가지고 있기 때문이다. 만약에 우리가 '소설적 흐름'이라는 말을 구체적으로 정의할 수 있다면 그런 욕구를 채울 수 있을지 모른다. 즉 소설적 흐름을 '문학적 글쓰기'의 한 가지로 규정하고 거기에 몇 가지의 기준을 설정하여 그것에 부합되는 글을 골라낸다면 소설적 흐름의 시점은 분명하게 고정될 수 있다. 이것은 논의의 범위에 관해서, 혹은 논의의 틀을 미리 '약속'하고 그 약속의 범위 안에서 생각하면서 논의를 진행하자는 생각이다.

그런 논의는 때로는 상당히 유용하며 또 가시적인 성과를 만들어 온 것이 사실이다. 서구의 문학사에서 세르반테스의 《돈키호테》를 최초의 소설 작품으로 거론하는 것이 아마도 그런 약속의 결과일 것이다. 이런 약속은 매우 편리한 면을 지니고 있다. 그런 약속을 통해서 사람들이 소설이 어떤 글쓰기이며 어떤 요건을 갖추어야 하는가를 개념화해서 알 수 있기 때문이다. 소설을 쓰거나 연구하려는 사람들에게 그것은 친절한 안내를 제공한다. 사람들은 그런 안내를 받은 후에 그것이 지정하는 길을 따라 가면 목표에 도달할 수 있는 것이다. 나아가서 약속은 교과서적인 지식을 제

---

1) 일반적으로 전통시기는 1911년에 신해혁명(辛亥革命)이 일어나면서 마감되는 것으로 알려져 있으며 나도 그런 견해에 반대하지는 않는다. 그러나 정치적 흐름과 문화적 흐름이 항상 일치하지는 않는 점이 있다. 나는 소설적 흐름의 측면에서 볼 때에 전통시기가 신해혁명이 일어난 이후에도 어느 정도 지속되었다고 생각하며 그래서 전통시대를 1920년대까지로 기술하고 있다.

공하며 사람들은 그것을 받아들이기만 하면 된다. 하나의 지식을 얻기 위해서 미로를 헤매면서 이리저리 다닐 필요가 없다. 원하는 사람들은 교과서에서 기본적인 개념을 습득한 다음 그 교과서에서 지정된 길을 따라 소설의 세계를 편안하게 여행할 수 있다.

그것은 마치 항공편과 숙박, 그리고 대표적인 관광지의 방문과 심지어 하루 세끼를 모두 챙겨줄 현지 가이드가 모두 제공되는 패키지형 관광여행과도 같다. 어떤 사람이건 가이드의 설명을 들으면서 남들이 갖지 않는 자신만의 감상을 가지기만 하면 그 여행이 즐거운 추억거리가 될 수 있다. 모든 사람들이 이런 편안한 여행을 즐기고자 한다면, 혼자서 배낭여행을 떠나는 사람은 바보가 되고 만다. 배낭여행은 패키지 여행에서 얻을 수 없는 것을 얻는 기회이지만 그것은 특수한 취미를 가진 사람의 행각으로 치부될 수밖에 없다. 대부분의 사람들이 패키지형 관광을 즐기면 그것은 제도가 되어 버리고, 그렇게 되면 대부분의 관광여행사들이 패키지형 상품만을 개발할 뿐, 그다지 손님이 없는 배낭여행 상품을 개발하는 데에 투자할 필요가 없어질 것이다. 그렇기 때문에 패키지형 상품은 가장 규범적 제도로 변하는 반면에 배낭여행은 사서 고생을 하는 이상한 취미를 가진 사람들의 행각으로 전락하게 된다. 소설적 흐름을 논의하면서 느닷없이 관광여행을 언급하는 것은 우리의 소설연구상황과 상당히 유사한 점이 많기 때문이다. 대부분의 사람들은 소설에 관한 이야기를 들으면 교과서적인 개념을 먼저 떠올린다. 심지어는 전문적 연구자들도 소설 작품에 대한 접근에서는 교과서를 맹신하는 태도를 버리지 못하고 있다. 그들은 지금까지 여러 사람들의 약속에 의해서 정리된 결과를 '진실'로 여기는 것을 당연하다고 생각하고 있는 것이다.

그런데 과연 그 약속의 결과가 완전한 진실을 가리키는가? 대부분의 사람들은 이런 질문에 과히 익숙하지 않다. 그런 약속을 교과서를 통해서 배웠으면 그것을 따라 착실하게 공부나 할 것이지, 왜 엉뚱한 질문을 던지느냐고 힐문할 것이다. 그렇지만 '궁극적 진실'에 대한 끊임없는 유혹을 느끼는 사람들은 진실이 뻔하게 드러나 있는 듯한 교과서를 놓고도 자꾸만 무엇인가 꼬투리를 잡고 싶어 한다. 그리고 그것이 실제로는 커다란 결과를 만든 경우도 있다. 위대한 과학적 발견은 사실상 그런 꼬투리에서 시작된 것이었다. 예를 들어 갈릴레오가 파문을 당하면서까지 지동설을 주장했던 것은 당시의 교과서적인 지식인 천동설이 아무래도 마음에 들지 않아서 자꾸만 의문을 일으키다가 만들어 낸 결과였다. 물론 인문학에서의 진실은 자연과학의 진실과는 성격을 달리하는 면이 있기는 하지만 그래도 진실은 어딘가에 있는 것이다.

예를 들어 어떤 사형수의 경우를 보자. 그는 밤길을 걷다가 우연히 살인이 저질러지는 현장 근처를 지나가고 있었는데 비명을 듣고 나온 사람들이 그를 살인자로 지목하게 됨에 따라 법정으로 끌려가게 되었다. 그가 자신의 결백을 주장했음은 물론이지만 재판관은 그를 사형에 처하도록 심판하였다. 왜냐하면 재판은 증거에 의해서 진행되는데, 그가 살인 현장에서 비명소리가 난 직후에 처음으로 발견된 사람이었고 그를 목격한 사람들이 대부분 그가 살인자라는 심증을 가지고 있었기 때문이다. 우리는 여기에서 '원래의 진실'과 '만들어진 진실'의 괴리를 발견한다. 원래의 진실은 그 불행한 사형수 이외에는 신(神)이 정말 있다면 신만이 알고 있는 진실 그 자체였다. 그렇지만 사형수 이외의 사람들은 그것을 진실로 받아들이지 않는다. 왜냐하면 그들에게 있어서 받아들일 수 있는 것은 '근거가 있는 것'인데 근거는 바로 재판정에 제출된 증거와 증언이다. 사람들은 근거를 통해서 그 사람이 살인을 했다는 진실을 '만들어 내는' 것이다.

여기에서 근거는 바로 약속이다. 다시 말해서 사람들은 약속을 통해서 진실이라고 여겨지는 판단을 내린 것인데, 실제로 그것은 진실이 아니었다. 진실은 사람들이 믿든 말든 실제로 존재하거나 일어났던 '사실(事實)' 그 자체를 가리킨다. 신이 있다면 그는 진실을 목격하고 있었을 것이 분명하다. 그렇지만 사람들은 확실한 증거를 통해서 증명할 수 없다면 그것은 아무리 실제 상황이 그랬다 할지라도 진실로 인정될 수 없다고 생각한다.

그리고 사람들은 자신의 판단을 약속된 규범이나 제도에 맡겨버린다. 그렇게 되면 불행한 사형수의 경우에서처럼 진실이 가려지고 '만들어진 진실'이 그 자리를 차지하는 결과가 발생한다. 물론 교과서적 약속 모두가 진실 그 자체에서 동떨어져 있는 '만들어진 진실'은 결코 아니다. 그 약속에는 상당 부분 진실이 포함되어 있으며 '만들어진 진실'이 섞여 있다면 그것은 극히 작은 부분이라고 생각해야 할 것이다. 그렇지만 바로 그 작은 부분이 결코 무시할 수 없는 부분이다. 비록 작기는 하지만 그 부분이 섞여 있음으로 해서 전체적인 진실이 왜곡될 수 있기 때문이다. 그리고 이것은 약속을 만든 사람들과 그것을 지키면서 살아가는 사람들도 어느 정도 인정하는 것이다. 그들은 다만 후세의 사람들이 원래의 진실을 더 많이 발견해서 왜곡을 시정하기 바라고 있을 뿐이다. 그렇기 때문에 원래의 진실에 대한 유혹은 끊어지지 않는다. 물론 그런 유혹은 극소수의 사람이 느끼는 것이며, 그것이 항상 정당하지만은 않다. 그런 유혹의 결과로 멀쩡한 원래의 진실이 오히려 왜곡되어 버릴 가능성도 충분히 있다.

그러나 진실의 탐구를 위한 새로운 시도는 정말 해 볼 만한 것이다. 설사 그것이 성공에 이르지 못한다 해도 말이다. 만약 그런 노력이 없다면 우리는 교과서의 틀 속에 갇혀 지내게 될 것이다. 그렇게 되면 우리가 만들어 낼 수 있는 지식이나 담론은 언제나 같은 모습을 지닐 수밖에 없다. 다시 말해서 지식인이라고 자부하는 우리의 역할이 고정된 지식의 복제에 그칠 가능성이 크다. 체질적으로 그런 상황에 있기를 바라는 사람들이 많이 있지만 그렇지 않은 사람도 있다. 이 글을 쓰고 있는 나는 복제의 나른함을 극히 싫어한다. 그것은 지식활동을 가장한 지루하기 짝이 없는 노역이다. 나는 언제나 반란을 꿈꾸며 하나의 반란이 끝나면 다음의 반란을 계획하는 사람을 좋아하고 나 또한 그런 삶을 살고 싶어한다. 그렇기 때문에 이 글을 통해서 나는 내 영역인 중국의 전통소설에 관한 연구에서 조그마한 반란을 시도해 보려고 한다. 관점에 따라서는 이 글의 결과가 반란이 아니라 찻잔 속의 태풍으로 끝날 가능성도 다분히 있다. 그래도 내게는 잃을 것이 없다. 찻잔 속의 태풍이 어느 정도 힘을 얻으면 집안을 소용돌이치게 만들 수 있고, 그렇게 된다면 내가 일으킨 찻잔 속의 태풍이 커다란 소용돌이의 씨앗이 되니까 말이다. 만약 그런 일이 일어나지 않는다 해도 그냥 찻잔 속의 태풍으로 만족하면 그것으로 그만이다. 더 큰 욕심을 부릴 필요는 없지 않을까?

오늘날 소설의 연구는 문학연구라는 큰 틀 속에서 진행되고 있고, 문학연구는 또 인문학이라는 더 큰 틀의 한 분야로 진행되고 있다. 그리고 인문학의 궁극적 목표는 사람의 마음속에서 일어나는 것의 '진실된 모습'을 밝혀내는 것이라고 생각한다. 그런데 인문학에서 말하는 진실은 나름대로의 특수한 면을 가지고 있다. 앞에서 언급한 살인죄로 사형을 선고받은 사형수의 진실, 즉 그가 살인을 하지 않았다는 것은 움직일 수 없는 진실이다. 그리고 그것은 애초부터 '존재하는' 진실이다.

그렇지만 인문학의 진실은 이와는 다른 면을 가지고 있다. 예를 들어 어떤 작품이 출판되었을 때에 독자가 많았다는 점은 분명히 애초부터 존재하는 진실이자 움직일 수 없는 진실이다. 그렇지만 그 작품의 문학적 성공 여부는 사실상 약속의 결과이다. 그것은 그 작품을 읽은 많은 사람들이 그것을 좋다고 평가했기 때문이다. 많은 사람이 감동을 받을 수 있는 작품은 좋은 작품으로 인정하기로 묵시적인 합의가 이루어져 있기 때문이다. 그런데 그런 평가의 이면에는 '문학적'이라는 잣대가 존재한다. 그것은 약속이며 제도이다. 그래서 실제로 많은 사람의 눈물을 자아내는 유행가는 문학적이지 못하기 때문에 아무리 인기가 높아도 좋은 문학 작품은 되지 못한다. 이렇게 볼 때에 '좋다'는 것은 선험적으로 존재하지 않는다. 그것은 사람들이 좋다고 여기도록 하게 했기 때문에 '생겨난 것'이다. 그것은 사람들에 의해서 '부여된 의미'일 따름이다. 사람들은 지금까지 역사를 일구어오면서 이렇게 다양한 의미부여를 통해 사물을 파악하고, 그 사물에 대한 지식을 체계화해 왔다. 그 의미에 의해 훈련된 사람들은 그것을 하나의 진실로 간주하게 된 것이다.

인문학의 진실은 대부분 의미부여를 통해 생겨난 진실이다. 그것은 태초에 사람들이 느낌을 가지기 시작할 때부터 부여하기 시작한 각종의 의미가 아주 복잡하기 짝이 없는 네트워크를 형성하면서 만들어 낸 결과이다. 그래서 그것은 앞에서 언급한 '원래의 진실'과는 약간 거리가 있다. 그리고 인문학의 진실은 증명됨으로써 그 지위를 획득하지 않는다. 그것은 사람들의 생각과 가슴에 호소함으로써 설득력을 시험하고 가장 큰 설득력을 가진 것이 '진실에 가깝다'는 지위를 얻게 된다.

소설도 마찬가지이다. 오늘날 소설은 하나의 개념화된 글쓰기의 제도로 존재하고 있다. 우리 주위에는 많은 '소설이라고 불리는 글'이 있으며 우리는 그것들을 소설이라고 인정하고 있다. 그렇지만 실제로 소설이 어떤 글이며, 한 사람이 글을 쓸 때에 어떤 요소가 그것을 소설이 되게끔 하는가에 대해서는 그리 심각한 생각을 하지 않는 것으로 보인다. 대부분의 사람들, 특히 소설을 쓰는 사람들은 그것을 가장 기본적인 상식으로 여겨 그런 질문을 하는 사람을 이상한 눈으로 보는 경향이 있다. 어쩌면 그런 질문을 던지는 사람이 이상한 것이 진실일 수도 있다. 왜냐하면 소설은 이미 대부분의 사람들이 당연시하는 현실의 일부이며, 또 누군가 그 질문에 대해 친절하게 답변한다 해도 내용이 크게 달라지지는 않을 것으로 생각되기 때문이다. 더욱이 사람들은 소설의 역사에 관해서는 그리 관심을 보이지 않는다. 소설이 어떻게 '제도화'되었으며, 소설이 나타나기 이전에 어떤 준비단계가 있었는지 하는 등의 문제는 사실상 관심 밖의 일이다. 대부분의 사람들은 제도화가 완성된 이후의 소설에 대한 '관성적 관심'만을 가지고 있다. 그래서 소설은 당연히 소설가에 의해 쓰여진다거나 혹은 이러저러한 이야기를 이렇게 혹은 저렇게 짜 맞추면 소설이 된다는 생각을 가지고 있을 따름이다.

한마디로 소설은 상당한 문화적 배경을 뒤에 깔고 언젠가 '출현'한 것인데, 사람들은 지금 그것이 쓰여지고 읽혀지고 있다는 점 이외의 문제에는 관심을 가지지 않는다. 그래서 실제로는 '진실'을 알지 못하는 상태에서 지금 알고 있는 것을 '진실'이라고 호도하는 경우도 상당히 많이 있다. 예를 들어 중학생이 되어 소설에 흥미를 느끼기 시작한 아이가 아버지에게 "소설은 언제부터 쓰여졌나요?" 하고 물어 본다면 아버지는 아마도 자신이 알고 있는 최초의 소설 작품을 거론하리라. 대부분의 아이들은 그런가 보다 하고 넘어가지만 호기심이 있는 아이는 다시 물어볼 것이다. "그러면 그 최초의 작품 이전에는 왜 사람들이 소설을 안 썼나요?" 이때 아버지들이 그나마 해 줄 수 있는 이야기는 진실이 아니다. 그것은 교과서적 약속일 따름이다.

아버지들이 교과서적 약속 이외의 설명을 못하는 것은 그리 심각한 문제를 야기하지 않는다. 심각하다면 아들에게 교과서적 약속을 주입함으로써 더 이상 호기심을 키워나가는 것을 제약하는 정도이다. 만약 그 아들에게 재능이 있다면 아버지의 말에도 불구하고 자신의 호기심을 더 키워 나갈 가능성은 충분히 있다. 정작 심각한 것은 소설의 연구자들조차 이런 교과서적 약속에 매여 있다는 점이다. 많은 연구자들은 약속의 범위 안에서 연구를 진행하고 있을 뿐 그 울타리를 넘어서려 하지 않는다. 그들 중에는 울타리를 넘어서는 것에 무관심한 사람도 있고, 또 넘어가고는 싶지만 용기가 없어서 못하는 사람도 있다. 이것이 심각한 이유는 그런 태도로 해서 '진실'을 더 이상 파헤치려 하지 않는다는 데에 있다. 즉 교과서적 약속에 매여 있는 사람은 계속 그 약속을 증명하려고만 할 뿐 그 약속의 어디에 허점이 있는지를 탐구하지 않는 경향이 있다. 이것은 기존의 약속을 고착시켜서 삶의 저 바깥에 아직 우리가 발견하지 못한 채 놓여져 있는 진실을 파묻어 버리는 데에 기여한다. 이렇게 되면 인문학에서 우리가 더 알아낼 수 있는 영역은 확대되지 못한다. 우리는 현재까지 알려진 것을 복제하면서 살아가는 존재가 되어 버릴 것이고, 그것은 더 이상 새로울 것이 없는 인문학에 대한 사람들의 관심이 멀어지게 되는 이유의 하나가 될 것이다. 정작 심각한 것은 바로 이 점이다. 교과서적 약속이 고정된 상황에서, 그리고 인문학이 새로운 화두를 던지지 못하는 상황에서 사람들이 관심을 가질 이유가 없다.

진실에 관한 이야기는 이쯤에서 접기로 하자. 이 책을 읽는 사람들도 대개 내가 무슨 이야기를 하고 싶어하는지 어렴풋이 짐작할 수 있을 것이기 때문이다. 이제 우리가 화두로 삼고 있는 중국의 소설적 흐름으로 넘어가기로 한다.

오늘날 우리는 중국의 전통시기에도 소설이 많이 쓰여졌던 것으로 알고 있다. 일반인들에게 가장 잘 알려져 있는 것은 아마도 《삼국연의(三國演義)》, 《수호전(水滸傳)》, 《서유기(西遊記)》, 《금병매(金瓶梅)》 등의 사대기서(四大奇書)이고, 조금 더 아는 사람들은 《홍루몽(紅樓夢)》 정도를 알고 있을 것이다. 물론 연구자들은 이보다 더 많은 것을 알고 있다. 그들은 위·진·남북조(魏晉南北朝)시기의 '지괴(志怪)', 당대(唐代)의 '전기(傳奇)', 송대(宋代)와 명대(明代)의 '화본(話本)'과 '의화본(擬話本)' 등의 용어와 그에 해당되는 작품을 알고 있다.

그런데 이런 용어들과 그것에 해당되는 작품들은 사실상 20세기에 들어와서 만들어진 '약속의 결과'에 지나지 않는다. 애초에는 그런 용어도 없었거니와 그런 용어를 근거로 해서 해당되는 작품이 쓰여졌던 것도 아니다. 애초에는 각각의 글이 쓰여졌을 뿐이며, 각각의 작품을 용어를 근거로 해서 해당 항목에 집어넣은 것은 이른바 소설이라는 개념이 약속의 결과로 만들어진 이후에 생겨난 관행에 지나지 않는다. 그래서 연구자들은 교과서적 역사의 울타리 안에서 연구를 진행시키고 있다고 해도 과언이 아니다. 물론 이 울타리가 전적으로 못 믿을 것은 아니지만 여기저기에 허점이 많은 것도 사실이다. 그것은 끊임없이 점검하고 부서진 데가 있으면 고쳐야 하는 그런 울타리이다. 이 글은 바로 그런 작업을 염두에 두고 쓰여진다.

20세기 이전의 중국인들에게는 글쓰기로서의 소설이라는 개념이 없었다. 그 개념은 서구에서 먼저 만들어졌으며 동아시아에서 가장 먼저 서구의 문물을 도입한 일본인들에 의해 소개되었다. 일본인은 서구에서 유행하던 'novel'이라는 개념을 받아들였고 그것을 '소설'이라는 말로 번역했다. 1890년대에 일본에 유학하던 중국학생들이 본격적인 서구 문물을 접하게 되면서 이 소설이란 말을 그대로 수입해 사용하면서부터 중국에서도 소설이란 개념이 정립되기 시작하였다. 그래서 그것은 중국적인 뿌리를 갖춘 자생적인 개념은 아니었다. 그것이 수입된 개념이기는 했지만 중국인들도 그 개념에 따라 모방을 시도하면서 그 개념을 중국의 문화사에 도입하였다.

1923년에 노신(魯迅)이 《중국소설사략(中國小說史略)》을 발표하였는데 이것은 중국 최초의 소설사였다. 그것은 최초로 소설이라는 개념을 중심으로 해서 중국적 글쓰기의 전통을 구성해 낸 것이었다. 노신은 서구에서 도입된 소설이라는 개념을 중국의 문화유산에 대입하면서 그 개념에 해당되는 글을 선별하고 그것을 시대순으로 연결하여 소설사를 구성해 내었던 것이다. 그것은 하나의 개념을 중심으로 하는 과거로의 여행의 성격을 띠는 동시에, 과거에는 아무런 성격이 없이 존재해 오던 글에 새로운 의미를 부여하는 작업이었다. 그의 작업을 통해서 이전에는 단편(斷片)으로만 존재해 오던 많은 글과 책이 소설이라는 개념 아래로 수집되었고, 그 자료들이 엮이면서 중국적인 소설의 역사가 모습을 드러내게 되었다. 예를 들어 《삼국연의》는 그 자체로 소설이 아니었다. 그것은 단순히 《삼국연의》였을 뿐이며, 굳이 계보를 따진다면 명대(明代)에 유행한 '연의체(演義體)'로 쓰여진 글이었을 뿐이다. 그러나 노신의 손에 들어온 《삼국연의》에는 소설이라는 의미가 부여되었으며, 그래서 오늘날 모든 사람들이 《삼국연의》를 중국의 대표적인 소설로 이해하게 되었다.

결국 《중국소설사략》은 이전에는 존재하지 않던 소설사적 구조를 만들어 낸 것이다. 우리 속담에 "구슬이 서말이라도 꿰어야 보배"라는 말이 있듯이 각각의 글은 그 자체로는 그냥 글에 불과하지만 그것들이 하나의 구조 속으로 편입됨으로 해서 커다란 역사를 이루게 되었다. 그것은 마치 고고학자들이 돌조각과 집터, 토기의 파편 등을 수집해서 고대인들의 생활상을 복원하는 것과 다름이 없었다. 물론 이 역사는 '실체'는 아니다. 그런 역사가 실제로 있었던 것이 아니기 때문이다. 그것은 개념을 통해 구축된, 다시 말해서 '설정된 역사'에 지나지 않는다. 그렇지만 그 역사를 통해서 과거의 모습은 더욱 분명해지며, 나아가서 과거의 유산에 새로운 의미를 부여할 수 있었다는 점에서 《중국소설사략》의 출현은 대단히 중요한 사건이었다. 그것은 이전에는 알지 못하던 '진실'에 가까이 갈 수 있는 길을 열어 주었던 것이다.

《중국소설사략》은 선구적인 작업이었다는 것 이상의 의미를 지닌 저작이었다. 그것은 최초의 소설사였던 동시에 완성판이었다. 이 책을 통해서 노신은 중국소설사의 범위를 획정하고, 그 안에서 열거될 작품의 성격을 규정하였는데, 이것이 하나의 전범(典範)이 되어 버린 것이다. 노신 이래로 중국과 일본의 많은 학자들이 중국소설사라는 제목의 책을 저술하였지만 아직도 노신이 제시한 기본적인 구도를 벗어난 것은 그리 없었다. 21세기가 시작된 지금에 이르러서도 중국소설의 연구는 노신의 그림자를 벗어나지 않고 있는데, 이런 의미에서 《중국소설사략》은 당분간 중국소설사의 완성판으로 남아 있을 가능성이 크다.

물론 1930년대 이후에 쏟아져 나온 각종 저술을 통해서 노신의 그림자가 극복되었다고 주장할 사람도 있을 것이다. 특히 돈황(敦煌)에서 발견된 변문(變文)을 중시하는 민간문학 연구자들이 그런 주장을 펴고 있다고 생각된다. 그러나 적어도 나의 견문으로는 아직 그런 주장이 당위성을 가지지 못한다고 생각한다. 그것은 아직 이 분야의 연구가 노신의 그림자를 벗어날 정도로 충분히 성숙되지 않았다고 보기 때문이다. 만약 앞으로 그런 연구가 더욱 진전된다면 언젠가는 노신의 그림자를 벗어나는 것도 가능할 것이다. 그러나 현재의 시점에서는 그렇지 못하다. 이 글을 쓰는 나도 노신의 그림자를 벗어나지는 못하고 있다. 그것은 그가 획정한 중국소설사의 범위가 우리가 논의할 수 있는 것의 대부분을 이미 포괄하였기 때문이다. 물론 그의 죽음 이후에 새로운 작품이 첨가된 경우가 있기는 하다. 그렇다고 해서 이런 작품들이 그의 소설사적 구도를 흔들어 놓을 정도는 아니다. 또 최근에 논의되고 있는 민간문학의 연구가 진행되면서 《중국소설사략》의 구도에 새로운 부분을 첨가할 가능성이 있지만 그렇다고 해서 기본적인 구도가 바뀔 것으로는 생각되지 않는다. 《중국소설사략》은 결과적으로 볼 때에 상당히 치밀한 약속이었던 것이다.

반면에 노신이 던져준 어두운 그늘도 있었다. 우선 그의 개념 적용은 상당히 원론적이고 거친 편이었다. 그는 오늘날의 학자들처럼 개념을 구체적으로 설명하지 않았고 그래서 불필요한 혼돈을 야기한 경우가 많았다. 그러나 그것을 그의 책임으로 돌려서는 안 되겠다. 그는 1920년대에 막 서구문물을 접하면서 인류의 보편적 진리를 새롭게 발견했다는 들뜬 마음에서 집필에 착수했을 것으로 보이며, 그런 그에게 세심한 배려를 요구해서는 안 될 것이다. 중요한 것은 그의 책을 읽는 사람들의 해독 능력이다. 노신이 쓴 글을 읽으면서 그의 이야기를 곱씹어보고 그의 의도를 적절한 화법으로 재구성하는 것은 독자의 책임이라고 보아야 한다. 그런데 이것이 그리 원만히 이루어지지 않았던 것이다. 대부분의 연구자들은 그의 이야기를 쓰여진 그대로 받아들인 경우가 많았으며, 그것이 교과서적 약속으로 굳어짐에 따라 노신이 가지고 있었을지도 모르는 폭넓은 사고의 상당 부분이 가려졌을 가능성이 있다. 다시 말해서 노신이 내면에 지니고 있던 진실이 독자의 피상적 이해로 인해 가려지고 말았을 가능성이 있다는 것이다. 그것은 중국소설의 이해에서 심각한 고착현상을 초래했다. 어떤 의미에서 보면 중국 소설의 연구자들이 자신도 느끼지 못하는 사이에 《중국소설사략》에 쓰여진 것을 증명하거나 보충하기 위해서 연구에 임하고 있다고 생각할 정도로 그 교과서적 이해의 파장이 크다. 노신 이래로 여러 종류의 중국소설사가 저술되었고 중국, 한국, 일본에서 비슷한 모습을 한 무수한 소설연구와 관련된 논문이 발표되었지만 어떤 뚜렷한 돌파구나 새로운 감각은 아직 보이지 않는다고 생각되기 때문이다.

그래서 나는 이 글을 노신의 《중국소설사략》에 대한 검토에서 시작할 것이다. 그것은 비판을 위한 검토가 아니다. 그것은 앞에서 언급한 바 있는 노신이 내면에 간직하고 있었을지도 모르는 진실과 그것이 잘못 이해된 모습을 우선 검토하면서 중국의 소설적 흐름을 조망하기 위한 숨고르기를 하자는 의도를 내포하고 있다. 그것은 논의의 바탕을 세우기 위한 것이다. 그런 바탕이 만들어진 다음에 나는 내 방식의 논의를 시작한다. 그것은 노신의 구도와 완전히 다르지도 않지만 같지도 않다.

그렇지만 무엇보다 이 책을 읽는 사람들이 염두에 두어야 할 것은 내가 새로운 발견을 시도하지 않을 것이라는 점이다. 멍석은 이미 노신이 깔아놓았다. 그리고 그는 그 멍석 위에서 자신의 놀이를 즐긴 다음에 이 세상을 하직했다. 그가 간 다음에도 멍석은 여전히 깔려 있는데, 그 위에서 놀이를 즐긴 사람들은 노신이 하던 놀이를 모방하면서 그 멍석을 이용하고 있었다. 나도 그 멍석에서 한번 놀아 보고 싶은 사람이다. 그러나 나는 노신과 똑같은 놀이를 하고 싶지는 않다. 그의 놀이는 그 시대의 놀이이며, 나는 내 시대의 방식대로 놀아 보고 싶은 것이다. 그러기 위해서는 그 멍석이 어떻게 생겼으며, 그 위에서는 발놀림을 어떻게 해야 할지를 우선 알아야 한다. 이것이 숨고르기이다. 일단 멍석이 어느 정도 평평한지, 여기저기 따끔거리는 곳이 있는지 등을 알아낸 다음에는 내 나름대로의 놀이를 즐기기가 쉽다. 나는 그런 놀이를 시작하려고 하는 것이다.

일단 노신이 깔아놓은 멍석이 어떤 모양을 하고 있는지를 파악한 후에는 나는 내 나름대로 중국의 소설적 흐름을 설명해 보고자 한다. 여기에서 멍석은 크게 달라지지 않는다. 다만 그 멍석 위에서 벌이는 놀이의 모습이 달라질 뿐이다. 그렇지만 그 놀이의 모습이 달라짐으로 해서 멍석의 의미, 다시 말해서 그 멍석을 통해서 우리가 어떤 생각을 해 볼 수 있는가 하는 것은 달라질 것이다. 같은 멍석 위에서 다른 놀이를 할 수 있다는 것은 곧 그 멍석 자체를 바라보는 눈이 달라질 수도 있음을 가리키기 때문이다. 이런 놀이를 통해 나는 내 나름대로 중국의 소설적 흐름을 바라보는 눈을 키우는 동시에 이 책을 읽는 사람들에게 부분적이지만 노신의 그늘을 벗어나는 길을 보여주고 싶다. 그 길을 통해서 나는 좀더 진실에 가까운 중국의 소설적 흐름을 형상화해 보고자 하는 것이다. 인문학에서 절대적인 진실은 존재하지 않는다고 나는 믿고 있다. 그렇지만 가장 진실에 가까운, 혹은 진실 자체를 가장 합리적으로 접근할 수 있는 방법은 있으며, 나는 이것을 찾아보고자 하는 것이다.

2. 《중국소설사략》으로부터의 출발

《중국소설사략》은 1923년에 저술되었다. 이 책은 북경(北京)의 신조사(新潮社)라는 출판사에서 처음 출판된 것으로 알려져 있으며, 나는 1932년판을 가지고 이야기를 시작한다. 이 책은 꽤나 읽기 어려운 문언체(文言體)로 쓰여졌다. 이른바 언문일치(言文一致)를 주장하는 신문학운동의 열기 속에서 백화체(白話體)의 소설을 창작한 것으로 유명한 노신이 이 책을 문언체로 썼다는 것은 얼른 봐서 이해하기 어려운 면이 있다. 어쩌면 구학문(舊學問)과 신학문(新學問)의 교차점에 위치했던 그가 오늘의 것은 백화체로, 옛날의 것은 문언체로 써야 한다는 고집을 가지고 있었던 것이 아닌가 추측해 볼 수도 있다. 어쨌든 그가 이 책을 백화로 썼더라면 좀더 친절하게 기술했을 수도 있고 그러면 읽는 사람들의 오해를 덜 일으킬 수도 있었을 텐데, 문언체로 썼기 때문에 이 책이 오늘날의 사람들에게는 매우 불친절한 책이 되어 버렸을 뿐만 아니라 여러 가지 불필요한 오해를 불러일으키기도 했다고 생각한다.

이 책은 373쪽으로 되어 있으며, 전부 28편(篇)으로 이루어져 있다. 이 책에서 사용되는 '편'이라는 단위는 우리가 쓰는 장(章)과 같은 것이다. 각 편에 붙은 제목을 훑어보기만 해도 우리는 그가 어떤 감각으로 이 책을 저술했는지를 짐작할 수 있다.[2] 우선 각 편의 제목에는 그다지 일관성이

---

2) 각 편의 제목을 나열해 보면 다음과 같다.

第一篇　　史家對於小說之著錄及論述

있어 보이지 않는다. 제1편에서 제3편까지는 기본적인 자료를 다루고 있으며, 본격적인 소설사의 서술은 제4편에서 시작된다고 보아야 하겠다. 제4편은 단순히 '한인소설(漢人小說)'로만 제목이 붙어 있는 데 비해서 제5편부터는 '귀신지괴서(鬼神志怪書)'라는 위 · 진 · 남북조(魏晉南北朝)시기를 특징짓는 단어가 사용되기 시작하며 이것은 제12편에서 사용되는 '화본(話本)'까지 계속된다. 즉 지괴(志怪), 전기(傳奇), 화본, 의화본(擬話

第二篇	神話與傳說
第三篇	漢書藝文志所載小說
第四篇	今所見漢人小說
第五篇	六朝之鬼神志怪書(上)
第六篇	六朝之鬼神志怪書(下)
第七篇	世說新語與其前後
第八篇	唐之傳奇文(上)
第九篇	唐之傳奇文(下)
第十篇	唐之傳奇集文及雜俎
第十一篇	宋之志怪及傳奇文
第十二篇	宋之話本
第十三篇	宋元之擬話本
第十四篇	元明傳來之講史(上)
第十五篇	元明傳來之講史(下)
第十六篇	明之神魔小說(上)
第十七篇	明之神魔小說(中)
第十八篇	明之神魔小說(下)
第十九篇	明之人情小說(上)
第二十篇	明之人情小說(下)
第二十一篇	明之擬宋市人小說及後來選本
第二十二篇	淸之擬晋唐小說及其支流
第二十三篇	淸之諷刺小說
第二十四篇	淸之人情小說
第二十五篇	淸之以小說見才學者
第二十六篇	淸之狹邪小說
第二十七篇	淸之俠義小說及公案
第二十八篇	淸末之譴責小說

本)은 각각 위 · 진 · 남북조 시기와 당대(唐代), 그리고 송대(宋代)의 소설을 특징짓는 키워드인 셈이다. 여기에서 일관성은 이미 흐트러지기 시작한다. 왜냐하면 지괴는 중심적 소재를 위주로 한 것인 데 비해서 전기는 문체를 가리키는 것에 더 가깝고 화본은 문체라기보다는 글의 성격에 더 가깝기 때문이다. 이 용어들에 대한 나의 생각은 뒤에 기회가 있을 때에 다시 언급할 예정이지만, 용어 자체만 놓고 보더라도 그가 위 · 진 · 남북조 시기에서 송대에 이르는 흐름을 일관적인 기준으로 바라보지 않았다는 점은 분명히 드러난다. 그런데 원대(元代) 이래의 서술에서는 또 다른 모습이 드러나고 있다. 이 부분에서 그는 다양한 개념을 선보이고 있으니, 강사(講史), 인정소설(人情小說), 신마소설(神魔小說), 협사소설(狹邪小說), 협의소설(俠義小說), 공안소설(公案小說), 견책소설(譴責小說) 등이 그것이다. 이것이 주제를 중심으로 한 것인지, 아니면 소재를 중심으로 한 것인지에 대해서는 이견(異見)이 있을 수 있지만 그런 용어가 출현했다는 것이 이 부분에서 노신이 바라보던 흐름이 위 · 진 · 남북조 시기에서 송대에 이르는 기간의 흐름과는 달랐다는 것을 가리키고 있음은 분명하다.

성급한 사람들은, 특히 이론적 담론에 밝은 사람들은 이것을 가리켜 노신의 한계이자 오류라고 주장하기 쉽지만, 나는 그것을 반드시 비판의 칼날을 세우고 바라볼 필요는 없다고 생각한다. 어차피 그는 그가 살았던 시대의 감각을 가지고 《중국소설사략》을 저술했을 따름이기 때문이다. 그가 바라볼 수 있었던 지평선은 한계가 있었을 수밖에 없었을 것이다. 오히려 중요한 것은 그런 제목에서 드러나는 그의 생각을 발견하는 것이라고 나는 생각한다. 노신이 제시한 제목을 보면 그의 시대에 가까운 명대와 청대에 대해서는 그가 분명한 그림을 가지고 있었음을 발견할 수 있다. 즉 명대와 청대에는 분명한 주제나 소재로 압축될 수 있는 소설이 출현한 것이다. 반면에 시대가 송대와 그 이전으로 거슬러 올라갈수록 그런 그림은 희미해진다. 그는 지괴와 전기, 화본이 있었지만 그것이 어떤 분명한 주제나 소재로 압축될 수는 없다고 생각했으며, 그래서 전통적인 용어로 그 시기의 이야기들을 정리했을 가능성이 크다. 그는 중국의 소설전통이 무엇인가 명확하게 규명할 수 없는 것들에서 출발하여, 시간이 흐르면서 점차 그 성격이 분명해졌다는 견해를 보여준다. 이른 시기에 쓰인 글이 무엇인가 분화되지 않고 불투명한 상태에 있었다가 시간이 흐르면서 자신의 성격을 분명하게 규정할 수 있는 글로 '진화'했다는 것이 각 편의 제목에서 드러나는 그의 생각이라 할 수 있기 때문이다.

그런데 그런 생각이 지금에 이르러서 크게 바뀌어진 것 같지는 않다. 오늘날까지도 중국 소설의 연구에서 지괴, 전기, 화본 등의 용어는 여전히 중요한 키워드로 사용되고 있기 때문이다. 1970년대부터 서구의 학자들은 서사(敍事, narrative)라는 포괄적 개념을 사용하여 중국의 소설전통을 설명[3])하고 있지만, 그렇다고 해서 이 말들을 전혀 배제하지는 못하고 있다. 중국과 일본, 그리고 우리 학계에서는 이 용어들에 대한 구체적인 분석이 이루어지지 않았고, 그래서 많은 사람들이 그대로 이 말들을 사용하고 있으며, 이 말들이 의미하는 범위가 노신이 제시한 범위와 크게 차이가 나지 않는다. 그렇기 때문에 노신의 구도가 일관성을 결여했다는 비판이 충분히 가능함에도 불구하고 그 구도는 여전히 명석의 자리를 차지하고 있다고 보아야 한다.

오늘날의 관점에서 볼 때에 《중국소설사략》은 이론적 설명을 위한 책이 아니다. 그것은 일종의 소개서이다. 노신은 서구의 문물을 접하면서 소설의 전통을 목격하게 되었고, 서구에 그런 것이 있다면 중국에도 당연히 그에 상응하는 것이 있다는 생각에서 이 책을 썼다고 생각된다. 그렇기 때문에 그의 목표는 '우리도 이만한 전통과 그것을 채우는 작품이 있다'는 것을 보여주는 것이지, 그 전통을 이론적으로 설명하는 것은 아니었다. 그는 '소설의 역사' 그 자체, 다시 말해서 '소설이 이렇게 존재해 왔다'는 사

---

3) 대표적인 예로 Plaks, Andrew(ed.), *Chinese Narrative: Critical and Theoretical Essays*를 들 수 있다.

실을 기술하는 사람이었지, '어째서 소설이 그렇게 존재했는가'를 기술하는 입장에 서 있지 않았고, 그래서 소설이 있게 된 배경이나 그것을 만들어 낸 원동력 등에 관해서는 그다지 기술하지 않았다. 그런 작업은 사실상 그의 책을 이어받은 후인(後人)의 몫이었다. 그런데 실제로 그런 작업이 많이 시도된 것 같지는 않다. 그의 말은 액면 그대로 받아들여지기 일쑤였으며, 그의 말을 진지한 담론을 통해서 보충하려는 노력이 그다지 눈에 띄지 않기 때문이다. 이런 현상을 보여주는 것이 《중국소설사략》 이후에 발표된 중국소설사에서 나타난 '소설'이라는 용어의 사용이었다.4)

노신은 《중국소설사략》의 제1편에서 '소설'이라는 용어가 고대에도 사용되었음을 지적하였다. 그에 의하면 전국시기(戰國時期)에 이미 '소가진설(小家珍說)'이라는 말이 쓰여지기 시작했고, 한대(漢代)에는 이것을 줄인 것으로 생각되는 소설이라는 말이 쓰여졌던 기록이 있다. 그리고 반고(班固)가 저술한 《한서(漢書)》〈예문지(藝文志)〉의 「제자략(諸子略)」 부분을 보면 '소설가(小說家)'라는 항목이 설정되어 15종의 제목이 기록되어 있다. 노신의 기술은 여기에서 끝난다. 그는 《한서》에서 쓰인 소설이란 말이 오늘날의 소설가와 같은지 아니면 다른지에 대해서는 전혀 언급하지 않았다. 그런데 《중국소설사략》의 각 편의 제목을 보면 '한인소설', '진당소설(晉唐小說)' 등의 명칭이 사용되고 있다. 이것은 곧 한대에 소설이 존재했다는 것을 기정사실로 만들어 버리는 것이나 다름없었다. 그렇기 때문에 《한서》의 소설가라는 말도 보기에 따라서는 그 시기에 이미 소설을 다루는 유파(流派)가 있었다는 생각으로 해석될 여지

---

4) 중요한 중국소설사로는 郭箴一, 《中國小說史》; 葛賢寧, 《中國小說史》; 北京大學 中文系(編), 《中國小說史》 등을 들 수 있다. 이 책들은 1950년대에서 1970년대에 걸쳐 출판되었다. 1980년대에도 대만과 대륙에서 여러 종의 중국소설사가 출판되었다고 알고 있다. 그러나 나는 그것들을 굳이 언급할 필요를 느끼지 않는다. 왜냐하면 최근에 출판된 중국소설사도 전체적인 맥락에서 볼 때 앞에서 언급한 책들과 크게 다르다고 생각되지 않기 때문이다.

를 가지고 있다.

어쩌면 노신의 맥락에서는 그것이 사실이었을 수도 있다. 그가 성숙도에 관계없이, 혹은 글을 쓴 동기에 관계없이 내용이 부합된다면 모두 소설의 범주로 끌어들일 수 있다고 생각했을 수도 있다. 그에게 있어서 어느 것이 소설이고 어느 것이 소설이 아닌가 하는 엄격한 잣대는 아직 요구하기 어려운 것이었다. 그의 시대에는 이런 개념적 구분이 아직 이루어지지 않고 있었다. 그것은 소설 분야에 국한된 것이 아니었다. 예를 들면 비슷한 시기에 출판된 여러 종류의 문학사 중에서 정진탁(鄭振鐸)의 《중국문학사》를 보면 '선진시기(先秦時期)의 문학', '한대의 문학' 등의 항목이 보이는데 이것도 노신이 소설을 기정사실로 만들어 버린 것처럼 문학을 기정사실로 만들어 버린 예라고 할 수 있다. 즉 이 시기에는 하나의 용어가 하나의 개념을 만들고, 그 개념이 전체적인 현상을 포괄하는 기정사실로 여겨지고 있었다. 이 시기에는 아직 그 용어와 개념을 조심스럽게 적용시켜야 한다는 생각이 없었던 것이다. 아직 그런 것은 중요하지 않았다. 그 시기는 그야말로 '발견의 시기'였으며, 많은 사람들이 새로운 발견 그 자체로 흥분할 수 있던 시기였기 때문이다.

정작 중요한 것은 그 다음 세대의 역할이었다. 역사적 맥락에서 보면 그 다음 세대가 했어야 할 일은 노신 등의 선구자들이 만들어 놓은 것을 정교한 이론으로 승격시키는 것이었다. 그렇지만 실제로 일어난 일은 그와는 정반대였다. 노신 이후의 소설연구자들이 한 일은 노신의 답습이었다. 그것은 주어진 텍스트의 '따라 읽기'였으며, 철저한 분석과 비판적 검증을 수반하지 않은 것이었다. 그랬기 때문에 다음 세대는 노신의 말을 '교과서적 약속'으로 고착시켜 버리게 되었으며, 그것이 아직도 노신의 그림자가 드리워질 수밖에 없는 결과를 야기했던 것이다. 그들이 노신의 멍석을 아예 치워버리고 새로운 멍석을 깔았어야 한다고 주장하는 것은 아니다. 다만 노신의 멍석은 여기 저기 구멍이 뚫려 있었으며, 상당히 거칠게 짜여져 있었다. 다음 세대의 역할은 구멍을 메우고 거친 부분을 좀더 부드럽게 다듬는 것이어야 했다.

그런데 실제로 그들은 있는 명석을 그냥 사용할 생각을 했을 뿐이다. 이것은 중국의 학자들에 국한된 것이 결코 아니다. 이것은 일본에서도 나타난 현상이며, 우리나라에서 1980년대부터 발표된 많은 연구결과물에서도 마찬가지로 나타나는 현상이다. 예를 들면 연구자들 중에 당대의 전기(傳奇)를 연구하는 사람들은 당연히 자신이 중국의 소설을 연구한다고 생각한다. 그에게 누군가가 전기가 "어째서 소설인가?"라는 질문을 던진다면 그는 이상한 눈으로 쳐다볼 것이다. 노신이 《중국소설사략》에서 전기를 언급했기 때문에 그 연구자는 전기가 소설임을 '분명한 사실'로 여기고 있다. 그 연구자는 전기가 어떤 맥락에서 소설사에 편입되었으며, 그것의 어떤 면이 소설연구의 대상이 되는지를 잘 모른 것이다. 그에게 있어서 그것은 새삼 의문을 던질 필요가 없는 문제이다. 《중국소설사략》은 이미 소설연구의 경전이 되었으며, 노신의 그림자는 결국 다음 세대에 속하는 우리가 만든 것이라고 해도 다름없다.

그런데 노신이 '소설'이라는 말을 기정사실로 만들어 버린 것에 대해서는 좀더 검토해 볼 필요가 있다. 그 자신이 분명히 기술하지는 않았지만 어떤 배경이 있었다고 생각되기 때문이다. 앞에서 언급한 바 있듯이 노신은 단지 《한서》에 '소설가'라는 항목이 있다는 점만을 언급하였을 뿐 그것이 1920년대에 사용되는 작가로서의 '소설가'라는 말과 어떤 연관관계가 있는지는 전혀 언급하지 않았다. 당시 노신에게 있어서 소설가라는 말은 보통의 명사(名詞)가 아니었다. 소설은 국혼(國魂)을 개조할 수 있다는 열망을 지닌 단어였다. 동시에 그 단어는 자신의 현실이기도 했다. 그런 그가 2000년 전의 《한서》에서 소설가라는 단어를 발견했을 때에 그것이 신기하고도 놀라운 것이었음은 충분히 짐작할 수 있는 일이다. 여기에서 그는 중국의 소설전통이 존재한다는 당위성을 발견했을 가능성이 크다고 보겠다. 그러나 그것이 진실은 아니었다. 나는 예전에 《한서》〈예문지〉「소설가」를 분석하면서 그 당시에 쓰인 소설이라는 말이 오늘날의 소설과는 다른 것을 가리킨다고 주장한 바 있으며,[5] 지금도 그 생각을 버리고 있지 않다. 《한서》에 기록된 서적은 오늘날 남아 있지 않지만 그 제목이나 부분적으로 남아 있는 일문(逸文)을 통해서 볼 때에 그것은 문학적 글쓰기로서의 소설을 가리키는 것이 아니라 그다지 가치를 인정받지 못한 그 시기의 한 유파를 가리키는 것이었다. 이렇게만 본다면 노신은 한 단어에 현혹되어 명백히 진실을 호도한 것이나 다름없다고 하겠다. 그렇지만 반드시 그렇지는 않다.

1997년에 안정훈 선생은 석사논문에서 중요한 언급을 했다. 그는 《한서》〈예문지〉를 위시하여 《수서(隋書)》〈경적지(經籍志〉, 《구당서(舊唐書)》〈경적지〉, 《신당서(新唐書)》〈예문지〉, 《숭문총목(崇文總目)》, 《군재독서지(郡齋讀書志)》, 《사고전서총목제요(四庫全書總目提要)》 등의 중요 목록서에서 「소설가」에 수록된 제목을 검토하였다. 그는 「소설가」에 수록된 책의 종류가 《신당서》에서 급격하게 증가하기 시작하며, 또 이 시기부터 이전의 《수서》와 《구당서》에서는 역사기록의 목록에 해당되는 〈사부(史部)〉에 주로 편입되어 있던 지괴(志怪)류의 글이 「소설가」로 옮겨가고 있음을 발견하였다. 또 이런 경향은 《사고전서총목제요》에 이르면 더욱 두드러지게 나타나서 이전에 〈사부〉에 편입되었던 《산해경(山海經)》, 《목천자전(穆天子傳)》 등의 책들이 모두 「소설가」로 이동하였다.[6] 안정훈 선생은 당시 소설의 기원을 역사적 기록에서 찾는다는 생각으로 이런 작업을 한 것이지만 그 결과는 매우 중요한 것이었다. 그는 송대에 들어서서 목록서에 나타난 「소설가」의 범위가 확장되었다는 사실에 주목하였지만 나는 그가 직접적으로 기술하지 않았던 부분, 다시 말해서 그의 기술에 '감추어져 있는 진실의 가능성'에 더 주목하고

5) 徐敬浩, "漢書藝文志 諸子略 小說家 小考", 《중국인문과학》 2, 1983, pp.135～162.

6) 安正燻, 《고대 중국의 소설 관념과 기원에 대한 연구 — 고대의 목록서에 보이는 역사와의 관련성을 찾아서》, 서울대학교 석사학위논문, 1997.

자 한다. 그것은 《한서》 이래로 관찬(官纂) 및 사찬(私纂) 목록서에 「소설가」라는 항목이 언제나 설정되어 있었다는 점에서 출발한다. 이것은 극히 당연한 역사적 사실로 보일지 모른다. 그러나 도대체 「소설가」가 무엇이길래 그 항목이 꾸준히 설정되었는가 하는 것은 반드시 관심의 대상이 되어야 할 것이다. 그리고 안정훈 선생이 지적했듯이 「소설가」의 내용, 즉 수록대상이 시간이 흐름에 따라 확장되었으며, 특히 〈사부〉에 있던 것이 이동하는 현상을 보여준다. 그래서 《사고전서총목제요》에 이르면 《중국소설사략》에서 다루고 있는 자료 중의 상당수가 「소설가」에 들어와 있는 것을 발견할 수 있다. 노신이 《중국소설사략》을 저술할 때에 이 부분을 많이 참고하였을 것은 충분히 짐작할 수 있다. 물론 노신이 그것에만 기댄 것은 아니다. 그는 내가 '문학적 중간층'이라고 이름 붙인 작자들의 백화체로 쓰여진 작품들도 포함시키고 있는데, 이런 작품들의 선정에 있어서는 목록서에만 기댄 것이 아니라 자신의 지식을 포함한 또 다른 '자료'가 있었을 것이다.

여기에서 중요한 것은 《사고전서총목제요》에 이르면 「소설가」의 의미, 다시 말해서 수록된 제목의 범주를 통해서 나타나는 의미가 노신이 생각하던 것과 상당히 접근한다는 점이다. 그렇다고 해서 노신이 그 목록서를 근거로 한 것은 아니라고 생각된다. 노신은 스스로가 소설을 쓰는 입장에 있었으므로 단순히 명칭이 같다고 해서 그 책들을 소설로 인정했을 것으로 보이지는 않는다. 오히려 「소설가」에 수록된 책들 중에 노신이 생각한 소설의 범주에 해당되는 것이 많이 발견되었다고 생각하는 편이 더 합리적일 것이다. 이것은 무엇을 가리키는가? 그것은 바로 청대에 이르면 「소설가」라는 항목의 의미가 노신이 생각한 소설, 다시 말해서 사람들이 '근대적 개념'이라고 부르는 소설과 상당히 접근하고 있었음을 가리킨다. 중국인들은 이미 실질적인 소설적 흐름의 일부를 목록서를 통해 표현하고 있었다. 그리고 목록서의 「소설가」는 우리가 오늘날 말하는 '소설'에 해당되는 글을 많이 수록하고 있었다. 다만 그것을 근대적 의미의 '소설'이라는 것으로 개념화하는 데에는 이르지 못했으며, 그 작업은 서구의 자극을 받은 노신의 손을 빌려서 이루어지게 된 것이다. 「소설가」는 아직 분명하게 근대적 개념의 '소설'과 '비소설'을 구분하지 못하고 있었으며, 누군가가 교통정리를 해야만 근대적 생명을 부여받을 수 있는 처지에 있었던 것이고, 노신이 그것을 해 준 것이라고 보아야 하겠다.

이렇게 볼 때에 노신이 소설이라는 명칭을 사용한 것은 완전히 억지스러운 것만은 아니었을 수도 있다. 다시 말해서 그가 《한서》에서 소설가라는 명칭을 발견하고 그래서 그것을 단순히 언급한 것이 아니었을 가능성이 있다. 그는 자신이 소설이라고 생각하는 글이 청대에는 중국적인 의미에서의 '소설'을 이루고 있었으며 또 그것이 근대적 의미의 소설에 해당되는 부분이 있다고 생각했는데, 그런 소설의 역사적 시원(始源)으로서 《한서》의 〈예문지〉를 언급했을 가능성이 있는 것이다. 만약 그랬다면 《한서》의 「소설가」는 《중국소설사략》의 내면적 맥락을 이루는 데에 중요한 출발점이 된다. 다시 말해서 그것은 고대에 오늘날과는 다른 '소설'이라는 개념이 존재하였으며 그것이 오랜 기간에 걸쳐 다듬어져서 오늘날의 소설을 이루게 되었다는 맥락을 가리킨다. 그렇다면 소설의 전통은 서구에서만 발생한 것이 아니라 중국에서도 자체적으로 발생하였다는 논리가 성립될 수 있을 것이다.

이와 같은 맥락에서 《중국소설사략》을 다시 한번 관찰하면 노신이 소설이라는 말을 무조건적으로 사용하지는 않았음을 발견할 수 있다. 앞에서 각 편의 제목을 설명할 때에 나는 '소설'이라는 단어가 명대를 설명하는 단계에 들어서서 비로소 사용되기 시작하였음을 지적한 바 있다. 그 이전 시기의 설명에서는 제목에 소설이라는 단어가 사용된 것이 '한인소설' 이외에는 없었다. 동시에 분량을 살펴보면 명대에서 청대에 이르는 600년 정도의 소설을 설명하는 데에 전체의 절반 가까운 부분이 할애된 반면에 그 이전의 1,500여 년을 설명하는 데에 절반 조금 넘는 분량이 할애되었을 뿐이다. 이것은 한편으로는 다루어야 하는 자료의 양에 의해서 결정되었을 가능성이 있지만 또 다른 한편으로는 그가 기술의 중점을 어디에 두었는가에 따라 결정되었을 가능성도 함께 보여준다. 만약에 후자의 가능성이 작용하였다면 노신의 소설관은 비교적 분명해진다. 그것은 본격적인 소설이 나타난 것은 명대 이래의 일이며 그 이전은 준비기간에 해당된다는 생각이다. 다시 말해서 명대 이전의 글은 미래의 소설을 만들어 내기 위한 단계였으며, 실제로 본격적인 소설이 성행한 것은 명대에 들어서서 일어난 일이라는 것이 분량을 통해서 유추해 낼 수 있는 노신의 생각이다. 그렇다면 그는 중국적 상황에서 어떤 것이 소설이었으며, 그것이 만들어지기까지 어떤 변화가 진행되었는가에 대한 상당한 인식을 가지고 있었다고 볼 수 있다. 그가 그런 인식을 정면으로 표출하지 않은 것은 그 시기 학술적 담론의 특징이었을 수도 있고, 아니면 아직 그런 생각을 분명하게 개념화해 낼 수 있을 만큼 논리적으로 성숙되어 있지 않았던 결과일 수도 있다. 어떤 방식으로 보든 그가 자신의 논리적 구도를 가지고 있었던 것만큼은 유추해 낼 수 있는 것이다.

만약 《중국소설사략》을 이렇게 다시 읽어내는 것이 허용된다면 그것을 단순한 '교과서적 약속'으로만 간주할 필요는 없다. 그것이 약속이기는 하지만 상당한 설득력을 가진 약속으로 간주할 수 있기 때문이다. 동시에 그것은 충실한 이론적 안내서가 될 수도 있다. 문제는 읽어 내는 사람에게 있었지 노신에게 있지 않았다고 나는 믿는다. 누군가는 내가 노신을 너무 추켜세우려고 애쓴다고 할지도 모르지만 실제 내가 그렇게 해야 할 필요는 없다. 오히려 그를 비판하는 것이 내게는 더 편리할지도 모른다. 그러나 나는 노신을 이렇게 읽어 내는 것이 보다 합리적인 중국소설사를 '완성'하는 데에 도움이 될 것이라고 생각한다. 어차피 누구도 노신의 그림자로부터 자유롭지 못한 것이 현실적인 상황이라고 할 때에 우리가 그를 비판만 하기보다는 그의 생각에 깊숙이 들어가 봄으로써 더 큰 것을 거둘 수 있다고 생각하기 때문이다. 이것은 그의 생각을 바탕으로 하면서 더 넓은 가지를 쳐 나갈 수 있는 방법이기도 하다. 그래서 《중국소설사략》을 다시 읽으면서 이제 우리는 스스로 가지치기를 시작할 단계로 접어들고 있는 것이다.

3. 나의 가지를 치기 위해서

이제 노신과는 잠시 헤어져야겠다. 그것은 내 스스로 중국소설사를 기술하기 위해서는 꼭 필요하다. 그렇지만 그 헤어짐은 완전한 결별이 아니다. 어차피 나의 소설사는 《중국소설사략》을 근거로 해서 가지를 뻗어나가는 작업 이상의 것이 되지 못한다고 생각하기 때문이다. 또 이 글을 써나가다 보면 때때로 다시 노신을 찾아야 할 때도 있을 것이 분명하다. 내가 시도하는 가지치기는 잠시 《중국소설사략》을 떠나 이야기를 하다가 결국에는 다시 그 세계로 돌아갈 것이 뻔하다. 그렇지만 그런 가지치기가 매우 중요하다고 나는 생각한다. 그것은 언젠가 노신의 그림자를 탈피할 수 있을지도 모른다는 희망을 지닌 가지치기이기 때문이다. 이것이 반드시 노신을 '밟고 올라서기'를 뜻하지 않는다. 그것은 노신의 그림자 위에 더 큰 그림자를 뒤집어씌울 수 있다는 희망을 가리킨다. 언제 이루어질지는 모르지만 우리에겐 그런 희망이 있다. 그래서 노신은 한편으로는 빠져나가고 싶은 굴레이면서 또 다른 한편으로는 항상 기대고 싶은 든든한 안내자이기도 하다.

가지치기는 우선 우리 학계를 돌아보면서 시작하지 않을 수 없다. 우리나라에서 중국소설에 관한 연구가 본격적으로 시작된 것은 1980년대에 들어서서였다고 본다. 물론 그 이전에도 이 분야의 연구성과가 전혀 없었던 것은 아니지만 많은 연구자들이 참여하기 시작한 것은 1980년대에 들어서서였다. 내가 조사한 바에 따르면 1945년부터 1999년까지 중국 소설과 관련된 논저(論著)는 1,091편이며, 발표자는 331명으로 집계되었다. 1978년 이전에는 주로 작품의 소개를 위한 글이 많았던 반면에 그 이후에는 학술논문이 주류를 이룬다는 점에서 1980년대를 우리나라에서 중국

소설의 연구가 본격화된 시기로 볼 수 있다. 비율로 환산하면 1978년 이전의 발표물이 전체의 9.7%를 차지하고 그 이후의 발표물이 90.3%를 차지하는 점에서도 같은 결론을 내릴 수 있다.[7)]

그런데 이렇게 많은 양의 논저 가운데에 총론의 성격을 지닌 것은 매우 적고, 상당수가 특정 작품이나 작자에 대한 각론(各論)의 성격을 띠고 있다. 그리고 우리 학계의 고유한 담론을 통한 중국소설사는 아직 저술된 적이 없다. 다만 노신의 《중국소설사략》이 세 차례에 걸쳐 번역되었을 뿐이다.[8)] 그 이외에 일반인의 이해를 돕거나 교과서로 사용하기 위한 것이 있었다.[9)] 이런 상황은 우리 학계가 노신이 만들어 놓은 '교과서적 약속'을 충실히 지키고 있음을 단적으로 보여준다. 동시에 노신의 그림자로부터 탈출하려는 노력이나, 아니면 노신의 그림자를 좀더 꼼꼼히 보충하려는 노력이 별로 없었음도 가리킨다. 그것은 어쩌면 당연한 것인지도 모른다. 20년의 세월이 길다면 길 수도 있지만 학술의 한 분야가 정립되는 데에 있어서는 매우 짧은 기간일 수도 있기 때문이다. 그래서 이런 상황을 반드시 비판적으로만 볼 필요는 없다. 우리 학계에서 중국 소설의 연구는 이제 기초를 다지고 있을 따름이며, 그런 단계에서 노신이라는 든든한 안내자가 있었다는 것을 오히려 다행으로 여기는 것이 나을 것이다. 다만 지금부터라도 노신의 그림자를 다시 둘러보면서 그것을 더 꼼꼼히 보충하거나 아니면 그것을 탈출하려는 노력을 기울이는 것이 필요하다. 그리고 그런 노력은 가장 기본적인 문제, 보기에 따라서는 '상식'에 속하는 문제부터 차근차근 풀어나가는 것으로 시작되지 않으면 안 된다.

나는 "중국에서 소설이라는 것이 과연 무엇인가?"라는 질문을 출발점으로 삼으려고 한다. 이것은 그야말로 기본적이고도 상식적인 문제라고 할

---

7) 徐敬浩, "중문학 — 소설", 《한국의 학술연구》, pp.72～77.

8) 丁來東・丁範鎭(共譯), 《중국소설사》; 丁範鎭(譯), 《중국소설사략》; 趙寬熙(譯), 《중국소설사략》이 있다.

9) 金長煥・趙寬熙・崔 桓(共著), 《중국소설의 이해》.

수 있다. 이 문제를 새삼스럽게 꺼내는 것은 우리가 다루고 있는 것이 보편적인 의미에서의 소설이 아니라 중국이라는 특별한 맥락에서의 소설이기 때문이다. 21세기가 시작된 지금 중국인들에게 소설은 결코 낯선 것이 아니다. 그것은 이미 익숙한 현실의 일부가 되어 있다. 그렇지만 중국의 현대소설은 자생적(自生的)으로 쓰여진 것이 아니다. 그것은 1920년부터 서구의 문물을 받아 쓰여지기 시작했는데, 엄격하게 이야기한다면 그것은 모방을 통해 쓰여지기 시작한 것이다. 이 시기의 중국인들은 우선 소설이라는 개념을 도입하고 또 몇 가지의 모델을 읽기 시작함으로써 소설이 어떤 의미를 가지고 있고, 또 어떻게 쓰여지는가를 알게 되었다. 그것은 단순히 개념이 아니라 규범을 동반하는 글쓰기의 모습이었다. 그런 규범을 알게 된 이후에 중국의 작가들이 규범에 따라 작품을 쓰기 시작한 것이며, 이런 의미에서 그것은 자생적인 것이 아니었다. 작품을 써서 발표함으로써 개념과 그에 동반된 규범은 글쓰기의 '제도'를 만들어 내었다. 그리고 여러 사람들이 그것에 순응하는 작품을 써서 발표함으로써 제도가 기정사실로 정착되게 되었다. 나아가서 그들은 소설이라는 제도에서 규정하는 요소, 즉 '소설적 요소'를 과거의 글에 적용하여 해당되는 것을 현재의 제도에 편입시켰으니 그것이 바로 중국소설사이다. 이렇게 볼 때에 중국이라는 특수한 맥락에서의 소설은 일정한 소설적 요소를 포함하는 '글쓰기의 제도'라고 요약할 수 있다.

제도라는 것은 규범을 선포하고, 그 규범에 해당되는 것을 그 속으로 끌어들이는 속성을 지니고 있다. 소설이라는 제도도 마찬가지여서 소설적 요소라는 규범을 적용하여 그것이 포함된 글을 그 속으로 끌어들인다. 그런데 제도가 가지고 있는 또 하나의 속성은 그 속에 포함된 글에 동일한 성격을 부여한다는 점이다. 하나의 개체는 다양한 속성을 한 몸에 가질 수 있는데 제도는 그런 다양성을 인정하지 않는다. 제도는 그것의 규범에 맞는 속성만을 포착하고 그 개체를 그것의 구성원으로 선포하고 만다. 글도 마찬가지이다. 글은 다양한 동기와 속성이 개재되어 있는 개체이다. 그렇지만 일단 소설이라는 제도 안으로 편입된 글은 원래 가지고 있던 특수한 속성과는 상관없이 소설로 규정되고 만다. 그 다음에는 모든 사람들이 그것을 당연시하게 되며 그 글은 소설로 굳어지게 되어 있다. 소설이라는 제도가 완전히 정착된 이후에 그 규범에 관해 훈련을 받은 사람이 쓴 글은 큰 문제가 되지 않는다. 왜냐하면 그 글은 규범을 준수하며 쓰여졌을 가능성이 크기 때문이다. 그러나 과거의 글을 현재의 제도로 끌어들이는 과정에서는 상당한 문제가 있다. 각각의 글이 지니는 개별적이고도 특수한 속성의 상당 부분이 매몰되고, 소설이라는 제도에 의해 대표되는 속성만이 그 글을 대표하게 되기 때문이다.

노신이 사용한 한인소설이라는 용어가 바로 그런 예이다. 오늘날 〈한무고사(漢武故事)〉의 구절을 읽으면서 그것을 현대적 의미에서의 소설 작품이라고 생각하기는 어렵다. 거기에는 소설적 요소라고 볼 만한 것이 부분적으로 있지만 반면에 비소설적 요소도 상당히 많이 섞여 있으며, 특히 글의 모습이 오늘날의 소설과는 완전히 다르다. 그러나 그것이 중국소설사에서 한인소설이라는 명칭으로 불리어진 이상 그것은 소설로 여겨지게 된다. 물론 문제의식이 있는 사람들은 이것에 대해 이의를 제기할 것이지만 대부분의 교과서적 약속에 충실한 사람들은 그것을 당연시하게 되며, 그래서 〈한무고사〉가 애초에 어떤 동기에 의해서 쓰였는지는 관심 밖의 일이 되어 버린다. 이것은 '만들어진 사실'이지 결코 '원래의 진실'이 아니다. 소설이라는 제도는 바로 그런 것을 만들어 내고 사람들의 머리에 그것을 각인시키고 있다. 그리고 그렇게 각인된 것이 '원래의 진실'인지 아닌지를 굳이 따지지 않고 편하게 받아들이는 사람이 대다수를 차지하고 있다고 나는 생각한다.

한 가지 덧붙여야 할 것은 소설이란 말의 의미이다. 이것은 사실상 원래의 진실 그 자체를 가리키는 기표가 아니다. 소설은 원래 없었다. 그러다가 사람들이 어떤 글에 소설이라는 명칭을 붙이면서 생겨난 것이다. 단순히 그런 용어가 생긴 것에 그치지 않고 그런 행위 자체가 생긴 것이다. 그런데 그런 행위가 소설이라는 말이 생기기 이전에 전혀 없었던 것은 아니다. 그것은 사람들이 이전부터 내려오던 행위에 이름을 붙인 것에 불과한데, 일단 이름을 붙인 다음에는 그 이름을 점점 분명하게 정의하면서 행위의 범위도 엄격하게 규정하였던 것이다. 그래서 소설은 사람들이 특정 행위에 의미를 부여하기 위해 만든 말이며, 따라서 그 자체가 '사실'은 아니다. 소설은 소설이면서도 그 명칭의 뒤에 있는 속성이 더 본질적인 가치를 지니고 있다는 생각을 하지 않으면 안 되는 것이다. 소설은 기본적으로 '쓰여진 글'일 따름이며, 글에 따라 다양한 속성을 지니고 있을 수밖에 없다. 우리는 몇 가지의 공통분모만을 가지고 그것을 소설이라고 규정하고 있을 따름이다.

결국 소설의 연구는 그 명칭의 뒤에 숨어 있는 본질적 요소를 탐구하는 것이다. 소설의 연구는 그것이 소설이라는 것을 증명하기 위해서 하는 것이 되어서는 안 된다고 생각한다. 소설의 연구는 무엇이, 어떤 속성이나 요소가 한 편의 글을 소설로 만들어 내는가를 연구하는 것이 되어야 한다고 나는 믿는다. 이것을 이루기 위해서 우리는 소설이란 말과 개념에 연연해서는 안 된다고 믿는다. 일단 한 편의 글을 소설이라는 잣대로 보게 되면 그것은 소설 이외의 것이 될 수 없다. 그것은 소설을 소설이라고 증명하는 것밖에 되지 않는다. 그러나 소설이라는 생각을 접어두고 다른 무엇인가를 통해서 그 글을 보면 어째서 그것이 소설이 될 수 있는지를 발견할 수 있을 것이다.

이제 소설이라는 말에 대해 차근차근히 살펴보기로 하자. 나는 여기에서 서구의 개념을 더듬어 가면서 소설이 이래야 한다고 주장할 생각이 전혀 없다. 오늘날 그것은 우리에게 너무나 진부한 상투어가 되어 버린 동시에, 그야말로 다람쥐 쳇바퀴 도는 논의 이상을 제공하지 못한다. 나는 이미 우리에게 체질로 굳어진 소설을 우리 자신의 언어로 녹여 내는 것이 더 중요하다고 생각하는 것이다. 너무 초보적인 방법으로 보일지 모르지만 다음과 같은 단계를 통해 소설이라는 개념을 살펴보는 것이 꼭 필요하다고 생각한다. 왜냐하면 그것을 통해 사람들이 무심히 지나쳐 버리는 사항들이 발견될 수 있기 때문이다. 학문적 고담준론(高談峻論)에 익숙한 전문가들에게는 우스꽝스러울지 모르는 이 분석이 실상은 매우 유용한 것이다. 그러기 위해서 우선 소설이라는 말을 당연히 그런 것이라고 생각하지는 말아야 한다.

(1) 지금 우리가 소설이라고 여기는 것은 모두가 책으로 되어 있다. 책으로 되어 있지 않은 것은 소설이 아니다. 구상이나 계획의 단계에 있는 것은 아직 소설이 아니다.
(2) 그 책을 이루는 것은 글이다. 책은 글로 쓰여져야 책이 된다.
(3) 소설이라는 책 속의 글은 무슨 내용을 다루는가? 아니면 글을 통해서 무엇이 보여질 때에 그것을 소설이라고 하는가? 그것은 재미있거나 재미는 없어도 의미가 있는 이야기이다. 특히 이야기 중에서도 등장인물과 사건에 관한 줄거리가 있는 이야기이다. 이야기가 없이는 소설이 되지 못한다. 수필도 이야기를 하고 시도 이야기를 하지만 거기에는 등장인물과 사건에 관한 줄거리가 없다. 있어도 감추어져 있을 뿐이다. 그래서 소설의 이야기는 시나 수필의 이야기와는 다르다.
(4) 그런데 그 이야기는 어떤 이야기인가? 그 이야기는 '사실'을 다루는 것이 아니다. 그것은 '거짓'으로 꾸며진 이야기이다. 특히 거짓이면서도 마치 사실처럼 느끼게 고안된 이야기이다. 때로는 사실을 다루면서도 그냥 사실만 다루는 것이 아니라 적당히 거짓말을 섞어서 이야기를 만드는 경우도 있는데, 이 때에도 이야기 전체는 거짓말임이 분명하다.

이렇게 단계별로 살펴보면 소설의 본질은 분명히 드러난다. 그것은 결국 거짓말로 이루어진 이야기일 따름이다. 그리고 그런 이야기들을 소설이 되게끔 하는 것은 글쓰기이며, 또 글쓰기에 동원되는 각종 기술이다. 다시 말해서 소설은 거짓말로 이루어진 이야기를 '기술적으로 써 낸' 글인 셈이다. 여기에서 우리는 이야기라는 요소를 발견한다. 그것은 애매한 개념이지만 오히려 그런 애매함으로 해서 본질적인 속성을 발견하기 쉽게 만들어 줄 수도 있는 요소라고 나는 생각한다. 아마도 많은 사람들이 우리말에서 '이야기'라는 단어가 가지고 있는 다중(多重)의 의미 때문에 이 말을 쓰는 것에 대해 반대하리라고 생각한다. 그렇지만 앞에서 말한 것처럼 어떤 인물이나 사건에 관한 줄거리라는 점에서 생각할 때에 이야기라는 말보다 더 편리한 것은 없지 않을까 생각된다. 필요한 것이 있다면 이 글의 맥락에서 '이야기'라는 말을 그런 의미로 쓴다는 것을 양해해 주는 것뿐이다. 어떤 사람들은 서구에서 사용되는 '서사'(narrative)라는 용어를 채택하기를 원하는데 나는 이것에 반대한다. 그것은 또 다른 개념이며, 만약 그것을 받아들인다면 우리는 또 다른 제도를 만들어 낼 것이고, 그러면 또 그 제도에 의한 약속에 묶이게 될 것이 분명하기 때문이다. 많은 사람들이 이미 개발된 개념을 가지고 중국의 소설에 접근하고 싶어하는 데에는 나름대로의 이유가 있겠지만, 나는 그것이 우리 자신의 자생력을 저하시키고 개념적 식민상태로 우리 스스로를 몰아가게 될 것이라고 생각한다. 우리에게 필요한 것은 자생력, 다시 말해서 우리 스스로 무엇인가 새로운 것을 만들어 내는 능력을 길러 내는 것이며, 그런 의미에서 나는 '이야기'라는 단어를 소설의 가장 핵심적인 요소로 사용할 것을 제안하는 것이다.

이런 의미에서 나는 소설사를 '이야기의 역사', 나아가서는 '허구적 이야기의 역사'로 파악하고자 한다. 여기에서 한걸음 더 나아가서 우리가 활용할 수 있는 자료의 범위를 감안한다면 그것은 '글로 쓰여진 허구적 이야기의 역사'로 좁혀볼 수 있다. 그 역사에서 중요한 것은 단순히 이야기의 변천사가 아니다. 여기에서 이야기의 변천사라는 것은 그 내용이 변화하는 역사를 가리킨다. 이것은 곧 예전 어느 시기의 사람들은 이런 이야기만을 했고 그 다음 시기의 사람들은 저런 이야기를 주로 했다는 방식으로 역사를 재구성해 내는 것이다. 그러나 이런 방식은 도식적인 결과를 가져올 수 있다. 물론 사람들의 관심이 어떤 종류의 이야기에 집중되어 있었던

가를 살피는 것은 매우 중요한 일이며, 이 글에서도 그런 부분을 배제하지는 않을 것이다. 그러나 내가 이야기의 변천사를 부정하는 것은 사람들이 너무 그것 하나에 치중할 가능성이 있기 때문이다.

그러나 실제로 이야기가 단순히 사람들의 관심이 집중되는 특정 부류의 내용에 의해서만 그 생명력을 유지해 온 것은 아니다. 이야기는 실로 다양한 내용을 담을 수 있다. 삶의 모든 모습이 이야기의 대상이라고 할 수 있으며, 그 모습들은 각각 다른 내용에 의해서, 또 다른 관점에 의해서 이야기로 꾸며져 왔다. 그리고 이야기 자체는 그 질량이 아주 초보적인 것으로부터 고급스러운 것으로 진화해온 것이 아니다. 이야기의 핵심은 과거에도 있었고 현재에도 있다. 사람들의 눈에는 지금의 이야기는 복잡하고 더 재미있고 또 내용이 많은 반면에 과거의 것은 그렇지 않기 때문에 분명히 어떤 진화의 과정이 있었던 것으로 보일지도 모른다. 그러나 실제로 이야기의 핵심적인 요소, 특히 신화학에서 주로 사용되는 모티프(motif)라는 개념을 가지고 들여다보면 과거의 이야기와 오늘날의 이야기에 큰 차이가 있는 것은 아니다. 중요한 것은 그 이야기를 어떻게 하느냐에 달려 있으며, 오늘날의 이야기가 과거의 것과 다르다면 그것은 이야기를 '어떻게' 하느냐에 의한 결과이다. 다시 말해서 이야기 그 자체가 아니라 이야기를 하는 '기술'이 관건인 것이다.

그렇기 때문에 '이야기의 역사'는 사실상 이야기 그 자체를 다루는 것이 아니라, 이야기를 하는 '기술의 역사'를 다루는 것이다. 그 기술을 통해서 어떤 이야기는 소설적 요소를 갖추어 소설사에서의 관찰대상이 되는 반면에 다른 이야기들은 그렇지 않게 되었다고 본다. 이렇게 소설적 요소를 갖춘 이야기를 나는 '소설적 이야기', 혹은 '소설적 요소를 가진 이야기'로 부른다. 이런 명칭을 부여받을 수 있는 이야기를 나열하면 그 안에서 기술의 변천을 볼 수 있으며, 그 역사가 바로 문학적 글쓰기로서의 소설이 탄생하는 과정을 보여준다고 생각한다.

그래서 소설적 이야기가 만들어지는 과정을 이렇게 정리해 볼 수 있다.

넓은 의미에서 이야기, 즉 사람들이 말을 통해서 만들어 낸 모든 이야기는 애초에 반드시 '소설적'이지만은 않았다. 그것은 삶의 모습을 포괄하는 어떤 발언도 포괄할 수 있는 것이었다. 시간이 흐르면서 이야기 사이에서 일종의 우열(優劣)이 생겼을 수 있다. 좀더 관심을 끄는 이야기가 있고 그렇지 못한 이야기가 있었다는 것이다. 그런데 이것은 자연적으로 그렇게 된 것이 아니다. 여기에는 많은 요소가 개입되어 있었다. 시대적 환경에 따른 관심도 그 요소 중의 하나였으며, 또 이야기를 하는 사람의 기술도 그 요소의 하나였다. 이런 다양한 요소가 결합되면서 서서히 가장 많은 사람들 사이에서 전달되고 문자로 기록되기에 이르는 이야기가 생겨났을 것이다. 이렇게 특정 이야기가 두드러지게 나타나는 데에 중요한 역할을 한 것이 소설적 요소라고 볼 수 있다. 그렇게 되지 못한 이야기는 그냥 사람들 사이에서 구전의 형태로 존속하거나, 아니면 잊혀졌을 가능성도 있다. 이런 이야기들은 소설적 요소를 지니지 못했기 때문이다. 많은 사람들의 관심을 끌고 문자로 기록된 이야기는 그것 자체가 소설적 요소를 포함하는 이야기를 만든다는 초보적 제도의 탄생을 가리키는 것이었으며, 그 다음에는 그 제도에 적응한 사람들이 이야기를 '적극적'으로 만들어 내게 되었을 것이다. 그것이 결국에는 문학적 글쓰기로서의 소설에까지 이어졌으며, 이런 과정을 관찰하는 것이 바로 소설사인 것이다.

그런데 여기에서 한 가지 경계할 것이 있다. 사람들은 이런 과정을 살필 때에 왕왕 일원론(一元論)적인 기원에 대해 관심을 가진다. 하나의 기원을 추적함으로써 어떤 현상을 끊어지지 않는 선의 모습으로 보여주고자 하는 방식이다. 예를 들어 소설이 신화에서 기원했다는 관점[10]이나 소설이 역사기록에서 기원했다는 관점[11]이 그런 것이다. 일원론은 설명하기에 편리

10) 이런 관점은 魯迅의 《中國小說史略》 제2편에서 구체화되었으며, 그 이후 葛賢寧, 郭箴一 등도 모두 이를 따랐다. 우리 학계에서도 이런 관점에 대한 반대는 그리 없었던 것으로 보인다.

11) 이런 관점은 서구의 학자들에 의해서 보다 구체적으로 토론되었다. Kenneth

하고 분명한 그림을 보여줄 수 있다는 장점이 있다. 그렇지만 그것은 엄격하게 보면 진실 그 자체는 아니다. 그것은 운동경기의 대표선수와도 같은 것인데, 왕왕 실제로 존재하는 다른 진실이 그 그늘에 묻혀 버릴 위험성이 있다. 오랜 옛날이라고 해서 사람들이 신화만을 이야기했을 까닭은 없다. 또 역사기록이 소설의 발생에 중요한 역할을 한 것은 분명하지만 그렇다고 그것만이 소설이 발생하는 데에 있어서의 유일한 동인은 아니다. 따라서 이런 일원론적인 기원에 대한 관심은 상당한 유용성을 가지고 있음에도 불구하고 우리가 그것에 지나치게 기대는 것은 경계해야 할 대상이다.

나는 이야기라는 것이 극히 다양한 요소의 집합으로 이루어졌다고 믿는다. 그리고 소설적 이야기의 탄생에 있어서도 역시 다양한 요인이 작용했다고 믿는다. 이야기가 어느 특정의 요소가 발전하여 만들어진 것이 아니라 몇 가지의 요소가 화학적인 결합을 통해서 이야기를 형성하기 때문에 각각의 요소가 가진 개별적 성격만을 보고서는 전혀 예측할 수 없는 성격이 만들어졌다고 본다. 게다가 이것은 자연과학의 대상이 아닌 사람의 마음에서 만들어진 것이고, 그래서 어떻게 보면 우리의 지식으로는 분석해낼 수 없는 구석을 많이 가지고 있다. 그렇기 때문에 설명의 편리함으로 인해서 포착 가능한 요소만을 중심으로 소설적 이야기라는 현상을 설명하는 것은 편면적(片面的) 관찰의 결과를 낳을 위험성이 있다.

내가 중국의 소설사를 시작하면서 '소설적 흐름'이라는 말을 쓴 것도 바로 이런 이유에서이다. 흐름은 단일한 선상에서 존재하지 않는다. 강물도 하나의 흐름으로만 이루어지지 않는다. 그것은 무수한 지류가 합쳐져 형성되는데, 아직 본류와 지류가 완전히 구분되기 이전에는 사실상 본류와 지류의 구분이 없다. 그런데 사람들은 이미 형성된 본류를 거슬러 올라가면서 본류와 단일 선상에서 연결되어 있는 것은 본류로 간주하고 그 옆의

J. DeWoskin, "The Six Dynasties *Chih-kuai* and the Birth of Fiction," ed. by Andrew Plaks, *Chinese Narrative: Critical and Theoretical Essays*, pp.21～52; Lu Hsiao-feng, *From Historicity to Fictionality* 등에 그러한 견해가 나타난다.

지류는 지류로 간주한다. 지리학에서는 이런 방법이 합리적일지 모르지만 중국의 소설적 흐름을 관찰하는 데에서는 이런 방법이 합리적이지 못하다. 왜냐하면 그것은 본류와 지류가 구분될 수 없을 정도의 비슷한 질량을 가진 요소들이 무수히 존재하면서 하나의 늪을 이루다가 어느 날 갑자기 어떤 계기에 의해 뚜렷한 본류를 형성하는 모습을 보이기 때문이다.

지금의 소설에서 과거로 거꾸로 올라간다면 어느 시점에서는 본류가 사라진 늪이 나타날 것인데, 사람들은 그 늪 속에서도 어떻게든 본류의 흐름을 찾아보려 한다. 이것이 일원론적 기원에 대한 관심의 발로였다. 나는 늪은 늪일 따름이지 결코 본류를 구분해 낼 수 있는 바탕이 아니라고 생각한다. 그리고 그 늪을 있는 그대로 관찰하는 것이 필요하다고 본다. 그러기 위해서는 그 늪에 있는 다양한 요소들이 어떻게 살아가고 있는가를 보아야 할 것이며, 이것이 이야기의 다원론적 기원을 이야기하는 이유라고 하겠다.

중국의 소설적 흐름은 초기에는 커다란 늪의 상태로 있었다. 거기에는 뚜렷하게 구분할 수 있는 흐름이 없이 여러 가지의 이야기가 혼재되어 있었다. 그러다가 어느 정도 시간이 지나면서, 그리고 사회적 관심의 변화가 일어나면서 여러 이야기 중에서 몇 가지가 소설적인 모습을 띠기 시작했다. 그것은 단순한 이야기가 소설적 이야기로 이행하는 것이었다. 이런 변화가 일어나는 데에는 기술, 관심, 문자언어의 역할 등의 다양한 요인이 복합적으로 작용했을 것이다. 이런 변화가 일어난 이후에는 소설적 이야기들이 뚜렷한 흐름을 형성하기 시작했으며, 그래서 이제는 주변의 다양한 요소들을 주도적으로 흡수하는 역할을 하기 시작했다. 그리고 마침내는 그런 흐름이 문학적인 차원으로 승격되면서 소설 작품, 작가 등이 탄생하는 것이다.

또 한 가지 생각해야 할 것은 이야기가 '소비재(消費財)'라는 점이다. 이야기는 생활에 꼭 필요한 것이 아니다. 그것은 있으면 좋지만 없어도 생존을 위협할 만한 것은 아니다. 그러나 이야기가 있음으로 해서 생활에 더 재미가 붙는다면 사람들은 이야기가 없는 생활보다는 이야기가 있는 생활을 택할 것이고, 그러면 이야기는 점점 더 필수불가결한 생활의 요소로 변화하게 되어 있다. 그런데 한번 이야기를 접한 사람은 그 수준으로의 지적(知的) 승격을 이루며, 그 다음에는 같은 수준의 이야기가 같은 반응을 불러일으키지 못하게 되어 있다. 그 다음에는 더 재미있는, 혹은 더 자극적인 이야기만이 반응을 불러일으킬 수 있다. 이것은 마치 오늘날 사람들이 일정한 소비수준에 이르면 형편이 아무리 어려워지더라도 과거 궁핍한 시절의 소비형태로 돌아가지 못하는 것과 비슷한 현상이다. 이야기는 한번 소비하면 과거의 것이 되어 버리고, 더 신선한 이야기가 그 자리를 차지하게 되어 있다. 그렇기 때문에 이야기는 날로 세련되게 되어 있다. 세련이라는 말은 매우 복잡한 양상을 가리킨다. 그것은 내용이 복잡해지는 것을 가리키기도 하고, 구성이 치밀해지는 것을 가리키기도 하며, 때로는 새로운 소재를 동원하는 것을 가리키기도 한다. 어떤 경우이든 한번 선보인 것이 그대로 재현되어서는 이야기로서의 생명을 누리지 못한다. 과거의 것을 재현하여 성공한 경우도 많지만 그것은 언제나 새로운 모습으로 재현되면서 그 시대에 맞는 의미를 창출하는 것이었다. 이렇게 새로움을 추구하는 것이 이야기의 속성이기 때문에 이야기는 항상 보이지 않는 경쟁 상태에서 생명을 이어간다. 그리고 그 경쟁이야말로 새로운 이야기가 나오는 원동력을 제공하고, 궁극적으로는 소설적 이야기의 탄생과 발전을 이룩한 환경을 제공하는 것이었다.

지금까지 이야기한 것은 모두 중국소설사를 바라보는 기본적인 관점에 관한 것이다. 그것이 굳이 선언적인 의미를 띨 필요는 없다. 왜냐하면 모든 것은 세부적인 것을 설명하면서 다시 한번 구체화되어야 할 것이니까. 그렇지만 지금까지의 이야기에서 내가 밝힌 관점은 이 글을 관통하는 시각이다. 이렇게 전체적인 시각을 먼저 밝히는 것은 구체적 설명의 과정에서 계속 부연해야 할 번거로움을 피하기 위한 것이기도 하지만, 때로는 그 과정에서 설명하기 곤란한 경우도 많이 있기 때문이다. 이제 숨고르기도 끝났고, 시각을 통한 무장도 끝났다. 다음 장부터 나는 이야기의 흐름 속으로 직접 들어가 볼 것이다.

제 2 장

이야기의 발생과 변화

1. 이야기의 원시적 모습

사람이 사람이 되는 데에는, 다시 말해서 다른 동물로부터 구별되는 데에는 중요한 요인들이 많이 있지만 그 중에서도 언어의 사용은 대단히 중요하다. 특히 언어가 동물의 울음소리와 같이 단순한 의미를 전달하는 매체가 아니라 그것의 사용을 통해서 새로운 의미가 생성된다는 점에 언어의 특징이 있다고 생각한다. 많은 사람들이 머리로 생각하고 그것을 입으로 옮겨서 말로 표현한다고 생각하지만, 경우에 따라서는 말을 하다 보면 자신이 이전에 가져본 기억이 없는 생각이 떠오르는 경우도 많이 있다. 이것은 곧 우리가 반드시 머리를 써서 생각하기만 하는 것이 아니라 언어를 통해서도 생각을 만든다는 것을 가리킨다. 이런 면에서 볼 때에 사람의 말이란 것은 대단히 중요한 속성임이 분명하다. 특히 언어는 단순한 형태로 머물러 있지 않는다. 그것은 지속적인 자기증식을 통해 더욱 풍부해지는 속성을 가지고 있다. 초기에는 어휘가 풍부해진다든가 좀더 다양한 표현 방식이 출현하는 등의 자기증식이 이루어졌겠지만 언어의 사용이 생활의 일부로 완전히 정착한 이후에는 내용의 증식을 이루게 되었다. 바로 이러한 내용의 증식과정에서 이야기가 발생하고 다듬어졌다고 할 수 있다.

여기에서 우리는 생각과 말을 따로 떼어놓고 살펴볼 필요가 있다. 아득한 옛날 사람들이라고 해서 생각이 지금 우리와 완전히 달랐던 것은 아닐 것이다. 기쁨이나 슬픔 같은 느낌을 포함할 결국 넓은 의미의 '생각'은 원래부터 인간 모두에게 존재하던 것이었다. 초기의 인류학에서는 옛날 사람들의 생각이 유치했고 오늘날의 사람들은 고도로 발달된 생각을 한다는 관념이 지배적이었지만 그 이후 각종의 연구를 통해서 반드시 그렇지 않다는 관념이 정착되었다. 옛날 사람들의 생각이 그렇게 유치한 것도 아니었고 그들의 지능이 어린 아이 정도에 머무는 것은 아니었다. 그들도 우리와 같은 생각을 가지고 있었다. 차이가 있었다면 그것을 구체화하는 방식이었다. 오늘날 우리가 천문학 지식을 동원해서 행성의 움직임을 추적하는 반면에 옛날 사람들이 은하수를 강물과 같은 것으로 생각한 것이 생각을 구체화하는 방식의 차이를 보여준다.

그런데 한 개인의 생각이라는 것은 원래 무형(無形)으로 존재한다. 그것은 그 개인의 머리와 가슴 속에서 일어나는 일종의 현상이자 반응이다. 그것이 표현되지 않으면 그대로 묻혀 있게 마련이다. 그러나 그것이 표정이나 언어 등의 매체를 통해서 표현되고 여러 사람이 공유할 때에 그것은 생각이라는 모습을 가지게 된다. 이렇게 볼 때에 언어는 무형의 생각에 모습을 부여하면서 그것을 개인의 생각이 아닌 사회가 공유하는 생각으로 바꾸어 주는 역할을 수행하였다고 볼 수 있다.

그런데 일단 언어를 통해 표출된 생각은 다양한 모습을 이루어낸다. 우선 생각은 사물을 접하고 지각한 '정보'만으로 이루어질 수 있고, 또 그 정보에 느낌이 덧붙여진 것일 수도 있다. 예를 들어서 사냥이 중요했던 시기를 생각해 보자. 어떤 사람이 같은 부락의 사람들과 숲 속에서 사냥감을 찾다가 소를 한 마리 발견했다고 가정하자. 그에게 '소가 있다'라는 것은 동료에게 전달하고 싶은 정보가 된다. 그 정보를 좀더 구체적으로 전달하려면 '저기 큰 나무 밑에 소가 있다'라는 정보가 만들어질 것이다. 그런데 그들이 며칠째 사냥감을 못 찾아서 굶고 있던 터에 그 소를 발견했기 때문에 그가 '저기 큰 나무 밑에 소가 있다. 아이고, 잘 되었다. 며칠 만에 고기 좀 먹어보게 되었구나'라고 생각했다면 그것은 정보에 느낌이 덧붙여진 생각이 된다. 그가 어떤 방식으로 이 정보를 전달하는가는 그의 성격이나 상황에 따라 달라질 수 있다. 그렇지만 그가 택하는 표출방식에 따라서 똑같은 정보라도 내용이 달라질 수 있다. 그냥 '소가 있다'라고 한다면 듣는 사람에 따라서는 그 소를 잡아야 한다는 말인지가 불분명하다. 그렇지만 느낌까지 덧붙여진 생각이 표현되면 그 소는 꼭 잡아야 하는 대상이 된다. 초보적인 상태에서 생각의 모습과 그 효과는 이렇게 달라질 수 있다.

그런데 여기에서 한 걸음 더 나아가 보자. 그들이 한참 동안 그 소를 쫓아다니다가 마침내 여러 개의 창을 꽂아 그 소를 눕히고는 축제를 벌이게 되었다고 가정하자. 그들은 모두들 외칠 것이다. '우리가 마침내 소를 잡았다!'라고. 그런데 그 중 한 사람이 '여러 사람이 창을 찔렀지만 모두 엉덩이나 등에 찔러 소를 결정적으로 눕히지 못하고 있었는데, 소가 이리 뛰고 저리 뛰다가 자신 앞으로 달려들기에 자기가 소의 목에 창을 꽂아 소가 그 자리에서 넘어졌다'고 말했다. 모두들 그 말이 맞다고 인정해 주면 그 사람은 우쭐할 것이다. 그리고 죽은 소를 둘러메고 마을에 돌아와서는 그 사람이 마지막에 창을 찔러 소를 눕혔다고 아낙네들에게 말해 줄 것이다. 그러면 아낙네들의 머리에 각인되는 것은 단순히 남정네들이 소를 잡아왔다는 사실 그 자체뿐만이 아니라 그 사람이 소의 목을 찔러 소를 눕혔다는 사실까지를 포함한다. 이 때에 '소를 잡았다'라는 정보 그 자체보다 '그 사람이 소를 죽였다'는 정보가 추가되며, 그 과정이 하나의 초보적인 이야기가 된다.

이야기는 이렇게 정보와 정보를 연결시키면서 가장 초보적으로 발생하게 되어 있다. 다시 말해서 여러 가지의 단편적 정보를 연결시킨 것이 이야기라고 할 수 있는 것이다. 게다가 소의 목을 찌른 사람이 아낙네들의 부러움을 사게 되자 우쭐해져서 모닥불 옆에서 소가 자신에게 달려들 때에 얼마나 용감했는지, 다시 말해서 보통 사람처럼 겁에 질려 눈을 감고 숨은 것이 아니라 숨을 크게 들이쉬고 달려드는 소를 똑바로 쳐다보면서 창을 겨누어 힘껏 찔렀다고 자랑을 늘어놓았다고 가정하자. 그러면 그가 한 말은 완전히 이야기가 된다. 그것은 단순한 정보의 집적이 아니라 정보의 연결 위에 여러 사람들의 느낌을 유발할 요소를 첨가한 것이다. 이렇게 만들어진 이야기는 여러 사람의 입에서 입으로 옮겨지게 되고, 경우에 따라서는 내용이 부풀려지면서 애초에 소를 잡았다는 정보 그 자체를 훨씬 능가하는 '이야기'가 되어 버린다. 물론 여기에서 정보 자체가 무시되는 것은 아니다. 애초에 단서를 제공한 정보는 항상 이야기에 포함되어 있어야 한다. 그것이 없으면 이야기 자체는 공허한 것이 되어 버리고 말기 때문이다.

이런 이야기는 그것으로 끝나는 것이 아니었다. 그것은 이미 사회적인 파장을 일으키는 도구로 변하고 있었다. 극단적으로 말하면 그것은 신분의 변화를 예고할 수 있는 것이었다. 소를 잡았다는 것은 식량을 얻는 것을 의미하지만, 급소를 찔러 하마터면 놓쳤을 수도 있는 소를 잡았다는 사실 때문에 그 사람은 영웅이 되며, 다음부터는 사냥꾼의 지도자가 되었을 수도 있다. 그래서 중요한 것은 그런 사실이 아니라 그것을 사실로 믿게끔 만드는 기술이 신분의 변화를 촉진할 수 있다는 점이다. 실제로 소가 그에게 덤벼들었을 때에 그가 겁도 없이 소의 급소를 노려보고 찔렀는지, 아니면 겁에 질려 아무렇게나 창을 내밀었는데 소가 그것에 찔렸는지는 당사자 이외에는 아무도 모른다. 그것은 그 사람만이 아는 비밀이다. 그것을 무용담으로 떠벌린다는 것은 거짓말이 개입될 가능성을 다분히 가지고 있다. 그렇지만 그 거짓말이 발각되지 않는다면 그의 행동은 사실로 굳어지며, 그의 행동은 이야기를 통해서 더욱 두드러지게 되어 있다. 그의 행동은 단순히 소를 죽인 것이 아니라 용감하게 소를 죽인 것이며, 나아가서는 다른 누구도 할 수 없는 일이 된다. 결국 그 행동 자체가 중요한 것이 아니라 이야기가 중요한 것이다. 이야기를 하지 않았다면, 혹은 그에게 이야기를 장황하게 할 만한 재주가 없었다면 그의 용감함은 알려지지 못하고 소를 잡았다는 정보에 묻혀 버릴 수도 있었다. 그러나 이야기를 함으로 해서 그의 행동은 소를 잡았다는 사실을 능가하는 새로운 의미를 발생하게 만든 것이며, 집단 내에서 그에게 새로운 의미를 부여하게 되는 것이다.

한편 같은 정보가 여러 사람에 의해 동시에 이야기될 때에 나타날 수 있는 변형을 생각해 보자. 아래의 두 가지 예를 보면 같은 정보에 근거한 이야기가 어떻게 달라질 수 있는지를 볼 수 있다.

(갑) 우리 열 명은 소를 발견하고 좌우로 둘러쌌다. 먼저 왼쪽 끝에 선 젊은이가 창을 던졌는데 그것이 소의 엉덩이에 꽂혔다. 소는 움찔하면서 앞으로 한 발자국을 내디뎠다. 그러자 다른 사람이 창을 던졌는데 그 창은 등에 맞고 튀어나와 버렸다. 소가 그 쪽으로 방향을 틀자 다섯 명이 한꺼번에 창을 던졌고 그 중 세 개가 등에 꽂혔다. 그러자 소는 큰 소리를 치면서 이리저리 요동치다가 한쪽으로 뛰기 시작했다. 그 쪽에는 한 사람밖에 없었는데 그 친구는 창을 던질 여유도 없었는지라, 얼떨결에 소를 향해 창을 찔렀다. 그것이 목에 꽂히자 소는 큰 소리를 내며 그 자리에 넘어졌다. 소는 잠시 버둥대다가 이내 조용해졌고, 사람들은 조심스레 넘어져 있는 소에 다가가 죽은 것을 확인했다.

(을) 우리 열 명은 소를 발견하고 좌우로 둘러쌌다. 누군가가 창을 던졌고 그것이 엉덩이에 꽂혔다. 그러자 소가 아주 큰 소리를 내면서 이리저리 뛰기 시작했다. 먼지가 자욱하게 일어난 속에서 우리는 겁내지 않고 비 오듯 창을 던졌고 소의 등에 여러 개가 꽂혔다. 그러자 소는 어느 한 방향으로 달리기 시작했는데 그곳에는 한 사람밖에 없었다. 그 친구는 워낙 용감한 녀석이라 눈도 깜짝하지 않고 당당히 서서 창을 겨누다가 소가 가까이 오자 목을 냅다 찔렀다. 목을 찔린 소는 그 자리에 '쿵'하고 넘어지더니 한참을 발버둥쳤다. 그러나 우리는 기다리

> 지 않고 소에 다가가서 남은 창으로 계속 찔렀고, 소는 천지가 진동할 듯한 울음을 남기면서 죽었다.

이 두 가지의 이야기를 보면 어느 한쪽은 거짓말임이 분명하다. 그러나 여기에서는 거짓말이 중요한 것이 아니다. 중요한 것은 두 이야기의 서로 다른 점이다. 갑의 이야기에서는 소를 잡는 과정, 다시 말해서 세부적인 사실이 중시되었다. 그것은 사실의 진상을 묘사한다는 점에서 '사실로의 내향(內向)'을 보여주고 있다. 반면에 을의 이야기는 소를 잡는 과정을 보여주면서도 사실은 사냥꾼들이 얼마나 용감하였는가를 더 강조한다. 이것은 애초의 정보, 즉 소를 잡는 과정으로부터는 이탈해 있다는 점에서 '사실로부터의 외향(外向)'으로 이루어진 이야기라고 할 수 있다. 똑같은 정보에 근거한 이야기라도, 또 다같이 현장을 목격한 사람들에 의한 이야기라도 지향하는 바에 따라서 이야기가 만들어지는 모습은 이렇게 달라질 수 있다. 후세에 갑과 같은 내향적 이야기는 역사를 만들고, 을과 같은 외향적 이야기는 소설을 이루었다고 할 수 있을 것이다.

내가 소설사를 이야기의 역사라고 할 때에, 그 이야기는 이런 과정을 거쳐 발생한 것이 원형을 이룬다. 그것은 정보가 많아져서 이루어진 것이 아니라, 한정된 정보를 가지고도 '말의 기술'에 따라 정보로부터 증식되어 나올 수 있었던 이야기를 가리킨다. 이야기의 역사를 이루는 이야기들이 항상 새로운 것이었을 필요는 없다. 물론 새로운 정보는 새로운 이야기를 생산해 낼 수 있다. 그렇지만 이미 존재하는 정보도 다시 가공되어 새로운 이야기로 만들어질 수 있다. 이야기는 이런 여러 경로를 통해서 만들어지고 쌓이게 되었다고 생각된다. 이야기가 '말의 기술', 혹은 '말의 유희'를 통해서 만들어졌다는 점은 우리가 다루려는 이야기의 성격을 규정하는 동시에 중국소설사의 성격을 규정하는 것이 될 것이다. 우리는 뒤에 필요가 있을 때마다 이 문제를 여러 차례 토론하지 않으면 안 되게 되어 있다.

중국의 고대사회에서 언제 이러한 '말의 유희'가 발생하였는지는 알 수 없다. 나의 무식함 때문인지 모르지만, 이런 종류의 담론은 누구의 저작에서도 아직 목격한 바가 없다. 실제로 이야기가 언제 시작되었는지를 밝힐 수 있는 자료도 전무(全無)하다. 다만 추측할 수 있는 것은 사람들이 집단을 이루고 부락공동체의 모습을 갖추었을 때에 이르러 이야기가 사회적 매체로 등장하였을 가능성이다. 현재까지 발견된 자료에 의하면 중국에서 이런 부락공동체 사회가 신석기시대의 후반에는 분명히 존재했다고 생각되며, 그것을 보여주는 예가 서안(西安) 부근에서 발견된 반파촌(半坡村)의 유적이다. 이에 관해서 나는 전에 썼던 글의 일부분을 인용하기로 한다.

> (물질적 측면에서 문화형성의 징후가 드러내는 것이 각종 도구라고 한다면) 정신적 측면에서 문화형성의 징후가 드러나는 것은 묘장(墓葬)이라고 할 수 있으며, 신석기시대의 발굴 자료는 묘장이 대부분을 차지하였다. 묘장의 출현은 사람들이 죽음에 대해 어떤 의미를 부여하였음을 가리킨다. 동물은 동료가 죽었을 때에 일부러 파묻어 주는 일이 없다. 그러나 이 시기에는 사람이 죽으면 살아 있는 사람이 묻어 주는 습성이 있었음이 분명하다. 이것은 사람의 시신을 동물의 시신과는 달리 처리해야 한다는 생각에서 비롯되었던 것으로 보인다. 이것은 나아가서 죽은 자에게도 영혼이 있으며, 죽은 사람의 몸을 적절히 처리해 준다는 것이 살아 있는 사람에게도 특별한 의미가 있었기 때문일 것이다.
>
> 이러한 묘장과 집단의 생활상을 보여주는 예가 서안 부근의 반파촌에서 발견된 마을의 유적이다. 1953년에 발견되고 1954년에서 1957년까지 발굴된 이 유적지에서는 대략 50,000 평방미터 정도 크기의 집단거주지의 유적이 드러났다. 이 마을은 옆으로 긴 타원형 모습을 하고 있었으며, 그 둘레에는 아마도 짐승의 침입을 방지하기 위해서 만들어졌다고 믿어지는 구덩이가 둘러쳐져 있었다. 40여 호의 집터가 발견된 이 마을의 공간적 구도는 집단거주지의 개념을 선명히 드러낸다. 마을의 한가운데에는 비교적 규모가 큰 집터가 놓여져 있었으며, 규모가 작은 40여 호의 집터는 이 가운데의 집터를 둘러싸는 모습으로 발견되었다. 그리고 이 집들의 문은 가운데의 큰 건물을 향하게끔 되어 있었다. 이것은 집들이 마을의 중심인 가운데의 큰

건물을 향해 배열되게끔 한 일종의 계획된 구도였다고 할 수 있으며, 여기에서 우리는 이 마을이 어떤 구심점을 가진 집단공동체였음을 발견할 수 있는 것이다. 한편 이 마을을 둘러싸고 있는 구덩이를 벗어난 바깥쪽에 서북쪽으로 약 1킬로미터 떨어진 곳에서는 일종의 공동묘지가 발견되었다. 이 마을에서 살다가 죽은 사람들이 묻힌 곳으로 추정되는 이 묘지에서는 200여 기의 묘장이 발굴되었으며, 죽은 사람은 모두가 성인으로 추정되었다. 그러나 마을 안의 집터 밑바닥에서도 시신이 발견되었는데, 이 시신들은 예외 없이 토기로 만든 커다란 독에 들어 있었으며 모두가 성인이 아닌 어린 아이들의 시신이었다.

이러한 자료를 종합할 때에, 우리는 반파촌의 사람들이 가지고 있었던 생각을 정리해 볼 수 있을 것이다. 즉 마을은 하나의 공동체로서, 마을 한가운데에 자리잡은 오늘날의 시청과 같은 중심 건물로 생각할 수 있는 큰 건물을 구심점으로 삼고 있었다. 이 큰 건물이 누군가 거주하는 것인지는 분명하지 않으나 집터의 모습으로 보아 생활공간은 아니었던 것으로 보이며, 공회당의 성격에 더 가까웠으리라 본다. 이것은 결국 초보적인 의미에서의 사회구조가 존재함을 가리키는 것이다. 한편 묘장을 통해서 우리는 산 사람과 죽은 사람이 분명히 구분되며, 동시에 산 사람과 죽은 사람이 각각 위치해야 할 공간도 구분되어 있었음을 발견한다. 그리고 마을 안의 집터에서 발견된 어린 아이들의 시신에 관해서, 아이들은 죽은 이후에도 부모의 보살핌을 받아야 하기 때문에 마을 밖의 묘지에 묻지 않고 집안에 묻는 것으로 중국의 학자들은 해석하였다. 이러한 해석이 설득력이 있다면, 그것은 이 시기에 이미 저승의 관념이 초보적으로 형성되어 있었을 가능성을 암시하는 것이라 해도 과언이 아니다.[1)]

내가 이런 자료를 굳이 인용하는 것은 부락공동체의 형성과 유지에 있어서 이야기가 상당한 역할을 했음을 강조하기 위해서이며, 동시에 부락공동체의 시기에서부터 '여러 사람이 공유하는' 이야기의 원형이 만들어지기 시작했음을 강조하기 위한 것이다. 왜냐하면 이 부락공동체의 모습에서 그것이 단순히 사람이 모여 사는 곳이 아니라 어떤 '논리'에 의해서

---

1) 徐敬浩, 《중국문학의 발생과 그 변화의 궤적》 제3장 1절.

움직여지는 사회의 모습을 발견할 수 있기 때문이다. 그 논리는 바로 그곳에 사람이 모여서 그런 모습으로 살아가는 이유를 제공한다. 예를 들어 일정한 형식을 가진 묘장이 있다는 것은 어째서 사람을 묻는가, 혹은 어떻게 묻어야 하는가 등의 다양한 질문에 대한 그 시기 나름대로의 논리적 해답을 보여준다. 부락 내의 집을 모두 중앙으로 향하게끔 한 것도 그렇게 시키는 논리가 있었기 때문에 가능한 것이다.

이런 논리는 부락의 모든 사람들이 공유하는 믿음이었다. 그런데 그 믿음이라는 것이 선험적(先驗的)으로 만들어지는 것이 아니다. 믿음을 처음 만들어 낸 세대에게 있어서나 그 믿음을 이어받는 세대에 있어서나 그런 논리는 설명되지 않으면 안 되었을 것이다. 그 설명은 마을의 축제를 통해서 행해졌을 수도 있고, 노래를 통해 이루어졌을 수도 있으며, 모닥불을 둘러싸고 행해지는 이야기를 통해서 이루어졌을 수도 있다. 그렇지만 어느 경우에도 이야기는 있어야 했다. 어째서 축제를 벌이는가, 다 함께 부르는 노래가 무슨 의미를 가지고 있는가 하는 것은 이야기를 통해서 설명되지 않으면 오랜 생명력을 지니지 못한다. 축제와 노래는 그것을 행할 때에 당연히 그래야 한다는 믿음 때문에 지속될 수도 있다. 그렇지만 믿음은 그것을 떠받치는 논리에 의해 거듭해서 설명되지 않으면 지속될 수 없다. 단순히 그 행위가 지속되면서 그 의미에 대한 설명이 이루어지지 않을 때에는 믿음의 정도가 떨어질 수밖에 없기 때문이다. 그리고 그 설명의 가장 중요한 방법이 '이야기'였다. 이 시기의 이야기는 주로 다을의 추장(酋長)이나 무당에 의해서 행해졌을 가능성이 크다. 그것은 그들이 가장 많은 이야기를 장악하고 있는 사람이었기 때문이다. 그들의 이야기는 곧 살아 있는 '지식'이었으며, 믿음의 원천이었을 가능성이 크다.

이런 의미에서 볼 때에 부락공동체 사회에서의 이야기는 지식을 전달하는 수단이었다. 이야기를 할 수 있는 사람은 곧 지식의 보유자였으며, 또 새로운 지식을 만들어 낼 수 있는 사람이었다. 앞의 소를 잡은 사건에서 볼 수 있듯이 사냥꾼의 용감함을 부각시키는 것은 현장을 목격한 모든 사람이 할 수 있는 것이 아니라 그것을 이야기로 꾸며낼 수 있는 사람만이 할 수 있는 것이었다. 그것은 한 마리 소를 잡은 평범할 수도 있었을 사건을 통해서 영웅을 만들어 낼 수 있는 재주였지만, 동시에 새로운 영웅의 탄생은 용감한 사람의 모델이라는 새로운 지식의 탄생을 의미하는 것이었다. 따라서 이 시기에 이야기는 마을의 구심점을 만들어 주는 중요한 역할을 하고 있었다고 생각된다. 그것은 통치하는 자와 통치되는 자를 구분해 주는 잣대를 만들어 가고 있었던 것이다.

시간이 흐르면서 사람의 사회가 부락공동체의 단계를 벗어나 국가사회로 진입하면서, 다시 말해서 사회가 더욱 복잡해지면서 이야기의 양과 수요는 그만큼 더 늘어났을 것이다. 그러나 더 중요한 것은 국가체계의 유지를 위해서 더 많은 설명이 필요했다는 점이다. 중국에서 최초의 국가로 인정받고 있는 상왕조(商王朝) 시대에 행해진 대규모의 순장(殉葬)이나 제사[2]는 그것을 지탱하는 믿음이 없으면 불가능했을 가능성이 크다. 그런 믿음은 축적된 지식을 설명함으로써 지탱되었을 것인데, 그런 설명은 이야기를 통해 이루어졌다고 본다. 따라서 사회가 더 복잡해질수록 이야기의 역할은 그만큼 더 커졌다고 볼 수 있다. 이야기는 점차 일상적인 것과 '특별한' 것으로 나뉘어졌을 것으로 생각되며, 이 중에서 특별한 이야기는 더욱더 특별해졌을 것이다. 그런 이야기는 가르침이나 믿음을 설명함으로써 신성시되고, 신성한 이야기는 정치권력을 장악하는 중요한 수단이 될 수 있었다. 이런 시기에 가장 비중을 가지는 이야기는 신화와 전설이었다고 추측할 수 있다. 그것이 정치권력의 정통성을 뒷받침해 주는 이야기였기 때문이다. 신화와 전설은 과거로부터 내려오는 지식의 집합체였으며 동시에 가장 신뢰성을 갖춘 신성한 이야기였다. 그것은 가장 큰 믿음을 강요하는 이야기였다.[3]

---

2) 徐敬浩, "고대 중국의 人殉과 人牲의 초보적 검토", 《중국인문과학》 5, 1986, pp.133～170.

3) 누군가는 내가 이야기를 가지고 고대문화의 모든 것을 설명하려는 것이 아닌

그렇다고 해서 이 시기에 이야기에 대한 통제가 이루어졌던 것은 아니다. 신화와 전설이 국가체계를 유지하는 강력한 힘을 가진 이야기로 강조되고 모든 구성원에게 강요되었지만 실제로 사람과 사람 사이에서 일어나는 일상적인 이야기도 통용되고 있었다. 사람들 사이에서는 사랑의 아픔이나 헤어짐, 자식을 잃은 슬픔, 사회를 살아가면서 느끼는 기쁨이나 갈등 등 모든 것이 이야기되고 있었을 가능성이 크다. 이것은 뒤에 《시경》을 관찰하면서 다시 언급될 예정이다. 중요한 것은 이 단계에서부터 단순히 말로 표현되는 모든 것이 아니라 '듣는 사람의 주목을 받는 이야기'가 다른 것들로부터 구별되며 그것 자체가 독립적인 사회활동 및 언어활동의 영역을 형성하기 시작했다는 점이다. 비록 세부적인 면에서는 여러 종류로 갈라지지만, 이 시기부터 이야기는 자체적인 생명력과 증식능력을 가진 몸통을 이루면서 진행되어 왔으며 그것은 오늘날까지 유지되고 있다.

다만 이런 모든 이야기는 과거에 한때 존재했을 것으로 생각될 뿐, 어떤 구체적인 모습을 포착할 수는 없다. 그것은 그런 모습을 보여줄 아무런 자료가 없기 때문이다. 이 시기의 이야기들은 문자기록으로 남지 못하고 말을 통해서 기억되고 전달되었을 따름이기 때문이다. 이 시기에는 문자가 없었거나 있었어도 매우 특별한 목적을 위해서 제한적으로 사용되었다. 그리고 문자를 사용하는 것은 대단히 많은 비용을 지불해야 하는 행위였다. 그렇기 때문에 단순한 정보가 아닌, 당시의 상황에서는 상대적으로 장

가 하는 의문을 제기할지도 모른다. 그런 의문은 정당한 것이다. 사실 여기에서 나는 이야기에 너무 큰 역할을 지우고 있다. 그러나 그것은 이야기가 어째서 팽창할 수 있는가를 설명하기 위한 방편에 지나지 않는다. 나는 고대 문화의 모든 것이 이야기로만 이루어졌다고 믿지는 않는다. 이야기는 당시 사람들이 중시하던 다양한 인간적 행위의 한 가지였을 따름이다. 그것은 다른 여러 행위, 예를 들어 노래를 부르거나 제의를 행하는 등의 행위와 얽혀 있었다고 생각된다. 내가 주장하고자 하는 것은 그런 행위들이 이야기와 별개로 취급되어서는 안 된다는 점이다.

황해서 많은 문자가 동원되어야 하는 이야기가 구체적으로 기록될 수는 없었다고 본다. 문자기록이 만들어지기 이전의 이야기에 관한 논의는 따라서 그 발생과정에 대한 추측으로 국한될 수밖에 없게 되어 있다.

2. 초기의 문자기록과 이야기

중국에서 현존하는 최초의 문자기록이 발생한 것은 상왕조의 후기인 기원전 1200년경이었으니, 1930년대에 하남성(河南省) 안양현(安陽縣) 소둔촌(小屯村)에서 대량으로 발견된 갑골문(甲骨文)이 바로 그것이다. 동물의 뼈와 거북의 등껍질에 글자를 새긴 다음에 불에 넣어 균열이 생기는 것을 보고 상제(上帝)의 뜻을 점쳤다고 해서 복사(卜辭)라고 불리는 이 기록은 성격상 이야기의 기록과는 그리 관련이 없다. 그것은 대단히 신성한 행위였다. 그것은 상왕조를 보호해 준다고 믿고 있던 상제에게 왕이 질의하고 그 대답을 얻는 절차였기 때문에 사람과 신의 의사소통을 위한 매체였다. 문자를 이렇게 한정된 용도로만 사용하던 이 시기에 문자를 쓸 수 있다는 것은 곧 신과 의사소통을 할 수 있는 권한을 지님을 의미했으며, 그래서 문자의 장악은 곧 정치권력의 장악을 의미하는 것이었다. 게다가 갑골에는 많은 문자를 새길 수도 없었다. 한 편(片)에 새겨질 수 있는 글자의 숫자가 제한되어 있었기 때문에 그 내용은 극히 압축될 수밖에 없었다. 그래서 신에게 전달하고자 하는 의미도 가장 핵심적인 사항이나 정보에 국한되었지 결코 어떤 이야기를 늘어놓을 수 있는 것이 아니었다.

상왕조가 멸망하고 주왕조(周王朝)가 들어서면서 문자의 사용에 상당한 변화가 일어났던 것으로 알려져 있다. 주왕조는 초기에 갑골을 부분적으로 사용하였지만 얼마 지나지 않아 이를 중단하였다. 그리고 이 시기에는 신과의 의사소통을 위해서가 아니라 사람의 일을 기록하기 위해 문자를 사용하기 시작했으니 그것이 바로 《시경(詩經)》과 《서경(書經)》이었다.[4] 《시경》과 《서경》이 출현하던 시기에도 문자는 아직 제한적으로 쓰이고 있었다. 그것은 왕실의 전유물이었으며, 모든 문자기록은 왕실에서만 하게끔 되어 있었다. 이러한 제한이 풀리는 것은 주왕실의 권위가 무너진 춘추시기 말엽에 이르러 사교육(私教育)이 시작되면서부터였다. 그것은 문자사용능력의 민간에 대한 보급을 야기했고 실제로 그런 보급을 통해서 이전에는 문자기록의 대상이 되지 못했던 이야기가 문자기록으로 편입될 가능성도 나타나게 된 것이다. 한편 고대사회에서 가장 중요한 이야기라고 보편적으로 알려져 있는 신화는 《시경》과 《서경》이 출현하던 시기에 거의 기록되지 않았다. 오늘날 우리가 알고 있는 중국의 신화는 대부분 상당히 후세에 비로소 기록되었으며, 그래서 원래의 모습이 상당히 훼손된 것이 사실이다. 우리는 이 문제에 대해 다시 논의하게 될 것이다.

중국의 소설사를 이야기하면서 《시경》을 거론하는 것이 이상하게 보일지도 모른다. 그렇지만 고대의 노래를 모아놓았다는 《시경》은 이야기의 역사를 관찰하는 데에 있어서 대단히 중요한 자료이다. 많은 사람들이 '노래는 노래할 따름이지 이야기하지는 않는다'는 생각을 지니고 있다. 그렇지만 노래도 기본적으로 이야기가 없으면 성립되지 않는다. 음악은 단순한 선율이 아니다. 그것은 의미를 전달하기 위한 선율이며 그 의미의 구축에는 이야기라는 배경이 반드시 있다. 노래의 가사는 더욱 그렇다. 그것은 무의미한 단어의 구축이 결코 아니다. 그것은 단어의 조합을 통해 의미를 구현하는 것이며, 그 의미는 이야기를 배경으로 하고 있다. 이야기가 없는 가사는 사실상 생각할 수 없다. 물론 오늘날 우리가 볼 수 있는 《시경》은 원본이 아니며 거기에 수록되어 있는 노래가 원래의 모습을 가지고 있지 않을 가능성은 항상 염두에 두어야 한다. 현재 남아 있는 《시경》은 후세 사람들에 의해 재구성된 것이다. 또 이 책에 수록된 노래가사들이 애초에 그렇게 불리어졌는지, 아니면 그것이 문자기록으르 옮겨지면서 원

4) 이러한 문자사용의 변화에 대해서는 徐敬浩, 《중국문학의 발생과 그 변화의 궤적》 제3장 2절에서 구체적으로 기술한 바 있다.

래의 모습을 잃고 문자기록을 위한 모습으로 바뀌었는지에 대해서는 확실한 것이 없다.

노래는 이야기를 배경으로 하면서도 그 이야기를 풀어내는 방식과 그것이 궁극적으로 지향하는 바가 이야기와는 다르다. 이야기가 정보에 근거해서 줄거리를 풀어내는 것인 반면에 노래는 정보에 그리 크게 기대지 않는다. 물론 정보는 원래 있었고 그것에 의해 이야기가 만들어졌지만, 노래는 이야기를 이용하기만 할 뿐 정보까지를 다루지는 않는다. 또 노래는 이야기의 전체를 전달하는 것을 궁극적인 목표로 삼지 않는다. 노래는 이야기를 노래로 변화시킴으로써, 혹은 이야기를 배경으로 삼아 빚어내는 감성적 반응을 목표로 한다. 이런 예는 민간의 노래가사를 모아놓은 《시경》의 〈국풍(國風)〉에서 쉽게 찾아볼 수 있다. 다음의 노래를 보자.

> 들판에서 잡은 노루고기를
> 흰 띠풀에 싸다 주었네.
> 이성 그리는 아가씨 있어
> 미남이 유혹한 거지.
>
> 숲에는 잔나무 있는데
> 들판에서 사슴 잡았네.
> 흰 띠풀로 싸 가지고 가니
> 옥 같은 아가씨 있네.
>
> 가만 가만 천천히,
> 내 앞치마 건드리지 말고
> 삽살개 짖지 않게 해요.[5]

5) 이 노래는 《시경》 〈소남(召南)〉의 「야유사균(野有死麕)」이다. 이 번역은 金學主, 《중국문학사》 pp.84~85를 인용한 것이다. 원문은 다음과 같다. "野有死麕, 白茅包之. 有女懷春, 吉士誘之; 林有樸樕, 野有死鹿. 白茅純束, 有女如玉; 舒而脫脫兮, 無感我帨兮, 無使尨也吠."

이 노래에는 분명히 줄거리가 있다. 한 쌍의 남녀가 서로 좋아하고 있었다. 남자는 노루를 잡아서 그 고기를 들고 갔고[6] 그 때마다 여자는 예쁜 얼굴로 그를 맞이하곤 했다. 그리고 둘은 어느 날 남몰래 만나 사랑의 행위를 벌였는데, 아마도 남자가 조금 흥분하고 서둘렀던 모양이다. 그래서 여인은 남자에게 천천히, 아주 은근하게, 그리고 너무 시끄럽지 않게 사랑할 것을 권한다. 너무 서두르면 사랑의 묘미를 잃고 또 남들에게 들킬 수도 있으니까. 이것은 분명히 이야기를 하는 것이다. 그렇지만 이야기는 직설적으로 모습을 드러내지 않는다. 다만 상징적인 행동을 통해서, 또 은근한 대화를 통해서만 그런 이야기가 뒤에 깔려 있음이 암시될 뿐이다. 그렇지만 사랑하는 한 쌍의 남녀가 어느 날 만나서 사랑의 행위를 했다는 이야기가 없었다면 이 노래는 성립되지 못했을 것이다. 비록 이야기를 하지만 여기에는 이야기를 이루는 핵심인 정보가 없다. 남녀가 누구인지도 모른다. 또 둘이 어떻게 만나게 되었는지도 밝혀져 있지 않다. 세상 아무나 아무렇게나 만나게 되어 있는 것도 아닌데 말이다. 이것이 바로 노래의 특징이다. 노래는, 특히 민간에서 집단창작의 형태로 만들어지고 불리던 노래는 이야기를 깔고 있지만 그 이야기의 핵심이 되는 정보에는 관심이 없다. 그것이 집단으로 불리던 노래이기 때문에 이야기의 주인공이 누구이고 어떤 특수한 경우를 당해 서로 만나게 되었는가는 문제가 아니다. 이 노래가 전달하려는 목적은 사랑하는 남녀가 겪는 과정과 사랑의 행위를 하면서 느끼는 짜릿함에 집중되어 있다고 해도 과언이 아니다. 그래서 노래는 이야기를 깔고 있으면서도 내놓고 이야기를 하지 않는다. 그것은 이야기가 있음을 넌지시 암시할 뿐이다. 반면에 우리는 이런 노래를 통해서 당시에 이런 종류의 이야기가 있었음을 발견할 수 있는 것이다.

---

6) 이것은 김학주 교수의 번역을 바탕으로 한 것이다. 그렇지만 《시경》에 수록된 노래는 다양한 해석이 가능하다는 점을 염두에 두기 바란다.

이런 특징은 《시경》에 국한되는 것이 아니었다. 한대(漢代) 말엽부터 본격적으로 나타난 시(詩)도 이런 면에서는 마찬가지였다. 모든 시는 어떤 종류의 이야기를 뒤에 깔고 있지만 결코 그 이야기를 전면에 내세우지 않는 것이 중국 문인들의 관행이었다. 물론 중국인이라고 해서 노래에 이야기를 내세우지 말라는 법은 없었다. 우리는 《초사(楚辭)》의 한 편인 〈이소(離騷)〉와 한대 말엽의 〈공작동남비(孔雀東南悲)〉에서 충분히 그런 가능성을 볼 수 있다. 이 두 편의 노래는 이야기를 배경에 깔고 있는 것이 아니라, 이야기를 전면에 배치한 노래였다. 그렇지만 그것은 극히 예외적인 경우였다. 중국의 문인들은 언제나 전체적인 줄거리를 늘어놓는 것을 싫어했으며, 특히 운문(韻文)에서는 그것을 금기로 여기는 경향이 있었다. 그들은 글쓰기에 대해서 상당히 엄격했다. 글은 많이 써서 좋은 것이 아니라 의도하는 의미를 최대한 압축하여야 하며, 그것도 직설적이지 않고 우회적인 방법으로 그 의미를 전달하여야 한다는 것이 그들의 규범화된 생각이었다. 그래서 그들에게 있어서 구체적인 줄거리와 내용을 모두 기술하면서 그것 전체를 통해 의미를 파악해야 하는 이야기는 글쓰기의 대상이 되지 못했다. 바로 이것이 이야기가 문인문화에 편입되지 못했던 이유 중의 하나였다고 생각한다. 또 그것이 많은 이야기가 존재하고 있었지만 실제로 그 이야기들이 글쓰기를 통해서 분출구를 찾아내는 데에 오랜 시간이 걸렸던 이유이기도 할 것이다. 이야기가 단편적으로 기록되기 시작한 것은 기원전 300년경이지만 실제로 그것이 소설적 이야기로 정착되기 시작한 것은 천여 년이 지나서였다고 생각되기 때문이다.

《서경》은 주왕실에서 왕과 신하들 사이에 오간 대화를 기록한 것으로 알려져 있다. 《한서(漢書)》 〈예문지(藝文志)〉에 의하면 이 시기의 왕실에 기록자로서의 좌사(左史)와 우사(右史)가 있었는데 좌사는 말을 기록하고 우사는 일어난 일을 기록하였다고 한다. 좌사가 기록한 것은 〈상서(尙書)〉라 했고 우사가 기록한 것은 〈춘추(春秋)〉였다고 한다. 따라서 《서경》에 기록된 것은 역사적인 '사실'이라고 할 수 있으며, 이것은 앞에서 말한 '외향적 이야기'와는 거리가 멀다. 그것은 사실 자체에 초점이 맞추어져 있는 '내향적 이야기'의 모습을 보여주고 있다. 배경이 되는 이야기는 그 자체로 기록되는 것이 아니고 대화를 통해 언급되었을 따름이기 때문이다. 이것은 단순히 이야기를 배제하기 위해서라기보다는 그 기록의 방식이나 과정에서 파생된 문제라고 보아야 할 것이다. 모든 역사적 사실은 그 배경의 이야기를 가지고 있지만 실제로 말하는 사람이 그것을 언급하지 않는 이상 기록될 수가 없었을 것이기 때문이다. 앞에서 내가 소를 잡는 이야기를 하면서 내향적 경향이 역사를 이룬다는 것을 우리는 《서경》에서 발견할 수 있는 것이다.

3. 신화의 잠복

《시경》과 《서경》은 그 자체가 이야기를 기록하기 위한 것이 아니었다. 그것들은 이야기를 바탕으로 깔고 나타난 노래와 역사의 기록이었는데, 이것을 검토한 이유는 이미 이러한 기록에서 배경에 깔려 있는 이야기의 존재를 확인할 수 있기 때문이다. 특히 이 두 기록에서 나타난 중요한 점은 당시의 기록이 사람에 집중되어 있다는 점이다. 이 기록에서 우리는 신적(神的) 존재에 관한 기록을 거의 발견하지 못한다. 이것은 세계 여러 문화권에서 나타나는 현상이나 사회인류학에서 거론되는 보편성에 비추어 보면 특이한 현상이다. 왜냐하면 부락공동체에서 국가체계로 이행하는 단계에서, 아니면 초기 국가체계의 유지에서 신화가 매우 중요한 역할을 했다는 것이 보편적 인식이라고 할 수 있기 때문이다. 신화는 그 사회의 형성 배경과 존재 근거를 제시하였으며 동시에 그 사회 구성원의 사유방식을 지배했다고까지 알려지고 있다. 특히 문자기록이 본격화되면서 신화는 기록의 가장 중요한 대상의 하나였다. 그렇지만 그런 일이 중국에서는 일어나지 않은 듯하다. 그렇다면 중국의 사회가 이런 보편성에서 벗어나는 극히 특수한 사회인가? 아니면 그런 보편성이 있음에도 불구하고 중국의 특수한 현상이 나타난 것인가? 또 앞에서 말한 바 있듯이 신화와 전설은 고대 사회에서 가장 중요한 이야기였다고 일반적으로 인식되고 있는데 그것들은 어째서 후세에 문자기록으로 남지 못했는가?

중국에서 신화의 연구는 1920년대에 비로소 시작되었다. 그 이전에는 신화라는 개념 자체가 없었다. 서구의 문물을 접한 당시의 학자들이 중국의 고대 전적에서 신화에 해당되는 기록을 찾아내면서 신화연구가 시작되었던 것이다. 그러나 처음에는 매우 초보적인 개념이 도입되었을 따름이지 결코 본격적인 연구가 진행된 것이 아니었으며, 신화를 언급한 사람도 신화학의 전문가는 아니었다.[7] 1930년대에 들어서서 신화의 연구는 역사학자들의 관심대상이 되었으며 여기에서 일어난 다양한 견해는 《고사변(古史辨)》에 상당 부분 모여졌다. 《고사변》의 출현은 신화의 연구가 초기에 비해서 상당한 깊이를 축적했다는 것을 보여주기에 충분한 것이었다. 그렇지만 초기의 비전문적 연구자들이 제기했던 문제는 여전히 더 설명되어야 할 항목으로 남아 있다. 그것은 기본적으로 중국의 신화가 서구의 신화에서 볼 수 있는 체계를 갖추지 못하고 극히 단편적인 모습으로 남아 있다는 점이다. 좀더 구체적으로 말하자면 오늘날 발견할 수 있는 중국의 신화가 신의 계보나 신들 간의 연속성을 보여주지 못하고 개별적인 신화적 에피소드의 모습만을 보여준다는 것이다. 이것은 또 신화적 기록의 양이 서구에 비해서 극히 적다는 점과도 연결되어 있다. 이 문제들에 대해서 노신과 현주(玄珠)는 나름대로의 견해를 밝혔다. 노신은 첫째로 중국 북방의 자연환경이 척박하여 사람들이 현실적인 문제에 집착한 나머지 상상력의 발휘에 눈을 돌릴 기회가 적었기 때문에 신화적 이야기를 모을 겨를이 없었으며, 둘째로는 공자 이래로 출현한 유가사상(儒家思想)에 의

7) 이 시기에 신화를 언급한 대표적 인물로는 현주(玄珠, 沈雁氷)를 들 수 있다. 그는 1926년에 《中國神話研究ABC》를 발표하였다. 그보다 앞서 魯迅이 《中國小說史略》에서 신화에 관해 언급한 바 있다. 이들은 모두 신화라는 개념의 소개자였지, 전문적인 연구자는 아니었다.

해 황당하다고 여겨지는 이야기들에 대한 관심이 줄어들었기 때문에 신화적 이야기들이 소멸되었을 것이라고 보았다.[8] 또 현주는 첫째로 신화가 대부분 역사화되었으며, 둘째로는 신대시인(神代詩人)의 출현을 촉발할 만한 대사건(大事件)이 없었기 때문이라고 했다.[9] 이 견해들은 서로 화법을 달리하고 있으나 사실은 비슷한 이야기를 하고 있다고 보아야 하겠다. 여기에서 이들의 견해를 굳이 언급하는 것은 이런 문제들이 중국신화연구라는 분야의 존립 자체와 관련이 있기도 하고, 또 이야기의 역사에서 신화의 위치를 어떻게 설정해야 할 것인가 하는 문제와도 관련이 있기 때문이다. 이제 이 견해를 포함해서 중국신화라는 명제를 포괄적으로 논의해 보기로 하자.

우리는 먼저 "과연 중국신화라는 실체가 존재하는가?"에 대해서 생각해 보지 않을 수 없다. 여기에서 내가 중국인은 애초에 신화를 만드는 능력이 없었다는 방식으로 신화연구의 보편적인 이론 자체를 부정하려고 하는 것은 아니다. 다만 나는 우리 학계에서 관행적으로 쓰이고 있는 '중국신화'라는 명제를 새삼스레 검토할 필요가 있다고 생각한다. 오늘날 우리에게 전해지는 서구의 신화는, 예를 들면 그리스 신화와 로마의 신화는 좁은 지역에 존재하던 소규모 공동체 내에서 공유된 이야기였다. 또 미주대륙의 인디언은 부족 단위로 서로 다른 신화를 가지고 있었는데 한 부족이 점유하고 있던 지역은 그리 광활한 것이 아니었다. 이를 통해서 볼 때에 동일한 신화를 공유하는 것은 어느 정도의 제한된 공간에서 이루어졌다고 볼 수 있다. 반면에 광활한 지역이나 심지어 대륙 전체에서 공유되는 신화적 개체는 발견되지 않는다. 따라서 "중국이라는 광활한 대지를 하나로 묶어 주는 신화가 과연 존재할 수 있었는가?" 하는 것은 분명히 생각해 보아야 할 문제이다.

---

8) 魯迅, 《中國小說史略》, pp.27～28.
9) 玄珠, 《中國神話研究ABC》, pp.12～13.

전통적인 역사관에 따르면 그런 것이 가능했을지도 모른다. 즉 황하유역에 중심을 둔 문화적 핵에서 처음 출발하여 점진적으로 그 영향력을 주변으로 확대하면서 마침내 커다란 개체, 다시 말해서 문화적으로나 이념적으로 완전히 통일된 개체로서의 중국을 이루었다는 관념에서 보면 그 개체를 대표하는 신화의 개념이 존재할 수 있다. 이 경우에 중국의 신화는 궁극적으로 황하유역을 중심으로 하는 북방의 신화를 의미하게 될 것이며, 앞에서 언급한 노신의 첫번째 견해도 이런 관념의 소산이라고 할 수 있다. 다시 말해서 중국의 신화는 원래 그런 모습으로 태어난 것이 아니라 중국이 점진적으로 이루어지면서 '수렴'된 결과라고 할 수 있다. 그러나 중국에 과연 황하유역의 문명만이 존재했으며, 그래서 황하유역의 관념이 중국을 대표했다고 할 수 있는가? 1960년대 이래의 활발한 고고학적 발굴과 그에 대한 해석을 통해서 전통적인 '황하문명기원설(黃河文明起源說)'은 이제 퇴조하고 있다. 오히려 중국 각지에서 동시다발적으로 발생한 문명이 서서히 융합되어서 오늘의 중국을 이루어내었다는 학설이 더 큰 설득력을 얻어가고 있다. 그렇다면 '중국'이라는 말에 의해 대표되는 신화적 체계는 존재하지 않는다고 할 수 있다. 다만 '중국이라고 불리는 거대한 지역에서 발생한 신화군(神話群)'이 있어 왔다고 할 수 있을 것이다. 이 거대한 지역에서 신화는 일원적(一元的)으로 발생한 것이 아니라 다원적(多元的)으로 발생했을 가능성이 높다. 왜냐하면 각각의 문명이 발생하는 과정에서 서로 다른 신화가 각각 발생했다고 생각할 수 있기 때문이다. 각각의 신화는 그 지역의 정서를 대변하는 것이었으며, 서로 달랐다고 보아야 할 것이다. 아직 중국이라는 통일개체가 성립되기 이전에 발생한 신화들이 어떤 공통적인 정서로 묶여져 있었다고 보기는 어렵다. 그런데 1920년대에 정리된 신화의 자료, 그리고 1960년대에 원가(袁珂) 등에 의해서 정리된 신화의 체계와 자료 등은 이런 지역적 개별성을 염두에 두지 않고 신화적 특성을 가지고 있는 모든 자료를 '중국'이라는 이름으로 묶어 버린 것이었다.[10] 이것은 곧 중국 땅에서 발생한 모든 신화를 중국신화라고 보는 것인데 과연 이런 생각이 합리성을 가지고 있는가를 다시 생각해 봐야 한다는 것이다.

이 문제에 처음 의문을 제기한 사람은 에버하르트(Wolfram Eberhard)였다. 그는 중국의 상고시대에 통일성을 가진 중국문명이라는 것은 존재하지 않았으며, 다양한 주변문화, 혹은 독립적인 개별문화가 서로 교류하고 있었을 따름이라고 주장하였다.[11] 그는 중요한 주변문화로 요족(姚族), 태족(泰族), 월족(越族), 료족(遼族), 퉁구스족의 문화를 거론하였다. 그의 시각은 장광직(張光直, Kwang-chih Chang) 교수의 가설과도 상통하는 면이 있다. 장광직 교수는 신석기시대 후기인 B.C. 5000～B.C. 3000의 시기에 각 지역의 신석기문화가 서로 접촉하고 교류하는 현상을 보였다고 주장하면서 이것을 Chinese Interaction Sphere라고 명명하였다. 이것이 중국의 문명이 발생하는 기반이 되었다는 것이다.[12] 한편 우리의 학계에서도 이에 대한 보다 진전된 견해가 제시되었다. 정재서(鄭在書) 교수는 상호텍스트적 신화체계(Intertextual Mythology)의 개념을 설정하고 통념적인 중국문명 기원론에 대한 부정을 전제로 하면서, 중국 신화를 단일한 총체로 보지 않고 다양한 주변신화의 통합과 변형의 체계로 파악해야 할 것을 주장하였다.[13] 그러나 정작 중국의 학자들은 아직 이런 생각을 하지 않고 여전히 '중국'에 대한 집착을 버리지 못하고 있는 듯하다. 또 우리 학계의 신화연구자들도 아직은 총체적 중국신화에 대한 접근을 생각할 뿐, 지역별 개별 신화에 대한 관심을 보인 경우는 매우 드물다.

---

10) 이런 경향은 袁珂, 《中國古代神話》; 袁珂 · 周明(篇) 《中國神話資料萃編》; 袁珂, 《中國神話傳說》; 劉成淮, 《中國上古神話》 등에서 공통적으로 드러나고 있다.

11) Eberhard, Wolfram, *The Local Cultures of South and East China*, tr. by Alide Eberhard, pp.9～13, 15～24.

12) Chang, Kwang-chih, *The Archaeology of Ancient China*, pp.234～294.

13) 鄭在書, 《不死의 신화와 사상 — 산해경, 포박자, 열선전, 신선전에 대한 탐구》, p.18.

이러한 일련의 논의가 가리키는 것은 자명하다. 오늘날 중국이라고 불리는 땅에도 과거에는 여기저기에서 생겨난 신화들이 있었다. 그것이 어느 정도 풍부했는지는 모르지만 최근에 수집되고 있는 소수민족신화의 양을 보면 애초에 존재했던 신화들이 상당히 풍부했을 가능성을 배제할 수는 없을 듯하다. 그러나 그것은 중국이라는 통일된 개체를 대표할 만한 체계에 의해 묶여져 있는 것이 아니었다. 각 지역별로, 혹은 고대의 각 부족별로 개별적인 신화가 존재하고 있었던 것이 원래의 상태이다. 그리고 이 개별적 신화들은 서로 직접적으로는 연결되어 있지 않았다. 그러다가 후세에 들어서서 중국이라는 개체가 성립되면서 개별신화의 몇몇 단편(斷片)들이 그 밑으로 흡수되었고, 그렇게 모여진 단편의 집단을 20세기에 들어서서 '중국신화'라는 범주로 묶어놓은 것이다. 이렇게 볼 때에 중국신화는 사실상 인공(人工)의 구조물에 지나지 않는다. 이런 구조물이 20세기의 학자들에 의해 처음 만들어진 것은 아니었다. 그것은 중국의 각 지역이 중국이라는 개체로 통합되면서부터 꾸준히 진행되어 온 결과이다. 중국이 하나의 통합개체를 이루면서 동일한 역사와 담론을 가지게 되었고, 그 안으로 개별적으로 존재하던 신화적 이야기들이 끌려들어온 것이다.

나는 이 통합체계의 형성이 전국시기 말년에 시작되고 한대 중엽에 이르러서는 거의 완성되었다고 보며, 이것을 '중국의 중국화'라고 부른 바 있다.[14] 이 과정에서 애초에는 다양한 체계 속에서 독자적인 생명력을 가지고 있던 신화들이 중국이라는 큰 체계 안에 끌려들어오면서 원래의 체계로부터 이탈하여 각각의 단편으로 끊어지게 되었다고 본다. 그리고 그 단편들 중의 극소수만이 문자기록을 통해 기억되면서 중국이라는 체계 속으로 흡수되었다. 이에 따라 애초의 체계는 무시되고 몇 개의 단편이 커다란 통합체계 속의 부속품으로 전락하게 된 것이다. 이렇게 개별적 신화를 통합체계로 끌어들이는 데에 있어서 가장 중요한 수단이 문자기록으로의

14) 徐敬浩, 《중국문학의 발생과 그 변화의 궤적》 제3장 1절.

치환이었다. 문자기록은 어떤 단편의 배경을 모두 포괄하는 것이 아니라 하나의 이야기 그 자체만을 대상으로 했기 때문에 원래의 체계는 묻혀 버리지 않을 수 없었다. 그러나 그 원형은 여전히 구두전승(口頭傳承)을 통해 유지되었을 것으로 생각된다. 오늘날까지 발견되고 있는 소수민족신화는 바로 통합체계가 정립된 이후에도 각 지역에서 유지되어 온 구두전승의 결과가 아닌가 생각하는 것이다.

이렇게 지역적으로 발생하고 전승되어 온 개별신화가 통합체계로 끌려들어온 것은 현주가 말한 '신화의 역사화'와도 일맥상통하는 것이다. 그것은 중국이라는 통합체계로 끌려들어온 신화적 이야기들이 새롭게 구축된, 통일된 역사적 맥락의 부분 부분을 채우면서 역사적 사실로 변화했음을 가리킨다. '신화의 역사화'라는 것은 중국신화의 특색을 브여주는 개념이다. 고대 그리스에서는 이와는 정반대로 '역사의 신화화' 현상이 일어났는데 이것을 에우헤메리즘(Euhemerism)이라고 부른다. 반면에 중국에서는 신화가 거꾸로 역사 속으로 빨려 들어오는 현상이 일어났으며 이것을 서구의 학자들은 '중국적 에우헤메리즘'이라고 부르고 있다.[15] 또 이 과정에서 '체계화'가 일어나면서 각 개별신화가 애초에 속해 있던 맥락이 무시되고 통합된 맥락 속으로 배치되는 현상이 일어났음을 주장하기도 했다.[16] 그래서 '신화의 역사화'라는 개념은 실제로 그런 현상이 일어났을 개연성에 대한 공감대를 상당히 확보하였다고 할 수 있다. 그런데 대부분의 학자들은 거기에서 한 발자국 더 나가지를 못하고 있다. 그것은 '어째서 그런 현상이 일어났는가?', '그런 현상이 어떤 파급효과를 낳았는가?' 하는 등의 문제는 내가 알기로는 별로 제기된 적도 없거니와 심각하게 생각한 사람이 없는 것으로 보이기 때문이다. 그것은 중국신화의 연구에서도 중요

15) Bodde, Dirk, "Myths of Ancient China," *Mythologies of Ancient World*, ed. by Samuel Noah Cramer, pp.367~369.

16) Karlgren, Bernard, "Legends and Cults in Ancient China," *Bulletin of the Museum of Far Eastern Antiquities*, No. 18, 1946, pp.195~367.

하거니와 이야기의 역사라는 맥락에서 볼 때에도 매우 중요한 질문이라고 나는 생각한다. 그래서 나는 다음과 같이 나의 생각을 정리해 보았다.

중국의 과거를 설명함에 있어서 무엇보다 우선하는 것은 '정치권력'이다.[17] 그것은 중국 사회가 형성되고 유지되어 오는 과정에서 가장 중요한 동인(動因), 혹은 변수(變數)로 작용한 것이 정치권력이 지향하는 바였다는 것을 가리킨다. 어쩌면 이것은 중국에만 국한된 것이 아니라 동아시아의 사회에 보편적으로 적용될 수 있는 것인지도 모른다. 중국에 시각을 집중시켜 볼 때에 그것은 현실적 경험이었음이 분명하다. 그리고 그것은 초기에 정치권력이 형성되는, 좀더 구체적으로 말해서 국가체계가 성립되는 과정부터 배태(胚胎)된 전통이 아닌가 한다. 중국의 국가체계는 서구에서처럼 저변에 놓인 다수의 의견이 집약되어 합의를 이룬 상태에서 상층부를 형성하는 상향(上向)의 방식으로 이루어지지 않은 듯하다. 중국에서는 가장 힘있는 집단이 먼저 권력을 정립하고 그 권력을 저변에 놓인 다수, 다시 말해서 통치의 대상이 되는 사람들에게 강요하는 방식으로 국가체계가 형성되었다고 보는 것이다. 그렇기 때문에 국가권력이 사회의 가치관을 만들어 내고 구성원들로 하여금 그것을 따르게 하는 것이 가능했을 것이다.[18] 바로 이런 점 때문에 중국의 역사에서 정치권력이 차지하는 비중이 가장 크다고 보는 것이다. 그리고 신화의 역사화를 논하기 위해서는 신화가 아직 살아 있는 현실이었을 그 즈음에 정치권력이 무엇을 지향하고 있었는가를 살피지 않을 수 없다.

앞에서 갑골문을 설명할 때에 나는 그것이 상제(上帝)와의 의사소통을 위한 수단이었다는 점을 언급한 바 있다. 그것은 상대(商代)는 사람들이 신적 존재와 더불어 살아가던 시기였다는 점을 가리킨다. 그 사회는 언제나 신의 눈을 벗어나는 법이 없으며, 그 사회에서 일어나는 모든 중요한

17) 이 말은 이성규 교수가 2001년에 중국학회에서 주최한 중국학국제대회의 기조연설에서 언급한 것을 인용한 것이다.

18) 徐敬浩, 《중국문학의 발생과 그 변화의 궤적》 제2장 2절.

일은 신의 재가(裁可)를 거치게 되어 있었다. 그런데 신은 이 세계와 완전히 동떨어진 별도의 세계에 있는 존재가 아니었다. 최고의 지배자인 상제(上帝)를 제외한 모든 신은 상왕조의 선왕(先王)과 선공(先公)으로 이루어져 있었다. 즉 이승의 상왕조를 지배하던 사람들이 죽은 후에는 상제의 옆에서 계속 상왕조를 보호하는 역할을 맡고 있었던 셈이다. 그래서 신의 세계와 사람의 세계는 따로 떨어져 있는 것이 아니라 함께 있는 것이었다. 다만 그 두 세계 사이의 의사소통은 신성한 문자언어인 갑골을 통해서 이루어지게끔 되어 있었다. 신은 사람의 거의 모든 일에 간여하고 있었다. 농사, 수렵, 제사, 그리고 전쟁에 이르기까지 사람의 사회에서 일어나는 모든 일에 대해서 신의 자문을 받는 것이 이 시기의 상황이었고, 그래서 신의 의지는 삶의 한 부분이었다. 그것은 상대 사회를 이끌어나가는 이념이었다고 할 수 있으며, 그 사회에는 그런 이념의 당위성을 설명하는 논리가 있었을 것이다. 앞에서 언급한 바 있듯이 그 논리는 신화적 이야기를 통해 전해졌을 것으로 추측된다. 다시 말해서 이 시기에는 풍부한 신화적 이야기가 통행되고 있었으며, 그것이 왕조를 중심으로 하는 사회의 유지에 지렛대 역할을 하고 있었을 것으로 보인다. 그렇지만 상왕조는 당시의 유일한 세력도 아니었고 중국 전토를 장악한 세력도 아니었다. 그것은 황하유역을 중심으로 하는 지역을 장악한 세력이었지만, 그 외에도 아직 국가체계를 완전히 갖추고 있지는 못하지만 상당한 힘을 가진 또 다른 세력들이 자리를 잡고 있었다고 생각된다. 상왕조는 유일한 세력이 아니라 다수의 세력 중 하나였을 것으로 보인다. 그렇기 때문에 상대의 사회에서 통행되던 신화는 상왕조가 장악한 지역의 신화에 국한되어 있었을 가능성이 크다. 그 신화가 주변지역의 모든 신화를 흡수했을 가능성은 상대적으로 낮은 것이다.

그러나 상왕조의 시기를 상제와의 의사소통으로 대표되는, 단일한 성격이 정체상태를 유지하던 시대로 파악하는 것은 곤란하다. 그것은 이 시기의 갑골문에서 지속적인 변화를 감지할 수 있기 때문이다. 상왕조에서는 상제와 선왕, 선공에 대한 정기적인 제사를 지내는 것이 국가적인 행사였는데, 이 제사의 주기가 시간이 흐름에 따라 변화를 보였던 것이다. 전기에 비교적 느슨한 주기로 제사를 지내던 것이 후기에 들어서면 십간(十干)을 사용하여 보다 조밀하게 짜여진 주기에 따라 제사를 지낸 흔적이 갑골문에서 발견된다. 여기에서는 하루의 구분, 간지를 사용한 날짜의 기록, 열흘을 주기로 하는 순주기(旬週期), 한 달을 기록하는 기월법(紀月法), 계절을 구분하는 방법, 한 해를 기록하는 기년법(紀年法) 등이 모두 나타난다. 이것은 이 시기에 두드러지게 나타나기 시작한 시간관의 변화를 의미하는 것이다.[19] 이렇게 시간을 엄격하게 규정하고 그것에 따라 제사를 지낸다는 것은 사람의 규율을 신과의 접촉에 적용하는 것을 가리킨다. 그렇게 되면 신도 인간사회의 질서의 한 부분으로 편입된다. 사실 영원한 시간을 살아간다고 믿어지는 신들에게 있어서 시간은 중요한 것이 아니다. 그러나 사람의 시간이 신들에게 적용되면서 그들도 시간이라는 그물 안의 존재가 되어 버렸다. 이 과정을 통해서 모든 조상이 다 같이 시간적으로 애매한 과거에 속하는 것이 아니게 되었다. 조상은 재위 기간에 따라 순서가 부여되고, 또 그들이 살았던 정확한 시간에 따른 순차적 계보가 완성되며, 이에 따라 제사가 이루어졌다. 이것은 신이 시간적으로 규정되지 않았던, 막막한 저 세계에 무질서하게 흩어져 있던 상태에서 시간적인 질서를 갖춘 세계로 편입되는 것을 의미한다. '비계보적 조상'이 '계보적 조상'으로 구체화되는 것이다. 이렇게 되면서 신은 더 이상 막연한 사후세계의 존재가 아니라 '사람이 설정한 시간의 그물 속에서 존재하는 사후세계'의 존재가 되었다. 신이 사람이 만든 네트워크의 한 부분으로 끌려들어온 것이다.

이와 더불어 또 다른 변화가 사람의 세계에서 일어나고 있었다. 원래 갑

19) 林鉉洙, 《商代 時間觀의 종교적 함의: 甲骨文에 나타난 紀時法과 祖上系譜 및 五種祭祀를 중심으로》, 서울대학교 종교학과 박사학위논문, 2002. 8.

골문은 정인(貞人)이라고 불리는 특수한 직위를 가진 사람에 의해 주도되었다. 정인은 왕을 보좌하는 입장에 있었지만 상제와 직접 의사소통을 할 수 있다는 점에서는 대단한 권력을 가지고 있었다고 할 수 있다. 왕은 사람을 다스리지만 그의 통치행위는 신의 의사에 지배되고 있었으며, 신의 의사는 정인이 받아오게 되어 있었다. 그렇기 때문에 사람을 다스리는 왕의 권력은 제한적일 수밖에 없었다. 그는 정인을 통해 전해지는 신의 의지에 복종하지 않으면 안 되었을 것이다. 그런데 상왕조의 말기에 이르면 이런 구도에 변화가 일어났다. 정인이 사라지고 왕이 직접 점복(占卜)을 행하는 사례가 늘어났기 때문이다. 이것은 사람의 사회를 지배하는 자가 신과 더 거리를 가까이한 징후였다. 이것은 보기에 따라서는 신의 권위가 더 높아진 것으로도 해석될 여지가 있지만 실제로는 사람의 지배자인 왕의 권한을 높이는 것으로 해석되는 것이 더 옳을 것이다. 왜냐하면 과거에는 신의 대리인이라 할 수 있는 정인을 통해서 수동적으로 신의 의지를 받아들이던 왕이 이제는 직접 나서서 신과 대화를 하게 되었기 때문이다. 그것은 왕이 직접 질문하면서 신의 의지를 직접 해석할 수 있는 권한을 가짐을 가리킨다. 왕권의 강화는 신권의 상대적 약화를 뜻하는 것으로 해석될 수 있다. 그것은 동시에 사람의 사회가 신의 의지에 전적으로 기대는 것이 아니라, 왕의 의지에 주로 기대면서 신의 의지를 보조적으르 받아들이는 것을 의미한다. 그래서 왕권의 강화는 오히려 신이 사람의 사회에서 조금 더 멀어지는 것을 의미했다.

이러한 신과 인간의 관계에서의 변화는 상왕조가 무너지고 주왕조가 그 자리를 차지하면서 더욱 가속화되고 분명하게 나타났다. 정복자인 주왕조는 상제의 숭배를 중단하고 대신 최고신(最高神)으로서의 하늘(天)을 설정하였다. 주왕조의 하늘은 그러나 상제와 같은 숭배의 대상이 아니었다. 그것은 어떤 인격체로서의 존재가 아니었으며 자연의 일부도 아니었다고 생각된다. 그것은 개념적 주재자(主宰者)였다. 하늘은 사람의 사회를 굽어보면서 적절한 통치자, 즉 덕(德)을 갖춘 통치자를 고르려는 의지를 가지고 있다. 그런 사람이 발견되면 하늘은 그에게 천하를 다스릴 것을 명령한다. 이 명령을 받은 자는 천하를 통치하게 되는데 그렇게 되기까지에는 하늘의 보이지 않는 도움이 주어지게 되어 있다. 그러나 사람의 행동이 항상 일관적이지는 못해서, 하늘의 명령을 받아 천하를 통치하는 사람이 시간이 흐르면서 부패에 빠질 수도 있다. 그것이 명백해지면 하늘은 전에 내렸던 명령을 거두어 다른 사람에게 주게 되어 있으며, 그러면 통치자는 몰락하고 그 다음의 통치자가 두각을 드러내게 되어 있다. 명령을 받은 통치자가 부패의 길에 빠져 들어갈 때에 하늘은 몇 가지의 신호를 보내는 이외에는 그의 부패를 방지하기 위한 적극적인 조치를 취하지 않는다. 또 기존의 통치자가 덕을 상실했을 때에 하늘은 더 이상 선택의 여지없이 명령을 거두어들이고 다른 사람에게 명령을 내리게끔 되어 있다. 여기에는 선택의 여지가 없으며 하늘은 '기계적'으로 결정할 뿐이다. 이것은 사람의 일은 사람이 알아서 하는 것이고 하늘은 단지 그 공과(功過)만을 따지게 되어 있다. 하늘은 인간사회로부터 멀찌감치 떨어져서 살펴보면서 판단을 내릴 뿐 직접 개입하지는 않는 것이다.

천명사상(天命思想)이라고 불리는 이런 이념이 주왕조의 통치이데올로기로 자리잡으면서 사람과 신의 세계를 멀리 떨어지게 만들었다. 이제 사람은 사람에 의해서 다스려지며 그 다스리는 행위의 잘잘못은 사람이 짊어지게 되어 있다. 신은 사람의 일에 직접 참여하지 않는다. 신은 사람의 행위를 궁극적으로 판단하는 권능을 가지고 있지만, 그 판단의 근거를 제공하는 것은 사람의 일이지 결코 신의 일이 아니다. 사람이 무엇인가를 잘못할 때에 그것을 교정하기 위해 신이 직접 나서지는 않는다. 신은 상징적인 경고를 발할 따름이며, 사람이 그것을 이해하면 좋지만 이해하지 못해도 더 이상의 조치를 취하지 않는다. 신은 자신이 부여한 권력을 거두어들일 따름이다.

또 신의 의지는 주로 정치권력에 집중되어 있었다. 정치권력과 직접 관련이 없는 삶의 모든 부분은 사람들끼리 꾸려나가게 되어 있었던 것이다.

상대와 같이 농업, 제사, 수렵, 전쟁 등의 세부적인 사항에 신이 간여하는 일은 없어졌다. 신은 정치권력을 쥔 사람에게만 관심이 있어서, 그 사람이 무엇인가를 잘못하여 피지배자들이 고생길에 들어섰을 때에 그들을 위해 특별히 해 줄 것이 없었다. 그는 단지 권력을 쥔 자를 다른 사람으로 교체할 따름이었다. 피지배자의 관점에서 보면 이제 신은 그들의 삶의 일부가 아니었다. 그들에게 가장 절실한 현실은 사람에 의해서 행사되는 정치권력이었고 신의 의지는 그 권력 저 너머에 개념적으로 존재할 따름이었다. 상대의 상제가 왕을 정점으로 하는 사회의 모든 구성원의 의식 속에 존재한 반면에, 주왕조의 시절에는 하늘의 의지가 사회의 모든 구성원의 마음 속에 구석구석 뿌리를 내리는 것이 아니라 천자를 중심으로 하는 권력 주체에만 뿌리를 내리고 있었다. 그래서 사회는 이전의 상제-인간사회의 이중구조에서 하늘-천자-피지배인의 삼중구조로 이행하였으며, 피지배인의 의식 속에서 가장 중요한 것은 하늘이 아니라 천자를 중심으로 하는 지배권력이 되어 버렸다고 생각된다. 하늘의 의지는 천자의 너머에 있으며 피지배인의 관점에서 볼 때에 그것은 직접적인 지침이 되지 않았다.

이것은 사실상 사람이 '신과의 결별'을 선언한 것이나 다름없었다. 사람은 이제 신의 대리인을 통해서 지배되고 그 대리인을 따를 뿐 직접적으로 신과 대면하지 않게 된 것이다. 이런 선언이 기원전 1000년 전후에 이루어졌다고 가정할 때에 중국은 인류사에서 어느 민족보다 일찍 신과의 결별을 선언했다고 할 수 있다. 중국인은 가장 일찍부터 사람이 사람을 다스리는 사회를 이룩했던 것이다. 물론 하늘이라는 최고신이 여전히 있었지만 그것은 개념적이고 상징적인 신격에 불과했다. 신은 삶의 현실에서, 그리고 삶의 문제를 해결하는 데에서 직접 개입하지 않는, 따라서 실제적인 삶의 현장에서는 배제되는 존재가 되었다. 신은 더 이상 삶의 한 부분이 아니라, 삶과는 동떨어진 어느 세계의 존재에 불과했을 뿐 모든 사회 구성원의 사유방식을 통제하는 절대적인 존재는 더 이상 아니게 되었던 것이다.

'신과의 결별'은 주왕조의 권위가 쇠퇴하고 춘추시기가 시작되면서 더욱 가속화되었다. 주왕조의 시기에는 왕이 하늘의 명령을 받은 천자(天子)의 역할을 수행하고 있었다. 그러나 주왕조가 계속되는 이민족의 침입을 받아 마침내 천자의 한 사람이 이민족에게 살해되고, 도읍을 동쪽으로 옮기지 않을 수 없게 되면서부터는 천명 자체에 상당한 회의가 일어나지 않을 수 없었다. 천자의 권위가 사라지면서 천하는 패권(覇權)을 노리는 제후(諸侯)들의 분할통치의 시대로 접어들었고, 상징적인 최고신으로 남아 있던 하늘의 권위에도 상당한 손상이 있었을 것으로 생각된다. 하늘이란 개념은 남아 있었지만 그것은 어디까지나 명분이었을 뿐이며, 힘 있는 자가 천하를 차지한다는 생각이 사람들의 가슴을 지배하게 되었다. 명분상으로는 하늘이 덕 있는 자에게 힘을 주지만 실제로는 힘이 수명(受命), 즉 하늘로부터 천명을 받았음을 정당화시키는 도구였다. 그로부터 신은 더 이상 이전의 신이 아니었다. 사람들이 자신들의 사회를 꾸려 나가면서 필요가 있으면 명분상 신을 찾는 것이 일반화되었다.

이러한 신과의 결별은 중국에서 제도종교가 발생하지 않거나 발생했다 해도 그것이 서구나 아랍 세계의 제도종교와는 다른 모습을 보이는 원인이 되었을 것이다. 단순하게 세계를 유럽, 아랍세계, 그리고 중국이라는 세 개의 문화권으로 구분할 때에 중국을 제외한 두 문화권에서는 제도종교가 발생하였고 그 영향이 오랫동안 지속되어 왔다. 유럽은 로마시대 이래로 중세 내내, 그리고 심지어 19세기까지도 사회의 모든 부분이 기독교의 강력한 영향하에서 움직여 왔다. 잘 알려져 있다시피 아랍세계는 과거에서부터 지금까지도 종교적 카리스마에 의해 움직여지고 있다. 그 지역에서 종교는 아직까지도 무엇보다 우선하는 가치체계를 이루고 있다. 또 그리스의 신은 그 시기의 그리스라는 좁은 지역에 국한된 신이었지만 신화를 통해서, 그리고 그 신화를 바탕으로 하는 문화적 유산을 통해서 지금까지도 서구인의 의식을 지배하고 있다는 주장이 상당한 설득력을 얻고 있다. 그러나 중국은 이런 측면에서 극히 예외적이다. 이곳에서는 종교의 힘이 국가체계를 움직일 힘을 발휘한 적이 없었다. 당대(唐代)의 불교가 아무리

성행했다 해도 그것이 국가를 움직인 힘은 아니었다. 도교가 아무리 민간에 광범위하게 전파되고 민간심리를 지배한다 해도 그것이 중국이라는 커다란 몸통을 이끌어나가는 힘은 아니었다. 중국을 이끌어나간 힘은 종교가 아니라 정치권력이었으며, 그것은 사람이 신과의 결별을 통해서 일구어 낸 자체적인 세력이었다.

'신과의 결별'이라는 생각은 오늘날까지 보존되어 있는 이야기에서도 드러나고 있다. 특히 신과 인간의 관계가 격절(隔節) 되었다는 '절지천통(絶地天通)'의 개념은 《국어(國語)》의 〈초어(楚語)〉 하편에서 관사보(觀射父)의 입을 빌려 구체적으로 표현되고 있다. 이 글에 의하면 초(楚)나라의 소왕(昭王)이 관사보에게 《주서(周書)》에 나와 있는 하늘과 땅이 서로 끊어지게 되었다는 이야기의 진위(眞僞)를 물어보면서, 만약에 그런 사실이 있었다면 예전에는 사람들이 하늘에 올라갈 수 있었다는 것이 아닌가? 하는 문제를 제기하였다. 이에 대해 관사보는 이전의 하늘과 땅의 조화로운 관계에서부터 현재의 하늘과 땅의 접촉이 끊어져 있는 상황에 이르기까지의 역사를 설명하고 있다. 그에 의하면 옛날에는 신과 사람이 함부로 섞이지 않고 구분이 명확했다는 것이다. 그러나 소호(少皞)의 시대로 내려오면서 세상이 혼란해지자 신과 사람의 관계가 문란해졌다. 이전까지 엄격하게 지켜지던 제사의 규율이 무너지고 사람들이 저마다 자신들의 신을 섬기면서 신을 숭배하는 마음이 약해진 것이다. 그러자 소호의 뒤를 이은 전욱(顓頊)이 남정(南正)인 중(重)으로 하여금 하늘에 속하는 신이 되게 하고 화정(火正)인 여(黎)로 하여금 땅에 속하는 신이 되게 하여 각각 하늘과 땅을 다스리게 함으로써 그 구별을 명확하게 했다. 그 이후로는 사람의 세계와 신의 세계가 분명히 갈라지게 되었다고 한다.[20]

또 《산해경(山海經)》에 전해지는 이야기에서도 신의 시대로부터 사람의 시대가 열렸다는 인식이 드러난다. 이 책의 마지막에 있는 〈대황경〉을

20) 徐敬浩, 《산해경연구》, pp.335~336.

보면 신의 시대가 혼돈을 겪은 이후에 문명이 발생하면서 사람의 시대가 열리는 맥락을 볼 수 있다. 이것은 특히 내가 분석한 바 있는 《산해경》의 '내면적 맥락'에서 두드러지게 나타난다. 여기에서는 애초에 존재하던 신의 세계가 내부적인 혼란을 겪으면서 세상이 살기 어려운 곳으로 변했고, 그래서 상제가 몇 명의 신으로 하여금 세상을 다시 살 수 있는 곳으로 만들기 위해서 문명을 발생시키도록 조치하였다고 한다.[21] 이것은 곧 더 이상 신으로만 이루어지는 세계가 존재하는 것이 아니라 사람으로 이루어지는 세계, 그리고 사람이 문명을 통해서 스스로 살아가는 세계가 형성되어 가고 있음을 가리킨다. 이 때에 신은 뒷전으로 물러날 수밖에 없다. 결국 사람의 사회가 대두되는 것은 신의 사회가 뒤로 물러서면서, 사람들의 관심에서 그만큼 멀어지는 것을 의미한다.

그러한 인식은 중국 신화에서 가장 두드러지게 나타나는 가뭄과 홍수의 이야기에서도 엿볼 수 있다. 신화의 시기에 분명한 연대가 있는 것은 아니지만 우(禹)가 등장하기 이전의 이야기에서 재앙을 초래하는 것은 대부분 가뭄이었다. 예를 들어 치우(蚩尤)가 황제(黃帝)에게 반란을 일으켰을 때에 그것을 평정한 이후의 재앙[22]이나 과보(夸父)가 태양을 쫓다가 결국

21) 徐敬浩, 《산해경연구》, pp.331~338.

22) 《산해경》〈대황북경(大荒北經)〉 제20에는 다음과 같은 이야기가 기술되어 있다. 치우 형제가 황제에 대항하여 반란을 일으키자 황제는 하늘에서 지상으로 물을 공급하는 일을 맡고 있던 응룡(應龍)에게 진압을 명령한다. 응룡은 자신의 무기를 활용하기로 하고 하늘에 물을 가두어 지상으로의 공급을 차단한다. 지상에 가뭄을 야기한 것이다. 그러자 치우는 풍백(風伯)과 우사(雨師)를 찾아 도움을 청하고 이들은 큰 바람과 비를 일으켜준다. 황제는 응룡이 더 이상 힘을 발휘하지 못하는 것을 보고 자신의 딸인 발(魃)을 내려보낸다. 이 여인은 그가 가는 곳마다 모든 것을 말려버릴 수 있는 능력을 가지고 있었다. 그래서 발이 내려오자 치우는 더 이상 가뭄을 견디지 못하게 되었고 황제가 치우를 죽일 수 있었다. 그러나 발은 천녀(天女)였기 때문에 한번 지상에 내려온 이후에는 다시 하늘로 올라갈 수 없었다. 그래서 그가 지상에 거처하게 되자 가뭄이 지속되어 사람들이 살 수 없게 되어 버렸다. 이에 사람들이 농사의 신인 숙균(叔均)을 통해 황제에게 하소연하니, 황제는 할 수 없

목이 말라죽은 사건,[23] 《장자(莊子)》와 《회남자(淮南子)》에 기록된 열 개의 태양이 한꺼번에 떠올라 천하에 가뭄이 들어서 예(羿)가 활로 아홉 개의 태양을 떨어뜨린 사건[24] 등은 모두 가뭄을 중심으로 하는 것이었다. 그렇지만 우가 등장하는 이야기에서는 모든 것이 홍수와 관련되고 있다.[25] 특히 가뭄의 이야기에서는 그 재앙의 근원을 제거하는 것이 핵심이

이 발을 적수(赤水)의 북쪽으로 옮기게 했고 그 이후 중국은 사람들이 농사를 지으면서 살 수 있는 곳이 되었다고 한다.

23) 《산해경》〈대황북경〉 제15조에는 다음과 같은 이야기가 있다. 즉 과보가 태양을 잡으려고 쫓기 시작했다. (그 이유는 확실하지 않지만 다른 기록과 연결지어 볼 때에 그가 하늘의 권위에 도전했거나 혹은 앞의 치우의 반란에 가담했을 가능성이 크다.) 그러나 해가 서쪽으로 질 때까지 해를 잡을 수 없었다. 목이 마른 과보는 황하의 물을 다 마셨으나 양이 차지 않았다. 그래서 그는 다시 대택(大澤)을 향해 걸어갔으나 목이 너무 말라 도중에서 죽고 말았다.

24) 이 이야기는 다음과 같다. 요(堯) 임금의 시절에 있었던 일이라고 한다. 원래 열 개의 태양이 하루에 한 개씩 번갈아 떠오르는 것이 정상이었는데 어느 날 갑자기 열 개의 태양이 한꺼번에 떠올랐다. 그러자 지상은 너무 뜨거워서 모든 것이 타버릴 지경이었다. 그래서 요 임금은 최고의 궁수인 예(羿)에게 문제를 해결하라고 했고, 예는 활로 아홉 개의 태양을 떨어뜨렸다. 한 개의 태양이 남자 세상은 다시 정상으로 돌아왔다고 한다. 이 이야기에 관한 분석은 徐敬浩, 《산해경연구》, pp.259～262를 참고하기 바란다.

25) 우의 이야기는 대개 다음과 같이 정리될 수 있다. (이유는 밝혀져 있지 않으나) 천하에 큰 홍수가 일어나서 그 물이 하늘에까지 이를 지경이 되자 상제는 곤(鯀)에게 홍수를 막으라고 했다. 곤은 황하에 제방을 쌓기 시작했는데 도저히 불어나는 물을 감당할 수 없었다. 곤은 상제가 가지고 있는 식양(息壤, 저절로 불어나는 특수한 흙)을 사용할 수 있도록 해 달라고 청했지만 상제는 이를 거절했다. 그러자 곤은 어느 날 몰래 식양을 훔쳐서 제방을 쌓는 데에 사용했다. 이것을 알게 된 상제는 곤을 처형하고 말았다. 식양이 사용되었지만 홍수가 진정될 기미를 보이지 않자 상제는 곤의 아들인 우(어떤 이야기에 의하면 그는 곤이 처형된 이후 삼 년간 썩지를 않아 그 배를 갈랐더니 그 속에서 나왔다고 전해진다.)에게 홍수를 진정시킬 임무를 맡겼다. 그러자 우는 아버지와는 반대의 방법을 사용했다. 그는 제방을 쌓은 대신 도랑을 파서 물을 바다로 흘러가게 했다. 이것이 성공하자 홍수는 진정되었고 사람들이 그를 왕좌에 앉혔다고 한다.

지만 홍수의 이야기에서는 근원을 제거하는 것이 핵심이 아니다. 홍수는 그것이 어떤 근원에 의해서 일어나는 것이 아니라 자연현상의 한 부분으로 일어나는 것이고, 우의 이야기는 주로 홍수가 난 물을 바다로 흘려보내는 것에 집중되고 있다. 다시 말해서 가뭄은 신들의 투쟁으로 일어난 반면에 홍수는 자연현상으로 야기된 재앙이다. 결국 홍수는 사람의 해결책을 기다리는 재앙인 반면에 가뭄은 신의 해결을 기다리는 재앙인 셈이다. 특히 이것은 우가 최초의 왕조를 건립한 사람으로 알려져 있다는 점과 연결지어 생각할 때에 의미가 깊다. 그것이 우의 시대를 기점으로 신의 활동은 무대 뒤로 숨고 사람의 활동이 무대의 전면에 나서는 것을 의미하기 때문이다.

여기에서 유의해야 할 것은 이렇게 문자기록으로 남아 있는 이야기들이 모두 '신과의 결별'이 진행된 이후에 기록된 것이라는 점이다. 다시 말해서 그것은 애초에 존재하던 이야기의 원형이 아니라 신과의 결별을 선언한 이후 사람들의 인식을 대변하는 것이다. 그래서 우리는 이 이야기들이 어느 정도 원래의 이야기로부터 멀어졌는지, 또는 어느 정도 가공되었는지를 알 수 없다. 다만 분명한 것은 이 이야기들이 원래의 맥락을 이탈해서 개별적으로 사용되고 있다는 점이다. 원래 이 이야기들이 속해 있던 맥락에서는 앞에서 말한 사건이 발생하는 이유가 설명되었을 것이지만 가공의 과정을 거치면서 중요한 몸통은 제거되어 버리고 마지막 가지만 남은 것이 바로 이런 이야기라고 할 수 있다.

'신과의 결별'이 발생하면서 과거로부터 믿어지고 숭배의 대상이 되어 온 신의 운명도 바뀌게 되었다. 언제부터인지는 알 수 없지만 적어도 상대까지 숭배되어 온 신들은 상제라는 최고신을 중심으로 하는 계보에 소속되어 있었다. 계보는 각각의 신의 위치를 규정할 뿐만 아니라 존재이유를 규정하는 중요한 기제였다. 각각의 신들은 독립적으로 존재하는 것이 아니라 계보에 편입됨으로써 존재할 수 있었다. 이것이 이야기로 말해질 때에 나타날 수 있었던 것이 신화적 체계였을 것이다. 그런데 하늘이 최고의 신으로 등장하면서 상황에 변화가 오지 않을 수 없었다. 하늘은 계보를 통해서 휘하에 신을 소속시키는 그런 최고신이 아니었기 때문이다. 하늘은 개념적인 최고신에 불과했으며 개별적인 신에 대해서는 관심이 없는 존재였다. 천명이라는 명제만을 두고 보면 하늘은 인간 사회의 통치자에게만 관심을 두는 최고신일 따름이지, 그 휘하에 신을 거느리면서 스스로의 질서를 운영하는 존재는 아니었다. 따라서 하늘이 등장하면서 상제라는 막강한 구심점을 잃은 신들은 전부 흩어질 수밖에 없었다. 이에 따라 그들에 대한 사람들의 믿음과 숭배도 사라졌다. 그들 중 상당수는 기억에서 사라졌을 가능성이 크다. 그러면서 애초에 각 신의 존재를 설명하던 신화도 상당 부분 소멸되어 버렸을 것으로 생각된다.

물론 삶의 현장에 직접 참여하던 신이 완전히 사라진 것은 아니었다. 고대에 믿어지던 신의 상당수는 죽은 조상이거나 아니면 각 지역에서 발생한 신이었다. 그렇기 때문에 신들은 지역별로 여전히 살아남았을 가능성이 크다. 그들은 대부분 그 지역에서 구두전승이나 특별한 제의를 통해서 여전히 신봉되었을 것이다. 그렇지만 앞에서 말한 바 있듯이 중국 사회를 이끌어나가는 가장 강력한 힘은 정치권력이었다. 그리고 정치권력은 가장 중요한 보존매체인 문자기록을 관장하고 있었다. 그 정치권력은 하늘이라는 상징적 최고신 이외에는 신에 대한 관심을 갖지 않고 있었다. 따라서 신들이 지역별로 살아남았다 할지라도 그들이 관심의 대상, 특히 기록될 수 있는 관심의 대상에서는 배제되었을 수밖에 없었다. 그래서 그들은 중국이 서서히 커다란 통합개체를 이루어나갈 때에 중앙부의 핵심요소로 승격되지 못하고 여전히 주변부의 요소로 남아 있게 되었다. 중국이 마침내 통합개체를 완성할 때쯤이면 이들은 중앙의 정치권력으로부터 완전히 잊혀지게 되었던 것이다.

또 이렇게 지역별로 살아남은 신들은 과거와 같이 어떤 계보에 소속된 개체가 아니었다. '신과의 결별'을 통해서 계보가 소멸되어 버렸기 때문에 그들은 개별적인 존재로만 남게 되었다. 이런 상황에서 각각의 신을 어째서 숭배해야 하는가, 아니면 그 신이 어디에서 왔는가 하는 등의 배경논리는 상당 부분 소멸되어 버렸을 가능성이 크다. 이런 상황에서 세대가 바뀌면 그 신에 대한 원래의 의미는 점차 잊혀지고 이차적(二次的) 의미만이 살아남게 되었을 것이다. 즉 원래의 의미를 모르는 후손들은 맹목적이고도 관습적으로 그 신을 숭배할 뿐, 원래 있었던 의미와 그 의미를 제공하는 계보, 그리고 원래의 신화적 세계로 돌아갈 수는 없게 되었다. 원래 계보를 통해서 '맥락 속의 존재'이던 신이 '단편적(斷片的) 존재'로 전락하게 되었으며, 그것은 그 신에 대한 이야기를 단편화(斷片化)하는 결정적 계기로 작용했을 것이다.

그것은 '신화적 세계의 붕괴'라고 부를 만한, 신들에게 있어서의 대재앙에 해당되는 변화였다. 반면에 이것은 사람들의 힘을 더욱 크게 만들었다. '신과의 결별'이 일어나면서 이제 사람이 사람을 다스리는 세상이 도래하였기 때문이다. 사람들은 자신의 영역을 신의 영역을 향해서 팽창시키기 시작했고, 그래서 상당수의 신이 사람의 영역으로 끌려들어오게 되었다. 이런 현상은 특히 춘추시기에 제후들의 분할통치가 시작되면서 더욱 가속화되었다. 패권을 노리는 제후들은 한편으로는 군사력을 키우면서, 다른 한편으로는 자신의 가문이 천명을 받을 만한 충분한 조건을 갖추었음을 증명하기 위해 노력하고 있었다. 이를 위해서 그들은 자신의 가문이 평범한 사람으로부터 출발한 것이 아니라 신에 의해서 출발되었다고 주장하곤 하였다. 또 하나의 종족도 예전에 신이 살던 땅을 이어받아 그곳에서 살게 되었다고 생각하였다. 종족과 가문의 신적 유래를 설명할 수 있는 것이 이 시기에는 중요한 지식으로 간주되고 있었다. 다음의 이야기는 그런 상황을 잘 보여준다.

〈左傳, 昭公 元年 六月〉

진후(晉侯)가 병이 들었다. 정(鄭)나라의 백(伯)이 공손교(公孫僑)를 시켜 진(晉)으로 문병을 가게 했다. 진후의 문병절차가 끝난 후 진의 대부(大夫)

인 숙향(叔向)이 물었다. “우리 임금의 병은 점치는 사람이 실침(實沈)과 대태(臺駘)가 일으킨 것이라고 하는데, 우리 사관(史官) 중에는 그런 이름을 아는 사람이 없습니다. 그러니 당신에게 감히 여쭙겠는데 이들이 어떤 신입니까?” 자산(子産, 공손교)이 말했다. “옛날 고신씨(高辛氏)는 아들이 둘 있었는데 첫째는 알백(閼伯)이라 했고 둘째는 실침이라고 했습니다. 이들은 광림(廣林)이란 곳에 살았는데 서로를 용납하지 못해 언제나 무기를 들고 서로 정벌하려고 했지요. 상제인 고신씨는 이를 좋지 않게 생각해서 알백을 상구(商丘)로 옮겨 진(辰, 별자리)을 주관하도록 했습니다. 상(商)의 사람들이 이 땅을 이어받았기 때문에 辰이 상나라의 별이 된 것입니다. 또 상제는 실침을 대하(大夏)로 옮겨 참(參, 별자리)을 맡게 했는데 후에 당(唐)의 사람들이 이 땅을 이어받아 하(夏)와 상의 밑에서 복속하였던 것입니다. 그리고 그 다음 세대를 당숙우(唐叔虞)라고 합니다. 무왕(武王)의 비(妃)인 읍강(邑姜)이 임신하여 아이를 낳을 때가 다 되어 갈 무렵 꿈에 상제가 나타나 말씀하셨습니다. ‘내가 명령하노니 네가 낳는 아기를 우(虞)라고 이름 붙여라. 그 아이에게는 당의 땅을 주리라. 그곳은 참에 속하는 곳이다. 그 아이는 많은 자손을 갖게 된다.’ 읍강이 아이를 낳자 그 아이의 손에 ‘우’라는 글자같이 생긴 무늬가 있었고, 그래서 이름을 ‘우’라고 했습니다. 후에 성왕(成王)이 당을 멸하고 그곳에 아들을 봉했습니다. 그래서 참이 진나라의 별이 되었지요. 이렇게 볼 때에 실침은 참의 신입니다. 또 옛날에 금천씨(金天氏)의 후손을 매(昧)라 했는데 그는 현명(玄冥)의 관직을 이어받았습니다. 매는 윤격(允格)과 대태라는 두 아들을 낳았는데 대태는 능력이 있어 아버지의 관직을 이어받아서 분수(汾水)와 조수(洮水)의 물길을 정리하고 대택(大澤)을 막고 태원(太原)에서 살았습니다. 상제가 그를 가상히 여겨 분수의 신으로 봉했습니다. 그래서 침(沈), 사(姒), 욕(蓐), 황(黃) 등의 나라에서는 그에 대한 제사를 지내 왔습니다. 그러나 오늘에 와서는 진이 분수를 차지하고 그 나라들을 멸망시켰습니다. (그래서 지금은 대태에게 제사를 올리는 나라가 없고 그래서 아는 사람이 없는 것입니다.) 이렇게 볼 때에 대태는 분수의 신인 것입니다.”[26)]

---

26) 「晉侯有疾, 鄭伯使公孫僑如晉聘, 且問疾. 叔向問焉, 曰: 寡君之疾病, 卜人曰實沈臺駘爲崇, 史莫知之. 敢問此何神也. 子產曰: 昔高辛氏有二子, 伯曰閼伯, 季曰實沈, 居於廣林, 不相能也, 日尋干戈, 以相征討. 后帝不臧, 遷閼伯於商丘, 主辰. 商人是因, 故辰爲商星. 遷實沈於大夏, 主參, 唐人是因, 以服事夏商. 其季

이 이야기에서 드러나는 인식은 분명하다. 사람은 신의 후예이며, 한때 신이 통치하던 땅을 부여받아 그 신에게 제사를 지내면서 그 땅을 통치하고 있는 것이다. 신은 제사의 대상일 뿐, 더 이상 그 땅을 통치하지 않고 있다. 그것을 실질적으로 통치하는 것은 사람이다. 사람들의 생각 속에서 신은 사람의 계보로 끌려들어와 그 땅을 통치하는 정당성을 증명해 주는 존재 이상이 되지 못한다. 사람의 계보로 끌려들어온 신은 과거에 속하는 존재이지 결코 현재의 존재가 아니다. 이것은 곧 신의 시대와 사람의 시대가 동일한 맥락 속에서 융합되는 것을 의미한다. 그렇지만 중심적인 것은 사람의 시대이지 결코 신의 시대가 아니다. 다시 말해서 신의 시대가 사람의 역사 속으로 끌려들어오는 것이다. '신화의 역사화'라는 것은 바로 이런 과정을 통해서 일어난 현상이었다.

이런 신화의 역사화 과정을 주도한 것은 정치권력이었다. 춘추시기에는 패권을 꿈꾸는 제후들이 그 과정을 주도했고 전국시기에는 통일을 꿈꾸는 각국의 왕들이 그것을 주도했다. 그것은 정치적 명분을 축적하기 위해 신을 이용한 것이었다. 과거의 신들은 인간의 시간 속으로 끌려들어와 현재의 정치권력의 정당성을 증명하는 역할을 하고 있었다. 이것은 상대의 왕들이 선왕과 선공을 인간적 네트워크인 시간 속으로 끌어들인 것의 연장이라고 해도 과언이 아니다. 그리고 그것은 한대에 사마천(司馬遷)이 《사기(史記)》를 저술하면서 〈오제본기(五帝本紀)〉를 제일 첫머리에 설정함에 따라 완성단계에 이르게 되었다. 사마천은 황제(黃帝), 제전욱(帝顓頊) 고양씨(高陽氏), 제곡(帝嚳) 고신씨(高辛氏), 요(堯), 순(舜)을 오제

世曰唐叔虞. 當武王邑姜方震大叔, 夢帝謂己: 余命而子曰虞, 將與之唐, 屬諸參, 而蕃育其子孫. 及生, 有文在其手曰虞, 遂以命之. 及成王滅唐, 而封大叔焉. 故參爲晉星. 由是觀之, 則實沈, 參神也. 昔金天氏有裔子曰昧, 爲玄冥師, 生允格臺駘, 臺駘能業其官, 宣汾洮, 障大澤, 以處太原. 帝由嘉之, 封諸汾川, 沈姒蓐黃, 實守其祀. 今晉主汾而滅之矣. 由是觀之, 則臺駘, 汾神也.」

(五帝)로 설정하였다. 이로써 '오제-하(夏)-은(殷, 상왕조)-주(周)-진(秦)-한(漢)'이라는 통합적이고도 정통성을 확보한 계보가 완성되었다. 전통시기의 중국인들이 흔히 '우리는 모두 황제의 자손이다'라는 말을 한 것은 바로 이런 계보에 근거한 것이었다. 사람의 계보에 끌려들어 온 신은 더 이상 신이 아니었다. 사람의 역사의 한 부분을 이루는 그들은 이미 사람이 되어 있었다. 그들에게서 신격은 사라지고 인간으로서 지닌 장점이 강조되었기 때문이다. 그래서 오제는 신적 존재라기보다는 중국인들이 이상적인 인물로 설정한 성군(聖君)으로 변해 있었다.

정치권력은 이렇게 사람의 계보에 끌어들일 수 있는 신에 대해서만 관심이 있었던 반면에 그 이외의 신에 대해서는 거의 관심이 없었다. 정치권력이 관심을 가지지 않는다는 것은 곧 그 신들에 대한 이야기가 기록되지 않음을 뜻했으며, 그것은 그 이야기들이 구두전승으로 전해지다가 어느 정도 시간이 지나면 서서히 소멸하는 것을 의미했다. 기억되지 못하는 신은 더 이상 신이 아니었다. 또 기억되고 있었다고 해도 정치권력이 주장하는 계보에 속하지 못하는 이야기는 과거의 에피소드 이상의 의미를 지니지 못했다. 가장 대표적인 것이 반고(盤古)와 여왜(女媧)의 이야기라고 할 수 있다. 반고는 천지개벽의 주인공[27]이고, 여왜는 무너진 천하를 살 수 있는 곳으로 회복시킨 주인공[28]이다. 그렇지만 그들은 사람이 생각할 수

---

27) 삼국시기(三國時期) 오(吳)나라의 서정(徐整)이 저술했다고 알려져 있는 《삼오력기(三五曆記)》와 《오운력년기(五運曆年紀)》에 실려 있는 반고의 이야기는 대략 다음과 같다. 즉 태초에는 세상이 아직 혼돈상태에 있어서 마치 달걀 속과도 같았다고 한다. 반고가 그 속에 태어났는데, 18,000년이 지나자 천지개벽이 일어났다. 천지가 쪼개져서 맑고 가벼운 것은 위로 올라가고 탁하고 무거운 것은 아래로 내려갔으며 반고가 그 사이에서 하늘을 떠받치고 땅을 누르면서 하루에 한 장(丈)씩 자라나기 시작했다. 그렇게 18,000년이 지나자 하늘은 극도로 높아졌고 땅도 극도로 두터워졌으며 반고도 최고로 크게 되었다. 그가 죽은 후 그의 눈이 해와 달이 되었고, 땀과 피는 강물을 이루었으며 털이 숲을 이루게 되었다. 그리고 그의 몸에서 기어 나온 벌레들이 사람이 되었다고 한다.

없는 아득한 옛날에 관한 이야기의 주인공이었다. 그래서 그들은 사람의 계보를 세우는 데에는 직접적인 도움이 되지 못했다. 사람의 계보는 신의 시대를 거쳐 온 후 사람이 직접 천하의 통치를 맡는 데에 초점이 맞추어져 있었고, 그래서 그 계보는 사람의 사회가 어디에서 시작하는가를 중심으로 만들어진 것이었다. 여기에서 아득한 옛날 우주가 만들어진 시대의 이야기는 사람의 이야기와는 관련이 없다고 여겨졌다. 그렇기 때문에 반고와 여왜의 이야기는 가장 오랜 과거를 다루면서도 사람의 계보에는 정식으로 편입되지 못했다. 물론 이것을 오제에 연결시키려는 노력은 있었다. 그들은 반고와 오제 사이에 삼황(三皇)을 설정하면서 더 오랜 과거로 인간의 역사를 팽창시키려고 했지만 정치권력의 지속적 관심을 얻는 데에는 실패했다.

그런데 이러한 '신화의 역사화'를 단순히 신화의 파괴, 사람에 의한 신의 왜곡 등으로만 생각해서는 곤란하다. 왜냐하면 신화의 역사화는 중국의 문화적 체질이 가지고 있는 속성의 결과라고 생각되기 때문이다. 다시 말해서 그것은 중국인 특유의 신에 대한 기본적인 생각이 가져온, 어찌 보면 당연한 결과의 하나일 수도 있다. 중국의 신이 가지고 있는 가장 큰 특징은 그들이 사람으로부터 구별되는 이종(異種)이 아니라는 점이다. 그리고 이런 특징이 '신과의 결별' 이후에 생겨난 것이 아니라 그 이전부터 이

---

28) 《회남자(淮南子)》〈천문훈(天文訓)〉과 〈남명훈(覽冥訓)〉에 실려 있는 여왜의 이야기는 다음과 같이 요약될 수 있다. 이 이야기는 여러 갈래로 갈라져 있으며 이 요약은 단지 이해를 돕기 위한 것일 뿐이다. 아득한 옛날에 사극(四極)이 무너지면서 세상이 혼돈에 빠지게 되었다. 그래서 여왜가 오색의 돌로 하늘의 구멍난 곳을 메우고, 큰 자라의 다리를 잘라 사극(四極)을 세웠다. 그 후 공공씨(工共氏)가 전욱(顓頊)에 대항해서 반란을 일으켰다가 실패하자 화가 나서 머리로 부주지산(不周之山)을 들이받았다. 이 산은 하늘과 땅을 받치는 천주(天柱)의 하나였기 때문에 이 산이 무너지자 하늘이 기울고 땅이 찢어졌다. 하늘은 서북쪽으로 기울어 버리고 땅은 동남쪽으로 기울어졌다. 그래서 오늘날까지 해와 달, 모든 별은 서북쪽으로 흘러가고 지상의 모든 강은 동남쪽으로 흘러간다.

미 존재했다는 것이 중요하다. 상대의 갑골문에서 등장하는 신은 선왕과 선공이었다. 그것은 신이 별도로 존재하는 세계에서 자체적인 증식을 통해 태어난 것이 아니라 이 세계에서 살던 사람이 사후에 저 세계로 가서 생겨난 존재이다. 그래서 신은 원래 사람이었다. 이것은 우리에게 잘 알려져 있는 그리스와 로마의 신화를 생각할 때에 매우 특징적인 것이다. 아폴로는 신의 세계에서 태어난 아폴로일 따름이지 이 세상의 사람이 결코 아니었다. 그러나 상대의 신은 한때 이 세상 사람이었다. 그래서 주대에 이르러 신과의 결별이 진행되면서도 이런 관념은 그대로 지속되었다고 생각된다. 그것이 중국인들이 생각하던 신에 대한 생각의 핵심을 이루는 부분이었기 때문이다. 그렇기 때문에 춘추시기에 들어서서 신이 사람의 계보로 편입되는 것은 어쩌면 당연한 결과였는지도 모른다. 그런 현상의 당위성을 제공하는 환경이 이미 조성되어 있었기 때문이다. 만약 주대의 사람들이 상대에서처럼 신과 동거하기를 선택했다면 주대에도 새로운 신들이 계속 탄생했을 것이다. 그렇지만 주대의 사람들은 새로운 신을 탄생시키지 않고 선조를 역사의 테두리 안에 고정시켰다. 그랬기 때문에 그들이 계보를 과거로 팽창시킬 때에 찾을 수 있는 것은 한때 자신들의 선조였다가 신이 된 사람들이었다. 신화의 역사화는 결국 그들을 신으로 남겨 놓지 않고 역사적 계보로 편입시키기로 한 결정에 의해서 촉발되었을 가능성이 크다. 그런 결정은 주대의 사람들이 더 이상 신과 동거하지 않고, 다시 말해서 신을 현실의 구석구석에 참여시키지 않고, 그들과의 거리를 두기로 결심했기 때문이다. 그것은 사람의 세계를 스스로 꾸려나가겠다는 생각의 발로였는데, 그런 생각을 한 것이 바로 중국의 문화적 체질이 가진 특성을 보여준다고 생각할 수 있다.

한편 신화의 운명은 역사화에서 그치지 않았다. 정치권력이 계보의 구축을 통해서 일부의 신을 끌어들이는 이면에서는 당시의 지식인들에 의한 '탈신화(脫神話)'의 움직임이 진행되고 있었기 때문이다. 여기에서 말하는 지식인은 전국시기에 활동한 제자백가(諸子百家)를 중심으로 하는 신흥 지식인 계층을 가리킨다.[29] 그들은 '사(士)'라는 신흥 계층으로 이루어지고 있었는데 그들 중 상당수는 높은 가문 출신이 아니었다. 그들은 출신가문을 배경으로 해서가 아니라 자신의 능력을 토대로 사회적 신분 상승을 이룬 사람들이었다. 그런 사람들에게 과거로 소급되는 계보는 그리 중요하지 않았다. 그래서 그들은 신화적 과거로부터 형성되는 계보에 대해 큰 관심을 두지 않았다. 오히려 그들 중의 상당수는 사람들의 일상적인 경험을 넘어서는 '저 세계', 아니면 어떤 형태의 '초월적인 세계'의 존재에 상당한 회의를 품고 있었다. 그들은 현실적인 문제의 해결에 집중하고 있었기 때문에 신화적 과거의 진실에는 거의 관심이 없었다. 그들은 오히려 신화적 지식을 자신의 담론에 사용할 수 있는 일화(逸話)로 변형시켰으며, 그래서 신화적 진실은 더욱 가려지게 되었다. 다시 말해서 그들은 신화적 인물을 인용하면서도 그들의 신화적 과거를 인용하는 것이 아니라 현재 자신이 행하고 있는 담론의 정당성을 증명하는 데에 이용한 것이다. 예를 들면 묵자(墨子)에게 있어서 순(舜) 임금은 신화적 인물이 아니었다. 순 임금은 그가 주장한 절장(節葬)을 몸소 실천한 인물이었을 따름이다. 마찬가지로 맹자(孟子)에게 있어서도 순 임금은 미천한 신분으로 있다가 능력을 인정받아 왕위에 오른 사람이지 결코 신화적 인물이 아니었다. 그의 담론에서 예(羿)는 열 개의 태양을 쏘아 떨어뜨림으로써 세계를 구출한 영웅으로는 언급되지 않고 활쏘기를 잘 가르치는, 그래서 군자의 표본이 될 만한 사람으로만 언급되고 있다.[30] 이러한 경향으로 해서 대부분의 신화적 진실은 지식인들의 기억에서 멀어져 갔으며, 그들의 기억에 남은 것도 신화로서가 아니라 과거의 일화로만 남게 되었던 것이다.

지금까지 기술한 것이 내가 파악한 '중국신화의 진실'이다. 그것을 장황

---

29) 이 시기의 지식인이 발생하는 과정에 관해서는 이전에 기술한 바가 있다. 徐敬浩, 《중국문학의 발생과 그 변화의 궤적》 제3장 2절을 참고하기 바란다.
30) 이것은 내가 이전에 쓴 글에서 상세하게 설명한 바 있다. 徐敬浩, 《산해경연구》, pp.365～382.

하게 설명한 이유는 일반적인 신화의 개념, 다시 말해서 서구의 신화를 근거로 한 서구학자들의 개념과 이론을 수단으로 삼아서 중국의 신화에 접근하는 것이 어떤 문제를 야기할 수 있는가를 보여주기 위한 것이었다. 한마디로 중국의 신화는 단절된 전통이며, 서구에서처럼 살아 있는 것이 아니다. 그것은 과거로부터 현재까지 '사람들의 사유체계에 깊숙이 스며들어 있으면서 보이지 않는 힘을 발휘하는 어떤 기제'라고 하기 어려운 면을 지니고 있다. 그렇기 때문에 나는 중국의 신화를 연구함에 있어서 원론적 개념에 입각한 접근은 맹목적인 연구에 빠지기 쉽다고 본다. 그것은 '신화의 진실을 밝히기 위한 연구'가 되지 못하고 '신화를 위한 신화의 연구'가 되어 버릴 가능성이 크다.

중국의 이야기의 흐름에서 신화를 어떻게 보아야 할 것인가? 그것은 한때 유행했던 이야기인가? 아니면 융(C. G. Jung)이 말한 바와 같은 지속적으로 그 모습을 드러내는 '집단무의식'의 원형인가? 현실적으로 볼 때에 나는 전자에 해당하는 면이 더 많다고 생각한다. 그리고 중국의 신화가 집단무의식의 원형으로 인정받기 위해서는 좀더 많은 연구와 검증이 필요하다고 생각한다. 다시 한번 강조해야 할 것은 서구의 신화학에서 그러한 이론이 어느 정도의 설득력을 지닌다고 해서 무조건 그것을 중국의 신화에 대입해서는 안 된다는 점이다. 그런 이론을 검증하기 위해서는 실제로 중국인이 역대로 어느 정도의 '신화적 구현'을 해왔는가를 발견하지 않으면 안 되는데 적어도 현재까지는 그런 검증이 이루어졌다고는 생각되지 않는다.

신화를 한때 유행했던 이야기라고 생각하는 것이 그것의 소멸을 의미하는 것은 아니다. 이야기 자체는 기억에서 멀어지고 소멸의 단계에 들어섰다고 생각한다. 그렇지만 그 이야기를 발생시켰던 '신화적 사유'는 소멸된 것이 아니라 '잠복'에 들어갔다고 생각해야 할 것이다. 그 사유는 인간의 세계가 아닌 신의 세계가 존재하며, 그 신의 세계에도 생명이 있고 활동이 있으며, 감정이 있다는 기본적인 관념이었다. 그것은 이 세계만 존재하는 것이 아니라 또 다른 '저 세계'가 존재한다는 관념을 내포하고 있다. 나아가서 그것은 사람들이 이 세계에서만 사는 것이 아니라 저 세계의 존재들과 함께 살아왔다는 고대의 관념을 보여주는 것이다. 그것은 오늘날 우리의 방식대로 우리의 삶을 설명하는 것과 마찬가지로 고대사회의 사람들이 그들 나름대로의 방식으로 그들의 삶을 설명하는 것이었다. 그것이 소멸되지 않고 잠복하였다는 것은 후세에 그것이 다시 변형된 모습으로 나타나는 것을 발견할 수 있기 때문이다. 동시에 신화적 사유의 존재는 고대사회의 사람들이라고 해서 자신의 삶을 기계적으로 살아갔던 것이 아니라 이야기를 통해 설명하면서 살아갔음을 의미한다. 그 이야기의 모습이 지금과 다른 것은 이야기를 하는 방법과 그 이야기를 만들어 내는 사유방식의 차이이지 결코 이야기의 기본 관념상의 차이가 아니라고 생각된다. 신화적 이야기들은 고대사회에서도 이야기가 큰 역할을 하였으며, 그런 이야기들이 이미 사회적인 역할을 수행하고 있었음을 의미한다. 다시 말해서 이야기가 사회생활의 한 부분으로서의 역할을 하는 것은 신화가 이야기되던 시절에 이미 시작되었던 것이다.

'중국신화'를 연구한다면 우리는 중국적인 신화적 사유라는 것이 어떤 것인가에 대해 진지하게 생각하지 않으면 안 된다. 단순히 신화에 해당되는 이야기가 있다고 해서 그것을 맹목적으로 신화라고 부르는 것은 옳지 못하다는 것이 나의 생각이다. 이 글에서 내가 '신과의 결별'을 언급한 것은 중국의 신화를 관찰하면서 느낀 것을 정리한 것이지, 결코 중국 신화의 연구 자체를 부정하기 위한 것이 아니다. 그렇지만 이 글에서 나는 전문적인 신화연구자의 입장을 벗어나서 오늘날 우리가 신화라고 부르는 것들을 단순한 이야기로만 다룰 것이다. 그것은 아직 국내외의 신화 연구가 중국적인 것을 충분히 규정하지 못한 상태라고 생각되기 때문이다. 이 글의 맥락에서 신화는 문자기록이 생기기 이전에 이미 사회적인 수요로서의 이야기가 존재했다는 증거로 채택되고 있다. 사회가 다양해지기 이전에 신화적 이야기들은 이후의 무수한 이야기들보다 훨씬 큰 역할을 하고 있었다고 생각된다. 동시에 그것은 이야기에 대한 욕구와 현실적 수요가 인간이 사회를 형성하던 때부터 이미 발생하고 있었음을 가리키는 지표라고 할 수 있을 것이다.

제 3 장

이야기의 기록 및 유행

입에서 입으로 전달되던 이야기들이 문자로 기록되기 시작하면서 이야기의 전통은 새로운 국면으로 접어들게 되었다. 이 때부터 이야기는 종래와는 다른 행위로 변하기 시작하는 동시에 이야기 자체가 스스로의 생명력을 형성하기 시작했다고 생각된다. 그것은 마치 단순한 형태의 단백질이 서로 결합하면서 서서히 살아 움직이는 생명체를 형성하는 것과 비슷한 양상이었다. 이번 장에서는 그런 변화가 시작되는 모습을 관찰하고자 한다.

문자의 사용은 전국시기 후반부터 본격적으로 활발해지기 시작했다. 이 시기에는 오늘날 제자백가라고 통칭되는 많은 지식인이 출현하였고 그들이 벌인 담론이 문자기록으로 정착되었던 것이다.[1] 그 이외에도 이 시기에는 역사의 기록이 활발하게 진행되고 있었다. 물론 모든 기록이 그 시기에 만들어진 것은 아니었을 것이다. 대부분의 담론은 구두언어로 진행되었고 기억으로 남아 있다가 후세에, 특히 한대에 들어서서 비로소 문

1) 물론 그들이 직접 자신의 담론을 기록한 것은 아니었다고 보아야 하겠다. 이 시기의 문자기록 방식에 대해서는 徐敬浩, 《중국문학의 발생과 그 변화의 궤적》 제3장 2절을 참고하기 바란다.

자기록으로 정착되었을 가능성이 크다. 전국시기에는 아직 지식과 정보의 전달이 구두언어에 의지하고 있었으며 문자언어는 보조적인 위치에 있었다고 보기 때문이다. 문자기록으로 남은 것은 전체적으로 발생한 이야기의 극히 작은 부분에 지나지 않는다. 그렇지만 우리는 이러한 역사기록과 담론에서 일종의 보조수단으로 이야기가 등장하는 것을 볼 수 있다. 그것은 역사적 사실의 설명이나 설득의 수단으로 이야기가 사용되는 빈도가 증가하며, 또 그 이야기도 다양한 모습을 보이기 때문이다. 이러한 현상은 전국시기 말엽부터 한대 말엽까지에 두드러지는 현상이라고 할 수 있다. 그런데 오늘날까지 남아 있는 이야기의 양은 그리 많지 않으며, 그 이야기들은 편의상 몇 가지로 분류되고 있다. 나는 여기에서 새로운 분류를 시도하지 않고 여러 전문가들이 사용한 분류 방식을 그대로 사용할 것이다.

1. 설득수단으로서의 이야기 — 우언(寓言)

전국시기의 지식인들은 유세(遊說) 활동을 통해서 정치권력의 인정을 받으려고 노력하던 사람들이었다. 그들은 나름대로의 언변과 논리를 통해서 자신의 주장을 펼쳤다. 그들이 제공하는 담론의 주요 소비자는 왕과 제후들이었으며, 담론의 주요 목표는 '설득'이었다. 이 설득의 방법은 다양했다. 직설적으로 자신의 주장을 전개하는 사람도 있었지만 상당수의 사람들은 직설적인 논리와 우회적 수법을 병용하고 있었다. 그것은 직설적인 논리가 이루어내지 못하는 성과를 우회적 수법이 거두어 낼 수 있다는 생각에서였을 것이다. 이렇게 우회적 수법으로 등장한 것이 비유를 위한 이야기이며 이것을 우언이라고 부르고 있다.

우언은 기본적으로 줄거리가 있는 이야기이다. 그것은 이야기를 이루는 핵심으로 어떤 사람이나 동물을 설정하고 그들의 행동을 설명하며, 마지막에는 그 행동의 결과와 의미를 제시하는 것을 일반적인 모습으로 하고 있다. 이 이야기들에서 등장하는 인물이나 동물은 '비일상적'이다. 등장하는 인물은 바보 같은 사람이 많다. 또 대부분의 경우에 그 인물은 신원이 밝혀져 있지 않다. 그는 그저 '어떤 사람'일 뿐이며 이름이 밝혀져 있는 경우는 거의 없다. 다만 초(楚)나라 사람이거나, 제(齊)나라 사람이라는 등만 언급된다. 동물이 등장할 때에는 신비하거나 흔히 볼 수 없는 특징을 가지는 경우가 많다. 예를 들면 《장자》의 첫머리에 등장하는 곤(鯀)과 붕(鵬)이 그런 것이다.[2] 따라서 이것은 줄거리가 있는 이야기이긴 하지만 완전한 이야기는 아니다. 그 이야기는 대개 등장인물의 한 가지 행동만을 다루고, 동물을 다루는 데에 있어서도 한 가지의 특징만을 다룬다. 다시 말해서 이것은 한 인물이나 동물이 지닌 다양한 성격을 모두 배제하고 필요로 하는 단면(斷面) 하나만을 떼어 놓은 것이다. 거의 모든 이야기는 전후 관계에 관한 서술이 없이 초점이 맞추어져 있는 부분만을 압축적으로 제시하고 있다.

예를 들어 우리에게 잘 알려져 있는 「모순(矛盾)」이라는 이야기를 검토해 보자. 한 사람(甲이라고 칭하기로 하자)이 창과 방패를 팔고 있었다. 그는 창이 하도 예리해서 천하의 어떤 방패도 뚫을 수 있다고 자랑했다. 그 다음에는 방패가 워낙 튼튼해서 천하의 어떤 창도 뚫을 수 없다고 말했다. 그러자 어떤 사람(乙이라고 칭하기로 하자)이 그 창으로 그 방패를 찌르면 어떻게 되느냐고 물었더니 그는 아무 대답도 할 수 없었다고 한

2) 《莊子》의 〈逍遙遊〉에 나오는 이야기는 대략 다음과 같다. 아득한 북쪽 바다에 고기가 살고 있는데 그 이름은 鯤이라고 한다. 그 고기는 하도 커서 길이가 몇천 리가 될지 아무도 모른다. 이 고기가 변해서 새가 되는데 그 이름을 鵬이라고 한다. 이 새는 등이 또 몇천 리가 될지 모를 정도로 크다. 이 새가 한번 날개를 펴고 날아오르면 그 펴진 날개가 구름과 같이 하늘을 덮게 된다. 이 새가 한번 날아오르면 한꺼번에 구천 리를 올라가는데 그 서슬에 물이 삼천리나 빨려 올라가곤 한다. 이 새는 한번 날기 시작하면 남쪽 바다에 닿을 때까지 여섯 달을 쉬지도 않고 먹지도 않고 계속 날아간다고 한다. 그러니 참새와 같은 조그만 새가 어떻게 붕의 큰 뜻을 알겠는가?

다. 여기에서 갑이 창과 방패를 팔려고 설명하다가 을의 질문을 받고는 꼼짝 못했다는 것이 줄거리라면 줄거리가 된다. 이야기는 그뿐이다. 그리고 그 이야기를 듣는 사람이 '모순'이라는 의미를 파악한 다음에는 그것으로 끝이다. 이야기가 이런 모습을 가지게 된 데에는 분명한 이유가 있었다. 무엇보다도 이 이야기들은 '줄거리를 갖춘 이야기'를 들려주기 위한 것이 아니었다. 이것은 갑의 행동과 을의 질문, 그리고 갑의 창피함이라는 연결된 상황이 하나의 줄거리를 형성하면서 동시에 그런 '일'이 있었다는 것을 이야기하는 것이 핵심이다. 그것은 어떤 일이 일어났는가를 보여주는 정보이다. 그리고 이 정보는 '모순'이라는 의미로 연결된다. 단순히 정보만을 주는 것이 아니라 가시적(可視的) 정보를 제공하면서 그 뒤에 포함되어 있는 교훈적 의미를 전달하는 것이 이 이야기의 목적이었던 것이다.

이런 목적이 있었기 때문에 이야기는 원래의 맥락에서 이탈해 있다. 원래의 맥락은 그 뒤에 숨어 있는데 이것은 그 당시의 사람들에게는, 특히 이야기를 들려주는 사람에게는 불필요한 것이었다. 그렇지만 오늘날 우리가 뒤에 숨어 있는 맥락을 더듬어보면 이렇게 간단한 이야기가 매우 번잡한 이야기로 확대될 수 있음을 발견한다. 갑은 어떤 사람이었기에 하필이면 창과 방패를 팔러 나왔을까? 그는 도대체 어디에서 창과 방패를 얻어서 팔려고 했는가? 왜 그는 창과 방패를 따로 팔지 않고 한꺼번에 팔러 나왔을까? 왜 창을 소개한 다음 그것이 팔리기를 기다리지 않고 방패를 꺼내서 선전하였을까? 만약 창을 팔아버린 상태에서 방패를 팔았다면 을이 그런 질문을 던지지 않을 수도 있지 않았을까? 을은 어떤 사람이길래 남이 물건을 파는 데에 곤란한 질문을 했을까? 그는 보통 사람이었을까? 아니면 아주 예리한 사람이었을까? 그가 그 날 유난히 심기가 불편해서 보통 같으면 지나갔을 일을 꼬치꼬치 캐물은 것은 아닌가? 지극히 간단한 이야기를 보면서 오늘날 우리는 이렇게 많은 질문을 할 수 있다. 만약에 이 질문에 세세한 대답이 있다면 우리는 그것을 통해서 갑과 을의 삶을 묘사할 수도 있다. 다시 말해서 애초에는 전혀 관계없이 각각의 삶을 살아가던 두 사람이 우연한 기회에 시장거리에서 만나게 되고 그로 인해서 하나의 사건을 일으키게 되는 이야기를 재구성할 수 있는 것이다.[3] 그렇기 때문에 이 간단한 이야기가 사실은 그 뒤에 엄청난 사연을 간직하고 있는 것이었다.

이렇게 사건만을 다루는 모습은 오늘날의 신문기사와 크게 다를 바 없다. 끔직한 범죄를 저지른 젊은이에 대해서 신문은 그가 무슨 범죄를 어떻게 저질렀는가를 보도할 뿐이다. 그렇지만 오늘날에는 그것만으로 끝나지 않는다는 차이가 있다. 주간지나 시사프로그램에서는 그 젊은이의 가정환경이나 평소의 태도 등을 주변사람들을 통해 취재한 다음 그것으로 그가 어째서 범죄에 빠져들게 되었는가를 소상하게 밝히는 경우가 많다. 이것은 하나의 사건을 확대해서 더 큰 줄거리를 만들어 내는 것이며, 이 경우에 범죄는 단순한 사실에 그치는 것이 아니라 그 뒤에 도사리고 있는 맥락의 한 부분으로 이해될 수 있다. 그러나 고대의 중국에서는 아직 이런 기술이나 관념이 발달되어 있지 않았다. 그리고 이야기를 하는 사람들도 그런 필요를 느끼지 않았다. 그것은 그들이 아직 이야기를 맥락으로 사용하는 것이 아니라 정보와 설득의 수단이라는 좁은 목적으로 사용하고 있었기 때문이다. 그래서 우언은 그 뒤에 상당한 줄거리와 맥락을 깔고 있었으면서도 그것을 모두 보여주는 것이 아니라 의미의 전달에 꼭 필요한

3) 나는 서울대학교의 '중국의 대중문학'이라는 강의에서 이런 실험을 학생들과 더불어 해 본 일이 있다. 그때 우리가 함께 생각해 낼 수 있는 경우의 수는 매우 많았으며, 특히 갑과 을의 경우의 수를 조합했을 때의 결과는 더 큰 가능성을 보여주었다. 이런 것을 조합한 이후 학생들에게 이야기를 시켜보면 가난을 못 이긴 갑이 가보로 간직하고 있던 창과 방패를 팔려고 하다가 을의 질문 때문에 뜻을 못 이룬다는 슬픈 이야기도 나올 수 있고, 또 벼슬은 하지 못하고 집에서 마누라한테 구박받던 을이 할 일 없이 시장거리를 돌아다니다가 갑을 보고 투정을 부리면서 이야기가 만들어졌다는 우스운 이야기로 발전할 수 있는 가능성도 발견할 수 있었다.

부분만을 보여주고 있었다. 그 뒤에 깔려 있는 것은 생각하고 싶은 사람만 생각하면 되는 것이었지, 모든 사람이 생각해야 할 필요는 없었기 때문이다.

우리는 이런 이야기들이 말하는 사람에 의해서 직접 지어진 것인지, 아니면 어디에선가 들은 것인지 여부를 전혀 알 수 없다. 이야기를 소개하는 사람들이 그런 정보를 전혀 제공하지 않기 때문이다. 그러나 이야기가 사용되는 전후맥락이나 분위기를 볼 때에 그 이야기들이 직접 만들어졌다고 생각하기는 어렵다. 그 이야기들은 어디에선가 취재(取材)했을 가능성이 크며, 그래서 사실상 '주어진 이야기' 그대로를 사용했을 가능성이 크다. 그 주어진 이야기는 애초에는 구두언어로 전해졌을 것이며 그래서 문자로 기록된 것보다는 더 많은 내용을 담고 있었을 가능성도 있다. 그것을 지식인들이 설득의 과정에서 사용할 때에 상당 부분을 잘라냈을 것이고, 또 문자기록으로 정착하는 단계에서도 상당 부분이 잘라졌을 가능성이 있다. 그렇지만 일부 이야기에서 우리는 이미 '의도적인 구성'의 흔적을 발견할 수 있다. 다시 말해서 전해진 핵심적 정보에만 초점을 맞추지 않고 어떤 발전의 과정을 통해서 의미를 전달하려는 의도가 배어 있는 이야기를 발견할 수 있는 것이다. 다음의 예를 보기로 하자.

> 초나라 사람 하나가 산에서 잡은 꿩을 짊어지고 걸어가고 있었는데 지나가던 사람이 물었다. "그게 무슨 새요?" 그러자 꿩을 짊어진 사람이 거짓으로 말했다. "봉황입니다." 길 가던 사람이 그 말을 듣고 말했다. "내가 봉황이 있다는 말은 들었는데 이제야 보게 되었군. 그걸 나에게 팔지 않겠소?" "그러지요." 그래서 금덩어리 10개를 주겠다고 했으나 초나라 사람은 팔려 하지 않았다. 그래서 두 배를 주겠다고 했더니 그제야 새를 내주었다. 새를 산 사람은 그 새를 초나라 왕에게 바치기로 마음먹었는데, 하룻밤이 지나자 이 새가 죽어버렸다. 이 사람은 새를 사느라고 쓴 돈은 아까워하지 않고 새를 국왕에게 바치지 못하게 되었다고 애통해했다. 이 이야기가 여러 사람에게 전해지면서 모든 사람이 그 새가 정말로 봉황이었으며 그 사람이 그토

록 귀하다는 봉황을 국왕에게 바치려 했다고 여기게 되었다. 소문은 마침내 국왕의 귀에까지 들어갔고, 국왕은 자기에게 봉황을 바치려 한 것이 고마워서 그를 불러 상을 후하게 내렸다. 그 상의 액수는 새를 사느라고 쓴 돈의 열 배도 넘었다고 한다.4)

이 이야기는 전달하고자 하는 의미만을 보면 지극히 간단하다. 좋은 일을 하려고 마음먹으면 실제로 해 내지 못하더라도 언젠가 보답이 있다는 것이다. 그러나 그렇게 간단한 의미를 전달하기 위해서 이 이야기는 먼 길을 돌아가고 있다. 애초에 꿩을 짊어지고 가던 사람이 길에서 만난 사람에게 그것을 봉황이라고 속이면서 줄거리는 시작된다. 그 새가 봉황이라는 말을 듣자 이 순진한 사람이 사려고 하는데 여기에서 파는 사람의 재주가 다시 번득인다. 그 새를 싸게 팔아 버리면 봉황이 아닐지도 모른다는 의심을 받을 수 있기 때문에 그는 배짱을 부린다. 그러다가 안 팔려도 그는 잃을 것이 없다. 그러나 사는 사람은 그 새가 봉황이라고 믿기 때문에 안달이 나서 값을 올리고 거래가 성립된다. 이 사람은 그 새를 자기가 소유하지 않고 국왕에게 바치려고 했는데 하필이면 이 새가 죽어 버린다. 그것은 그 새를 완벽하게 봉황으로 만드는 계기가 되어 버렸다. 그가 국왕에게 봉황을 선사할 기회를 놓쳤다고 애통해 하자 사람들은 모두 그 새가 봉황이라고 생각했고, 국왕마저도 그 새가 틀림없이 봉황이었다고

4) 이 이야기는 전국시기 명가(名家)의 대표적 인물이라고 여겨지는 윤문(尹文)의 《윤문자(尹文子)》〈대도(大道)·상〉에 실려 있었으며 그 후 위·진·남북조 시기의 《소림(笑林)》에도 수록되었다가 송대에 《태평광기(太平廣記)》 461권에 수록되었다. 나는 이 이야기를 노신의 《고소설구침(古小說鉤沈)》에서 발견하였다. 원문은 다음과 같다.「楚人有擔山雉者, 路人問曰, “何鳥也?” 擔雉者欺之曰, “鳳凰也.” 路人曰, “我聞有鳳凰久矣, 今眞見之. 汝販之乎?” 曰, “然.” 則十金, 弗與. 請加倍, 乃與之. 將欲獻楚王, 經宿而鳥死. 路人不遑惜金, 惟恨不得以獻楚國王. 國人傳之, 咸以爲眞鳳凰貴, 欲以獻之. 遂聞楚王, 感其欲獻於己, 詔而厚賜之, 過於買鳥之金十倍.」

생각하게 된 것이다. 이렇게 볼 때에 이야기의 의미는 선의에 대한 보답이지만 실제로 그 맥락을 형성하는 것은 그 새가 봉황이었다는 거짓말의 확산이었다.

여기에서 중요한 것은 그런 거짓말의 확산을 만들어 내기 위한 장치가 곳곳에 마련되어 있다는 점이다. 만약 새를 처음 제시한 가격에 팔아치웠다면, 또 그 새가 밤 사이에 죽지만 않았다면 그 새가 봉황이었다는 확신이 그렇게 강해지지는 않았을 것이다. 결국 새를 산 사람이 후한 상을 받게 되는 것은 바로 그런 거짓말이 진실로 여겨졌기 때문이다. 다시 말해서 누가 의도적으로 만들었건, 아니면 우연스럽게도 그런 일이 실제로 일어났건 간에 이 이야기에는 그 새가 봉황이었다고 사람들이 믿게 만드는 장치가 여기저기에 배치되어 있다. 그런 장치는 오늘날의 소설에서 말하는 반전(反轉)과 아이러니의 기법을 연상시킬 정도이다.

이런 면에서 볼 때에 우언은 그 내부에서 이미 '이야기의 기술'을 연마하고 있었다. 당시의 지식인들이 이야기를 설득의 수단으로만 보고 있었기 때문에 기록된 이야기들은 압축되지 않으면 안 되었다. 그렇지만 그렇게 기록된 것의 이면에는 더 큰 줄거리의 맥락이 있었다. 그 맥락은 오랜 시간이 지난 후에야 표면으로 드러나지만 실제로 그 맥락을 구성하는 기술의 일부분은 이미 이 시기에 조금씩 발달하기 시작했다고 보는 것이다. 물론 이 기술은 설득력을 높이기 위한 고안(考案)의 결과였지만 훗날 그것은 설득과는 관계없는 '소설적 흐름' 속에서 모습을 드러내게 된다.

2. 사실의 구체화 — 역사기록

전국시기부터 중국인들은 역사의 기록에 많은 관심을 기울였으며 시간이 갈수록 기록의 양이 풍부해졌다. 이렇게 기록이 풍부해지는 과정에서 이야기의 요소가 증가하는 것을 볼 수 있다. 오늘날 우리는 풍부한 역사기록 속에서 살고 있기 때문에 역사기록이라는 것이 애초부터 그렇게 풍부했다고 생각하기 쉽지만 실제로 애초의 역사기록은 그렇지 않았다. 앞에서 언급한 《서경》을 실제 있었던 대화의 기록이라는 점에서 역사의 시조로 간주하고 있으나 그것은 사실상 '기록' 그 자체였다. 그것은 과거의 대화를 기록했다는 점에서는 역사기록이지만 오늘날의 관점에서 보면 역사기록을 이루어낼 '사료(史料)'였을 따름이다.

중국에서 본격적인 역사기록은 어느 정도의 시간이 흐른 다음에 일정한 기간에 일어난 사건을 차례로 배열함으로써 시작되었다. 춘추시기에 각 제후국들은 나름대로의 역사기록을 하기 시작하였으며 그것을 《춘추》라고 했다. 그 중에서 오늘날까지 남아 있는 것이 공자가 편찬했다는 노(魯)나라의 《춘추》이다. 다른 나라의 역사기록이 모두 없어졌기 때문에 그것은 중국 최초의 편년체(編年體) 역사기록을 가리키는 말이 되어 버렸다. 《춘추》에는 B.C. 722년부터 B.C. 481년까지 노나라의 열두 명의 제후가 집정하는 기간의 사건이 시간순서대로 기록되어 있다. 여기에는 궁중에서 일어난 일, 다른 국가와의 교섭, 전쟁 등의 사건이 기록되어 있으며 때로 홍수나 지진 등의 천재지변도 보인다. 《춘추》와 같은 편년체가 등장한 것은 곧 상대의 갑골문에서 나타나기 시작한 조밀한 네트워크로서의 시간에 대한 관념이 더욱 보강되고, 그것이 제사뿐만 아니라 사람의 경험에도 적용되었음을 의미한다. 이제 인간사회에서 일어난 일이 단순히 기억으로만 전승되는 것이 아니라 문자기록을 통해서 전승되는 시대로 돌입한 것이다.

《춘추》의 기록은 극히 간단한 '사실(史實)'의 나열에 지나지 않았다. 그것은 몇 년 몇 월에 무슨 일이 있었다는 것을 기록한 것뿐이다. 거기에는 어째서 그런 일이 생겼으며, 그 과정에 누가 개입되었고, 그 결과는 어떠했나 등의 정보가 거의 기록되지 않았다. 여기에는 나름대로의 이유가 있었을 것이다. 우선 이 시기에는 기록용구의 미발달로 인해서 많은 내용을 적어내는 것이 어려웠다고 생각된다. 주로 죽간(竹簡)과 목독(木牘)이 쓰였던 이 시기에는 한 조(條)의 기록에 들어갈 수 있는 글자의 수가 제한될 수밖에 없었다. 더욱이 이 시기는 아직 대부분의 정보유통이 구두언어에 의존하고 있었으며 문자는 극히 작은 부분을 차지하는 보조수단이었다. 더욱이 문자는 아직 사용할 수 있는 사람이 희귀한 매체였다. 그랬기 때문에 문자로 적는 것은 극히 핵심적인 것에 국한되었고, 대부분의 정보는 아직 구두전승과 기억에 의존하고 있었다. 그래서 《춘추》에서는 기록된 사건들의 세부사항이 사람들의 기억 속에 살아 있었다고 본다.

그러나 전국시기에 들어서면 상황이 달라졌다. 우선 《춘추》에 기록된 사실이 사람들의 기억 속에 남아 있지 않게 되었다. 이 시기에 《춘추》를 읽는 사람들은 단편적으로 그런 사건이 있었다는 것은 알 수 있었지만 사건의 내막을 이해할 수는 없게 되었던 것이다. 그들에게는 과거의 사건을 '현재화(現在化)'할 수 있는 설명이 필요했으며, 그것은 과거에는 기억으로 전달되던 정보를 문자화해야 가능했다. 또 문자사용의 방법도 달랐기 때문에 《춘추》의 언어를 전국시기의 방식으로 설명하는 것도 필요했다. 이 시기에는 문자사용능력이 과거보다 훨씬 더 발달해 있었기 때문에 정보만 있다면 상세한 설명을 하는 것이 어려운 일이 아니었다. 이런 변화의 결과로 전국시기에는 여러 가지의 역사기록이 출현하였다. 그 중에서 가장 중요한 것으로는 《춘추》에 해설을 붙인 세 가지의 전(傳), 즉 《공양전(公羊傳)》, 《곡량전(穀梁傳)》, 《좌전(左傳)》을 들 수 있다. 이 책들은 관점을 달리 하고 있다. 《공양전》과 《곡량전》은 《춘추》의 언어와 그 속에 내포되어 있는 의미의 규명에 주안점을 두고 있다. 그것은 주로 질의응답식으로 《춘추》의 본문에 논평을 가하면서 선과 악을 구분하는 데에 치중하고 있다. 반면에 《좌전》은 사건의 배경과 세부적 사항을 '설명'하는 데에 주안점을 두고 있다. 그래서 이 책은 당시의 역사를 연구하는 사람들에게 《춘추》의 본문에 나오지 않는 많은 정보를 제공한다. 《좌전》은 소설연구자들의 주목을 일찍부터 받아왔다. 실제로 그것은 소설적 흐름의 파악에 있어서 중요한 의미를 지니고 있다.

이 '춘추삼전(春秋三傳)' 이외에도 이 시기에는 《국어(國語)》와 《전국책(戰國策)》이 출현하였다. 《국어(國語)》는 춘추시기의 여덟 국가에서 전해지는 제후와 신하 사이의 대화를 모아 놓은 것이다. 이 대화는 단순한 일상적 대화가 아니라 특정 사건에 대한 대화이다. 이렇게 대화를 모아 놓으면서도 정작 그것과 관련된 사건에 대한 기록은 그다지 많지 않다. 그래서 이 책의 제목은 '각국에서의 대화'라는 의미를 지닌다. 《전국책(戰國策)》은 현재까지 남아 있는 선진시기(先秦時期)의 책 중에서 유일하게 전국시기에 관한 것이라고 할 수 있다. 이 책에는 전국시기의 전쟁, 정치적 책략, 그리고 유명한 인물에 관한 이야기가 많이 수록되어 있다. 특히 합종연횡(合從連橫)의 책략이 유행하던 시절의 언변 좋은 유세가(遊說家)들의 이야기는 이 책에서 가장 두드러지는 내용이라고 할 수 있다.

춘추시기에서 전국시기까지의 역사기록에서 나타나는 변화는 눈덩이가 뭉쳐지는 과정과 비슷하다. 애초에 《춘추》에는 그야말로 간단하기 짝이 없는 '사실' 그 자체만이 있었다. 그러나 전국시기에 이르면 이것은 주변의 정황과 세부적인 경과 및 사건의 결과 등으로 증식되었다. 그것은 마치 조그만 눈송이를 만들어 언덕 꼭대기에서 밑으로 굴리면 커다란 눈송이가 만들어지는 것과 같은 것이었다. 애초의 '사실'에 많은 주변 정보가 합쳐져서 이전까지는 쉽게 이해되지 않던, 그래서 '새로운' 역사적 사실이 탄생하기 때문이다. 그것은 역사적 사실의 의미까지도 바꿀 수 있는 변화였다. 이 시기에 이르면 역사는 이제 사실의 나열이 아니라 과거에 일어난 사건의 설명으로 변해 있었다. 이렇게 눈덩이처럼 불어난 역사기록에는 당연히 더 많은 정보와 내용이 들어 있게 된다. 그리고 그 정보는 이전처럼 사실만으로 구성되는 것이 아니라 세부적 사항을 설명하는 이야기를 통해서도 구성되게 되었다. 대부분의 정보가 이전에는 구두전승을 통해서 기억되던 것이 이제는 문자기록으로 정착되었는데 그 영향은 대단했다. 사람들이 이제 과거를 말할 때에 사건만을 통해서 말하는 것이 아니라 '사건의 전후 맥락'을 통해서 말하게 되었기 때문이다. 이것은 역사의 기록에 있어서도 이야기의 역할이 그만큼 더 커진 것을 의미한다. 이제 이야기한다는 행위는 하찮은 것이 아니었다. 그것은 역사기록의 중추를 이루는 행위였다. 이야기의 모습을 갖지 못하는 역사기록은 사실상 죽은 것이나 다름없게 된 것이다.

그런데 더 큰 변화가 한대(漢代)에 들어서서 일어났으니 그것은 사마천이 《사기》를 저술하면서 종래의 편년체를 버리고 기전체(紀傳體)를 채택한 데에서 비롯되었다. 편년체가 역사상의 사건을 시간 순서대로 기록한 것임에 반해 기전체는 인물을 중심으로 해서 역사를 기록하는 것이다. 따라서 편년체에서는 사건에 따라 관련된 인물이 수시로 바뀌게 된다. 한번 나왔던 인물이 사라졌다가 다시 나타나는 것은 비일비재하다. 편년체의 시간은 일차원적이다. 시간이 하나의 선을 긋고 있으며 그 선에 사람들이 매달려 있는 모습을 보인다. 그것은 시간을 중심으로 해서 역사적 편린(片鱗)을 엮어 놓은 역사의 기술방식이다. 기전체는 이런 시간의 모습을 이차원적으로 바꾸어 놓았다고 할 수 있다. 기전체는 한 중심적 인물, 예컨대 제왕이나 유명한 신하, 영웅 등을 개별적으로 설정하고 그 인물에 관련되는 사건을 한 군데로 모아 놓았다. 그것은 시간 순서에 따라 존재해 온 편린들을 시간에 관계없이 엮어놓은 것이다. 그래서 어느 인물을 묘사할 때에 시간이 반드시 앞으로만 가는 것이 아니라 잠시 과거로 돌아갈 수도 있게 되어 있다. 그러나 기전체가 가지고 있는 가장 큰 특징은 그것이 '역사적 편린의 재구성'이었다는 점에 있다. 그것은 다양한 사건을 특정 인물을 중심으로 해서 재구성한 것이다. 여기에는 대상 인물의 일생이라는 중심축을 이루는 맥락이 있으며 단편적 사실들이 이 맥락의 부분으로 편입되었다. 시간의 개념에서 보면 그것은 없는 것을 새로 만들어 낸 것이나 다름없었다. 예를 들어 한 시기를 살아간 사람의 눈으로 볼 때에 그 시기에 차례로 일어난 사건은 '사실'이었다. 그렇지만 그 사람의 주변에서 일어나고 있던 다양한 사건은 '사실'이 아니었다. 그 사건들이 한꺼번에 그에 의해서 목격될 수는 없었기 때문이다. 한 인물이 활동하고 개입하는 영역, 특히 그 인물을 중심으로 해서 통일된 영역은 후세에 재구성하지 않으면 존재할 수 없는 것이다. 그것은 시간과는 달리 애초부터 존재하는 공간이 아니기 때문이다. 기전체의 등장은 바로 이렇게 없던 공간을 새로 만들어 낸 결과를 가져왔다고 하겠다.

역사적 사실을 인물 중심으로 재구성한다는 것은 곧 정보를 수집하고 그것을 기획된 맥락을 통해 배열하는 것을 가리킨다. 이러한 재구성에 있어서 가장 중요한 것은 이야기의 구성이었다. 그것은 대상 인물을 중심으로 하는 사건들을 나열하면서 그것을 통해서 그 인물의 일생을 '이야기하는' 것이 역사기록이기 때문이다. 한 개인의 인생은 사건의 연결을 통해 만들어지는 이야기의 맥락을 통해 표현되는 것이지, 결코 사건 자체의 나열만을 통해 이루어지지 않는다. 그의 주변에서 이런 사건이 일어났고 또 저런 사건이 일어났다고 나열하는 것은 아무 의미가 없다. 그의 주변에서 이런 사건이 일어났을 때 그가 어떻게 개입되어 있었고 그것이 그의 삶에 어떤 파급효과를 가져왔는가를 보여주는 것이 더 큰 의미를 가지게 되었던 것이다. 이제 역사도 이야기의 시대로 접어들고 있었다. 더 나아가서 이야기가 없이는 역사가 구성되기 어려운 상황이 도래했다.

그런데 역사가 이야기되면서 새로운 양상이 나타나기 시작했다. 우선 과거로부터 수집된 정보에는 서로 배치(背馳)되는 것이 있었다. 같은 인물에 대한 상이한 정보, 심지어는 서로 상반되는 가치평가를 담은 정보가 있었기 때문이다. 이런 경우에 어느 한쪽은 진실이 아닐 것이다. 왜냐하면 역사기록자의 입장에서 볼 때에 진실은 한 가지만 있을 뿐 두 개의 진실이 있을 수 없기 때문이다. 그러나 어느 쪽이 진실인지는 쉽게 판단할 수 없고 각각이 모두 진실일 가능성을 가지고 있다. 역사기록자는 이것을 어떻게든 절충하지 않을 수 없었을 것이며, 이 과정에서 똑같은 사실에 대한 '의도적 재배열'이 불가피했을 것이 분명하다. 이런 의도적 재배열의 과정에서 이야기의 기술이 발휘되었고 또 새로운 이야기의 기술이 개발되기도 했을 것이다. 우리는 《사기》의 〈항우본기(項羽本紀)〉와 〈한고조본기(漢

高祖本紀)〉에서 그런 예를 발견한다.

역사상 최초로 중국 전토를 통일한 진시황이었지만 그가 죽은 후 진(秦) 왕조의 몰락은 무척 빨리 왔다. 천하에서 일어난 군웅(群雄)이 진의 군대를 곳곳에서 압박하는 가운데서 가장 두각을 드러낸 것이 유방(劉邦)과 항우 두 세력이었다. 이 시기에 맺어진 약속에 의하면 진의 수도인 함양(咸陽)에 들어가는 관문인 함곡관(函谷關)에 먼저 도착한 세력이 천하를 제패하기로 되어 있었다. 그리고 먼저 도착한 것은 유방이었다. 그러나 그때 유방의 군대는 십만 명에 불과했고 항우는 사십만의 군대를 거느리고 있었다. 항우는 유방이 관중의 왕이 될 것이라는 사실에 심하게 노해서 유방을 치기로 작정하고 있었다. 그런데 항우의 막료인 항백(項伯)이 유방의 휘하에 있는 장량(張良)의 안위를 걱정하여 그와 은밀히 만나 항우를 구슬러 공격을 중지시키고 두 영웅 사이에 타협책을 찾으려고 노력하였다. 이에 따라 유방이 백여 명을 거느리고 항우가 주둔하고 있던 홍문(鴻門)에 가서 공격중지에 대한 감사를 표하게 되었는데, 이것을 역사에서는 '홍문지회(鴻門之會)'라고 부른다. 이 만남은 당연히 〈항우본기〉와 〈한고조본기〉에 모두 기술되어 있다. 그렇지만 그 내용은 다르다.

우선 〈한고조본기〉에서는 이 만남이 극히 간단하게 기술되어 있다. 즉 유방이 찾아가자 항우는 이렇게 된 것이 유방의 휘하에 있는 조무상(曹無傷)이 이간질을 했기 때문이라고 말한다. 그 다음에는 유방이 번쾌(樊噲)와 장량의 도움을 받아 돌아갈 수 있었으며, 돌아가서는 조무상을 처형했다고만 되어 있다. 여기에서 우리는 번쾌와 장량이 무슨 도움을 주었는지, 그들이 도움을 주어야 할 상황이 어떤 것인지를 전혀 알 수 없다.

그렇지만 〈항우본기〉에는 이 사건이 아주 상세하게 묘사되어 있다. 유방이 백여 명을 데리고 홍문에 도착해서 항우와 이야기를 나누는 장면에서 이 만남은 시작된다. 유방은 항우를 장군이라 부르고 자신을 신(臣)이라 칭하며 이야기를 시작한다. 그는 자신이 뜻하지 않게 먼저 함곡관에 도착했지만 항우에게 먼저 들어갈 것을 제안한다. 즉 자신이 관중을 제패할

뜻이 없음을 밝힌 것이다. 항우도 그것이 조무상의 이간질 때문이라고 둘러대며 넌지시 그 제의를 수락한다. 항우는 유방을 하루 머물게 하고 주연을 베푸는데, 항우와 항백은 동쪽에 자리를 잡고, 그의 막료 범증(范增)은 남쪽으로 자리를 잡으며, 유방에게는 북쪽에 자리를 주고 장량이 서쪽에 앉게 했다. 범증은 여러 차례 항우에게 눈짓을 해서 유방을 죽이자고 했으나 항우는 묵묵부답이었다. 이에 범증은 잠시 빠져나와서 항우의 사촌동생 항장(項莊)을 불러 유방에게 술잔을 바친 다음 검무(劍舞)를 추면서 유방을 죽이라고 명령했다. 얼마 후 항장이 칼을 뽑아들고 춤을 추기 시작했는데 그의 살의(殺意)를 눈치챈 항백이 따라 나와 같이 춤을 추는 바람에 서로 몸이 가려서 유방을 죽일 기회를 잡지 못하고 있었다. 그때 장량이 밖으로 나와 번쾌를 불러 사정을 설명하니 번쾌는 즉시 노기등등한 모습으로 안으로 들어가 항우의 앞에 우뚝 섰다. 그 기세에 눌린 항우는 장사(壯士)라고 칭찬하며 술과 고기를 하사했다. 번쾌는 한 말 술을 선 채로 다 마시고 커다란 고깃덩어리를 땅에 내려놓고 칼을 뽑아 잘라먹었다. 그리고 나서 번쾌는 당당한 어조로 항우의 행동이 의에 맞지 않음을 설파하는 데 항우는 이에 대답할 말이 없었다. 그때 유방은 변소에 가면서 번쾌를 불러내었다. 나간 사람이 한참 동안 들어오지 않자 항우가 사람을 시켜 부르는데 유방은 들어갔다가는 해를 입을 것이 분명하므로 번쾌, 장량과 의논하기 시작했다. 결국 유방은 자신이 선물로 가지고 온 구슬을 장량을 시켜 바치게 하고 자신은 도망가기로 했다. 이때 두 진영 간의 거리는 40리 정도였는데, 유방 혼자 말을 타고 번쾌 등의 장군 4명은 말도 없이 걸어서 그를 호위했다. 유방은 정상적인 길을 택하지 않고 으슥한 지름길로 도망쳤으며, 그가 진영에 도착할 무렵에 장량은 항우에게 구슬을 바쳤다. 그러자 범증은 천하를 탈취할 사람이 유방이라며 크게 한탄했다고 한다.

이 두 가지의 기술에서 '사실'은 하나뿐이니 그것은 유방이 항우의 진영을 찾아갔다가 빠져나왔다는 것이다. 그러나 기술방식에 따라서 이야기가 내포하는 의미는 전혀 다른 것이 되고 만다. 즉 유방이 별 일 없이 당당히 협상을 마치고 그곳을 빠져 나왔는지, 아니면 구차하게 핑계를 대고 도망치다시피 빠져나왔는지가 달라질 수 있었다. 이런 차이는 기록자인 사마천의 입장 때문에 발생한 것이다. 그는 자신이 봉직하는 한 왕조의 창시자인 고조에게 불리한 기록을 하기 곤란했을 것이다. 반면에 황제에 오르지 못했음에도 불구하고 본기(本紀)를 부여한 항우에게는 상당한 의미를 부여하고 싶었을 것이다. 그렇기 때문에 똑같은 사건을 두고도 사마천의 기록은 이렇게 달라질 수 있었다. 앞에서 이야기를 통해서 역사를 기술하는 시대가 도래했다는 것이 바로 이런 의미에서이다. 그리고 이런 기술을 통해서 어느 정도의 정보를 수집하고 그것을 어떤 의도로 배열하는가에 따라 이야기가 달라지고 있었다. 애초에 정보에 종속되어 그것을 설명하는 매체로서의 이야기가 이제는 정보를 활용하는 중심적 매체로 등장한 것이다. 정보는 이제 이야기의 부속품이지, 결코 중심적인 역할을 하지 않는다. 똑같은 정보가 있다 하더라도 그것을 가지고 어떻게 이야기를 만드는가에 따라 전달되는 정보의 의미에 큰 차이가 생기게 된 것이다.

3. 소문과 이야기에 대한 호기심의 확산

한대에 들어서서 이야기에 보다 관심을 가지면서 사람들은 다양한 호기심을 발휘하기 시작했다. 그 호기심은 우언이 전해 주는 의미나 역사기록을 통한 지식의 범위를 넘어서는 것이었다. 이 시기에는 이야기가 반드시 정보나 의미의 전달을 위한 것이라고 생각되지 않고 있었다. 이야기는 서서히 새로운 영역을 개척하고 있었는데 그것은 호기심과 흥미에 대한 욕구를 채워주는 방향으로 진행되고 있었다. 호기심이나 흥미에 대한 욕구가 한대에만 일어난 것은 아니었다. 그것은 《시경》의 시대에도 상당히 왕성했다고 본다. 다만 한대에 들어서면 이런 취향이 단순히 이야기로 말해진 것이 아니라 문자언어로 기록되기까지 했다는 점에서 그 욕구의 정도를 짐작할 수 있겠다.

문자기록을 통한 호기심은 처음부터 모든 사람을 향해 발동되지 않았을 것이다. 그것은 아직 문자가 신성한 의미를 지닌 것이어서 아무나 대상으로 할 수 없다는 관념이 지배적이었기 때문이다. 그래서 문자기록을 통한 호기심은 가장 특수한 사람을 대상으로 시작되었다고 생각된다. 가장 특수한 사람이란 바로 황제와 그를 둘러싸고 있는 궁중의 식구들, 그리고 황제의 측근이나 당시의 유명인사들이었을 것이다. 이런 사람들의 공식적 이야기, 다시 말해서 황제가 어디로 행차하고 누구를 기용했는가, 혹은 어느 사람이 어떤 공적을 세웠는가 따위의 이야기는 그리 큰 호기심의 대상이 되지 못했다. 그런 이야기는 역사기록의 대상이었지, 궁궐 밖에서 사는 사람들, 특히 정치권력에 쉽게 접근하지 못하는 보통 사람들에게는 그리 큰 관심사가 되지 못했다. 이런 사람들에게 호기심을 더 불러일으키는 것은 도대체 황제가 어떤 사생활을 하는가, 또는 유명한 사람이 겉으로 알려진 것과는 다른 구석을 지니지 않았는가 하는 등의 내밀한 부분에 관한 이야기였을 가능성이 크다. 이런 호기심은 주로 궁중에서 흘러나온 소문으로 채워졌을 것인데, 그것이 단순히 소문으로만 남지 않고 글로 쓰여지기 시작한 것이 바로 이 시기의 특징이었다.

이 시기에 이런 글이 어느 정도 쓰여졌는지는 알 수 없으며 매우 드물게 오늘날까지 남아 있는 것으로는 《한무고사(漢武故事)》를 들 수 있다. 이 책은 누가 언제 지었는지를 알 수 없으며 원본도 이미 남아 있지 않다. 다만 이 책에 수록되어 있던 이야기가 이 책 저 책에 인용되었던 것을 노신이 모아서 《고소설구침》에 수록한 것이 현재로는 가장 완전한 판본이라고 본다. 여기에는 모두 53가지의 이야기가 수록되어 있다. 그 속에는 한무제가 어렸을 때 당돌하게 굴었던 이야기도 있고 궁중에서 큰 공사를 해서 황제가 그곳을 돌아본 이야기도 있으며, 그의 측근인 동방삭(東方朔)과 나눈 사적 대화도 들어 있다. 우리에게 가장 잘 알려진 것으로는 신화 속의 인물인 서왕모(西王母)가 황제를 찾아와 신선세계에 대한 이야기를 나

눈 내용이다.[5)]

전체적으로 볼 때에 이 책에는 황제가 겪은 신비하거나 기이한 일에 대한 이야기가 많은 편이다. 그런 이야기들에는 방사(方士)들의 입김이 상당히 느껴진다. 그래서 여기에서 개인으로서의 황제는 제한적인 의미만을 가지고 있다. 그것은 이 책의 이야기들이 황제가 황제였기 때문에 겪을 수 있는 일이었기 때문이다. 반면에 그의 개인생활을 본격적으로 보여주는 이야기는 드물다. 다만 이 이야기들에서 우리는 '사실'이 부풀려지거나 혹은 없었던 사실이 방사에 의해서 조작되었을 가능성을 부인할 수 없다. 다만 이것이 곧 '소설적 의도'를 의미하지는 않는다. 왜냐하면 사실을 부풀리거나 조작하는 것은 그것을 사실로 믿게 하는 것이었을 뿐이었다. 그것은 거짓말이었을 터이지만 모든 거짓말이 소설적 의도를 가진 것은 아니다. 오히려 명백한 거짓말은 믿어지기는 하지만 그 이상의 이야기로 발전하기는 어려운 면을 가지고 있다. 《한무고사》에 실려 있는 이야기들은 거짓말로서의 황제에 대한 정보였던 것이다.

궁중과 그 주변의 일에 대한 호기심이 보다 본격적으로 등장하는 것은 《서경잡기(西京雜記)》[6)]에서였다. 이 책은 그야말로 잡다한 정보를 수록

---

5) 이 이야기는 다음과 같다. 서왕모가 삼청조(三青鳥)를 보내서 언제 자기가 찾아올 것이라는 것을 알리고 정해진 시간에 하늘의 마차를 타고 나타난다. 서왕모는 30여 세쯤으로 보이는 절세미인이었다. 황제는 서왕모를 위해 연회를 베풀었는데 이 자리에서 서왕모가 하늘에서 가져온 복숭아 세 개를 내놓았다. 황제가 먹어 보고 하도 맛이 좋아서 그 씨를 상 밑으로 내려놓았다. 서왕모가 어째서 그러느냐고 물으니 황제는 하도 맛이 좋아서 심어볼까 한다고 대답했다. 그러자 서왕모는 웃으면서 하늘의 복숭아는 삼천 년에 한 번 열리는 것이니 지상에서 심을 수 없는 것이라고 하였다. 그들은 계속 담소를 즐겼으나 황제가 호기심이 발동하여 저 세계의 일을 자꾸 물어보니까 서왕모의 표정이 변하더니 잠시 후 돌아가 버렸다고 한다.

6) 이 책을 누가 지었는지에 대해서는 많은 이설이 있는데 김장환 교수가 그 이설을 정리해 주었다. 金長煥, 《서경잡기 — 서한사회에 대한 132편의 견문록》, pp.19～24.

하고 있다. 이 책에는 전한(前漢) 시기의 궁중과 시정에서 일어난 사건의 내막, 후비(后妃), 장군과 재상, 학자와 문인, 방사 등의 다양한 인물에 대한 일화, 제도와 풍습, 심지어 행사에 쓰이는 물품의 목록 및 그 시기에 성행한 부(賦)의 목록 등도 포함되어 있다. 그렇기 때문에 이 책은 역사적 사실과 호기심을 충족하는 정보의 혼합이라고 할 수도 있다. 우리의 논의에서 이 책이 가지는 중요한 점은 이 책에 공식적인 역사기록에서는 찾아볼 수 없는 이야기가 수록되어 있다는 점이다. 그런 이야기는 아마도 궁중에서 흘러나온 소문이었거나 큼지막한 사건의 뒤에 숨어 있는 이야기였을 것이다.

그 중에서 가장 대표적인 것이 왕소군(王昭君)에 관한 것이다.[7] 《서경잡기》에서 이 이야기가 다루어진 맥락을 보면 그것은 사실 왕소군을 중심으로 했다기보다는 그녀의 사건과 관련되어 당시 유명하던 화공(畵工)이 같은 날에 처형되었다는 점에 초점을 맞추는 듯한 인상이 짙다. 궁중에서 돌아가는 사정을 잘 모르는 사람들에게는 화공들이 사형당하는 것이 하나의 사건이었을 가능성이 크다. 그렇지만 실제로 그 사건에는 복잡한 사연이 개재되어 있었으며 《서경잡기》에서는 뒤에 감추어진 이야기를 들추어냄

---

7) 왕소군의 이야기는 다음과 같다. 원제(元帝)의 시절에 후궁이 하도 많아서 황제가 일일이 그 얼굴을 기억할 수 없을 정도였다. 그래서 황제는 화공들에게 후궁들의 얼굴을 그리게 하고 그것을 통해 자신이 총애할 여인을 고르고 있었다. 모든 후궁들은 황제에게 예쁘게 보이기 위해서 화공에게 막대한 뇌물을 바쳤는데 왕소군은 그런 짓을 하지 않았다. 화공들이 뇌물을 바치지 않는 왕소군의 얼굴을 밉게 그림에 따라 그녀는 한 번도 황제의 총애를 받지 못했다. 그러다가 흉노의 사신이 와서 왕비감을 구하자 황제는 그림을 보고 가장 못생긴 왕소군을 보내기로 작정했다. 사신이 떠나는 날 왕소군을 불러들인 황제는 그녀의 미모에 놀랐지만 이미 보내기로 한 사람이라 어쩔 수 없는 일이었다. 왕소군이 떠난 후 황제는 모든 일을 조사해서 뇌물을 받은 화공들을 적발했다. 그 중에는 당시의 유명한 화공들이 모두 포함되어 있었는데, 그들은 같은 날에 모두 참수형에 처해졌다. 그 후로는 장안에서 화공을 찾기가 매우 어려웠다고 한다.

으로써 사람들의 호기심을 채워 주고 있는 것이다. 특히 이 이야기에서 왕소군을 선의 상징으로, 화공을 악의 상징으로 삼으면서 황제를 심판자로 설정한 것은 단순한 사실 여부를 떠나 이야기를 어느 정도 각색한 흔적을 보이는 것이라 하겠다.

이와 비슷한 예는 당시의 유명한 문인이었던 사마상여(司馬相如)와 탁문군(卓文君)의 이야기에도 등장한다.[8] 두 사람의 이야기는 출신이 미천한 사마상여와 부귀한 집안 출신의 탁문군이 나이 차이에도 불구하고 사랑의 도주 행각을 벌인 것만으로도 충분한 이야깃거리가 되었을 것이다. 더욱이 사마상여가 탁왕손으로부터 재산을 분배받는 과정은 더욱 흥미를 돋울 요소를 가지고 있다. 특히 이 이야기에서는 시간이 거꾸로 흐른다. 실제로 이야기가 시작된 것은 두 사람이 성도(成都)로 돌아와서 탁왕손에게 재산을 받는 과정이지만, 그 다음에는 두 사람이 애초에 사랑을 벌이게 된 과정과 사마상여가 탁문군에게 빠져 고질병이 도지는 것까지 모두 설명되고 있다. 아마도 이것은 당시에 유명했던 화제가 아니었나 싶다.

이 두 가지의 예에서 우리는 당시의 이야기에 대한 강렬한 호기심을 발

8) 이 이야기는 사마상여가 탁문군을 만난 이후의 사정으로부터 시작한다. 사마상여와 탁문군이 (도망을 갔다가) 성도(成都)로 돌아와서는 생활이 궁핍하였다. 하루는 탁문군이 지니고 있던 좋은 옷을 들고 나가 술을 받아와서는 둘이 시름을 달래다가 탁문군이 어쩌다 이렇게 되었느냐고 한탄하면서 울기 시작했다. 기분이 진정된 후에 둘이 의논하여 마침내 술집에서 술을 팔면서 탁문군의 부친인 탁왕손(卓王孫)에게 수치심을 일으키기로 했다. 계략이 맞아떨어져서 자신의 딸이 술을 나르는 것을 본 탁왕손이 재산을 나누어 주었고 그들은 부유하게 살게 되었다. 탁문군은 보기 드문 미인이었다. 그녀는 17세에 과부가 되었는데 사람됨이 자유분방해서 사마상여의 재능을 보고는 사랑의 도주행각을 벌였던 것이다. 그런데 사마상여는 평소에 당뇨병이 있었다. 성도에 돌아온 뒤 그는 탁문군의 미모에 빠져 정력을 너무 소모한 까닭에 고질병이 도졌다. 그래서 〈미인부(美人賦)〉를 지어 절제하려 했지만 결국 고치지 못하고 그 병으로 죽고 말았다.

견한다. 그리고 심지어 그 이야기를 단순히 시정에 떠도는 이야기로 방치하는 것이 아니라 기록으로 남기려는 욕구를 발견한다. 이것은 결국 이야기가 우언의 교훈적 의미나 역사기록의 사실성을 넘어서서 호기심과 흥미에 대한 욕구를 채워주는 사회적 매체로 등장하였음을 보여준다고 할 수 있다. 어떻게 보면 그것은 실제로 일어났던 사건임을 감안할 때에 역사기록의 일부였을 수도 있다. 그렇지만 역사기록에서는 이렇게 감추어진 사실까지 기록하지 않는다. 역사기록은 큼지막한 사건을 중심으로 징검다리식의 기록을 하는 것이 보통이기 때문이다. 그래서 이 이야기는 실제로 일어난 사건이었지만 역사기록의 대상은 되지 못하는 것이었다.

중요한 것은 당시 사람들에게 있어서 후일 역사기록의 대상이 될 큰 사건보다도 이렇게 감추어진 사건에 대한 호기심이 더 컸을 가능성이 있다는 점이다. 그것은 정확한 지식이나 정보에 대한 욕구가 아니라 흥미를 채울 수 있는 호기심이었다. 오늘날 이것은 소문으로 유통되는데 당시에도 그것은 마찬가지였다. 이런 호기심을 우리는 '소설적 호기심'이라고 불러도 좋을 것이다. 왜냐하면 이런 이야기들에 있어서 사실에서 벗어나는 요소가 첨가된다든가, 혹은 아예 이야기의 방향을 돌려놓더라도 큰 문제를 일으키지 않았을 가능성이 크다. 물론 호기심을 채워주는 것은 일차적으로는 정보였다. 그렇지만 단순한 정보 그 자체는 더 큰 호기심과 의구심을 발동시킨다. 그렇기 때문에 은밀한 정보의 전달은 곧 이어서 그것을 설명하는 이야기를 수반했다. 그 이야기는 원론적으로는 정보의 신빙성을 보장하기 위한 것이었지만 이야기가 거듭되면서 점차 정보 그 자체를 넘어서는 이야기로 발전하고 있었다.

4. 문학적 글쓰기로서의 이야기

지금까지 검토한 우언과 역사기록 및 일화는 모두 조그마한 사실의 핵심에 구두전승이나 기억을 통해 전해진 정보가 붙으면서 눈덩이처럼 덩치를 키우고, 내용이 자세해지면서 이야기의 모습을 갖추게 된 것이다. 그런데 전국시기 말엽부터는 글쓰기를 통해서 이야기를 하는 현상이 나타나기 시작했다. 이렇게 쓰여진 이야기는 우언이나 역사기록과는 달랐다. 우선 그것은 우언과 같이 불특정 인물의 행동이나 경험을 서술하는 것이 아니었다. 글로 쓰여진 이야기는 신원이 분명한 인물의 특수한 사연을 서술하는 것이다. 이런 의미에서 그것은 우언보다는 역사기록에 더 가깝다. 그렇지만 그 이야기들이 역사기록에 남을 만한 사건을 객관적으로, 다시 말해서 전해지는 정보에 따라 서술하는 것이 아니라 그 특정 개인의 주관적 관점을 표출한다는 점에서는 역사기록과 거리를 두고 있다. 글쓰기를 통한 이야기는 사회적 행위의 단면을 가지고 있으면서 동시에 개인의 내면을 표출하는 매체였다. 물론 이런 이야기는 《시경》에 수록된 민간의 노래에서 이미 모습을 보인 바 있다. 그렇지만 노래를 통해 표현된 것이 극히 압축적이고 단편적인 이야기였던 데에 비해서 글쓰기를 통해 나타난 것은 본격적인 이야기였다. 그것은 전후 맥락을 전제로 하고 있는, 줄거리를 갖춘 이야기였다.

이런 이야기가 처음으로 출현한 것은 앞에서 언급한 적이 있는 굴원(屈原)의 〈이소〉에서였다. 〈이소〉는 중국문학사에 있어서 하나의 고립된 섬과 같은 위치에 있는 '작품'이다. 그것은 선례가 없는 장시(長詩)이다. 전부 374구(句)라는 길이는 이전의 어느 노래에서도 찾아볼 수 없다. 또 이 노래에서 쓰인 풍부한 문학적 기교는 도대체 어느 정도의 전통을 바탕으로 해서 이루어진 것인지를 가늠하기 어렵다. 이전의 어느 노래나 글에서도 이런 수준의 문학적 기교가 발휘된 적이 없기 때문이다. 이야기의 측면에서 볼 때에도 〈이소〉는 고립된 섬이다. 개인의 울분에 찬 삶과 그것을 해소하기 위한 여행, 그리고 좌절이라는 내용으로 되어 있는 이야기는 이전에 어느 글에서도 비슷한 것을 찾기 어렵거니와 비교대상을 찾는 것도 불가능할 정도이다. 더욱이 그 이야기는 처음부터 끝까지 점차 고조되는 맥락을 형성하고 있어서 이야기의 기술이 어느 사이에 이런 수준에까지 이르렀는지를 의심하기에 충분하다.

〈이소〉는 굴원 자신의 신분을 밝히면서 시작된다. 그는 자신을 제고양(帝高陽, 顓頊)의 후예라고 밝히면서 생일까지 밝히고 있다. 그만큼 자신은 고결한 성격을 지니고 태어났음을 의미한다. 그리고 그는 성격에 맞게 향초(香草)를 캐면서 고결한 삶의 길을 걷는다. 그러나 그의 미인, 즉 임금은 나이가 들면서 점차 정신이 흐려지기 시작한다. 자신은 모든 정성을 다 바칠 각오가 되어 있지만 군왕은 그의 마음을 알아주지 않는다. 오히려 나쁜 사람들의 모함을 믿고 그에게 화를 내곤 한다. 마침내 그는 자신의 고결함 때문에 쫓겨나게 되었고, 탁한 세상을 멀리하고 더 맑은 세상을 찾아나서기로 한다. 그런 그에게 누님은 너무 강직하게 세상을 살지 말라고 충고하지만 그는 여행을 결행한다. 그는 규룡(虯龍)이 이끄는 수레를 타고 하늘로 올라가 이곳저곳을 오르내리며 찾아다녔다. 그러나 하늘나라 문지기는 문은 열지 않고 문설주에 기대어 그를 바라볼 뿐이었다. 그곳도 역시 그를 받아줄 맑은 세상은 아니었던 것이다. 그는 다시 하계(下界)로 내려가서 미인을 찾는다. 복비(宓妃)를 찾아갔으나 그녀의 태도에 실망하고, 요대(瑤臺)를 바라보며 다른 미녀를 찾아갔지만 그녀 역시 경박한 여인이었다. 또 다른 미녀를 찾아갔다가 실망한 그는 좌절하기 시작한다. 점치는 영분(靈氛)의 말을 따라 새로운 세상을 또 찾아나서려 하지만 마음속에는 이미 절망감이 자리하기 시작했다. 자신이 지금까지 믿고 살아 온 세속의 모든 것은 거짓이었음이 드러났기 때문이다. 그래도 그는 곤륜산(崑崙山)을 바라보며 다시 한번 천하를 주유한다. 그러다가 고향을 내려다보니 처량한 마음에 젖어들고 더 이상의 의욕을 상실하게 된다. 그는 모든 것이 끝났음을 깨달았다. 그를 알아줄 사람은 어디에도 없는 것이었다. 그는 마침내 예전에 뜻을 이루지 못하고 강물에 몸을 던진 팽함(彭咸)의 거처를 찾아가기로 결심하면서 이야기는 끝난다.

이것은 한 개인의 일생을 그린 이야기다. 물론 그것이 현실적인 삶에 관한 것은 아니다. 그것은 자신의 고결함에도 불구하고 좌절해야 하는 상황을 중심축으로 하는 맥락으로서의 이야기이다. 다시 말하면 인생의 여러 단면 중에서 중심축과 관련된 부분만을 모아 놓은 것이다. 게다가 이것은 외부로 드러나는 모습만을 보여주는 것이 아니다. 이 이야기는 내면적인 갈등을 포함하고 있다. 그래서 이것은 《사기》의 〈굴원가생열전(屈原賈生列傳)〉에 기록된 것과는 전혀 다른 각도에서 그의 일생을 이야기하는 노래이다. 굴원은 자신의 일생과 회한(悔恨)을 노래로 표출했지만 우리는 그 노래에서 거의 완전한 '소설적 이야기'를 발견한다. 그가 만약 이것을 노래로 표출하지 않고 이야기로 썼다면 중국 최초의 소설적 이야기가 되었을 가능성도 있다. 그러나 이 시기에 이야기 자체를 글로 쓰는 것은 아직 문인들의 관행으로 정착되지 않았다고 본다. 이야기하고 싶은 충동, 그리고 그 이야기를 전개하는 방법은 이미 시인의 가슴속에 들어있었다. 다만 그는 당시의 규범에 따라 그것을 '서술'하지 않고 노래하였던 것이다. 그것은 역사기록에서처럼 눈덩이로 이루어진 것이 아니었다. 그것은 가슴속에 들어있던 충동이 어느 날 폭발적으로 모습을 드러낸 것이었다.

그러나 그런 폭발의 모습은 모든 사람에게 가능한 것이 아니다. 규범에 묶인 문인들은 폭발을 자제하고 있었으며, 그래서 폭발의 모습은 간헐적으로만 모습을 드러내고 있었던 것이다. 〈이소〉 이후에 다시 한번 일어난 폭발이 바로 〈공작동남비〉였다. 그것은 전부 1,785자에 이르는 오언체(五言體)의 장시였다. 그렇게 긴 시를 누가 지었는지는 알려져 있지 않으나 민간에서 유행하던 노래를 이름이 알려지지 않은 문인들이 글로 옮긴 것으로 생각되고 있다. 이 시는 서릉(徐陵)이 편찬한 《옥대신영(玉臺新詠)》에 〈고시위초중경처(古詩爲焦仲卿妻)〉라는 제목과 함께 수록되어 있으나 우리에게는 〈공작동남비〉라는 제목으로 더 알려져 있다. 그것은 '공작동남비'라는 말이 이 시의 내용을 상징적으로 압축하고 있기 때문이다.

이 시는 어릴 때부터 잘 교육받은 아름다운 여인을 소개하면서 시작된다. 그녀는 열일곱에 시집을 왔고 남편은 부리(府吏)라는 낮은 벼슬에 있었기 때문에 집을 비우는 일이 많았다. 그녀는 빈 방을 지키면서도 집안일에 충실했지만 시어머니는 그녀에게 혹독하게 대했다. 그녀는 남편에게 하소연했고 남편은 어머니에게 아뢰었으나 시어머니의 노여움만 더 사게 되었다. 시어머니는 남편에게 그녀를 내보내라고 명했고, 남편의 변함없는 사랑에도 불구하고 그녀는 결국 집을 나서게 되었다. 결코 버리지 않겠다는 남편의 맹세를 뒤로 하고 친정에 돌아간 그녀는 다시 친정식구들의 새로 시집가라는 압박을 받기 시작한다. 그녀의 뜻과 상관없이 태수의 아들과 혼약을 맺게 되자 그녀는 마지막으로 남편을 만난 뒤에 푸른 못에 몸을 던진다. 이것을 알게 된 남편은 나뭇가지에 목을 매었고, 그것을 애달피 여긴 사람들이 두 사람을 합장해 주었다. 그러자 주변의 나뭇가지들이 서로 얽히고, 두 마리 원앙새가 그곳을 배회했다고 한다. 이 시는 후세 사람들에게 이 일을 잊지 말라는 훈계로 끝난다.

그것은 가슴이 시리도록 아픈 사랑의 이야기였다. 우리가 《시경》에서 목격한 것도 사랑의 아픔이었지만 이런 사연을 배경으로 하는 것은 아니었다. 그것은 단순히 아픔의 표출이었지 결코 이야기 자체는 아니었다. 이야기가 있었다면 그것은 시행(詩行)의 뒤에 감추어져 있을 따름이지 결코 모습을 드러내지 않았다. 그러나 〈공작동남비〉는 사랑의 시작에서 주변 사람들로 인한 헤어짐, 그로부터 배어 나오는 슬픔, 이루지 못한 사랑을 저승에서라도 이루겠다는 의지, 두 사람의 자살 등이 하나로 엮어진 맥락을 이룬 사랑의 이야기였다.

〈이소〉와 〈공작동남비〉에서 공통적으로 드러나는 것은 이야기가 전면에 등장했다는 점이다. 그것은 과거에 이야기가 배경에 깔려 있으면서 드러나지 않았던 것과는 큰 차이를 보이고 있다. 다시 말해서 두 작품의 작자는 이야기를 하기 위해서 시를 쓴 것이지, 시를 쓰기 위해서 이야기를 한 것이 아니었다. 그것은 이야기의 역할, 그리고 이야기에 대한 관심이 이전에 비해 크게 늘어났음을 가리킨다. 이제 이야기는 그 자체로서의 생명력을 가지기 시작했다고 본다. 그것은 더 이상 뒤에 감추어진 채로 표출되는 것을 보조하는 위치에 있지 않았다. 그것은 자신의 모습을 드러내면서 세상을 향해 의미를 전달하는 기제로 자리잡아가고 있었던 것이다.

이렇게 이야기가 전면에 등장하는 것은 〈이소〉와 〈공작동남비〉에 국한되는 것이 아니었다. 사실상 그것은 한대라는 시기의 특징이었다고 할 수 있다. 이 시기에 지어진 부(賦)를 보면 인생 전부에 관한 것은 아닐지라도 특수한 경험에 대한 이야기가 상당히 많이 보인다. 예를 들어 〈신녀부(神女賦)〉는 초나라 왕이 무산(巫山)의 신녀를 만나 안개 속에서 황홀한 경험을 한 사건을 그리고 있다. 또 이 시기에 수집된 악부(樂府)의 노래에서도 개인의 사연을 그린 경우가 많다. 〈고아행(孤兒行)〉, 〈동문행(東門行)〉 등에서는 불우한 처지에 놓여 있는 사람의 이야기를 노래하며, 〈상야(上邪)〉에서는 사랑에 빠진 사람의 안타까운 이야기를 늘어놓고 있다. 다만 이 작품들은 〈이소〉와 〈공작동남비〉에 비하면 폭발이라기보다는 소규모의 분출이라고 보아야 할 것이다. 그것은 이야기의 폭이 좁고 삶의 한 단면을 보여주는 데에 그치고 있기 때문이다. 그러나 이런 노래와 글에서는 '이야기의 분출'이라는 공통적인 현상이 보인다. 그것은 이전까지 글로 기록되기에는 부족하다고 여겨지던 이야기들이 이제 글을 통해서 분출하기 시작한 것이다. 이전의 사람들은 이야기의 충동을 말로 해소했을 것이지만 이제는 이야기에 대한 충동이 글로 해소될 정도로 그것에 대한 욕구가 커졌음을 이 현상은 가리키고 있다.

나는 이전에 중국소설의 형성이 (1) 소설적 사회심리의 단계 (2) 소설적 가능성의 발견 (3) 소설 작품의 탄생이라는 세 단계를 거쳐 이루어졌음을 주장한 바 있다.[9] 이러한 단계의 설정은 소설이라는 문학형식이 애초부터

9) 徐敬浩, "中國小說의 發生과 初期儒家思想", 《중국어문학》 15, 1990, pp.5~30; "中國小說의 起源에 대한 再檢討", 《魯城崔完植先生頌壽論文集》, 1991,

글쓰기의 한 모습으로 발생한 것이 아니라, 지속적인 사회적 경험의 결과로 나타난 것이라는 나의 관점에 입각한 것이다. 소설은 인위적으로 나타난 글쓰기가 아니었다. 그것은 사회적 분위기 속에서 이야기에 대한 관심이 고조되면서 어딘가의 분출구를 찾고 있다가 마침내 모습을 드러낸 것이다. 그렇기 때문에 후대의 소설 작품은 그런 사회적 경험의 축적이 가져온 결과였지 결코 어느 개인의 의지나 재능에 의한 결과가 아니었다. 물론 개인의 재능이나 의지는 중요한 요인이었지만 그런 것이 발휘되는 것은 사회적 경험의 축적을 통해서 일어난 보이지 않는 압력에 의해서 가능한 것이었다.

지금까지 살펴본 우언, 역사기록, 그리고 〈이소〉와 〈공작동남비〉 등에서 우리는 이야기에 대한 관심이 점차 증가하면서 그것을 여러 가지 모습으로 분출시키려는 노력이 있었음을 발견할 수 있다. 즉 애초에 구두언어를 통해서 교환되던 이야기는 일회성(一回性) 행위에 불과했으며, 그 중에서 중요한 것은 구두전승과 기억을 통해서 보존되었다. 이렇게 보존된 것은 정보나 지식의 범주를 벗어나지 못하는 것이었다. 그런데 시간이 흐르면서 이 정보와 지식을 설득의 수단으로 삼거나, 역사적 사실을 설명하는 데에 '이용'하는 사례가 늘어나며, 특히 구두전승을 통해서만이 아니라 문자기록을 통해서 그런 이용의 사례를 기록하는 경우가 늘어났다. 그것은 당연한 결과가 아니었다. 그런 변화가 일어나는 데에는 단순한 정보와 지식의 흡수에 만족하지 못하는 사회적 심리가 있었기 때문이다. 사람들은 하나를 알면 더 알고 싶어하는 속성을 지니고 있다. 그것이 지적 호기심으로 나타나기도 하고 흥미에 입각한 호기심으로 나타나기도 하지만, 어쨌든 정보 그 자체에 만족하지 못하고 그 이상을 알고 싶어하는 욕구는 결국 이야기를 듣고 싶은 욕구로 이어졌을 것이다. 또 정보를 제공하는 사람의 입장에서도 단순히 핵심적 정보 그 자체만을 제공하는 경우의 반응과 이

pp.1～24.

야기를 통해 정보를 제공할 때의 반응이 다르다면 더 효율적인 방법을 택했을 것이다. 그들은 단순히 정보를 직설적으로 제공하는 것보다 이야기로 포장해서 제공하는 것이 더 효율적이라는 것을 발견하게 되었으며, 이것은 곧 이야기를 하고 싶어하는 욕구로 이어졌을 것으로 본다.

결국 이야기를 듣고 싶은 욕구와 이야기를 하고 싶은 욕구가 결합하면서 '이야기'는 단순한 언어행위의 범주를 벗어나서 사회적 의사소통의 중요한 방식이 되어 버렸다. 이제 이야기를 하지 않으면 단순한 정보는 그다지 빛을 발하지 못하게 되었다. 이렇게 이야기가 사회적 행위의 중요한 부분을 차지하게 되면서 더 많은 이야기가 만들어지고, 또 기존의 이야기를 다듬어서 더 재미있으면서도 설득력이 있는 것으로 만들어지는 기술의 발전이 이루어졌을 것이다. 따라서 이야기, 특히 어떤 핵심적 정보를 포장하고 가공한 이야기에 대한 관심이 전 사회적으로 증가하고 있었다고 볼 때에 이것을 나는 '소설적 사회심리'가 팽배해지기 시작한 단계라고 보는 것이다.

이런 단계를 설정한 이유는 다음과 같다. 재미있는 이야기가 있다고 해서 무조건 소설이 되는 것이 아니다. 이야기가 소설이 되기 위해서는 상당한 경험축적의 단계를 거치지 않으면 안 되었으며, 전체적인 과정의 첫머리에 사람들이 이야기를 공유하고 공통적 관심을 기울이는 환경이 만들어지지 않으면 안 되었다고 생각하기 때문이다. 이야기가 사회적인 의사소통의 중요한 매체가 되면서 사람들은 점차 이야기에 '마비'되어 간다. 그래서 애초의 핵심적 부분인 정보는 큰 비중을 차지하지 못하는 반면에 오히려 그것을 포장한 이야기의 기술이 더 큰 관심을 끌게 되는 것이다.

'소설적 사회심리의 단계'가 앞에서 언급한 글이 쓰여진 시기에 국한되는 것은 결코 아니다. 그 단계는 이 시기를 넘어서서 얼마간 지속된다. 그것이 지속되는 동안 사회의 한 구석에서는 새로운 경험이 꿈틀거리기 시작하며, 그것이 내가 말한 두번째 단계의 과정을 촉발한다. 그렇지만 한 단계와 그 다음 단계가 이어달리기를 하듯이 명쾌하게 구분되는 것은 아니다. 그 단계들은 상당히 오랜 기간에 걸쳐 겹쳐 있었다. 소설적 사회심리의 단계를 더 이상 운위할 필요가 없게 되는 것은 사실상 본격적인 소설 작품이 등장하면서, 소설이라는 것이 현실의 움직일 수 없는 부분으로 등장할 때에 이르러서였다.

제 4 장

소설적 경험의 축적

우리는 앞에서 전국시기 후반부터 한대 말엽까지 문자언어로 기록되는 이야기가 점차 늘어나고, 이야기의 기술도 점차 다양해지는 것을 목격하였다. 이것은 이 시기에 문자언어를 사용할 수 있는 인구가 늘어남에 따라 문자사용의 범위가 확대된 것과 분명히 관계가 있을 것이다. 과거에는 문자언어 사용에 있어서의 제약, 다시 말해서 쓸 수 있는 글자의 제한과 용구의 부족으로 인해 이야기가 쉽게 기록되지 못했던 데에 비해서 한대에 들어서면서 이런 제약이 거의 해소되었던 것으로 보인다. 이제 문자언어를 사용하는 것이 적어도 문인들 사이에서는 상당히 보편화되었다고 볼 수 있으며, 이것은 더 많은 이야기가 문자언어로 정착될 수 있는 환경을 조성했다고 할 수 있다. 그래서 한대 말엽부터 위・진・남북조 시기, 그리고 중국의 문학이 활짝 꽃피던 당대(唐代)에 이르기까지 많은 이야기가 문자언어로 정착되었다. 이런 이야기들을 통해서 이제 이야기를 하는 목적과 방법에 있어서의 뚜렷한 변화를 감지할 수 있다. 그것은 그 후 천여 년간 중국의 소설적 글쓰기의 모습을 결정짓는 커다란 흐름의 시작이었다. 그런데 이렇게 이야기가 문자언어로 정착된 것은 문자언어 사용능력의 확산에 따른 당연한 결과라고만 볼 수는 없다. 그런 현상이 일어나기까지에는 많은 동인(動因)이 개재되어 있었을 것이기 때문이다. 앞에서 언급한 바 있는 '소설적 사회심리'도 그러한 동인 중의 하나였을 것이다. 그러나 그런 심리가 있다고 해서 이야기가 문자언어로 정착되었다고 한다면 너무 단순한 도식이 되어 버린다.

애초에 정보와 그것을 감싸고 있는 이야기는 모두 구전되었음이 분명하다. 《좌전》, 《국어》, 《전국책》 등에 수록된 대화나 일화도 거의 대부분 구전을 바탕으로 했을 것으로 보이며, 우언도 상당 부분은 구전되던 것을 당시의 지식인들이 취재하여 썼을 가능성이 크다. 이렇게 구전되는 이야기를 문자언어로 정착시키는 과정에서 우리는 중국의 특수한 언어환경을 고려하지 않으면 안 된다. 그것은 구두언어로 말해진 것을 그 음(音)에 따라 문자언어로 치환시키는 것이 중국에서는 불가능했기 때문이다. 오늘날에는 이것이 가능해졌지만 고대 사회에서는 아직 그러한 문자언어의 환경이 마련되어 있지 않았다. 문자언어는 애초에는 구두언어를 통한 정보를 기록하고 기억하는 매체로 등장했지만, 시간이 흐르면서 그 자체의 영역을 구축하고 나름대로의 생명력을 키워나가면서 구두언어로부터 멀어지기 시작했다고 보기 때문이다. 고대 중국에서는 구두언어와 문자언어가 공존하는 이중언어의 환경이 지속되고 있었던 것이다.[1)]

그렇기 때문에 이야기를 문자언어로 기록하는 것은 구두언어로 이야기된 것을 음에 따라 적어내는 것이 아니었다. 그것은 기록자가 자신이 들은 이야기의 내용을 머리 속에서 정리하고 소화한 다음, 그것을 문자언어의 조합으로 다시 구축하는 작업을 거쳐서 최종적으로 기록하는 형태였다. 그래서 기록하는 사람은 자신에게 주어진 이야기를 '재구성'하는 입장에 있었다. 그것은 원래 주어진 내용을 충실하게 소화하고 정확하게 문자기록으로 치환하는 것을 의미했다. 그렇지만 시간이 흐르면서 기록자는 자신의 재량권을 사용할 수 있는 공간을 발견하기 시작했고, 그래서 원래 주

---

1) 徐敬浩, 《중국문학의 발생과 그 변화의 궤적》 제2장 1절.

어진 이야기에는 없던 요소들을 첨가하기 시작했다. 그것은 정보나 지식의 재가공을 통해서 새로운 정보와 지식을 창출하는 작업이었다. 이런 작업은 주로 글쓰기를 통해 이루어졌으며, 점차 그것이 하나의 전문적이라고까지 할 수 있는 글쓰기의 영역을 이루게 되었던 것이다. 그것은 한대 말엽부터 서서히 모습을 드러내고, 위 · 진 · 남북조 시기에 이르면 본격적으로 형성되는 새로운 글쓰기의 모습이었으며, 다른 글과는 동기와 모습에 있어서 많은 차이를 보여주었다.

한대까지의 일반적인 글쓰기는 기본적으로 정보와 지식을 제공하는 사람이 다른 사람에게 그것을 보여주기 위한 수단이었다. 전국시기의 제자백가의 담론이나 역사기록, 그리고 한대에 쓰여진 부(賦)와 산둔은 대부분 외향적인 것이었다. 그것은 남에게 의미를 전달함으로써 가치를 부여받는 글이었다. 그러나 한대 말기에 들어와서는 글쓰기에 변화가 일어나고 있었다. 이 시기의 문인들은 시(詩)라는 글쓰기를 통해서 자신의 내면을 독백의 모습으로 묘사하고 있었다. 그것은 엄격하게 말하면 '문자의 유희'나 마찬가지였다. 사회적인 행위의 일환으로, 의미를 보여주고 공유하기 위한 매체로 쓰여야 할 글이 이제는 개인의 심리적 만족이나 위안 등으로 쓰일 수도 있다는 깨달음이 바로 이런 유희를 만들었던 것이다. 글쓰기는 반드시 사회적 매체로만 쓰이는 것이 아니라 개인의 내면 깊숙이 숨어 있는 의미를 토로하고 그것을 형상화하면서 만족감을 줄 수 있는 개인적 매체의 역할을 새로 만들어 가고 있었다.

이야기를 문자언어로 기록하는 것도 그와 같은 흐름 속에서 일어났다고 본다. 이전에는 정보와 지식은 공유함으로써 가치를 지니는 것이었다. 그래서 공유할 만한 가치가 있는 지식과 정보가 이야기로 포장되면서 문자기록으로 치환되는 반면에, 그런 가치를 부여받지 못한 정보나 지식은 글쓰기의 대상이 되지 못했다. 그것은 외향적 글쓰기 규범의 결과였다. 그렇지만 글쓰기가 개인의 내면을 묘사할 수 있다는 깨달음이 있고 나서는 상황에 변화가 왔을 것이다. 만약 개인의 순간적 감정을 시로 표현할 수 있다면, 개인이 혼자 목격한 사물의 경험을 글쓰기를 통해서 형상화하지 못할 이유가 없는 것이다. 개인적 경험은 공유 대상으로서의 가치를 인정받지 못하는 것이 많고, 그래서 그것은 사회적 가치가 없다. 그렇지만 그 경험의 소유자에게는 그 경험이 소중한 것일 수도 있다. 그러면 그는 그것을 문자기록으로 정착시키게 된다. 다시 말해서 그것은 문자언어의 사용에 관한 엄격한 규범이 서서히 풀리면서 나타난 해방공간을 이용한 글쓰기였다.

나는 이런 글쓰기가 중국의 학자들이 전통적으로 써 오던 '필기(筆記)'의 시작이라고 생각한다. 필기라는 말은 위 · 진 · 남북조 시기의 구거원(丘巨源)의 〈여상서령원찬서(與尙書令袁粲書)〉와 유협(劉勰)의 《문심조룡(文心雕龍)》〈재략(才略)〉에서 처음 쓰인 것으로 알려져 있는데, 당시 이 말은 '執筆記錄(붓을 잡고 기록하다)'의 줄인 말에 불과했으며 아직 어떤 글쓰기의 모습을 가리키는 것은 아니었다. 이것은 아마도 이 시기에 숭상되던 시와 변려문(騈儷文)과 같이 정형화되어 있는 글쓰기에 해당되지 않는, 격식이 없이 자유롭게 쓰여진 글을 가리킨 것으로 보인다. 그러나 송대(宋代)가 되면서 필기가 잡기의 성격을 띤 저술로 인식되기 시작하고 책의 제목에 그 단어를 쓴 경우가 나타나기 시작했으니 송기(宋祈)의 《필기(筆記)》 3권, 공이정(龔頤正)의 《개은필기(芥隱筆記)》, 육유(陸游)의 《노학암필기(老學庵筆記)》 등이 그것이다.[2] 그렇지만 필기가 어떤 문체를 상징하거나 글쓰기의 형식을 나타내는 개념으로 파악된 것은 극히 최근의 일이다. 청대(淸代)까지만 해도 잡기성 글쓰기로 취급되던 필기가 현대에 들어와서야 산문의 한 분야로 명명되게 되었던 것이다.[3]

---

2) 李來宗, "'筆記'의 槪念에 관한 몇몇 문제에 대하여", 《대동한문학》 8, 1996, pp.141～162.

3) 필기에 대한 저작으로는 다음과 같은 것을 들 수 있다. 劉葉秋, 《歷代筆記槪述》; 劉葉秋, 《古典小說筆記論叢》; 謝國楨, 《明代筆記叢談》; 吳禮權, 《中國筆記小說史》

사실 필기라는 말은 매우 애매하고 포괄적이다. 그것은 수필(隨筆), 찰기(札記), 필담(筆談), 총담(叢談) 등과 혼용될 수도 있다. 필기의 가장 큰 특징은 간결함과 무형식으로 압축될 수 있다. 그것은 대개 짤막한 글이며, 어떤 격식도 보이지 않고 또 무엇을 대상으로 해야 하는가에 대한 제약도 없다. 그것은 그야말로 아무것이나 아무렇게 쓸 수 있는 글이다. 그리고 그것은 외향적이기보다는 내향적인 특성을 가지고 있었다. 그래서 필기는 특정의 문체로 시작된 것이 아니라 문인들이 사회적 행위로서의 글쓰기, 즉 외향적 글쓰기의 여기(餘技)로 시작되었을 가능성이 크다. 다시 말해서 애초에 그것은 규정되지 않은, 그리고 어떤 흐름을 형성하지 않고 개별적으로 이루어지던 글쓰기의 한 단면이었을 뿐이다. 앞에서 언급한 바 있는 《한무고사》와 《서경잡기》가 아마도 우리가 목격할 수 있는 최초의 필기가 아니었던가 생각되며, 그런 글쓰기는 위·진·남북조 시기에 들어와서 좀더 성행했을 것으로 생각된다.

그런데 글쓰기의 한 모습으로 필기의 전통이 만들어지면서 정보와 그것을 감싸고 있는 이야기를 다루는 모습에 부분적인 변화가 일어나기 시작한 듯하다. 앞에서 말한 것과 같이 이 시기에 글쓰기를 하는 사람은 정보와 관련된 이야기를 제공받아서 그것을 재구성하여 글로 쓰는 작업을 하고 있었다. 애초에 그 정보에 이야기가 붙어 있었다면 글쓰는 사람이 재구성해야 할 부분은 그리 많지 않았을 것이다. 그것은 단순히 기존의 이야기를 문자언어로 바꾸는 기술만을 요구했기 때문이다. 그러나 모든 정보가 이야기를 붙들고 다니지는 않았다. 정보가 그 자체만으로 제시되어서는 이해되기 어려움을 알고 있던 당시 상황에서는 그것을 글쓰기로 옮기는 사람들이 추가 설명을 덧붙이지 않으면 안 되었을 것이다. 이런 일은 글쓰는 사람의 몫이 되어 버렸다. 그들은 정보에 근거해서 이야기를 만들어 내야 했다. 이런 과정에서 기록자는 이제 수동적으로 기존의 이야기를 받아 적어내기만 하는 것이 아니라, 경우에 따라서는 주어진 정보를 근거로 해서 자신이 직접 이야기를 만들어 내는 상황에 이르게 되었다. 이야기를 만들어 내는 것은 상당한 기술을 필요로 하며, 특히 여러 사람의 이야기가 비교된다는 것을 감안하면 정교한 기획을 필요로 하게 된다. 그래서 사람들은 정보의 사실성을 증명할 수 있는 '합리적'인 이야기를 만들어 내게 되었는데, 이 과정에서 '소설적 가능성'을 깨닫게 되고 또 '소설적 경험'을 해 나가게 되었던 것이다.

'소설적 가능성'이라는 것은 자신이 이야기를 만들면서 이렇게 하면 정보의 사실성을 증명하는 데에는 문제가 없지만 너무 건조하다고 생각될 때에, 저렇게 해 보면 어떨까 하는 생각을 품으면서 그것을 실험해 보는 것에서 시작된다. 사실의 여부가 전혀 문제될 것이 없는 정보의 처리에 있어서는 이런 가변성(可變性)의 여지가 거의 없다. 그러나 그 정보의 신빙성이 의심되고 그래서 이야기의 방식에 따라 그 신빙성의 정도가 달라질 수 있는 경우에는 정보 그 자체보다도 이야기를 만들어 내는 데에 더 신경이 쓰였을 것이다. 이야기를 만들다 보면 새로운 가능성이 열리고, 그 가능성을 추구하다 보면 또 다른 가능성이 열리게 된다. 이 가능성의 연결고리를 따라가는 사람들은 정보 자체에서 이미 멀리 떨어져서 이야기에서 더 큰 증명의 가능성을 발견한다. 한 가지의 정보를 설명하는 여러 가지의 방법이 있는 것을 발견하면서 그 방법 중에서 가장 사람들의 관심을 끌 수 있는 방법을 고안해 내게 되는 것이다. 그러면서 사람들은 정보를 중심으로 하는 상당한 이야기의 공간이 존재함을 깨닫게 되었을 것인데, 이것을 나는 '소설적 가능성의 발견'이라고 부른 것이다.

한편 이런 발견이 이루어지면 정보의 처리가 아닌 이야기를 만들어 내는 일 그 자체에 더 흥미를 느낀 사람들이 생겨날 수도 있다. 그들은 이제 본류는 제쳐놓고 새로 가지를 친 영역 속에서 더욱 경험을 쌓아가면서 더 재미있는, 아니면 더 그럴듯한 이야기를 만들어 보려고 노력한다. 이것은 단기간에 이루어지는 것이 아니라 오랜 시간에 걸친 경험의 축적을 통해서만 가능한 것이었다. 경험의 축적은 같은 흥미를 공유하는 집단 내부에서 일어나는 '경쟁'을 통해서 더 가속화되었다고 생각되며, 이것이 바로

'소설적 경험의 축적'이라고 이름 붙인 것이다.

필기 그 자체는 범위가 없다고까지 할 정도의 애매한 돈통이었다. 그것은 전혀 분화되지 않았고 또 개념화되지 않은 일상적 행위의 한 가지에 불과했다. 그것은 한 덩어리의 대지(大地)와도 같은 것이었다. 그 대지 위에서 어떤 꽃이 피고 어떤 짐승이 움직이는가 하는 것은 애초에 대지가 형성될 때에는 전혀 예상 못한 일이었으리라. 마찬가지로 우리가 오늘날 필기라고 부르는 애매하기 짝이 없는 글쓰기가 발생했을 때에 그것이 미래에 어떤 결과를 가져올 것인가를 상정할 수는 없었다. 그러나 시간이 흐르면서 마치 대지에서 특별한 꽃과 동물이 주변의 흙을 비웃으면서 자태를 뽐내듯이, 특별한 관심을 가진 사람들이 글쓰기를 일정한 방향으로 이끌어나가는 현상이 발생했다. 그래도 대지는 여전히 그곳에 있었다. 그 위에서 어떤 꽃이 피고 어떤 동물이 뛰어 놀면서 사람들의 이목을 집중시키는가에 관계없이 대지는 여전히 버티고 있었으며, 마찬가지로 필기도 먼 훗날까지 원래의 모습을 간직하고 있었다. 다만 그 안에서 태어난 특수한 녀석들은 나름대로의 생명을 만들어 가면서 그 대지에 있는 흙이나 이름 없는 풀과는 차별된 길을 가고 있었다. 이런 현상이 시작된 것이 위·진·남북조 시기였으며 그것이 더욱 가속화되고 사회적 주목을 끌기 시작한 것이 당대였다.

1. 위·진·남북조 시기의 문화적 사유의 특성

한대 말엽, 더 구체적으로 말해서 건안(建安)시기[4]부터 당대 중엽에 이르는 시기는 여러 측면에서 변화가 진행되었다. 그것은 역사상 최초로 중국 전토를 통일하고 대제국을 이룩한 한 왕조의 멸망에 따라 일어난 분열

4) 건안은 한(漢) 왕조 마지막 황제인 헌제(獻帝)가 사용한 연호로 196년부터 219년까지 사용되었다. 이 시기를 문학사에서 건안시기로 부르고 있다.

이 지속되다가 다시 당(唐) 왕조라는 대제국의 부활에까지 이르는 시기이다. 그것은 한대를 지배하던 정통화된 사유방식과 이념에 강력한 회의가 제기되었다가 상당한 혼란기를 거친 후에 그것을 수습하면서 다시 통합적 이념을 창출하는 과정을 보여주는 시기였다. 그렇지만 당대에 나타난 통합적 이념이 한대의 그것과 동일한 것은 아니었다. 그것은 혼란기를 거치면서 상당한 변화를 거친 통합이념이었으며, 그것에 의해 통치되는 사회는 이전과는 여러 면에서 다른 모습을 보였다. 이런 변화는 다방면에서 일어났으며 단선적(單線的)인 인과관계로 설명할 수는 없다. 그리고 그런 변화의 바탕을 마련한 것은 위 · 진 · 남북조 시기에 일어난 흐름이었다. 그래서 나는 '소설적 흐름'과 관련되는 위 · 진 · 남북조 시기에 일어난 문화적 사유의 전체적 흐름을 다음과 같이 정리해 보았다.

한왕조가 몰락의 징조를 보이면서 한대 500년을 지탱하던 유가이념에 대한 지식인들의 회의가 본격적으로 일어나기 시작했다. 역사상 최초로 대제국을 이룩한 한왕조의 유가사상을 통치이념으로 한 정치적 실험이 실패작이었다는 것이 뚜렷이 드러났기 때문이다. 지식인들은 유가사상을 대체할 수 있는 새로운 이념체계를 찾기 시작했으며 일부는 도가사상(道家思想)에서 그 길을 찾고자 했다. 그렇지만 500년간 지속되어 온 통치이념이 쉽게 무너질 수는 없었으며, 또 사회를 움직이는 중심적인 축이었던 관료제도를 통한 행정조직은 그대로 유지되고 있었다. 그래서 이 시기부터 지식인들은 한편으로는 과거의 제도 하에서 살아가면서 내면적으로는 도가적 지향을 강하게 가지게 되는 이른바 '외유내도(外儒內道)'의 이중성을 보이게 되었다. 그것은 관직에 있으면서도 마음은 전원의 생활을 꿈꾸는 모습으로 표출되거나, 극단적인 경우에는 교육을 받아서 관직에 나가 국가를 위해서 봉사하는 것을 의무로 여겼던 지식인들이 깊은 산 속에 은거하면서 신선을 꿈꾸는 방식으로 표출되기도 했다. 또 이 시기에는 한대 말엽부터 전래된 불교가 전파되면서 지식인들에게 새로운 사유체계의 모델을 제시하였다. 불교의 전파가 어느 정도의 파급효과를 낳았는지에 대해서는 좀더 연구가 필요하다. 그러나 그것이 지식인들에게 기존의 사유체계와 그것을 표현하는 매체인 언어의 문제에 깊은 관심을 기울이게 했음은 분명하다.

위 · 진 · 남북조 시기는 담론의 시대였다. 이 시기의 지식인들은 획일적인 경서(經書)의 학습에 매달리지 않고 그 의미의 다양한 해석을 위한 담론에 빠져 있었다. 이런 지식인 사회에서 중요한 관심사로 등장한 것 중의 하나가 '개인에 대한 관심'이었다. 그것은 당시의 학문 자체가 경서를 주류로 하는 이념의 소극적 수용보다 그것을 자체적으로 해석하고 당대적(當代的) 의미를 찾는 쪽으로 기울었기 때문이라고 생각된다. 이 과정에서 경서의 의미는 개인의 생각에 따라 각기 다른 의미로 해석될 수 있었으며, 이것은 곧 특정 개인이 어떤 생각을 하는가에 대한 관심을 환기시켰을 것이다. 이런 상황에서 개인은 더 이상 집단에 소속된 개인으로만 치부되지 않았다. 이념의 당대적 해석에서 나타나는 개인 간의 차이가 대두되면서 능력에 있어서의 우열이 생기고 또 개인적 특성이 부각되었기 때문이다. 개인은 여전히 지식인이라는 집단 속에 있으면서도 획일적인 성격으로만 의미가 부여되는 것이 아니라 각 개인이 가지고 있는 특징으로 의미가 부여되어 가고 있었다. 후한(後漢) 시기에 유행하기 시작한 청담(淸談)은 애초에는 각 개인이 지니고 있는 능력과 특징을 담론의 대상으로 삼고 있었다. 이러한 개인의 특징에 대한 관심은 특히 건안시기의 정권을 잡은 조조(曹操)에 의해서 더욱 증폭되었다. 이전의 황제와 관료들이 개인적 친분이나 가문, 혹은 경서에 대한 학식을 중심으로 관료를 등용한 반면, 조조는 분야별로 능력이 있는 사람을 발탁했다고 알려져 있다. 당시의 정치권력이 이런 조치를 시행하면서 지식인들의 개인별 특성에 대한 관심은 더욱 증폭되었을 것이며, 따라서 위 · 진 · 남북조 시기에 들어서서는 개인화의 경향이 두드러지게 나타나게 되었다. 개인화는 각 개인이 지니고 있는 특수한 관심이나 성향을 표출되게 하는 기회를 제공하였다. 이것은 지식인들이 가장 중요하게 여기던 지식체계의 매체인 글쓰기에도 큰 영향을 미쳤다고 생각된다. 개인화가 진행되면서 글쓰기에서 개인적인 성향이나 관심의 표현이 뚜렷하게 나타났던 것이다. 또 개인화의 진행은 개인의 특수한 성격에 대한 이야기를 낳는 계기로 작용했다고 본다.

이 시기 지식인의 또 다른 관심사는 '박물학을 통한 초현실적 세계에 대한 관심'이었다. 이것은 사실상 한대에서부터 이미 시작된 것이었지만 위・진・남북조 시기에 더욱 뚜렷이 모습을 드러낸 관심사였다. 기원전 3세기에 한 왕조가 천하를 통일하고 대제국을 건설하면서 중국인들이 목격할 수 있는 세계의 범위는 크게 확대되었다. 한 무제(武帝)의 시기에 사신으로 서역(西域)을 다녀온 장건(張騫)의 보고를 통해서 물질적 세계의 경계는 더욱 확대되었다. 그러나 세계의 확대는 물질적인 것에 국한되지 않았다. 한대 초기부터 유가사상은 음양오행설(陰陽五行說)에 의해 상당히 침투되기 시작했는데, 그 결과로 이 세계가 혼자 존재하는 것이 아니라, 이 세계의 움직임과 공명(共鳴)하는 다른 세계가 함께 존재한다는 생각이 유행하기 시작했다. 예를 들면 지진이 일어났을 때에 그것이 단순한 자연현상으로 일어나는 것이 아니라 이 세계의 움직임에 대한 반응으로 어디에선가 그것을 일으키는 힘이 작용했다고 본 것이다. 그것은 사람이 목격할 수 없는 곳에 존재하는 '초월적 세계'였다. 그리고 이런 생각은 한대 중엽에 유행한 참위설(讖緯說) 혹은 재이론(災異論)에 의해 더욱 증폭되었다. 그 학설은 지상세계에 어떤 일이 일어날 때에는 어디에선가 재난이나 이변이 일어나서 그것을 예고한다는 것을 핵심으로 하고 있었다. 그것은 경서에 대한 당시로서는 이단론(異端論)적 해석에서 출발하였다. 이 학설의 지지자들은 과거로부터 전해지던 다양한 지식이 수집되고, 그것을 통해 경서에 적혀 있는 것이 그 표면적인 의미보다는 그 뒤에 감추어져 있는 예언적 의미를 통해서 해석되어야 한다고 주장했다.

참위설이나 재이론은 단일한 흐름을 가지고 있지 않았다. 그것은 다양한 유파에 의해서 형성되었고 그래서 내부적인 투쟁도 상당했던 것으로 보인다. 게다가 그것이 당시에 이단적으로 여겨졌기 때문에 이 학파에 속하는 서적들은 이후의 목록서에 기록되지 않았을 뿐만 아니라 서적들 대부분은 한대 이후 소멸되고 말았다. 오늘날 우리는 그 흔적을 마국한(馬國翰)이 편찬한 《옥함산방집일서(玉函山房輯逸書)》에서 블 수 있을 뿐이다. 그렇지만 참위설과 재이설은 정통학문에 의해 인정받지 못하고 지역문화 속에서 잠복하고 있던 과거에 대한 지식, 특히 초현실적 세계의 존재와 보이지 않는 힘의 존재를 증명하기 위한 지식을 표면으로 부상시킨 역할을 했다. 그것이 신화의 부활은 결코 아니었다. 그것은 과거에 신화적 사유를 통해 형성되었다고 생각되는 지식의 단편(斷片)을 표면으로 끌어올린 역할을 했으며, 그런 지식을 접한 사람들로 하여금 브이지 않는 세계의 존재에 대한 믿음을 더욱 깊게 만들었다.

위・진・남북조 시기에 박물학이 유행하면서 '보이지 않는 현실세계'에 대한 관심은 더욱 확산되었다. 그런 관심의 확산은 한대에 한때 황당한 책이라고 여겨져서 배척되었던 《산해경》이 당시의 저명한 학자였던 곽박(郭璞)에 의해서 복원된 사실이나 장화(張華)의 《박물지(博物志)》, 간보(干寶)의 《수신기(搜神記)》, 역도원(酈道元)의 《수경주(水經注)》에 의해 구체화되었으며, 일부 문인들이 '유선시(遊仙詩)'를 지었던 점을 통해서도 나타나고 있다. 박물학이란 것은 어느 구체적인 분야에 대한 관심이 아니었다. 그것은 사람의 사회에서 일어난 일상적이거나 평범한 경험을 제외한 모든 것을 대상으로 삼고 있었다. 여기에는 신선과 만나거나 선경(仙境)에 들어가 본 경험, 귀신을 만나거나 요괴의 습격을 받은 일, 그리고 신비한 자연현상이나 발견 등의 모든 것이 포함되어 있었다. 다시 말해서 그것은 사람이 일상적으로 살아가고 경험하는 물질적 공간 이외의 모든 존재하는, 혹은 있을 법한 세계에 대한 지식을 대상으로 하고 있었다. 그것은 대규모의 정보를 축적하고 해석하는 작업이었다. 단편적으로 존재하던 정보가 모아지면서 사람들은 어딘가 존재하는 초현실적 세계에 대한 그림을 그려보려고 노력하였다.

그러나 이런 정보와 지식에 대해 모든 사람이 가치를 인정하는 것은 아니었다. 사람들 중에는 초현실적 세계의 존재를 믿지 않는 사람도 많았고, 그래서 믿는 사람과 믿지 않는 사람들 사이에서 상당한 논쟁이 벌어진 것으로 알려져 있다. 다만 중국인들은 예전부터 자신이 부정하는 사실에 대해서는 아예 언급을 하지 않는 습관이 있다. 그래서 초현실적 세계를 부정하는 사람의 글은 그리 많지 않다. 그들은 그런 글을 쓸 필요를 아예 느끼지 않았을 것이다. 반면에 그 세계의 존재를 믿는 사람은 그것을 증명할 지식을 집적하여 자신의 주장을 개진했다. 그래서 이 시기의 글을 보면 초월적인 세계에 대한 글이 상당히 많다. 이것이 당시 사람들이 대부분 그런 세계의 존재를 믿었다는 것을 증명하는 것으로 해석되어서는 안 된다. 다만 중요한 것은 그렇게 증명을 위하여 쓴 글에서 서서히 소설적 가능성이 발견되고 소설적 경험이 축적되어 갔다는 점이라 하겠다.

2. 개인에 관한 이야기

위 · 진 · 남북조 시기의 글쓰기에서 나타나는 특징 중의 하나는 개인에 관한 일화가 많이 있다는 점이다. 이 시기의 일화는 앞에서 검토한 우언과는 다른 점을 지니고 있는데, 그 중에서 중요한 것은 이 시기의 일화들이 특정 개인의 특수한 이야기를 대상으로 하고 있다는 점이다. 이것은 아무에게나 적용되면서 어떤 교훈을 이끌어 내는 그런 이야기가 아니었다. 이 이야기들은 특정의 등장인물에게만 일어난 일을 묘사하고 있었다. 이런 개인에 관한 이야기를 노신은 '지인소설(志人小說)'이라고 불렀다. 그런 이름이 애초에 있었던 것은 아니고 이런 부류의 이야기를 뒤에 검토하게 될 '지괴(志怪)'와 구분하기 위해서 그런 이름을 붙인 것이 아닌가 한다.

이 시기에 출현한 개인에 관한 이야기를 모아 놓은 것으로는 《세설신어(世說新語)》를 꼽지 않을 수 없다. 이 책은 위 · 진 · 남북조 시기의 송

(宋, 역사에서는 후대의 송 왕조와 구별하기 위해 劉宋이라고 부른다)의 왕자인 유의경(劉義慶, 403～444)의 후원에 힘입어 편찬된 것으로 알려져 있는데, 아마 유의경이 식객들에게 이 책을 편찬할 수 있도록 물질적 지원을 한 것이 아닌가 한다. 이 책은 모두 36편(篇)으로 이루어져 있으며, 후한대(後漢代)부터 유의경의 시대에 이르기까지 발생한 일화, 담론, 그리고 중요한 인물에 대한 특징 등이 무려 1,130조의 이야기를 통해 수록되어 있다.[5)]

이 책이 가지고 있는 특징 중의 하나는 그것이 철저한 편집을 통해서 이루어졌다는 점이다. 앞에서 언급한 《한무고사》와 《서경잡기》는 일화를 나열하는 데에 그쳤을 뿐이지 의도적으로 편집된 흔적을 찾아볼 수 없었다. 한대에 편집을 거쳐 만들어진 책이라면 《여씨춘추(呂氏春秋)》, 《회남자(淮南子)》, 《논형(論衡)》 등을 들 수 있는데 이 책들은 각 편에 제목을 부여하면서 그것과 연관되는 정보를 모아놓은 것이었다. 그렇지만 이 책들에 수록된 정보와 이야기는 뚜렷한 방향에 의해 수집된 것이 아니었다. 그것은 정보가 먼저 수집된 후에 그 정보를 나열하는 방법으로 편집되었다. 그러나 《세설신어》는 이와 달랐다. 이 책은 우선 그 수록 대상을 상당히 엄격하게 규정하고 있다. 다시 말해서 이 책은 광범위하게 수집된 정보를 처리하는 것이 아니라, 애초에 어떤 정보를 수록할 것인가를 결정한 후에 그것에 해당되는 정보만을 수집하고 편집한 것이었다. 수록대상이 개인적 특성이었다는 점에서 우리는 이 시기의 개인에 대한 관심을 엿볼 수 있다.

이 책의 36편[6)]은 각각 특정 항목을 설정함으로써 이루어졌다. 각 편의

---

5) 이 책은 김장환 교수에 의해 완역되었다.

6) 36편의 제목은 다음과 같다.
상권: 덕행(德行), 언어(言語), 정사(政事), 문학(文學)
중권: 방정(方正), 아량(雅量), 식감(識鑒), 상예(賞譽), 품조(品藻), 규잠(規箴), 첩오(捷悟), 숙혜(夙惠), 호상(豪爽)

제목을 보면 이 책에 수록된 이야기들이 반드시 특정 개인의 장점만을 부각하기 위한 것은 아니라는 점을 알 수 있다. 그것은 개인의 장점을 거론하는 이야기에서 시작하지만 뒷부분에 가면 단점을 거론하는 이야기로 끝난다. 제1편부터 제22편까지는 개인의 장점과 특기를 중심으로 한 이야기가 수록되어 있지만, 제23편에는 죽림칠현(竹林七賢)의 방종스런 행동을 기술하고, 제24편에서는 예법을 무시하고 오만불손한 행동을 일삼은 사람들의 이야기를 나열하고, 제25편에는 남을 조롱하는 이야기가 수록되어 있다. 그 다음 제26편부터 36편까지는 모두 개인의 단점을 거론하고 있다. 따라서 전체적으로 볼 때에 이 책은 처음에 장점을 거론하다가 23, 24, 25편에서는 장점일 수도 있고 단점일 수도 있는 중간을 설정하고, 그 다음에는 단점을 지닌 개인에 대한 이야기로 나아가는 맥락을 보여주고 있다.

물론 이것은 오늘날 전해지는 판본을 기준으로 한 것이지, 애초에 이렇게 편집되어 있었는지는 분명하지 않다. 그러나 이런 항목의 설정에서 우리는 중요한 점을 발견할 수 있으니, 그것은 사람을 보는 관점에 관한 것이다. 즉 사람은 총체적인 몸통이 아니다. 사람은 무수한 단면이 합쳐진 몸통이며, 그래서 그 성격이나 행동이 항상 일관적이지는 않다. 무조건 모든 것에 선(善)하거나 악(惡)하다고 생각하는 것은 사람을 잘못 보는 것이다. 깊은 학문을 쌓아 남이 보기에는 고결하기 짝이 없는 학자의 내면 속에는 질서에서 일탈하고 싶은 욕망이 도사리고 있을 수도 있다. 또 높은 벼슬자리에 오른 사람이라도 오만불손하거나 남을 헐뜯기를 좋아하는 사람이 있다. 그래서 사람은 커다란 몸통, 즉 관직이나 학문이란 이름을 통해서만 볼 것이 아니라 각각의 행동에서 드러나는 면을 통해 속 깊숙이

하권: 용지(容止), 자신(自新), 기선(企羨), 상서(傷逝), 서일(棲逸), 현원(賢媛), 술해(術解), 교예(巧藝), 총례(寵禮), 임탄(任誕), 간오(簡傲), 배조(排調), 경저(輕詆), 가휼(假譎), 출면(黜免), 검색(儉嗇), 태치(汰侈), 분견(忿狷), 참험(讒險), 우회(尤悔), 비루(紕漏), 혹닉(惑溺), 구극(仇隙)

감추어져 있는 면을 보아야 한다는 것이다. 그것은 한 개인의 진면목이 표면에 드러나 있는 것으로 결정되는 것이 아니라 속에 감추어진 것에 의해 드러난다는 생각을 반영하고 있다.

오늘날의 관점에서 보면 이것은 극히 당연한 것이지만 이 시기에 이것은 관념의 벽을 깨뜨린 것이었다. 왜냐하면 그 이전에 개인의 단면을 해부하고 그것을 통해 그 사람을 평가하는 것이 정착되어 있지 않았기 때문이다. 물론 그런 이야기들은 있었겠지만 그것이 글쓰기를 통한 담론으로까지 정착된 것은 분명히 관념의 벽을 깨뜨린 것이었다. 그것은 한 무제나 사마상여의 감추어진 면에 대한 일화와는 다른 것이었다. 그것은 단면에 대해 시선을 집중하면서 그것을 통해 사람의 전체를 파악하려는 시도였던 것이다.

이 책에서 이야기를 제시하는 방법은 우언과 비슷하다고 할 수 있다. 그것은 어떤 개인의 행동을 압축적으로 묘사하면서 그 인물에 대한 이미지를 전달하는 것이었다. 그렇지만 다른 점이 있었다. 다음의 이야기를 보자.

> 공문거(孔文擧, 孔融)가 열 살 때에 아버지를 따라 낙양에 가게 되었다. 당시 이원례(李元禮, 李膺)의 명성이 자자했으며 사례교위(司隷校尉)라는 높은 벼슬을 하고 있었다. 그 집에서는 재주가 뛰어나다고 알려져 있거나 친척이 아니면 들여보내 주지 않는 것으로 유명했다. 공문거가 그 집 앞에 이르러 문지기에게 말했다.
>
> "나는 대감님과 친척지간이요."
>
> 문지기가 그 말을 듣고 들여보내 주어서 공문거는 이원례 앞에 마주 앉게 되었다. 이원례가 물었다.
>
> "너하고 내가 어떻게 친척지간이 되지?"
>
> "저희 선조는 공자님이시고 대감님의 선조는 (공자에게 가르침을 청한 바 있는) 백양(伯陽, 老子, 李冉)이시니 스승과 제자지간이었지요. 그러니 지금 제가 대감님과 만나뵙는 것도 당연하지요."
>
> 그 말을 들은 이원례와 주위에 앉아 있던 손님들이 '어린 녀석이 꽤 똑똑하고 유별나구나' 하고 생각했다. 그런데 잠시 후 태중대부(太中大夫)로 있

> 는 진위(陳韙)가 그 방에 들어와서는 주위 사람들이 들려주는 이야기를 듣게 되었다. 이야기를 들은 그가 말했다.
>
> "어릴 때 똑똑하게 군다고 해서 커서 반드시 잘 되는 법은 없지."
>
> 그러자 공문거가 대꾸했다.
>
> "보아하니 대감님도 어렸을 때는 똑똑하다는 소리 꽤나 많이 들었겠네요."
>
> 진위는 할 말이 없었다.[7)]

이것은 공문거가 어렸을 때의 입담을 보여주는 것이지만 이 이야기를 접하는 사람은 입담을 통해서 그에 관한 많은 것을 생각하게 된다. 어린 녀석이 어떻게 그렇게 대담할 수 있었으며, 어떻게 대감 앞에서 공자와 노자의 관계를 둘러댈 수 있었을까, 또 진위가 한마디 했을 때에 무슨 배짱으로 대꾸를 했을까 하는 등의 다양한 생각이 들게 되는 것이다. 이야기가 전달하는 의미는 간단한 것이지만 그것은 이야기를 읽는 사람으로 하여금 공문거라는 사람에 관해 큰 그림을 그리게 한다. 이것은 이야기가 단순히 정보를 제공하는 데에서 그치는 것이 아니라, 그 이야기를 통해서 '독자의 영역'을 만들어 내는 것을 의미한다. 다시 말해서 이 이야기는 일방통행이 아니었다. 겉으로는 일방통행이었지만 독자의 가슴속에서 일어나는 생각이 반향을 일으키게 되어 있기 때문에, 실제로는 쌍방통행의 이야기였다. 우언에서는 그런 독자의 영역이 만들어지지 않았다. 우언은 이야기를 통해 압축된 의미를 전달하고, 듣는 사람이나 독자가 그것을 받아들이도록 설계된 것이었다.

이런 점에서 《세설신어》의 이야기는 모습은 비슷하지만 이야기의 기술이라는 측면에서 볼 때에는 우언과 다른 면을 가지고 있었다. 독자의 영역은 《세설신어》의 시대에는 아직 제한적으로만 열리고 있었다. 이 책에

---

7) 이 이야기는 제2편 〈언어〉의 세번째 이야기이다. 이것은 김장환 선생의 번역을 그대로 옮기지 않고 맥락에 따라 내 나름대로 재구성해 본 것이다.

실려 있는 모든 이야기들이 독자의 영역을 열어주고 있었다고 단언하기는 어렵기 때문이다. 그렇지만 이것은 후세에 큰 영향을 끼쳤다고 본다. 왜냐하면 후세에 본격적인 소설적 전통이 만들어질 때에 작자들이 등장인물의 모든 면을 설명하지 않고, 행동이나 대화를 통해 그것을 우회적으로 표현하는 것이 일반적이었기 때문이다.

한편 《세설신어》에 앞서서 중국 최초의 소화서(笑話書)라고 일컬어지는 《소림(笑林)》이 출현하였다. 이 책은 건안시기에 살았던 한단순(邯鄲淳)에 의해 지어졌다고 전해진다. 이 책은 원본이 없어져 버렸고 마국한의 《옥함산방집일서》에 일문(佚文)이 수집되어 있으며, 노신도 몇 가지를 더 찾아내어 《고소설구침》에 수록하였다. 그래서 지금까지 모두 30조의 이야기가 남아 있다. 이 책에 실린 이야기는 제목 그대로 웃음을 선사하는 이야기이다. 대부분은 어리석은 사람의 우스꽝스러운 행동을 중심으로 하고 있으나 그 중에는 번득이는 기지가 돋보이는 것도 없지 않다. 이야기의 모습 그 자체만 놓고 볼 때에는 이 이야기들도 우언의 연장선상에 있는 것이 분명하다. 이 이야기들은 등장인물의 단편적인 행동만을 대상으로 하고 있지 어떤 줄거리를 토대로 하고 있지는 않다. 또 웃음의 끝에 어떤 의미의 전달이 의도되어 있다는 점에서도 이 이야기들은 우언과 비슷한 모습을 하고 있다.

그렇지만 소화서가 출현하였다는 점에 우리는 잠시 주목할 필요가 있다. 그것은 일차적으로는 특별한 목표를 설정한 이야기를 모으고 그것을 문자언어로 기록했다는 점에서이다. 이것은 당시의 이야기에 대한 욕구가 강해지면서 듣고 싶어하는 이야기의 분화(分化)가 일어났으며, 그에 따라 이야기를 제공하는 사람들이 변화에 적응해 나가는 상황을 보여주고 있는 것이다. 이제 아무 이야기나 함부로 늘어놓는 것은 그리 큰 의미를 지니지 못한다. 특히 《세설신어》와 《소림》은 공통적으로 이야기가 일정한 주제로 집중되는 현상을 보여주는데, 이것은 분화를 통한 전문적 이야기의 출현을 예고하는 현상이라고 할 수 있다.

사람을 웃긴다는 것은 여러 방식으로 할 수 있다. 대부분의 이야기는 엉뚱한 행동이나, 혹은 앞뒤가 맞지 않거나 무엇인가 오해하는 등의 행동을 통해서 웃음을 자아내게 만든다. 그러나 《소림》의 이야기를 보면 그 웃음은 이해하는 독자만이 즐길 수 있는 것이었다. 그것은 우언처럼 모든 사람에게 동일한 교훈적 의미를 선사하는 것이 결코 아니었다. 그리고 그것은 설득의 맥락에서 인용된 이야기가 아니라 이야기를 만드는 사람이 의도적으로 설계하는 것이다. 그렇기 때문에 이야기를 만드는 사람의 역할이 우언에서보다 더 커졌고, 동시에 독자의 영역도 훨씬 더 커졌다. 한 가지 예를 들어보기로 하자.

> 초나라 사람 하나가 가난하게 살아가고 있었다. 어느 날 그는 《회남자》를 읽다가 "사마귀가 매미를 잡으려 할 때에 나뭇잎 뒤에 숨으면 자기 모습을 숨길 수 있다(螳蜋伺蟬自鄣葉可以隱形)"라는 구절을 발견했다. 그는 곧장 뛰어나가 어느 나무 밑에 가서 위를 쳐다보았다. 그때 마침 사마귀 한 마리가 나뭇잎에 붙어서 매미를 노리고 있는 것을 발견하고는 그 잎을 따려고 팔을 뻗었다. 하지만 그는 그 나뭇잎을 따기는 했는데 금방 놓쳐 버려서 잎은 땅으로 떨어지고 말았다. 그런데 땅에는 먼저 떨어진 잎들이 널려 있었고, 막 떨어진 잎이 그 잎들 사이에 섞여 버려서 어느 것인지를 구분할 수 없었다. 그래서 이 사람은 땅에 떨어진 잎을 전부 쓸어 담아 가지고 돌아왔다. 잎은 서너 말이 넘을 정도로 많았다. 집에 돌아와서는 잎을 하나 집어 들고 자신을 가리면서 아내에게 물었다.
>
> "당신 내가 보여? 안 보여?"
>
> 당연히 아내는 "보이지요." 하고 대답했다. 그렇지만 하루 종일 잎을 들고 자신의 가슴을 가리면서 보이냐고 물어보니까 아내도 지치고 신경질이 났다. 그래서 마침내 "안 보여요." 하고 거짓말을 하고 말았다. 이 사람은 그 말을 듣자 겉으로는 아무 내색도 안 했지만 속으로는 환호작약했다. 다음날 그는 그 잎을 들고 시장거리에 나가서는 잎으로 몸을 가리고 사람들이 보는 앞에서 물건을 집어 들기 시작했다. 그러자 사람들이 깜짝 놀라 관

리에게 고했고 관리는 그를 도둑으로 잡아 현감에게 호송했다. 현감이 자백을 하라고 하니 이 사람은 모든 것을 이실직고할 수밖에 없었다. 이것을 들은 현감은 껄껄 웃으며 더 이상 죄를 묻지 않고 그를 풀어주었다.[8)]

이 이야기에는 동작만이 연결되어 있을 뿐 많은 것이 감추어져 있고, 그것을 알아내는 것은 읽는 사람의 몫이다. 그 중에서 가장 핵심적인 것은 이 사람이 《회남자》의 구절을 어떻게 해석했는가에 달려 있다. 이야기의 맥락을 보면 그는 사마귀가 나뭇잎 뒤에 숨으면 그 모습이 없어지는 것으로 이해했고, 그렇다면 그 잎으로 자신을 가리면 남이 자신의 모습을 보지 못할 것이라고 생각한 것이다. 한마디로 그는 오늘날의 투명인간을 떠올린 최초의 중국인이었던 셈이다. 그러나 이런 설명은 이야기의 어느 곳에도 나타나 있지 않다. 그것은 바로 읽는 사람이 유추해서 읽어 내어야 하는 영역이었다. 그리고 이 이야기를 만든 사람은 자신이 모든 이야기를 하지 않고 그 영역을 독자에게 넌지시 떠넘긴 것이다. 이런 의도는 독자로 하여금 이야기에 직접 참여하는 기회를 만들었을 것이며, 그래서 이야기를 하는 사람이 모든 것을 다 말해 버리는 것보다 훨씬 더 큰 흥미를 유발했을 것이다. 독자는 자신의 해석을 놓고 웃는 것이지 이야기 자체 때문에 웃는 것이 아니었기 때문이다. 그렇기 때문에 이런 이야기는 모든 사람을 대상으로 하는 것이 아니었다. 그것은 이야기에 관심이 있고 숨어 있는 맥락을 유추할 수 있는 사람을 대상으로 하는 것이다. 그렇지 못한 사람은 웃기는 웃되 그 웃음의 진정한 의미를 모르고 웃는 것이다.

이 시기에는 《소림》 이외에도 《소설(小說)》, 《속설(俗說)》 등의 책이 출현했다. 이런 책은 《소림》과 같이 뚜렷한 방향을 전제로 편집된 것은 아니었다. 그 안에는 잡다스러운 이야기들이 섞여 있었으며, 체제는 《한무고사》와 비슷했던 것으로 보인다. 그러나 이런 책에서도 《소림》에

8) 이 이야기는 《古小說鉤沈》 p.68에 실려 있다. 번역문은 직역한 것이 아니라 우리말 투로 각색하여 번역한 것이다.

서처럼 웃음을 선사하는 이야기들이 많이 섞여 있었다. 특히 이런 이야기에서 등장하는 웃음의 선사 방법은 '말의 유희'였다. 특히 그것이 말의 유희를 통해서 어떤 의미를 던진다는 것보다 말로 인한 재미 자체를 추구하는 면이 더 컸던 것이 우언과는 다른 점이다. 이것을 이해하기 위해서는 더 이상의 설명보다 다음의 이야기를 보는 것이 더 좋겠다. 이 이야기는 양(梁)나라의 은운(殷芸)이 편찬했다는 《소설》에 들어 있던 것이다.

언젠가 공자가 산 속을 지나가고 있었다. 저녁이 되어 자로(子路)에게 물을 길어 오라고 시켰다. 그런데 자로는 우물에서 호랑이를 만났고 싸움을 벌이게 되었다. 워낙 용맹스러운 자로였기 때문에 호랑이를 때려잡았는데 호랑이의 몸통은 못 건지고 꼬리만 남게 되었다. 자로는 그 꼬리를 가슴에 품고는 물을 퍼담아 가지고 공자한테 돌아왔다. 그리고는 여쭈었다.

"상사(上士)는 호랑이를 죽이게 되면 어떻게 해 가지고 옵니까?"

"그야 상사는 호랑이 머리를 집어들고 오겠지."

"그러면 중사(中士)가 호랑이를 죽이게 되면 어떻게 해 가지고 오지요?"

"중사는 호랑이 귀를 들고 온단다."

"그럼 하사(下士)는요?"

"하사는 꼬리나 들고 오겠지, 뭐."

자로는 기분이 나빠 호랑이 꼬리를 꺼내 집어던져 버렸다. 그리고는 화를 내면서 말했다.

"선생님께서 우물가에 호랑이가 있는 줄 아시면서도 저한테 물 퍼오라고 하신 걸 보면, 절 죽이려고 그러신 게 틀림없어요."

그리고는 큼지막한 돌덩어리를 가슴에 품고 와서는 공자한테 던지려고 했다. 그러다가 다시 여쭈었다.

"상사는 사람을 어떻게 죽이지요?"

"상사야 붓끝으로 사람을 죽이지."

"그러면 중사는 사람을 어떻게 죽이나요?"

"중사? 중사라면 혀끝으로 죽이겠지."

"그럼 하사는요?"

"하사는 돌덩어리를 품고 와서 사람을 죽인단다."

이에 자로는 돌덩어리를 꺼내 던져 버리고 그 다음부터는 마음으로부터 공자에게 복종했다.[9)]

이 이야기는 우선 공자를 우스운 이야기의 소재로 삼았다는 점에 특징이 있다. 그것은 이야기의 재미를 위해서라면 누구를 등장시켜도 상관없다는 생각이 이 시기에 이미 번져가고 있었음을 가리킨다.[10)] 특히 공자의 말을 통해서 공자 자신이 상사, 중사, 하사 중의 어느 것에 해당되는지를 알아차릴 수 있는 사람에게는 공자의 등장이 더욱 재미있게 느껴질 것이다. 또 자로를 등장시킨 것은 이 이야기의 근거를 만들어 놓는다. 자로와 같은 용맹하면서도 단순무식한 제자가 아니었다면 이런 이야기는 성립되기 어려웠을 것이다. 그렇지만 더욱 중요한 것은 이런 말의 유희를 통해서 구두언어의 이야기에서 문자언어를 중심으로 하는 이야기로 변화하고 있음을 감지할 수 있다는 점이다. 앞의 《회남자》를 읽고 오해한 사람이나 방금 인용한 공자의 이야기는 글로 쓰여졌을 때에 더 재미를 느낄 수 있었다고 생각된다. 왜냐하면 독자의 영역에서 발생하는 생각이 이야기에서 직접 제시되는 사항을 더 재미있게 만들어주기 때문이다. 반면에 이런 이야기를 말로 한다면 독자의 영역은 줄어들 수밖에 없다. 그것은 말로 이야기를 들을 때에 그것을 쫓아가느라고 자신의 해석을 내릴 여지가 없기 때문이다. 읽는 사람이 무엇인가를 해석하려고 생각하는 사이에 이야기는 다음으로 넘어가거나 이미 끝나버렸을 가능성이 크다. 다음의 이야기를 보면 이런 이야기를 말로 하는 것과 글로 쓰는 것이 어떤 효과를 각각 거둘 수 있는지를 알 수 있다.

어떤 사람이 문상을 가게 되었는데 조의를 표하기 위해 뭔가 들고 가야

9) 이 이야기는 《古小說鉤沈》 p.99에 수록되어 있다.
10) 오늘날 남아 있는 《小說》의 이야기에는 공자를 소재로 하는 것이 모두 네 가지가 있다. 여기에서 예로 든 것은 그 중의 하나였다.

겠다는 생각이 들었다. 사람들에게 무엇을 들고 가면 좋겠는가를 물어 보았더니 모두들 이렇게 말했다.

"돈도 좋고 옷감도 좋고 곡식도 좋지. 아무거나 자네 가지고 있는 걸 들고 가면 되네."

그래서 그는 콩 한 말을 들고 가서 상주(喪主) 앞에 내밀면서 말했다.

"별로 가진 게 없어서 콩 한 말 들고 왔습니다. 초상 치르는 데 보태시지요."

그러자 상주는 "어찌할까요? 어찌할까요?" 하고 곡(哭)을 했다. 이 사람은 자신한테 콩을 어찌할까 묻는다고 생각해서 대답했다.

"음식을 만들어 잡수시면 되지요."

그러자 상주는 다시 "아이구 내 신세야, 고달픈 내 신세야!" 하면서 곡을 했다. 그 말을 듣고 이 사람이 말했다. "방금 한 말 드렸는데 그렇게 어려우시다면 내 한 말 더 드리리다.[11]

여기에서 가장 핵심적인 것은 바로 상주가 곡을 하면서 하는 말이다. "어찌할까요? 어찌할까요?", "아이구 내 신세야, 고달픈 내 신세야!" 하는 말은 특별한 의미가 있는 것이 아니라 초상집에서 상주가 조문객에게 슬픔을 표시하는 의례적인 것이다. 그런데 이 사람이 그것을 잘못 알아들었기 때문에 이야기가 성립된다. 결국 이 이야기는 '奈何', '窮'이란 두 핵심단어로 인해서 만들어진 것이다. 그것은 이 이야기를 만든 사람의 의도에 의해서였는데, 그 의도는 글로 쓸 때의 효과를 위한 의도이지 말로 이야기할 때의 효과를 염두에 둔 의도는 아니었다고 생각된다. 여기에 이야기하는 사람은 하나의 장치를 더 붙였으니 그것은 문상가는 사람의 자질에 관한 것이다. 이 사람은 문상갈 때에 무엇을 들고 가야 할지를 모르는데 그

---

11) 이 이야기는 《笑林》에 있던 것으로 《古小說鉤沈》 pp.71～72에 수록되어 있다. 번역은 반드시 원문에 따르지 않고 적절히 각색한 것이다. 원문은 다음과 같다. 「有人弔喪, 並欲賫物助之. 問人可與何等物. 人曰, "錢布穀帛, 任卿所有爾." 因賫一斛豆置孝子前, 謂曰: "無可有, 以大豆一斛相助." 孝子哭喚奈何. 己以爲問豆, 答曰, "可作飯." 孝子復哭窮. 己曰, "適得便窮, 自當更送一斛."」

것은 그가 세상물정에 어둡다는 것을 가리킨다. 그런 사람이었기에 그는 초상집의 절차나 예절을 모르고 있었으며, 그래서 상주의 곡을 듣고 오해를 한 것이다. 이것은 앞뒤의 사실이 서로 맞물리도록 한 배려였으며, 이런 배려는 말로 하는 이야기보다 글로 쓰는, 다시 말해서 미리부터 전체적인 줄거리를 계획하는 상황에서 가능했다고 본다.

위 · 진 · 남북조 시기에 들어서서 개인에 관한 이야기가 많이 출현하면서 이제 이야기는 더 이상 정보나 교훈적 의미의 전달이라는 원래의 영역에 머물러 있지 않게 되었다. 이야기는 이제 특정의 목적, 예를 들어서 어떤 인물을 상징적으로 평가한다든가, 아니면 흥미를 유발하는 등의 목적을 위해서 나아가고 있었다. 과거에도 이런 이야기들이 없었던 것은 아니겠지만, 이제 그런 이야기들이 글로 기록되면서 또 다른 가지를 쳐 나가고 있었다. 그것은 구두전승에 의존하지 않고 글쓰기를 통해서 이야기를 만드는 것이었다. 그것을 통해서 말로 이야기할 때에는 그리 두드러지게 나타나지 않던 독자의 영역이 확대되고, 독자의 생각으로 인해 이야기가 재미를 더하게 되는 현상이 나타났던 것이다. 오늘날 그 책들이 남아 있지는 않지만 이 시기에는 이런 이야기들을 전문적으로 수집해서 편집한 책들이 늘어나고 있었다고 생각된다. 그리고 그것이 아직 전문적인 분야의 특수한 문체로 규정되지는 않고 있었지만 일부 문인들 사이에서는 상당히 유행했던 것으로 보인다. 그것은 겉으로는 뚜렷하게 드러나지 않으면서도 당시 사회의 저변에서 꾸준히 지속되던 흐름을 만들어 내고 있었으며 당대에 들어서면 본격적으로 그 모습을 드러내게 되었다.

3. 초현실세계에 대한 이야기 — 지괴(志怪)

앞에서 언급한 바 있듯이 위 · 진 · 남북조 시기의 지식인 사회에서는 초현실적 세계에 대한 관심이 유행하고 있었다. 그것은 아득한 옛날부터 지속되어 온 관념이 더 이상 저변에 머물러 있지 않고 표면으로 떠오른 결과였다고 생각된다. 그것은 앞에서 언급한 바 있는 '신과의 결별'이 일어나면서 잠복하지 않으면 안 되었던 저 세계에 대한 관심이 다시 고개를 들기 시작한 징후였다. 물론 그 징후는 이전과 같은 모습으로 드러난 것이 아니라 위·진·남북조 특유의 상상력을 통해 구체적인 모습으로 드러났다고 보아야 하겠다. 이 시기에는 그런 현상이 일어날 수 있는 환경이 마련되었다고 생각된다. 그 중에서도 가장 중요한 요인으로는 초현실적 세계에 대한 믿음을 유보하는 경향을 가진 유가사상의 사회장악력이 쇠퇴하면서 지식인들에게 사유의 세계를 확장할 수 있는 계기가 만들어졌다는 점을 들 수 있다. 다시 말해서 잠복을 강요하는 사유체계의 장악력이 느슨해지면서 사회적 심리의 기저에 존재하던 사유체계가 활동력을 찾은 것이다. 동시에 초현실세계에 대한 관심은 이 시기 지식인들의 중요한 경향인 개인주의적 성향과도 맞물려 있다. 사람들은 더 이상 스스로를 집단의 부속물로만 생각하기를 싫어했다. 그들은 한편으로는 사회에 몸을 담고 있으면서도 또 다른 한편으로는 자신만이 알고 있는 세계를 가지고 싶어했다. 당시 사회는 지식인들에게 혐오감을 불러일으키기에 족한 상황을 연출하고 있었기 때문에 지식인들은 현실적인 제약을 넘어서 심리적인 자유를 갈망하고 있었고, 그것이 초현실세계에 대한 관심으로 나타났다고 보겠다.

그런데 이런 관심은 논리적 담론만을 통해서 추구될 수 있는 것이 아니었다. 논리적 담론은 추측에 불과한 것이며, 그런 담론은 한대 이래로 많이 진행되어 왔으니 왕충(王充)이 저술한 《논형》에서 그 흔적을 발견할 수 있다. 초현실세계가 있다고 믿는 사람의 관점에서 보면 절실한 것은 믿음에 대한 담론 자체가 아니라 그것을 증명할 수 있는 '경험적 정보'였다. 이 시기의 지식인들은 당시 성행하던 박물학의 한 부분으로 그런 정보를 수집했다. 그런데 그 정보는 지식인들이 가지고 있는 것이 아니었다. 구체적인 자료는 남아 있지 않지만 대부분의 정보는 민간에서 수집되었을 가능성이 크다. 그것은 민간에서 구두전승으로 유통되고 있던 초현실세계와의 접촉에 관한 이야기들이었다. 지식인들은 이런 이야기들을 수집하고 글쓰기를 통해 그것을 이야기로 만들어 내었는데, 그것이 오늘날 '지괴'라고 부르는 필기의 한 종류가 된 것이다.

지괴라는 말은 '괴이한 일을 기록한다'는 의미로 풀이된다. 이 말은 위・진・남북조 시기에는 일반명사로 쓰였으며, 책의 제목으로 쓰이기도 했다.[12] 이 말이 특정의 주제를 대상으로 하는 글쓰기를 의미하는 것으로 처음 사용된 것은 명대(明代)의 호응린(胡應麟)에 의해서였다고 알려져 있다. 일반적으로 지괴는 위・진・남북조 시기의 소설을 대표하는 것으로 인식되고 있는 듯한데, 이것은 사실과 다르다. 지괴라고 불리는 필기의 한 분야는 이 시기에 시작되고 있었을 따름이다. 그것은 당대를 거쳐 전통시기 내내 글쓰기의 한 분야로 지속되어 왔으며 위・진・남북조 시기는 그 기나긴 전통의 첫머리에 해당되는 것이다.

지괴의 글쓰기는 그 범위가 상당히 넓다. 송대에 편찬된 《태평광기(太平廣記)》에서 이 말에 해당되는 항목을 찾아본다면 '신선(神仙)', '여선(女仙)', '도술(道術)', '방사(方士)', '이인(異人)', '이승(異僧)', '석증(釋證)', '보응(報應)', '징응(徵應)', '정수(定數)', '감응(感應)', '참응(讖應)', '몽(夢)', '무염(巫厭)', '환술(幻術)', '요망(妖妄)', '신(神)', '귀(鬼)', '야차(夜叉)', '신혼(神魂)', '요괴(妖怪)', '정괴(精怪)', '영이(靈異)', '재생(再生)', '오전(悟前)', '총묘(塚墓)' 등이 모두 포함될 수 있다. 그것은 사실상 사람의 경험 중에서 현실적 공간을 벗어난 것을 모두 포함한다. 또 그것은 당시에 유행한 불교와 도가사상을 근거로 하는 경험도 포함하고 있다. 이러한 종교적 사유도 당시에는 경험을 근거로 해서 인정받기 위한 노력을 벌이고 있었기 때문이다. 따라서 넓은 의미에서의 지괴는 거대한 정보의

12) 《古小說鉤沈》에는 《공씨지괴(孔氏志怪)》, 《지괴기(志怪記)》, 《조비지괴(曹毗志怪)》, 《조태지지괴(祖台之志怪)》라는 책의 일문(逸文)이 수록되어 있다.

집적체이다. 그것은 거의 전부가 개인적인 경험에 관한 정보였다. 다시 말해서 개인의 경험에 관한 이야기 자체가 정보인 것이다.

그 경험들은 사실상 한 사람의 경험이 아니었다. 그것은 소문을 통해서 채집된 것이었다. 이야기의 등장인물로 보아서 그 소문은 다양한 계층으로부터 흘러들어 왔던 것으로 보인다. 농사를 짓는 사람도 있고 가난한 서생도 있으며 높은 벼슬을 하다가 저승으로 간 사람도 있다. 중요한 것은 이 시기의 문인들이 그런 정보를 모을 수 있는 네트워크를 가지고 있었다는 점이다. 다시 말해서 그들은 계층을 달리하는 민속적 설화와 문인들의 일화를 아우를 수 있는 정보의 네트워크를 가지고 있었으며 그것을 글쓰기로 합쳐 놓은 것이다. 그래서 지괴에서부터 민간계층의 이야기와 문인층에서 선호하는 이야기에는 상당한 교류가 있었음을 알 수 있다. 다만 지괴는 그것을 원래의 모습대로 기록한 것이 아니라 문인의 글쓰기를 통해서 윤색하고 정리하여 기록한 것이라는 특징을 지니고 있다는 점에서, 민속설화를 채집하여 그대로 기록한 것과는 차이가 있다고 해야 할 것이다.

그런데 이 모든 정보가 모두 소설적 흐름을 타고 있지는 않았다. 모든 정보는 짤막한 이야기로 포장되어 있었지만 이 이야기들이 모두 소설적 경험을 축적할 수 있는 소재가 되지는 못했던 것이다. 이 방대한 정보의 늪에서 극히 부분적인 요소가 소설적 흐름을 타는 반면에 나머지는 그냥 경험적 정보로만 남게 되었다.

앞에서 나는 이야기가 만들어지는 것이 눈덩이가 뭉쳐지는 것과 비슷하다고 설명한 바 있다. 모든 이야기는 적든 많든 눈이 뭉쳐서 만들어진 눈덩이라고 할 수 있다. 그런데 눈의 질에 따라 더 큰 눈덩이가 될 수도 있고 그냥 현재의 눈덩이로 남아 있을 수도 있다. 소설적 흐름에 편입되는 이야기는 더 많은 눈을 뭉쳐지게 할 수 있는 눈덩이였던 반면에, 그렇지 않은 이야기는 더 눈을 붙여도 붙여지지가 않는 그런 눈덩이였던 것이다. 이런 측면에서 볼 때에 지괴는 정보가 소설적 이야기로 변화하는 과정에서 어떤 요인이 그것을 가능하게 하는가를 보여주는 중요한 자료라고 보아야 하겠다. 나는 소설적 흐름을 탈 수 있었던 이야기를 좁은 의미로서의 지괴라고 정의하며 그것을 관찰대상으로 하고 있다.

정보로서의 이야기는 나름대로의 구도를 가지고 있다. 이야기마다 차이는 있지만, 대부분의 이야기는 한 사람이 있고 그가 어떤 경험을 했는가를 기술한다. 경우에 따라서 그것이 나중에 어떻게 진실로 밝혀졌는지도 기술하기도 한다. 짧은 이야기이기 때문에 구도는 단선적(單線的)이며 그 안에는 아주 작은 공간만이 설정될 뿐이다. 그리고 이 공간에는 시간적 순서에 따라 몇 개의 사항이 이정표처럼 놓여 있다. 그것은 대부분 징검다리의 모습을 하고 있다. 대부분의 경우 경험하는 사건에 개재된 동작과 대화, 그 시점의 상황 및 나타난 현상 등이 기술되어 있을 뿐 그것들을 하나의 끊어지지 않는 선(線)으로 엮어주는 설명은 생략되어 있다. 이것이 당시의 이야기를 기술하는 전형적인 모습이었다. 그것은 동시에 그런 경험이 이 시기 사람들이 살아가던 현실의 일부였기 때문에 구태여 설명할 필요가 없다는 생각을 나타내고 있다.

그런데 중요한 것은 바로 그 징검다리의 모습과 그것을 이루는 돌멩이의 비중이었다. 어떤 징검다리는 돌멩이를 하나 옮겨도 그 모습이 변하지 않는 반면에 다른 징검다리는 돌멩이 하나만 옮겨도 연결이 끊어질 수 있다. 또 어떤 돌멩이는 간단히 옆으로 밀어 놓을 수 있었지만 그 중에는 너무 무거워서 옆으로 밀어낼 수 없는 것도 있다. 각각의 이야기에서 그것을 이루는 핵심적 사항은 바로 징검다리의 돌멩이와 같은 것이다. 그래서 그 핵심적 사항이 어느 정도 융통성을 가지고 있는가에 따라서 그 이야기가 소설적 흐름을 탈 것인가, 아니면 그냥 경험적 이야기로 남을 것인가 하는 것이 결정되었다. 다시 말해서 이야기를 얻어서 글로 쓰는 사람이 어느 정도의 재량권을 발휘할 수 있는가에 달려 있다. 물론 여기에는 쓰는 사람의 재능도 상당한 역할을 하지만, 기본적으로는 주어진 이야기가 어떤 것인가 하는 것이 중요했다. 즉 그것이 굳어 있는 것인가, 아니면 찰흙같이 주무를 수 있는 것인가에 따라 소설적 흐름을 탈 수 있는 가능성이 달라질 수 있었다. 찰흙 같은 이야기를 얻은 사람은 그것을 가공하는 단계에서 다양한 경험을 축적하면서 결국에는 원래 이야기와는 형질(形質)이 다른 이야기를 만들어 낼 수 있었던 것이다.

좀더 구체적으로 관찰해 보기로 하자. 우리는 이 시기에 신선에 관한 많은 이야기가 출현한 것을 알고 있다. 그것은 당시의 지식인들에게는 대단한 관심사였으며 진지한 학문적 담론의 대상이었다. 한대에 유향(劉向, B.C. 79～B.C. 8)이 지었다는 《열선전(列仙傳)》에서 시작된 담론의 전통은 위·진·남북조 시기에 갈홍(葛洪, 283～343)의 《포박자(抱朴子)》와 《신선전(神仙傳)》으로 이어졌으며, 그 이외에도 많은 서적에서 신선에 대한 담론이 다루어졌다.[13] 그렇지만 이렇게 풍부한 담론에도 불구하고 신선에 대한 이야기가 그리 다양한 모습을 보이지는 않았다. 신선에 대한 이야기는 궁극적으로 '득선(得仙)'과 '선경(仙境)'이라는 두 가지의 모습을 벗어나지 않는다. 게다가 그 이야기에는 다양한 제약이 있다. 예를 들면 선경은 무조건 아름답고 신비한 곳이어야 하며, 그곳을 경험한 사람은 언제나 황홀한 경험을 하게 되어 있다. 또 선경은 보통 사람이 쉽게 접근하지 못하는 곳에 감추어져 있어야 하며, 한번 그곳을 다녀온 사람이 다시 찾으려 해도 찾을 수 없게 되어 있다. 선경에서 만나는 여인은 언제나 절세미인이어야 한다. 또 선경에 사는 신선과 선녀는 항상 자신의 삶에 만족하고 있어야 한다. 그들은 그곳에서의 삶을 따분하게 여겨서는 절대로 안 된다. 보통 사람이 신선이 될 수 있는 가능성을 발견했을 때에 그는 반드시 그것을 실현시키려고 노력해야 한다. 그것은 절대적 가치이며 그래서 시큰둥하게 반응해서는 안 된다. 이것이 신선에 관한 이야기를 이루는 기본요건이며, 이 중에서 어느 것 하나라도 어기면 신선에 대한 이야기가 되

---

13) 이러한 흐름은 정재서 교수가 구체적으로 기술한 바 있다. 鄭在書, 《不死의 신화와 사상—산해경, 포박자, 열선전, 신선전에 대한 탐구》, pp.98～122.

지 못한다.

지옥에 관한 이야기도 마찬가지이다. 원래 중국에는 지옥과 천당의 개념이 없었다. 지옥이란 말은 불교가 유입되면서 등장한 말인데, 이것을 중심으로 많은 이야기가 만들어졌다. 그 이야기들은 《유명록(幽冥錄)》 등에 수록되었고, 특히 《법원주림(法苑珠林)》에는 이 종류의 이야기들이 집중적으로 수록되어 있다. 이 이야기들은 대부분 지옥을 방문했던 사람들의 경험담으로 이루어져 있다. 그러나 지옥은 지옥일 따름이다. 지옥에서의 삶은 고통스럽지 않으면 안 된다. 지옥에서는 모든 사람이 벌을 받고 있으며 벌은 고통스럽다. 그리고 고통을 통해서 사람들은 생전의 잘못을 후회하게 되어 있다. 지옥으로부터의 탈출은 불가능하다. 그리고 그곳을 방문하고 돌아온 사람은 살아 있는 동안에 불교에 귀의해서 지옥에 떨어지지 말아야겠다고 다짐하게 된다. 이런 요건이 갖추어지지 않으면 지옥의 이야기가 되지 못한다.

따라서 신선과 지옥에 관한 이야기에는 가변성(可變性)이 거의 없다. 그것은 일정한 시점(始點)에서 정해진 종점(終點)까지 이어지는 굳은 공간만이 있을 뿐이다. 그 안에서 이야기를 쓰는 사람이 누릴 수 있는 재량권은 세부적 사항, 즉 선경의 아름다운 정도나 지옥의 고통스러운 모습 등에 국한되어 있을 따름이다. 그는 이야기의 얼개를 바꿀 수 있는 재량권을 가지고 있지 않으며, 또 신선이나 지옥이 가지는 기본적 이미지를 변화시킬 수 있는 재량권도 가지고 있지 못하다. 신선과 지옥은 고정된 의미를 상징하고 있으며 그 의미의 변용은 허용되지 않는다. 그래서 이야기를 쓰는 사람은 자신의 공간을 확보할 수 없으며, 동시에 독자가 확보할 수 있는 영역도 크게 제한될 수밖에 없다. 그것은 아주 무거워서 움직일 수 없는 돌멩이가 이어져 있는 징검다리와도 같은 모습을 하고 있다. 이런 이야기들은 소설적 흐름을 탈 수 없었던 것이다.

이 시기에 본격적으로 소설적 흐름을 타고 있던 이야기들은 귀신과 저승에 관한 이야기였다. 이 이야기들은 위・진・남북조 시기에서 송대에 이르기까지 오랜 생명력을 누리면서 다양하게 변화하였고, 중국의 전체적인 소설적 전통에서 하나의 독특한 흐름을 이루었다. 이 이야기들은 간보(干寶)의 《수신기(搜神記)》, 은운의 《소설》, 《열이전(列異傳)》, 임방(任昉)의 《술이기(述異記)》 등에 실려 있었다.[14] 그것은 주로 죽음을 소재로 한 것이었는데, 이런 이야기들이 다양한 모습으로 변용될 수 있었던 것은 죽음에 대한 절대적 가치가 없었기 때문이라고 생각된다. 죽음은 누구나 맞게 되어 있는 것이지만 그 후의 일에 대해서는 아무도 모르는 것이었다. 그것은 불교적인 관점에서 보면 일정한 모습으로 정해져 있었지만, 불교와 관계없는 사람의 관점에서는 강렬한 호기심의 대상이자 절실하게 필요한 해석의 대상이기도 했다. 죽음의 세계는 살아 있는 세계와 공존하며 그곳으로부터의 방문객을 만날 수도 있다. 또 죽음은 다양한 경험을 만들어낸다. 어떤 사람은 다시 살아오고 어떤 사람은 귀신이 되어 세계를 방황하기도 한다. 그것은 새로운 세계로 들어가는 문턱이었다. 또 살아 있는 사람이 죽음의 세계를 목격하게 될 때에 그 모습은 그야말로 다양하기 짝이 없었다.

물론 죽음의 세계에도 질서는 있으며 이런 이야기에서 그 질서가 배후에서 어느 정도의 통제를 하고 있는 것은 사실이다. 그렇지만 중요한 것은 그것에 대한 굳은 이념이 없었다는 점이다. 저승의 질서라는 것이 있어도 그것은 마냥 느슨한 것이었다. 그것은 불교나 도가사상과 같은 종교적 이념에 의해 통제되는 공간이 아니라 자유롭게 방치되어 있는 공간이었다. 무엇인가 정해져 있지 않은, 그래서 자유롭게 개척할 수 있는 공간이 있다는 것이 바로 이런 이야기들이 소설적 흐름을 탈 수 있었던 원인

---

14) 이 시기 지괴의 자료는 많은 책에 퍼져 있었으며 예로 든 것은 그 중 몇 가지에 지나지 않는다. 지괴를 포함하는 자료에 관해서는 李劍國의 《唐前志怪小說史》가 좋은 참고자료가 된다.

이었다. 다시 말해서 다양한 경험을 다시 다양하게 변용시킬 수 있는 기회가 널려 있었던 것이 죽음이라는 공간이었던 것이다.

이런 변용의 과정을 거치면서 우리는 한 가지의 정보가 다양하게 변용되는 것을 볼 수 있으며, 이런 변용에서 시점과 종점을 융통성 있게 조절하는 양상을 발견하게 된다. 물론 이것은 한 사람이 만들어 낸 변용이 아니었다. 그것은 이 시기의 이야기꾼들이 자신들도 모르는 사이에 진행시키고 있던 집단적 작업의 결과였다. 그리고 이런 변용을 거친 이야기들은 정보로만 남아 있는 것이 아니라 이야기로서의 새로운 생명력을 가지게 되었으며, 자체적인 증식이 가능하게 되었다. 이러한 증식의 과정이 바로 소설적 경험의 축적을 이루어 나가고 있었던 것이다.[15)]

이제 귀신과 저승의 이야기 중에서 가장 뚜렷한 변용의 흔적을 보이는 저승사자에 관한 이야기 몇 가지를 살펴보기로 하자.

(1)

화흠(華歆)이라는 사람이 아직 벼슬길에 오르지 못하고 있을 때였다. 어느 날 그는 어느 집 문밖에서 밤을 지새게 되었다. 주인집 며느리가 그 날 밤에 아기를 낳게 되었다. 깊은 밤이 되자 두 명의 아전이 그 집 앞에 도착했는데 (화흠이 있는 것을 보고는) 뒤로 물러나면서 말했다.

"대감께서 여기 계시는군."

한참을 주저하고 있다가 그 중 하나가 말했다.

"명부는 정해야 하는데, 여기서 이러고 있으면 어쩐단 말이야?"

그들은 화흠의 앞으로 다가와 절을 올리고는 안으로 들어갔다. 얼마 후 둘이 나오면서 이야기를 하는 소리가 들렸다.

"몇 살이나 줘야 하지?"

---

15) 나는 이전에 이 문제에 관해 검토한 바 있다. 徐敬浩, "고대 중국에서의 소설적 서사의 형성과정 — 저승사자의 이야기를 중심으로", 《동양학》 28, 1998, pp.191～218; "소설적 서사의 형성과정에 관한 검토 — 귀신과 저승을 중심으로", 《중국의 문학과 언어, 2》, pp.309～330.

"세 살 줘야겠네."

날이 밝아 화흠은 그 집을 떠났는데, 뒤에 그것이 정말인지 알아보고 싶었다. 삼 년이 되던 날 그가 그 집을 찾아가 아이의 소식을 물어보았더니, 과연 벌써 죽었다고 하는 것이었다. 이 때부터 화흠은 자신이 대감이 된다는 것을 알고 있었고, 나중에 벼슬이 태위(太尉)에까지 올라갔다.[16)]

(2)

장사(長沙) 땅에 살던 왕사규(王思規)는 바닷가에서 소금을 관리하는 직책에 있었다. 하루는 홀연히 어떤 아전 하나가 나타났는데 왕사규가 그에게 누구인가 묻자 그는 "저는 당신을 주부(主簿)로 불러들이라는 명령을 받고 왔습니다." 하고 말하면서 書板(글이 적힌 나무판자 - 옛날의 책이나 名簿라고 한다)을 침상 앞에 꺼내 놓았다. 그리고 이렇게 말했다.

"아직 기한이 많이 남았습니다. 10월에야 당신을 모셔 갈 것입니다. 제 말씀을 못 믿으시겠다면 7월 15일 해가 중천에 왔을 때에 하늘을 보시면 뭔가 보이시게 될 겁니다."

7월 15일이 되자 왕사규는 집안 사람을 모두 불러 그 시간에 하늘을 올려다보게 했는데, 어디선가 통곡소리가 들리더니 공중에 사람이 보였다. 그래서 통곡소리가 나는 곳을 보니 깃발이 늘어서 있는 것이 장송행렬 같았다.[17)]

(3)

한(漢)나라 때 하비(下邳) 사람인 주식(周式)은 일찍이 동해에 간 적이 있었다. 도중에 관리 한 사람을 만났는데, 손에는 책 한 권을 들고 있었다. 관리가 배에 태워줄 것을 부탁하자, 그는 관리를 태우고 십여 리를 갔다. 관리가 말했다.

"내 잠시 다녀올 곳이 있소. 책은 당신 배에 두고 갈 테니 절대 열어 보지

---

16) 이 이야기는 《列異傳》에 실려 있었다고 하며, 나는 《古小說鉤沈》 p.139에 수록된 것을 인용하였다.

17) 이 이야기는 《甄異錄》에 실려 있었다고 하며, 나는 이것을 《太平廣記》 322권에서 찾았다.

마시오."

그가 떠난 후, 주식은 몰래 책을 펴 보았다. 그것은 모두 죽을 사람들의 명단이었는데 쭉 읽어가니 아래에는 주식의 이름도 있었다. 잠시 후 관리가 돌아왔지만, 주식은 여전히 책을 보고 있었다. 관리가 화를 내며 말했다.

"보지 말라고 분명히 말했는데, 어째서 그 책을 열어 봤소?"

주식은 피가 흐르도록 머리를 조아리며 사죄했다. 한참이 지나 관리가 말했다.

"그대가 먼 길을 태워준 것은 고맙지만, 이 책의 내용을 지울 수는 없소. 당신은 오늘 이후로 집으로 돌아가 삼 년 동안 문밖에 나오지 마시오. 그러면 죽음을 면할 수 있을 것이오. 그리고 내 책을 보았다는 말도 절대 하지 마시오."

주식은 집으로 돌아와 문밖에 나가지 않았다. 이렇게 이 년이 지나자, 집안 식구들은 모두 그를 이상하게 여겼다. 그러던 어느 날 갑자기 이웃 사람이 죽자, 부친이 화를 내며 그에게 조문을 가도록 시켰다. 주식이 어쩔 수 없이 문을 나서는데, 바로 그 관리를 만났다. 관리가 말했다.

"내가 당신더러 삼 년 동안 나오지 말라고 했는데, 지금 이렇게 문을 나섰으니 다시 어떻게 하겠소? 당신을 찾아내지 못한 것 때문에 채찍과 곤장까지 맞았는데, 이제 당신을 보았으니 어쩔 도리가 없소. 사흘 후 정오에 데리러 오리다."

주식은 집으로 돌아가 눈물을 흘리며 이런 사정을 모두 이야기했다. 부친은 믿으려 하지 않았고, 모친은 밤낮으로 그를 지키며 울었다. 사흘 후 정오에 관리가 나타나 그를 데려가자, 주식이 곧 죽었다.[18)]

(4)

건무(建武, 東晉 元帝의 연호) 2년에 장개(張闓)가 교외로 나갔다가 집으로 돌아오는 중이었다. 어떤 사람이 길옆에 누워 있어 사연을 물어보니, 이렇게 대답했다.

"발에 병이 나서 갈 수가 없소. 집이 남초(南楚)에 있는데, 어떻게 알릴

---

18) 이 이야기는 《法苑珠林》에 수록되어 있으며, 《太平廣記》 316권에도 수록되어 있다.

수도 없구려."

장개가 불쌍히 여겨 수레에 실은 물건들을 버리고 대신 그를 태워줬다. 그러나 이 사람은 집에 도착했는데도, 전혀 고마워하는 기색 없이 이렇게 말했다.

"아까는 사실 아픈 것이 아니었소. 그저 당신을 시험해 본 것뿐이오."

장개가 화를 내며 말했다.

"당신이 누군데 감히 나를 희롱한단 말이요?"

"나는 귀신입니다. 북대사(北臺使)의 명을 받들고 당신을 데리러 왔소. 헌데 높은 풍모가 있는 당신을 보니 차마 데려갈 수가 없었소. 그래서 병이 난 척하며 길옆에 누워 있었던 것이지요. 아까 물건을 버리고 나를 태워 주는 것을 보고, 더욱 이런 생각을 품게 되었소. 그러나 명을 받들고 온 몸이라 마음대로 할 수 없으니, 어쩌면 좋겠소?"

이 말을 듣고 장개가 깜짝 놀라서 귀신에게 잠시 머물러 있으라고 청하고, 돼지고기와 술로 제사를 모셨다. 귀신이 맛있게 먹고 있는 동안 눈물을 흘리며 구원해 달라고 간청했다. 귀신이 말했다.

"혹시 당신과 이름이 같은 사람이 있소?"

"이 부근에 다른 지방에서 온 황개(黃闓)라는 사람이 살고 있습니다."

"거기로 가시오. 나는 알아서 가리다."

장개가 그 집에 도착하니 주인이 나와서 맞이했다. 귀신이 붉은 칼끝으로 주인의 이마를 톡톡 치더니, 손을 거두고 다시 작은 바늘로 그의 심장을 찔렀다. 주인이 따끔한 통증을 느끼자 귀신이 밖으로 나와 장개에게 말했다.

"그대가 귀한 상을 가지고 있어 내가 안타깝게 생각했소. 그래서 법을 어기고 그대를 구제해 준 것이오. 그러나 저승의 도리는 은밀한 것이니 이 일을 누설하지 마시오."

장개가 돌아간 후, 주인은 갑자기 심장에 심한 통증을 느끼더니 한밤중에 죽어 버렸다. 그 후로 장개는 육십 세까지 살면서 지위가 광록대부(光祿大夫)에까지 올랐다.[19]

---

19) 이 이야기는 《甄異錄》에 실려 있었으며, 《太平廣記》 321권에 수록되어 있다.

이 네 가지의 이야기를 보면 저승사자에 관한 이야기가 어떻게 변화할 수 있는지를 발견할 수 있다. (1)을 보면 저승사자는 이승에 출현해서 갓 태어난 아기의 수명을 결정하고 그 수명이 다하면 저승으로 데리고 가는 임무를 맡고 있다. 보통의 사람들은 자신의 수명이 결정될 때에는 저승사자를 목격하지 못하다가 수명이 다 되어서 그를 만나게 된다. 저승사자는 저승의 엄격한 규율 하에서 활동하기 때문에 그를 만난 사람은 반드시 죽어야 하는 것이 원칙이다. (2)에서는 간접적으로 사람이 죽을 때에 어떤 일이 일어나는지를 보여준다. 왕사규가 목격하는 모습은 10월이 되면 자신이 가야 할 길인 것이다. 그래서 (1)과 (2)의 이야기는 저승사자의 기본적이고도 원칙적인 모습을 보여준다고 할 수 있으며 그것은 저승사자에 대한 기본적 정보라고 할 수 있다. 다시 말해서 저승사자의 출현에 따른 시점과 종점이 엄격하게 지켜지고 있으며, 이야기를 만든 사람은 세부적인 사항에만 신경을 쓸 수 있었다. 즉 저승사자의 대화나 저승사자가 전달하는 정보를 통해 죽음이라는 것이 어떤 것인가를 보여주는 것이다.

그런데 (3)의 이야기에서부터 변화가 일어난다. 이 변화는 기본적으로는 저승사자를 만난 사람이 더 살게 해달라고 애걸복걸하는 데에서 시작되지만 사실 그것은 당연한 것이다. 죽음을 두려워하는 사람이라면 누구나 그럴 것이기 때문이다. 더 큰 변화는 바로 저승사자에게서 일어난다. 그는 데리고 갈 사람을 데리고 가야만 하는, 기계적으로 반응하도록 되어 있는 존재이다. 그렇지만 신세를 진 저승사자가 심경의 변화를 일으키면서 이야기가 가지를 치기 시작한다. 저승사자가 저승에서 누리고 있는 생명이 그로 하여금 언제나 기계적으로 반응하지는 않게 만드는 것이다. 그래서 (3)에서는 저승사자가 주식을 살려주기로 한다. 그러나 주식이 약속을 지키지 못하는 바람에 이야기는 중간의 곡절에도 불구하고 애초의 종점인 주식의 죽음으로 귀결되고 만다. (4)에서는 비슷한 곡절이 진행되던 이야기가 (3)과는 달리 원칙적인 종점으로 귀결되지 않고 장개 대신에 이름이 비슷한 황개를 데리고 가는 것으로 귀결된다. 이것은 종점을 바꾸어 버린 것이다. 이렇게 2년의 세월을 연장하거나 장개를 황개로 바꿔치는 과정이 '소설적 공간'이다. 이 공간은 종점을 유지하면서도 그 종점으로 가는 길을 꾸불꾸불하게 만들기도 하고 아예 종점 자체를 바꾸기도 한다. 이런 소설적 공간을 발견한 사람들은 더 많은 공간을 찾게 되고, 그런 공간의 탐색이 바로 소설적 경험의 축적을 이루는 것이었다.

저승사자의 이야기는 여기에서 그치지 않고 더 많은 공간을 만들어 내었다. 다음의 이야기를 보면 그런 공간이 보인다.

(5)

항산(恒山) 사람 당방(唐邦)은 의희(義熙)(東晉 安帝의 연호로 405~418을 가리킴) 연간에 누군가 문을 두드리는 소리를 들었다. 나가 보니 붉은 옷을 입은 관리 두 사람이 서 있었다. 그들은 "관청에서 너를 데려 오라 하신다"라고 하였다. 그리고는 당방을 현(縣)의 동쪽 언덕에 있는 은안총(殷安冢)으로 데리고 갔다. 그러자 무덤 안에서 누군가가 그 관리에게 말하였다.

"본래 당복(唐福)을 데려오라고 했는데 어찌하여 당방을 데려왔느냐?"

그리고 그들을 채찍으로 때리고, 당방을 놓아주고 돌아가도록 하였다. 오래 지나지 않아 당복이 죽었다.[20)]

(6)

동래(東萊)에 진씨(陳氏) 집안이 있었는데, 식구가 백여 명이었다. 아침에 솥에 불을 때는데도 밥이 끓지 않아 뚜껑을 열어 보니, 키가 작고 머리가 흰 노인 하나가 그 안에서 뛰쳐나왔다. 이에 바로 법사(法師)를 찾아가 물어보니, 그가 이렇게 말했다.

"이는 몹시 괴이한 일이다. 온 집안을 멸하게 하리라. 그대는 곧바로 돌아가 형틀을 많이 만들고, 그 형틀이 완성되면 문 아래 두어라. 그리고 문을 안에서 굳게 걸어 잠가라. 혹 말을 타고 깃발을 휘날리며 와서 문을 두드리

---

20) 이 이야기는 《異苑》에 실려 있었으며, 《太平廣記》 322권에 수록되어 있다.

는 자가 있으면, 절대로 응답하지 말아라."

진씨는 이 말을 듣고 돌아가서, 여러 사람을 시켜 백여 개의 형틀을 만들었다. 그리고 그것들을 대문 아래에 늘어 놓았다. 얼마 있으니 과연 많은 사람들이 와서 문을 두드렸다. 아무런 대답도 하지 않자, 그 중의 대장인 듯한 자가 몹시 화가 나서 부하들에게 문을 밀고 들어가라고 명령했다. 부하들이 문틈으로 들여다보니 크고 작은 형틀 백여 개가 보이는지라, 다시 돌아와서 대장에게 보고했다. 대장은 매우 당황하는 듯하더니, 부하들에게 말했다.

"속히 오라 했건만 빨리 움직이지 않더니 한 사람도 데려갈 수 없게 되지 않았느냐? 이제 무슨 수로 죄를 벗어난단 말이냐? 여기서 북쪽으로 약 팔십 리를 가면 백세 명의 식구가 살고 있다. 대신 그들을 데려가도록 하자."

그 후 열흘 동안 그 집의 사람들이 모두 죽어 버렸는데, 그 집 또한 성이 진씨였다. (《수신기》, 《태평광기》 323권)

이 두 가지의 이야기에서 우리는 시점 자체가 변화하는 것을 볼 수 있다. 앞의 (1)에서 (4)까지는 저승사자가 엄격한 규율 하에서 행동하면서, 의도적으로 사람을 바꿔치기를 하는 경우는 있었지만 원칙은 항상 지키고 있었다. 그러나 (5)를 보면 그런 전제조건이 무너짐을 볼 수 있다. 즉 저승사자가 글씨를 잘못 읽어서 원래 데리고 가야 할 사람이 아닌 엉뚱한 사람을 데리고 가는 실수를 범한 것이다. 이것은 저승사자가 지니는 속성이라는 시점이 흔들리는 것을 가리킨다. 또 (6)에서는 저승사자 군단이 한꺼번에 많은 사람을 데리러 왔다가 저항에 부딪히자 성(姓)만 같은 다른 사람들을 데리고 간다. 이것은 의도적인 바꿔치기가 아니라 할 수 없이 편법으로 바꿔치기를 하는 것이다. 그래서 저승사자 군단이 사람 머릿수를 채우기는 하지만 애초에 저승에서 데려오라고 작성한 명부와는 어긋나게 되어 있다. 아마도 저승에서는 명부를 새로 작성하느라고, 다시 말해서 원래 데리고 왔어야 하는 사람들의 수명을 연장시켜 주면서 이번에 데리고 온 사람들의 수명을 전부 고쳐야 하기 때문에 난리가 났을 것이다. 이렇게 저승사자는 항상 정확하기만 한 것이 아니다. 원래는 정확해야 하지만 때로는 정확하지 못한 저승사자도 있다. 이것이 바로 새로 만들어진 '소설적 공간'이었다. 그것은 애초에 주어진 저승사자라는 정보의 영역에서 이미 일탈(逸脫)되어 있는 '이야기'였다. 그것은 정보를 전달하는 데에 목적을 두었다기보다는 이야기 그 자체를 전달하는 데에 더 목적을 두고 있으며 오히려 애초의 엄격한 정보를 왜곡하여 '이용'하고 있다. 이제 이야기는 애초의 정보에서 떨어져서 별개의 세계를 이루고 있는데 이 세계가 바로 더 넓어진 소설적 공간이었다.

소설적 공간이 넓어지면서 하나의 정보가 하나의 이야기를 만들어 내는 차원을 넘어서기 시작했다. 다시 말해서 한 이야기에 여러 정보가 결합하게 되고, 그것이 더 길고 복잡한 이야기를 만들어 내면서 더욱 소설적 공간을 확대하는 것이다. 앞에서 우리는 저승사자가 엉뚱한 사람을 잘못 데리고 가는 것을 목격하였다. 이런 사람들은 당방의 이야기에서처럼 돌려보내게 된다. 왜냐하면 저승의 규율은 엄격해서 진씨 집안의 이야기처럼 불가피한 경우가 아니면 억울한 사람을 만들어 낼 수 없게 되어 있다. 그렇기 때문에 저승사자가 사람을 잘못 데리고 갈 가능성이 있다는 것은 곧 저승에 갔던 사람이 다시 살아나는 환생의 이야기로 연결될 수 있다. 환생 그 자체는 자연스러운 결과이다. 그러나 죽은 사람이 다시 살아나는 과정에서 이야기가 또 생겨나며, 그것도 다양한 결과로 나타난다. 다음의 이야기를 보자.

(7)

영천(潁川) 땅에 유(庾)씨 성을 가진 사람이 있었다. 송나라 효건 연간에 우연히 병이 들어서 죽었는데 가슴이 여전히 따뜻해서 밤이 지나도록 염(殮)을 하지 않고 있었다. 그런데 이 사람이 갑자기 살아나서 정신을 차리고는 이야기를 하는 것이었다. 처음 죽었을 때에 검정 옷 입은 두 사람이 와서 그를 잡아 묶었다. 그리고는 말을 타고 가면서 그를 앞세워 걷게 했다. 얼마를 가자 큰 성이 보였는데 누각이 아주 높고 경비가 삼엄했다. 두 사람은 유씨를 데리고 큰 강당으로 들어갔는데 그곳에는 이미 들어온 사람이 매우 많았다. 강당의 단상 위에는 높은 사람 하나가 남쪽을 보고 앉아 있었고 그 옆에 시위(侍衛)하는 사람이 수백 명이나 되었다. 그 사람을 부군(府君)이라 불렀는데 부군은 붓을 들고 그 앞으로 불려나간 사람과 책을 대조하고 있었다. 유씨의 차례가 되어서 나갔더니 부군이 말했다.

"이 사람은 아직 죽을 때가 안 되었네. 당장 돌려보내도록 하게."

그러자 한 사람이 계단 위로 올라와 그를 끌고 나갔다. 성문 앞에 이르자 문을 지키는 아전에게 그를 돌려보내라고 분부했다. 그러나 문지기가 말했다.

"다시 들어가 말씀드리게. 그 후에야 나갈 수 있네."

그때 문밖에 여자가 하나 있었는데 나이는 열대여섯쯤 되어 보였고 용모가 매우 아름다웠다. 그 여자가 말했다.

"유 선생님은 다행히 돌아가시게 되었지만 저는 여기 머물러야 한다는군요. 이 문지기는 뇌물을 바라고 있어요."

이 말을 듣고 그가 말했다.

"저는 방금 명부에 이름이 있다고 해서 급히 오는 바람에 아무 것도 가져온 게 없어요."

그러자 여자가 왼쪽 손에서 금가락지 세 개를 풀어 내밀면서 말했다.

"이것으로 뇌물을 주세요."

유씨는 그녀에게 성이 무엇이냐고 물었더니, 성은 장(張)씨이고 집이 모저(茅渚)라는 곳에 있으며 지난 밤 음식이 체해서 갑자기 죽었노라고 말했다. 유씨가 말했다.

"제가 죽기 전에 재산 5,000냥을 남겨 두면서 장사 밑천으로 쓰려고 했는데 만약 다시 살아난다면 그 돈으로 보답하겠습니다."

여자가 말했다.

"선생님께서 어려운 지경에 빠진 것을 보고 안타까워서 도와드린 것뿐이에요. 금가락지는 제 것이니까 집에다가 빚을 갚으실 필요는 없어요."

유씨가 금가락지를 문지기에게 주었더니 문지기는 받아 넣으면서 다시 들어갔다 나오라는 말을 더 이상 하지 않았다. 그리고는 사람을 불러 그를 돌려보냈다. 유씨는 여자와 작별하게 되었는데 여자는 긴 한숨을 내쉬면서 눈물을 떨구었다. 유씨는 잠시 황홀하게 느끼다가 깨어났다. 그리고 모저에 가서 이리저리 찾아보았더니 과연 장씨 집안에 최근 죽은 딸이 있었다. (《환혼기(還魂記)》, 《태평광기》 383권)

이 이야기는 저승사자의 실수라는, 시점이 흔들리는 데에서 출발한다. 이렇게 시점이 흔들리면 종점은 환생(還生)으로 귀결되는 것이 당연하며 이 이야기도 그렇게 되어 있다. 그런데 그 시점과 종점 사이에 새로운 공간이 펼쳐지고 있다. 그것은 우선 많은 사람들이 저승의 문턱에서 조사를 받는다는 점을 통해 저승사자의 실수가 우연한 것이 아니라 다반사로 일어나고 있음을 보여준다. 게다가 부패한 저승의 문지기가 나타난다. 그는 빨리 이승으로 돌아가고 싶어하는 사람들의 마음을 이용해서 재물을 챙긴다. 저승의 문지기가 재물을 챙겨서 무엇에 쓰는지는 알 수 없지만 하여간 그 녀석은 재물을 챙기고 있고, 그래서 유씨를 어려운 입장에 빠뜨린다. 그리고 여자가 나타나서 주인공을 도와준다. 그 여자의 처지를 보면 저승으로 가는 사람들이 어떤 심정으로 가는지를 알 수 있다. 그리고 그 여자는 이승의 집을 알려 주는데 이를 통해 유씨가 저승에서 진 빚을 이승에서 갚으려 하는 것이다. 그래서 이 이야기는 저승사자의 이야기가 더 이상 아니다. 그것은 저승사자의 출현으로부터 환생에 이르기까지 다양한 소재가 복합적으로 짜여져 있는 것이다. 시점과 종점은 정해져 있지만 그 안의 소설적 공간은 얼마든지 넓어질 수 있음을 이 이야기는 보여주고 있다. 그렇지만 그것이 최대의 공간은 아니었다. 다음의 이야기를 보면 그 공간의 가변성이 어느 정도인지를 짐작할 수 있다.

(8)

진(晉)나라 원제(元帝) 때의 일이다. 어떤 사람이 있었는데 그를 갑(甲)이라고 부르기로 하자. 그는 지체 높은 가문의 사람이었다. 그런 그가 어느 날 갑자기 병이 들어 죽었고, 죽고 나니 누군가가 하늘로 데리고 올라가서 사명(司命) 앞으로 끌고 갔다. 사명은 다시 한번 수명을 계산하더니 아직 수명이 다하지 않았다는 것을 발견하고는 억울한 사람 불러들이면 안 되니까 담당자를 시켜 이승으로 돌려보내라고 명령했다. 그런데 갑이 갑자기 발이 아프기 시작하면서 걸을 수가 없게 되었고 그래서 돌아갈 방법이 없었다. 그러자 그를 데리고 왔던 사람들 여럿이 모여서 근심에 차서 수군거렸다.

"갑이 만약 발병 때문에 돌아가지 못하면 우리는 모두 억울한 사람 데리고 온 죄를 받게 될 텐데 말이야."

근심 끝에 그들은 마침내 사명을 뵙고 자초지종을 이야기했다. 사명도 (쉽게 대답 못하고) 한참을 생각하다가 말했다.

"마침 새로 불러들일 녀석들 중에 호(胡)나라 출신의 강을(康乙)이 있는데 이 사람은 서문(西門) 밖에 살고 있네. 이 친구는 죽을 때가 다 되었어. 그 친구 다리가 아주 건강하거든. 그러니까 서로 다리를 바꾸어 주면 피차에 손해 볼 것이 없네."

저승사자는 명령을 받자 즉시 나가서 (강을을 불러와서) 다리를 바꾸려고 했다. 그런데 이 강을은 호나라 사람이라 용모가 아주 추악했고, 다리가 특히 보기 싫게 생겼다. 그래서 갑은 도무지 다리를 바꾸려고 하지 않았다. 그러자 저승사자가 말했다.

"당신 만약 다리를 안 바꾸면, 결국 여기에서 살게 되는데 그렇게 할거요?"

갑은 더 이상 어쩔 수 없어 다리를 바꾸겠다고 했다. 저승사자가 두 사람 다 눈을 감으라고 하고는, 휙 하는 사이에 다리가 바뀌었다. 그래서 갑은 이승으로 돌아와서는 갑자기 눈을 뜨며 살아났다. 그리고는 겪은 일을 집안 사람들에게 이야기하다가 (문득 생각이 나서) 다리를 걷어보니 과연 호나라 사람 다리가 달려 있었다. 다리에는 털이 촘촘히 나 있었고 호나라 사람 특유의 악취가 풍기고 있었다. 갑은 원래 선비여서 수족(手足)을 주무르기를 좋아했는데, 일이 이렇게 되고 보니 전혀 다리를 쳐다볼 엄두가 나지 않았다. 죽었다가 살아났음에도 불구하고 항상 슬퍼하면서 죽고 싶은 생각만 들었다.

그런데 친구 중 하나가 그 호나라 사람을 알고 있었고, 죽은 후 아직 장사를 치르지 않았다는 것을 알아 왔다. 집이 가자포(茄子浦) 근처에 있다고 해서 갑이 친히 가서 그 사람의 시체를 보았더니 과연 자기 다리가 호나라

> 사람 몸에 붙어 있었다. 그래서 정식으로 장사를 지내주고는 그 (다리)를 향해 눈물을 흘렸다.
>
> 그 호나라 사람에게는 아들이 하나 있었다. 이 녀석은 효성이 지극해서 절기가 돌아올 때마다 슬픔에 빠져 있다가 문득 갑에게 달려와서는 그의 다리를 붙들고 통곡을 하곤 했다. 또 길을 가다가 만나게 되면 덤벼들어서는 통곡을 하기 일쑤였다. 그래서 갑은 외출을 할 때마다 사람을 시켜 문을 지키면서 강을의 아들이 오는 것을 막게 했다. 갑은 종신토록 그 다리를 미워해서 한 번도 실수로라도 다리를 내보인 적이 없었다. 아무리 더운 여름이라도 옷을 몇 겹씩 껴입고 잠시도 다리를 드러내는 법이 없었다. (《유명록》, 《태평광기》 376권, 《고소설구침》 pp.258~259)

이 이야기를 읽는 사람은 누구나 이것이 저승사자의 실수로 인한 환생의 이야기라는 것을 쉽게 알 수 있다. 그런데 실제로 이것은 환생 그 자체가 아니라 그 다음에 벌어지는 곡절에 관한 부분이 더 많고 실제로 이야기의 비중도 그 부분에 놓여져 있다. 특히 그 곡절은 아주 희극적인 반전으로 가득 차 있다. 저승에 간 사람이 저승사자의 실수로 다시 돌아오게 되는 것은 익숙한 것이 되었을 수도 있지만, 그가 발병이 나서 돌아오지 못하게 된 것은 (7)의 이야기에서 문지기가 뇌물을 탐내는 것과 마찬가지의 반전이었다. 그리고 그것은 호나라 사람의 건장한 다리를 달아 주겠다는 반전으로 이어지며, 그것은 다시 갑이 못하겠다고 고집을 부리는 반전으로 이어진다. 갑이 환생한 후에는 다리를 보면서 죽고 싶다고 생각하는 반전이 이어지고, 어디선가 나타난 호나라 사람의 아들이 자신의 다리에 덤벼들어 혼비백산하는 반전이 또 이어지는 것이다. 이렇게 반전에 반전을 거듭하는 것은 바로 이 이야기가 이미 소설적 공간을 충분히 확보했음을 가리킨다. 이 이야기의 작자는 독자를 손아귀에 넣고 휘두를 만큼의 소설적 경험을 축적한 상태라고 해도 과언이 아니다. 이것은 이미 정보의 영역을 넘어선 것이었다. 이것은 이야기를 위해서 각종 정보를 곳곳에 배치한 결과를 보여주고 있는 것이다.

이렇게 여덟 가지의 이야기를 나열할 때에 (1)과 (2)는 저승사자에 관한 원칙적 모습을 보여주는 반면에, (3)과 (4)는 저승사자의 성격변화를 통해 이야기의 종점이 왜곡되는 것을 보여준다. 또 (5)와 (6)에서는 시점이 왜곡되는 현상을 보여주며, (7)과 (8)에서는 원래의 정보를 충분히 가공하여 완전히 새롭게 탄생한 이야기의 출현을 보여준다. 이 정도에 이르면 저승사자는 주역(主役)이 아니라 조역(助役)으로 전락해 버리고 사람이 그 주역을 차지하면서 소설적 공간을 더욱 넓혀간다. 결국 원칙이 어느 정도 왜곡될 수 있는가, 아니면 원칙을 어느 정도 포기하면서 새로운 것을 만들어낼 수 있는가 하는 것이 바로 소설적 경험의 축적에서 관건이 되고 있다. 귀신과 저승사자의 모티프는 그런 영역을 허용하고 있었다. 그것은 다양한 상상력을 적용할 수 있는 가능성을 제공하고 있었던 것이다.

그러면 이런 이야기들에서 '독자의 영역'은 어떻게 만들어지는가? 그것은 일차적으로는 아마도 저승에 관한 다양한 지식이었을 것이다. 적어도 (1)과 (2)를 읽는 사람은 '저승의 법칙이 그런 것인가 보다' 하는 정도의 지식에 그 영역이 국한되었을 것이다. 그렇지만 (3)과 (4)를 읽게 되면 그 영역은 훨씬 더 커진다. 그는 저승의 규율에도 융통성이 있다는 것을 발견하면서 자신이 만약 저승사자를 만난다면 어떤 융통성을 요구할 것인가를 생각해 보게 될 것이다. 그리고 (5)와 (6)을 읽게 되면 저승이라는 것이 전에 생각한 것처럼 항상 일정하지는 않다는 것을 발견하면서 스스로 저승의 규율이 깨어지는, 다시 말해서 실수 연발의 저승사자를 그려보게 된다. 그리고 (7)과 (8)을 읽게 되면 그는 저승을 떠나 이승의 생각을 더 많이 하게 될 것이다. 어떤 사람은 이렇게 살아오고 또 어떤 사람은 저렇게 살아오고, 그래서 만약 자신이 그런 상황에 빠진다면 어떻게 살아오게 될 것인가를 생각하게 되는 것이다.

이것은 결국 소설적 공간이 넓어질수록 독자의 영역이 넓어지면서 독자가 다양한 상상력을 발휘할 수 있다는 것을 의미한다. 상상력은 이야기를 만드는 사람의 전유물이 아니었다. 이야기를 만드는 사람은 자신의 상상력을 통해서 소설적 공간을 넓혀 나갈 따름이지만 그 결과는 독자의 상상력을 촉발시키는 것이었다. 결국 소설적 경험은 작자와 독자가 함께 쌓아 가는 것이지 어느 한쪽의 전유물은 아니었다.

한편 이 시기의 작자는 대부분 이차작자(二次作者)였다고 생각된다. 그들은 스스로 이야기를 만드는 입장에 있지 않았다. 그들은 주어진 이야기를 문자언어로 기록하는 작업을 담당하였다고 생각되는데, 이 문자기록의 과정에서 그들의 역할이 분명하게 드러난 것이다. 앞에서도 언급한 바 있듯이 그들은 들은 이야기를 음(音)에 따라 그대로 적어 내지 않았다. 그들은 이야기를 소화한 다음에 문자언어의 조립을 통해 짜여진 이야기를 만들어 내는 사람이었으며, 이런 의미에서 이차작자였다. 그렇지만 이차작자의 역할은 소설적 경험이 쌓여 가면서 지속적으로 커졌음이 분명하다. 앞의 (1)에서 (8)에 이르는 이야기를 보면 이차작자의 역할이 어느 정도로 커지는지를 알 수 있다. 아마도 (7)과 (8)의 이야기에 오면 이차작자의 역할이 일차작자(一次作者), 다시 말해서 애초에 이야기를 제공한 사람의 역할보다 훨씬 더 커졌을 것으로 생각할 수 있다.

지금까지 나는 위 · 진 · 남북조 시기에 나타난 소설적 흐름을 개인에 관한 이야기와 지괴의 이야기를 중심으로 살펴보았다. 지괴에는 저승사자에 관한 이야기만 있는 것이 아니다. 거기에는 귀(鬼)의 출몰, 저승에서의 생활, 환생, 죽은 여인과 살아 있는 사람의 사랑을 그린 유혼(幽婚) 등에 대한 다양하고도 흥미로운 이야기가 많이 포함되어 있다. 내가 저승사자의 이야기만을 다룬 것은 그것이 소설적 경험을 축적하는 과정을 비교적 선명하게 보여주기 때문이지, 그런 이야기가 가장 중요하기 때문은 결코 아니다.

한편 여기에서 유의할 점이 있다. 그것은 개인에 관한 이야기와 지괴가 별도의 흐름으로 인식되어서는 안 된다는 점이다. 지괴의 이야기는 모두 개인적인 경험으로 이루어져 있으며, 그래서 그것을 이 시기에 팽배한 개인을 중시하는 생각의 여파로 보아야 할 것이기 때문이다. 이 두 흐름은 다 같이 단순한 정보를 이야기로 전환시키며, 그것을 통해서 독자의 영역을 만들어 내고, 그 영역을 통해서 독자와 작자 사이의 보이지 않는 줄다리기를 연출한다는 공통점을 가지고 있다.

개인의 중시가 소설적 흐름에서 특히 강조되어야 할 이유는 그것이 상당한 상상력의 공간을 제공하기 때문이다. 예를 들어 이야기를 개인을 중심으로 하지 않고 집단을 중심으로 할 때에는 그 집단이 공유하는 경험만이 상상의 대상으로 설정될 수밖에 없다. 이 때에 그 폭은 매우 좁아진다. 그렇지만 개인의 이야기를 할 때에는 각 개인의 특수한 경험을 대상으로 하기 때문에 상상의 공간이 그만큼 넓어질 수 있다. 저승사자의 이야기에서도 그것이 개인의 경험이 아닌 집단의 경험을 대상으로 한 것이었다면 저승사자가 원래의 시점이나 종점에서 벗어나는 일은 일어나지 못했을 가능성이 크다고 본다.

이 시기의 소설적 상상력은 이미 상당히 넓어져 있었다. 앞의 (8)의 이야기는 이미 상당한 수준의 상상력을 보여주고 있다고 보아야 할 것이다. 다음에 언급하는 두 이야기는 이 시기의 상상력이 어느 정도 뻗어 있었는가를 보여준다.

> 죽은 지 얼마 안 되는 귀신이 하나 있었다. 그는 행색이 초췌하고 비쩍 말라 있었다. 어느 날 살아 있을 때의 친구를 만났는데, 그는 죽은 지 이십 년이 되었으나 살도 찌고 건강했다. 친구 귀신이 안부를 물었다.
>
> "자네는 어쩌다가 이렇게 되었는가?"
>
> "굶어서 그렇다네. 몸도 못 가눌 지경이지. 그대는 여러 가지 수단을 알고 있을 테니, 내게 굶주림에서 벗어날 방도를 좀 가르쳐 주게."
>
> "그야 쉬운 일이지. 사람들에게 괴이한 일을 행하면, 사람들이 매우 무서워하며 자네한테 음식을 줄 것이네."
>
> 이에 죽은 지 얼마 안 되는 귀신은 마을의 동쪽으로 갔다. 그곳에 부처를

정성껏 모시는 한 집이 있었는데, 집안의 서쪽 행랑에 맷돌이 하나 있었다. 귀신은 곧 사람이 하는 것처럼 이 맷돌을 돌리기 시작했다. 그러자 집주인이 자식들에게 말했다.

"부처님께서 우리 집안이 가난한 것을 가련히 여기시고, 귀신을 시켜 맷돌을 돌리게 해 주시는구나."

그리고는 보리 한 수레를 더 가져와 맷돌에 부었다. 저녁이 되자 갈아 놓은 것이 수십 말이나 되었다. 귀신은 피곤해서 더 이상 맷돌을 돌릴 수가 없었다. 그는 친구 귀신에게 가서 따졌다.

"내게 그런 거짓말을 하다니!"

"다시 가서 해 보게. 틀림없이 먹을 것을 얻게 될 걸세."

그는 다시 마을의 서쪽에 있는 어느 한 집으로 들어갔다. 그 집에서는 도가(道家)를 믿었는데, 문 옆에 방아가 하나 있었다. 귀신은 곧 방아에 올라가서 사람이 하는 것처럼 방아를 찧었다. 그러자 집주인이 말했다.

"어제는 귀신이 아무개를 도와주었다더니, 오늘은 나를 돕는구나."

그리고는 곡식 한 수레를 가져와 방아에 붓고 하녀에게 키와 체를 주었다. 저녁까지 일만 한 귀신은 말할 수 없이 피곤했으나, 이 집에서도 음식을 주지는 않았다. 귀신이 밤에 돌아와서 매우 화를 내며 말했다.

"자네와 나는 인척관계로 보통 사이가 아닌데 어째서 자꾸 나를 속이는 것인가? 이틀 동안이나 사람을 도왔지만, 먹을 것이라곤 한 그릇도 얻지 못했네."

"자네가 운이 없어서 그렇네. 이 두 집은 부처를 섬기고 도가를 신봉하기 때문에 마음을 움직이기 어려웠던 것이지. 이제 다른 집을 찾아가서 괴이한 일을 행하면, 틀림없이 먹을 것을 얻을 수 있을 걸세."

이에 귀신이 다시 어느 한 집을 찾아갔다. 그 집 문 입구에는 대나무 장대가 있었는데, 집안으로 들어가 보니 한 무리의 여자들이 창문 앞에서 식사를 하고 있었다. 마당에 흰 개 한 마리가 있어서 그것을 안고 공중을 걸어다니는 것처럼 보이게 하자, 그 집안 사람들이 크게 놀랐다. 이제껏 이런 괴이한 일이 없었다고 하면서 점을 쳤는데, 한 떠돌이 귀신이 먹을 것을 구하고 있으니, 개를 잡고 맛있는 과일과 술, 음식 등을 마련하여 마당에서 제사를 지내면 별다른 일이 없을 것이라는 점괘가 나왔다. 집안 사람들이 무당의 말대로 하니, 마침내 귀신은 잘 먹을 수 있었다. 이후로 그 귀신은 항상 괴이한 일을 하고 다녔는데, 이것은 바로 친구 귀신이 가르쳐 준 것이었다. (《유명록》, 《태평광기》 321권)

남양군(南陽郡)의 송정백(宋定伯)이 젊었을 때에 밤길을 가다가 귀신을 만났다. 송정백이 누구냐고 묻자, 귀신이 말했다.

"나는 귀신이오. 그러는 당신은 누구요?"

송정백이 거짓으로 대답했다.

"나도 귀신이오."

"어디까지 가시오?"

"완시(宛市)로 가는 중이오."

"나도 거기로 가는 중이외다."

이리하여 그들은 몇 리를 함께 갔다. 귀신이 말했다.

"걸어가는 것이 너무 느리고 지루하니 서로 번갈아 업어 주는 것이 어떻소?"

"그거 좋지요!"

귀신이 먼저 송정백을 업고 몇 리를 가다가 말했다.

"당신은 너무 무거운데, 아마도 귀신이 아닌 것 같소."

송정백이 둘러대며 말했다.

"나는 죽은 지 얼마 되지 않은 귀신이라서 몸이 아직 무거워요."

이번에는 송정백이 귀신을 업고 갔다. 귀신은 거의 무게가 없는 듯했다. 이러기를 두세 차례 하던 끝에 송정백이 말했다.

"나는 죽은 지 얼마 되지 않은 귀신이라서, 귀신에게 무슨 꺼려야 할 것이 있는지 잘 알지 못하오."

"별거 없고 다만 사람이 침 뱉는 것을 좋아하지 않을 뿐이오."

그들은 다시 함께 길을 가다가 물을 만났다. 송정백이 귀신더러 먼저 건너라 하고 소리를 들어보니, 귀신은 아무런 소리를 내지 않았다. 이번에는 송정백이 건넜는데, 철벅철벅 물소리가 났다. 귀신이 물었다.

"왜 물소리가 나는 거요?"

"죽은 지 얼마 되지 않아서 물을 건너는 법을 미처 배우지 못했소. 이상하게 생각하지 말라니까요."

완시에 거의 다다랐을 때, 송정백은 갑자기 귀신을 업어 어깨에 둘러맨

> 채 그를 꽉 붙잡았다. 귀신은 큰 소리로 꽥꽥거리면서 내려달라고 애원했다. 송정백은 귀신의 말을 듣지 않고 곧장 완시로 갔다. 그곳에 도착해 땅에 내려놓으니, 귀신은 한 마리 양으로 변해 있었다. 송정백은 그것을 팔아버리고, 다시 귀신으로 변할까 두려워 침을 뱉었다. 그는 천오백 냥을 받고 떠났다. 이로부터 그 당시에 송정백이 귀신을 팔아 천오백 냥을 벌었다는 말이 있게 되었다. (《열이전(列異傳)》, 《태평광기》 321권)

이 이야기는 남아 있는 것 중에서 가장 유명한 것에 속한다. 지괴에 속하는 이야기들 대부분이 이승의 사람을 중심으로 전개되는 반면에 이 이야기들은 귀신을 중심으로 전개되고 있다는 특징을 가지고 있다. 이 이야기들은 거의 완전한 상상력의 소산이라고 해도 과언이 아닐 것이다. 특히 앞뒤가 딱 들어맞게 설정되어 있는 구도나 일정한 결과로 귀결되도록 설계된 반전의 기법은 이 시기에 고도로 세련된 소설적 이야기의 기술이 이미 존재했음을 보여준다고 하겠다. 특히 이 이야기에서 나오는 '말의 유희'는 절묘하다고 할 수 있으며, 그 중에서도 송정백의 이야기에서 나타나는 말의 유희는 오늘날의 관점에서 보아도 절묘하기 짝이 없다. 그것은 단순히 말의 유희를 통해서 흥미를 돋구는 것이 아니기 때문이다. 그 이야기에서 말의 유희는 사실상 줄거리를 서술하고 있다. 말의 유희를 통해서 이야기가 만들어지는 것이다. 여기에서 우리는 상상력과 말의 유희가 서로 결합하는 양상을 발견한다. 이 두 가지의 기술이 결합했다는 것은 이제 이야기가 되기 위해서는 어느 한쪽만 갖추어서는 안 된다는 것을 가리킨다. 이런 요건을 풍부하게 갖추지 못한 이야기는 그냥 정보로 남게 되는 것이고 그 요건을 갖춘 이야기는 정보의 범주를 넘어서는 이야기로 변신하게 되었던 것이다.

이런 흐름을 통해서 이야기는 점차 정보로부터 갈라져 나오고 있었다. 필기라는 커다란 마당을 바탕으로 하는 정보는 여전히 남아 있었지만, 거기에서 갈라져 나온 소설적 이야기는 이제 완전히 다른 생명력을 가지고 독자적인 글쓰기의 전통을 만들어 나가려고 하는 참이었다. 그리고 그 전통은 다음 장에서 살펴볼 당대에 이르면 본격적인 모습을 드러낸다. 이런 의미에서 볼 때에 위 · 진 · 남북조 시기에 나타난 소설적 흐름은 하나의 완성된 흐름이 아니라 앞으로 펼쳐질 기나긴 전통의 시발점에 해당되는 것이었다. 위 · 진 · 남북조 시기는 소설적 흐름에 있어서 밑바탕이 되는 소설적 경험을 확보하면서 그것에서 다양한 가능성을 발견하던 시기였던 것이다.

제 5 장

당(唐) · 송(宋)시기의 소설적 흐름

581년에 양견(楊堅)이 천하를 통일하고 수(隋) 왕조를 세우면서 분열을 거듭하던 위 · 진 · 남북조 시기는 300여 년 만에 막을 내리게 되었다. 그러나 수 왕조의 시대는 30여 년 만에 끝나고 618년에 이연(李淵)이 당(唐) 왕조를 세우면서 중국은 다시 공고한 단일 제국의 시대로 돌아오게 되었다. 그리고 이 제국은 많은 우여곡절을 겪으면서도 1276년에 몽골족이 남송(南宋)을 멸망시킬 때가지 600여 년간 지속되었다. 이 시기를 역사학에서는 당 · 송시기, 혹은 당 · 송변혁기(唐宋變革期)라고 부르고 있으며 나도 이 시기의 중요성에 관해 검토한 바 있다.[1] 소설적 흐름에 있어서도 당대와 송대는 따로 구분해 놓고 볼 것이 아니라 하나의 연속된 시간으로 보아야 할 필요가 있다.

이 시기에는 안사의 난(安史之亂)과 북송이 멸망한 후 남송의 재건국이라는 큰 사건으로 점철되어 있었지만 전체적으로 볼 때에는 '중국'이라는 커다란 문화적 통일체의 정체감이 어느 정도까지는 유지되었던 시기이다. 다시 말해서 불안한 가운데에서도 정치적 통일이 유지되었고 그래서 문화

1) 徐敬浩, 《중국문학의 발생과 그 변화의 궤적》 제5장.

적 통합도 어느 정도 유지되었다. 이러한 정치적 통일은 문화적 측면에서 볼 때에 한대에 형성되었던 단일문화체계로의 복귀를 의미하는 것이었다. 그것은 위・진・남북조 시기에 정통적인 이념이 힘을 잃으면서 모습을 드러낸 다양한 문화적 사유가 다시 하나의 문화적 코드를 통해 융합되는 것을 의미했다. 그렇지만 그것은 한대로의 완전한 복귀가 아니었다. 이미 위・진・남북조 시기를 거치면서 중국 문화의 체질과 속성에 상당한 변화가 일어났기 때문에 과거로의 완전한 복귀는 사실상 불가능했다. 그래서 당대에 이르러 시작된 문화적 흐름은 과거를 수습하고 새로운 환경 하에서 새로운 모습을 만들어 내는 것으로 보아야 할 것이다.

이 시기의 모든 상황을 여기에서 설명할 필요는 없을 것이므로 여기에서는 이 글의 맥락과 관계되는 부분에 관해서만 언급하기로 하자. 이 시기에는 정치적 통일을 배경으로 하는 '문화권력'이 강화되던 시기였다. 당대 초기에 형성되었던 문화권력의 실체는 뚜렷이 드러나지 않는다. 그렇지만 문화권력이라고 부를 수 있는 어떤 힘의 흐름이 있었던 것은 분명하다. 그것은 주로 정치권력을 장악한 집단에 의해서 형성되었을 것으로 보인다. 또 이 시기에 들어서서 본격적으로 시행된 과거(科擧)도 문화권력의 역할을 하고 있었다고 보아야 할 것이다. 그것은 송대로 들어서면서 더욱 강화되었던 것으로 보인다.[2] 이 문화권력은 문인들의 글쓰기에서 규범을 강화하는 주체였다. 문화권력은 글쓰기의 한 전범을 만들고 문인들로 하여금 그것을 따라오게 하는 힘을 가지고 있었다. 예를 들어 비교적 자유로운 구형을 가진 고체시(古體詩)의 자리를 당대에 들어서서 엄격한 정형률(定型律)을 강조하는 근체시(近體詩)가 대신 차지한 것도 바로 이런 문화권력의 힘에 의해서였다. 문화권력의 기호(嗜好)와 규범은 문인들로 하여금 가장 주류에 해당되는 글쓰기의 경향으로 쏠리게끔 만들었던 것이다.

그러나 이 시기에는 이런 규범의 엄격화와는 다른 흐름이 만들어지고

---

2) 徐敬浩, 《중국문학의 발생과 그 변화의 궤적》 제5장 2절.

있었다. 그것은 당대 초엽부터 도시화(都市化) 현상이 두드러지게 나타나면서 생성된 흐름이었다. 이전에도 도시는 있었다. 그러나 그 도시들은 광대하게 펼쳐진 농촌에 비하면 큰 비중을 차지하지 못하고, 행정적 중심지로서의 기능만을 주로 하고 있었다. 그렇지만 당대에 들어서서는 변화가 일어나기 시작했다. 당대의 도시는 규모에 있어서 이전과 비교가 되지 않았다. 그것은 비단 행정의 중심지였을 뿐만 아니라 교역의 중심지였으며 나아가서는 여러 계층이 모여 사는 '총체적 생활공간'으로 탈바꿈하고 있었다. 그렇기 때문에 중국인의 생활에 대한 감각에서 도시생활이 차지하는 비중은 이전과 비교할 수 없을 정도로 커졌다. 인구분포의 측면에서 볼 때에는 농촌인구가 압도적이었지만, 사회적 역량의 발휘라는 측면에서는 적은 인구를 차지하는 도시사회가 오히려 더 큰 비중을 차지하기 시작했던 것이다. 도시는 제한된 공간에 몰려있는 인구가 복잡한 사회생활을 영위하면서 뚜렷하게 부각될 수 있는 현상을 일으킬 수 있는 문화적 공간이었다. 그렇게 눈에 띄게 어떤 현상을 만들어 내는 것이 광범위한 지역에 인구가 퍼져 있는 농촌사회에서는 이루어 낼 수 없을 뿐더러 경험하기 어려웠다. 도시는 농촌에 살고 있는 많은 사람들이 한번쯤 가 보기를 열망하는 그런 장소였다. 특히 문인들에게 있어서 도시는 한번쯤은 들러서 자신의 능력을 평가받고 싶어하는 문화적 공간이었다. 이렇게 되면서 중국인의 사회생활에 대한 감각에 있어서 도시생활의 비중은 커지는 반면에 농촌생활의 비중은 그만큼 축소되게 되었다. 이것은 중국인의 문화적 체질과 그 사회의 기본적 속성을 바꾸어 놓을 만한 커다란 변화였다. 이 시기부터 도시는 중국문화의 중심지로 등장하고 있었다.

이러한 흐름에서 문인도 예외는 아니었다. 그들은 점차 도시사회의 구성원이 되어 가고 있었다. 과거와 같이 장원(莊園)에 은거하면서 글쓰기를 하는 사람이 줄어드는 대신 활발한 교유가 이루어지면서 경쟁과 상호평가를 통해서 글쓰기의 수준을 향상시킬 수 있는 도시라는 공간으로 진출하는 문인이 늘어나고 있었던 것이다. 동시에 이 시기에는 문인사회의 구도가 변화하고 있었다. 우선 넓은 의미에서의 문인의 숫자가 크게 늘어났다. 특히 과거시험이 시행되면서 글쓰기를 통해 관직에 나서려는 지망생의 숫자가 늘어났기 때문에 문인의 기본자격을 인정받을 수 있는 인구가 크게 늘어났다고 보아야 할 것이다. 여기에 송대에 들어서서 재정난을 타개하기 위해서 실시한 납속(納粟)제도, 다시 말해서 문인지망생으로 추천받을 수 없는 신분 출신이라도 일정한 재산을 국가에 기부하고 태학(太學)에 입학함으로써 과거시험을 볼 수 있는 자격을 허용하는 제도가 실시됨에 따라 문인과 문인지망생 등 글쓰기에 종사하는 인구가 더욱 늘어났다. 그리고 이들 중 상당수는 도시공간으로 진출한 사람들이었다.

그런데 도시사회는 고립된 농촌사회와는 다른 곳이었다. 그곳은 각종 문화적 활동이 활발하게 벌어지는 공간이기도 했지만 동시에 삶의 여러 측면이 복잡하게 얽혀 돌아가는 역동적인 공간이었다. 그곳에 거주하는 사람들은 도시 특유의 감각을 가지고 생활하게끔 되어 있었다. 문인들이 도시사회로 편입됨에 따라 그들도 그런 감각을 가지지 않을 수 없게 되었을 것이다. 그런데 도시사회는 문인과 문인이 아닌 사람이 같이 살아가는, 문인들의 우월한 지위를 그다지 인정하지 않는 공간이었다. 물론 문인의 지위나 그들 특유의 문화가 없어진 것은 아니었다. 그러나 문인들은 자신들 특유의 문화에 한쪽 발을 담그고 있으면서도 또 다른 한쪽 발을 도시사회의 포괄적인 문화적 흐름에 담그지 않을 수 없는 입장에 있었다. 그래서 문인사회는 두 가지의 변화 가운데에 끼어 있는 형국을 보여주었다. 한편으로는 강화되는 규범에 따라 글쓰기를 하면서 문인특유의 문화를 지키고 더욱 공고히 해야 했다. 그러나 또 다른 한편으로는 그들이 도시사회에 편입됨에 따라 그 공간의 문화적 흐름을 좇지 않을 수 없었는데, 그것은 그들 특유의 문화에 부분적인 변화를 가져오지 않을 수 없는 것이었다.

당 · 송시기의 소설적 흐름은 바로 이런 상황을 배경으로 하면서 이루어졌다. 그것은 한편으로는 강화되고 있는 글쓰기의 규범을 실천해 나가고 있던 문인들이 또 다른 한편으로는 이미 벗어날 수 없게 된 도시생활에서 얻는 자극을 표현하기 위한 일탈의 행위라는 성격을 띠고 있었던 것이다. 그 결과로 당대에서 송대에 걸쳐 문인들에 의해 주도된 소설적 흐름은 지괴와 '전기(傳奇)'라는 두 가지의 필기에 의해 나타났다. 뒤에 살펴볼 것이지만 이 두 가지의 글쓰기는 어떤 면에서는 서로 붙어 있고 또 어떤 면에서는 떨어져 있는 묘한 모습을 보이고 있다. 보기에 따라 이 두 가지의 흐름은 얼굴을 달리할 뿐, 결국은 하나의 흐름이라는 생각도 충분히 할 수 있을 정도이다. 그렇지만 이 두 가지의 글쓰기가 전혀 새로운 것은 결코 아니었다. 그것은 위·진·남북조 시기에 마련된 필기라는 커다란 흐름을 바탕에 깔고 있으니, 이전의 글쓰기를 이어받아 변화한 사회적 상황에 따라 그것에 맞는 글쓰기로 변용한 것으로 보아야 적절할 것이다.

한편 이러한 문인사회에서의 변화와는 다른 흐름이 진행되고 있었다. 그것은 문인이 아닌 계층, 편의상 민간계층이라고 할 수 있는 계층에서 일어난 흐름이다. 이 계층은 과거에도 자신들의 문화를 가지고 있었을 것으로 보인다. 그것은 주로 농촌사회에서 일어난 문화였다. 그렇지만 그것은 문인들의 글쓰기를 통해서 그다지 주목받지 못했다. 그들의 문화를 문인들이 일상적으로 접할 수 없었기 때문이다. 동시에 민간계층의 문화라는 것은 지역별로 존재하고 있었지, 일정한 모습으로 집약되지는 못하고 있었다. 그러나 도시라는 공간에 몰려든 민간계층은 달랐다. 좁은 공간에 몰려 살게 되면서 자신들의 문화를 일정한 모습으로 집약하게 된 것이다. 이것은 도시사회에서 문인문화와는 다른 민간문화, 그리고 민간의 문화적 정서가 모습을 드러내게 하는 계기가 되었다고 본다. 그리고 시간이 흐르면서 여기에 글쓰기가 가세하였다. 그것은 글을 쓰는 능력을 가지고 있으면서도 문인의 지위를 얻지 못하거나 혹은 문인을 지망하다가 포기하는 사람이 늘어나는 데에서 기인한 현상이었다. 그들은 민간계층의 문화에 글쓰기를 접목하기 시작하였는데 이 과정에서 문인 특유의 문자언어가 그대로 쓰일 수는 없었다. 왜냐하면 그것은 이미 문인문화를 표현하기 위한 매체로 굳어져 있었기 때문이다. 그래서 그들은 새로운 글쓰기의 방법을 만들어 가기 시작했으니, 그 결과가 새로운 서면어라고 할 수 있는 '백화(白話)'였다. 그것은 구두언어와 완전히 같지는 않았지만 적어도 구두언어로 말해진 것의 상당 부분을 발음대로 옮겨 적을 수 있는 서면어였다. 다시 말해서 그것은 일상적인 구두언어의 상당 부분을 말해지는 그대로, 그리고 그 분위기를 담아서 글로 써 낼 수 있는 매체였다. 이 새로운 서면어의 발생은 소설적 흐름에 있어서는 대단히 중요한 것이었다. 그것은 새로운 이야기를 만들어 내거나 혹은 기존의 이야기를 새로운 독자를 위해서 각색할 수 있는 매체였기 때문이다. 물론 서면어가 당·송시기에 완성된 것은 아니며, 이 시기에 서면어를 통해 이야기가 기록된 것은 더욱 아니다. 당·송시기는 그런 서면어가 발생하고 점차 활성화되어 가던 시기였던 것이다.

1. 당·송시기의 지괴

당대의 지괴는 기본적으로 볼 때에 위·진·남북조 시기의 연장선상에 있었다. 그 이야기들은 여전히 개인이 겪은 단편적(斷片的) 경험을 다루고 있다. 또 그 중에는 소설적 이야기로 발전했다기보다는 정보의 수준에 머물고 있는 것도 상당히 많다. 위·진·남북조 시기에도 그랬듯이 변화가 모든 종류의 이야기에서 나타나는 것은 아니다. 대부분은 예전의 모습을 고수하는 반면에 소수의 이야기들만이 그런 변화의 징후를 보였으며, 이것은 당대와 송대에 걸쳐 마찬가지로 나타난 현상이었다. 나아가서 당대와 송대의 지괴를 분명하게 구분할 수 있는 특징은 별로 발견되지 않는다. 이 두 시기의 지괴라는 글쓰기는 거의 동일선상에 있었던 것으로 보인다. 오히려 송대에 들어서면 이야기가 더 간단해지고 등장인물이 경험하는 내용도 단순화되는 경향까지 발견할 수 있다. 뒤에 이야기하겠지만 이것은 아마도 남송대에 들어서면 지괴가 서서히 사람들의 관심에서 멀어졌기 때문이 아닌가 한다.

당·송시기의 지괴는 대부분 《태평광기》에 수록됨으로써 오늘날까지 전해지게 되었다. 《태평광기》에서는 출처를 밝히고 있는데, 그 중 상당수는 오늘날 전해지지 않는 것이다. 송대에 들어서서 지어진 《청쇄고의(青瑣高議)》 등의 필기집(筆記集)을 통해서 이전의 이야기가 수집되어 전해지기도 했고 또 새로 만들어진 이야기가 모이기도 했다. 그렇지만 당·송시기에 들어서서 지괴는 벌써 독특한 글쓰기로 간주되지는 않았던 것으로 보인다. 그것은 이미 필기라는 넓은 대지 위에 있는 많은 바위 중의 하나였다. 또 그것은 뒤에 이야기할 전기(傳奇)와 섞이기 시작했다. 그래서 여기에서 말하는 지괴는 이 시기의 필기 중에서 '괴이한 일'을 기록한 것, 그 중에서도 유명세계와의 접촉에 관한 이야기로 국한시키지 않으면 안 될 것이다.

지괴는 위·진·남북조 시기에도 그랬듯이 문인들의 글쓰기였다. 물론 이야기 자체가 문인들에 의해 직접 만들어진 것은 아니다. 그 이야기들은 대부분 민간계층에서 소문으로 떠돌아다니던 것을 수집한 것으로 생각된다. 문인들의 역할은 그 이야기를 기록하는 것이었고, 그 기록의 과정에서 소설적 공간이 발생하였다는 것은 앞에서도 언급한 바 있다. 이렇게 기록된 것은 일차적으로는 정보였으며 그 중 일부가 소설적 이야기로 변화했던 것이다. 그런데 정보로 남아 있었건 아니면 소설적 이야기로 변화했건 간에 지괴가 기록된 것은 궁극적으로는 문인들을 위한 것이었다. 다시 말해서 그것은 문인에 의해서 쓰여지고 문인들 사이에서 유통되는 정보이자 글이었다. 그렇기 때문에 그 이야기를 기록하는 방식은 그 시기의 일반적인 글쓰기 방식의 영향을 받지 않을 수 없었다. 그래서 똑같은 지괴의 흐름 속에 있었으면서도 위·진·남북조 시기와 당대의 지괴 사이에는 부분적인 차이가 드러나기 시작했다.

당·송시기의 문인들이 어째서 지괴라는 글쓰기를 유지했는지에 관해서는 별로 알려진 것이 없다. 위·진·남북조 시기의 문인들이 그런 이야기를 쓰기 시작한 데에는 비교적 분명한 이유가 있었다. 그것은 당시에 성행한 박물학의 정보로, 혹은 존재한다고 믿는 초월적 세계의 증거를 남기기 위한 것이었다. 넓게 보아서 그런 이야기들이 사람의 역사 뒤편을 흐르고 있는 또 다른 평면의 역사라는 감각이 상당히 작용하고 있었다. 그런데 당대에 들어서면 박물학에 대한 관심은 상대적으로 약해졌으며 그런 이야기들이 가지고 있는 '실증적 의미'도 따라서 약화되었다고 본다. 이런 경향은 송대에 들어서면 더욱 심해졌을 것이다. 그런 의미가 점차 사라져 가는 와중에서도 지괴는 여전히, 아니 오히려 이전보다 더 많이 쓰여졌다. 남아 있는 자료만을 가지고 볼 때에 위·진·남북조 시기에 쓰인 지괴보다 당·송대의 지괴가 숫자가 월등 많다는 점을 발견할 수 있다.

그렇기 때문에 당대의 지괴는 그것이 쓰여진 동기가 이전과는 달랐다. 그것은 더 이상 정보의 전달을 위한 것이 아니었다. 물론 이야기에 정보의 의미가 안 들어 있을 수는 없다. 당대에 들어서면 그런 것은 이미 당연한 것이어서 새삼스레 되새길 필요가 없었다. 그래서 당대에는 지괴가 '글쓰기' 자체로서 쓰여졌다. 다시 말해서 이전과 같이 정보의 전달을 전제로 한 것이 아니라, 넓은 의미에서의 필기라는 글쓰기를 하면서 이전과 같이 괴이한 사건을 소재로 다루었다고 보는 것이다. 그것은 괴이한 사건이 여전히 사람들의 관심을 끌 만한 소재였기 때문이다. 그렇다고 해서 이 시기의 사람들이 괴이한 사건을 진실로 믿었다고 보지는 않는다. 물론 그런 믿음이 완전히 사라진 것은 아니지만 그 믿음의 농도는 훨씬 옅어져 있었다. 당·송시기의 지괴에서 드러나는 것은 사람들이 믿음의 여부에 관계없이 그런 괴이한 사건을 다룸으로써 자신의 글재주를 더 드러내게 할 수 있었다고 생각했다는 점이다. 괴이한 사건은 이제 정보의 핵심이 아니었다. 그것은 글쓰기를 보조하는 매개체의 역할을 하고 있었다.

앞에서 언급한 바 있듯이 당대의 문인들은 글쓰기에 있어서 이전보다 훨씬 더 외향적이었다. 그들에게는 글쓰기가 신분상승의 기회를 제공하는 매체이기도 했거니와 동시에 도시 사회의 문인집단 내부에서 가장 중요한 교유 수단이기도 했다. 그렇기 때문에 글쓰기는 이제 자신의 내면 속으로 파고드는 작업이 아니었다. 자신을 드러내어 남에게 보여주는, 다시 말해서 자신의 내면적 세계를 바깥으로 확산시키는 의미를 더해 가고 있었다. 특히 과거제도가 시행되면서 글재주를 드러내 보이는 것은 처세(處世)의 중요한 부분이 되고 있었다. 대부분의 문인들은 시와 변려체의 문장을 통해서 자신을 내보이려고 노력하고 있었지만 그런 노력이 지괴라는 글쓰기에도 영향을 끼쳤다고 보는 것이다.

당·송시기의 지괴는 여전히 단 한 번 일어난 개인의 단편적 경험을 이야기한다는 점에서 이전의 지괴와 크게 다르지 않았다. 앞의 예에서 보았듯이 어느 사람이 저승사자를 만나서 어떤 곡절을 거쳐 저승으로 가거나, 아니면 다른 사람을 대신 보내고 자신의 생명을 연장하는 데에서 이야기가 끝나는 것이 단편적 경험이라고 할 때에, 당·송시기의 지괴도 마찬가지의 구도를 지니고 있다는 것이다. 그러나 이야기를 전개하는 방식은 그 시기의 글쓰기의 경향에 따라 변화의 조짐을 뚜렷이 보여준다. 전반적으로 볼 때에 이 시기의 이야기는 이전보다 훨씬 번잡하다. 여기에서 번잡하다는 것은 이야기의 편폭이 길어졌다는 것을 의미하는 동시에 이야기의 굴곡이 많아졌음을 가리킨다. 그렇지만 시점과 종점이 변한 것은 결코 아니다. 그 이야기들은 대부분 이전과 마찬가지의 시점과 종점으로 이루어져 있다. 번잡해졌다는 것은 결국 마찬가지의 시점과 종점을 연결해 내는 방식이 달라졌다는 것을 의미한다. 다음의 예를 보기로 하자.

> 개원(開元) 중엽에 낙양(洛陽)의 현령 양창(楊瑒)이란 사람이 있었다. 그는 길을 나설 때 회나무 그늘 밑에서 점쟁이를 만나곤 하였다. 그 점장이는 현령이 지나가도 단정히 앉아 있기만 할 뿐, 길을 비킬 생각을 하지 않고 태연자약하게 앉아 있곤 했다. 그러자 수행하던 오백(伍伯)이 꾸짖으며 일어나 비키게 했으나 움직이지 않았다. 양창이 그만두게 하고는 그를 결박해서 청사로 데려가서는 매를 때리려고 했다. 그러다가 양창이 친히 심문을

하자, 점쟁이는 머리를 쳐들고 말했다.

"당신 겨우 이틀 동안 현령 노릇할 주제에 어찌 사람을 문책할 수 있소?"

양창이 그 까닭을 물어보니 점쟁이는 이렇게 대답하였다.

"이틀이 지나면 당신은 수명이 다하게 될 것이오."

양창이 몹시 놀라 어떻게 아는지 물어 보았다. 점쟁이는 자신이 점친 결과를 모두 이야기해 주었다. 그러자 온 집안사람들이 놀라고 두려워했다. 그리고 점쟁이에게 말하였다.

"당신이 그걸 알고 있으니 반드시 물리칠 줄도 알 것이오. 어찌하면 벗어날 수 있소?"

양창이 거듭 절하며 해결책을 구하자 점쟁이는 말하였다.

"나한테 들은 방책을 써서 그 일을 막아야 하겠지요. 하지만 벗어날 수 있을지는 아직 모르겠소."

그리고 양창을 동원(東院)에 있는 정자로 데려가서 머리를 풀어헤치고 맨발로 벽을 향해 서 있게 하였다. 자신은 책상에서 부적을 썼다. 한밤중이 지나자 기뻐하며 양창에게 말하였다.

"오늘 저녁은 다행히 그들이 오는 것을 막았소. 내일은 종이 삼십 장으로 돈[紙錢]을 만들고, 저녁이 되면 떡을 많이 만들고 술 한 동이 준비해서 정정문(定鼎門)으로 나가시오. 문밖에 이르면 뽕나무 숲에서 기다리다가 지나가는 사람이 있으면 그것을 먹이시오. 그 사람은 검은 갖옷 차림에 오른쪽 소매를 걷고 있을 터인데, 바로 당신을 부르러 온 저승사자요. 만약 머물러 음식을 먹으면 당신은 아무 걱정 없을 것이고, 그렇지 않으면 구제받기 어렵소. 당신은 옷을 바꿔 입고 그들을 작은 방에 데리고 가서 잘 살펴보시오. 듣기 좋은 말로 인사치레를 잘 하고 갖고 싶은 것을 물어보시오. 나의 계책은 이것이 전부요."

양창은 그의 말대로 했다. 해가 서쪽으로 기울자 술과 음식이 다 될 때까지 검은 갖옷을 입은 사람은 나타나지 않았다. 양창은 몹시 걱정하는데 잠시 후 그가 나타났다. 양창은 사람을 시켜 그를 극진히 대접하게 하였다. 그러자 검은 옷차림의 사람도 기뻐하였다. 여러 번 음식이 바쳐진 후 이윽고 양창이 절을 하고 그를 만났다. 그가 말하였다.

"당신 어제 어디 갔었소? 몇 번이나 당신 집으로 가보았지만 끝내 보이지 않더군요. 혹시 동원에 있을 것 같았는데 선신(善神)이 지키고 있어서 감히 범할 수 없었지요. 이제 저승에서 부르니 어찌하면 좋을까요?"

양창이 거듭 절하며 목숨을 구해달라고 천 번이나 빌었다. 그리고 지전을 태워 가는 길에 보태주었다. 그러자 귀신이 말하였다.

"당신이 베푼 큰 은덕에 감격했습니다. 내일 부중의 여러 관리들과 함께 와서 의논해 보지요. 음식을 잘 차려놓고 대접하도록 해 주세요."

말이 끝나자 그는 사라져 버렸다.

다음날 양창은 대접할 장막을 설치해 놓고 온갖 안주를 푸짐하게 준비하였다. 그리고 날이 저물기를 기다렸다. 이윽고 저승사자와 그의 무리 수십 명이 함께 도착했다. 그들은 매우 신나게 즐기며 놀았다. 그리고 나서 서로 말하였다.

"양 현령의 일인데 어찌 마음을 다하지 않겠는가?"

한참이 지난 뒤 양창에게 말하였다.

"당신의 맞은편 동네에 양석(楊錫)이란 사람이 있소. 역시 재간이 있지요. 지금 명부에 있는 이름의 '王'변을 문질러 지우고 '金'변으로 만들어 그 사람을 데려갈 것이오. 당신은 오경(五更)이 되어 북소리가 울리면 양석의 집 대문 앞에 가서 기다리시오. 만약 곡하는 소리가 들리면 당신은 죽음을 면하는 것이오."

양창이 그들의 말대로 그 집을 찾아갔는데, 귀신이 나무 끝에 올라가 있는 것이 보였다. 귀신은 양석의 집 안으로 들어가려 했으나 개가 짖어대는 바람에 들어가지 못하고 있었다. 그러다가 잠시 후 무너진 담장을 통해 안으로 들어갔다. 양창이 밖에서 한참을 서성거리며 기다리는데 마침내 곡성이 들려왔다. 양창은 죽음을 면하게 되었다. (《광이기(廣異記)》, 《태평광기》 329권)

이 이야기를 읽으면 어디선가 비슷한 이야기를 본 듯하다고 느낄 사람이 많을 것이다. 그렇다. 그 줄거리는 앞 장(章)에서 예로 들었던 장개(張闓)나 동래의 진씨 집안의 이야기와 크게 다르지 않다. 저승사자가 데려가야 할 사람을 데려가지 않고 다른 사람으로 바꿔치기 하는 것으로 귀결되기 때문이다. 그래서 이야기의 핵심과 그 얼개에는 큰 차이가 없다. 차이가 있는 것은 그 세부적 전개방식이다. 먼저 도사가 나타나고, 저승사자를 만나며, 저승사자가 한 번만 대접받지 않고 일당들을 끌고 와서 두 번이나 대접을 받는다든가, 다른 사람을 데리고 가는 등이 모두 새로운 것이다. 이런 요소를 끌어들임으로써 이야기가 번잡해지고, 이야기가 커진 것이 아니지만 내부적으로 더 세밀해진 것이다. 이것이 위・진・남북조 시기의 지괴와 당대의 지괴 사이에서 가장 손쉽게 발견할 수 있는 차이점이다.

이렇게 이야기가 번잡해진 것은 당시의 글쓰기의 흐름과 관계가 있다. 한대 이래로 문인들의 산문은 의미전달 자체를 목적으로 하는 문장과 의미전달은 부차적으로 하면서 아름다움을 창조하는 문장으로 서서히 구분되어 왔다. 한대에 유행했던 부(賦)와 위・진・남북조 시기의 변려문은 후자를 대표하는 것이었다. 그런데 이렇게 아름다움을 창조하는 글쓰기에서 문인들은 '나열하기'를 좋아했다. 그들은 직설적인 표현으로 의미를 직접 전달하는 것보다는 많은 것을 나열하면서 우회적으로 의미를 전달하는 것을 선호했던 것이다. 그래서 위・진・남북조 시기에 들어서서 한편으로는 시어(詩語)의 농축이 일어나면서, 다른 한편에서는 문장에서 나열하기를 통해서 언어의 확산이 일어나고 있었다. 이러한 확산은 당대에도 지속되고 있었다. 이야기는 시와 같은 압축된 언어를 매체로 하지 않고 확산된 언어인 산문을 매체로 하고 있었으며, 그래서 이전의 간단했던 이야기가 당대에는 번잡한 이야기로 변하고 있었던 것이다.

이야기가 번잡해지는 것은 결코 나쁜 것이 아니다. 불필요한 부분이 많이 첨가된다는 점이 있기는 하지만 적어도 이야기에 있어서 그것은 더 큰 당위성을 보강하는 수단이었다. 그렇게 당위성을 보강함으로써 이야기의 맥락은 더욱 부드럽고 합리성을 가지며 읽는 사람들로 하여금 그 내용을 더 사실처럼, 수긍하게 만드는 효과를 발휘한다.

양창의 이야기를 다시 한번 살펴보자. 양창이 만난 점쟁이가 처음부터 도움을 주었다면 그것은 간단한 전개가 될 것이다. 그렇지만 그를 잡아들인 후에 점쟁이가 해 주는 말은 더욱 효과를 지닌다. 왜냐하면 호의라는 것이 그냥 만들어지는 것이 아니라 양창의 행동이 호의를 베풀 계기를 만들어 주기 때문이다. 만약에 "당신은 이틀밖에 현령노릇을 못할 사람이오" 라는 말을 양창이 지나갈 때에 옆에서 그냥 던졌다면 양창이 귀를 기울였을 수도 있지만, 반대로 미친 녀석이 하는 말이라며 그냥 지나쳤을 가능성도 충분히 있다. 그래서 사건의 발단이 되는 점쟁이와의 만남을 이 이야기에서는 최대한 꼬아서 그의 말을 믿어야 할 당위성을 강화하는 것이다. 또 양창이 저승사자를 만나는 과정을 보면 그것이 이 이야기의 결말과 밀접하게 연결되어 있음을 발견할 수 있다. 첫날 그는 정자에 앉아 부적을 무기로 해서 저승사자를 막아 내는데 이것은 그를 데리고 가야 할 저승사자를 애태우는 짓이다. 약이 오른 저승사자를 둘째 날에는 집에서 맞이하는 것이 아니라 숲으로 먼저 나가서 그를 기다린다. 이를테면 영접하는 것이다. 그렇게 만나게 된 저승사자를 집으로 데리고 와서 진탕 퍼 먹인다. 이렇게 되면 저승사자가 양창에게 호의를 베풀지 않을 수 없다. 저승사자는 기분이 좋아져서 어제 약이 올랐던 일까지 털어놓게 된다. 그리고는 양창이 쥐어주는 돈까지 받으면서 호의에 보답할 것을 약속한다.

위・진・남북조 시기라면 이쯤에서 이야기가 끝났을 것이다. 예언대로 저승사자를 만났고 그의 호감을 얻었으니 이제 저승사자가 당신 대신 누구를 데리고 갈까 하고 의논을 할 차례가 되었을 것이기 때문이다. 그렇지만 이 이야기는 한 곡절을 더 배치하고 있다. 그는 다음날 수십 명의 저승 관리를 데리고 와서 다시 한번 거창하게 대접을 받는다. 이것은 곧 양창의 생명을 연장하는 것이 혼자 해서 될 일이 아니라 관련되는 모든 저승 관리의 환심을 사야 되기 때문이다. 그래야 일이 틀어지지 않고 깨끗이 처리된다. 그렇지 않으면 대접에서 소외된 녀석이 나중에 불평을 해서 일이 틀어지거나 뒤탈이 생길 수도 있다. 그 자리에 참석한 저승 관리 전부가 양창을 도와주기로 한 다음에는 그들끼리 의논을 벌인다. 그리고 가장 안전하면서도 확실한 계책을 꾸민다. 그것은 아예 명부의 이름을 바꾸어 버리는 것인데, 여기에서도 아주 합리적이고도 절묘한 방법이 고안된다. 즉 왕(王)자의 밑에 점 두 개를 양쪽으로 찍어 넣고 그 위에 인(人)으로 지붕을

씌우면 금(金)자가 완성된다. 이렇게 해서 창(瑒)을 석(錫)으로 바꾸면 양창 대신에 양석을 데리고 갈 명분이 생긴다. 특히 명부를 관장할 저승 관리와 데리고 가는 것을 담당하는 저승사자가 공모했으니 이것은 완전범죄가 된다. 여기에서 우리는 저승세계의 조직적 부패를 목격한다.

그런데 이야기가 여기에서 끝나지 않는다. 저승사자가 양석을 데리고 가는 과정이 남아 있다. 왜냐하면 대신 데리고 갈 사람은 아직 준비가 되어 있지 않기 때문에 그를 데리고 가는 것이 저승사자에게도 만만한 일이 아니다. 그의 집에서 키우는 개가 짖어댄다는 것은 곧 저승사자가 원래는 가지 말아야 할 곳에 나타났기 때문에 수상히 여긴 개가 짖어대는 것이다. 저승사자라고 해서 개가 짖건 말건 무조건 들어갈 수 있는 것은 아니다. 그 녀석은 나무 위에 올라가 어디 빈틈이 없나 하고 살피다가 마침내 담장이 허물어져 있는 개구멍을 찾아낸다. 저승사자 입장에서는 창피한 일이지만 벌써 양창한테 잔뜩 얻어먹고 돈까지 받아가면서 여럿이 공모한 일이니 어쩔 수 없다. 저승사자는 기어들어가 양석을 데리고 가는데 그것도 금방 되는 게 아니다. 양창은 집 밖에서 불안에 떨고 서 있다가 한참 만에야 통곡소리를 듣고 안심하며 집으로 돌아가는 것이다.

한편 이 이야기에서는 이전에는 보기 드문 여러 가지의 세부적 묘사가 눈에 뜨인다. 우선 양창이 점쟁이를 잡아들이는 것에서부터 시작해서, 점쟁이가 양창을 동원(東院)의 정자로 데리고 가서 머리를 풀어헤치고 맨발로 서 있게 하는 등의 묘사가 있다. 또 저승사자를 만나기 위해서 준비하는 것도 간단하게 음식이 아니라 술과 떡, 그리고 종이로 만든 돈 등으로 자세하다. 그런가 하면 저승사자의 복장도 단순하지 않다. 숲에서 만난 저승사자가 오른쪽 소매를 걷고 있다는 것은 그가 임무수행을 위해서 나타나고 있음을 가리키는데, 이런 것은 이전의 이야기에서는 보이지 않는 것이다. 그리고 저승의 관리들이 나타나서 양창의 생명을 연장하기 위해 명부의 이름을 조작하는 것도 세부적인 묘사에 속한다. 저승사자가 양석을 데리고 가기 위해서 나무 꼭대기로 올라갔다가 허물어진 담장 사이로 들어가는 것도 마찬가지이다.

이런 모든 점을 종합해서 볼 때, 양창의 이야기가 이전 이야기와 본질적으로는 다르지 않으면서도 내부적으로는 상당히 구체화되어 있음을 알 수 있다. 다시 말해서 이전의 이야기에서는 굳이 겉으로 드러내지 않았던 사항들이 이 이야기에서는 겉으로 드러나면서 이야기의 줄거리를 보다 촘촘하게 만들어 주고 있는 것이다. 징검다리로 말하면 이전의 이야기는 큼지막한 돌 몇 개만이 놓여 있어서 걷기에 불편했던 데에 비해 양창의 이야기는 훨씬 더 많은, 그리고 밟기에 편한 돌이 촘촘히 놓여 있어서 밤길을 가는 나그네도 그리 불편하지 않게 건널 수 있게 되어 있다. 그것이 위・진・남북조 시기와 당대의 지괴를 차별 짓는 중요한 차이였다. 다시 말해서 당대에 들어서면 이야기는 더 자세해지고 작자가 훨씬 친절해지는 것이다. 그는 독자가 생각을 해 봐야만 비로소 알아낼 수 있는 세부적 정보를 미리미리 알려주면서 이야기를 끌고 나간다.

이렇게 되면 두 가지의 효과가 발생된다. 이전의 간단한 이야기를 읽으면서 자신의 영역을 만들어 내고 있던 비교적 고급의 독자에게 이것은 자신의 생각이 맞았다는 신뢰를 주게 된다. 그는 이전의 간단한 이야기에서 성큼성큼 진행되는 줄거리 사이사이에 자신의 상상을 통한 부분을 채워 넣으면서 그 이야기를 읽던 사람이다. 예를 들면 그는 저승사자가 나타날 때에 무슨 옷을 입고 나타났을까 등을 상상하면서 이야기를 읽던 사람이다. 그렇게 상상을 통해 채워 넣으면서 스스로 이야기를 완성해 가고 있었던 그는 이제 자신의 상상이 어느 정도 맞았는지를 확인하거나 아니면 또 다른 형태의 상상이 있을 수 있음을 발견하게 된다. 그것은 독자의 영역이 더 넓어지는 것을 의미한다. 예리한 독자는 이런 세부묘사를 보면서 '나 같으면 이렇게도 써 봤을 텐데' 하는 생각을 할 수도 있다. 그런 생각을 하는 사람은 아주 초보적인 비평을 하고 있는 셈이라고 할 수 있다. 당대의 지괴는 이런 고급의 독자들을 대상으로 했다고 해도 과언이 아니다. 그것은 속을 뜯어볼 줄 아는 독자에게는 재미있고 의미 있는 정보이자 이야기가 되지만, 그렇지 못한 독자에게는 보통의 정보에 지나지 않는 것이었다.

이야기가 번잡해지면서 거두는 두번째의 효과는 바로 이렇게 속을 뜯어보지 못하는 사람이나 그런 것에 관심 없는 사람들까지도 모두 독자로 끌어들일 수 있었다는 점이다. 그것은 이야기가 번잡해지고 자세해지면서 별로 많은 생각을 하지 않고도 이야기의 구체적인 맥락을 파악할 수 있기 때문이다. 작자가 친절하다는 것은 그만큼 독자, 특히 힘들이고 싶지 않은 독자에게 더 많은 서비스를 제공하는 것이다. 그럴 때에 독자는 더 쉽게 이야기에 접근할 수 있으며, 그래서 속을 뜯어보지 못하거나 그럴 관심이 없는 사람들도 이전보다는 더 많이 이야기를 읽게 되었을 것이다.

이렇게 볼 때에 당대의 지괴는 이전의 지괴와는 다른 환경을 스스로 만들어 가고 있었다고 할 수 있다. 그것은 이전처럼 의미를 충분히 이해하고 뜯어볼 줄 아는 사람만 접근하는 이야기가 아니다. 그것은 훨씬 더 많은 사람들, 특히 이전에는 관심이 없었던 사람들에게 접근의 편리함을 제공하면서 그들을 독자로 끌어들이고 있는 것이다. 그들은 스스로 독자의 영역을 구축하지 않는 사람들이었는데, 이야기가 세부화함에 따라 이제는 스스로 그런 영역을 만들지 않고서도 이야기에 흥미를 느낄 수 있는 독자였다. 그래서 이 시기의 지괴는 더 이상 소수의 독자를 대상으로 하는 '그들만의 이야기'가 아니었다. 그것은 작자가 비록 문인계층으로 국한되어 있기는 하지만 더 많은 독자를 상대로 자신의 이야기를 펼치는 것이다. 이것은 개인으로서의 작자가 이름 없는 다중(多衆)의 독자를 상대로 이야기를 하는 상황을 이루었을 것이다. 다시 말해서 이야기는 이제 '소비재'가 되어 가고 있었다. 그 소비재는 가능한 정보를 세부적으로 배열함으로써 이전보다 이해하기 쉽도록 '배려'한 것이었다. 그것은 소비자의 기호를 염두에 둔 글쓰기였다. 작자인 문인들이 보상을 바라고 그런 배려를 했다는 증거는 아직 없지만 이런 상황을 보면 지괴라는 글쓰기가 소설적 흐름의 한 부문인 '유통구조', 그리고 작자와 독자의 관계 등을 설정하고 있는 흔적을 발견할 수 있는 것이다.

한편 당대의 지괴에서는 또 다른 변화가 나타나고 있다. 그것은 이 시기의 이야기들이 '유명세계(幽冥世界)' 혹은 초현실세계에 대한 변화된 감각을 보여준다는 점이다. 위・진・남북조 시기의 이야기에서 나타난 유명세계는 질서가 비교적 엄한 공간이었다. 예를 들어 저승사자는 엄격한 규율 하에서 활동한다. 그는 수명이 다한 사람을 데리고 가야 하며, 마음이 약해서 그를 데리고 가지 못할 때에도 대신 누군가를 데리고 가서 숫자를 채워야 했다. 또 그는 주로 밤에 나타나거나, 인적이 드문 곳에서 모습을 드러낸다. 그것은 유명세계의 존재가 이승의 사람들에게 노출되어서는 안 된다는 규율 때문이다. 저승사자의 모습을 볼 수 있는 것은 수명이 다한 당사자뿐이고 다른 사람은 그가 나타나더라도 그 모습을 볼 수 없게 되어 있다. 앞의 송정백의 이야기에서 보았듯이 귀신에게도 금기(禁忌)가 있다. 또 한을 품고 죽은 여인들이 자신의 무덤 안으로 지나가는 남자를 끌어들이는 경우는 있지만 직접 밝은 세상에 자신을 노출시키는 것은 불가능한 일이었다.

그런데 당대의 이야기에서는 이런 규율이 상당 부분 느슨해지거나 깨어지고 있는 것이다. 앞에서 예로 든 양창의 이야기로 돌아가 보자. 이 이야기에서 저승사자는 양창의 집으로 모셔지고 음식을 대접받으며 돈까지 받는다. 원래 유명세계의 존재는 제삿밥을 먹을 뿐 이승의 음식은 먹지 않았다. 그런데 이 저승사자는 이승의 음식을 먹고 술까지 퍼마신다. 나아가서 이것은 저승사자를 목격하는 사람이 양창 혼자가 아니라는 것을 가리킨다. 즉 가족과 심부름하는 사람 모두가 저승사자를 '실물'로 목격할 수 있는 것이다. 저승의 관리가 떼를 지어 그의 집을 찾았을 때에도 그들은 양창만이 그 모습을 볼 수 있는 존재로 나타나는 것이 아니라 집안 사람 모두가 대접하는 손님으로 등장한다. 여기에서 우리는 이미 은밀하게 나타나서 당사자에게만 모습을 드러내어야 한다는 저승사자의 행동규칙이 깨어지고 있음을 발견할 수 있다.

또 이 이야기에서 저승사자가 단순히 술과 음식을 대접받기만 하는 것이 아니라 지전(紙錢)을 뇌물로 받는다는 점에도 유의할 필요가 있다. 위・진・남북조 시기에도 저승의 문지기가 뇌물을 요구하고 패물을 받았다는 이야기는 있다. 그렇지만 이승에 나온 저승사자가 뇌물을 받아 챙긴다는 것은 당대의 이야기에서 나타나는 일이다. 저승사자가 돈을 받아서 무엇에 쓸까? 그것은 사실 아무도 모른다. 그렇지만 저승에서도 돈이 필요하고 경우에 따라서는 축재(蓄財)도 가능하다는 것이 양창의 이야기에서 드러난다. 그런데 이것은 드문 현상이 아니었다. 이 시기의 지괴에서는 사람과 저승사자 사이에 본격적인 돈거래가 시작되고 있었던 것이다. 다음의 이야기를 보자.

> 기주(岐州) 지역에서 좌사(佐史) 벼슬을 하던 사람이 언젠가 장안에 와서 흥도리(興道里)라는 곳에 머문 적이 있는데, 문득 두 사람과 머리가 없는 한 사람이 함께 그를 찾아와서 말했다.
>
> "임금님의 명으로 그대를 잡으러 왔소."
>
> 좌사는 그들이 귀신임을 알고 은근히 물었다.
>
> "당신들은 지하에서 무슨 일을 맡고 있소?"
>
> "사람을 잡아오는 일이오."
>
> "그것 참 잘 됐군요. 나도 여러분과 하는 일이 비슷하오. 그러니 나를 구제해 줄 수 없겠소? 일이 끝나면 일만 냥의 지전을 드리겠소."
>
> 이에 왕명을 받고 왔다는 이들이 그러겠다고 하면서 닷새 후를 기약했다. 만약 자신들이 다시 오지 않으면 일이 끝난 것이니, 그 돈은 천문가(天門街)에서 불사르면 된다고 했다. 닷새가 지나도 그들은 다시 오지 않았다. 좌사는 돈을 다 불사르고 숭인리(崇仁里)라는 곳으로 거처를 옮겼다. 얼마 후 그는 일을 마치고 서쪽 기주로 돌아갔다. 도중에 행수점(杏樹店)이란 여관에 도착해서 전에 본 두 사람을 다시 만났다. 그러자 그들이 물었다.
>
> "어디서 오는 길이오? 조금 전에 예전에 계시던 곳을 찾아갔는데 안 계시더군요. 부탁하신 일은 이미 잘 해결되었소이다. 수고롭게 돈을 천한 땅

(저승)으로 보내 주셨더군요. 그래서 당신에게는 장수하면서 복을 누리고 살 수 있는 증서가 발급되었으니, 운명에 따라 죽을 때가 되기 전까지는 질병 같은 것에도 걸리는 일이 없을 것이외다." (《광이기》, 《태평광기》 334권)

이 이야기를 보면 이제 사람이 수명을 연장하기 위해서 저승사자에게 돈을 건네는 것이 공식화된 것으로 보인다. 이것은 앞의 양창의 이야기에서도 부분적으로 드러난 것이지만 여기에서는 더욱 분명하다. 여기에서 저승사자는 그 돈을 자신이 챙기는 것이 아니다. 그가 얼마를 챙기는지는 모르지만 그는 분명히 그 돈을 저승의 관부(官府)에 바치고 공식적으로 수명을 연장해 주는 증서까지 발급한다. 게다가 그 사실을 알려주기 위해서 이 사람을 찾아다니기까지 했으니 그것은 친절한 사후관리였던 셈이다. 이제 사람은 단순히 저승사자에게 뇌물을 바치는 것이 아니라 저승의 관부를 상대로 거래를 하며, 저승사자는 그것을 소개하는 거간이 되어가고 있다. 그리고 그 거래는 앞에서 목격한 '조직적 부패'의 모습이 아니라 '제도화'된 거래로 변해 있다.

이 이야기의 주인공은 상당히 성공적인 거래를 하였지만 모든 거래가 그런 것은 아니었다. 다음의 이야기를 보기로 하자.

원화(元和) 1년, 장안(長安)의 동편 시장통에 이화자(李和子)라는 성질이 고약한 젊은이가 있었다. 그 아버지의 이름은 노안(努眼)이라 했다. 이화자는 성격이 잔인해서 노상 남의 집 개와 고양이를 훔쳐다 잡아먹어, 그 동네의 골칫거리가 되었다. 어느 날 이화자는 어깨 위에 매를 얹고 큰 네거리에서 있었다. 그러다 자주색 옷을 입은 두 사람을 보게 되었는데, 그들이 이화자를 부르더니 이렇게 말했다.

"네가 이노안의 아들로 이름을 화자라고 하는 녀석이 아니냐?"

이화자가 얼른 두 사람에게 손을 맞잡고 인사를 했다. 그러자 두 사람이 다시 말했다.

"네게 볼 일이 있는데 사람들 없는 곳에 가서 얘기해 주마."

그리고는 몇 걸음 걸어 사람들이 없는 곳으로 가서 말했다.

"우리는 저승 관리인데 널 잡으러 왔으니 얼른 같이 가야 되겠네."

처음에 이화자는 그 말을 믿지 않고 말했다.

"당신들은 사람 같은데 어째서 그런 이상한 말을 하는 거지요?"

그러자 두 사람이 다시 말했다. "우리들이 바로 귀신이야."

그러더니 품속을 뒤적여 문서를 꺼냈는데, 인장이 채 마르지 않아 아직 축축하였다. 이화자가 문서를 보니, 거기에는 자기의 이름이 분명하게 쓰여 있었으며, 개와 고양이 460마리가 그가 저지른 일을 고발했다고 적혀 있었다. 그는 놀랍고도 두려워 매를 내팽개치고 두 사람에게 절을 하며 빌었다.

"저야 그저 죽어 마땅하지요. 하지만 제게 잠깐만 시간을 주세요. 술을 좀 준비하겠어요."

귀신들은 극구 사양했지만, 나중에는 어쩌지 못하고 따라왔다. 처음에 필라사(畢羅四)라는 고깃집으로 들어가려 했는데, 귀신들이 코를 감싸 쥐고 들어가지 않으려 했다. 그래서 이번에는 두씨(杜氏)가 하는 술집으로 데려갔다. 이화자가 공손히 손을 모으고 혼자서 말을 하자 사람들은 그가 미쳤다고 생각했다.

이화자는 술 아홉 잔을 주문하여 자기가 석 잔을 마셨다. 여섯 잔은 서쪽 편 자리에 놓아 두고, 두 귀신에게 무슨 임시방편이라도 써서 자신을 놓아 달라고 부탁했다. 두 귀신은 서로 마주보더니 말했다.

"우리들이 술에 취할 수 있는 은혜를 입었으니, 의당 방법을 마련해 주어야겠지."

그리고는 자리에서 일어나 말했다.

"잠깐만 기다리게. 곧 돌아올 걸세."

얼마 시간이 지나지 않아 그들이 돌아와 말했다.

"당신이 돈 사십만 냥을 마련하면, 당신을 위해 삼 년의 수명을 빌려줄 수 있소."

이화자는 응낙하고 다음 날 정오를 그 기한으로 약속했다. 그리고 술값을 치르고, 남아 있는 술 여섯 잔을 주인에게 되돌려 주었다. 그런데 맛을 보니 술맛이 꼭 물 같았고 차가워서 이가 얼어붙을 것 같았다. 이화자는 황급히 집으로 돌아와 약속 기한에 맞춰 사례금을 마련하여 그 지전을 불살랐다. 그리고 두 귀신이 그 돈을 들고 가는 것을 보았다. 그로부터 사흘째 되던 날, 이화자가 죽었다. 귀신이 말한 삼 년은 인간 세상의 사흘이었던 것이다. (《유양잡조(酉陽雜俎)》, 《태평광기》 343권)

이 이야기의 주인공은 그다지 성공적인 거래를 하지 못했다. 사십만 냥이란 큰 돈을 바치고도 고작 사흘을 연명했으니 말이다. 그것은 저승사자가 그에게 친절히 설명을 해 주지 않았기 때문이다. 만약 그것을 알았다면 이화자는 연명을 포기했을지도 모른다. 실제로는 이화자가 저승사자에게 사기를 당한 것이나 마찬가지이다. 그런데 저승사자는 그 일을 혼자 결정하지 않았다. 당대의 이야기에서 중요한 것은 앞에서도 언급한 바 있듯이 관부가 동원되어 사람과 거래를 하는 것이었으며, 여기에서도 저승사자들은 어딘가에 가서 상의를 하거나 허락을 받고 그 일을 처리한 것이다.

이렇게 돈을 받는 것이 정상인지 비정상인지는 알 수 없다. 그러나 위·진·남북조 시기의 지괴와 비교할 때에 그것은 저승의 총체적인 부패와 제도화된 거래를 나타내는 징후였다. 당대에 들어서서 도시화가 진행되면서 사람들이 돈에 대해 이전보다 더 많은 가치를 부여하게 되면서 저승도 부패와 타협의 길에 들어선 것이다. 어디에 쓰는지는 알 길이 없지만 저승의 관부는 저승사자를 내세워 돈을 긁어모은다. 그것은 조직적 부패였기 때문에 저승사자가 벌을 받거나 하는 것은 아예 안중에도 없을 정도였다. 이전의 이야기에서 저승사자가 데리고 갈 사람을 봐 주느라고 자신이 매를 맞았던 것에 비교하면 이 부패가 어느 정도 심각한지를 짐작할 수 있다. 이러한 저승의 부패는 곧 그 시기의 사회를 투영하는 것으로 생각할 수 있다.

그런데 더욱 중요한 것은 이 시기의 저승사자나 귀신들이 이승의 일에 간섭을 하기 시작했다는 것이다. 이전의 이야기에서는 이런 모습이 나타나지 않았다. 저승사자는 단지 생사를 관장할 뿐 이승의 일에 직접 간여하지는 않았다. 그러나 당대의 귀신과 저승사자는 매우 대담해져서 이승의 이런저런 일에 간여하는 것이다. 그들은 특히 이 시기 문인들에게 가장 큰 관심사였던 과거시험에 간여하였다. 다음의 이야기를 보기로 하자.

곽승하(郭承蝦)란 사람은 전부터 법서(法書) 한 권을 보물처럼 아껴서 항상 몸에 지니고 다녔다. 처음 과거를 보던 때였다. 잡문시(雜文試)에 응시하여 답안을 다 쓰고 나니 아직 시간이 남아 있었다. 그래서 시험답안을 잘 봉하여 상자 안에 넣어 두었는데, 답안 제출 시간이 되었을 때 그만 잘못해서 아끼던 그 법서를 내고 말았다. 숙소로 돌아와 등잔 밑에서 법서를 꺼내 보려 했더니, 바로 제출용 답안지가 상자 안에 접혀져 있는 것이었다. 아무리 생각해도 뾰족한 수가 없어 시험장 문 밖을 서성거리고 있는데, 웬 늙은 아전 하나를 만나게 되었다. 그 아전이 시험을 어떻게 보았느냐고 물어서 그에게 모든 사실을 이야기했다. 아전이 말했다.

"제가 바꿔드릴 수는 있습니다. 다만 저는 집이 가난합니다. 저는 흥도리(興道里)에 사는데, 만약 시험지를 바꿔 드리면 그 대가로 삼만 냥을 주셨으면 좋겠습니다."

곽승하는 응락했다. 그러자 그 아전은 잠시 후에 답안지를 가지고 들어갔다가 법서를 가지고 나와 그에게 주었다. 다음 날 그는 친인리(親仁里)로 돌아가다가 직접 돈을 가져다 주려고 흥도리로 갔다. 한참 동안 문을 두드리니 그 집안 사람이 나왔다. 그래서 그 아전의 성과 이름을 대며 그를 찾자 이렇게 대답했다.

"어르신께서는 사흘 전에 돌아가셨는데, 집이 가난해서 장례 용구조차 마련하지 못하고 있습니다."

곽승하는 한참 동안 놀라 탄식을 하였다. 시험장 앞에서 만난 그 사람이 바로 귀신이었음을 그제야 깨달았던 것이다. 그리고 약속한 돈을 그 집에 주었다. (《상서담록(尙書談錄)》, 《태평광기》 345권)

이 이야기는 저승사자에 관한 것이 아니라 사흘 전에 죽은 사람의 혼(魂)의 이야기이다. 집안이 가난해서 장례를 치르지 못했기 때문에 그는 아직 저승으로 완전히 가지 못하고 이승에서 서성거리고 있다. 그것은 죽은 사람의 장례가 끝나야만 저승의 구성원이 될 수 있다는 규율 때문이다.

그렇다고 해서 그가 살아 있는 것은 아니다. 그는 벌써 귀신이 되어 있다. 다만 저승에 안착을 못하고 있을 뿐이다. 이 불쌍한 귀신은 혹시 자신의 장례비용을 마련할 길이 있을까 해서 시험장 근처를 어슬렁거리다가, 마침 답안지를 잘못 제출한 곽승하를 발견하고 그를 도와줌으로써 장례비용을 마련해 저승에 안착하게 된 것이다.

여기에서 우리는 중요한 점을 한 가지 발견할 수 있으니, 그것은 이미 귀신이 된 사람이 이승의 책과 답안지를 직접 들고 다닐 수 있다는 점이다. 저승에는 물질이 없다. 그래서 앞의 송정백이 목격한 바 있듯이 귀신은 물을 건너도 소리가 나지 않고 등에 업어도 무게가 전혀 느껴지지 않는다. 그리고 귀신은 이승의 물건을 그대로 저승으로 가져가지 못한다. 앞의 이야기들에서 이승의 사람이 저승사자에게 돈을 줄 때에 지전을 태워서 준다든가, 저승사자가 술을 마시면 술잔이 비워지지는 않는데 술맛이 없어졌다든가 하는 것이 모두 이승과 저승 사이에서 물질의 이동이 어떤 방식으로 일어나는가를 보여주는 것이다. 그런데 이 이야기에서는 귀신이 이승의 물건을 직접 들고 들어가서 또 다른 이승의 물건을 가지고 나온다. 귀신은 하나의 특별한 공간을 상정하는 것인데, 이 이야기에서는 이승의 물건이 그 공간을 통과했음을 가리킨다. 그렇다면 그 물건은 마치 지전을 불태우는 것과 같은 통과의례를 거쳤어야 할 것인데 여기에서는 그런 것이 보이지 않는다. 이것은 귀신이라는 공간이 이전의 이야기에서처럼 이승으로부터 엄격하게 분리되어 있는 것이 아니라, 이승을 향해 훨씬 더 가까워져 있음을 가리킨다. 다시 말해서 저승의 공간이 이승의 공간으로 빨려 들어오고 있는 징후를 이 이야기가 보여주는 것이다.

더욱이 귀신이 들고 다닌 것이 보통의 물건이 아니다. 그것은 당시 문인들에게 있어서는 일생이 걸린 과거시험의 답안지이다. 잘못 제출된 답안지를 바꾸어 준다는 것은 중대한 범죄였을 것이다. 그것은 이승의 엄격한 제도이다. 그 제도를 돈이 필요한 귀신이 어기고 있다. 다시 말해서 이승 사람의 운명을 귀신이 바꾸어 주고 있다. 그 답안지를 제대로 제출하지 못했다면 벼슬길에 오르지 못할 곽승하가 귀신의 도움으로 벼슬길에 올라갈 가능성이 생긴 것이다. 이것은 곧 귀신이 이승의 생활에 관여하고 있음을 보여준다. 그러나 이 불쌍한 귀신의 행위는 관대하게 용서해 줄 수도 있다. 문제는 이 시기의 저승사자들이 본격적으로 과거 시험의 당락에 관여하였다는 것이다. 다음의 이야기를 보기로 하자.

악주(岳州) 지방의 자사(刺史) 이준(李俊)은 진사과(進士科)에 응시했으나 계속 합격하지 못하고 있었다. 당나라 정원(貞元) 2년(서기 786년), 친구 중에 국자제주(國子祭酒) 포길(包佶)이란 사람이 있었는데 시험을 주관하는 관리와 줄을 대어서 합격하도록 도와주기로 했다. (규정에 의하면) 방이 붙기 하루 전에는 응당 책임자에게 합격자 명단이 통보되어야 했다. 그 날 해뜰 무렵이 가까워오자 이준은 포길을 만나러 갔는데 성문이 아직 열리지 않아 문 옆에 말을 세워 두고 있었다. 그 곁에는 떡장사가 있어 더운 김이 나고 있었다. 외군(外郡)의 문서 발송을 맡은 듯한 아전 하나가 털모자를 쓰고 작은 자루를 들고서 떡장사 옆에 앉아 있었는데, 떡을 먹고 싶어하는 기색이 역력했다. 이준이 떡을 사서 주었더니 그는 매우 기뻐하며 여러 조각을 먹어치웠다. 잠시 후 성문이 열려 사람들이 나가게 되었는데, 그 나그네만은 유독 이준의 말 옆으로 붙어 걸어가면서 잠깐 짬을 내달라고 했다. 이준은 말에서 내려 그의 말을 들어 보기로 했다.

"나는 저승의 아전으로 진사 명단을 배달하고 있습니다. 당신도 혹 그 수험생 중 하나가 아닌지요?"

이준이 그렇다고 대답하자 나그네가 말했다.

"관청으로 보내는 합격자 명단이 여기 있으니 직접 한번 찾아보셔도 좋소."

그리고는 명단을 꺼내서 보여주는데 이준의 이름은 거기 없었다. 이준은 눈물을 떨구며 말했다.

"고생고생 공부한 것이 이십여 년이요, 친구와 함께 방책을 세운 것 역시 십여 년인데, 이제 또 명단에 이름이 없다니. 어찌 끝내 되는 일이 없단 말인가!"

그러자 나그네가 말했다.

"그대가 이름을 날리는 것은 십 년 뒤라오. 그때는 봉록과 지위가 매우 높을 것이오. 지금 당장 명성을 구하려고 한다면 그게 그리 어려운 일은 아니지요. 하지만 본래 받기로 예정된 봉록에서 반이 삭감될 것이요, 또 불운한 일도 많을 것입니다. 겨우 군(郡) 하나 정도 얻으면서 말이오. 어떻소?"

"내가 추구해 온 것은 명성이오. 명성이 얻어지기만 한다면 그걸로 만족하오."

"저승 관리에게 뇌물을 조금 뿌릴 수만 있다면 바로 여기서 해드리지요. 같은 성씨를 가진 사람을 골라 이름을 바꿔버리면 되니까요."

"어떻게 해야 됩니까?"

"음전(陰錢) 삼만 관(貫)을 내시면 되오. 내가 은혜에 감동하여 성의껏 일러주는 것이오. 그 돈은 감히 내가 가지려는 게 아니고 독리(牘吏)에게 바칠 것이니, 내일 오시(午時)에 보내 주면 되오."

그리곤 다시 붓을 주며 이준에게 직접 써넣으라고 하였다. 위쪽에 태자소사(太子少師) 이이간(李夷簡)의 이름이 있었는데 이준이 그것을 지우려고 하자 나그네가 다급하게 말했다.

"안 되오. 이 사람은 봉록이 무거워서 쉽게 바꿀 수가 없소."

다시 그 아래로 가니 이온(李溫)이란 이름이 있었다. 나그네가 그 이름은 괜찮다고 말하자 이준은 '온'자를 지워버리고 '준'자를 써넣었다. 나그네는 서둘러 문서를 말아 넣고 길을 떠나면서 말했다.

"약속을 어기지 마시오."

이른 시간에 이준이 포길을 찾아가니 그는 아직 의관도 갖추지 않은 상태였다. 이준이 왔다는 말을 들은 포길은 화가 나서 밖으로 나와 말했다.

"나와 시험관이 교분이 깊어 말 한마디면 장원도 만들 수 있는데, 그대는 어찌 그리도 조바심을 내는 거요? 번번이 찾아오고 물어보고. 내가 그렇게 말을 가볍게 하는 사람으로 보이는가?"

"이 사람은 간절히 명성을 구해 왔습니다. 당신의 은혜가 오늘 이루어지게 되어 있지요. 지금이 바로 명단을 내다 거는 그 새벽입니다. 그래서 실례를 무릅쓰고 찾아뵈었습니다."

그랬더니 포길은 우물쭈물 알았다고 답하면서도 안색이 편치 않아 보였다. 이준은 더욱 걱정이 되었다. 그래서 옷을 바꿔 입고 포길이 출타할 때 그를 따라갔다. 포길은 황성(皇城)의 동북쪽 모퉁이를 지나다가 명단을 지니고 공고를 담당하는 중서(中書)에게 가고 있는 춘관(春官)을 만났다. 포길이 인사를 하고 그에게 물었다.

"전에 말씀드린 것이 어찌되었는지요?"

"정말로 죄받을 짓을 했구려. 등에 가시나무를 지는 벌을 받아도 다 사죄할 수 없는 것이오만, 높은 권력자에게 압력을 받고 있어 당신의 말씀은 들어주기가 어렵게 되었소."

그 때까지 포길은 자신의 교분이 두터운 까닭에 아무 문제가 없을 것이라고 여기고 있었는데 그 얘기를 듣고 화가 나서 말했다.

"계포(季布)[3]는 천하에 명예를 소중히 여기던 사람이어서 자기가 능히 할 수 있어야 부탁을 승낙했었소. 이제 그대가 내게 거짓 약속을 하게 된 것은 아마도 내 관직이 미미하기 때문일 것이오. 평생토록 맺어온 친분이지만 오늘 끊어버리겠소이다."

그리고 인사도 없이 가버리자 춘관이 황급히 좇아와 말했다.

"높으신 양반들에게 압력을 받아 어쩔 수 없어서 그런 것이지만 내 몰래 생각해 둔 게 있으니 믿어보시오. 겉에 드러난 것만 보고 이렇게 책망하시다니. 차라리 그 양반들에게 죄를 짓는 게 낫겠소. 함께 명단을 살펴봅시다. 이름을 지우고 새로 써 넣으시오."

포길이 명단을 펼쳐 보니 이이간의 이름이 보였다. 그것을 지우려 하자 춘관이 다급히 "이 사람은 재상의 위치에 갈 사람이니 없애서는 안 되오." 라고 하면서 그 아래에 있는 이온을 가리키며 그 이름은 괜찮다고 말했다. 그래서 '온'자를 지우고 '준'자를 써넣었다. 명단이 나붙게 되니 정말로 이준의 이름이 이전에 자신이 가리켰던 그곳에 있었다.

그런데 준은 그 날 오시에 여러 사람들을 따라 합격인사를 다니느라 떡을 사 주었던 그 나그네와의 약속을 지키러 가지 못했다. 날이 어두워 집으로 돌아가려는데 길에서 그를 만나게 되었다. 그는 울면서 자기 등을 보여주며 말했다.

---

3) 초(楚)나라 사람으로 항우의 밑에서 여러 번 한(漢) 고조(高祖)를 곤경에 빠뜨렸다. 항우가 멸망한 뒤 고조는 그를 특별히 사면하여 낭중(郎中) 벼슬을 주었다. 사람됨이 의리가 있어서 한 번 응낙한 것은 반드시 지켰으므로 "황금 백 근을 얻는 것보다 계포의 응낙 한 번을 얻는 것이 낫다(得黃金百斤, 不如得季布一諾)"란 말이 전해질 정도로 천하에 그 명성이 자자하였다.

"당신 때문에 일이 잘못되어 곤장을 맞았소. 독리가 심문할 때 그가 바라는 것을 갚아 주었으면 모두 막을 수 있었는데 말이오. 등에 정말 심하게 매질을 당했다오."

이준은 깜짝 놀라 사죄하고는 말했다.

"어떻게 해야 되겠소?"

"내일 오시에 오만 민(緡)을 보내시오. 다시 심문받는 횡액을 당하지 않도록 말이오."

이준은 응낙하고 약속한 시간이 되자 돈을 불살라 보내주었다. 그리고 나서 다시는 그 나그네를 볼 수 없었다. 그러나 이준은 벼슬길에 나선 이후 과거의 일로 심문 당하거나 한직으로 쫓겨나는 등의 일이 끊이지 않았다. 가까스로 악주지방의 자사가 되기는 했지만 얼마 못 가 죽었다. (《속현괴록(續玄怪錄)》, 《태평광기》 341권)

여기에서 우리는 귀신과 사람의 행동이 나란히 포개져 있음을 발견한다. 즉 이준이 처음 만났던 귀신의 행동이 나중에 포길이 만난 춘관의 행동과 포개져 있는 것이다. 춘관이 처음에는 포길의 청을 못 들어주겠다고 하다가 나중에 이준의 이름을 끼워 넣어 준 것은 귀신이 독리에게 약속을 못 지켰다가 돈을 더 받고 부탁을 성사시키는 것과 나란히 놓여져 있는 흐름이기 때문이다. 어쩌면 귀신이 춘관을 통해서 자신의 의사를 관철시키고 있는지도 모른다. 아니면 이승에서 일이 전개될 방향을 저승의 귀신들이 미리 정해 놓고 이승의 사람들은 그것을 따라가게끔 되어 있는 구도가 내재되어 있을 수도 있다. 어쨌든 이 이야기를 보면 과거시험의 결과는 일차적으로는 사람이 정하는 것이지만, 그것이 저승에서 결재를 얻은 후에야 비로소 효과를 발휘한다. 저승이 이승 사람들의 출세 길을 결정하고 통제하는 것이다. 이준이 지금 벼슬하면 대단히 출세를 못하고 10년 후에 벼슬길에 오르면 출세할 것이라고 알려주는 귀신의 말에서도 이런 구도가 암시되고 있다.

이렇게 볼 때에 지괴에서의 귀신과 저승사자는 이승의 생활에 깊이 관여하고 있음을 볼 수 있다. 그것은 단순히 미래를 내다볼 수 있는 차원의 관여가 아니다. 저승사자는 이승에서 당장 일어날 일을 미리 결정할 정도로 사람의 세계에 깊이 들어와 있는 것이다. 이것이 당대의 지괴에서 일어난 중요한 변화의 하나였다.

당대의 지괴에서 발견할 수 있는 또 다른 변화는 '문인화(文人化) 현상', 혹은 '귀족화 현상'이라고 이름 붙여도 좋을 듯하다. 위 · 진 · 남북조 시기의 지괴는 그야말로 괴이한 일을 서술하는 투박한 글쓰기였다. 그 시기에 유행하고 있던 변려체가 지괴에는 적용되지 않고 있었다. 특히 지괴는 그 등장인물에 있어서 계층을 가리지 않았다. 괴이한 일은 누구나 겪을 수 있는 일이었고, 그런 일에 대한 반응도 계층에 따라 크게 달라지는 것이 아니었다. 그래서 그 이야기들이 주로 문인들 사이에서 읽혀졌음에도 불구하고 내용이나 서술 대상에서 특정 계층의 독특한 문화나 분위기가 풍기지는 않고 있었다. 그런데 당대에 들어서서는 내용과 서술 대상에서 문인의 독특한 문화와 분위기가 짙어지기 시작했다. 문인이 겪을 수 있는 괴이한 일과 보통 사람이 겪을 수 있는 괴이한 일이 구분되기 시작한 것이다. 앞에서 언급한 바 있듯이 과거시험이 중요한 소재로 등장하는 것도 문인의 관심사를 표명한다는 점에서 이런 변화를 나타내고 있다.

지괴에서의 문인화 현상은 여러 측면에서 나타난다. 그것은 등장인물이 문인으로 설정되는 것으로 나타나기도 하고, 이야기가 과거시험이나 시를 짓는 등의 문인들 특유의 관심사를 대상으로 하는 것으로 나타나기도 한다. 나아가서 그것은 이야기를 서술하는 문체에서 이전의 투박한 어투를 벗어나서 교양 있는 어투를 사용하는 것으로 나타나기도 한다. 동시에 이야기가 매우 길어지고 번잡해지면서 실제 이야기의 전개와 직접 관계가 없는 세부사항이 시시콜콜 나열되는 것도 문인화 현상의 한 부분으로 간주할 수 있다. 다음의 이야기를 보자.

대력(大曆) 4년에 처사(處士)인 노중해(盧仲海)는 오촌 당숙인 노찬(盧纘)

과 함께 오(吳) 지방을 여행하고 있었다. 어느 날 밤에 주인과 함께 술을 마셨는데 즐거운 마음에 크게 취하고 말았다. 다른 사람들이 모두 흩어진 후에, 노찬이 계속 토하면서 매우 힘들어하는 것 같았다. 더욱이 밤이 깊어 도와줄 사람도 없는지라 노중해는 혼자서 그를 돌보고 있었다. 노중해는 천성이 효성스럽고 우애가 있는 사람이었다. 상자 안에 있는 약을 모두 가져다가 그에게 먹였지만, 한밤중에 노찬은 죽고 말았다. 노중해는 비통하고 황당할 뿐이었다. 노찬의 심장은 아직 따뜻했지만 달리 방법이 없었다. 그때 문득 《예기(禮記)》에서 읽은, 죽은 자의 혼을 불러 돌아오게 하는 방법이 생각났다. 또 전에 어떤 사람이 초혼(招魂)의 경험을 말해 준 것도 기억이 났다. 그래서 그는 노찬의 이름을 크게 불렀다. 쉬지 않고 계속해서 수만 번은 족히 불렀을 때에 문득 노찬이 살아나서 말을 할 수 있게 되었다.

"네가 불러준 덕분에 살았구나."

이에 노중해가 어떻게 된 일인지를 묻자, 이렇게 대답했다.

"처음엔 몇 명의 관리가 와서 나를 끌고 가더구나. 그러면서 말하기를 낭중(郎中)이 모셔오라고 했다는 거야. 내가 그 이름을 물으니 윤씨(尹氏)라고 하더구나. 잠깐만에 그 집에 도착했지. 건물이 대단히 웅장하고 수레며 말들이 지극히 성대했단다. 안으로 들어가자, 윤씨가 나와서 영접하며 내게 이렇게 말하는 거야.

'술은 어떻게 마셔야 합니까? 예전에는 호탕하게 술을 마시곤 했습니다만, 어느 날 술을 끊은 이후로는 기억이 지워져서, 주흥을 펼치기가 어렵습니다. 그래서 그대를 모셔온 것입니다.'

그리고는 나를 데리고 어느 대나무 정자로 가더구나. 거기에 모인 손님들은 모두 붉은 옷을 입고 있었는데, 나는 그들과 절을 나누고 자리에 앉았단다. 하인들이 술을 내왔는데, 술잔과 쟁반이 모두 반짝반짝 빛나고, 기녀와 악사들이 구름처럼 몰려오더군. 나는 마음이 매우 흡족하여, 내가 지금 여행 중에 있다는 사실을 까맣게 잊어 버렸단다. 한참 연회가 벌어지고 있는데, 문득 네가 날 부르는 소리가 들리더구나. 그러나 여러 악기가 한꺼번에 연주되고 있었기 때문에 난 이미 정신이 혼미한 상태였단다. 다시 무수히 많은 술잔들이 오가자, 나는 곧 그 일을 잊어버렸지. 그런데 잠시 후에 네가 또 날 부르더구나. 그 소리가 너무 슬피 들려서 내 마음이 안타까웠지. 이러기를 서너 차례 하니, 마음이 불편해서 더 있을 수가 없더구나. 그래서 물러가기를 청했단다. 주인이 한사코 말리는 것을 집에 급한 일이 있다고 둘러댔지. 그랬더니 주인이 잠시 다녀오라고 놓아주더구나. 그리고 다시 오라고 몇 번이나 부탁하면서 내게 무슨 관직을 주겠다고 하더구나. 나는 일단 거짓으로 승낙했지. 여기 오고 보니 그게 바로 죽음이었단다. 만약 네가 날 불러주지 않았다면, 난 내 몸이 이곳에 있다는 사실도 잊어버렸을 거야. 내가 처음 그곳에 갔을 때는 정말로 꿈을 꾼 듯했지. 하지만 지금은 다시 불려갈까 두려우니, 어떻게 하면 좋겠느냐?"

"정성이 지극하면 다시 효과가 없을 수는 없겠지요. 앞의 방법이 효과가 있었으니, 다시 그 방법을 써보도록 하지요."

그리고는 향을 피우고 주문을 외면서 만약의 사태에 대비했다. 그러나 노찬은 말을 나누던 중에 갑자기 또 죽어버렸다. 노중해는 다시 그의 이름을 불렀다. 그 소리가 매우 애절하고 처량했다. 그렇게 날이 밝을 때까지 부르자, 노찬이 다시 살아났다.

"또 네가 불러준 덕분에 살았구나. 나는 다시 전처럼 술을 마셨단다. 기분 좋게 마시고 있는데, 좌중의 다른 동료들이 모두 취해 버렸단다. 주인이 바야흐로 칙서를 내려 내게 관직을 주려 하는데, 그때 마침 네가 날 부르는 소리가 들렸단다. 소리가 너무도 애절하여, 나는 전처럼 측은한 생각이 들었지. 주인은 내가 기뻐하지 않는 것을 의아하게 생각하더구나. 나는 또 잠시 돌아가게 해 달라고 부탁했지. 두세 번 그러자, 주인이 웃으면서 '거참 이상하구나' 하더니 날 놓아주더구나. 이제 다시 한번 가면 돌아올 길이 없을 것 같다. 그런데 닭이 울고 날이 밝으면, 음(陰)한 물건은 휴식에 들어가지 않겠느냐? 또 듣건대 귀신은 경계를 넘지 않는다 하더구나. 우리 함께 도망가는 것이 어떻겠느냐?"

"그게 최상책입니다."

그들은 즉시 배를 구해서, 부지런히 도망갔다. 노찬의 병도 치유되었다. (《통유록(通幽錄)》, 《태평광기》 338권)

이것은 죽은 사람이 저승으로 가는 이야기이기 때문에 기본적으로는 저승사자에 관한 이야기에 속한다. 그런데 여기에서 노찬이 저승으로 가는 과정은 여느 이야기와는 사뭇 다르다. 그는 저승의 대감이 초청해서 관직을 받아 저승생활을 시작하게 되어 있다. 그것은 마치 처사(處士)로 있던 사람이 과거에 합격해서 벼슬길에 오르는 것과 마찬가지이다. 더욱이 그가 단순히 저승으로 가는 것이 아니라 저승의 대감이 주연을 베풀면서 모셔간다. 그것은 마치 과거에 합격한 사람들이 축하를 받는 자리에서 주연을 벌이는 것과 마찬가지이다. 이런 경험은 누구나 다 할 수 있는 것이 아니고, 문인이라는 특수한 계층의 사람만이 할 수 있는 경험이었다. 저승의 대감이 보통 사람을 데려갈 때에는 저승사자를 시키지만, 문인을 데려갈 때에는 자신이 직접 주연을 베풀면서 데려간다. 이제 저승이 문인에게 특별대우를 하기 시작한 것이다.

이야기에서 나타나는 문인화 현상은 저승으로 가는 과정에서만 나타나는 것이 아니다. 이 시기의 이야기를 보면 이승에서 문인으로 살았던 사람들이 저승에서도 여전히 문인으로 살아가고 있음을 보여준다. 이것은 귀(鬼)라는 말이 비하(卑下)하는 의미를 다분히 담고 있던 이전의 이야기와는 사뭇 다른 것이다. 몇 가지 예를 보기로 하자.

> 정교(鄭郊)는 하북(河北) 지역 출신인데, 진사(進士) 시험에 응시했다가 낙방하여 진양(秦陽) 지역과 신채(新蔡) 지역을 여행하고 있었다. 어느 날 그가 어느 무덤 앞을 지나는데, 그 무덤 위에 대나무 두 줄기가 자라고 있는 것을 발견했다. 그 대나무의 짙푸른 색깔이 무척 보기 좋아서, 그는 말을 멈추고 이렇게 시를 읊어 노래했다.
>
> 무덤 위의 두 줄기 대나무
> 바람이 불어도 언제나 굳세게 서 있네.
> (塚上兩竿竹, 風吹常裊裊)
>
> 그러나 여기까지 읊고 나서 한참 동안 그 다음 구절을 잇지 못하고 있었다. 그러자 갑자기 무덤 안에서 누군가가 말했다.

"이렇게 읊으면 되지 않겠소?"

그 아래 백 년 동안 누워 있는 사람 하나 있어
긴 잠에 빠졌으니 언제 아침이 올까?
(下有百年人, 長眠不知曉)

정교는 깜짝 놀라며 누구냐고 물었지만, 무덤 안에서는 더 이상 말이 없었다. (《태평광기》 354권)

진사(進士) 조가(祖價)는 조영(祖詠)의 손자였는데 과거시험에 떨어진 후 상산(商山) 지방을 떠돌아 다녔다. 여행은 위험하고 피곤하였다. 하루는 저녁이 되어 어느 외딴 역사(驛舍)에 도착했는데 거기서 얼마를 더 가니 텅 빈 절이 하나 있었다. 조가와 시종은 그곳에서 하룻밤을 묵기로 하였다. 가을달이 무척이나 밝았다. 조가는 혼자서 달을 감상하며 이리저리 거닐고 있었다. 그런데 갑자기 어떤 사람 하나가 불전(佛殿) 뒤에서 나오더니 그에게 인사를 하고는 같이 앉았다. 우스개 소리를 하기도 하고 경전과 역사에 대해 이야기하다가 때때로 혼자 중얼거리기도 하였다. 조가는 차를 끓여 대접했는데, 그 사람은 끊임없이 혼자 중얼거리다가 말했다.

"무릇 사람이 시를 지으면서, 마음을 표현하고 사물을 읊어낼 때 정밀하고 절실하지 않으면 사람을 감동시킬 수가 없습니다. 우리는 오늘 저녁 우연히 서로 만났고, 훗날 다시 만나리라 기약하기도 어렵습니다. 짧게나마 두세 편의 시를 지어 제 마음을 풀어볼까 합니다."

그리고는 낭랑하게 시를 읊었다.

나의 집은 역사의 북쪽 길가
백 리 사방에 이웃 하나 없네.
오가며 안부 묻는 이도 없어
적막해라, 산가(山家)의 봄이여.
(家住驛北路, 百里無四鄰. 往來不相問, 寂寂山家春.)

그리고 또 읊었다.

남쪽 언덕의 밤은 쓸쓸해
청송(青松)과 백양나무뿐.
식구들은 꿈에서 날 보련만.
멀리 떠나 온 나그네 애간장이
벌써 다 녹아 버렸다네.
(南岡夜蕭蕭, 青松與白楊. 家人應有夢, 遠客已無腸.)

다시 또 읊었다.

차가운 길섶에 자라난 하얀 풀들,
환한 달빛 속에 어지러운 산.
오늘밤은 그만두자, 이 괴로운 읊조림을.
싸늘한 촛불 아래 그대와 함께 있으니.
(白草寒路裏, 亂山明月中. 是夕苦吟罷, 寒燭與君同.)

시를 끝내고도 그는 여전히 무엇인가 읊조리다가, 밤이 깊어지자 절을 하고 물러갔다. 다음 날 이웃 사람에게 물어보았더니, 그가 말했다.

"이곳은 앞 뒤 몇 리 안에 사람이라곤 하나도 살지 않습니다. 단지 서생(書生) 하나가 객사한 일은 있었는데, 불전 뒤편 남쪽 언덕에 묻어 주었지요."

조가는 그 사람이 지었던 시를 떠올리고는 비로소 그가 귀신임을 깨달았다. 그래서 글을 지어 그를 조문하고 떠났다. (《회창해이록(會昌解頤錄)》, 《태평광기》 344권)

이 이야기에서 귀신은 시를 통해 자신의 존재를 드러낸다. 그들은 분명히 이승에서 문인으로 살았던 사람이며, 그래서 저승에서도 이승의 생활방식을 유지하고 있다. 이런 귀신의 등장은 이제 저승의 삶이 이승의 것과는 다른, 어딘가 음침하고 무서운 구석이 있는 삶이 아니라는 감각을 보여준다. 저승의 삶은 이승의 삶이 연장된 것이며, 저승이라는 공간은 기회만 있으면 이승으로 바짝 다가서는 것이다. 이런 귀신이 비교적 수줍은 데에 비해서 좀더 대담하게 이승으로 나서는 귀족화된 귀신도 있었다. 다음의 이야기에서 그런 귀신이 나온다.

장유(張庾)란 사람이 진사(進士) 시험에 응시하고자 하였다. 원화(元和) 13년에 그는 장안(長安)의 승도리(昇道里) 남쪽 거리에서 살고 있었다. 그 해 11월 8일 밤이었다. 하인은 다른 곳에서 자고 홀로 달빛을 즐기고 있는데 갑자기 기이한 향기가 정원에 가득 차는 것을 느껴 깜짝 놀랐다. 잠시 후 누군가의 발자국 소리가 점점 다가왔다. 그는 허둥지둥 신을 신고 나가 그 소리에 귀를 기울였다. 열여덟에서 열아홉 살쯤 되는 몇 명의 시녀가 문을 밀고 들어왔는데 더할 나위 없이 아름다웠다. 그들이 말했다.

"달구경하기 좋은 곳을 찾고 있었는데, 굳이 들판으로 나가서 놀 필요가 없겠네. 이 정원의 등나무 드리워진 작은 누대 정도면 충분하겠어."

그리고는 일고여덟 명의 소녀들을 이끌고 들어왔다. 그 소녀들은 모두 용모가 아름답기 그지없고 의복과 장신구 또한 화려하여 부유한 집 사람 티가 완연하였다. 장유는 그들을 피해 집안으로 달려들어가 주렴을 내리고 밖을 살펴보았다. 여자들은 모두 천천히 걸어서 곧장 등나무 아래로 갔다. 잠깐 사이에 탁자와 의자를 늘어놓고 아름다운 쟁반에 옥으로 된 술동이와 술잔, 그리고 술국자를 내놓았는데, 모두가 진귀한 것들이었다. 여덟 사람이 둥글게 둘러앉았는데, 푸른 옷을 입고 음악을 연주하는 사람이 열 명에다, 박판(拍板, 타악기의 일종)을 두드리며 서 있는 사람이 두 명, 좌우에서 시중들며 서 있는 사람이 열 명이었다. 음악이 막 연주되기 시작하자, 자리에 앉아 있던 사람 가운데 하나가 말했다.

"주인에게 알리지도 않고 이제 음악까지 연주하려 하니 너무 함부로 구는 게 아닐까요? 지체 높으신 분 같으니 초대해서 같이 즐기는 게 좋을 듯합니다."

이에 시녀 하나를 시켜 다음과 같이 말을 전하게 했다.

"저희 자매들이 달구경을 나왔다가 우연히 댁의 정원에 들어왔습니다. 술과 음악이 마련되어 있으니 편히 즐기시면 됩니다. 잠깐 나오셔서 주인

노릇을 해 주실 수 있는지요? 밤이 깊어서 아마도 벌써 의관을 벗고 계실지 모르지만, 사건(紗巾)만 쓰고 나오신다면 예의범절을 모른다 소리를 들으실 것입니다.”

장유는 시녀가 명을 받는 소리를 듣고는 그녀가 오는 것이 두려워, 들어오는 것을 막으려고 문을 걸어 잠갔다. 시녀가 문을 두드렸으나 장유는 대답하지 않았다. 시녀는 문을 밀어봐도 열리지 않자, 급히 달려가 상황을 보고했다. 그러자 한 여자가 말했다.

“그 분이 우리와 함께 즐기리라 감히 예상하지 못했겠지만, 이미 자기 집 대문을 들어섰으면 부르지 않아도 와서 보는 게 당연하지요. 그런데도 문을 걸어 닫은 것은 우리와 만나는 것을 부끄러워한다는 거겠죠. 불러도 오지 않는데 굳이 또 부를 필요가 있겠어요?”

이에 한 사람이 잔을 들자 다른 사람이 건배를 청하였다. 술잔이 돌아가자 각종 악기들의 합주가 연주되었다. 안주는 향긋하고 진귀한 것들이었으며, 음악의 선율은 맑고 아름다웠다. 장유는 속으로 생각했다.

‘이 마을의 남쪽 거리는 모두 찾는 사람도 없이 버려진 묘지뿐이라 아무도 살지 않는다. 그리고 마을에서 나왔다고 말했지만 마을 성문은 벌써 닫혔다. 저들은 요사스런 여우가 아니면 바로 귀신이리라. 내가 그래도 아직은 홀리지 않았으니 쫓아 버릴 수 있을 것이다. 순식간에 홀려 버리고 나면 어찌 제정신을 차릴 수 있겠는가?’

이런 생각에 살며시 침상을 괴어 놓은 돌을 빼들었다. 그리고 가만히 문을 열고 갑자기 밖으로 튀어나가 술자리를 향해 돌을 던졌다. 돌이 정확히 누대 위의 쟁반을 맞추자 사람들은 여기저기 어지럽게 흩어졌다. 장유는 그들 뒤를 쫓다가 술잔 하나를 빼앗아 옷자락으로 묶어 놓았다. 날이 밝은 뒤 살펴보니 그것은 흰 뿔로 만든 술잔이었는데, 기이한 물건이라 뭐라 부르는지 알 수 없었다. 정원의 향기는 며칠이 지나도록 없어지지 않았다. 잔을 상자 속에 넣어 두었다가 친구들이 올 때마다 보여주었지만 결국 그 잔의 유래를 알 수 없었다. 십여 일이 지난 어느 날, 그 술잔을 몇 차례 돌려보고 있었는데, 갑자기 잔이 땅에 툭 떨어지더니 사라져 버렸다. 장유는 그 이듬해, 진사 시험에 합격했다. (《續玄怪錄》, 《태평광기》 345권)

이 이야기의 여자 귀신들은 자못 대담하다. 그들은 달 밝은 밤에 남의 집에 나타나서 음악을 연주하며 파티를 즐긴다. 그들은 사람들한테 발각당할 것을 전혀 두려워하지 않는다. 오히려 주인한테 의관을 차려 입고 나와서 함께 즐기자고 초대하기까지 한다. 이렇게 되면 저승과 이승이라는 공간이 밤이라는 중간 공간에서 합쳐지는 셈이다. 그 공간에 생전에 귀족으로 살던 여인들이 나타나서 각종 사치와 오락을 즐기는 것이다. 여기에서는 저승세계의 슬픔이나 어두움이 거의 보이지 않는다. 그들은 저승에서도 이승과 같은 즐거움을 누린다. 다만 그것이 모든 사람에게 가능한 것이 아니라 이전에 귀족에 속했던 귀신에 국한되는 것이었으며 이야기를 하는 사람이 그들의 놀이에 관심을 보였던 것이다.

지금까지 나는 당대의 지괴에서 발견되는 특징을 검토했는데 그 결과는 자명하다. 당대에 들어서서 지괴에 속하는 이야기는 점점 사람의 이야기로 변하고 있었다. 물론 귀신은 여전히 귀신이었지만 그 귀신의 속성이 사람의 속성을 더 닮아가고 있었던 것이다. 동시에 이야기 속의 공간도 점차 사람의 사회를 닮아가고 있었다. 관리들의 부패가 심하고 문인 귀족들이 자신들만의 풍성함을 즐기는 사회의 모습이 귀신의 세계에서도 고스란히 투영되고 있다. 이런 면에서 당대의 지괴를 바라볼 때에 그것은 이미 전달받은 정보를 글쓰기를 통해 다시 전달하는 차원을 넘어서고 있었다고 본다. 여기에는 뒤에 전기(傳奇)를 다루면서 이야기하게 될 '자의적인 창작'의 흔적이 다분히 나타나고 있었다. 다만 지괴는 자의적인 부분이 아직 제한적이었다. 그것은 여전히 한 개인의 단편적 경험을 다루는 이야기였으며, 그래서 이야기를 만드는 사람의 자의적 창작이 개입될 수 있는 공간도 제한되어 있었기 때문이다. 그렇지만 그것이 만들어 낸 상상력의 공간은 당대 이후 더 큰 이야기들이 만들어지는 데에 중요한 바탕이 되었음이 분명하다. 그것은 '상상력을 적용한 글쓰기'라는 중요한 경험의 축적이었으며, 이렇게 축적된 경험이 훗날 소설적 이야기가 본격적으로 만들어지는 데에 큰 기여를 했을 것이기 때문이다.

2. 당・송시기의 전기(傳奇)

소설적 흐름의 측면에서 볼 때에 당・송시기에 가장 뚜렷이 모습을 드러낸 것은 전기라는 새로운 글쓰기였다. 당・송시기에 전기라는 명칭이 책의 제목으로 쓰인 적은 있지만 그것이 어떤 글쓰기의 흐름을 가리키는 말은 아니었다. 그것은 명대의 호응린에 의해서 처음으로 글쓰기의 한 흐름을 가리키는 말로 정착되었다고 알려져 있다.[4)]

전기는 여러 가지의 의미를 지닌 단어이다. 그것은 당대에서 송대에 걸쳐 유행한 실명(實名)을 전제로 한 이야기로서의 글쓰기였다. 경우에 따라서 그것은 특정의 문체를 가리키기도 하고 또 어떤 개인에 관한 이야기라는 특성을 공유하는 작품군(作品群)을 가리키기도 한다. 전기는 넓게 보아 당대에 새로 출현한 필기의 한 모습이었다고 할 수 있다. 그러나 전기는 필기에 속하는 다른 글, 예컨대 지괴와는 다른 면을 보이고 있다. 우선 그것은 편폭이 지괴에 비해서 훨씬 더 길다. 그리고 그 내용도 지괴와 같이 단일 사건을 다루는 것이 아니라 여러 사건이 연결되는 줄거리를 다룬다. 더욱이 전기는 지괴와 같이 직설적인 문장으로 쓰여진 것이 아니라 상당히 세련된 수식을 포함하는 '아름다운 문장'을 지향하는 특징이 있다.

당・송시기에 전기는 특정 글쓰기의 분야로 설정되어 있지 않았다. 당・송시기에 이런 이야기를 많이 모아놓은 것으로 《전기(傳奇)》, 《찬이기(纂異記)》, 《이문집(異聞集)》 등이 있었으나 대부분 실전(失傳)되었고, 송대에 《태평광기》가 편찬될 때에 이런 책에서 많은 이야기가 채집되어 오늘날까지 전해지고 있다. 그렇지만 《태평광기》가 소재를 중심으로 편집되었기 때문에 전기의 이야기들은 한 군데에 모이지 않고 여기저기 흩어져 있다. 20세기에 들어서서 노신이 《당・송전기집(唐宋傳奇集)》[5)]

4) 魯迅, 《中國小說史略》, p.89.

5) 나는 1977년에 홍콩에서 출판된 이 책의 영인본을 가지고 있는데 여기에는

을 편찬하면서 그 이야기들이 비로소 한 군데에 모이면서 소설적 흐름의 한 부분으로서 인정받게 되었던 것이다. 또 1936년에는 왕벽강(汪辟疆)의 《당인소설(唐人小說)》이 출판되었는데 이 책이 아마도 당대의 전기를 가장 잘 정리한 것이 아닌가 여겨진다. 국내에서는 정범진(丁範鎭) 교수가 중요 작품을 골라 번역해서 《앵앵전》이라는 제목으로 출판한 바 있다.[6]

노신은 전기가 지괴에서 출발하여 새로운 영역을 개척했다고 언급한 바 있다. 그는 당대에 들어서서 '의도적 창작'이 유행하면서 전기가 본격적으로 형성되었음도 함께 지적하였다.[7] 그의 생각은 주로 자신이 편찬한 《당·송전기집》에 수록된 작품을 근거로 한 것이라고 생각되는데, 이런 생각은 사실 완전히 부정할 필요도 없지만 또 완전히 수긍할 수 없는 면을 지니고 있다. 그 생각을 긍정하지 않을 수 없는 것은 일부 작품이 지괴의 이야기를 확장시킨 것임이 분명하기 때문이다. 예를 들어 〈보강총백원전(補江總白猿傳)〉은 장화(張華)의 《박물지》와 간보(干寶)의 《수신기》에 수록되어 있는 선후(獮猴)와 가국(猳國)의 이야기를, 〈침중기(枕中記)〉도 지금은 남아 있지 않지만 《수신기》에 있었다는 양림(楊林)의 이야기를, 그리고 〈남가태수전(南柯太守傳)〉은 《수신기》의 노분(盧汾)의 이야기를 각각 확장시킨 것으로 알려져 있기 때문이다.[8]

다른 한편으로는 당·송시기의 지괴와 전기를 명확하게 구분짓는 것이 사실상 불가능한 면이 많다는 점이 있다. 예를 들어 《태평광기》의 「鬼部」를 살펴보면 316권부터 355권에 이르기까지 40권 중에서 위·진·남북조시기의 이야기를 315권부터 327권까지 배열하고, 328권부터 355권까지는 당·송시기의 귀신에 관한 이야기를 배열하고 있다. 그 이야기들을 귀신

모두 44편의 작품이 수록되어 있다.

6) 이 책은 1995년에 성균관대학교 출판부에서 발행되었다. 이 책에는 모두 41편의 작품이 수록되어 있다.

7) 魯迅, 《中國小說史略》, pp.89~90.

8) 丁範鎭(譯), 《앵앵전》, p.31.

과 저승에 관한 것이기 때문에 지괴라고 생각할 수 있음은 당연하다. 그런데 뒤로 갈수록 그 이야기가 쓰여진 모습은 이전의 지괴보다는 전기에 더 가깝다. 즉 편폭이 길어지고 수사(修辭)가 늘어나며, 시가 삽입되는 경우가 늘어나기 때문이다. 그래서 지괴와 전기는 사실상 섞여 있었다고 해도 과언이 아니다. 다만 몇 가지의 특징적 요소를 중심으로 해서 두 가지의 흐름을 포착하는 것은 가능하다. 그렇기 때문에 어떤 작품을 앞에 놓고 그것이 지괴인가, 아니면 전기인가 하는 논쟁을 벌이는 것은 사실상 무의미하다. 같은 작품에 지괴의 요소와 전기의 요소가 공존하는 것은 충분히 있을 수 있는 일이다. 지괴와 전기는 결국 필기라는 대지 위에 모습을 드러낸 두 그루의 나무였으며 우리는 이 나무들이 어떤 면에서 구별되는지를 살펴볼 필요가 있다.

비록 필기라는 대지 위에 함께 서 있는 나무였지만 전기는 지괴와는 여러 면에서 달랐다. 전기는 앞에서 언급한 바 있듯이 실명(實名)을 전제로 하는 글쓰기였다. 물론 오늘날 작자가 알려져 있지 않는 작품도 있지만, 상당수의 작자가 알려져 있는 것으로 보아서 그것이 당시에 실명을 전제로 한 것이었음은 분명하다. 이전의 《세설신어》나 《수신기》 등에 실려 있던 글이 대부분 실제 작자를 알 수 없었던 것과 비교하면, 이것은 이제 이야기가 글쓰기가 사회적 행위의 하나로 전면에 등장하는 징후를 보여준다고 할 수 있다. 그것은 전기를 쓰는 행위가 고립적인 것이 아니라 다수 문인들이 참여하면서 동시에 독자의 역할도 담당하는, 문필활동의 한 부분으로 등장하는 것을 보여준다. 전기는 문인들에 의해 쓰여지고 읽혀지는 문인사회 특유의 이야기로 등장한 것이며, 그래서 문인사회 특유의 스타일을 채택한 글쓰기였다.

전기는 당시에 주류를 이루고 있던 문필활동에는 포함되지 않고 있었다. 그렇지만 그 속에는 문필활동의 여러 모습이 녹아들어 있다. 그것은 이야기라는 커다란 그릇 속에 여러 재료를 넣고 끓여낸 것과 비슷한 모습을 하고 있었다. 대부분의 작품은 등장인물의 이름과 출생지, 날짜 등을 맨 앞에 내놓는 것이 공통적이었는데, 그것은 역사기술의 한 부분인 전기(傳記)의 모습을 가져다 놓은 것이었다. 또 이야기가 진행되는 중간에 시를 삽입하는 경우도 많았고, 상소문이나 서간문 등을 삽입하는 경우도 많았다. 또 이야기의 마지막에는 대부분 작자의 생각을 표현하는 부분이 붙어 있다. 교훈적이거나 도덕적인 의미를 강조하는 이 부분은 자신이 쓴 이야기가 사실임을 주장하는 경우가 많다. 이런 모든 요소는 당시의 문필활동에서 주류에 속하는 것이지만, 사실상 이야기의 전개에 있어서 그리 큰 역할을 하지는 않는다.

한편 전기는 단순히 이야기를 글로 적어낸 것이 아니다. 그것은 수동적으로 특정 정보와 관련된 이야기를 받아 적은 것이 아니라, 능동적으로 이야기를 만들어 쓴 글이다. 이런 능동적 글쓰기에서 애초에 주어진 정보와 이야기는 그 비중이 크게 줄어들었다고 보아야 할 것이다. 그 이야기들은 핵심적인 정보를 목표로 하고 있으면서도 그 정보 자체의 전달보다는 그것을 둘러싼 장황한 이야기의 전달을 더 큰 목표로 삼고 있다. 실제로 정보는 이야기의 핵심이 아니다. 이야기의 핵심은 그 줄거리의 전개에 있는 것이다. 이런 면에서 볼 때에 전기는 그 이전의 여러 이야기들과는 큰 차이를 보인다.

또 전기는 길이에 있어서 짧은 이야기를 위주로 하는 일반적인 필기와는 달랐다. 전기는 900자 정도를 기준으로 짧은 것과 긴 것을 구분할 수 있는데, 노신이 선택한 작품을 보면 긴 것이 더 많다는 것을 알 수 있다. 다시 말해서 전기는 상당한 길이를 가진 필기의 문장이자, 이야기였다. 전기도 어차피 개인의 경험을 중심으로 한 이야기인데, 그것이 이전의 이야기와는 달리 상당한 길이를 가지고 있는 데에는 여러 이유가 있다. 그 중에는 짧은 이야기 여러 개를 차례로 늘어놓는 것도 있으니, 가장 이른 작품으로 알려져 있는 왕도(王度)의 〈고경기(古鏡記)〉가 그런 예이다. 그렇지만 이 이야기를 이루는 작은 단위의 이야기도 지괴보다는 상당히 길다고 보아야 하겠다. 그런가 하면 지괴에서와 같이 하나의 이야기를 길게 늘어놓은 것도 있으니 〈주진행기(周秦行記)〉가 그 예가 될 수 있다. 이 이야기가 길어진 것은 내부적인 묘사가 매우 세밀할 뿐만 아니라 하나의 만남이 또 다른 만남으로 이어지면서 '사건'이 내부적으로 복잡하게 짜여져 있기 때문이다. 그러나 대부분의 전기는 하나의 '사건'을 설명하지 않는다. 상당수는 한 사람의 일생을 여러 사건의 연결을 통해 그리고 있다고 해도 과언이 아니며, 그렇지 않은 것도 짧은 시간에 경험하고 끝나는 사건을 설명하는 것이 아니라 긴 시간에 걸친 '사연'과 그 과정 및 결과를 설명하고 있다. 이렇게 이야기의 중심이 단일 사건에서 '사연'으로 넘어갔기 때문에 그 설명이 길어질 수밖에 없었다.

그런데 이것이 또 다른 소설적 효과를 가져왔다고 본다. 이야기가 사건을 중심으로 하지 않고 사연을 중심으로 한다는 것은 그 안에서 상당한 시간적 공간이 펼쳐지는 것을 가리키며, 이런 시간적 공간은 또 구도상의 공간을 확장하게 된다. 예를 들어 어떤 사람이 귀신을 만나 이야기를 나누다 헤어졌다는 이야기에서는 시간적 공간이 제한되어 있다. 시간적 공간이 하룻밤을 넘기기 어렵기 때문에 그 사건을 서술하는 구도상의 공간도 제한된다. 물론 시간이 제약되어 있다고 해서 공간이 반드시 따라서 제약되는 것은 아니다. 〈주진행기〉를 보면 시간은 하룻밤으로 제약되어 있지만, 한 사람을 만나면 또 다른 사람이 나타나고 그 다음에 또 다른 사람이 나타나면서 긴 이야기로 변하는 것을 볼 수 있다. 그렇지만 이 경우에도 줄거리의 구도는 단조롭다. 그것은 같은 방식의 이야기가 되풀이되는 것뿐이지, 모습을 달리하는 새로운 줄거리가 앞의 줄거리에 덧붙여지는 것이 아니다.

그런데 '사연'을 다룸으로써 시간적 공간이 확장된 작품에서는 이와는 다른 줄거리의 구도가 나타난다. 예를 들어 〈이와전(李娃傳)〉을 보기로 하자. 여기에서는 한 서생(書生)이 장안의 기생과 사랑에 빠져 재산을 탕진할 때까지 일년을 넘게 보낸다. 그러다가 기생집의 계략에 빠져 길거리에 나앉는 신세가 되고 급기야는 흉사(凶肆, 장의사)의 무리에 섞여 만가(輓

歌)를 부르는 신세로 전락한다. 어느 날 그는 많은 사람이 모인 장소에서 노래를 부르다가 부친한테 들켜서 매를 맞고 쫓겨나서는 거지 신세로 전락한다. 구걸을 하던 그가 자신을 배신했던 이와를 다시 만나게 되고, 마음을 고쳐먹은 이와는 모든 것을 던진 채 그를 보살피며 과거 준비를 시킨다. 그리고 그가 과거에 합격한 이후 이와는 그의 부인이 되어 죽을 때까지 행복한 삶을 살아간다. 여기에서 이와가 주인공의 부인이 된 이후가 시간적으로는 가장 길지만 그것은 여담으로 놓아 두자. 그렇지만 서생이 이와를 만나서 과거시험에 합격할 때까지의 기간은 구체적으로 계산하지 않더라도 몇 년은 족히 되는 세월이다. 이 이야기는 그 몇 년의 세월에 걸쳐 진행된 '사연'을 설명하고 있는 것이다. 그렇기 때문에 그 사이 사이에 개재될 수 있는 사건이나 동작의 수는 무수하게 늘어날 수 있다. 〈이와전〉에서는 줄거리의 전개에 중요한 부분만을 배치하고 있지만 그것 자체도 이전의 이야기에서는 볼 수 없었던 복잡한 구도를 보여주고 있다. 앞에서 지괴를 설명하면서 징검다리를 언급한 일이 있는데, 이렇게 시간적 공간이 늘어난 이야기는 사실상 징검다리의 범위를 넘어서 둑을 하나 쌓는 것과 비슷한 것이었다. 그렇기 때문에 이야기 속의 공간은 작자가 마음먹기에 따라서는 무한대에 가깝게 늘어날 수도 있다.

이것은 당대 전기에서 드러난 중요한 변화를 보여준다. 이른바 '사건에 대한 관심'에서 '사연에 대한 관심'으로의 이행은 곧 이야기를 하는 기술이나 방법에 있어서 새로운 세계의 개척을 요구하게 되어 있다. 그것은 단순히 시간적 공간의 확대와 그에 따른 이야기 공간의 확대만을 의미하는 것이 아니다. 그것은 필수적으로 등장인물의 증가를 가져왔다. 왜냐하면 구도의 확대는 주인공이 외부적으로 접촉하는 세계의 확대를 의미하며, 그 세계는 결국 등장인물—그것이 귀신이건 사람이건 간에—의 증가를 요구하기 때문이다. 이야기는 이제 단순히 한두 사람의 등장인물을 둘러싼 채로 진행되는 것이 아니라 복잡한 인적(人的) 네트워크가 개입된 상태에서 진행된다. 게다가 구도의 확대는 그 구도를 이루는 사건 사이의 원활한 연결고리를 필요로 한다. 그것은 합리적 인과관계, 그리고 등장인물의 개성에 따른 예정된 반응 등으로 이루어져야 했다. 만약 그런 것이 없다면 이야기를 구성하는 사건 각각이 떨어져 있을 수밖에 없고, 그러면 전체적인 구도가 이루어지지 못하는 것이다. 또 전체적인 구도를 더욱 그럴 듯하게 만드는 것이 세부적인 묘사이다. 예를 들어 아름다운 여인의 방이 얼마나 단정하게 꾸며져 있는지, 사랑의 장소가 얼마나 아늑한지, 또는 여우가 환생해서 나타난 여인을 여우인 줄 알면서도 사랑하지 않을 수 없을 때, 그 여인의 모습이 얼마나 아름다운지를 세밀하게 설명하는 것은 그 줄거리의 원활한 전개를 위해서는 필수적인 것이었다.

그래서 이 시기의 문인이 전기의 작품을 쓸 때에는 이런 요소들이 종합적으로 고려되지 않으면 안 되었다고 생각되며, 이런 측면에서 전기는 단순히 이야기를 쓰는 것이 아니었다. 모든 작품이 그런 것은 아니지만 당·송대의 전기를 쓴 작자들은 이런 필요를 인식하고 있었다고 본다. 그 이야기들은 핵심적인 정보를 토대로 하면서도 몇 단계의 과정을 거쳐서 완성된 것이라고 보아야 하겠다. 핵심적인 정보는 지괴에서와 마찬가지로 상당한 격차를 두고 있는 시간적 공간의 시점과 종점이었을 것이다. 작자는 그 시점과 종점을 어떻게 연결해야 할 것인가를 고려해야 했으며, 그 다음에는 그 고려를 바탕으로 상징적인 사건을 설계해야 했다. 그리고는 그 사건이 발생하는 과정에서의 세부적인 사항을 마련하고, 하나의 사건이 다음의 사건으로 넘어가는 연결고리를 설계하지 않으면 안 되었을 것이다.

바로 이런 과정에서 당·송시기의 작자들은 새로운 소설적 경험을 하고 있었다. 그것은 그런 구도를 만들고, 세부적 사항을 설정하고, 사건을 전개시키며 사건과 사건을 연결시키는 과정에서 이야기의 전반적인 흐름이 핵심적 정보에서 이탈해서 자의적인 줄거리를 타게 되기 때문이다. 이것은 작자의 영역이 대폭 확대되는 것을 의미한다. 사실상 작자에게 주어진 것은 시점과 종점뿐이며, 이야기 자체의 대부분이 그의 머리와 손끝에서 만들어지지 않으면 안 되기 때문이다. 이런 현상이 지괴의 상황에서 없었던 것은 아니지만 그 수준에 있어서는 큰 차이가 있었다. 지괴의 기록자에게 필요했던 것은 사건 내부를 어떻게 처리하는가 하는 것이었던 반면에, 전기의 작자에게 필요했던 것은 이야기 전체를 어떻게 꾸려 가는가 하는 것이었기 때문이다.

그것은 마치 징검다리를 이루고 있는 몇 개의 돌덩어리가 놓인 자리에 많은 흙을 퍼부어서 둑을 건설하는 것과도 같았다. 그리고 그 흙의 상당 부분은 허구적 상상력으로 채워지지 않으면 안 되었다. 그런 경험은 이전보다 훨씬 넓은 의미에서의 상상력을 요구하고 있었는데 그것이 그냥 생기는 것이 아니었다. 그 상상력은 이야기를 둘러싼 사회적 요인과 현실적 환경 등에 대한 예리한 관찰이 없이는 쉽게 만들어지는 것이 아니었다. 그리고 상상력은 허구적(虛構的) 설정을 기반으로 한다. 허구는 사실과 같이 보이면서도 실제로는 존재하지 않는 현실적 모습이었다. 당・송시기의 전기에서는 바로 이런 허구에 기반을 둔 이야기, 즉 허구적 이야기가 출현하기 시작한 것이었다. 결국 사건에서 사연으로 관심이 이동하면서 그 줄거리를 만들어 내기 위한 기술이 궁극적으로는 허구적 이야기의 출현으로 이어지고 있었다. 이것이 당・송시기의 문인들이 전기의 작품을 통해서 겪었던 소설적 경험이었다. 그것은 이야기 내부의 구도를 구축하는 데에 있어서의 내부를 향한 변화의 경험이었다.

이와는 다른 측면에서 외향적인 변화를 우리는 전기에서 감지할 수 있다. 전기는 이전의 이야기에 비해서 훨씬 다양한 소재를 바탕으로 하고 있다. 이 작품들에서 우리는 저 너머에 있는 신비한 세계를 발견하기도 하고 이 세계의 가슴 아픈 사랑을 목격하기도 한다. 또 이 세계로 넘어온 저 세계의 존재나 잠시 저 세계를 방문한 사람의 경험도 있다. 한마디로 그것은 다양한 세계를 묘사한 이야기의 집합이었다. 시간의 흐름에 따라 관찰하면, 처음에는 저 세계에 대한 관심이 많다가 뒤로 갈수록 이 세계, 즉 당시 사람들이 살아가던 현실세계에 대한 관심이 두드러지게 나타나는 것을 볼 수 있다.

그러나 전기에서 나타나는 저 세계의 모습은 이전과는 많이 달랐다. 여기에서 나타나는 저 세계는 지괴의 후기 작품에서 드러나듯이 상당히 이승을 향해 접근해 있거나, 아예 융합되어 있음을 발견할 수 있기 때문이다. 이것을 설명하기 위해서는 몇 편의 작품을 검토하는 것이 좋을 듯하다. 우선 〈유의전(柳毅傳)〉을 보자. 여기에서는 과거에 낙방해서 낙향하던 유의(柳毅)라는 사람이 우연히 남편에게 쫓겨나서 들판을 헤매던 동정호(洞庭湖)의 용왕의 딸인 용녀(龍女)를 만나 그녀의 안타까운 사정을 용왕에게 전달해 준다. 용왕의 동생이 그 이야기를 듣고 그 남편을 죽이고 용녀를 데려온 후에 유의에게 많은 재물로 보답한다. 유의는 다시 현실세계로 돌아와 풍족한 생활을 하면서도 부인이 계속 죽는 일을 겪게 되는데, 마지막에 나타난 여인이 바로 용녀였다. 그녀는 유의가 그를 구해 준 은혜에 보답하기 위해 그의 부인이 되었으며, 이로 인해서 유의는 사람이면서도 용의 수명인 만수(萬壽)를 누릴 수 있게 되었고, 말년에는 속세를 떠나 해도(海島)에서 신선의 생활을 누리며 살았다. 이 이야기는 용궁이라는 저 세계와의 접촉을 그리면서 유의가 그 사회로 귀의한 결과를 이야기하지만, 실제로는 용의 세계가 유의의 세계로 들어온 것이라고 보아야 할 부분이 많다. 그것은 용궁의 모습이나 그곳의 관습 등이 이승과 크게 다르지 않으며, 용궁의 재물이 육지로 그대로 옮겨지고 용녀가 인간으로 나타나 유의의 부인이 된다는 점에 근거한 것이다. 인간세상과 용의 세상이 서로 거리낌 없이 통하고 있으며 혼인도 가능하다는 것은 지괴에서 나타났던 저승에 대한 관념과는 큰 차이를 보여주고 있는 것이다. 저 세계는 이승의 투영이며, 동시에 이승의 한 부분이다. 그것은 이승에서의 죽음 이후에 연장되는 저 세계가 아니라 이승과 물질적으로 연결되어 있는 저 세계일 따름이다.

또 전기에서는 꿈의 세계가 중요한 공간으로 등장한다. 이전의 이야기에서 꿈이 등장하지 않은 것은 아니다. 지괴의 이야기에서도 꿈은 저승사자나 죽은 사람의 혼이 등장해서 장래를 예고하거나 자신의 처지를 하소연하는 공간으로 등장하였다. 그렇지만 전기에서는 그 공간의 의미가 크게 달라졌다. 이것을 이해하기 위해서 〈침중기〉와 〈남가태수전〉을 살펴보는 것이 좋겠다. 이 이야기들은 다 같이 짧은 꿈 속에서 주인공이 일생을 살아가다가 꿈에서 깨어 인생의 덧없음을 깨닫는다는 것을 설명하고 있다. 〈침중기〉에서는 주인공 노생(盧生)이 출세하지 못함을 한탄하다가 꿈 속에서 출세를 거듭하고 아름다운 부인을 맞이하여 살다가 죽음을 목전에 둔 채 꿈에서 깨어난다. 〈남가태수전〉에서는 주인공 순우분(淳于棼)이 꿈에 개미나라로 초청을 받아 공주와 결혼하고 풍족한 생활을 하며 벼슬을 살다가 공주가 죽은 후로는 몰락을 거듭하여, 결국에는 휴가를 얻어 이승으로 돌아온다는 것을 줄거리로 하고 있다. 줄거리에 부분적으로 차이가 있기는 하지만 이 이야기에서 꿈이라는 짧은 시간이 일생을 보여주는 광활한 공간으로 나타나고 있다. 그것은 인간사회가 잠시 꿈의 세계로 들어갔다가 나온 것이었다. 그래서 꿈의 세계는 저 너머에 동떨어져 있는 공간이 아니라 이승의 어디에도 존재하는 공간이다. 다시 말해서 꿈이라는 특수한 공간이 이승을 투영하는 압축적 공간으로 변한 것이다.

저 세계가 이승으로 바짝 다가섰거나 아예 하나가 되어 버렸다는 것은 〈임씨전(任氏傳)〉에서 뚜렷하게 드러난다. 이 이야기에서 등장하는 임씨는 여우가 모습을 바꿔 나타난 여인이었다. 그녀는 스스로 기생집을 꾸며 남자들을 유혹하다가 정생(鄭生)과 사랑에 빠져 함께 생활하게 되었다. 그녀는 자신의 능력을 발휘하여 고관댁 하녀에 반한 정생 처남의 욕심을 채워주기도 하고, 정생에게 돈을 버는 방법을 일러주기도 한다. 그러나 정생이 임지로 떠날 때에 내키지 않는 여행을 따라나섰다가 길에서 사냥개를 만나 본색이 탄로나고, 결국에는 개에게 물려 죽고 만다. 이 이야기에서 작자는 그녀가 요물(妖物)이라는 것을 전혀 감추지 않고 첫 문장에서 그것을 밝힌다. 그것은 요물이 그리 무서워할 필요가 없다는 것을 가리킨다. 이 이야기에서 요물인 임씨는 어두운 구석에 숨어 있는 존재가 아니다. 그녀는 장안의 대로를 활보하며 고관댁을 드나드는 도시사회의 당당한 구성원으로 살아간다. 사냥개에 물려 죽는 순간을 제외하면 그녀는 누구도 따라올 수 없는 미모를 갖추고, 더욱이 앞날을 예언할 수 있는 능력까지 갖춘 완전한 사람이었다. 정생을 제외한 모든 사람은 그녀의 본색을 전혀 알지 못했던 것이다. 오히려 본색을 밝혀내는 것은 사람이 아니라 사냥개이다. 그것은 임씨도 어쩌지 못하는 자연의 섭리였기 때문이다. 그래서 임씨는 장안의 한 복판에서 행복한 삶을 살다가 간 요물이었다. 다시 말해서 요물의 세계는 멀리 있지 않았다. 그것은 장안 한복판에서도 얼마든지 모습을 드러낼 수 있는 세계였다. 이렇게 되면 저 세계는 완전히 이 세계의 한복판으로 들어와 있었다. 그것은 임씨가 사냥개에 물려 죽을 때를 제외하고는 거의 완전히 이승의 세계로 합쳐진 것이나 다름없었다.

전기에서는 저 세계의 모습이 이런 변화를 보여주고 있었다. 정범진 교수가 편찬한 《앵앵전》에 수록된 작품들을 보면 저 세계의 존재는 당・송시기의 문인들에게 있어서 중요한 의미를 지니고 있었다. 저 세계에 대한 언급이 전혀 없는 작품이 소수에 불과한 반면에 어떤 방식으로든 저 세계를 등장시키는 작품이 다수를 차지하고 있기 때문이다. 그렇지만 앞에서도 언급했듯이 저 세계가 지괴에서처럼 절대적인 것은 아니었다. 다시 말해서 이 세계와 격리되어 있는 저 세계, 그래서 두 세계 간의 접촉이 신기하게 여겨지는 그런 상황은 아니었다. 저 세계는 이 세계의 한 부분으로 바짝 다가서 있었다. 그들은 이 세계에 관한 이야기를 하면서 저 세계를 그 속으로 끌어들이고 있었던 것이다. 그 이야기들은 저 세계의 영험(靈驗)을 증명하거나 그것에 대한 막연한 호기심이나 경외감을 표출하기 위한 것이 아니었다. 저 세계는 결국 사람의 이야기를 하기 위한 증거였다. 그것은 사람의 이야기를 설명하는 보조수단이었으며, 사람은 그것에 기대어 더욱더 자신이 사람임을 증명하는 것이었다.

어떤 의미에서 보면 당・송시기의 지괴와 전기에서 나타난 것은 또 다시 일어난 '신과의 결별'이었다. 과거에 일어난 신과의 결별은 신화의 이야기를 잠복하게 만들었는데 그러한 사유의 일부분이 위・진・남북조 시기에 다시 한번 모습을 드러낸 바 있다. 그러나 당·송시기에는 그렇게 모습을 드러낸 신이 인간세상으로 끌려들어오면서 신계(神界)의 절대적 권위가 다시 쇠잔해지고 있었다. 그것은 사람들이 더 이상 신의 권위 하에서 살아가는 것이 아니라 스스로 자신의 삶을 꾸려나간다는 관념의 반영이었다. 신은 더 이상 사람을 좌지우지하지 않는다. 이 시기의 지괴에서도 이미 드러난 바 있듯이 저 세계의 존재는 점점 더 이 세계로 끌려들어오고 있었다. 다만 지괴에서는 그런 현상이 부분적으로 드러난다. 그것은 신의 세계는 여전히 인간을 지배한다는 생각을 기반으로 하고 있으면서, 인간의 영역이 조금씩 신의 세계를 잠식해 들어가는 모습을 보여준다. 반면에 전기에서 나타나는 '신과의 결별'은 보다 전면적인 것이었다. 그것은 이야기를 하는 사람들의 관심이 저 세계로부터 이 세계로 전이하고 있음을 보여주기 때문이다. 전기는 이런 면에서 지괴와 구분되기 시작하고 있었다.

이러한 관심의 전이는 몇몇 작품에서 본격적으로 드러나고 있다. 다시 말해서 저 세계에 대한 언급이 없이 완전히 이 세계에 집중하는 이야기가 등장하는 것이다. 물론 이것이 완전히 새로운 것은 아니었다. 사람들은 이전에도 역사기록을 가지고 있었는데 그 중에는 공식적인 기록에는 속하지 않는 일사(逸史)도 포함되어 있었으며, 거기에는 사람의 삶에 관한 이야기가 많이 있었다. 그렇지만 그것은 어디까지나 역사적 정보였으며 따라서 허구적 이야기를 전제로 한 것이 아니었다. 그러나 전기에서는 본격적으로 사람의 삶에 시선을 집중시킨 이야기가 출현하며, 그것은 특히 역사적 정보가 아니라 '파격적'인 삶에 대한 호기심을 중심으로 '짜여진' 이야기였던 것이다. 앞에서 살펴본 일부의 이야기가 저 세계와 연결된 끈을 유지하고 있었던 반면에 이런 이야기들은 그 끈을 끊어버리고 사람에 관해서만 시선을 집중시켰다는 특징이 있다고 하겠다.

'관심의 전이'는 한꺼번에 일어나지 않았다. 그것은 일부의 이야기들이 사람을 신격화(神格化)하면서 저 세계에 대한 감각을 여전히 유지하고 있었기 때문이다. 표면적으로는 그것이 분명 사람의 이야기였지만 그 내면에 들어있는 것은 어디엔가 존재하는 초월적 힘이었다. 그것이 신적 존재에 의해 표현되는 것이 아니라 사람에 의해서 표현되었다는 것이 일차적인 관심의 전이였다고 생각된다. 그것을 보여주는 것이 일반적으로 협객류(俠客類)로 분류되는 작품들로 〈규염객전(虯髥客傳)〉, 〈곤륜노(崑崙奴)〉, 〈홍선전(紅線傳)〉, 〈무쌍전(無雙傳)〉, 〈섭은낭(聶隱娘)〉 등의 작품이 이에 속한다고 할 수 있다. 협객이라는 말은 다른 사람의 원한을 갚아주는 사람을 가리킨다. 그들은 자신이 사건의 당사자가 아니면서도 자신과 관계 있는 사람의 어려운 문제를 풀어주는, 어떤 의미에서는 약간 애매한 구석을 가지고 있는 사람들이다. 〈홍선전〉의 홍선은 절도사(節度使)인 설숭(薛嵩)의 하녀이다. 그러나 그녀는 비범한 재주를 가지고 있어서 설숭이 위협을 받고 있을 때에 신출귀몰한 재주로 상대방을 제압하면서 그 위협에서 벗어나게 한다. 홍선은 이런 일을 해내는 데 전혀 두려움도 없고 별 어려움도 겪지 않는 비범함을 보인다. 〈규염객전〉은 사랑의 도피행각을 벌이는 남녀가 주막에서 규염객을 만나게 되고, 그가 남자 주인공을 한 나라를 끌고 갈 사람이 될 것이라고 예언한 후 자신은 먼 곳으로 나가서 다른 나라를 건설하는 것을 내용으로 하고 있다. 두 남녀가 규염객을 처음 만났을 때에 그가 악한을 죽여서 머리와 염통, 간 등을 들고 있었기 때문에 의협(義俠)의 모습을 보여주고 있다. 반면에 규염객은 천하를 도모한다는 의미에서는 단순한 협객이 아니라 영웅의 모습을 보이고 있다. 〈곤륜노〉는 당대에 장안에 많이 있던 서역(西域) 사람의 이야기를 다룬 것이다. 여기에서 곤륜노는 위기에 처한 주인을 구하고 그로 인해 고관의 미움을 사서 쫓기는 몸이 되지만, 하도 신출귀몰해서 오랫동안 잡히지 않고 출현하는 인물로 묘사된다.

이런 이야기들의 중심인물인 협객은 단순한 사람이 아니다. 그들은 보통 사람들, 특히 문인이 가지지 못한 비범한 재주를 가지고 나약한 문인으로 등장하는 주인공을 도와주는 사람들이다. 그들은 어려운 일을 맡아도 어려움을 느끼지 않으며, 다른 사람들이 생각하지 못하는 일을 해내는 사람이다. 그래서 그들은 다분히 신격화되어 있었다. 다시 말해서 그들은 이승의 세계에 존재하는 우상으로 등장하면서 실제로는 저 세계의 존재가 가진 능력을 가지고 있었고, 이전의 이야기 같으면 저 세계의 존재만이 할 수 있는 일을 해내고 있었던 것이다. 그렇기 때문에 이런 이야기에서 나타나는 관심의 전이는 그 정도에 있어서 아직 과도적이라고 보아야 하겠다. 등장인물은 분명히 이승의 존재이지만 그것은 사실상 표면적인 것에 불과하다. 그가 상징하고 있는 능력은 어디까지나 초월적인 것이기 때문이다.

관심의 전이가 본격적으로 나타난 것은 〈이와전〉, 〈앵앵전〉, 〈곽소옥전〉 등에서 가장 잘 드러난다. 이것은 '파격적' 사랑을 그린 작품들이었다. 예를 들어 〈이와전〉의 줄거리에는 어떤 신기한 힘도 작용하지 않는다. 심지어 이와가 남자 주인공을 다시 만날 때에도 다른 이야기 같으면 미리 꿈을 꾼다든가 혹은 남자 주인공에게 누군가 신비한 힘을 가진 사람이 도움을 주는 등의 요소가 가미되었을 법도 한데, 이 이야기에서는 전혀 그런 구석이 없다. 모든 것은 사람의 일이며, 그 줄거리는 사람들이 벌이는 행동의 결과로 인해서 엮어지고 있다. 사람의 힘이 미치지 못하는 구석은 유일하게 이와가 남자 주인공을 만나는 부분인데 이것도 남자가 거지가 되어 구걸을 하며 이곳저곳을 돌아다닌다는, 신격의 도움을 굳이 받을 필요가 없는 구도를 설정하고 있다. 다시 말해서 그것은 신과는 관계없는 사람과 사람 사이에 발생한 '사연'이 줄거리를 이루고 있다. 그것이 파격적인 이유는 한 번의 배신이 다음에는 보은(報恩)으로 연결되고 그것이 또 다른 보은으로 연결되기 때문이다. 그것이 단순한 사랑의 결합이 아니라 곡절에 곡절을 거친 결합이라는 점에서 파격적이었다.

〈곽소옥전〉은 부분적으로는 저 세계의 요소가 개입되어 있지만 전체적으로 볼 때에는 보통 사람의 이야기임이 분명하다. 여자 주인공 곽소옥이 나약하고 경박한 기질을 가진 이생(李生)을 만나면서 이야기는 시작된다. 곽소옥은 이생과 평생을 같이할 수 없음을 미리 알고 일정한 기한까지만 같이 지내기로 한다. 그렇지만 이생은 그 약속마저 지키지 못하고 모친의 명령에 따라 다른 여자와 결혼하면서, 이런 저런 핑계를 대어 곽소옥과의 인연을 끊으려 한다. 그러나 곽소옥은 이생의 기대와는 정반대로 그를 더욱 보고 싶어하여 연락을 취하려 하다가 몸져눕게 된다. 일부러 곽소옥과의 만남을 회피하던 이생은 어느 협객에게 붙잡혀 곽소옥을 만나게 되고, 그 자리에서 그녀는 이생을 원망하며 죽는다. 이생은 늦게나마 후회하며 장례를 치러 주었지만 남은 것은 곽소옥의 집요한 복수였다. 이생은 그녀가 죽은 후 평생을 정신이 이상한 상태로 살아가게 되었던 것이다. 이 이야기는 겉으로는 남녀간의 사랑이라는 소재를 다루고 있지만 내면에서는 두 사람의 성격이 대립하는 양상을 다루고 있다. 곽소옥은 한편으로는 냉철하면서도 또 다른 한편으로는 사랑에 집요한 성격을 가지고 있다. 그래서 그녀는 죽은 이후에도 이생을 용서하지 못한다. 이 두 가지의 성격이 한 몸에 배합됨으로써 곽소옥의 성격적 특징이 분명히 드러난다. 반면에 이생은 경박하면서도 우유부단하기 짝이 없다. 그는 악착같이 무엇을 이루어 보겠다는 의지가 없이 주로 남의 손에 끌려 다니는 사람이다. 그가 곽소옥을 처음 만나게 된 것이나, 그녀를 의도적으로 멀리하려 한 것이나, 마지막에 다시 그녀를 만나게 되는 모든 상황에서 그의 성격은 두드러진다. 그렇기 때문에 〈곽소옥전〉의 줄거리는 이렇게 서로 다른 성격이 팽팽히 맞서는 가운데에서 이루어진다. 그리고 그 대립과 갈등이 두 사람의 사랑을 파격적인 것으로 만드는 것이다.

〈앵앵전〉은 앞의 두 작품과는 또 다른 면을 지니고 있다. 여기에서 특징적인 것은 여인의 섬세한 내면이 이야기의 중심이 된다는 점이다. 앵앵이 장생의 유혹을 받았을 때에 그녀가 보낸 시는 분명히 장생의 마음을 들뜨게 하기에 충분한 것이었다. 그러나 장생이 정작 그녀 앞에 나타났을 때의 그녀의 반응은 매몰차기 짝이 없었다. 그런 그녀가 어느 날 스스로 장생을 찾아와서 잠자리를 같이 하면서 둘의 사랑이 이루어진다. 그렇지만 그녀는 내내 수심에 잠긴 채 말도 하지 않고 웃거나 노래를 부르는 법도 없다가 헤어지는 날이 되어서야 비로소 자신의 내심을 드러낸다. 헤어진 이후

장생은 앵앵을 단념하지만 앵앵은 여전히 장생의 귀환을 염원하는 편지를 보낸다. 오랜 세월이 지난 후 이미 다른 사람에게 시집을 간 앵앵을 장생이 한번 만나고자 했을 때에 앵앵은 그 청을 거절하고 만다. 이 이야기에서 장생은 사실상 아무런 성격이 없다. 그는 단지 앵앵을 만나서 사랑을 하다가 그녀를 떠나가는 조연의 역할만을 하고 있다. 가장 중요한 것은 앵앵의 성격, 특히 그녀의 가슴속에서 일어나는 파도였다. 그것은 흔들리는 여심(女心)을 상징한다. 한쪽으로는 엄격한 윤리의 벽을 느끼면서도 또 다른 한쪽으로는 주체할 수 없는 욕망이 그녀의 내면세계에서 갈등을 일으키고 있는데, 이 갈등의 표현이 〈앵앵전〉의 줄거리를 이루는 것이다. 그래서 그것은 표면적으로는 사람과 사람 사이의 관계에서 발생하는 사연이지만 실제로는 여인의 내면세계에서 일어나는 갈등, 다시 말해서 이중적 심리상태에서의 내부갈등이 바로 이야기의 줄거리를 이룬다. 특히 이 이야기에서는 자신의 감정을 직설적으로 말하지 않고 시와 편지를 통해서 전달하는 부분이 많은데, 이것은 그만큼 여인의 갈등이 절제하기 어렵다는 점을 가리키고 있다. 문인의 글쓰기는 그런 절제하기 어려운 갈등을 어느 정도 잠재울 수 있는 무기로 등장하고 있는 것이다.

이렇게 볼 때에 전기에서 나타난 관심의 전이는 또 다른 측면에서의 소설적 공간을 확보하는 계기로 작용했다고 볼 수 있다. 앞서 언급한 시간적 공간이 확대시킨 소설적 공간이 작자의 재량권을 키워주는 평면적인 것이었다면, 관심의 전이에 의해서 확대된 공간은 소재를 중심으로 하는 수직적인 것이었다고 할 수 있다. 이 공간에서 관심의 전이는 현실을 넘어서는 저 세계를 이 세계로 끌어들이는 작용을 하고 있었다. 초기 단계에서는 이것이 저 세계가 이 세계와 공존하거나, 나아가서는 저 세계가 이 세계의 한 부분으로 변화하는 것을 의미했다. 그러다가 거기에서 그치지 않고 이 세계의 사람을 통해 저 세계의 능력을 상징하게 만들었으며, 그래서 저 세계는 완전히 이 세계의 현실의 한 부분으로 흡수되었다. 그것은 사람에 대한 집중적인 관심이었다. 그 집중은 마침내 사람과 사람의 관계, 그리고 성격의 대립을 거쳐 마침내는 개인의 내면적 갈등으로까지 이어졌다. 다시 말해서 저 세계에서 이 세계로의 관심의 전이로 시작된 변화가 마침내는 개인의 내면 깊숙히 파고드는 움직임을 보였다고 할 수 있는 것이다.

그리고 그것은 소설적 공간을 넓으면서도 느슨한 공간으로부터 깊고 조밀한 공간으로 이동시키고 있었다. 전기에서 나타난 가장 큰 흐름은 바로 이런 관심의 전이에 의해 생긴 소설적 공간의 확대였다. 이런 확대는 이전에 경험된 적이 없었다는 점에서 이 시기의 가장 중요한 소설적 경험이었다고 할 수 있을 것이다. 이러한 소설적 경험은 이야기를 글로 써내는 것이 더 이상 정보나 교훈적 의미의 전달에 그치지 않고 점차 '소설적 리얼리티'를 구현하는 방향으로 흘러감을 의미한다. 이러한 흐름 속에서는 어떤 인물이 어떤 사건을 경험했다든가, 그가 어떤 삶을 살았던가 등에 대한 사실성 여부나 신빙성은 그리 큰 문제가 되지 않는다. 이런 이야기에서 점차 더 큰 비중을 지니는 것은 이야기의 '맥락'이 자연스러운가의 여부였다. 다시 말해서 그 내용과 전개방식이 '합리성'을 가지는가, 다시 말해서 앞뒤의 관계가 잘 맞는가, 아니면 사건과 사건의 연결고리가 그렇게 되지 않으면 안 될 정도로 정확하게 연결되어 있는가 하는 것이 더욱 중요했다. 또 여기에서 한 걸음 더 나아가서 그 이야기가 '재미있는가' 하는 것이 더욱 중요해졌다고 볼 수 있다. 왜냐하면 정보나 교훈이 큰 비중을 가지지 않는 이야기에서 흥미를 유발하지 못하는 일상적인 이야기나 앞뒤가 맞지 않는 이야기는 이야기로서의 생명을 잃을 수밖에 없기 때문이다.

이러한 상황에서 이야기는 더욱더 심한 경쟁의 상태로 빠져들어 갔을 것으로 생각된다. 이제 단순히 어떤 사람이 귀신을 만났거나 남녀가 사랑에 빠졌거나 하는 것은 그 자체로서는 이야기가 되지 못한다. 그것은 이야기의 재료일 따름이다. 이제 중요한 것은 그런 재료를 어떻게 이야기로 꾸며 내는가에 있었다. 지괴의 이야기는 그런 재료를 그냥 쓰기만 해도 이야기가 될 수 있었다. 물론 거기에 적당한 포장을 가할 수 있다면 더욱 좋았을 것이지만 그것은 꼭 필요한 것은 아닌, 충분조건이었다. 그러나 당대 이래로 그런 재료는 일상적인 것이거나 아니면 많은 사람들이 익히 아는 것이 되어 버렸다. 이런 상황에서는 똑같은 재료를 가지고도 재능 있는 사람은 더 좋은 이야기를 만들어 내는 반면에, 재능이 떨어지는 사람은 그렇고 그런 이야기를 만들어서 읽는 사람들의 흥미를 유발시키는 데에 실패했을 것이다. 또 별로 대단치도 않은 이야기를 탁월한 글재주로 포장할 수 있는 사람이 있는 반면에, 상당한 이야기로 발전시킬 수 있는 가능성을 지닌 재료를 결과적으로는 그렇고 그런 이야기로밖에 써내지 못하는 사람도 있었을 것이다. 그래서 성공한 이야기, 즉 읽는 사람들의 흥미를 유발해서 여러 사람들이 돌려 읽을 만한 이야기는 살아남았을 것이고, 그렇지 못한 이야기는 한 번 읽혀진 후에 잊혀지게 되었을 것이다. 그래서 전기에 이르면 재료를 어떻게 취득하느냐의 문제보다도 그것을 어떻게 포장해서 이야기를 만드는가 하는 것이 더 중요하게 되었다. 다시 말해서 이야기를 만드는 능력이 이전과 같이 충분조건이 아닌 필요조건이 되어 버린 것이다. 그것은 개인이 지닌 상상력의 폭에 근거한 허구의 능력에 달려 있었으며, 당·송시기의 문인들은 글쓰기를 통한 허구의 능력을 놓고 경쟁하고 있었다. 물론 그런 경쟁에 뛰어드는 것은 선택의 문제였지, 모든 문인들이 반드시 해야 하는 것은 아니었다. 그렇지만 적어도 이런 글쓰기에 뛰어든 사람에게는 그 경쟁이 치열할 수밖에 없었다.

앞에서 나는 이야기가 소비재의 속성을 띠고 있다는 점을 언급한 바 있다. 오늘날 우리가 소비재를 사용하는 과정에서 발견하는 현상은 소비자의 욕구가 하향(下向)하거나 과거로 돌아가는 법은 거의 일어나지 않는다는 점이다. 한번 더 편리하거나 더 아름다운 물건을 써 본 사람은 다음부터는 더 기능이 개선되었거나 더 아름답게 포장된 물건을 찾는 법이다. 이전의 물건은 아무리 값이 싸다 하더라도 비싼 가격에 내 놓은 신제품이 있으면 잘 팔리지 않는 것이 소비시장의 경향이다. 이것은 곧 소비자의 욕구가 언제나 상향적이고, 하향적으로 변하는 경우가 드물다는 것을 의미한다. 정보에서 탈피한 이야기는 바로 이런 속성을 가지고 있었다. 즉 어떤 사건이 정보로 인식될 때에는 새로 나온 정보가 이전의 것보다 반드시 구체적이어야 할 필요는 없다. 새로운 사건에 대한 정보는 이전에 잘 알려진 정보보다 훨씬 간단해도 그 새로움 때문에 주목을 받을 수 있다.

그렇지만 이야기는 다르다. 사람들이 정보로 인식하지 않고 이야기로 인식하는 정보는 그것이 아무리 새로워도 이야기의 요건을 갖추지 않으면 안 된다. 그런데 그 이야기의 요건은 관심을 끌 수 있는 정도에 있어서 상향적이다. 관심도를 정확한 수치로 환산하기는 곤란하지만, 편의를 위해서 수치를 쓰기로 하자. 처음에 어떤 이야기가 간단한 정보에 의거해서 100의 효과를 거두었다면, 그 다음에 나오는 이야기는 100 이상의 효과를 거두지 않으면 살아남기 어렵다. 두번째 이야기가 110의 효과를 거두었다면, 세번째 이야기는 110 이상의 효과를 거두어야 살아남을 수 있다. 따라서 이야기는 자꾸 출현할수록 상승작용을 일으키며, 그런 상승작용의 흐름을 탈 수 있는 것만이 이야기가 될 수 있었다. 그런 상승작용을 일으키지 못하는 이야기는 저변의 이야기로는 남지만 큰 주목을 받지는 못한다. 오늘날 남아 있는 전기의 작품 중에서도 관심을 끄는 이야기와 저변에 남아 있는 이야기의 구분이 가능할 것으로 보인다.

특히 이렇게 관심을 끄는 데에 있어서 가장 중요한 것은 독자의 반응이었다. 정보는 제공자가 소비자에게 일방적으로 주는 것이다. 독자가 그것을 수용하든 말든 일단 제공되면 그것은 정보로서 존재하게 되어 있다. 정보는 독자가 그것을 좋아하건 말건 간에 일단 제공된다는 데에 의미를 둔다. 그렇지만 이야기는 다르다. 그것은 원래부터 있는 것이 아니라 정보를 토대로 만들어져야 하며, 나아가 제공되지 않으면 이야기로 성립되지 않는다. 이야기를 만드는 사람이 속으로 아무리 기발한 생각을 가지고 있다고 해도 그것을 말하거나 글로 써 내지 않은 이상 그것은 아직 이야기가 아니다. 그리고 그것을 써 낸다고 해서 무조건 이야기가 되는 것도 아니다. 독자로부터 어느 정도의 반응을 얻어야만 그것이 비로소 이야기가 된다.

이것은 곧 정보를 제공할 때와 이야기를 제공할 때에 제공자와 소비자의 관계가 역전되는 현상을 보여준다. 이야기의 성립을 결정하는 것이 이야기를 만드는 작자가 아니라 독자가 되기 때문이다. 독자가 관심을 가지는 것은 이야기가 되는 반면에, 작자는 이야기를 '제시'할 뿐 그것을 이야기로 성립시킬 수 있는 힘을 점차 잃게 되는 것이다. 이야기는 독자에 의해 인정받을 때에만 읽을 만한 이야기가 된다. 그렇지 않으면 그것은 누군가의 머리 속에 있던 이야기일 따름이며, 그 개인의 마음이 사회를 향해서 펼쳐질 기회는 없다. 앞에서 언급한 바 있는 이야기가 사회적 활동으로서의 글쓰기의 전면에 나타난다는 점도 바로 이것을 의미한다. 이런 점에서 볼 때에 작자와 독자의 관계가 재편되었던 것이 당대 전기에서 나타난 현상이었다. 그것은 이 시기부터 작자가 독자의 기호를 따라가게 되었음을 의미한다. 물론 작자는 여전히 정보를 수집하고 그것을 이야기로 꾸미는 권한을 가지고 있었지만 그것이 이전과 같은 권한은 아니었다. 그는 독자에게 이야기를 통해서 호소하지 않으면 안 되었다.

지금까지 나는 전기에서 나타난 몇 가지의 변화를 검토하였다. 그 변화는 단선적인 변화가 아니라 다양한 측면에서 함께 일어난 변화였으며, 따라서 전기의 발생이 어떤 특정의 요인에 의한 결과였다고 판단해서는 안 될 것으로 보인다. 그것은 한마디로 당시에 진행되고 있던 여러 가지의 변화가 글쓰기를 통해 총체적인 변화의 모습으로 수면에 떠오른 것이다. 그것은 마치 다양한 금속을 집어넣고 가열한 용광로에서 애초의 재료는 보이지 않고 전혀 다른 금속이 만들어져 나오는 것과 비슷한 결과였다. 그 변화의 주목할 만한 현상으로 사건에서 사연으로의 이동, 저 세계에서 이 세계로의 관심의 전이, 정보의 비중이 약해지고 이야기의 비중이 커지는 현상, 작자와 독자의 권력이 역전되는 현상 등을 거론한 바 있다. 그런데 그런 현상은 당연한 것이거나 우연히 나타난 것이 아니었다. 모든 변화의 배후에는 그것이 만들어지게끔 하는 요인이 있으며, 앞에서 말한 변화는 당·송시기의 사회변화를 통해서 만들어진 현상으로 보아야 할 것이다.

우선 전기는 실명을 전제로 한 이야기였다는 점에서 이전의 이야기와는 다르다. 그리고 오늘날까지 남아 있는 작품의 알려진 작자는 대부분 문인이었다. 그들 중에는 원진(元稹)과 같이 당시 상당한 명성을 누리고 있는 사람도 있지만, 비교적 직급이 낮은 문인관료가 다수를 차지하고 있다. 이것은 전기의 모습을 결정짓는 데에 하나의 요인이 되었을 것이다.

이전에 쓴 글에서 나는 당대의 문인사회가 문화권력의 주도 하에 있었음을 지적한 바 있다.[9] 문인사회가 형성되던 초기부터 문인들은 후견인의 도움을 받는 처지에 있었지만 당대에는 과거시험이 시행되면서 국가가 가장 큰 후견인의 역할을 하게 되었고 그래서 문화권력의 역할이 상당히 커져 있었다. 문화권력은 정치권력을 배경으로 하고 있었기 때문에 글쓰기를 통해서 관직을 얻는 것을 인생의 대사(大事)로 여기고 있던 문인들은 문화권력의 자장(磁場)으로부터 결코 자유로울 수 없었다. 그들은 글쓰기를 통해 문화권력의 인정을 받아야만 벼슬길에 나설 수 있었다. 그런데 당대에는 이전보다 문인지망생이 크게 늘어났고 그래서 문화권력의 인정을 받기 위한 경쟁은 더욱 치열해졌다.

이러한 경쟁의 와중에서 생긴 관행이 온권(溫卷)이었다. 그것은 과거시험을 준비하는 사람들이나, 이미 벼슬길에 나섰지만 승진을 위해 더 높은 평가를 받기를 원하는 사람들이 자신이 쓴 글을 문화권력의 당사자에게 바치면서 읽어주기를 청하는 관습이었다. 그것은 시험을 통해서가 아니라 비공식적으로 자신의 글쓰기 재능을 알리려는 노력에서 출발한 것이었다. 공식적인 평가를 담당하는 사람의 입장에서 보아도 그것은 나름대로의 효율성을 지니고 있었다. 한 사람의 재능을 평가하는 데에 있어서 단 한 번의 시험이나 획일적인 보고서와 같은 글을 토대로 한다는 것은 상당한 문제를 지니고 있다. 오늘날의 대학이나 대학원의 입학시험에서도 종종 지

9) 徐敬浩, 《중국문학의 발생과 그 변화의 궤적》 제5장 1절, 2절.

적되고 있는 그와 같은 문제는 당・송시기에도 마찬가지로 존재했을 것이다. 정말로 재능 있는 사람을 뽑기 위해서는 그의 다양한 글을 여러 편 읽어보면서 다각도에서 그를 평가하는 것이 필요했을 것이다. 그래서 온권의 관행은 평가자와 응시자의 요구가 합쳐져서 만들어졌다고 할 수 있다. 당대에는 많은 사람들이 문화권력의 주체에게 글을 바쳐서 사전에 재능을 인정받고 나아가서는 과거시험에서 유리한 위치를 점하려고 했다.

그런데 이렇게 온권으로 바치는 글은 시험장의 글과는 달라야 했다. 시험을 관장하는 사람은 과거시험이 행해질 때에 수천 명이 작성한 동일한 형식의 답안을 읽어야 하는 사람이다. 예를 들어 명경과(明經科)의 시험관은 경서에 관한 글만을 수천 편 읽어야 하는 입장에 있다. 그렇게 되면 그는 경서에 대한 지식과 생각만으로 수험생을 평가하지 않으면 안 되며 다양한 글을 통해서 평가할 기회는 없다. 그런데 명경과에 응시하려고 온권을 바치는 사람이 역시 경서에 관한 글을 쓴다면 시험관은 그것을 굳이 읽어야 할 필요를 느끼지 않을 것이다. 그런 글이라면 시험장에서 바치면 그만이기 때문이다. 그래서 자신이 응시하려는 분야의 글을 바치는 것은 온권의 관행에서는 그다지 바람직하지 못했다. 또 이미 벼슬이 있는 사람도 승진을 위해서 온권을 바치는데, 이 때에 그가 평상시에 상사(上司)에게 올리는 보고서를 그대로 바친다면 읽는 사람이 그것에 특별한 관심을 가질 이유가 없다.

온권은 결국 읽는 사람의 관심을 불러일으키기 위한 것이며, 그래서 어딘가 특별한 구석이 있어야 했다. 동시에 그것은 어느 한 분야의 글쓰기가 아니라 여러 분야의 재능을 한꺼번에 보여주기 위해서 '설계'되지 않으면 안 되었다. 특히 그것이 여러 분야의 재능을 보여주기 위해서는 상당한 길이가 필요했다. 그렇기 때문에 이야기가 여러 분야의 글쓰기를 한꺼번에 담을 수 있는 '그릇'으로 등장했다고 볼 수 있다. 이야기에는 줄거리의 서술, 대화, 동작의 묘사, 그리고 간간이 삽입되는 시, 상소문, 조서 등의 정통적 글이 모두 포함될 수 있었기 때문이다. 여기에는 마음만 먹으면 세상에서 사용되는 모든 글쓰기를 포함시킬 수 있다. 그것은 하나의 '종합적' 인 글쓰기가 될 수 있었다. 그래서 온권을 바치는 사람들 중에 이야기를 쓰면서 자신의 다양한 글쓰기의 능력을 보여주려고 한 사람이 많았을 것이다.

그런데 온권은 읽는 사람의 관심을 불러일으키기 위한 것이기 때문에 그 이야기가 평범해서는 안 되었다. 이야기는 읽는 사람이 깊이 빠져 들어갈 만한 재미가 있어야 했으며, 또 그 안에 포함된 각종의 글쓰기가 나름대로의 당위성을 지니지 않으면 안 되었다. 따라서 온권은 이야기의 경쟁을 불러일으키게 되었다고 본다. 좀더 재미있으면서도 다방면의 글재주를 드러낼 수 있는 것이 그렇지 못한 것보다 더 관심을 끌게 되었을 것이며, 여기에 글재주를 떠나 자신만이 가지는 생각을 담아 낼 수 있다면 더욱 좋았을 것이다. 이렇게 되면 이야기는 단순히 흥미를 불러일으키기 위한 그릇을 벗어나서 그 사람의 사유방식까지 전달하는 매체로 발전할 수 있었다. 그러면 또 쓰는 사람들은 자신의 사유방식을 전달할 수 있는 새로운 이야기를 만들거나 그런 소재를 발굴하지 않으면 안 된다. 그것은 일종의 상승작용이었다. 온권을 통해서 일차적으로는 글쓰기의 재능을 표현하려던 것이 더 흥미있는 이야기를 만들어 내게 되고, 그 다음에는 심각성을 가미한 이야기를 발굴해 내기에 이르는 것이다.

여기에서 사람들은 점점 더 단순한 사건보다는 어느 정도의 곡절을 가지면서도 심각한 의미를 전달할 수 있는 사연의 서술이 더 유용하다는 것을 발견했을 것이다. 사건에서 사연으로의 이동은 이렇게 일어났다고 생각할 수 있다. 읽는 사람에게 있어서 사건의 정보를 제공하는 것은 신기한 감을 일으킬지 모르지만 그 사람의 능력과는 관계가 없었기 때문이다. 중요한 것은 그 사건을 어떻게 설명하는가에 있었고, 그것은 사연을 이야기하는 것을 의미했다. 많은 사람들이 사연을 글로 쓰면서 이야기의 소재는 더 풍부해졌을 것이다. 왜냐하면 그 사연은 갈수록 특별한 것이 되어야 했기 때문이다. 다시 말해서 남이 다루지 못하는 사연을 다룸으로써 경쟁력을 확보하려는 노력이 경주되었기 때문이다.

그렇다고 해서 모든 전기의 작품이 온권으로만 쓰여진 것은 아니었다. 온권을 통해 상당수의 이야기가 쓰여지면서 그것이 당시 문인들 사이에서 글쓰기의 형식으로 정착되기에 이르렀고, 그래서 온권과는 관계없이 이야기를 쓴 사람도 다수 있었을 것이다. 그렇지만 그런 이야기들도 기본적으로는 누군가가 읽는 것을 전제로 했다는 점에서는 온권과 크게 다를 바가 없었다. 전기는 시와는 달라서 혼자서 지니고 있을 때에는 아무런 의미가 없다. 그것은 돌려 읽혀지고 평가가 내려지면서 비로소 존재가치를 가지는 글쓰기였다. 온권은 이렇게 작자와 독자의 상호관계가 설정되는 데에 중요한 역할을 했을 것이다. 그것은 제도적으로 작자와 독자를 엮어주는 것이었고, 특히 작자가 새로운 이야기를 쓰는 동기를 유발하는 사회적 관행이었다.

그런데 이런 작자와 독자의 관계가 설정됨에 따라 이야기의 공간도 그에 따라 조정되지 않으면 안 되었다. 예외적인 경우가 있기는 하겠지만 대부분의 작자와 독자는 도시사회의 거주민이었으며 도시사회의 감각을 공유하고 있는 집단에 속했다. 그렇기 때문에 그들 사이에서 교환되는 이야기는 도시사회 특유의 정서를 담고 있지 않으면 안 되었을 것이다. 그것은 이야기의 초점이 저 세계에서 이 세계로 전이하는 데에 가장 중요한 요인이었다. 도시의 정서라는 관점에서 볼 때에 철저하게 저 세계 중심으로 짜여진 이야기는 큰 매력을 가지지 못했다. 그것은 어차피 그 세계의 일이지 자신들의 일이 아니었다. 도시의 거주민들에게 저 세계는 그만큼 멀어져 있었다고 보기 때문이다. 물론 앞에서 살펴본 이야기에서 도시에 출현하는 귀신이 없었던 것은 아니지만, 은밀하거나 어두운 공간의 존재로 여겨지는 귀신과 저승사자는 도시의 생활에서는 그다지 흡인력이 없었다고 본다. 지괴를 검토하면서 언급한 바 있듯이 저승의 존재들도 이미 도시라는 공간으로 끌려들어오고 있었으며, 그들은 더 이상 호기심의 대상이 아니었다. 도시사회에서는 또 다른 호기심의 대상이 필요했는데 그것은 결국 사람의 일이었다. 도시는 제한된 지역에 많은 인구가 밀집한 공간이었으며 그 안에서 사람과 사람이 접촉하는 빈도가 매우 높았기 때문이다. 빈번한 접촉은 많은 사연을 만들어 내고, 그 중에서 특별한 사연이 발생할 수 있다. 사연이 드문 상황에서 특별한 것이 발생하는 것은 우연의 결과에 불과하지만 도시에서는 그것이 필연적으로 발생할 가능성이 높다. 그렇기 때문에 도시의 정서를 공유하는 작자와 독자 사이에서 가장 중요한 화두로 떠오른 것이 도시의 생활에서 파생되는 사연이었으며, 저 세계는 점차 관심에서 멀어지거나 도시생활의 묘사를 위한 보조굴로 변해 갔던 것이다.

그런데 그 이야기들은 다 어디서 온 것인가? 문인들이 그 이야기를 모두 스스로 지어냈다고 생각할 근거는 없다. 그들은 어디에선가 이야기를 채집해서 그것을 자신의 취향대로 각색한 것이지, 그들 자신이 이야기를 만드는 사람은 아니었다. 이것은 특히 전기의 작품 마지막 부분에서 이야기를 쓴 사람이 그것을 어디에서 들었는가를 밝히고 있는 경우가 많은 것을 보면 충분히 짐작할 수 있다. 그러나 원래의 이야기가 어디에서 왔는지 밝혀져 있는 것은 소수이고, 대부분은 이야기를 쓴 사람들의 말에 의존하지 않을 수 없는 것이 현실이다. 나는 이것이 당시에 모습을 드러내고 있던 설화(說話)의 연행과 밀접한 관계가 있을 것으로 생각된다. 즉 당대부터 도시사회에서는 전문적인 이야기꾼이 하나의 직업을 형성하고 있었으며, 그들은 공연을 위해서 각지에서 이야기를 수집하였을 것이다. 그들이 이 시기에 어떤 방식으로 이야기를 연행했는지는 구체적으로 알려져 있지 않다. 그러나 지위가 높은 사람들이 이야기꾼을 불러 집안에서 연행하게 한 기록은 부분적으로 남아 있다.

원진(元稹)은 〈수한림백학사대서일백운(酬翰林白學士代書一百韻)〉이라는 시에서 "필묵은 이름을 높이는 데에 다 써 버렸고, 시간은 이야기를 듣느라고 다 지나갔다네(翰墨題名盡, 光陰聽話移)"라고 쓰고 있는데 여기에서 '聽話'라는 말은 전문적인 이야기꾼의 이야기에 푹 빠져 있었다는 것을 의미한다고 보겠다. 그리고 그는 "언젠가 신창(新昌)의 댁에서 기생의 이야기 한 꼭지를 들었는데 인시(寅時)에 시작해서 사시(巳時)에 이르러도 그 이야기가 끝나지 않았다(又嘗于新昌宅聽說一枝花話, 自寅至巳, 猶未畢詞也.)"라고 스스로 주(注)를 붙였다. 그것은 원화(元和) 5년인 810년에 백거이(白居易)의 집에서 이야기를 들은 것을 가리키는데, 그 이야기가 바로 오늘날 당대 전기의 가장 중요한 작품으로 간주되는 〈이와전〉이었다고 알려져 있다.[10] 이렇게 연행된 이야기의 내용이 글로 남아 있는 〈이와전〉과 어느 정도 접근하는지는 알 수 없지만, 문인이 그런 연행상품의 소비자였으며, 연행의 과정에서 줄거리의 전개방식이나 이야기를 상황에 따라 늘였다 줄였다 하는 재주를 목격했을 가능성은 충분히 있다. 이것은 아마도 문인들에게 신선한 충격을 주었을 것이며, 그들로 하여금 자신들이 쓰는 이야기의 공간을 늘이는 데에 상당한 자극을 주었을 것으로 생각된다.

한편 전기는 문인들 사이에서 교환되는 이야기였기 때문에 문인의 취향을 반영하지 않을 수 없었다. 문인의 취향은 전기의 이야기를 어느 한 방향으로 몰고 가는 요인으로 작용했을 것이다. 그러나 도시사회는 여러 계층이 함께 살아가는 공간이었다. 문인은 그 중에서 특별한 집단을 형성하고 특유의 문화를 가지고 있었지만, 같은 도시에 거주하는 다른 계층과 전혀 접촉이 없을 수는 없었다. 그들은 민간의 다양한 계층과 싫든 좋든 같은 공간에서 부단히 접촉하며 살아가고 있었다. 그러나 그들은 자신들의 영역에 대해 집착하고 있었기 때문에 이야기에서도 주로 자신의 관심사에 초점을 맞추고 있었다. 그들에게 있어서 가장 큰 관심은 과거에 합격하여 관직을 얻는 것이었다. 그래서 상당수의 이야기는 그런 목표를 향해 달려가는 사람들의 사연을 대상으로 하게 되었다. 그 이야기들은 과거시험을 준비하는 서생이 어떤 사연을 겪는가를 다루는 것이 압도적으로 많았다.

10) 胡士瑩, 《話本小說概論》, p.14.

그렇지만 특별한 이야기에서 그들이 순탄하게 살아가는 과정을 그리는 것은 의미가 없다. 그들이 목표를 향해 달려가는 과정에서 무엇인가 곡절이 있어야 특별한 이야기가 성립되는 것이다. 특히 과거시험의 합격이 가장 큰 관심사였던 문인들에게 있어서 낙방한 사람들의 이야기는 상당히 중요한 의미를 지니고 있었다. 그들 중 누구도 그런 상황에 빠질 가능성이 있기 때문이다. 그들은 낙방생들을 주로 저 세계와 접촉하는 사람들로 묘사하였다. 그 접촉은 낙방생들에게 새로운 기회를 제공하는 동시에 시험을 준비하는 사람들에게 혹시 자신이 낙방할 경우에 대비한 일종의 심리적 도피구를 제공할 수도 있었기 때문이다.

동시에 그들은 도시사회에서 파생되는 각종 욕구에도 민감했다. 특히 그들은 아름다운 여인과의 접촉에 민감했다. 그것은 어쩌면 당연한 것이었을지도 모른다. 왜냐하면 도시사회에 모여든 응시자들은 대부분 어릴 때부터 재능을 인정받은 젊은 사람들이었기 때문이다. 그들은 대부분 수려한 용모와 세련된 기품을 자랑하게끔 훈련되어 있어서 아름다운 여인의 마음을 끌기에 충분한 요건을 가지고 있었다. 더욱이 그들은 장래에 관직과 부(富)를 함께 가질 수 있는 가능성을 가진 사람들이었다. 동시에 그들은 도시의 욕망에 노출된 사람들이었다. 도시는 인구가 조밀한 공간이었으며 남녀가 접촉할 수 있는 기회가 많은 곳이었다. 특히 도시에는 세련된 여인이 농촌보다는 훨씬 많았을 것이다. 아름다운 여인들과의 잦은 접촉은 많은 사연을 불러일으키게 되어 있으며, 그것은 도시 특유의 일탈의 욕망을 자극하고 있었다. 집을 떠나온 젊은 문인들이 자유를 만끽하는 상태에서 그런 욕망의 유혹을 받을 가능성은 더욱 높았다고 할 수 있다.

그렇지만 그들에게 있어서 모든 여인이 접촉할 수 있는 대상은 아니었다. 여인은 엄격한 규율 하에서 살아가고 있었다. 정상적인 여인은 집안에서 정해 준 남자 이외의 다른 남자와 자유롭게 접촉할 수 없었다. 그렇기 때문에 도시에 산다고 해서 무조건 욕망을 충족시킬 수 있는 것은 아니었다. 그러나 모든 사람이 규율을 지키면서 사는 것은 아니었으며, 정상이 강조되는 곳에는 바로 비정상이 존재하게 되어 있다. 당·송시기의 도시가 바로 그런 곳이었다. 이 공간에서는 남녀간에 다양한 형태의 비정상적인 만남이 이루어지면서 나름대로의 사연을 이루어 나가고 있었다. 그런 비정상적 만남은 이야기의 좋은 대상이 되었으니 〈곽소옥전〉, 〈앵앵전〉 등이 바로 그런 예라 할 수 있다.

한편 그곳에는 그들의 욕망을 합법적으로 달성시킬 수 있는 제도적 장치가 있었으니 그것은 기생이었다. 기생은 문인들이 비용을 지불하면서 자유롭게 접촉할 수 있던 여인들이었다. 또 기생은 문인의 취향을 이해하고 경우에 따라서는 문인들의 사회활동에 부분적으로 참여할 자질을 갖춘 여인들이었다. 그래서 기생과의 만남, 특히 아름다운 기생과의 만남은 젊은 문인들에게 있어서 대단한 관심사의 하나였다. 그러나 기생을 만난다고 해서 무조건 사랑의 이야기가 벌어지는 것은 아니다. 기생은 누구나 만날 수 있는 여인이기 때문에 그를 독점하거나 혹은 애증관계가 만들어질 때에 비로소 이야기가 성립된다. 그것은 기생을 만난다는 것 자체는 하나의 사건에 불과하며, 거기에서 파생되는 사연이 있어야 이야기가 되는 것을 의미한다. 〈이와전〉, 〈규염객전〉, 〈곤륜노〉 등은 바로 그런 예를 보여준다.

사랑의 이야기는 동서를 막론하고 보편적인 것이지만, 당대 전기에서 사랑의 이야기가 만들어진 것은 중국의 독특한 맥락에서 볼 때에 매우 중요한 의미를 지니고 있다. 일반적으로 말해서 당대 이전의 중국인들이 말하던 사랑은 부부 사이의 사랑을 벗어나지 않았다. 앞에서 언급한 바 있는 〈공작동남비〉에서 보이는 것이 바로 그런 사랑이다. 중국인들에게 있어서 결혼을 전제로 하지 않는 '비정상적'인 사랑은 이야기해서는 안 되는 금기사항에 가까웠다. 중국이라고 해서 비정상적인 사랑이 없었을 리 없지만 엄격한 사회적 규범에 따라 그것이 공개적으로 발설될 수 없었던 것이다. 지괴의 이야기에서 우리는 그런 금기가 서서히 깨어져 가는 것을 볼 수 있다. 즉 길 가던 나그네가 어느 여인을 우연히 만나 하룻밤을 같이 보내고 다음날 그녀가 귀신이었음을 발견한다는 비교적 상투적인 이야기는 그 시기의 문인들의 일탈에 대한 욕구를 부분적으로 보여준다. 그리고 당대에 들어서면 그런 일탈이 본격적으로 이야기되었다. 이것은 이야기가 이전보다 훨씬 '솔직해졌음'을 의미한다. 다시 말해서 이야기는 사람이 살아가는 사회에서 일어난 일을 솔직하게 묘사하려는 방향으로 나아가고 있었다.

이것은 소설적 리얼리티라는 측면에서 볼 때에 중요한 변화였다. 그것은 규범적 사고방식이 이야기를 통해서 부분적으로 와해되면서 이제는 규범에 의해 재단(裁斷)된 사람의 모습이 아닌, 있는 그대로의 모습을 보여주고자 하는 사고방식의 출현을 의미하는 것이다. 다시 말해서 당대의 전기에서 사랑의 이야기가 출현하면서 그 이야기들은 이전보다 한 발자국 더 '소설적 리얼리티의 구현'에 다가서고 있었던 것이다. 이것은 후세의 소설 작품이 출현하는 데에 있어서 중요한 바탕을 마련하였다.

한편 남녀간의 사랑에 관한 이야기를 통해서 전기는 또 다른 방향으로 소설적 리얼리티를 확대시키고 있었다. 그것은 바로 문인들 자신의 자화상이었다. 남녀의 사랑이 전개되는 이야기에서 등장하는 중요인물은 과거시험을 준비하거나 낙방한 서생과 그를 사랑하는 여인이었다. 그런데 전기의 이야기는 상당수가 여인의 역할에 의해 주도되는 면을 보이고 있다. 이야기에 출현하는 여인은 대부분 명석하거나 냉철한 이성을 가지고 있으며, 때로는 홍선과 같이 신비한 능력을 보유하고 있다. 밉게 생겼거나 바보처럼 굴거나 나쁜 짓을 하는 여인은 거의 보이지 않는다. 반면에 이야기에 등장하는 문인은 대부분 나약하기 짝이 없다. 그들은 대부분 자신들의 실수로 해서 사연을 만들어 나가는 역할을 맡고 있다. 그들은 진행되는 사건의 방관자이거나, 혹은 수동적으로 여인의 사랑을 받을 뿐 능동적으로 국면을 타개하지 못한다.

이런 측면에서 볼 때에 전기는 문인들이 자신들의 아픈 구석을 자화상처럼 그려놓은 결과라고도 해석할 수 있다. 그것은 이상적인 문인의 모습이 아니라 실패한 문인들의 모습을 그린 것이었다. 그리고 당시 사회에서 가장 존경을 받는 문인들이 이렇게 자조적인 모습을 보이는 것이 바로 새롭게 확장된 '소설적 리얼리티'였다고 생각된다. 다시 말해서 겉으로는 사람들이 부러워하는 것을 얻을 수 있는 위치에 있던 문인들이 실제로는 내면적으로 그런 약점을 가지고 있었으며, 그래서 사람들이 쉽게 이해하기 어려운 고난을 겪는 현실을 전기의 이야기들이 표현하고 있는 것이다. 그것은 허울에 감춰진 문인들의 내면을 솔직하게 드러내었다는 점에서 보다 현실에 깊이 개입한 이야기였다. 그리고 이렇게 현실에 깊이 개입하면서 축적한 경험이 소설적 리얼리티의 확장을 가능하게 했던 것이다. 그리고 이렇게 확장된 소설적 리얼리티는 후일 의화본(擬話本)이 출현할 때 가장 중심적 소재인 재자가인(才子佳人)의 이야기에서 꽃을 피우게 된다.

그러한 소설적 리얼리티의 성숙은 작자가 문인이었기 때문에 가능했을 것으로 생각된다. 문인은 평범한 사람들이 아니었다. 그들은 고도로 훈련되고 교육받은 사람들이었으며, 특히 당대의 문인들은 언어의 유희에 각별한 관심을 가진 사람들이었다. 동시에 그들은 재능을 가진 사람들이었다. 그래서 일단 상상력의 발휘라는 것에 대해 거리낌이 없어진 이후에는 문인들이 민간계층의 사람들보다 훨씬 더 큰 재능을 발휘할 수 있었을 것이다. 민간계층에서 이야기가 만들어질 때에는 집단창작의 과정을 거치는 경우가 많았다. 물론 최초의 작자가 있기는 했지만 그가 모든 것을 만든 것은 결코 아니다. 그가 만들어 놓은 핵심적 구도가 많은 사람의 입을 거치면서 커다란 이야기로 발전하는 것이 민간계층에서 집단창작의 방식으로 이야기가 만들어지는 과정이다. 이런 과정을 거친 이야기에는 일정한 한계가 있으니, 그것은 내부를 조밀하게 채우지 못한다는 점이다. 세부적인 묘사와 사건 간의 연결구도를 설정하는 것은 집단창작의 분위기에서는 그리 쉽게 이루어질 수 없었다. 더욱이 그런 구체적 '작업'이 구두전승을 통해서만 이루어지는 것은 기대하기 어려운 면이 많다. 작업은 그 이야기를 써 놓고 반복적으로 읽어 가면서 고쳐 나가야만 가능했을 것이기 때문이다. 그런 작업을 할 수 있는 사람들은 대부분 문인이었다. 그런데 문인은 이미 시작(詩作)을 통해서 상당한 수준의 상상력을 축적한 상태였다. 시에서 시인이 접한 사물이나 상황을 그대로 서술하는 것은 의미가 없다. 시인은 사물이나 상황을 자신의 어조로 표현하는데, 여기에는 상당한 연상작용과 상상력의 작용이 포함되어 있었다. 그렇게 시작의 훈련을 받은 문인들이 이야기를 만들 때에는 민간계층의 집단이 만들어 낼 수 없는 결과를 만들어 낼 수 있었다고 생각된다. 그래서 전기는 소설적 흐름에서 '문인에 의한 개인적 창작'이라는 중요한 의미를 가지고 있다고 할 것이다. 전기에서는 지괴보다 이차작자의 성격이 많이 줄어들었던 것이 사실이며, 이야기의 상당 부분은 자신의 개인적 창작에 의해서 이루어진 것이기 때문이다.

또 전기의 성과 중에 중요한 것이 이야기를 전개하는 방식의 정착이었다. 전기에서는 이야기가 주로 장면을 중심으로 해서 전개되고 있다. 그것은 중요 등장인물의 행동이나 대화, 광경 등의 장면이 이야기의 핵을 차지하는 것을 가리킨다. 반면에 시간의 흐름이나 사건의 전개는 비교적 소홀하게 다루어지고 있다. 다시 말해서 이야기는 큼지막한 장면과 장면을 징검다리 방식으로 연결하면서 전개되는 것이지, 사건과 사연을 서술하면서 전개되지 않는다. 사연의 상당 부분은 대화를 통해 표현된다. 그리고 작자는 그 장면들을 담담하게 서술할 뿐, 결코 자신의 감정을 섞지 않는다. 그래서 이 이야기들은 마치 후세의 희곡과 비슷한 모습을 지니고 있다. 이것은 지괴에서는 그리 두드러지게 나타나지 않았다. 왜냐하면 지괴에서는 서술될 사연 자체가 그리 많지 않았기 때문이다. 반면에 전기는 서술해야 할 사연이 많음에도 불구하고 실제 그 사연은 간단하게 처리하고 있다. 대신 사연의 여기저기에 자리잡고 있는 중요한 장면이나 국면을 뚜렷이 부각시키고 그것을 통해서 사연을 풀어나가는 것이 전기의 특징이었다. 그런데 그것은 결과적으로 중국 전통소설의 중요한 기법을 마련하였다. 왜냐하면 전기 이후의 화본과 의화본이 그러한 이야기의 전개방식을 따랐기 때문이다. 어째서 문인들이 그런 방식을 채택하게 되었는지는 추측하기 어렵다. 그들은 역사기록에 익숙한 사람들이었으며, 그래서 이야기를 전개할 때에 역사기록의 방식을 원용할 수도 있는 사람들이었다. 그러나 그들은 전기의 이야기를 역사기록과는 분명히 차이가 나게 만들었던 것이다.

반면에 전기의 작자들은 자신들의 집단 이외에는 별로 큰 관심이 없었다. 남녀간의 사랑이 중요한 소재로 떠오른 것도 문인이 개입되었기 때문에 가능한 것이었다. 만약에 평범한 사람이 아름다운 여인을 여러 곡절 끝에 아내로 맞아들인 일이 있었다 해도 그것은 전기의 소재가 되지 못했다. 또 시정(市井)의 상인이 다른 상인과 빚을 놓고 싸움을 벌였다는 등의 일도 전기의 소재는 되지 못했다. 만약 그런 상황에 문인이 중요한 역할을 했다면 가능했을 수도 있지만, 문인이 시정의 일에 끼어드는 것부터가 어울리지 않는 것이었기에 그것도 전기의 이야기로 정착되지는 못했을 것이다. 민간계층에 가장 깊숙이 들어간 주인공은 〈이와전〉의 서생이었는데, 그 이야기에서도 서생은 결국 완전히 동화되지 못하고 다시 문인신분으로 돌아온다. 물론 이야기의 여기에 문인이 아닌 사람들이 등장하기는 한다. 그렇지만 그들은 자신의 성격을 가진 등장인물이 아니었다. 그들은 마치 연극의 소품과도 같은 존재였으며, 그들이 등장한다고 해서 작자가 그들의 독특한 세계에 관심을 가진 것은 아니었다. 그들은 단지 문인세계의 이야기를 위해서 봉사하고 있을 따름이다.

이렇게 전기는 철저히 문인 내부의 이야기를 중심으로 하고 있었다. 그들에게는 아직 자신이 속한 집단을 탈출할 만한 용기가 없었다. 문인집단은 그들의 유일한 세계였으며, 모든 이야기는 그 안에서 공유되는 정서에 기반을 두어야 했다. 그렇기 때문에 많은 작품의 끝에는 작자의 간단한 설명이 붙어 있다. 그것은 작자가 이야기의 전달과 그로 인한 흥미의 유발에 비중을 두는 것이 아니라 궁극적으로는 어떤 도덕적 교훈을 전달하기 위한 것이었음을 밝히는 것이었다. 지금의 관점에서 보면 그것은 문학적인 이야기를 도덕적으로 '변명'하기 위한 성격을 가지고 있다. 그것은 당시의 문인들이 재미있는 이야기를 글로 써 내면서도 다른 한쪽으로는 상당한 심리적 압박감을 느끼고 있었음을 보여준다. 그들은 소설적 흐름에서 상당히 성숙된 이야기를 써 낼 수준에 도달했음에도 불구하고 그것이 자신들이 해야 할 일은 아니라는 강박관념에 젖어 있었다. 그것은 당시로서는 어쩔 수 없는 굴레였으며 우리가 탓할 바는 아니다. 아쉬운 것이 있다면 당시의 문인들이 더 넓은 소설적 공간으로 나아갈 가능성을 충분히 가지고 있었으면서도 그것을 이루어 내지 못하고 주저앉고 말았다는 점이다.

이야기로서의 전기는 당·송시기 이후로 점차 빛을 잃기 시작했다. 필기는 여전히 쓰여지고 있었으며 그 안에서 전기라고 간주할 수 있는 글이 계속 쓰여진 것은 사실이지만, 그런 이야기들이 공개적으로 토론되고 여러 문인들에 의해 돌려 읽혀지며, 실제로 문인들의 글쓰기에 상당한 영향을 끼치는 상황은 당·송시기 이후로는 점차 사라졌다. 그들에게 한 가지 결핍된 것은 문화적 정서를 달리하는 여러 계층에 같은 이야기를 제공하면서 평가를 얻어 내는 작업이었다. 다시 말해서 그들은 '대중화'의 기제를 가지고 있지 않았는데, 그것은 소설적 흐름에 있어서는 치명적인 약점이었다고 하겠다. 물론 그런 것을 전통시기의 문인들에게 기대하기는 어렵다는 것을 우리는 잘 알고 있다. 그렇지만 그 다음 세대에는 그것이 이루어지고 있었다. 따라서 어떤 의미에서는 당·송시기 전기의 작자들이 자신의 세계에 머무르고 있다고 해야 할 것이지만, 또 다른 측면에서는 그들이 다음 세대의 작자들에게 물려줄 중요한 유산을 만들어가고 있었다고 볼 수도 있는 것이다.

지금까지 나는 당·송시기의 지괴와 전기를 검토하였다. 소설적 흐름의 관점에서 볼 때에 이 시기의 이야기는 상당한 수준에 이르렀다고 생각할 수 있다. 지괴와 전기에서 공통적으로 저 세계가 이 세계 속으로 급속히 빨려들어오고 있었으며, 이 세계에 대한 집중적 관심이 더 확대된 소설적 공간을 만들어 내는 동시에 소설적 리얼리티의 초기 형태를 구축해 나가고 있었다고 볼 수 있다. 이 시기에 들어서면 허구적 이야기를 만들어 내는 것이 글쓰기의 한 분야로 정착되어 있었다. 그리고 그것은 넓은 의미에서 볼 때 문화적 행위의 한 구석을 차지하고 있었다. 그러므로 이 시기는 소설적 경험이 과거 어느 때보다도 광범위하게 축적되어 가고 있던 시기였다. 그것은 이미 탐색을 끝내고 본격적으로 소설적 가능성을 실험하는 단계였다고 생각된다. 이제 이야기를 만드는 것은 사물이나 사건을 접한 후의 수동적 반응이 아니라, 작자 자신이 소재를 발굴하고 거기에 줄거리와 세부 사항을 얽어내는 등의 적극적 행위였다. 그래서 소설적 흐름이 급물살을 탈 수 있는 모든 환경은 사실상 갖추어져 있는 것이나 다름없었다.

그런데 그 흐름이 성숙되기 위해서는 아직 더 필요한 것이 있었으니, 그것은 소비자의 확충이었다. 앞에서 말한 바 있듯이 이야기는 소비재이다. 소비재는 많은 소비자가 그것을 사용해 보고 불만을 이야기할 때에 그 품질의 향상속도가 빨라지게 되어 있다. 만약 소비자가 일정한 숫자에 국한되거나 혹은 일정한 계층에 국한될 때에는 품질이 향상된 신제품이 나올 가능성이 그만큼 줄어들 수밖에 없다. 지괴와 전기는 앞에서 언급한 바 있듯이 문인의 전유물이었고, 그래서 제한된 소비층을 가진 소비재에 머물러 있었다. 그래서 정작 그 이야기들을 광범위한 소비자에게 제공할 기회를 포착한 것은 지괴와 전기의 작자들이 아니라 다른 계층의 사람들이었다. 그들은 거의 비슷한 시기에 문인문화와는 다른 흐름 속에서 자신의 길을 개척해 나가고 있었다. 이야기는 그들의 손으로 넘어가서 전혀 새로운 소비재로 태어났던 것이다.

3. 민간계층의 대두와 새로운 서면어의 태동

앞에서 언급한 바와 같이 소설적 흐름과 관련하여 당대부터 민간계층에서는 새로운 흐름이 모습을 드러내고 있었다. 이 문제를 검토하기 위해서 우리는 이 시기의 사회 · 문화적 변화를 좀더 검토할 필요가 있다. 위 ·

진·남북조 시기의 분열을 극복하고 당제국 하에서 중국 전토가 통일되었을 때에 당 왕조가 차지한 가장 큰 과실(果實)은 거대한 경제력이었다. 그것은 위·진·남북조 시기 후반에 북조와 남조가 병존하면서 양자강(揚子江) 유역을 중심으로 하는 강남(江南)지역이 급속히 개발되었기 때문이다. 오늘날까지도 중국에서 가장 큰 생산력을 자랑하고 있는 이 지역의 경제력은 위·진·남북조 시기부터 급속히 발전하기 시작하였으며, 당 왕조는 그런 경제력을 대제국의 휘하로 흡수하였던 것이다. 이 지역에서는 비옥한 토지를 기반으로 하는 농업생산뿐만 아니라 수공업이 크게 발전하였으며, 왕실은 이 지역으로부터 조세의 상당한 부분을 거두어들이고 있었다.

생산력의 신장은 그것 자체로도 큰 일이지만 더 큰 파급효과를 가진다. 왜냐하면 생산 그 자체가 아무리 중요한 것이라 해도 유통구조의 확립이 없이는 그 의미가 상당히 떨어져 버릴 것이기 때문이다. 강남지역의 생산력이 증대되면서 필요해진 것이 생산품을 유통시킬 수 있는 거점이었을 것이다. 그 결과 강남지역에는 여러 개의 대도시가 형성되었다. 이것은 도시화(都市化) 현상을 촉진하였으며 북방에도 큰 도시가 형성되었다. 당대의 수도인 장안은 당시 100만의 인구를 가진 국제적인 도시로 성장하고 있었다.

물론 대규모의 도시가 이 때에 처음 생긴 것은 아니었다. 한대에도 이미 반고(班固)가 〈양도부(兩都賦)〉에서 찬탄을 금치 못하는 도시가 형성되어 있었다. 그렇지만 당대 이전의 도시와 당대 이래의 도시는 기능 면에서 차이가 있었다. 당대 이전의 도시는 대개 권력의 중심지라는 상징적인 의미를 가지고 있었다. 그것은 권력이 출발하는 곳인 동시에 그 권력을 구현하는 행정이 시행되는 곳이었다. 권력의 중심지인 도시가 규모가 컸던 반면에 그 이외의 도시는 규모가 상대적으로 작았다. 다시 말해서 당대 이전에 도시가 형성되는 데에 있어서 가장 중요한 요인은 통치권력의 소재지였다.

그렇지만 당대에 들어서서는 이런 상황에 변화가 생겼다. 도시는 여전히 통치권력의 소재지였으며 행정의 중심지였지만, 그 이외에도 경제활동의 중심지라는 기능이 추가되었던 것이다. 그것은 생산력의 증대로 인한 유통기지로서의 역할을 담당하는 것이 도시였기 때문이다. 그렇기 때문에 도시의 규모는 통치권력의 소재라는 점에 의해 결정되는 것이 아니라 유통되는 경제력의 규모에 따라 결정되게 되었다. 수도가 반드시 가장 큰 도시여야 한다는 법은 없었다. 인구의 규모는 생산력에 결정되며, 따라서 수도 이외에도 경제력만 확보되면 얼마든지 큰 도시가 형성될 수 있는 것이 당・송시기의 상황이었다. 이렇게 형성된 도시의 문화와 정서는 이전에 있던 도시에서의 문화와 큰 차이를 가져오게 되었다.

도시는 제한된 공간 안에 많은 인구가 조밀하게 모여 사는 공간이다. 이 공간에는 다양한 계층의 사람들이 섞여 살게 되어 있다. 그것이 형성되는 과정은 다음과 같이 추론해 볼 수 있다. 먼저 권력주체가 어느 곳에 자리를 잡으면 그것을 보좌하는 관리들과 수비를 담당하는 군대가 함께 상당한 인구를 이루게 된다. 그들은 조세를 관장하면서 집중된 자본을 운영하는 집단이었다. 그렇게 운영되는 자본의 상당 부분은 이 기본적 인구의 소비를 위해 지출된다. 그러면 그들의 수요를 공급하기 위해서 상인들이 도시에 들어오게 된다. 그들은 필요한 물건을 멀리서 실어오기도 하고, 가까운 곳에 직접 마련한 수공업 생산지와 같은 공급처에서 가져오기도 한다. 그들은 자본을 투입하여 물건을 마련하고 그것을 황실과 관료, 군대로 이루어지는 기본적 인구에게 도매(都賣)로 공급하면서 이윤을 추구한다. 이때에 물품을 공급하거나 생산, 운반하는 모든 부속인구가 도시에서 생활하게 되므로 도시의 인구, 즉 소비인구는 더욱 늘어난다. 특히 늘어난 소비인구는 집단이 아닌 개인으로서의 소비자이며 이들에게는 소매(小賣)를 하는 사람들이 필요하게 된다. 그러면 그 수요에 맞추어 소매를 담당하는 사람들이 도시에 유입되고 인구는 더욱 늘어난다. 인구가 늘어나면서 그들의 소비를 노리는 다른 서비스업이 발생한다. 결국 도시의 형성에서는 각 계층이 따로 유입되는 것이 아니라 서로 맞물린 상태에서 인구가 유입되는 것이다. 이것은 정치권력의 소재지로서의 도시가 형성되는 과정을 추측해 본 것이지만, 경제활동의 중심지로서의 도시가 형성되는 것도 크게 다르지는 않았을 것으로 생각된다. 그곳에서의 핵심은 유통을 담당하는 대자본이었을 것이며 그것이 생성하는 소비인구가 더 많은 인구를 흡인했을 것이기 때문이다.

이런 도시사회에서 계층 간의 관계가 농촌에서와는 달라졌을 것이다. 황실의 구성원, 관료, 문인은 여전히 다른 계층의 구성원에 비해 우월한 위치에 있으면서 자신들 특유의 문화를 향유하고 있었다. 그렇지만 그 우월한 위치가 과거처럼 절대적인 것은 아니었다. 그들이 도시사회의 구도 안에 존재하는 상호관계에서 자유로울 수 없었기 때문이다. 도시사회에서는 권력이나 신분이 모든 것을 좌지우지할 수 없게 되어 있다. 이 공간에서 가장 큰 힘을 발휘하는 것은 경제력이었다. 아무리 신분이 높은 사람이라도 이곳에서는 돈을 주고 물건을 구입해야 생활을 할 수 있었다. 만약 상인들이 물건의 반입을 조절하면서 가격을 올린다고 할 때에 관료들이 그것을 권력으로 제압하는 데에는 한계가 있었을 것이다. 또 갑자기 돈이 필요해진 문인이 옷을 전당포에 맡기고 돈을 빌린다고 가정하자. 그 때에 그의 신분이 비록 문인이기는 하지만 돈을 빌린다는 점에서는 어느 계층의 사람과도 똑같은 것이다. 전당포의 주인이 상대가 문인이기 때문에 약간 더 후하게 값을 매겨줄 수는 있지만 돈을 거저 준다는 것은 생각하기 어렵다. 이런 측면에서 볼 때에 도시에 거주하는 모든 계층은 서로 엮어져 있었지, 결코 절대적인 위계질서에 따라 생활하는 것이 아니었다. 도시는 모든 계층이 상호 의존하는 상태에서 함께 살아가는 공간이었으며, 그 공간에서의 생활은 점차 전통적인 신분질서를 허물어뜨리는 결과를 만들어 가고 있었다.

그러나 도시화 현상은 이보다 훨씬 근본적인 변화를 초래하고 있었다. 당대 이래로 도시는 점점 더 정치적, 문화적 중심지로 팽창하고 있었다. 그래서 중국 사회를 실질적으로 이끌어 나가는 엘리트 그룹은 대부분 도시의 거주민이 되고 있었다. 물론 향촌에 거주하는 지주도 있었지만, 그들은 항상 도시 문화를 접촉하고 싶은 열망을 가지고 있었다. 그래서 당대 이래로 도시가 사회생활의 중심지가 되면서 가치관의 상당 부분이 도시 중심적인 것으로 변화해 버렸다고 할 수 있다. 이제 전원에서의 생활을 근거로 하는 가치관은 빛을 잃어가고 있었으며 소수의 도피자들을 위한 것이 되어 버린 데에 반해서, 도시의 정서를 대변하는 가치관이 점차 그 자리를 빼어갔던 것이다. 이것은 중국인의 문화적 체질을 바꾸고 있었다. 다시 말해서 모든 문화적 감각의 표준이 도시생활을 기준으로 해서 재편되고 있었으며, 특히 대부분의 교육받은 사람들이 도시생활을 중심에 두고 향촌에서의 생활을 언저리에 두는 방식으로 사유하게 되었던 것이다. 그러면서 전체적인 사유방식에도 변화가 일어났다고 본다.

도시화가 진행되면서 일어난 가장 큰 변화는 경제능력을 중심으로 하는 가치관의 형성이었다. 이전까지는 아무리 경제력이 커도 문인관료에 속하지 못하는 사람은 큰 힘을 가지지 못했다. 그것은 중국에서 정치권력이 형성되는 과정에서 배태된 뿌리 깊은 사유방식의 결과였다. 경제력은 정치권력에 부속되었을 때에 그 힘을 행사할 수 있는 것이지, 정치권력으로부터 이탈된 경제력은 힘을 발휘할 수 없었다. 막강한 정치권력은 언제나 경제력을 좌지우지할 수 있었다. 특히 농촌의 생산력에서 조세를 거두어 국가체계를 이끌어 나가는 체제 하에서는 정치권력이 항상 경제력보다 더 큰 힘을 발휘하고 있었다. 그것은 정치권력이 사회의 모든 부문을 완전히 장악하고 있음을 의미했다. 그러나 도시화가 진행되면서, 그리고 도시에 더 많은 자본이 집중되면서 이런 구도에 큰 변화가 일어나기 시작했다. 앞에서 도시에 여러 계층이 상호 의존관계 하에서 살아간다는 것을 지적한 바 있듯이, 이 공간에서 정치권력은 경제력으로부터 자유롭지 못했다.

도시화가 진행되면서 두드러지게 나타난 현상이 경제력의 지원을 받지 못하는 정치권력은 큰 힘을 발휘하지 못한다는 점이었다. 여기에서 말하는 경제력이 생산활동을 통한 경제력을 가리키는 것이 아니라 커다란 자본이 투입된 유통활동을 통한 경제력이었다는 점에서, 정치권력은 더욱더 경제력에 의존하지 않을 수 없었다. 이전까지 엄격한 통치 이데올로기에 의해 억눌리고 있던 경제력의 중요성이 부각되기 시작했다. 이것은 경제력을 강조하는 사회심리를 만들어 내었으며, 그것은 곧 통치 이데올로기의 급속한 이완(弛緩)을 의미하는 것이었다. 그것은 나아가서 정치권력의 사회장악력을 약화시켰다. 이제 정치권력의 가치관이 사회의 모든 부문을 장악하면서 방향을 규정하는 것은 불가능한 시대가 도래한 것이다. 정치권력은 여전히 통치 이데올로기를 강조하지만, 사회의 구성원들은 그에 상관없이 경제활동을 통해 만족감을 찾으려 하고 있었다. 경제활동이 통치 이데올로기와 갈등을 빚지만 않는다면 정치권력이 어떤 방향을 제시하든 그것은 보통의 사람들이 크게 신경 쓸 일이 아니었던 것이다. 이것은 중국 사회의 중요한 체질변화였다. 중국은 이제 단일한 구심점에 의해 움직이는 사회가 아니었다. 그것은 다양화된 구심점에 의해 만들어진 다양한 가치관을 지향하는 다원적 사회로 변모하고 있었던 것이다.

이런 체질변화의 와중에서 도시의 민간계층의 존재가 두드러지게 나타나기 시작했다. 여기에서 말하는 민간계층은 상인, 수공업 생산자, 음식점 경영자, 기생 등의 다양한 계층을 아우르는 것이다. 물론 도시가 아닌 향촌의 민간계층의 문화는 이전부터 존재해 왔음이 분명하다. 그런데 그 문화는 문인문화와는 일정한 거리를 두고 있었으며, 그래서 문인들의 관심권역 밖에 있었다고 생각된다. 향촌의 민간문화는 산발적으로 존재하는 것이기 때문에 그것이 뚜렷한 흐름을 부각시키지 않은 상태에서 지역별로 존속되어 왔었다고 본다. 그러나 도시의 민간계층은 도시생활을 바탕으로 하는 정서를 가지고 있었으며, 그들의 문화는 향촌의 민간문화와는 성격을 달리했다. 그것은 같은 공간에 사는 다양한 계층의 관심을 끌기에 충분할 정도의 집중력을 가지고 있었다. 그것은 지역별로 따로 따로 존재하는 문화가 아니라 도시라는 공간에서 공통적으로 나타나는 '전형성'을 가진 문화였다. 그것이 도시 거주민들에게 잘 알려질 수 있었다는 점에서 존재가 두드러지게 나타났다고 한 것이다. 이 도시 거주민들 사이에는 문인관료도 포함되어 있었으며, 그들은 이전처럼 민간계층의 문화를 남의 것으로만 돌릴 수는 없었다. 왜냐하면 민간계층의 문화도 결국에는 그들 자신이 속한 도시생활의 한 부분이었기 때문이다. 그리고 시간이 갈수록 도시사회에서 민간계층의 문화가 차지하는 비중은 커졌다고 본다. 이런 상황에서 문인관료는 한편으로는 문인 특유의 문화에 발을 담그고 있으면서도 다른 한편으로는 민간문화의 소비자가 되어 있었다. 그것의 좋은 예로 우리는 〈이와전〉의 한 장면을 들 수 있다. 이와에게 버림받고 방랑하던 남자가 호구지책(糊口之策)으로 장의사에서 만가를 부르게 되었는데, 어느 날 양대(兩大) 장의사가 장의용구 및 절차에 관한 전시회를 여는 장면이 나온다. 여기에는 장안에 살던 일반인뿐만 아니라 지방의 토호인 주인공의 부친도 구경꾼으로 등장한다. 이것은 곧 당시 도시문화가 민간계층뿐만 아니라 문인관료도 부분적으로 참여하고 있었음을 의미하는 것이다.

도시의 민간계층은 크고 작은 경제활동에 종사하는 사람들로 구성되어 있었다. 그들은 규모의 차이는 있지만 생활을 꾸려갈 수입을 얻고 있었기 때문에 스스로가 구매능력을 가진 소비자였다. 향촌사회에서와는 달리 도시에는 다양한 소비욕구가 발생하며, 그것은 상승작용을 일으켜 새로운 상품을 개발하게 만든다. 이런 구도 하에서 도시 거주민들이 원하던 것은 여가시간을 위한 오락이었다. 오락에 대한 욕구는 어느 정도의 경제적 수준을 이룬 사람들이 보편적으로 가지고 있었다고 본다. 그리고 이 욕구에 의해 형성되는 소비시장을 겨냥한, 오늘날 우리가 '문화상품'이라고 부르는 다양한 상품이 출현하게 되었을 것이다. 오늘날 우리는 다양한 문화상품을 가지고 있지만 천여 년 전의 당・송시기의 문화상품은 제한되어 있었다. 게다가 당시의 문화상품은 개별적으로 공급되는 것이 아니라 집단적으로 공급될 수밖에 없었다. 다시 말하면 문화상품의 공급은 일정한 시간에 여러 사람이 모임으로써 공급될 수 있을 따름이지, 개인적으로 아무때나 공급받을 수 있는 것이 아니었다. 집단적으로 공급되는 문화상품이라는 것은 결국 공연(公演)을 가리키며, 특수하게 돈이 많은 사람을 제외하고는 대부분의 사람들이 연행(演行)을 통해서 오락의 욕구를 충족시키고 있었던 것이다.

중국에서 공연예술은 오랜 역사를 가지고 있다. 그렇지만 도시화가 진행되기 이전에 향촌에서 공연된 것은 대부분 마을의 축제와 같은 성격을 띠고 있었다. 인구가 넓은 지역에 퍼져 있는 향촌에서는 공연이 자주 열리기 어려웠으며, 열린다 해도 대부분 그 지역의 사람들이 자체적으로 벌이는 행사였다고 생각된다. 다시 말해서 그것은 생산자와 소비자가 일치하는 자급자족형 공연이었다. 그러나 도시에서의 연행은 성격을 달리한다. 그것은 자급자족 형태의 행사가 아니라 공급자와 소비자가 분리되어 있는 상품이었다. 그것은 전문적인 연행자가 제공하는 것이지, 향촌사회에서처럼 모든 사람이 참여하면서 제공하는 아마추어 수준의 상품이 아니었다. 공연하는 사람은 관객에게 돈을 받으면서 오락을 제공하고, 그래서 그것은 민속적인 행사에서의 공연과는 커다란 수준차이가 있는 것이었다.

연행을 제공하는 사람의 입장에서 보면 도시는 상당히 매력 있는 시장이었다. 그것은 인구가 집중되어 있는 도시에서는 한 번의 공연으로도 향촌지역에서보다 훨씬 더 많은 관객을 끌 수 있으며, 훨씬 자주 공연할 수 있었기 때문이다. 도시에서의 연행은 더 큰 이윤을 획득할 수 있었기 때문에 본격적인 상업화의 길을 걷게 되었던 것이다. 그리고 일단 상업화가 시작되면 이윤을 노리는 각종의 연행이 새로 출현하게 되었을 것이고, 그러면 인기 있는 것과 인기 없는 것이 분리되기 시작했을 것이다. 인기 없는 것은 서서히 도태되는 반면에 인기 있는 것은 더욱 확대되고 또 가지를 치며 새로운 것을 만들었다고 생각된다. 당·송시기는 이런 연행이 본격화되었던 시기였다. 이런 문화상품은 다양한 모습을 가지고 있었다. 이야기를 하는 것도 있고 춤을 추는 것도 있었을 것이며, 기이한 동작을 하거나 마술을 부리는 것도 있었을 것이다. 또 이런 것들이 따로 공연되지 않고 몇 가지를 끼워서 공연하는 것도 있었을 것이다. 그렇지만 연행에서는 이야기가 중요한 역할을 했을 것이며, 이런 의미에서 연행의 발달은 소설적 흐름과 긴밀한 관계에 있었던 것이다.

연행이 발달하는 모습을 나는 다음과 같이 추론하고자 한다. 이것은 분명한 증거에 의한 것이 아니라 다양한 자료를 근거로 한 추론에 지나지 않는다. 또 여기에서 나타나는 시간적 순서도 절대적인 것은 아니다. 다만 내가 추론하고자 하는 것은 도시에서의 연행이 애초부터 있었거나 자연스럽게 생긴 것이 아니라, 원래 연행을 목적으로 하지 않는 집단의 행사에 의한 자극에 의해서 생겨났을 가능성이다.

당대의 도시에서 중요한 공연장소는 불교사원이었다고 알려져 있다. 그곳에서의 공연은 상업적인 것이 아니라 포교나 종교적 행사를 위한 것이었다. 그리고 당대 초기에 실제로 불교사원만이 주된 공연장이었는지는 분명하지 않다. 그렇지만 아직 사람들을 모아들이면서 공연을 한다는 생각이 널리 퍼져 있지 않았을 때에, 불교사원에서 행해지는 공연은 새로운 모델이 되었을 가능성이 충분히 있다. 불교는 사람들을 모아들이기에 충분한 흡인력을 가지고 있었으며 이것이 아마도 사원에서 행해지는 공연이나 행사의 원동력이 되었을 것이다. 그렇지만 중국인들은 그것을 모델로 해서 다양한 공연 상품을 개발했다고 생각된다. 다시 말해서 불교가 종교적인 이념을 통해 사람들을 모아 들인다면 공연 상품은 그 오락성으로 인해 사람을 모아들일 수 있다는 착상을 하게 한 것이다. 이것은 곧 불교가 단순히 새로운 종교적 이념을 전파하기만 한 것이 아니라 중국의 도시문화가 형성되는 데에 있어서도 결정적인 기여를 했다는 의미를 지니고 있다.

불교사원에서 주기적인 종교적 행사 이외에 공연된 것은 주로 강경(講經)과 설법(說法)이었을 것이다. 설법이 불교의 교리를 설명하는 것임에 비해, 강경은 우회적으로 불교 경전의 의미를 설명하면서 포교효과를 노리는 것이었다. 강경이 이야기를 매개체로 해서 경전의 의미를 설명했을 가능성이 있기 때문에 그것은 소설적 흐름과도 밀접한 관계에 있었다. 제도화된 종교는 그것의 합리성을 증명하는 다양한 이야기를 제공한다. 그 이야기들은 종교적 체험이 없는 사람에게 교리의 당위성을 설명하는 데에 큰 역할을 한다. 아마도 강경은 바로 그런 것이 아니었나 싶다. 즉 석가모니가 해탈에 이른 과정을 단순히 교리를 통해서 설명하는 것이 아니라 흥미를 유발할 수 있는 이야기를 통해 설명하면서 불교의 당위성을 주장하는 것이 강경이었다고 생각되는 것이다. 강경은 그래서 구두언어로 하는 것이지, 듣는 사람이 무엇인가 읽는 것이 아니었다. 그리고 강경을 하는 사람도 원고를 들고 하는 것이 아니라 자신이 알고 있는 지식과 때로는 임기응변을 발휘하면서 그것을 진행했을 것이다. 그래서 강경에서의 이야기는 핵심적인 지식과 그것을 포장할 수 있는 강경자의 능력이 결합되면서 전개되었다고 본다.

그러나 시간이 흐르면서 사원 주변에서 강경을 모방한 연행이 시작되었을 것이다. 그것이 사원 주변에서 이루어졌다고 생각하는 것은 아직 도시 중심지에서 본격적인 연행이 이루어지기 이전에는 사원이 가장 사람이 많이 모일 수 있는 곳이었다고 생각하기 때문이다. 또 강경을 모방한 연행이 이루어졌다고 생각하는 것은 연행의 주체들이 아직 자신들 스스로 어떤 모델을 가지고 있지 않은 상태에서 사원에서 행해지는 강경을 이용했을 가능성이 있다고 생각하기 때문이다. 이 모방된 연행은 처음에는 강경에서 인용되는 이야기를 변형한 것이었을 가능성이 크다. 그것은 강경을 경험한 사람이 불교의 교리는 제쳐두고 사람들의 흥미를 끌 수 있는 이야기만을 빼낸 것이었다. 그것은 사원의 담장 밖에서는 교리보다는 이야기가 사람들을 끌 수 있다는 점에 착안한 결과였다고 본다. 이것이 강경에 참여할 생각이 없는 일부 사람들의 반응을 얻게 되자, 연행자들은 또 다른 생각에 빠지게 되었을 것이다. '불교의 이야기가 사람들의 관심을 끈다면 우리의 이야기가 관심을 끌지 말라는 법은 없지 않을까?' 이런 생각을 한 소수의 사람들이 불교의 이야기가 아닌 다른 이야기, 또는 거기에 중국 전래의 우스갯소리나 춤, 동작 등을 가미하여 이야기를 하면서 더 많은 구경꾼을 확보하게 되었다. 그러자 이 연행자는 굳이 사원 옆만 아니라 사람이 많이 다니는 곳에서 연행을 벌이기 시작했을 것이다. 그것이 성공적이었을 때에 연행은 사원 주변을 벗어나 시내에서 이루어지면서 본격적으로 도시 거주민의 오락을 충족시켜 주는 수단으로 탈바꿈했을 것으로 생각된다. 이것이 당대에는 강창(講唱)의 유행을 이루어 내었다. 또 불교사원도 단순히 강경에만 머물러 있지는 않았다. 강창이 인기를 끄는 것을 목격한 후 사원에서는 속강(俗講)을 발전시켰다. 이것은 불교의 교리를 통속적으로 풀이하면서 강창의 형식을 빌려 공연하는 것이었다. 그리고 또 시간이 지나면서 연행으로 어느 정도의 돈을 번 사람이나 재력이 있는 사람이 더 많은 돈을 벌기 위해 투자를 하여 상설공연장을 세웠을 것이고, 그러면 더 많은 사람들을 유혹할 수 있었을 것이다. 결국 포교를 위해 행해진 강경은 도시사회에서 연행이라는 문화상품이 번성하는 계기를 마련했다고 볼 수 있다.

그런데 불교사원은 또 다른 변혁의 중심지로 기능하고 있었다. 사원은 당시 문인집단을 제외하고는 거의 유일하다고 할 수 있는 문자언어를 사용하는 곳이었다. 그것은 인도에서 반입한 불교의 경전을 번역하는 주체가 사원이었기 때문이다. 한대 이래로 불교가 보급되면서 사원에서는 경전을 중국어로 번역하는 일을 진행해 오고 있었다. 이 과정에서 번역자들은 중국어에 대한 인식을 달리하게 되었다고 볼 수 있다. 굴절어로 쓰여진 경전을 고립어인 중국어, 특히 문언으로 옮기는 데에 많은 어려움이 따랐을 것이기 때문이다. 문언으로 옮기는 것은 인도의 불경(佛經)을 읽고 소화한 다음 문언으로 재조합하는 과정을 거쳐야 했을 것인데, 그것이 그리 쉽지는 않았을 것이다.

그러나 더 중요한 고려사항은 그렇게 번역된 것이 어떤 효용을 가지는가에 있었다. 승려들이 불경을 번역하는 데에는 포교의 목적이 포함되어 있었다. 즉 불경 자체를 보급하며 많은 사람들한테 읽힘으로써 더 많은 신도를 확보하는 것이 번역의 목적에 포함되어 있었던 것이다. 그런데 문언으로 번역하면 그것을 읽을 수 있는 사람은 문인으로 국한될 수밖에 없음이 분명하다. 그것은 대중적 포교를 불가능하게 만들었을 것이다. 그렇기 때문에 사원에서는 보다 많은 사람들에게 접근할 수 있는 언어체계를 필요로 했을 것이며, 승려들은 문언이 아닌 또 다른 서면어의 가능성을 찾고 있었다고 생각된다. 그리고 그것은 현실로 나타나고 있었다. 당대 초기의 화엄종(華嚴宗)과 법화종(法華宗)은 불경을 전통적인 문자언어로 번역하여 강경하였지만 대중적인 인기를 얻는 데에는 실패하였다. 그 이후에 나타난 선종(禪宗)의 법어는 상당한 수준의 백화(白話)를 채택하였고, 그 결과는 대중적인 포교에서의 성공으로 나타났던 것이다. 당·송시기의 불교사원은 백화라는 새로운 서면어의 발생에 있어서 상당한 역할을 하고 있었다. 그리고 이 새로운 서면어가 가장 먼저 쓰인 곳이 사원이었을 가능성이 매우 크다.

새로운 서면어에 대한 관심이 불교사원에만 국한되었던 것은 아니었다. 당·송시기의 문인들은 민간계층의 언어에도 관심을 가지고 있었다. 사실 민간계층의 언어라는 것이 별다른 것은 아니다. 그것은 문인들도 일상적인 생활에서는 사용하지 않으면 안 되는 구두언어였다. 그러나 문인사회에서는 이런 구두언어를 그대로 문자언어로 옮기는 관행이 없었다. 그러다가 당·송시기에 사(詞)가 등장하면서 구두언어의 문자화에 대한 관심이 촉발되었다고 생각된다. 왜냐하면 사는 문인이 발을 담그고 있는 문인집단과 그들이 일상적으로 경험하는 민간계층 사이에 놓여 있는 공간을 표현하는 것이었다고 생각되기 때문이다. 사는 순수한 문인문화로 출발한 것이 아니라 민간문화의 일부를 문인문화의 한 부분으로 흡수하는 과정에서 출발된 것이다. 그래서 이런 글쓰기에서 민간계층의 언어가 완전히 배제될 수는 없다. 그렇지만 그 언어를 문인의 문자언어로 옮기는 데에는 어려움이 많았으며, 그래서 문인들 중에도 사를 쓰면서 부분적으로 민간계층의 언어습관을 흡수하는 사람이 생겨나게 되었다고 생각된다. 이것이 아직 새로운 서면어의 발생에 직접적인 계기를 만든 것은 아니겠지만, 적어도 당대의 문인들이 새로운 서면어인 백화가 사회의 저변에서 꿈틀거리고 있던 흐름에서 전혀 배제되어 있지 않았음은 분명하다.

당 · 송시기의 연행은 강창(講唱)이나 속강(俗講)으로 알려져 있는데, 이것은 대부분 구두로 하는 이야기와 동작, 춤, 노래 등으로 이루어졌다고 생각된다. 그것은 미리 대본이 있어서 그것에 따라 진행되는 것이 아니라, 기억하고 있는 제목이나 이야기의 줄거리를 따라 진행시키는 것이었던 듯하다. 이런 연행에서는 말, 동작, 춤, 노래 등의 각종 요소가 배합되어 있었을 것이다. 여기에서 말은 곧 이야기를 의미한다. 왜냐하면 연행은 기본적으로 어떤 줄거리를 전제로 하고 있으며, 줄거리는 곧 전체적인 이야기를 설정하는 것이기 때문이다. 줄거리를 구체적으로 표현하는 정도는 달라질 수 있지만 줄거리가 없을 수는 없었을 것이다. 그래서 연행의 발달은 곧 줄거리로 엮어진 이야기의 발달이라고 보는 것이다. 설화(說話)라고 불리는 이야기의 연행은 송대에 이르면 대개 (1) 소설(小說)〔일명 은자아(銀字兒)〕, (2) 담경(談經), 설참청(說參請), 설원경(說諢經) 등의 불경과 불교 이야기의 공연, (3) 강사(講史), (4) 합생(合生)[11] 네 가지의 주류를 형성했다고 알려져 있다. 이것은 연행을 통해 제공되는 이야기의 범위가 상당히 넓어졌음을 가리킨다.

---

11) 합생은 당대의 왕실에서 비빈(妃嬪)의 아름다움을 묘사하는 오락으로서의 노래와 춤을 가리키는 단어로 시작되었다. 송대에 들어서서 합생은 도시의 오락으로 자리잡게 되었는데 여기에서 춤은 사라지고 말재주가 중요한 요소로 등장했다. 고승(高承)의 《사물기원(事物起源)》에 의하면 그것은 주어진 제목에 맞추어 노래를 부르는 놀이로 알려져 있다. 또 홍매(洪邁)의 《이견지(夷堅志)》에 의하면 주어진 항목에 맞추어 즉석에서 가사를 짓는 것으로 알려져 있는데 이때 짓는 가사는 詩일 수도 있고 詞일 수도 있고 曲일 수도 있었다. 여기에는 진지한 것도 있었지만 우스갯소리도 있었다. 후자를 喬合生이라고 했는데 이것은 풍자의 의도를 띠었다고 한다. Shao-ling Yu & Ho-sheng, *The Indiana Companion to Traditional Chinese Literature*, ed. by William H. Nienhauser, Jr., pp.405～406.

당대에 이런 연행이 문자로 기록된 대본을 근거로 했다는 증거는 거의 없다. 그렇지만 연행이 지속적인 발전을 거듭하고 있는 상황에서는 좀더 안정적인 기억의 수단이 필요했을 것임은 짐작할 수 있다. 당시의 연행은 대개 실습을 통해서 전수되었을 것으로 생각된다. 그래서 한 사람의 연행자가 자신의 기술과 지식을 다음 사람에게 전하는 것은 주로 말을 통해서, 아니면 실제 연행의 경험을 통해서였을 것이다. 그러나 연행자 하나가 어느 정도의 인기를 얻게 되거나 좀더 큰 이윤을 거두기를 원해서 여러 곳에서 동시에 연행을 하고자 할 때에는 상황이 달라졌을 가능성이 있다. 그의 몸은 하나이기 때문에 자신이 여러 곳에서의 연행을 직접 할 수는 없었다. 그렇다면 그는 학생을 다수 양성해야 했을 것인데, 그러려면 자신이 다수의 학생을 실기를 통해서 직접 가르치지 않으면 안 되었다. 그런데 만약 실기의 핵심인 제목이나 곡조, 간단한 줄거리를 문자로 기록해 주면 가르치는 사람이 시간을 덜 투자하더라도 더 큰 교육효과를 얻을 수 있었을 것이다. 여기에서 새로운 기억의 수단으로 연행 내용의 문자기록이 필요해졌다고 본다. 문자기록은 이를테면 자신이 가지고 있는 기능과 지식을 부분적으로 복제할 수 있는 수단이었다. 이런 복제가 완전한 전수를 가능하게 하는 것은 아니었지만, 핵심적인 사항을 복제할 수 있다는 것은 더 빠른 전수를 가능하게 하는 것이었다. 그것은 교본의 형식으로 더 많은 사람을 가르쳐서 그들을 연행자로 양성하고 그것을 통해서 더 많은 수입을 얻을 수 있는 수단이었던 것이다.

그런데 이 문자기록은 문언문으로 쓰여질 수 없었다. 문언문은 교육을 받은 사람의 것임에 반해 학생들은 민간계층 출신이었고, 그들이 부분적으로 문자를 깨친다 해서 문언문을 읽기를 기대할 수는 없었다. 또한 연행의 내용 자체가 문언으로 되어 있지 않고 일상적인 구두어로 되어 있는 상황에서는 문언문이 쓰일 여지가 없었다. 더욱이 교육받은 문인이 연행의 내용을 기록하는 일을 맡을 가능성은 거의 없었다. 연행의 내용을 기록하는 것은 일상적인 구두어를 기록하는 것이며, 따라서 그것은 문언문과는 달리 발음되는 구두어를 그대로 글자로 옮길 수 있는 문자언어의 체계를 가지지 않으면 안 되었다.

이런 체계를 제공할 수 있는 사람은 필사자(筆寫者)였다. 당대 중기까지 불교사원에서 일하던 사경생(寫經生)이 이런 문자언어의 체계를 제공할 수 있는 유일한 필사자 집단이 아니었던가 생각된다. 그들은 문인이 아니면서도 번역된 불경을 옮겨 적는 일을 하고 있었기 때문에 문자언어를 다룰 수 있었다. 특히 그들은 문언뿐만 아니라 불교의 이야기를 적어낸 경험도 지니고 있는 사람들이었다고 생각된다. 이런 이야기를 통해서 그들이 구두어를 부분적으로 문자화하는 경험을 갖추었을 가능성도 있다. 그러나 시간이 흐르면서 이런 필사의 능력은 조금씩 민간계층으로 보급되기 시작했다고 본다. 왜냐하면 민간계층에서의 필사능력이라는 것은 상당한 보수를 기대할 수 있는 능력이기 때문이다.

예를 들어 큰 점포를 가진 상인이 사람을 고용할 때에 어느 젊은이가 글을 안다면 그를 짐을 운반하는 단순노동에 배치하지 않고 장부를 정리하는 데에 배치했을 것이며, 그 젊은이는 아마도 단순노동자보다 더 많은 보수를 받았을 것이다. 그런데 그 젊은이에게 어느 연행자가 자신의 공연 내용을 간단히 기록해 줄 것을 요청하면서 일정한 보수를 약속했다고 가정하자. 그러면 이 젊은이는 자신이 가진 능력이 상인으로부터 받는 보수 이외의 부가가치를 창출할 수 있는 것임을 발견하게 된다. 처음에 일을 맡아 어느 정도의 보수를 받은 그는 점점 더 그런 방향의 부가가치를 좇게 되며, 만약 연행자가 더 많은 보수를 준다면 아예 직업을 옮겨버릴 수도 있는 것이다. 당대의 도시에 이런 기능을 갖춘 사람이 어느 정도 있었는지에 관한 자료는 전혀 없다. 그렇지만 이 시기에 발전된 상업과 수공업을 생각하면 그런 기능을 가진 사람들이 있었을 것은 충분히 짐작할 수 있다.

이런 추론을 정리해 보면 당대의 도시에서는 불교사원의 사경생을 중심으로 민간계층의 필사자가 형성되고 있었다고 할 수 있다. 그리고 당대 후기에서 송대에 이르는 기간에 필사자의 집단은 불교사원 밖으로 확대되었으며, 아마도 전문적인 필사자가 연행자의 하수인으로 고용되는 단계에 이르지 않았나 생각된다. 이 필사자 집단은 새로운 서면어를 이루어 내는 역할을 하고 있었다고 본다. 그들은 문인들의 전유물인 문언체와는 다른 문자언어의 영역을 개척하고 있었다. 그것은 백화(白話)라고 불리는 새로운 서면어였다. 백화는 완전하지는 않지만 일상적인 구두어의 상당 부분을 발음에 따라 글자로 옮기는 것을 의미했다. 송대에 들어서면 백화의 모습은 상당히 완성에 가까워지고 있었으니 주희(朱熹)와 같은 사람이 《주자가어(朱子家語)》에서 백화를 쓴 것을 보면 그런 상황을 짐작할 수 있다. 서면어로서의 백화의 발생은 그 시원(始源)을 정확하기 포착하기 어렵지만, 적어도 당・송시기에 민간계층에서 진행되고 있던 도시문화의 흐름 속에서 나타난 현상의 하나였음은 분명하다.

당대에 실제로 어느 정도의 필사작업이 이루어졌는지는 분명하지 않지만 그런 작업이 진행되고 있다는 증거는 발견되었으니, 그것은 돈황(敦煌)의 석실(石室)에서 발견된 문서였다. 1907년에 영국에서 활동하던 헝가리 출신의 슈타인(M. A. Stein)에 의해서 현재의 감숙성(甘肅省) 돈황의 천불동(千佛洞) 석실에서 발견된 이 문서들은 위・진・남북조 시기의 북위 왕조(406년) 때부터 송대 초기인 992년에 이르는 기간에 걸쳐 쓰인 것이다. 돈황의 문서들은 중국문학사의 흐름에서는 일종의 절해고도와도 같은 위치에 있다고 할 것이다. 중국의 심장부에서 그렇게 멀리 떨어져 있는 그곳에 어째서 그렇게 많은 문건이 보관되어 있었으며, 그 문건들이 정작 중국에서는 흔적을 찾아볼 수 없는 것인가 하는 문제는 이 분야의 전문가들이 아직 확정적인 답변을 유보하고 있는 문제이다.

당대의 돈황은 그 지역의 문화적 중심지였다고 생각된다. 오아시스를 중심으로 발달된 그 지역은 당시에는 오늘날 우리가 보는 것보다 훨씬 번성한 곳이었다. 그곳은 중국과 서역(西域)이 만나는 곳이었으며 티베트, 위구르 등의 불교적 색채가 강한 문화권에 둘러싸인 지역이었다. 그곳은 중국과 서역 사이를 중개하는 교역의 중심지였을 것이며, 인구도 지금보다는 많았을 것으로 생각된다. 그렇지만 그곳은 중국 내륙에서는 멀리 떨어진 지역이었다. 그런데 이곳에서 한문 및 산스크리트어로 된 불경, 강경문(講經文), 압좌문(押座文), 민간사(民間詞), 변문(變文), 화본(話本) 등이 대량으로 발견된 것이다. 특히 이런 문건들은 중국 내륙에서는 발견되지 않았으며, 동시에 당대의 문건에서는 드물게 발견되는 백화체로 쓰였다는 것이 문제이다.

일반적인 설명에 의하면 이곳이 동서교역의 중심지였고 중국의 문건이 수출되는 기지의 역할을 하고 있었기 때문에, 이곳에서 발견된 중국의 문건들은 수출품이었다고 한다. 그렇지만 풀리지 않는 수수께끼는 그런 문건이 중국에서는 어째서 발견되지 않았는가 하는 것이다. 또 당대의 일반적인 문건에서 발견되지 않은 백화체가 유독 이곳의 문건에서만 발견되는 사실의 이유도 설명되지 않는다. 일부의 설명에 의하면 당시 문건을 복제하는 방법은 베끼는 것이었는데, 베껴서 돈황으로 옮긴 것은 석실 속에 보관되었기 때문에 보존되었던 반면에, 중국 내의 원본은 세월이 감에 따라 없어졌을 가능성이 있다고 한다.[12] 그렇지만 이것이 완전한 설명은 되지 못한다. 우리는 전국시기 이래로 많은 문건들이 베끼는 작업을 통해서 보존된 것을 잘 알고 있다. 그것들은 우여곡절을 거치면서도 지금까지 보존되었는데 어째서 돈황에서 발견된 문서들은 그 원본이 보존되지 못했는가 하는 의문을 지울 수 없는 것이다.

나는 돈황 문서의 존재를 앞에서 언급한 몇 가지의 사항과 결부시켜 생각해 볼 필요가 있다고 생각한다. 우선 당대 사회에서 민간문화는 아직 기록의 대상이 되지 못했다는 점을 상기할 필요가 있다. 다시 말해서 민간문화의 산물, 특히 구어로 말해진 것을 문자언어로 기록한다는 것은 아직 당대의 일반적인 관행이 아니었다. 노래나 강경, 이야기 등은 그 시기에는

---

12) 이것은 이 분야의 전문가인 조명화 교수와의 토론을 요약한 것이다.

일상적으로 진행되는 것이었으며, 사람들이 기록해야 하겠다고 생각하는 대상이 아니었다. 두번째로 상기해야 할 것은 서면어로서의 백화가 최초로 채택된 것이 불교사원에서였을 가능성이다. 승려들은 인도의 불경을 중국어로 번역하는 과정에서 표음문자의 경험을 한 사람들이고, 그래서 중국어의 말을 문자로 옮기는 과정에서도 선도적인 역할을 하였다고 생각된다. 그것은 단순히 실천의 문제가 아니었다. 말을 그대로 글로 옮길 수 있다는 발견은 새로운 관념의 발견이었으며, 그런 발견을 실천에 옮긴 사람들이 승려였을 가능성이 크다는 것이다. 그런데 돈황에서 발견된 문건의 상당수가 불교사원에서 만들어졌을 가능성이 크다는 점을 이 두 가지의 사항과 연결하면 어느 정도의 추리가 가능하다고 생각된다.

당시 불교사원은 각종 민간계층을 대상으로 하는 문화상품의 공급처였으며, 이곳에서는 종교적 행사뿐만 아니라 다른 문화적 행사도 열렸을 것으로 생각된다. 그리고 승려들은 각종 민간문화와 접촉이 있던 사람들이었다. 그들은 노래를 접할 수도 있었고 이야기의 공연이나 강경의 기회를 쉽게 접했을 것이다. 그들은 자신의 관객을 위해서 그런 것을 기록하지는 않았다. 그런데 중국과 서역 사이에서는 교역이 활발하게 진행되고 있었으며, 중국의 상인들은 서역의 물건을 들여오면서 중국의 물건을 수출하였을 것이다. 이 수출품 중에는 문건이 섞여 있었다. 그런데 서역에서 필요로 하는 문건이 중국의 전통적인 문건은 아니었을 것이다. 중국의 특수한 산물인 유가의 경전이나 도가적 경전이 서역의 시장에서는 그리 큰 수요가 없었을 것으로 생각되기 때문이다. 서역은 불교적 색채가 강한 곳이었기 때문에 그곳에서 수요가 발생하는 것은 주로 불교계통의 상품이었을 가능성이 크다. 그런데 서역에서 중국의 문화상품을 필요로 하는 사람은 누구였을까? 그것은 서역 사람들이 아니었을 것이다. 그 수요자는 아마도 서역에 진출한 중국인이었을 것이며, 그랬기 때문에 중국어로 된 문건을 요구했을 것이다. 당대의 장안에 상당수의 서역인이 거주하고 있었고 서역과의 무역이 성행했다는 점을 생각하면, 서역에 상당수의 중국인이 진출해 있었을 가능성이 있기 때문이다.

그런데 중국 내에서는 불교사원이 서역과의 교역에서 중요한 창구였으며 상품의 중요한 공급원 역할을 하고 있었다. 불교사원이 공급할 수 있는 것은 중국어로 번역된 불경과 사원에서 쉽게 접할 수 있는 민간계층을 대상으로 하는 문화상품이었을 것이다. 어차피 서역에 진출한 중국인들이 문인들은 아니었기 때문에 문인들의 창작물보다는 민간문화의 산물이 더 좋은 상품이 되었을 것으로 생각된다. 그런데 이런 상품들은 원래부터 있는 것이 아니었다. 그것은 수출 주문이 들어올 때에 새로 만들어야 하는 것이었다. 그 작업은 강경이나 공연된 이야기, 불려진 노래의 가사 등을 문자언어로 옮기는 작업이었으며, 그 작업은 사경생을 비롯한 승려들이 담당하였다고 생각된다. 예를 들어 이곳에서 발견된 〈오자서변문(伍子胥變文)〉은 사찰이나 다른 종류의 공연장에서 진행된 공연의 내용을 승려를 중심으로 하는 필사자들이 구어를 반영하는 문자언어인 변문으로 받아 적어 상품으로 만든 것이라고 생각된다. 승려들 중에서도 불경을 베끼는 일을 담당하는 사경생들이 주로 이 작업에 동원되었을 가능성이 크다. 이 시기에 아직 민간계층에서 이런 문자언어의 작업을 담당할 인력은 양성되어 있지 않았다고 보기 때문이다. 그런 인력이 부분적으로 존재했다고 해도 아직 그 모습이 완전히 드러날 정도는 되지 못했을 것이다. 어쨌든 이런 작업에서 승려들은 그 문건을 읽을 사람들이 민간계층의 사람들임을 알고 있었고, 그래서 백화라는 서면어를 채택하지 않을 수 없었다. 만약 문언으로 그 상품을 만든다면 가치가 거의 없었을 것이기 때문이다. 상품이 이렇게 만들어졌기 때문에 그 문건들은 대부분이 유일본(唯一本)일 수밖에 없었다. 그 상품은 서역으로 실어내면 그만이었으며, 중국 내에서의 수요를 거의 고려하지 않는 종류의 상품이었기 때문이다. 수출품을 제작한 사람들이 후일을 위해서 복본(複本)을 만든다는 것은 인쇄기술이 발생하기 이전인 당시로서는 불가능한 일이었다. 그 유일본의 일부가 판매되기 이전에 돈황의 석실에 보관되었다가 어떤 이유로든 더 이상 유통되지 못하고

20세기 초에 발견되었다고 생각되는 것이다.[13] 돈황의 문건 중에서 소설적 흐름과 관련지어 주목할 만한 것은 변문과 화본이다. 특히 화본이 발견되었다는 것은 이야기를 글로 기록하는 것이 당대 중엽에 이미 시작되었음을 가리키기 때문이다. 우리는 이것을 뒤에서 다시 토론하게 될 것이다.

이렇게 추론해 볼 때에 우리는 당대의 중국 사회에서 민간문화의 일부분을 문자기록으로 변환시킨 것이 교역품의 대상이라고 생각할 수 있다. 다시 말해서 문자언어로 기록한다는 것은 이윤을 기대할 수 있는 상품의 생산이었다. 돈황의 문건은 그러한 상황을 암시할 뿐만 아니라, 필사집단의 존재와 그들의 활동이 전개되고 있음을 보여주는 증거라고 할 수 있는 것이다. 그리고 이 필사집단은 변문을 사용하고 있었는데 이것은 뒷날 백화가 서면어로 정착되는 길을 닦은 것으로 생각할 수 있다. 즉 변문의 경험을 통해서 구두언어가 문언체가 아닌 문자언어로 변환될 수 있다는 것이 발견되었고, 그것이 민간계층으로 파급되면서, 또 민간계층의 연행에서 생겨난 수요에 부응하여 백화라는 서면어가 형성되기 시작했다는 것이다. 변문은 바로 그런 변화의 길목에 놓여 있었다.

13) 徐敬浩, 《중국문학의 발생과 그 변화의 궤적》 제5장 2절 5.

제 6 장

이야기에서 상품으로 — 화본

당 · 송시기에 도시사회를 중심으로 민간계층의 문화가 뚜렷하게 모습을 드러내면서 계층을 초월하는 도시 특유의 문화상품도 다양해졌을 뿐만 아니라 그 수준에도 현저한 변화가 일어나고 있었다. 이 시기의 문화상품 중에서 가장 뚜렷하게 모습을 드러낸 것은 이야기의 연행이었다. 이 시기의 상황을 잘 보여주는 《몽양록(夢粱錄)》, 《서호노인번승록(西湖老人繁勝錄)》, 《도성기승(都城紀勝)》, 《동경몽화록(東京夢華錄)》, 《취옹담록(醉翁談錄)》, 《무림구사(武林舊事)》 등의 책에서는 이야기의 공연에 관한 많은 기록이 나타난다. 명대의 저술에서 이야기의 연행에 관한 기록이 거의 사라진 것에 비교하면, 송대 사회에서 이야기가 얼마나 중심적인 문화상품으로 자리잡았는지를 알 수 있다.

주목할 만한 것은 이 시기에 민간계층의 이야기가 구두언어로 연행되기만 하는 것이 아니라 글쓰기를 통해서도 나타났다는 점이다. 그것은 단순히 필사자가 연행의 이야기를 글로 옮겨 적는 것이 아니라 글쓰기 자체를 통해 이야기가 제공되었다는 것이다. 민간계층의 이야기는 본격적인 글쓰기의 한 분야로 자리잡아 가고 있었다. 이것은 정통적인 글쓰기에 종사하는 문인들의 몫이 아니었다. 문인들은 여전히 지괴와 전기를 쓰고 있었지만, 그것은 그들의 고립된 문화였다. 문인사회 밖의 광범위한 민간계층은 자신들의 이야기를 즐기고 있었으며, 나아가서는 그것을 읽는 독자로 변신하고 있었다. 글쓰기는 이제 문인이 아닌 대중적 독자를 대상으로 하고 있었으며 이것이 화본(話本)이라는 모습으로 나타났다. 그리고 이런 글쓰기를 하는 '집단'이 형성되어 가고 있었다. 그것을 나는 '문학적 중간층'이라고 부르는데, 이 집단에 속하는 사람들이 바로 대중적 글쓰기를 일으킨 장본인이었다고 생각된다. 그래서 이번 장에서는 이런 문학적 중간층의 대두와 그들의 글쓰기를 통한 화본에 관해서 검토하고자 한다.

1. 문학적 중간층의 대두

앞에서 나는 당·송시기에 필사자 집단이 형성되었음을 언급한 바 있다. 그러나 실제로 당대에 어느 정도의 필사자 집단이 형성되었는지는 분명하지 않다. 불교사원의 사경생이나 그와 연관된 필사자 집단이 존재했다는 것은 짐작할 수 있지만, 실제로 그들의 규모나 그들이 어떤 사회적 위치에 있었는지 하는 것은 알 수가 없다. 다만 내가 필사자라고 부르는 사람이나 그런 집단이 있었다면 그들은 상당히 기능적인 면에 치우쳐 있었다고 생각된다. 그들은 주문을 받고 일해 주는 위치에 있었을 뿐, 스스로 생각하고 글을 쓰는 사람은 아니었다고 생각되는 것이다. 그들은 문공(文工)[1]이라고 부를 수 있을 정도의, 마치 목수가 연장을 쓰듯이 글을 연장으로 쓰는 일종의 기능공이나 다름없었다고 본다.

그런데 송대에 들어서면서 이들 필사자 집단의 모습에 변화가 생기기

1) 중국 전통사회에서 미술과 음악을 담당하는 사람은 각각 畵工과 樂工으로 불렸던 반면에, 유독 문자언어를 다루는 사람만 문인이라고 불렀다는 점을 상기할 필요가 있다. 여기에서 '文工'이라는 말을 사용한 것은 이들이 악공이나 화공과 같은 신분에 있으면서 문자를 다루었다는 점을 부각시키기 위해 내가 만들어 낸 말이다.

시작했다. 송대에는 앞에서 언급한 바와 같이 이야기를 중심으로 하는 연행인 설화(說話)가 네 가지의 뚜렷한 주류를 형성하기 시작했다. 그것은 이야기를 연행하는 것이 점차 전문화되었다는 것을 의미한다. 연행은 더욱 세련되고 전문적인 기술과 재능을 바탕으로 이루어지고 있었다고 생각된다. 이에 따라 청중의 욕구도 상승하고 있었다. 문화상품으로서의 이야기는 어차피 소비재이며, 따라서 한 번 올라간 욕구는 내려가는 법이 없이 더욱 높은 곳을 향해 치달리게 되어 있었다. 이야기가 연행될 때에 소비자는 계층을 초월하고 있었지만, 그래도 가장 큰 비중을 차지하는 것은 도시에 거주하는 민간계층의 사람들이었을 것이다. 이들은 나름대로의 특성을 지니고 있다. 그들은 직관적이고도 감각적으로 이야기에 반응하는 소비자였다. 그들은 어떤 이야기에 대해서 깊이 생각하고 그것이 지니는 윤리적, 도덕적 가치를 생각하는 그런 수준높은 소비자가 아니었다. 그들은 공연현장에서 감동적인 이야기를 들으면 탄성을 지르거나 눈물을 흘리고, 재미없는 이야기를 들으면 그 자리에서 발길을 돌리는 소비자였다. 그렇기 때문에 이들에게 어떤 심각한 의미를 전달할 수는 없었다. 또 이들에게 새로운 이야기를 들려주는 것도 경우에 따라서는 위험한 일이었다. 왜냐하면 새로운 이야기는 새롭다는 점에서는 이점이 있지만 그것을 듣고 이해하는 데에 시간과 노력이 필요하다는 장애를 지니고 있었기 때문이다. 물론 훗날의 문화상품에 익숙해진 청중에게는 그런 것이 큰 장애가 되지 않았겠지만, 이제 문화상품이 막 꽃피기 시작한 송대의 청중에게는 새로운 이야기를 들려주는 것이 오히려 흥미를 떨어뜨리는 요인으로 작용할 수도 있었다고 본다. 그렇기 때문에 이 시기의 연행에서 필요한 것은 같은 이야기를 다양한 기법을 통해서 들려주는 것이었다. 다시 말해서 이미 알려져 있는 이야기를 각색해서 들려줌으로써 청중의 각각 다른 반응을 기대하는 것이었다. 청중의 입장에서 보면 줄거리를 이미 아는 이야기를 들려준다는 것은 줄거리를 이해하기 위해서 머리를 쓸 필요가 없이 편안한 마음으로 이야기를 들을 수 있게 된다. 그가 유심히 보는 것은 그 똑같은 이야기를 어떻게 풀어나가는가 하는 것이었다.

이러한 변화에 따라 연행자에 부속된 필사자의 역할도 변화하기 시작했다. 연행을 주관하는 사람은 이제 같은 이야기를 더 다양하게 공연해야 했으며, 그러려면 더 많은 이야기꾼을 양성하지 않으면 안 되었다. 이것은 곧 연행기술과 지식의 다량 복제를 의미하며, 그것을 위해서는 더 많은 필사의 작업이 필요하게 되었다. 그래서 송대에 들어서면 필사자는 보다 전문적인 직업으로 변하고 있었다고 생각된다. 그것은 사경생의 필사작업과는 다른 것이었다. 연행자에 부속된 필사자는 그 분야의 전문적인 지식을 갖추고 있지 않으면 안 되었다. 그들이 가장 많이 종사한 분야는 설화와 연극이었다고 생각된다. 그들은 설화나 연극의 공연에서 연행자가 꼭 지켜야 할 요소요소를 적어 줌으로써 훈련과 공연을 보조하고 있었을 것이다. 이렇게 되면 연행 후보자 모두가 똑같은 핵심요소를 알고 있게 된다. 그리고 정작 무대에서 공연할 때에 그가 해야 할 일은 그 핵심요소를 지키면서 자신의 재능을 발휘하여 청중의 반응을 얻어내는 일이 된다. 다시 말해서 필사자는 초보적인 형태의 대본(臺本)을 공급하고 있었다.

그런데 대본을 사용하는 사람의 입장에서는 그것이 구체적이면 구체적일수록 편리할 수밖에 없었다. 꼭 필요한 요소만 기입되어 있는 대본은 그에게 공연할 때에 자신의 재능을 발휘할 수 있는 자유를 주지만, 동시에 더 많은 부담을 준다. 재능이 넘치는 사람에게는 이것이 큰 문제가 되지 않았겠지만, 막 입문한 공연자나 재능이 떨어지는 사람에게는 더 많은 정보를 주는 대본이 고마울 수밖에 없었을 것이다. 더욱이 연행이 보급되면서 재능이 출중한 공연자보다는 보통 수준의 공연자가 더 많았을 가능성이 있으며, 그럴수록 더 구체적인 대본이 환영을 받게 되었을 것이다. 그런 요구가 있으면 필사자의 역할은 더욱 늘어나게 된다. 그는 이전보다 더 많은 요소를 대본에 삽입하여 이야기를 구체화한다. 심지어 공연자의 재량권에 맡겨져 있던 대사(臺詞)까지도 삽입해 주면 더 편리했을 것이다.

이런 상호관계를 통해서 대본은 점차 구체화되고 필사자의 영역은 점차 넓어졌던 것으로 보인다. 그들은 더 이상 공연 지침서로서의 대본을 작성하는 필사자가 아니었다. 그들은 공연내용의 상당 부분을 기록하고 있었다. 연극 대본을 예로 들면 초기에는 제목과 중요한 동작, 그리고 노래 부를 부분에서의 곡보(曲譜) 등이 주어지다가 시간이 흐르면서 중요한 대사가 첨가되고, 나중에는 처음부터 끝까지의 곡보와 동작, 구체적인 대사가 모두 제시되는 방식으로 필사자의 영역이 확대되었다고 생각된다. 이것은 이야기에서도 마찬가지였을 것이다. 영웅의 이야기를 위한 대본이 처음에는 그 영웅의 출생지와 이름 등을 제시하다가 다음에는 영웅이 겪는 중요한 사건을 상징적인 제목으로 첨가하였고, 나중에는 그 영웅이 겪는 사건의 구체적인 전말까지 글로 제시하게 되었을 것이다. 이렇게 되면 애초에는 주(主)가 되던 연행자의 영역이 점차 필사자의 영역에 의해 잠식되었을 것이다. 다시 말해서 대본이 간단했을 때에는 공연자가 결정할 것이 더 많았지만, 필사자의 영역이 확대된 이후에는 공연자가 대본을 따라하는 비중이 더 커진 반면에 재량권이 줄어들었다는 것이다. 이런 과정을 통해서 필사자는 점점 더 표면에 등장하고 있었다.

한편 필사자 집단 내부에서도 변화가 일어나고 있었으니, 그것은 문언으로 성공하지 못한 문인들 중의 일부가 신분상의 하향이동을 하면서 필사자 집단에 합류하는 현상이었다. 앞에서 지괴와 전기를 이야기할 때에 우리는 상당수의 주인공이 과거에 낙방한 사람이었음을 본 일이 있다. 당대에 과거시험이 실시되면서 응시자는 날로 늘어간 반면에 문호는 쉽게 넓혀지지 않았고, 그래서 경쟁은 날로 치열해졌으며, 그 결과는 무수한 낙방생의 생산이었다. 그들은 과거에 응시할 만큼 충분히 교육을 받았지만 시험에 합격하지 못한 이상 출세를 기대할 수 없는 사람들이었다. 그렇지만 그들 대부분은 글쓰기 이외의 생업을 스스로 개척할 능력을 갖추고 있지 못했다. 이런 사람들이 도시 사회에서 생업을 꾸려나가려면 결국 글쓰는 재주를 이용할 수밖에 없었다. 그리고 그들 중 일부가 필사자 집단에 합류하기 시작한 것이다. 물론 그들이 처음부터 백화라는 서면어를 능숙하게 쓸 수 있는 사람은 아니었을 것이다. 그렇지만 백화는 자신의 구두어를 문자로 옮긴 서면어였기 때문에 외국어를 새로 배우는 정도의 노력은 필요 없었을 것으로 보인다. 필사작업을 맡기는 수요자의 입장에서 보면 그들은 우수한 인적 자원이었다. 왜냐하면 이 사람들은 문인이 되기 위해서 오랫동안 글쓰기에 전념하여 왔던 사람들이기 때문이다. 그들은 아는 글자의 수도 많았을 뿐만 아니라 풍부한 경서 및 역사의 지식을 확보한 사람들이었다. 그들은 종래의 민간계층에서 자생적(自生的)으로 형성된 필사자 집단과는 비교할 수 없을 정도의 수준을 갖추고 있었다. 따라서 이런 사람들이 필사자 집단에 합류하면서 그 집단은 서서히 문인 출신 전문 필사자가 주도하게 되었다고 생각할 수 있다. 그것은 필사자 집단의 체질이 상당히 바뀌는 것을 의미했다.

문인 출신의 필사자들은 과거의 필사자와는 달랐다. 민간계층의 필사자들은 주로 연행의 내용을 주어진 대로 기록하는 작업을 하고 있었다. 물론 필사자의 영역이 넓어지면서 그들이 더 많은 역할을 한 것이 사실이지만 그들이 할 수 있는 것에는 한계가 있었음이 분명하다. 그들에게는 자신의 영역을 더 넓히는 데에 필요한 지식과 글쓰기의 경험이 충분하지 않았다. 또 그들은 아직 글쓰기를 통한 상상력의 발휘라는 경험을 갖지 못한 사람들이었다. 그들은 아직 이야기는 구두언어로 이루어지고 문자기록은 그것을 보조하는 것이라는 생각에서 벗어나지 않고 있었다. 그래서 아무리 영역이 넓어졌다 해도 그들은 아직 수동적 필사자에 머물러 있었다. 반면에 문인 출신의 필사자들은 스스로 내용을 만들어서 글을 써 본 경험이 풍부한 사람들이다. 이것은 반드시 이야기를 쓴다는 것을 가리키는 것이 아니라 시나 사, 문장 등을 써 봤음을 가리킨다. 여기에서도 상징적이거나 압축적인 표현, 특수한 구도의 설정 및 효과적인 전개와 같은 '글쓰기의 기술'은 필수적이었으며, 그들은 그런 기술을 능숙하게 사용할 수 있는 사람들이었다. 그들은 이야기의 기록에 적용할 수 있는 충분한 경험적 자산을 가진 사람들이었던 것이다. 그렇기 때문에 문인 출신의 필사자들은 훨씬 더 자신들의 영역을 확대할 수 있었다고 본다.

문인 출신의 필사자들은 수동적이지 않았다. 그들은 자신의 목소리를 내기 시작했으며 그것을 통해서 연행의 내용이나 형식에 부분적인 변화를 가져왔다고 생각된다. 물론 초기에는 그들도 연행자에 종속되어 있었을 것이다. 그렇지만 그들이 민간계층에서 형성된 이야기의 엉성함을 지적하거나 혹은 대화를 좀더 세련된 표현으로 바꾸는 등의 재능을 발휘하고, 그것이 좋은 효과를 발휘하게 되면 연행자가 그 의견을 존중하지 않을 수 없었다. 적극적으로 연행에 참여한 필사자들은 그래서 문인 특유의 재능을 발휘하여 연행의 내용을 수정하고 있었다. 그것이 민간연행의 수준을 높이는 효과를 가져왔을 것이기 때문에 연행자만이 가지고 있는 공연 기술 이외의 분야인 이야기의 개발과 설계, 그리고 전개방식과 세부적인 모습의 설계 등에 있어서는 필사자의 목소리가 훨씬 더 커졌다고 본다. 필사자는 기획과 설계, 편집 등의 영역으로 진출하였으며, 그렇게 만들어진 것을 연행자의 재능에 기탁하여 공연이 이루어지게 되었다. 이렇게 되면 이제 연행은 단순히 연행자의 재능에만 의존하는 문화상품이 아니다. 그것은 연행자의 재능과 필사자의 재능이 합쳐져서 만들어지는 문화상품으로 변모하는 것이다.

문인 출신의 사람들이 필사자 집단에 합류하여 생겨난 현상은 민간계층의 이야기에 문인문화의 요소를 도입하는 것이었다. 문인사회에서는 지괴와 전기를 통해서 상당한 소설적 경험을 축적한 상태였는데, 이런 경험이 민간의 이야기에 가미되기 시작한 것이다. 특히 문인의 이야기에서는 억지가 거의 없이 앞뒤가 잘 들어맞고 기이한 부분도 분명한 증거를 통해서 검증되는 것이 지괴와 전기에서 나타난 일반적인 현상이었다. 이런 감각이 이제 민간의 이야기에도 적용되기 시작했다. 돈황의 변문에서 발견된 이야기를 보면 민간의 이야기는 아직 앞뒤가 맞지 않는 부분이 많았다. 예를 들어 〈순자지효변문(舜子至孝變文)〉을 보면 주인공 순(舜)이 아버지와 계모, 이복동생의 계략에 의해 죽음의 고비를 넘긴 후에 자신의 방에 들어가서 《예기(禮記)》와 《효경(孝經)》을 읽는다는 대목이 있다. 그러나 순은 이 두 책이 지어지기 훨씬 이전의 신화적 인물이기 때문에 이 대목은 앞뒤가 안 맞는 것이다. 민간계층에서 이런 이야기가 연행될 때에는 이것이 큰 문제가 없었다. 또 수동적으로 작업하는 민간계층의 필사자들도 이런 부분에 주목하지는 않았을 것이다. 그렇지만 문인 출신의 필사자들은 이런 부분을 그냥 넘어갈 수 없었을 것이다. 그들은 사실에 충실하도록 교육받은 사람들이었으며, 그래서 그런 부분을 수정하지 않으면 안 되었다. 이렇게 되면 앞뒤가 맞지 않던 이야기는 교정되어 새로운 모습으로 다시 태어나게 되어, 이야기의 수준을 높이는 데에 상당한 기여를 하였을 것이다. 왜냐하면 그렇게 교정된 이야기를 들은 사람들이 다른 이야기에서도 마찬가지로 앞뒤가 잘 들어맞을 것을 요구하였을 것이기 때문이다. 이것은 곧 재미있는 토픽만으로 연행이 가능한 시대에서 줄거리가 합리적으로 잘 짜여진 이야기가 인정받는 시대로의 이행을 가리킨다.

또 문인 출신의 필사자들은 문인문화의 부분적 속성을 이야기에 도입하기도 하였다. 이야기의 처음이나 중간에 시를 삽입한다든가, 등장인물이 나누는 대화에 문인 특유의 화법이 등장하는 것도 이들에 의해서 이루어졌을 가능성이 크다. 그들은 또 백화를 중심으로 하면서도 필요한 경우에 문언투를 삽입함으로써 감각적인 반응을 얻는 효과도 거두었을 것으로 생각된다. 이런 과정을 통해서 문인 출신 필사자들은 백화라는 서면어를 세련되게 만들면서 본격적인 서면어, 다시 말해서 연행의 보조수단으로써의 글이 아니라 글쓰기의 주된 수단으로서의 글로 다듬어 나가고 있었다.

이런 필사자들의 작업에 의한 문화상품은 이전보다 더 좋은 반응을 얻었을 것으로 생각된다. 우선 그런 상품은 민간계층뿐만 아니라 문인계층에서도 소비자를 얻을 수 있었다. 투박한 백화가 아닌 세련된 백화로 연행되는 이야기들은 문인들에게도 흥미를 유발시켰을 것이기 때문이다. 문인들이라고 해서 도시의 문화상품을 전혀 도외시하지는 않았을 것이지만,

그것이 순전히 투박한 구두어로만 되어 있었다면 꺼렸을 가능성도 있다. 그러나 세련된 문인문화의 요소가 배합된 것에 대해서는 거리낌이 줄어들었을 것이다. 한편 민간계층에서도 순수한 구두어로 된 것보다는 문인문화의 요소가 섞인 것이 더 환영 받았을 가능성이 크다. 민간계층의 사람들은 자신이 문인이 될 수는 없지만 문인사회를 선망하는 심리적 성향을 지니고 있었기 때문이다. 그들에게 있어서 문인문화는 고급스러운 것이었으며, 그래서 문인문화의 요소가 배합된 이야기를 들으면서 상당한 자기만족감을 느꼈을 가능성이 크다. 그런 청중에게는 흔한 경우는 아니지만 전혀 새로운 이야기가 소개되는 것도 가능했다. 새것이기 대문에 이해하기 어렵고 못 알아듣는 부분이 있다 하더라도 그것을 접할 수 있는 것으로 만족할 수 있었던 것이다.

이렇게 연행에서 필사자의 역할이 중요해지면서 재능 있는 필사자들과 그렇지 못한 사람들 간의 우열도 생겼을 것이다. 소비자는 아직 공연자의 명성과 재주에 끌려 공연장을 찾지만, 그 이면에서는 재능 있는 필사자를 확보하기 위한 경쟁이 벌어졌을 것이며, 그것은 또 필사자들 사이에서의 경쟁을 촉발했을 것으로 보인다. 백화라는 서면어가 보다 세련된 글쓰기로 모습을 드러내는 것은 바로 이런 경쟁의 과정을 통해서였다. 더 많은 내용이나 사항을 씀으로써 연행에서의 역할을 증대하고 있던 필사자들끼리의 경쟁은 이야기를 어떻게 하면 재미있고 그럴듯하게 만들어 내는가에 초점이 맞추어지게 되었다고 본다. 그래서 이야기는 이제 연행자보다는 필사자에 의해서 더 많은 부분이 결정되고 있었다. 그리고 이런 경쟁은 결국 연행 자체를 넘어서서 '읽는 소비자'를 위한 이야기의 생산으로 이어지게 되었다고 생각된다. 그러면서 서면어로서의 백화가 성숙단계에 이르게 되었던 것이다.

읽는 소비자란 민간계층의 보통 사람이 아니었다. 그들은 문인이거나 글을 읽을 줄 아는 상인, 의사, 수공업자 등의 사람들이었다. 그들은 원래 연행을 통해서 이야기를 듣던 사람들이었다. 그렇지만 소비재는 거듭 사용될수록 고급화되는 경향을 가지고 있다. 물론 보통 사람들을 위한 소비재는 계속 공급되지만, 한편에서는 더 큰 이윤을 얻을 수 있는 고급화된 소비재가 개발되면서 소비자를 구분하기 시작한다. 이것이 소비재의 속성이라고 할 때에 문화상품도 예외는 아니었다. 도시의 한복판이나 사원에서 거행되는 연행에는 다양한 계층의 사람들이 참석하는데, 여기에서 보이지 않게 계층 간의 마찰이 있었을 가능성이 크다. 같은 공연장에 모인 사람들은 어차피 그 문화상품의 소비자라는 동등한 입장에 있지만 개개인은 그렇게 생각하지 않는다. 문인은 여전히 문인으로 대접받고 싶어하며 돈 많은 상인은 나름대로의 대접을 원한다. 문인이나 돈 많은 상인이 공연장의 맨 앞에 놓인 다탁(茶卓)에 앉아 관람하는 반면에 보통 사람은 뒤에서 서서 보는 그런 차이는 있었을 것이다. 그렇지만 아무리 대우에 차이가 있어도 공연은 결국 대중적인 성격을 지닐 수밖에 없으며, 그래서 각 계층의 욕구를 모두 수용할 수는 없다. 또 이야기를 연행하는 과정에서 문인의 입장에서 보면 낯 뜨거운 부분이 튀어나오는 경우도 있었을 것이다. 보통 사람의 입장에서 보면 재미있는 것이지만 문인은 아무래도 체면을 지켜야 할 입장에 있었으며, 따라서 그런 상황에서는 심리적인 갈등을 느꼈을 가능성이 크다. 그래서 조금 더 고급스러운 소비재에 대한 욕구가 있었을 것이며, 그런 것을 찾는 사람은 더 많은 비용을 지불할 용의가 있었을 것이다. 그러면 그 욕구를 충족시키기 위한 상품이 마련되었을 것인데 그것이 바로 읽는 독자를 위해 글로 쓰여진 이야기였다.

그런데 소비재로서의 읽는 이야기가 제공되는 데에는 아직 장애물이 많았다. 글을 써서 판매한다는 것이 아직 사회적 관행으로 정착되지 않은 상황에서는 그것이 조심스러울 수밖에 없었다. 더욱이 이야기를 손으로 베껴서 제공하는 수밖에 없는 상황에서 그것은 비용이 많이 드는 작업이었다. 그러면 그 이야기의 값이 비싸지고 그것을 구매할 사람은 상대적으로 적어지게 되어 있으며, 따라서 읽는 이야기의 상품화는 어렵게 되어 있다. 그런데 송대에 들어서서 인쇄술이 보급되면서 돌파구가 마련되었다. 인쇄술은 아직 상당히 비싼 기술이었지만 적어도 필사보다는 비용이 적게 드는 기술이었을 가능성이 크다. 인쇄술은 한번에 다량의 책을 찍어냄으로써 전체 비용은 더 들지만 각각의 읽는 소비자에게 제공하는 이야기의 비용은 훨씬 낮아졌을 것이다. 이야기를 제공하는 입장에서 보면 그것은 상당한 부가가치를 거둘 수 있는 사업이었다. 연행을 통해서 이야기를 생산하는 비용은 어차피 들어가게 되어 있으며, 추가로 소요되는 비용은 필사의 작업과 그것을 찍어내는 비용이었다. 그런데 대량복제가 가능했기 때문에 그 비용은 충분히 회수할 수 있었고, 또 수요자가 많으면 많을수록 더 큰 부가가치를 기대할 수 있었다. 그렇기 때문에 인쇄술이 보급되면서 읽는 독자를 위한 이야기는 중요한 문화상품으로 떠오르게 되었다.

읽는 소비자는 연행에 참여하는 소비자와는 소비형태가 다르다. 연행에 참여하는 소비자는 분위기에 상당히 영향을 받으면서 그 내용을 감각적으로 받아들인다. 그들의 반응은 따라서 즉시적(卽時的)이다. 그러나 읽는 독자는 냉정한 상태에서 글을 읽어 나가면서 내용을 파악하고 그 맛을 곱씹게 되어 있으며, 그래서 그들의 반응은 완만하게 나타나게 되어 있다. 그렇기 때문에 읽는 소비자를 위한 이야기가 공연되는 이야기를 그대로 옮겨 적은 것이어서는 큰 효과가 없다. 읽는 사람은 공연장의 분위기 속에 있지 않기 때문이다. 이것은 읽는 소비자를 위해서는 같은 이야기를 다루면서도 별도의 배려가 필요하다는 것을 가리킨다. 다시 말해서 읽는 소비자를 위한 별도의 글이 필요한 것이다. 그것은 연행의 분위기를 떠나서 따로 쓰여지는 이야기이며, 그래서 전개의 맥락이나 줄거리를 제시하는 방식도 달라져야 하는 것이다.

이런 이야기가 독자를 가지면서 이제 이야기를 쓴다는 것이 과거의 필사작업에서 분리되어 새로운 분야를 형성하게 되었다. 그것은 연행된 이야기를 가져와서 독자를 위해 각색한 것으로 시작되었을 터이지만, 시간이 지나면서 연행과는 관계없이 처음부터 독자를 위해 개발되는 이야기도 생기게 되었다. 그것은 이야기의 창작을 예고하고 있었다. 물론 당・송시기에 아직 본격적으로 이야기를 창작하는 집단이 출현했다는 증거는 없다. 대부분의 사람들은 어딘가에서 이야기를 채집해서 글로 써내는 이차작자의 역할을 맡고 있었을 따름이다. 그러나 그 이차작자의 역할 내부에서도 글쓰는 사람의 비중이 커지고 있었으며, 처음에는 주어진 이야기를 어떻게 꾸며내는가에 관련된 기술이 큰 비중을 차지하다가 나중에는 어떻게 새로운 이야기를 만들어 내는가 하는 것으로 비중이 옮겨갔을 것으로 생각된다. 이런 의미에서 그들은 작자의 길을 닦아가고 있었던 것이다.

이렇게 주어진 이야기를 새롭게 만들어 내었던 사람들을 나는 '문학적 중간층'이라고 부르고자 한다. 그들은 아마도 상당수가 문인의 길에서 낙백한 사람들이었을 것이다. 그들은 상당한 교육을 받았고 또 재능 있는 사람들이었으며, 문인의 꿈을 접은 후에는 이야기를 통한 글쓰기에 종사했던 사람들이었다. 중간층이라는 말을 사용하는 것은 그들이 신분적으로 문인계층과 민간계층의 중간에 위치하고 있었기 때문이다. 또 그들은 이야기를 통해서 두 계층 사이의 교량 역할을 하고 있었다. 그들은 민간에서 채집된 이야기를 문인의 기호에 맞게 각색하여 제공하는 동시에 문인들의 기호를 민간계층의 연행에 배합하는 두 가지의 역할을 모두 수행하고 있었던 것이다. 또 그들은 정통으로 받아들여지지 않던 이야기의 글쓰기를 통해서 문인들이 규범 때문에 만들어 낼 수 없는 문화상품을 제공하고 있었다. 그 이야기들은 민간계층에도 제공되었다. 물론 민간계층에서는 이야기를 읽을 수 있는 사람이 적었기 때문에 이야기들은 다시 연행으로 각색되어 제공되었을 것이다. 그들은 문인과는 다른 동기에서 글쓰기를 하던 사람들이었다. 문인들이 자신들의 문화를 상징하는 수단으로 글을 쓴 데에 반해서 이 사람들은 철저하게 경제적 수입을 염두에 두고 글쓰기를 하고 있었다. 동시에 그들은 자신이 쓴 글이 어느 특정 개인이나 계층에서 인정받는 것을 원하지 않았다. 그들은 광범위한 계층을 상대로 글을 쓰고 있었다. 그것은 일인(一人) 작자와 다중(多衆) 독자 사이의 관계를 설정하는 글쓰기였다. 아직 개인적 창작의 기운은 무르익지 않고 있었지만 당·송시기에는 문학적 중간층이 형성되고 있었다. 그리고 이를 통해서 이야기의 질적, 양적 변화가 저변에서 진행되고 있었던 것이다.

2. 화본의 탄생

그렇지만 당·송시기에 문학적 중간층으로서의 작자와 이야기의 독자가 대규모로 출현한 것은 아니었다. 앞에서 언급한 필사자의 형성과 그로부터 문학적 중간층의 발생, 그리고 독자군(讀者群)의 형성은 오랜 세월에 걸쳐 진행된 과정이다. 작자와 독자가 본격적으로 발생한 것은 명대에 들어서서였으며, 그 이전에는 소규모의 독자만인 존재했을 것으로 생각된다. 당·송시기는 이런 긴 과정의 출발점에 불과했다. 그 출발점에는 분명하지 못한 점이 많다. 당시의 사람들은 그런 변화가 사회 어느 구석에선가 일어나고 있다는 것을 파악하지 못하고 있었다. 앞에서 내가 설명한 과정은 훗날에 지난날을 돌이켜보면서 여기저기에서 발생한 변화의 파편들을 주워모아서 그 과정을 재구성한 것에 지나지 않는다. 그런데 그 과정을 역추적하면서 재구성할 수 있는 것은 참고할 만한 자료가 있기 때문이다. 다시 말해서 그런 과정의 재구성은 단순한 상상에 의한 것이 아니라 문자기록으로 남아 있는 몇 가지의 자료가 있기 때문에 가능한 것이다.

당·송시기에 작자와 독자가 초보적인 형태로 형성되고 있었다는 점은 화본이라는 문자기록이 전해지고 있기 때문이다. 그것은 이야기 자체를 가리키는 것이 아니라 '글로 쓰여진 이야기'를 가리키며, 여기에서 말하는 글은 곧 이 시기에 새롭게 형성되었던 서면어인 백화문을 가리킨다. 결국 화본은 '백화문으로 쓰여진 이야기'가 된다. 그것은 정통적인 문인들이 쓴 글과는 달리 '가벼운 읽을거리'로 출현하였을 것이다. 이런 화본은 한 이야기가 책 한 권을 이루어 낼 정도로 길지는 않았다. 대부분의 작품은 오늘날의 기준으로 보면 단편소설쯤에 해당되는 길이와 구도를 가지고 있다. 그렇기 때문에 여기에서 말하는 화본은 동시에 작품의 단위로도 쓰인다. 즉 하나의 화본은 한 가지의 이야기를 가리키는 것이다.

오늘날 전해지는 화본의 성격에 관해서는 여러 가지의 서로 다른 의견이 팽팽히 대립하고 있다. 그것은 송대의 화본 중에서 원래의 모습대로 전해지는 것이 거의 없기 때문이다. 오늘날까지 전해지는 대부분의 화본은 명대에 이런 글들을 모아 놓은 책들이 대량으로 출판되었을 때에 그 속에 수록됨으로써 전해지게 된 것이지, 결코 애초의 원본이 개별적으로 남아 있는 것은 아니다. 화본이 살아남게 된 데에는 인쇄술의 적용이 큰 역할을 했으며, 이 과정에서 인쇄되지 못하고 필사본으로만 존재하던 화본의 다수가 사라졌을 가능성은 충분히 있다. 그래서 우리가 지금 볼 수 있는 화본은 송대에서부터 명대에 이르기까지 축적된 결과가 섞여 있는 상태이며, 그래서 그 작품들을 대상으로 지어진 시기와 작자를 추적하는 것이 화본연구자들의 중요한 연구주제가 되어 왔다.

화본의 발생이 당대부터 활발해진 설화와 밀접한 관계가 있다는 것이 이 분야 전문가의 공통적인 의견이다. 앞의 필사자가 형성되는 과정에서도 언급한 바 있듯이, 당·송시기의 설화와 글쓰기는 밀접하게 연관되어 있으며 상호작용하고 있었다. 그래서 화본이 생겨나는 과정에서 설화라는 연행은 중요한 역할을 했다고 생각된다. 호사영은 설화의 전통을 《예기》에까지 소급하고 있다. 그는 전문적인 직업으로 정착되지는 않았지만 오락의 하나로 이야기를 듣는 것이 오랜 전통을 가지고 있음을 강조하고 있는 것이다.[2] 그러나 이런 전통 자체가 화본을 생성한 것은 아니라고 생각된다. 화본이 생성된 것은 우선 이야기의 연행이 전문적인 직업으로 정착되고 난 후에 어떤 필요에 의해서 이루어진 것이라고 생각되기 때문이다.

화본의 발생에 관해서는 상반된 견해가 있어 왔다. 나는 이 문제에 새로운 견해를 밝히고 싶은 생각이 없고, 다만 지금까지 출현한 몇 가지의 중

---

2) 胡士瑩, 《話本小說概論》, pp.2～6.

요한 견해를 소개하고자 한다.

진여형(陳汝衡)은 화본이 이야기의 연행을 보조하기 위한 지침서라고 생각했다. 이야기꾼이 화본에 의거해서 청중을 앞에 놓고 노래를 하거나 이야기를 연행했다는 것이다. 즉 화본은 언제 어떤 노래를 하고 어떤 대목에서는 이야기를 할 것인가를 지시하는 책이다. 그래서 화본은 이야기의 전부를 기록한 것이 아니다. 기껏해야 이야기의 줄거리 정도를 제시한 것에 불과했는데, 그것은 이야기꾼이 모든 것을 기록한 책을 필요로 하지 않았기 때문이다. 그가 청중 앞에 나타날 때에는 화본에서 제시된 지침에 따라 이야기를 마음대로 해석하거나 시간이 부족하면 축소할 수도 있었다. 화본은 이야기꾼들 사이에서 비밀리에 간직되고 전해지는 책이었으며 특히 제자들에게 가르칠 때에 쓰는 책이었다. 그것은 한 세대에서 다음 세대로 베껴지면서 전해지다가 마침내는 여러 사람에게 공개되고 끝내는 출판되기에 이른 것인데, 오늘날 우리가 볼 수 있는 것은 바로 그렇게 출판된 것이라고 할 수 있다. 또 출판사는 원래의 화본이 워낙 거칠게 쓰여져 있기 때문에 문인 출신의 사람을 초빙하여 그것을 다듬거나 다시 쓰게 했는데, 이것이 오늘날의 화본에서 상당히 세련된 기교를 발견할 수 있는 이유이다. 그리고 송·원시기에는 서회선생(書會先生)이라고 불리는 문인출신의 전문적인 필사자가 많이 있었으며, 이들이 화본과 극본을 써서 이야기꾼들과 배우들에게 제공했다고 한다. 이들은 후에 이미 공연된 것을 개선하여 책으로 출판하게 되었을 것이다.[3)]

진여형의 이런 견해는 노신에 의해 받아들여졌으며 그 후의 중국학자들도 대부분 그의 의견에 동조하였다. 노신은 이야기꾼이 기본적으로는 자신의 재능에 따라 연행했지만 또 의존할 수 있는 저본(底本)을 가지고 있었다고 생각했으며, 《오대사평화(五代史平話)》와 《경본통속소설(京本通俗小說)》이 바로 그런 모습을 보여준다고 주장했다. 그는 남송의 멸망

3) 陳汝衡, 《說書史話》, p.51.

이후에 이야기의 연행이 더 이상 유행하지 못했지만 그 저본은 남게 되었으며, 후세의 사람들이 그것에 흥미를 느끼고 베끼거나 혹은 그런 글쓰기를 모방하였기 때문에 이런 글에서는 이미 구두로 연행될 때의 요소는 없어지고 이야기만 남게 되었다고 주장했다.[4] 정진탁(鄭振鐸)도 화본이 원래 연행자의 저본이었는데 후세에는 그것을 모방하는 작품이 화본으로 불리게 되었다고 설명했다.[5] 담정벽(譚正璧)[6]과 부석화(傅惜華)[7] 등도 화본이 설화인(說話人)의 저본이라는 점에 동의했다. 이것은 곧 대부분의 중국학자들 사이에서 화본이 설화인의 저본이라는 생각이 통념으로 굳어져 있음을 가리킨다.

그런데 이들은 설화인이 하고 있던 이야기가 어디에서 유래했는지에 관해서는 그리 언급하지 않았다. 다만 부석화(傅惜華)가 화본이 당시 유행하던 민담을 기록한 것이라고 언급했다. 그는 민속학자의 입장에서 오늘날까지 남아 있는 이야기의 상당 부분이 민담에서 유래한 것이라고 주장하면서, 화본은 구두언어로만 전해지던 민담의 부분적 채록이거나 아니면 채록된 민담을 더욱 확장한 글이라고 주장했던 것이다. 이런 현상은 특정의 이야기 하나가 여러 책에서 발견될 때에 상당한 설득력을 가질 수 있다. 범녕(范寧)도 비슷한 의견을 제시한 바 있다. 그는 상당수의 화본이 민담에서 소재를 가져왔으며 그 중에는 이미 이전에 글로 쓰여졌던 것도 많이 있었음을 지적했다.[8]

체코슬로바키아의 학자 예로슬라브 프뤼섹(Jaroslav Prŭsék)은 이 두 사람의 생각을 긍정적으로 평가하면서도 자신의 또 다른 생각을 개진하였다. 그의 주장에 의하면, 설화에서 연행되는 이야기들 중에는 민담에서 유

4) 魯迅, 《中國小說史略》, pp.112～122.
5) 鄭振鐸, 〈明淸二代的平話集〉, 《中國文學論集》, pp.530～536.
6) 譚正璧, 《中國小說發達史》, p.232.
7) 傅惜華, 〈導言〉, 《宋元話本集》.
8) 范寧은 吳曉鈴, 范寧, 周妙中이 공동으로 편찬한 《話本選》의 서문에서 이런 의견을 제시하고 있다.

래한 것도 있지만 문인의 필기에서 유래한 것도 많이 있다는 것이다. 그래서 설화인들은 항상 문인의 필기를 읽고 그것을 청중 앞에서 구두언어로 강창했을 가능성이 있다. 이것은 곧 설화인들이 간단하게 레퍼토리와 중요한 항목이 적힌 저본을 참고하는 것이 아니라 '쓰여진 이야기'를 참고하면서 연행했음을 가리킨다. 그래서 그는 화본이 애초부터 두 가지의 기능을 함께 가지고 있었다고 주장했다. 한 가지는 설화인이 연행할 때에 근거하는 이야기로서의 화본이며, 또 한 가지는 순전히 읽는 독자를 위한 화본인 것이다. 이 두 가지의 기능을 화본이 함께 가지고 있었다는 것은 곧 쓰여진 이야기가 먼저 있었으며 설화인은 그것을 보고 연행했음을 의미한다.[9)]

프뤼섹의 주장은 작품의 구체적인 분석을 통해 찾은 증거를 토대로 하고 있기 때문에 상당한 설득력을 가지는 것이 사실이다. 반면에 중국학자들이 가지고 있는 통념은 인상에 의존한 경향이 크며, 어떤 구체적인 분석에 근거한 것은 아니라는 약점을 가지고 있다. 그렇지만 프뤼섹의 견해 중에서 먼저 글로 쓰여진 이야기가 있고 설화인이 그것을 연행으로 옮겼다는 부분에서 그 글로 쓰여진 것이 누구에 의해서, 어떤 동기에 의해서 시작되었는지는 밝혀져 있지 않다. 프뤼섹은 다만 설화인이 민담이나 문인들의 필기를 연행으로 옮겼다고만 하고 있다. 이것은 그가 '작품화'된 화본에 시선을 집중시킨 때문이라고 생각된다. 그는 쓰여진 이야기가 어떻게 형성되었는지에는 시선을 두지 않았던 것이다.

앞에서 나는 문학적 중간층이 형성되는 과정을 이야기하면서 이야기를 글로 옮기는 것이 극히 점진적인 과정을 거쳤음을 주장한 바 있다. 이런 추론을 중국학자와 프뤼섹의 논리에 적용시키면, 중국학자들은 대개 필사의 관행이 생기는 단계에 주목한 반면에 프뤼섹은 이미 문학적 중간층이 활발하게 저작활동에 들어간 상황을 염두에 두는 것으로 생각된다. 나는

---

9) Jaroslav Prusek, *The Origins and the Authors of the Hua-pen.*

문학적 중간층이라는 전문적으로 이야기를 만드는 집단이 생기기 이전에 백화문으로 이야기를 쓰는 관행이 생겼다고 보기는 어렵다고 생각한다. 그것은 오늘날 우리가 볼 수 있는 작품화된 화본에 관해서는 충분히 성립될 수 있는 논리이지만 화본이 탄생하는 과정에서는 성립되기 어려운 논리라고 보는 것이다. 또 화본이 설화인의 저본이라는 주장에 대해서도 마찬가지로 이의를 제기하고 싶다. 나는 저본의 상태는 아직 화본이 아니었다고 생각된다. 우리가 오늘날 보고 있는 화본은 글쓰기의 하나로 만들어진 것이며, 그래서 그것이 읽는 독자를 위한 성격을 지니고 있음이 분명하다. 만약 그것이 저본의 상태를 그대로 가지고 있었다면 그것은 읽는 독자를 위한 상품은 되지 못했을 것이다. 결국 읽는 상품으로서의 화본이 생기기 이전과 이미 읽는 상품으로서의 화본이 생기고 난 다음 사이의 시간적 공백을 어떻게 해석하는가 하는 것이 중요한 문제로 대두되는데, 나는 그 공백을 좁히는 역할을 당시에 형성되고 있던 문학적 중간층이 맡았다고 생각하는 것이다.

화본은 단순히 이야기를 만드는 사람에 의해서 완성된 것도 아니고 또 이야기를 공연한 사람에 의해서 완성된 것도 아니다. 그것이 완성되기까지에는 두 집단의 역할이 모두 작용하고 있었다. 나의 논리에 의하면 애초의 설화인은 고유의 이야기를 가지고 있었을 것이다. 문언의 전기나 불교의 이야기처럼 이미 쓰여져 있는 것을 구두언어로 풀어내는 것도 있었고, 민담을 채집하여 기억하면서 이야기로 풀어내는 것도 있었다. 이야기가 길어지거나 복잡해지고 공연의 수요가 많아지면서 필사의 수요가 늘어났을 것이며, 이 단계에서는 중국학자들이 저본이라고 부르는 형태의 필사물(筆寫物)이 사용되었을 가능성이 크다. 그러나 시간이 흐름에 따라 필사자의 영역이 확장되고, 그래서 마침내 필사자들이 스스로 이야기의 소재를 채집해서 그것을 글로 쓰게 되면 설화인의 역할은 많이 줄어든다. 그런데 이것이 설화인을 필사자에 종속된 인물로 확정짓는 것은 아니다. 왜냐하면 필사자들이 제공하는 것은 이야기이며 그것은 대부분 산문으로 이루어져 있었을 것이다. 그것이 연행될 이야기의 핵심적 내용을 제공하는 것은 사실이지만, 연행이 이야기 자체를 전달하는 것에서 끝나는 것은 아니다. 이야기의 연행에서는 시(詩)나 사(詞)가 노래로 불려지기도 하고 연행자 특유의 상투적인 인사말이 삽입되기도 하는데, 이것은 이야기를 쓰는 사람들이 제공하는 것이 아니라 연행자의 무대기술에 의해서 좌우되는 것이다. 그래서 애초에는 이 두 부분이 상호 결합하면서 화본을 이루었을 것이다. 다시 말해서 이야기를 만드는 사람이 핵심적인 내용을 제공하지만 그것을 무대에서 완성하는 사람은 설화인이었으며, 이 완성품을 기록한 것이 화본을 이루었다는 것이다.

결국 화본은 이런 완성품이 읽는 독자를 위해 필사를 통해 복제되거나 인쇄되어 시장에 나온 것이라고 나는 생각한다. 프뤼섹은 화본이 애초부터 글로 쓰여져 존재하던 이야기이며 설화인들이 그것을 보고 연행하였다고 하면서 결국 그 이야기의 작자들 중에는 스스로 연행을 담당하는 설화인이 많았을 것이라고 주장하였다.[10] 그러나 나는 이 의견에 그다지 찬성하지 않는다. 나는 연행의 당사자인 설화인과 이야기를 글로 쓰는 사람은 분리되어 있었다고 생각한다. 오늘날 화본에서 드러나는 연행의 요소들, 예컨대 시작할 때의 상투어(常套語)나 시, 사 등의 삽입은 이야기를 글로 쓴 사람들이 그만큼 연행의 속성을 잘 이해하면서 무대 효과를 올리기 위해서 기획하여 넣은 것이라고 생각되기 때문이다.

화본을 이렇게 규정할 때에 그것이 탄생되는 환경 중에서 가장 필수적인 것은 이야기를 만드는 필사자나 연행하는 설화인이 아니었다. 가장 필수적인 것은 '시장'이었다. 다시 말해서 글로 쓰여진 이야기를 상품으로 취급하는 시장경제를 중심으로 하는 사고방식이 있어야만 그런 것이 가능했을 것이다. 새삼스럽게 들릴지 모르지만 이것은 상당히 새로운 것이었다. 글을 다룰 줄 아는 대부분의 문인들은 아직 '매문(賣文)'에 대해서는

10) Prusek, *The Origins and the Authors of the Hua-pen*, pp.48~52.

대단히 부정적인 생각을 하고 있었다. 그렇기 때문에 문인의 글은 상품이 되지 못했다. 그러나 화본이 시장경제의 상품이 될 수 있었던 것은 그것이 정통적 문인의 손에 의해서가 아니라 문학적 중간층에 의해 쓰여진 것이며, 특히 정통적인 문체인 문언문을 쓰지 않고 백화를 썼다는 점 때문에 가능했을 것이다. 이런 의미에서 화본은 이야기가 글로 쓰여진 상품으로 전환되는 과정의 길목에 있었다. 그리고 그것은 오늘날 우리가 말하는 소설, 다시 말해서 한 개인이 무수한 얼굴 없는 다중의 독자들에게 자신의 재능에 근거한 이야기를 판매한다는 의미에서의 소설이 형성되는 길을 열고 있었다고 할 수 있다.

그러나 송대에 화본이 이미 글로 쓰여진 문화상품으로 시장에 나왔다는 증거는 쉽게 발견되지 않는다. 화본은 원래 한 권의 책으로 묶기에는 충분히 길지 못했기 때문에 각각의 작품이 시장에 나오기는 힘들었다고 본다. 화본이 묶여져 책으로 출판된 것이 14세기였던 것으로 알려져 있는데 그 이전에 그런 책이 있었다는 증거는 아직 발견되지 않고 있다. 《이견지》를 저술한 홍매(洪邁)의 후손인 홍편(洪楩)이 편찬했다는 《육십가소설(六十家小說)》이 화본을 묶어낸 첫번째 책이었다고 알려져 있다. 이 책은 후에 없어졌으나 그 중 절반이 채 안 되는 작품의 일부가 1920년대에 일본에서, 그리고 1930년대 중국에서 각각 발견되었다. 이 작품들은 오늘날 《청평산당화본(淸平山堂話本)》으로 알려져 있다. 그로부터 몇십년 후에는 웅룡봉(熊龍峯)이 '소설'을 묶어서 출간한 것으로 알려져 있는데 몇 편이 들어 있었는지는 알 수 없고, 오늘날 네 편이 남아 있다.

송대의 화본은 대부분 작자가 알려지지 않고 익명으로만 남아 있다. 우리는 그들이 어느 정도 전문적으로 화본을 썼는지에 대해 거의 아는 바가 없다. 그런데 프뤼섹은 《녹귀부(錄鬼簿)》에서 언급된 원대(元代)의 육현지(陸顯之)라는 사람을 화본을 쓴 사람의 하나로 지목하고 있다.[11] 그는

---

11) Prusek, *The Origins and the Authors of the Hua-pen*, pp.40~51.

극본을 썼던 사람이며 동시에 화본도 썼던 사람으로 해석되기 때문이다. 이것은 곧 당시에 화본을 쓴 사람이 단순히 그것에만 종사하는 것이 아니라 넓은 의미에서의 문화상품의 생산집단, 즉 극본과 이야기 등을 제작하는 집단에 속해 있었음을 가리킨다. 또 송·원대에 성행했다고 하는 서회(書會)는 이런 문화상품의 중심지로 알려져 있다. 그곳에서는 연극이 공연되기도 하고 여러 사람이 힘을 합쳐 연극의 대본과 같은 글을 썼다고 하는데 화본의 창작도 이런 서회의 활동을 통해서 이루어진 부분이 많았을 가능성이 있다. 서회에서 쓰여지는 글은 희문(戱文), 잡극(雜劇), 창본(唱本), 화본 등으로 다양했으며, 이것은 화본이나 극본을 중심으로 하는 전문적인 글쓰기가 성행하고 있음을 알려주고 있으며, 그것은 나아가서 전문적인 작자의 존재를 암시하고 있다. 서회에서 글을 쓰는 사람을 서회선생, 혹은 재인(才人)이라고 부른 것을 보면 그들이 정통적인 문인은 아니지만 전문적인 직업에 종사하는 사람으로 간주했음을 알 수 있다. 또 서회에서는 책을 출간하고 그것을 판매하는 일도 했을 가능성이 있다.[12] 이것은 곧 서회가 작자들의 집단에서 출발하여 문화 자본으로 확대되는 것을 의미한다. 그렇지만 송대에는 아직 이런 변화가 두드러지게 나타나지는 않았던 것으로 보인다.

또 송대의 작자들이 어느 정도로 '창작'하였는지는 알 수 없다. 앞에서 언급한 프뤼섹, 호사영 등의 기술을 정리해 보면 화본의 이야기는 대부분 채집된 것으로 보인다. 이것이 어쩌면 완전한 사실은 아닐 수도 있다. 왜냐하면 우리가 보는 화본은 전부 후세에 정리된 것이기 때문에 원래의 이야기가 쓰여진 모습을 보여주지는 못하고 있기 때문이다. 그래서 송대의 화본 중에 순수한 창작물이 있었을 가능성을 완전히 배제하지는 못하지만, 오늘날 남아 있는 작품은 대부분 적층문학(積層文學)의 형태로 이루어졌을 가능성을 보여주고 있다. 이를 통해서 볼 때에 송대 화본의 작자들

12) 胡士瑩, 《話本小說槪論》, p.65.

은 대부분 이야기를 어디에선가 채집해서 다시 구성하는 이차작자의 역할을 맡았을 가능성이 크다. 그런 이차작자의 역할은 그 후 명대 말기까지 그대로 지속되었다고 생각된다. 그것은 지괴와 전기에서 시작된 전통이 아직 지속되고 있음을 동시에 보여준다.

그렇지만 화본은 이야기의 내용이나 줄거리를 구성하는 방식에 있어서 전기와는 차이를 보여준다. 화본의 이야기는 전기에서 유래한 것도 있고 민담에서 유래했다고 생각되는 것도 있다. 중요한 것은 화본의 이야기에서 단일 주제가 항상 이야기를 이끌고 나가지는 않는다는 점이다. 예를 들어 남녀간의 사랑에 관한 이야기라도 그 속에 후세에 공안(公案)이라고 불린 요소나 지괴류에 속하는 요소가 섞여 들어간 경우도 많이 있었다. 이것은 곧 이야기의 구성 방식이 보다 복잡해지고 하나의 사건을 기술하더라도 다양한 시각에서 접근한다는 것을 의미한다. 그것은 소비자의 기호가 상당히 다양해졌음을 가리키며, 나아가서는 이야기를 만드는 작자의 기호도 다변화되었음을 가리킨다. 이런 의미에서 화본의 작자는 비록 이차작자의 역할을 하면서도 내면적으로는 상당한 역할을 하고 있었다. 그들은 단순히 징검다리를 조밀하게 만드는 역할만을 하고 있었던 것이 아니다. 그들은 여러 종류의 이야기를 서로 엮어서 새로운 이야기를 만드는, '내부적 재생산'을 하고 있었다. 이것은 실제로 채집된 이야기에만 의존하지 않고 그것을 활용해서 새로운 것을 만들어 내는 능력을 그들이 가지고 있었음을 의미한다. 다시 말해서 그들은 한정된 소재를 다양한 방식으로 부풀리면서 다양한 상품을 만들어 내고 있었던 것이다. 그래서 애초에 채집된 이야기가 열 개라고 할 때에 그들이 만들어 낼 수 있는 상품은 그것의 몇 배가 될 수 있었으며, 그것을 통해 독자는 훨씬 더 다양한 상품을 제공받으면서 읽는 안목을 키워나갈 수 있었다. 독자의 안목이 높아지면 그에 상응하는 또 다른 상품이 출현하게 되며, 이런 상승효과를 통해서 화본의 작자들은 점차 세련되고 수준이 높아진 소설 작품의 세계로 나아갈 수 있었던 것이다.

화본이라 불리는 글쓰기는 당대에 부분적으로 시작되었던 것으로 보인다. 그러나 당대의 화본은 돈황에서 발견된 것 이외에는 없다. 이것은 앞에서 언급한 바 있듯이 당대의 사회에서는 아직 이야기가 백화를 통해서 기록되는 관행이 정착되지 못하고 있었음을 의미한다. 이 시기에는 아직 구두언어가 우위를 차지하고 있었으며, 문자언어는 그것을 보조하는 정도에 지나지 않았다고 생각된다. 만약 설화인이 전기(傳奇)를 읽고 연행에 옮겼다면 그것은 대부분 그의 재능에 의존했을 것이며, 그 시기의 필사자가 어느 정도 보조역할을 했는지는 알려져 있지 않다. 돈황에서 발견된 화본으로는 〈한금호화본(韓擒虎話本)〉, 〈엽정능화(葉淨能話)〉 등이 비교적 잘 보존되어 있다. 이 화본에서 나타나는 특징은 운문이 전혀 없거나 매우 적다는 점인데, 이것은 창(唱)과 이야기가 병행되는 변문(變文)과 좋은 대조를 보인다. 다시 말해서 이 화본들은 이야기의 내용을 주로 전달하기 위한 것이었지, 연행을 전제로 해서 쓰였던 것은 아니라고 본다. 앞에서 내가 말한 돈황 문건의 배경이 맞다면, 그것은 중국에서 연행되고 있던 이야기의 내용을 글로 옮겨서 또 다른 하나의 상품을 만들어 놓은 결과라고 할 수 있다. 비록 이 작품들에 화본이라는 말이 붙어 있지만 그 의미는 송대의 화본과는 다른 면을 지니고 있었을 가능성이 있는 것이다.

송대에 들어서면 화본이라는 말은 일종의 보통명사로 쓰인 것 같다. 이야기의 제목에서 화본이라는 말이 쓰이지 않고 있는 것을 보면, 화본은 이제 이야기를 글로 쓴 것을 총칭하는 말로 정착하지 않았나 싶다. 특히 송대의 화본은 운문과 산문을 섞어 썼다는 점에서 돈황의 화본과는 구분된다고 보겠다. 오늘날까지 전해지는 송대의 화본을 호사영은 (1) 사문(詞文), (2) 시화(詩話), (3) 소설(小說)의 세 가지로 분류하고 있는데 이 중에서 소설에 해당되는 것으로는 모두 40종을 꼽고 있다. 이 작품들 중에서 극소수는 단행본으로 전해지고 있으나 대부분은 《청평산당화본》, 《경본통속소설》, 《고금소설(古今小說)》, 《경세통언(警世通言)》, 《성세항언(醒世恒言)》 등의 책에 수록되어 있다. 다만 이렇게 수록될 때에는 부분적으로 개작(改作)된 경우가 많다. 그의 선정은 다양한 기준에 근거한 것으로 밝혀져 있는데, 작품에 따라서는 그것이 송대의 것인지 아니면 후대의 것인지에 관한 이의가 있을 수 있다. 그 목록은 다음과 같다. (제목, 출전, 달리 알려져 있는 제목의 순서로 배열되었음.)

(1) 〈연옥관음(碾玉觀音)〉: 《경세통언》 8권, 〈崔待詔生死寃家〉
(2) 〈보살만(菩薩蠻)〉: 《경세통언》 7권, 〈陳可常端陽仙化〉
(3) 〈서산일굴귀(西山一窟鬼)〉: 《경세통언》 14권, 〈一窟鬼癩道人除怪〉
(4) 〈지성장주관(志誠張主管)〉: 《경세통언》 16권, 〈小夫人金錢贈年少〉
(5) 〈요상공(拗相公)〉: 《경세통언》 4권, 〈拗相公飮恨半山堂〉
(6) 〈착참최녕(錯斬崔寧)〉: 《성세항언(醒世恒言)》 33권, 〈十五貫戱言成巧禍〉
(7) 〈풍옥매단원(馮玉梅團圓)〉: 《경세통언》 12권, 〈范鰍兒雙鏡重圓〉
(8) 〈서호삼탑기(西湖三塔記)〉
(9) 〈합동문자기(合同文字記)〉
(10) 〈풍월서선정(風月瑞仙亭)〉: 《경세통언》 6권, 〈兪仲擧題詩遇上皇〉
(11) 〈남교기(藍橋記)〉: 《녹창신화》 〈裴航遇雲英記〉
(12) 〈낙양삼괴기(洛陽三怪記)〉
(13) 〈진순검매령실처기(陳巡檢梅嶺失妻記)〉: 《고금소설》 20권, 〈陳從善梅嶺失渾家〉
(14) 〈오계선사사홍련기(五戒禪師私紅蓮記)〉: 《고금소설》 30권, 〈明悟禪師趕五戒〉
(15) 〈문경원앙회(刎頸鴛鴦會)〉: 《청평산당화본》, 〈三送命〉, 〈寃報寃〉; 《경세통언》 38권, 〈蔣淑眞刎頸鴛鴦會〉
(16) 〈양온난로호전(楊溫攔路虎傳)〉: 《취옹담록》 〈攔路虎〉
(17) 〈화등교련여성불기(花燈轎蓮女成佛記)〉: 〈花燈轎兒〉
(18) 〈동영우선전(董永遇仙傳)〉
(19) 〈매행쟁춘(梅杏爭春)〉
(20) 〈소장공장대류전(蘇長公章臺柳傳)〉: 《보문당서목(寶文堂書目)》 〈失記

章臺柳〉

(21) 〈장생채앵앵전(張生彩鶯鶯傳)〉: 《고금소설》 23권, 〈張舜美燈宵得麗女〉

(22) 〈조백승다사우인종(趙伯昇茶肆遇仁宗)〉: 《보문당서목》 〈趙旭遇仁宗傳〉

(23) 〈사홍조용호군신회(史弘肇龍虎君臣會)〉: 《보문당서목》 〈史弘肇傳〉

(24) 〈양사온연산봉고인(楊思溫燕山逢故人)〉: 《보문당서독》 〈燕山逢故人鄭意娘傳〉

(25) 〈장고노종과취문녀(張古老種瓜娶文女)〉: 《보문당서목》, 《야시원서목(也是園書目)》 〈種瓜張老〉

(26) 〈전사인제시연자루(錢舍人題詩燕子樓)〉: 《취옹담록(醉翁談錄)》 〈燕子樓〉

(27) 〈삼현신포룡도단원(三現身包龍圖斷寃)〉: 《취옹담록》 〈三現身〉

(28) 〈최아내백요초요(崔衙內白鷂招妖)〉: 《경본통속소설(京本通俗小說)》 〈定州三怪〉

(29) 〈계압번금만산화(計押番金鰻産禍)〉: 〈金鰻記〉

(30) 〈낙소사변생멱우(樂小舍拚生覓偶)〉: 〈喜樂和順記〉, 《경세통언》(三桂堂本) 〈樂小舍拚生覓順〉

(31) 〈백낭자영진뇌봉탑(白娘子永鎭雷峰塔)〉

(32) 〈숙향정장호우앵앵(宿香亭張浩遇鶯鶯)〉: 《청소고의》 〈張浩化下與李氏結婚〉; 《녹창신화》 〈張浩私通李鶯鶯〉

(33) 〈금명지오청봉애애(金明池吳淸逢愛愛)〉: 《정사(情史)》 10권, 〈金明池當爐女〉

(34) 〈조각림대왕가형(皂角林大王假形)〉: 《경세통언》(三桂堂本) 〈趙知縣火燒皂角林〉

(35) 〈만수낭구보산정아(萬秀娘仇報山亭兒)〉: 《보문당서목》, 《야시원서목》, 《술고당서목(述古堂書目)》 〈山亭兒〉

(36) 〈복록수삼성도세(福祿壽三星度世)〉

(37) 〈뇨번누다정주승선(鬧樊樓多情周勝仙)〉

(38) 〈정절사립공신비궁(鄭節使立功神臂弓)〉: 《취옹담록》 〈紅白蜘蛛〉

(39) 〈왕괴(王魁)〉

(40) 〈전당몽(錢塘夢)〉

이 시기에 화본은 어느 정도 형식적으로 정착되었던 것으로 생각된다. 그것은 시나 사를 통해서 분위기를 잡거나 전체적인 내용을 미리 암시하면서 시작된다. 그 다음에는 백화체의 산문을 통해서 이야기를 본격적으로 전개한다. 이야기에 곡절이 발생할 때에는 산문을 멈추고 시나 사를 통해 분위기를 잡고 다시 이야기로 돌아간다. 또 이야기의 중간 중간에는 설화인 특유의 상투어가 개입된다. 그것은 "여러분, 생각해 보세요"라는 식의 상투어였다. 이런 설화, 혹은 설서의 요소가 화본에서는 매우 중요한 것으로 간주되었다. 그것은 마치 오늘날 강연 내용을 책으로 펴낼 때에 딱딱한 논문투로 내용을 구성하는 것이 아니라 강연에서 이야기된 것을 녹취해서 그대로 내용을 구성해 내는 것과 비슷하다고 할 수 있다. 중요한 것은 이러한 모습이 그 후 중국 소설의 모습으로 상당히 굳어졌다는 점이다. 화본의 모습은 송대 이후에 나타난 백화로 쓰여진 작품과 장편소설에서 그대로 재현되고 있다. 물론 시대에 따라서 상투어나 시구(詩句)의 삽입 방식에 부분적인 변화가 생기기는 했지만 기본적인 모습은 그대로 보존되었다고 해도 과언이 아니다. 이런 의미에서 볼 때에 화본은 중국 소설의 모습을 상당히 완성한 글쓰기였다고 할 수 있다.

그러나 화본은 이야기 자체로는 결코 완성품이 아니었다. 그것은 시작이었을 뿐이다. 대부분의 송대 화본은 앞에서 언급한 책에 수록되는 과정에서 많은 부분이 개작되거나 축소되었다. 후세의 사람들은 계속해서 그 이야기들을 이용하면서도 원래의 모습을 그대로 유지하지 않았다. 그것은 화본을 지은 사람들의 사회적 신분이 낮았고, 또 그것이 정통적인 글쓰기가 아닌 상품으로 쓰여진 것이기 때문에 나타난 현상이었다고 생각된다. 다시 말해서 화본에는 오늘날 우리가 지적재산권이라고 부르는 것과 비슷한 권리가 주어지지 않았다. 그것은 언제나 개작할 수 있고 또 일부분을 발췌해서 쓸 수도 있는 글이었다. 그것은 명대에 이르러 더 많은 개작을 거치면서 더 많은 문화상품으로 포장되거나 둔갑하였다. 그렇지만 송대의 화본은 최초로 출현한 읽는 문화상품이었으며, 나아가서는 백화라는 서면어를 글쓰기의 전면으로 나서게 만드는 역할을 하였음이 분명하다. 동시에 그것은 문인의 이야기를 민간계층에 보급하는 동시에 민간전설의 상당 부분을 문인계층을 포함한 모든 사람들에게 제공하는 역할을 하고 있었다. 이렇게 복합적인 소재를 한데 엮는 것이 바로 문학적 중간층의 공헌이었으며, 그것은 후세에 나타난 많은 장편의 이야기들의 밑바탕을 만들어 가고 있었다. 다시 말해서 화본은 그것 자체로는 작품이라고 할 수 있지만 동시에 또 다른 경험의 축적이었다. 만약 그런 경험이 없었다면 백화라는 서면어를 매체로 하는 장편소설의 흐름은 만들어지지 못했을지도 모른다.

3. 관념의 변화

문학적 중간층이 형성되고 그들에 의해 화본이 쓰여진 것은 중국문학사 전체에서 하나의 획을 긋는 변화로 간주될 수 있다. 그것은 우선 이전까지 문인에 의해서 독점되던 사회적 행위로서의 글쓰기가 문학적 중간층에 개방되었음을 의미한다. 나아가서 그것은 글로 쓰여진 것을 읽을 수 있는 능력이 민간계층을 향해 개방되었음을 의미한다. 이것은 신성한 의미를 지니고 태어나서 전체 인구 중에서 상대적으로 소수에 불과한 문인들의 독점물로 쓰이던 문자언어가 이제는 민간계층에서도 읽을 수 있는 의미전달 체계로 발전되었음을 가리킨다.

또 화본의 출현은 이야기가 필기의 세계를 벗어나서 하나의 독립된 영역을 이루었음을 가리킨다. 필기는 비교적 짧게 쓰여진 것을 가리키며, 아직 이야기의 철저한 설계를 거치지 않은, 일종의 가공되지 않은 정보를 전달하는 것이었다. 이런 면에서 볼 때에 필기를 벗어난 이야기는 문인에 의한 전기에서 이미 시작되었다고 할 수 있다. 그것은 사건에서 사연으로 초점이 이동하면서 이야기를 이끌어 나갈 요소로서의 개성을 가진 등장인물이 출현한 점에서 이미 필기의 범위를 벗어나고 있었다. 이런 점에서 보면 전기와 화본은 함께 필기의 영역을 벗어나고 있었다.

그렇지만 화본은 전기와는 다른 의미에서 필기를 벗어나고 있었다. 문인의 전기가 이야기의 모습에서는 필기를 벗어나고 있었지만 그것이 스스로 생산하고 스스로 소비한다는 점에서는 아직 필기의 요소를 지니고 있었다고 본다. 다시 말해서 전기는 아직 개인의 머리 속에서 만들어진 허구적 이야기를 넓은 세계를 향해 펼쳐 보이는 것이 아니라 취향을 같이 하는 소수의 사람들 사이에서 돌려 읽음으로써 이야기로부터 생겨나는 감각을 공유하기 위한 것이었다. 그래서 그것은 보편적 감각에 호소하는 것이 아니라 소규모 인원이 공유하는 특수한 감각에 호소하는 이야기였다. 반면에 화본은 한 사람이 다중의 독자에게 일방적으로 제공하는 이야기였다. 그것은 한편에서 전문적으로 만들어 내고 또 다른 한편에서는 아무런 선입견 없이 소비되는 상품이었다. 그것은 전기와 같이 스스로 생산하고 소비하는 것이 아니었다. 그렇기 때문에 생산자와 소비자 사이에는 새로운 관계가 설정되고 있었다.

화본은 작자의 손을 떠나서 독자의 마음에 다양한 파장을 일으키는 이야기였다. 독자는 그것을 읽으면서 일정하게 주문된 감각을 가지게 되는 것이 아니다. 각각의 독자는 스스로 느끼는 바에 따라 서로 다른 감각을 가질 수 있으며, 미리 어떤 감각을 가질 것을 주문받은 상태에 있는 것이 아니다. 그렇기 때문에 화본의 작자는 어떤 주문된 감각을 염두에 두면서 이야기를 만드는 것이 아니라 가장 많은 독자가 수긍할 수 있는 이야기를 만들어야 했다. 그래서 작자는 가장 보편적인 반응을 염두에 두지 않으면 안 되었다. 이야기가 보편적인 반응을 염두에 둔다는 것은 곧 사회적 보편성을 가지기 시작함을 의미한다. 다시 말해서 이야기가 사회의 보편적인 정서에 부합되는 소재를 채택하거나 그 방향으로 기획되어 전개되는 것을 가리킨다. 화본은 그 길을 가던 이야기였으며 그래서 굳이 길이 정해지지 않아 아무 곳이나 걸어다닐 수 있는 필기의 넓은 들판을 벗어나서 스스로 개척한 '도로'를 따라 걷기 시작하는 이야기였다.

이렇게 화본이 필기의 들판을 벗어나 자신의 길을 가게 된 데에는 많은 요인이 개재되어 있었다. 앞에서 언급했듯이 도시의 규모가 커지고, 도시문화에 기반한 정서가 형성되고, 또 그것에 기반한 문화상품의 수요가 대두된 것이 화본의 탄생을 가능하게 하는 바탕을 마련하였을 것이다. 수요가 있는 곳에는 공급이 따르게 되는데 그 공급을 맡을 문학적 중간층이 형성된 것도 화본의 탄생을 가능하게 한 중요한 요인이었다. 또 인쇄술의 보급과 대량 복제를 통해 더 많은 이윤을 거두려는 출판업자의 출현과 같은 기술적 요인도 중요한 역할을 했을 것이다.

그렇지만 가장 중요한 것은 이야기에 대한 관념의 변화였다. 그것은 이야기가 초보적으로 기록되기 시작할 때에 '소설적 사회심리'가 중요한 역할을 한 것과 마찬가지로, 이 시기의 사회에서 이야기에 대해 가지고 있던 관념이 화본의 탄생을 가능하게 했다는 것이다. 그런 관념의 변화는 넓게 보아서는 당・송 변혁기에 일어난 사회, 문화적 체질의 변화의 결과로서 일어났다고 생각할 수 있다. 그 관념의 변화는 우선 특별한 사연을 중심으로 하는 이야기가 일상적 사회생활의 한 부분으로 정착되고 있었음을 의미한다. 그것은 사회생활의 한 부분인 오락으로 정착하고 있었다. 오락은 인간생활에서는 충분조건에 속하지, 결코 필요조건에 속하지는 않는다. 사람이 살아가는 데에 기본적으로 필요한 의식주(衣食住)에 오락은 포함되어 있지 않다. 그렇지만 어느 정도 의식주의 기본 요건을 충족한 상태에 이르면 사람들은 삶의 질에 관심을 가지면서 다양한 욕구를 추구한다. 이 욕구들은 없어도 그만이지만 있으면 더 좋은 충분조건에 해당된다. 그렇지만 그것이 언제까지나 충분조건으로만 남아 있지는 않는다. 욕구는 자체증식을 통해서 더 큰 욕구를 발생시키며, 특히 소비의 욕구에서는 그런 경향이 강하다.

당・송시기에 도시문화에 편입된 상당수의 사람들은 그런 욕구를 추구하고 있었다. 그들은 도시생활을 통해 삶의 기본적인 요건을 충족시킨 후에 남는 시간을 통해 오락을 추구하고 있었다. 그런 오락 중에서 이야기가 중요한 것으로 떠오르고 있었던 것이다. 왜냐하면 이야기는 즉시적(卽時的)인 감각을 불러일으키면서도 그 결과가 금방 사라지는 것이 아니다. 이야기가 연행될 때에는 그 반응이 즉시적이지만, 그것이 기억의 한 구석에 자리를 잡게 되면 그것은 다른 오락과는 다른 면을 가진 보다 고급의 오락이 되는 것이다. 그것이 한번 듣고 즐기는 음악이나 한번 보고 즐거워하는 재주넘기나 마술과는 다른 매력을 가진 오락이었기 때문이다. 그것은 사람들로 하여금 자신을 돌아보거나 또 다른 이야기를 연상하게 만드는, 다시 말해서 무엇인가 생각하게 만드는 오락이었다는 점에서 다른 일회성 오락과는 구별되었다. 그렇기 때문에 오락으로서의 이야기가 성행했다는 것은 단순히 오락의 유행에 그치는 것이 아니라 이야기에 대한 사회적 관념의 변화를 초래하는 계기가 되었다고 할 수 있다. 이야기는 이제 사회생활의 중요한 요소로 정착하고 있었다. 그리고 사람들은 이제 이야기라는 영역이 존재한다는 것을 뚜렷하게 인식하기 시작했다. 이른바 허구적 이야기라는 것이 사실과 항상 배치되는 것이 아니라 그 나름대로의 위상과 역할을 가지고 있다는 생각이 자리를 잡아가고 있었던 것이다. 이야기는 과거와 같이 뚜렷한 정체가 없이 단순히 말이나 글을 통해 전달되는 사건이나 사연이 아니었다. 이야기를 하거나 쓴다는 것은, 또 이야기를 읽는다는 것은 분명한 성격을 가진 사회적 행위였다.

이렇게 이야기에 대한 관념이 보다 구체화되면서 결과적으로 '소설(小說)'이라는 말의 의미가 더욱 분명해지게 되었다고 생각된다. 다시 말해서 이 시기의 사람들이 허구적 이야기를 하나의 독립적인 영역으로 인식하면서 그것을 담을 그릇으로 소설이라는 말을 사용하기 시작한 것이다. 소설이란 말은 이전에도 사용되어 왔다. 《한서》〈예문지〉와 《수서(隋書)》〈경적지(經籍志)〉에서는 항상 '소설'이란 항목을 설정하면서 그에 해당되는 서적의 제목을 나열하여 왔다. 그런데 이 두 목록에서 나열된 제목을 보면 그것이 반드시 허구적인 이야기만을 다루는 것으로는 생각되지 않는다. 《한서》 〈예문지〉에 수록된 것은 대부분 없어졌기 때문에 단언하기는 어렵지만, 그 속에는 위서(僞書)에 가까운 역사기록이나 단편적인 정보를 수록한 책들이 많이 들어 있었다고 생각되는 것이다.[13] 《수서》 〈경적지〉에서는 오늘날 우리가 소설사에서 다루고 있는 글 중에서 몇 가지를 '소설가'에 편입시켰지만 대부분은 〈사부(史部)〉의 '잡사(雜事)'라는 항목에 편입시켰다. 이것은 오늘날 우리가 이야기라고 생각하는 것을 당시의 사람들은 역사기록이라고 생각했음을 말해 준다. 그런데 송대에 편찬된 《신당서(新唐書)》 〈예문지〉를 보면 뚜렷한 관념의 변화가 나타난다. 여기에서는 우선 〈자부(子部)〉 「소설가」에 수록된 책의 숫자가 대폭 늘어나는 반면에 〈사부〉 「잡사」에 수록된 항목은 대폭 줄어들었다. 특히 「소설가」에는 지괴를 중심으로 하는 책들 대부분이 수록되었으며 당대의 전기 작품도 수록되었다. 그 중에서도 가장 눈에 띄는 것은 전기의 〈보강총백원전〉이 단행본으로 수록되었다는 점이다. 《신당서》가 송대에 편찬되었다는 점을 생각하면 그것은 이 시기에 '소설'이라는 관념이 지괴와 전기의 이야기를 포함하는 것으로 확장되었음을 가리킨다. 이런 관념의 변화는 송대 이래 출현한 사찬(私纂)의 목록서에서도 마찬가지로 드러나고 있다. 특히 사찬 목록서에서는 지괴와 전기의 작품뿐만이 아니라 당시의 화본 등도 수록하고 있었다. 앞에서 언급한 《보문당서목》, 《야시원서목》 등에는 다량의 화본을 수록하면서 왕왕 '송인소설(宋人小說)'이라고 주(注)를 붙이곤 했는데 이것은 곧 전기, 지괴, 화본 등을 모두 이야기의 범주로 합쳐 놓은 것이라고 할 수 있다.

이것은 결국 송대부터 소설이라는 말의 의미가 이야기의 글쓰기라는 관념으로 좁혀지고 있음을 가리킨다. 이것은 민간계층의 설화인들이 연행의 한 종목으로 소설이라는 명칭을 사용한 것과도 관계가 있을 것이다. 물론

13) 徐敬浩, "漢書藝文志 諸子略 小說家 小考", 《중국인문과학》 2, 1983, pp.135～162.

민간계층이 소설이라는 종목을 연행했기 때문에 목록서에서도 그에 해당되는 관념이 적용된 것인지, 아니면 반대로 목록서의 '소설가'를 보고 설화인들이 그것과 내용이 비슷하다고 생각해서 소설이란 항목으로 이야기를 연행했는지는 분명하지 않다. 그렇지만 문인사회와 민간계층에서 사용하는 '소설'이란 단어의 의미가 서로 접근하고 있었음은 분명하다. 이 시기에 소설은 곧 허구적 이야기를 의미했다. 오늘날 우리가 사용하고 있는 소설이라는 단어는 1860년 이후에 일본인들이 서구의 용어를 번역하는 과정에서 만들어진 것이지만 그것이 전혀 근거없는 것은 아니었다는 것을 여기에서 발견할 수 있다. 다시 말해서 송대에 드러나기 시작한 소설이라는 말의 의미가 청대 말엽까지 지속적으로 확장되고 있었는데, 적당한 번역어를 찾던 일본의 학자들이 그것을 채택하게 되었다고 생각할 수 있는 것이다.

이러한 관념의 변화가 가져온 결과는 대단히 중요하다. 이야기를 그냥 이야기로 생각하는 것이 아니라 특정의 영역으로 생각하기 시작하면서 그 영역은 분명히 개념화되었을 것이다. 다시 말해서 '소설가'라는 영역이 특정의 글쓰기를 중심으로 설정되어 있다는 개념이 정립되었을 것이다. 그렇다면 그 영역에 속하는 글쓰기는 어떠해야 하는가에 대한 규범이 암묵리에 만들어졌을 것이다. 개념화가 이루어진 영역에서는 하나의 정해진 방향을 지향하는 글쓰기가 본격적으로 진행된다. 그것은 하나의 전문적 분야이며, 작자들은 더 이상 실험의 단계에 머물러 있는 것이 아니다. 그들은 일종의 '공인'된 글쓰기에 돌입하고 있었다. 그것은 나아가서 '문학작품'으로써의 소설의 탄생을 예고하고 있었다. 물론 기준을 어떻게 설정하는가에 따라서 송대의 화본도 작품이 될 수 있을 터이지만 이 시기에는 아직 그런 환경이 무르익지는 않았다. 다만 그것이 후세의 환경을 만들어가고 있었음은 분명하기 때문에 작품의 탄생을 예고하는 것으로 생각할 수 있다.

이렇게 볼 때에 화본의 탄생은 중국의 소설적 흐름에서 한 획을 긋는 변화였다. 그것은 이전에 진행되던 이야기의 실험, 즉 소설적 사회심리를 경험한 이후에 진행된 소설적 경험의 축적과 그것을 통한 소설적 가능성의 탐색이 마무리되는 것을 의미했다. 그것은 초보적 형태의 이야기가 주변요소, 즉 보다 대중적일 수 있는 서면어의 정착과 시장기제의 형성이라는 요소들이 갖추어짐에 따라 단순히 이야기에 머물지 않고 본격적인 글쓰기의 단계로 접어드는 것을 의미한다. 더욱이 그것은 단순한 글쓰기가 아니라 개인의 생각을 다중의 독자에게 드러내 보이는 문화상품의 단계에까지 이른 것이다. 그래서 전기와 화본은 함께 전체적인 소설적 흐름 속에서 전환점에 해당된다. 전체적인 흐름을 정보를 중심으로 하는 이야기의 흐름과 본격적인 소설 작품으로서의 이야기의 흐름이라는 두 단락으로 나눈다면, 전기와 화본은 그 두 단락의 가운데에 있는 셈이다. 그것은 이전의 이야기가 후세의 소설 작품으로 전환되는 과정의 한가운데에 놓여져 있으면서 양쪽을 연결시켜 주는 단계였다. 이야기는 소설 작품으로 전환될 수 있는 요건을 충족시키고 있는 상태에서 완성을 위해 필요한 사회적 환경의 나머지 요소들이 갖추어지기를 기다리고 있는 상태라고 할 수 있다. 전기와 화본은 그런 전환시기에 나타난 두 가지의 서로 얽혀져 있는 현상이었던 것이다.

제 7 장

원대의 소설적 흐름

몽골족이 중국을 점령하여 원대가 시작되면서 소설적 흐름은 다시 한번 변화를 겪게 되었다. 몽골제국은 1206년부터 1367년까지 지속되었으며, 송 왕조를 무너뜨리고 중국의 천하를 장악한 것은 1276년이었다. 원래 중국의 경내에 속해 있지 않던 몽골제국이 중국을 장악하고 통일제국으로 다스린 기간은 따라서 90년 정도 되었는데, 이 기간을 역사에서는 원대라고 부르고 있다. 그것은 중국의 전체 역사에서는 비교적 짧은 왕조의 시기였으며 따라서 역사학에서는 원대를 과도기적인 시기로 간주하고 있는 듯하다. 그렇지만 소설적 흐름의 관점에서 보면 이 시기는 상당히 중요한 의미를 지니고 있다.

앞에서 나는 중국의 소설전통을 크게 두 부분으로 나눌 때에 전기와 화본이 그 두 부분의 중간에 위치한 전환기라고 설명한 바 있다. 원대라는 시기는 비록 짧기는 하지만 그 두 부분 중에서 뒷부분이 시작되는 시점에 놓여 있었으며 이 시기의 변화가 바로 다음에 연결되는 명대의 변화와 직결되어 있기 때문에, 원대에 일어난 세부적인 변화는 자못 중요한 의미를 지니고 있다. 좀더 구체적으로 말하자면 이 시기부터 명대 초기에 이르는 기간에 이야기가 본격적인 독서물(讀書物)로서의 문화상품으로 정착되어

가고 있었다고 생각된다. 그것은 소설의 작품과 작가가 탄생할 수 있는 제반 환경을 마련한 시기였다고 해도 과언이 아닐 것이다.

1. 원대의 일반적 상황

중국 전토가 몽골제국의 지배 하에 들어간 원대는 지식인들에게 있어서 일종의 재앙기(災殃期)나 다름없었다. 원대의 사회는 과거와는 다른 계급사회의 모습을 하고 있었다. 가장 상층계급으로는 정복자인 몽골족이 있었고 그 밑에는 서역에서 들어온 색목인(色目人)이 있었다. 세번째 계급은 한족(漢族)으로 불린 주로 중국의 북방지역 출신들이 있었고, 마지막으로 남인(南人)이라 불리는 남송 치하의 사람들로 이루어진 계급이 있었다. 특히 문인집단을 대표한다고 생각할 수 있는 유생(儒生)은 한족과 남인으로 이루어진 민간계층에 편입되었고, 그 계층을 10등급으로 나눌 때에 아홉번째의 자리를 차지하게 되었다고 한다. 그들 밑으로는 거지들밖에 없었으며, 의사나 직공처럼 과거에는 문인과 동석하기도 어려운 직종의 사람들이 유생들 위에 자리잡게 되었다.

이런 상황에서 문인들이 이전과 같은 우월적 지위를 누릴 수 없게 되었음은 당연하다고 하겠다. 문인들은 국가의 경영에 직접 참여할 수 없었을 뿐만 아니라 그들의 존재가치도 인정받지 못하게 되었다. 특히 그들이 관료로 등용되던 관문인 과거시험이 유명무실해짐에 따라 그들의 무기력증도 더해 갔을 것이다.

원대에도 과거는 시행되었다. 그렇지만 그 시험은 1237년에 시행된 이후로는 한 번도 시행되지 않다가 무려 80년 가깝게 지난 뒤인 1315년에 비로소 시행되었다. 이 기간 동안 문인들은 여전히 과거시험을 준비하고 있었을 터이지만, 상당수는 한 번도 응시하지 못한 채 일생을 마쳐야 했다. 과거시험은 글쓰기의 동기를 유발하는 동시에 문인들이 사회적 지도자로서 등장할 수 있는 기회를 제공하는 제도였는데, 이런 제도가 봉쇄되다시피

했다는 것은 문인문화의 위축을 의미하는 동시에 문인집단의 내부적 동요를 가리키는 것이었다. 이러한 상황은 상당수의 문인들에게 사회적 신분의 하강(下降)을 강요하는 결과를 초래했을 것이다. 그리고 그 하강은 송대의 문인들이 하향이동한 것과는 규모나 내용에서 크게 다른 것이었다. 송대의 문인들 중에서 민간계층으로 하향이동한 사람들은 경쟁에서 실패한 사람들이었지만, 원대의 상황에서는 이전 같으면 경쟁에서 충분히 이길 수 있는 사람들도 상당수 섞여 있었다. 그런 사람들이 하향이동을 할 때에 그들이 갈 수 있는 곳은 그리 많지 않았다. 그들은 여전히 독서와 글쓰기를 특기로 삼는 사람들이었으며 그런 사람들이 갈 수 있는 곳은 문화시장이었을 것이다. 그렇기 때문에 원대의 문화시장은 역설적으로 더 많은 고급 생산자를 받아들일 수 있는 상황에 있었다. 이것은 문화시장이 질적으로 도약하는 데에 큰 역할을 했다고 생각된다.

반면에 몽골제국의 치하에서도 민간계층의 문화에는 큰 변화가 없었다고 본다. 특히 도시의 거주민들은 여전히 경제적인 풍요를 누리고 있었으니, 그것은 마르코 폴로가 중국을 방문했을 때에 목격한 경제력에서 여실히 드러나고 있었다. 그런 경제적인 풍요는 도시에서 더 많은 문화상품이 만들어지는 환경을 만들어 주고 있었다. 그래서 이전과는 다른 문화상품이 시장에 나오게 되었으며, 소비의 수준이나 취향에도 상당한 변화가 생겼을 것으로 여겨진다. 이전보다 수준높은 지식인들이 대거 민간계층으로 이동하고, 동시에 민간계층에서 더 다양한 문화상품이 등장하는 현상은 서로 맞물려 있었다. 그것은 단순히 소비시장의 확대라는 측면에서 이해될 수 없는 것이었다. 그것은 문화상품 자체의 사회적 위상과 그 문화상품을 공급하는 사람의 위상을 이전보다 격상시키는 상황을 만들어 내고 있었다. 민간계층으로 이동한 문인들은 이전처럼 '매문'이라는 치욕감을 느낄 필요가 없었다. 대중적 문화상품을 만들어 내는 행위나 작업에 대한 관념이 이제는 달라졌기 때문이다. 이미 하강을 시작한 문인들에게 있어서, 특히 원대라는 특수한 상황에서 아무런 사회적 인정을 못 받는 문인들의 입장에서 보면, 그것은 또 다른 글쓰기의 명분을 제공했을 가능성이 크다. 그렇기 때문에 그들은 보다 개방적으로 대중적인 문화상품을 공급하기 위한 글쓰기에 종사할 수 있었다.

이러한 변화에는 특히 당 · 송 변혁기에 일어난 사회, 문화적 체질의 변화가 상당한 영향을 끼쳤을 것으로 생각한다. 그 변화의 두드러진 결과는 사람들이 더 이상 명분에 집착하지 않고 경제적인 실리를 중시하기 시작했다는 점이다. 다시 말해서 당 · 송시기의 도시화와 그에 따른 체질변화에 따라 중국은 다양한 구심점에 의해 움직여지는 사회로 변모하였으며, 그 와중에서 경제력의 추구가 통치이데올로기에 부합하는 이념적 명분보다 더 큰 영향력을 발휘하게 되었다고 생각할 수 있다. 그런 변화의 결과가 당 · 송시기의 문인들 사이에서는 비교적 덜 느껴지다가 원대의 특수한 상황 하에서 문인들도 그 영향권에 들어가게 되었다고 생각된다. 그래서 문인들이 이전처럼 독서와 글쓰기에 매진하지 않고 문화상품을 공급하는 데에 뛰어든 것에 대해서 당 · 송시기보다는 심리적 압박감을 덜 느꼈을 것으로 보이는 것이다.

이런 변화는 우선 이 시기의 문화상품이 실명의 작자에 의해서 쓰여졌다는 점에서 두드러지게 나타난다. 앞에서 화본을 검토할 때에 우리는 작자의 이름을 거론한 적이 없음을 상기할 필요가 있다.[1] 송대에 문화상품을 제공한 사람으로는 주로 설화인이 기록되었는데,[2] 이들은 주로 기예(技藝)의 출중함으로 거론되었던 사람들이다. 호사영은 그들이 동시에 화본의 작자였다고 주장하지만, 오늘날 남아 있는 화본의 작품이 그들의 이름으로 남아 있는 것은 거의 없다고 해도 과언이 아니다. 그들이 실제로 화본을 썼는지는 모르지만, 그들은 설화인으로 기억되었을 뿐 아직 스스로를 화본의 작자로 공개하지는 않았다. 그런데 원대에 들어서면 이런 상

---

1) 프뤼섹이 거론한 육현지가 우리가 목격한 유일한 실명의 작자였는데, 그는 원대에 살았던 사람이다.

2) 胡士瑩, 《話本小說概論》, pp.55～64.

황에 변화가 나타나기 시작했던 것이다.

원대의 대표적인 글쓰기는 곡(曲)으로 알려져 있으며 여기에는 문화상품의 일종인 희문과 극본이 포함되어 있다. 희문과 극본을 쓴 사람 중에는 문인 출신이 여럿 섞여 있으며, 그들 중 일부는 극본뿐만 아니라 화본도 썼던 것으로 알려져 있다. 그들 중 일부는 서회에 참여하여 글쓰기를 하고 있었으며, 그들이 써내는 글에는 문화상품의 재료가 많았다. 중요한 것은 그들의 글에 작자가 분명히 밝혀져 있다는 점이다. 예를 들어 관한경(關漢卿)과 마치원(馬致遠)은 이 시기의 대표적인 극본작가로 알려져 있다. 그들의 이름이 알려져 있다는 것은 당시의 시장에서 그들의 작품이 상당한 인기를 끌고 있었음을 의미한다. 다시 말해서 작품 자체의 내용 때문에 인기가 있었던 것이 아니라 그들과 같은 유명한 작자가 쓴 것이기 때문에 인기가 있었다는 것이다. 이것은 서서히 진행되는 변화의 조짐을 보여준다. 그리고 이것은 소설적 글쓰기에도 영향을 주고 있었다. 그 영향은 명대에 완성되는 장편의 작품들 중 상당수가 실명의 작자를 밝히면서 출간되는 것으로 나타났다고 본다. 물론 그 작자의 진위가 논란거리가 된 것이 사실이지만 적어도 소설 작품의 작자가 누구인지를 밝히는 것은 새로운 것이었으며, 이것은 매문에 대한 심리적 압박감이 그만큼 덜해지고 소설적 글쓰기가 사회적 행위로 공인된 결과였다고 생각되는 것이다.

원대에 들어서서도 화본은 여전히 쓰여지고 있었으며, 문화상품의 하나로 취급되고 있었다. 호사영이 정리한, 원대에 쓰여졌다고 추정되는 화본은 다음과 같다. 이 작품들도 송대의 화본과 마찬가지로 명대에 편찬된 작품집에 수록된 것이 대부분이다. 여기에 거론되는 것은 완전한 텍스트가 남아 있는 것이며, 그 이외에 일부만 남아 있거나 제목만 남아 있고 원문이 없어진 것도 많이 있다.[3]

---

3) 胡士瑩, 《話本小說概論》, pp.292～308.

(1) 〈유기경시주완강루기(柳耆卿詩酒玩江樓記)〉: 《청평산당화본》; 《보문당서목》〈柳耆卿記〉
(2) 〈간첩화상(簡帖和尙)〉: 《청평산당화본》; 《고금소설》 35권, 〈簡帖僧巧騙皇甫妻〉
(3) 〈쾌취이취련기(快嘴李翠蓮記)〉: 《청평산당화본》
(4) 〈조백명착감장기(曹伯明錯勘贓記)〉: 《청평산당화본》
(5) 〈착인시(錯認屍)〉: 《청평산당화본》
(6) 〈음질적선(陰騭 積善)〉: 《청평산당화본》
(7) 〈신교시한오매춘정(新橋市韓五賣春情)〉: 《고금소설》 3권
(8) 〈송사공대료금혼장(宋四公大鬧禁魂張)〉: 《고금소설》 36권; 《보문당서목》, 〈趙正侯興〉
(9) 〈임효자열성위신(任孝子烈性爲神)〉: 《고금소설》 38권; 《보문당서목》〈任珪五顆頭〉
(10) 〈왕신지일사구전가(汪信之一死救全家)〉: 《고금소설》 39권
(11) 〈소수만천호이서(小水灣天狐詒書)〉: 《성세항언》 6권
(12) 〈감피화단증이랑신(勘皮靴單證二郎神)〉: 《성세항언》 13권; 《보문당서목》〈勘靴兒〉
(13) 〈장효기진류인구(張孝基陳留認舅)〉: 《성세항언》 17권
(14) 〈금해능종욕망신(金海陵縱欲亡身)〉: 《성세항언》 23권; 《경본통속소설》〈金主亮荒淫〉
(15) 〈배수낭야유서호기(裴秀娘夜遊西湖記)〉: 《만금정림(萬錦情林)》
(16) 〈녹주추루기(綠珠墜樓記)〉: 《연거필기(燕居筆記)》

그런데 화본은 앞에서 말한 실명화의 경향에서 약간 비껴나 있었다. 비록 매문에 대한 심리적 압박감이 덜해졌다고는 하지만, 송대와 마찬가지로 원대의 화본에 관해서도 작자가 알려져 있는 경우는 앞에서 말한 육현지(陸顯之)와 김인걸(金仁杰)을 제외하고는 거의 없다. 그것은 이 시기의 문화상품 중에서 화본이 아직 뚜렷이 두각을 드러내지 않고 있었기 때문

이라고 생각할 수 있다. 원대까지 아직 화본은 설화인의 연행에 종속되어 있는 경우가 많았다고 생각되기 때문이다. 그렇지만 더 중요한 것은 화본 그 자체의 속성에 있다. 화본은 짧은 이야기이기 때문에 한 편의 이야기가 한 권의 책을 이루지 못한다. 그것은 여럿이 모여서 한 권의 책을 이루게 되어 있으며, 이런 경우에 대개 그 책을 편찬한 사람의 실명이 표시되게 되어 있다. 반면에 각각의 작품을 쓴 사람은 묻혀 있는 경우가 많았다. 이런 현상이 송대부터 명대의 의화본(擬話本)에 이르기까지 공통적으로 나타나고 있었기 때문에 그것을 화본 자체의 속성이라고 생각할 수밖에 없는 것이다. 다시 말해서 화본은 각각의 작품이 독립되어 있는 것이 아니라 어디엔가 소속되어야만 작품이 될 수 있는 글이었다. 그렇기 때문에 각 작품의 작자를 밝히는 것은 중요하지 않았다. 그것을 쓰는 사람은 어느 책에 수록되기를 기대하면서 쓰는 것이다. 따라서 그것은 문화상품 중에서는 아직 주류를 이루지 못하고 연행과 글쓰기의 중간에 위치하고 있었다. 그것이 비록 읽는 독자를 위해 쓰여지기는 했지만 원대에는 아직 그 독자의 비중이 그리 크지 않았던 반면에 쓰여진 화본을 토대로 해서 연행되는 이야기의 청중이 더 많았다고 생각된다. 원대의 사회는 아직 구두언어를 통한 연행이 글쓰기를 통한 이야기보다는 우위에 있었던 시기였던 것이다.

이러한 화본의 속성 때문에 원대에 들어서서도 화본이 소설적 흐름 속에서 차지하는 영역이나 비중이 급격히 커졌다고 볼 수는 없다. 원대의 화본은 송대 화본의 연장선상에 있으면서 좀더 읽는 독자를 위한 이야기 쪽으로 진행되고 있었다. 그렇지만 그 시기는 희곡의 발전이 보여주듯이 공연이 문화상품의 주류를 이루고 있었기 때문에 읽는 독자가 폭발적으로 늘어나지는 않았던 것 같다. 그렇기 때문에 이 시기의 화본은 문화상품 중에서 영역과 비중을 증대시키기 위한 가속력을 붙이지 못하고 있었다. 그것이 가지고 있던 문화상품으로서의 경쟁력은 제한되어 있었던 것이다. 앞에서 말한 화본의 속성을 고려하면 그것이 경쟁력을 가지기 위해서는 화본 여러 개를 묶은 작품집이 출현했어야 했다. 그래야만 그것이 어떤 정체성을 가지는 작품으로 부각될 수 있었다. 그러기 위해서는 상당한 문화자본이 투입되었어야 하는데 그것이 원대에는 이루어지지 못했던 것이다.

반면에 원대에 들어서서 화본이 각색되어 연극 무대에 오르는 경우가 매우 많아졌음을 발견할 수 있다. 상당수의 송대 화본과 원대 화본이 잡극의 대본으로 각색되어 무대에 올려졌던 것으로 알려져 있다. 이것은 원대의 상황을 잘 알려준다. 다시 말해서 이 시기까지도 읽는 시장은 아직 충분히 성숙되어 있지 않았던 반면에 사람들이 이야기에 대한 욕구를 주로 공연을 통해서 해소하고 있음을 알 수 있는 것이다. 다만 이 욕구의 해소가 과거와 같이 설화를 통해서 이루어진 것이 아니라 보다 전문화되고 예술적으로 세련된 잡극을 통해서 이루어졌다는 점이 원대의 특색이라고 할 수 있다. 전반적으로 이야기에 대한 욕구는 소비수준의 향상으로 인해서 더욱 증가하고 있었지만, 그 이야기의 매체로는 구두언어와 무대공연이 더 큰 비중을 차지하고 있었던 반면에 읽는 매체는 아직 완전히 성숙되어 있지 않았던 것이다.

그러나 이런 상황에서도 이야기를 글로 쓰는 것은 꾸준히 지속되었으며, 점차 내부적인 능력을 축적해 나가고 있었다. 앞에서 언급한 바 있듯이 원대에 들어서서 더 많은 문인 출신의 사람들이 문학적 중간층으로 하향이동하면서 이야기로서의 글쓰기가 가속화되고 있었다. 이들은 과거의 필사자들보다는 더 높은 수준을 지니고 있었다. 그 수준의 차이는 이야기를 치밀하게 구성하는 능력과 더 길고 복잡한 이야기를 써 낼 수 있는 능력에서 나타난다고 할 수 있다. 더욱이 이들은 '의식있는' 필사자들이었을 가능성이 크다. 그들은 한때 세상을 경영하는 꿈을 지녔던 사람들이었으며, 그래서 단순히 이야기를 글로 쓰는 기계적 필사자에 머무는 것이 아니라 이야기를 통해서 자신의 생각을 표현하려는 의식을 지닌 사람들이었을 가능성이 크다. 그들은 원래 자신이 원하던 방향으로 재능을 발휘할 수 없어서 다른 방향에서 재능을 발휘할 돌파구를 찾던 사람들이었다. 이 시기의 문학적 중간층은 다양한 수준의 문화상품을 생산하였는데 그 상품의 생산은 상당한 수준의 지식과 재능이 없이는 생산되기 어려운 것이었으며, 문인관료의 길에서 벗어난 사람들의 지식과 재능이 바로 이 부분에 투입되었던 것이다.

이런 의미에서 볼 때에 원대는 '재능이 발견되던 시기'였다. 다시 말해서 상당수의 문인 출신 작자가 문학적 중간층에 섞여 이야기로서의 글을 쓰면서 이전에는 인식되지 못하고 있던 재능이 발휘되던 시기였던 것이다. 그리고 그 재능의 발휘로 말미암아 이야기의 수준은 급격히 상승하기 시작했다. 이야기는 이제 단편적인 사건을 제시하면서 즉흥적인 재미를 느끼게 하는 상품이 아닌 것으로 변화하고 있었다. 그것은 이제 역사를 이야기하고 사회생활의 깊숙한 부분을 드러내 보이는 매체로 발전하는 단계에 접어들고 있었다. 물론 그 효과가 금방 느껴진 것은 아니지만, 원대의 사회에서 이런 흐름은 꾸준히 지속되면서 내부증식을 거쳐 가고 있었다. 이야기는 보다 세련되고 치밀하게 조직되었으며 그 소재도 다양해졌다. 무엇보다 중요한 것은 이 시기부터 장편의 이야기가 서서히 만들어지고 있었다는 점이다. 그래서 단편을 중심으로 하는 화본은 여전히 한정된 영역을 차지하고 있던 반면에, 그 영역을 장편의 이야기들이 서서히 잠식해 가면서 끝내는 새로운 영역을 창출하는 흐름이 시작된 것이 바로 원대였다. 이런 이유로 불과 80여 년간 중국을 통치한 원대를 소홀히 할 수 없는 것이다.

2. 시각의 확대와 이야기의 장편화(長篇化)

원대에서 명대에 이르기까지 소설적 흐름에서 가장 두드러지게 나타나는 현상은 장편화라고 할 수 있다. 즉 이전의 화본이 짧은 이야기를 다루는 한 편의 글로 이루어졌던 반면에, 원대와 명대에 나타난 이야기는 상당한 길이를 가지면서 여러 편의 글이 조합되어 이루어지는 현상을 보인다. 각 편의 글은 화본 한 편과 거의 비슷한 길이를 가지고 있으며, 그래서 이야기 하나는 화본 여러 개가 일관적인 줄거리를 통해 엮어져 있는 모습을 보인다고 해도 과언이 아니다. 이것은 기본적으로 작자들이 그만한 길이의 이야기를 이끌어 나갈 수 있는 역량을 갖추었다는 점에서 전기나 화본과 비교될 수 있다. 그러나 그것이 길이의 문제만은 결코 아니었다. 긴 이야기를 쓴다는 것이 그 안에 세부적인 사항을 시시콜콜 늘어놓는다고 해서 되는 것이 아니다. 그것은 처음부터 끝까지 일관성을 지키면서 전개되어야 한다. 그렇기 때문에 이야기가 길어졌다는 것은 단순한 길이의 문제가 아니라 이야기를 전개하는 기술의 발전이라고 보아야 한다.

앞에서 나는 당대의 전기를 이야기하면서 관심의 전이로 인한 수평적 공간과 수직적 공간의 확대를 언급한 바 있다. 원대 이래로 길이가 확대되면서 이야기의 줄거리가 다루는 수직적, 수평적 공간에도 변화가 생겼다. 과거의 이야기에서는 시간적 공간이 대개 한 개인의 일생에 그친 것이 많았던 데에 비해서, 이 시기의 이야기에서는 여러 인물과 세대에 걸친 이야기로 확대되었다. 수직적 공간에서 보면 이 시기의 이야기는 다양한 관심을 한 군데에 모아 놓고 있었다. 그것은 한 이야기 속에 영웅의 행적과 사랑, 공안 등의 다양한 재료를 섞어 놓은 모습을 하고 있었다. 또 과거처럼 한두 명의 인물을 중심으로 이야기가 전개되는 것이 아니라 여러 인물이 개입된 사건이 복합적으로 짜여진 형태로 이야기가 전개되고 있다. 그렇지만 이 다양한 요소들이 서로 갈등을 일으키거나 물과 기름의 관계에 있지 않고 오히려 서로 기대거나 심지어는 융합해 이야기의 전개에서 상당히 중요한 역할을 하고 있었다. 그것은 이야기가 다룰 수 있는 소재의 영역이 확대되었고 동시에 그 소재를 효율적으로 사용할 수 있는 기술 수준이 높아진 결과였다. 전체적으로 보아서 그것은 시각의 확대를 뜻했다. 그것은 이야기를 통해서 의미를 전달할 수 있는 최대 도달점의 범위가 이전에 비해서 훨씬 더 넓어졌음을 의미한다.

이런 장편화와 시각의 확대는 중국 특유의 기술을 통해서 이루어졌다. 그것은 여러 이야기의 합성과 축적이라고 할 수 있으며, 중국 특유의 적층

문학의 기술이 최대한 발휘되는 것을 가리킨다. 그것은 애초에는 서로 관계없이 떨어져 있던 단편적인 이야기들을 모아서 커다란 줄거리 밑으로 통합하면서 거대한 이야기를 이루어 내는 기술을 가리킨다. 이것이 하루아침에 만들어진 기술은 아니었다. 당・송대의 전기와 화본에서 이미 이런 경험은 상당히 쌓여져 있었다. 특히 송대의 화본 중에는 전기나 지괴를 읽고 그것을 백화체로 다시 쓴 이야기가 많다. 그 중에는 처음 쓴 것이 완성본이 아니라 여러 세대에 걸쳐 반복적으로 다시 쓰여졌던 것이 명대에 이르러 최종적 완성본으로 정착된 것도 적지 않다. 그래서 이야기를 적층문학의 방식으로 구성하는 것은 이미 상당한 경험을 쌓아 놓은 상태인데, 원대와 명대에는 이 경험이 장편화와 시각의 확대에 적용되었던 것이다. 그리고 이런 기술의 발전은 뒤에 이야기할 기념비적 작품의 탄생에서 가장 중요한 요소로 작용하였다. 그리고 이런 기술이 발전하는 데에는 이야기에 대한 중국 특유의 관념이 작용하고 있었다.

전통시기 중국인들은 '이야기의 표절(剽竊)'이라는 부정적 관념에서 비교적 자유로웠다. 한 사람의 이야기를 다른 사람이 그대로 옮기거나 혹은 일부 수정해서 옮기는 것이 자유로웠던 것이다. 그것은 이야기가 구두언어로 옮겨질 때에는 당연한 것이었다고 생각할 수도 있지만, 이야기가 글쓰기로 정착된 이후에도 그런 관행이 변하지 않았다는 점이 바로 이야기에 대한 특수한 관념을 가리킨다. 문인들이 쓰는 문장에는 표절이라는 잣대가 비교적 엄격하게 적용되고 있었다. 다른 사람이 쓴 시구(詩句)나 특수한 표현을 도용한다는 것은 문인의 수치로 여겨지고 있었다. 송대의 황정견(黃庭堅)이 '환골탈태(換骨奪胎)'를 주장하면서 이전 사람의 시구를 수정하여 새로운 것으로 만들어 내는 것을 권장한 적은 있지만, 전체적으로 보아서 문인들은 다른 사람의 표현을 모방하지 못하게 되어 있었다. 그러나 이야기만큼은 달랐다. 이야기는 얼마든지 각색되거나 개작(改作)될 수 있는 대상이었다. 더욱이 애초의 이야기를 더 좋은 이야기로 개작하는 것은 좋은 일로 간주되기까지 했다. 그렇기 때문에 이야기는 거듭 거듭 개작되면서 그때마다 새로운 작품으로 태어날 수 있었다. 이것은 중국의 전통사회가 가지고 있던 특수한 체질이었다. 다시 말해서 그것은 글쓰기에도 계층이 있다고 믿었던 중국 사회에서 만들어진 특수한 관념이었던 것이다. 그런 관념으로 인해서 이야기는 애초에 특별한 재능을 가진 사람만이 쓰는 것이 아니다. 오히려 애초의 사람은 재능이 별로 없으면서도 괜찮은 소재를 개발하는 역할을 하는 반면에 후에 나타난 재능 있는 사람이 그것을 성숙된 이야기로 정착시키는 것이 관행처럼 여겨졌다.

그렇기 때문에 이야기의 창작은 집단창작에 가까웠으며, 서구에서처럼 특별한 재능을 가진 사람이 어느 날 혜성처럼 나타나 위대한 작가로 등장하는 것이 아니었다. 이야기는 반복적으로 다듬어져야 하는 대상이었다. 동시에 그것을 통해서 시각의 확대와 장편화가 이루어질 수 있었다. 그것은 한 개인의 제한된 시각이 아닌 여러 세대에 걸친 여러 사람의 시각이 적용될 수 있는 기회를 마련해 주기 때문이다. 또 애초의 작자가 짧게 써 놓은 이야기를 더 길게 쓰는 것은 애초부터 긴 이야기를 쓰는 것보다 훨씬 쉬웠을 것이 분명하다. 그것은 매우 효율적인 서사의 방법이었을 뿐만 아니라 더 많은 사람들을 이야기를 쓰도록 끌어들일 수 있는 여건을 마련해 주었다. 이것이 전통시기 중국에서의 소설적 이야기를 쓰는 방법이었다. 동시에 그것이 바로 중국의 서사기법이다. 바로 그런 서사기법을 통해서 이야기는 고도로 세련되었을 뿐만 아니라 편폭에 있어서도 거대한 작품이 출현하였던 것이다.

시각의 확대와 이야기의 장편화는 순전히 상상력에 의해서 출발된 것이 아니다. 이야기를 쓰는 사람에게 있어서 핵심적 정보가 있어야 함은 지괴나 전기에서 이미 경험된 것이었으며, 원대와 명대의 작자들에게 있어서도 그것은 마찬가지였다. 그렇지만 지괴나 전기에서처럼 단편적인 정보를 가지고 시작된 이야기가 장편으로 발전하는 것은 그리 쉬운 일이 아니다. 왜냐하면 핵심적 정보의 밀도, 다시 말해서 그것 자체가 어느 정도로 짜여져 있는가에 따라 확대의 가능성이 달라지기 때문이다. 예를 들어 어떤 사람이 귀신을 만나 도망쳤다는 정보만을 가지고 장편의 이야기를 구성하는 것은 그리 쉽지 않다. 그렇기 때문에 이 시기의 작자들이 의존한 정보는 지괴나 전기의 뒤에 있는 정보와는 달랐을 것이다. 그들은 비교적 손쉽게 접근할 수 있는 편리한 소재로서의 모델을 찾고 있었다. 그들은 그것을 역사적 사실과 그것에 대한 기록에서 발견했다고 생각된다.

역사적 사실과 기록은 이미 대중적 문화상품에서 중요한 소재로 이용되고 있었다. 돈황에서 발견된 〈오자서변문〉과 〈순자지효변문〉 등이 이미 역사적 사실을 이용한 이야기의 모습을 보여준다. 또 당・송시기의 연행예술 가운데에서 강사(講史)는 이미 중요한 자리를 차지하고 있었다. 그래서 역사적 사실을 중심으로 한 이야기가 대중적 인기를 끌 수 있는 문화상품의 소재라는 것은 이미 검증된 것이나 다름없었다. 나아가서 그런 소재를 이야기로 만드는 데에는 상당히 편리한 면이 있다. 역사적 사실은 단순한 정보가 아니라 벌써 상당히 짜여 있는 이야기이다. 거기에는 인물과 그의 성격이 설정되어 있고 또 그가 개입된 사건과 진행과정, 결말 등이 이미 설정되어 있다. 그 안에는 이야기가 어떤 방향으로 전개되는가를 알려주는 이정표가 곳곳에 세워져 있는 것이다. 작자는 그 이정표를 따라가면서 이정표와 이정표 사이를 채워 넣기만 하면 된다. 다시 말해서 역사적 사실은 애초에 상당 부분의 이야기가 만들어져 있고 실제 작자가 손을 대야 하는 영역이 제한되어 있는 것이다. 그렇기 때문에 역사적 사실은 적은 노력을 들이고도 이야기를 만들어 낼 수 있는 좋은 재료였음이 분명하다.

게다가 역사적 사실을 근거로 한 이야기는 강한 호소력을 가지고 있다. 그런 역사적 사실이 있다는 것은 문화상품의 소비자들에게 잘 알려져 있기 때문에 관심을 쉽게 끌 수 있다. 소비자의 입장에서 보면 그것은 이야기인 동시에 지식의 축적이기도 했다. 또 그런 이야기는 특히 영웅을 주인공으로 설정함으로써 대리만족의 효과를 거둘 수 있었다. 그것은 소비자들에게 카타르시스의 기회를 제공했을 것이다. 다시 말해서 그 이야기들은 이성적인 만족감과 감성적인 만족감을 동시에 거둘 수 있는 것이었다.

이것은 강사에서 이미 경험된 것이었으며 후세의 작자들도 그런 점에 착안했을 가능성이 크다. 특히 이민족의 통치 하에 놓여 있던 원대에는 카타르시스의 효과가 더욱 컸을 것으로 생각된다. 그것은 민간계층의 소비자뿐만이 아니라 어려운 처지에 놓여 있던 문인들까지도 소비자로 끌어들일 수 있는 상품이 될 수 있었다.

한편 작자의 입장에서 보면 그 역사적 사실을 처음부터 미주알고주알 소개하면서 이야기를 시작할 필요가 없다. 작자는 그런 데에 들어갈 노력을 다른 곳에서 사용할 여력을 가질 수 있다. 그 다른 곳이란 바로 똑같은 역사적 사실을 얼마나 흥미 있는 이야기로 풀어내는가 하는 것이었다. 이미 이야기의 진행 방향이나 결말을 알고 있는 소비자들은 사실 자체에는 관심이 없다. 그들은 그 사실을 어떻게 이야기하는가에 더 관심을 두고 있으며, 작자는 바로 그런 점을 파고들 수 있는 것이다. 그래서 주어진 이정표와 이정표 사이를 채워 넣은 이야기는 또 하나의 공간을 마련한다. 그것은 역사기록에서는 볼 수 없는 또 다른 흥미의 공간이었으며, 그 공간에 뛰어든 사람에게는 역사에 기록된 것이 건조한 사실이 아니라 가변성으로 가득 차 있는 흐름의 결과로 다가오게 된다. 그렇게 되면 역사는 사실 자체가 아니라 사실의 뒤에 감추어져 있는 이야기의 세계로 변화할 수 있다.

특히 역사적 사실은 긴 이야기를 쓰기 위해서는 좋은 소재이다. 지괴와 전기가 대부분 한 사람의 이야기에 국한되어 있고 사건이나 경험에 개입되어 있는 사람은 그리 많지 않다. 또 그의 경험 시간도 그리 길지 않다. 그렇지만 역사적 사실에는 많은 사람이 개입되어서 복잡한 구조를 지닐 뿐만 아니라 그들이 개입된 사건이 경과하는 시간도 상당히 길다. 특히 어느 개인의 이야기를 소재로 하지 않고 어느 시대를 소재로 할 경우 그 시간은 몇 세대까지 이어질 수 있다. 그렇게 되면 작자가 쓸 수 있는 것은 대폭 늘어나게 되어 있다. 그것은 지괴나 전기와는 비교가 되지 않는 복잡하고도 긴 이야기를 가능하게 만든다.

아울러 역사적 사실을 중심으로 한 이야기가 쓰여진 것은 독자의 성향과도 밀접한 관계가 있다. 긴 이야기는 애초부터 읽는 독자를 대상으로 한 것이다. 잡극의 형식으로 공연하기에는 너무 길고 복잡한 이야기였다는 점에서 화본과는 달랐다. 읽는 독자는 결국 문인과 상인 등을 포함하는 사회적 중간층의 읽는 능력을 가진 사람들이었다. 그들은 연행되는 문화상품의 소비자이기도 했지만 다른 한편으로는 읽는 상품의 수요자였다. 그래서 그들에게 제공되는 읽는 상품이 연행되는 상품과 같은 것일 수는 없었다. 읽는 독자들은 어느 정도의 시간을 투자해서 읽을 만한 것을 원했다. 연행상품과 같이 단시간에 읽어치울 수 있는 것이라면 그것은 읽는 상품으로서의 매력이 없다. 이것은 오늘날 한 편의 단편소설이 하나의 책을 이루지 못하고 여러 편을 모아야만 책이 되는 것과 마찬가지이다. 그런데 이 시기의 읽는 독자는 지식에 관심을 가진 사람들이었다. 그들에게는 지식을 빌미로 하는 이야기가 더 관심거리였을 것이다. 그것은 그들의 일상적인 관심과 오락적인 흥미를 결합함으로써 관심을 증폭시킬 수 있는 기회였다. 바로 이런 점에서 역사적 사실을 소재로 한 이야기가 읽는 상품으로서의 요건을 갖추었다고 생각된다. 그것은 사실과 허구를 기술적으로 조합한 상품이었다. 역사적 사실의 당위성을 이미 알고 있는 사람들은 그 이야기를 통해서 당위성을 확인하면서 그 내부에 설계된 이야기의 세계로 끌려들어오게 되었다. 역사적 사실이 독자를 이야기의 세계로 끌어들이는 미끼였던 셈이다.

역사적 사실을 중심으로 하는 글쓰기가 당대 이래로 성행하던 강사의 전통에서 비롯된 것임을 앞에서 언급한 바 있다. 그것이 애초에 역사적 사실을 설화로 연행하기 위한 대본으로 쓰여졌을 가능성은 충분히 있다. 그렇다면 그것은 기본적으로 화본과 같은 성격의 글쓰기였을 것이다. 그런데 원대에 들어서면 그런 이야기들이 서서히 화본의 범위로부터 벗어나서 독립적인 글쓰기의 모습을 드러내고 있음을 볼 수 있다. 이런 글쓰기에서 평화(平話), 시화(詩話) 등의 단어가 제목에 넣어지기 시작했고 후세에는 그것이 글쓰기의 한 종류를 뜻하는 것으로 변하게 되었다. 명대에 편찬된 《영락대전(永樂大典)》에 〈평화〉라는 부분이 따로 설정되어 있음을 볼 때 15세기에는 평화라는 말이 글쓰기의 한 종류를 뜻하고 있었음이 분명하다. 오늘날 남아 있는 글 중에서 이런 종류에 속하는 것으로 가장 시기가 이른 것은 《대당삼장취경시화(大唐三藏取經詩話)》이다. 이 책은 《대당삼장취경기(大唐三藏取經記)》라는 제목이 붙은 구본(舊本)과 《대당삼장취경시화》라는 제목이 붙어 있는 작은 책이 남아 있는데, 구본은 일본에 있다고 한다. 이 두 판본은 모두 완전히 남아 있는 것이 아니라 훼손된 부분이 있지만 내용은 서로 같다. 이 책은 남송시기 말엽에 지어졌다고 알려져 있는데 노신은 원대에 지어졌을 가능성을 조심스럽게 제시하였다. 또 이 책은 3권 17장으로 나누어져 있는데 후세의 소설 작품을 회(回)로 나누는 관행이 바로 이 책에서 시작된 것으로 그는 생각했다.[4] 각 부분은 이야기의 내용을 압축하는 시로 끝나고 있다. 이 책은 잘 알려져 있다시피 삼장법사(三藏法師)가 불경을 구하기 위해서 인도로 여행한 이야기를 싣고 있으며 후일 《서유기(西遊記)》라는 대작이 출현하는 데 초석이 된다.

평화라는 제목이 붙은 책으로는 《전상평화오종(全相平話五種)》이 있다. 이것은 원래의 제목이 아니라 20세기에 들어와서 원대에 출현한 것으로 생각되는 다섯 종류의 평화를 한데 묶어서 붙인 제목이다. 그 안에는 《무왕벌주평화(武王伐紂平話)》, 《칠국춘추평화(七國春秋平話)》, 《진병육국평화(秦併六國平話)》, 《전한서평화(前漢書平話)》, 《삼국지평화(三國志平話)》가 들어 있다. 이 책들은 대개 원대의 지치(至治, 1321～1323) 연간을 전후한 시기에 출간되었으며, 전부 공통적인 모습으로 편집되었던 것으로 보인다. 즉 한 페이지의 윗부분(대개 1/3정도의 분량)에는 그림이 있고 아랫부분에는 글이 배열되어 있다. 길이에는 차이가 있지만 각각의 책은 3권으로 나누어져 있으며, 전체적인 길이에서는 《삼국지평화》가 가

4) 魯迅, 《中國小說史略》, p.124.

장 길다. 그 외에도 《오대사평화(五代史平話)》가 있다. 이것은 907년부터 960년까지의 오대시기(五代時期)의 역사를 중심으로 한 것인데, 각 조대(朝代)마다 한 종의 평화가 있고 각 평화는 2권으로 이루어져 있다. 첫번째 권은 그 조대가 형성되는 상황을 묘사하고, 두번째 권은 그것이 기울어져서 멸망하는 과정을 기술하고 있다. 이 작품들 중에서 《무왕벌주평화》는 후에 《봉신연의(封神演義)》로 발전했고, 《삼국지평화》는 후에 《삼국연의(三國演義)》로 발전했다. 그 이외에도 평화라는 제목이 붙지는 않았지만 같은 계열에 속하는 것으로 《선화유사(宣和遺事)》와 《설인귀정료사략(薛仁貴征遼史略)》이 있다. 《선화유사》에는 송강(宋江)이 일당 36명과 함께 반란을 일으켰다가 조정에 투항한 사건이 간략히 기술되어 있는데 이것은 《송사(宋史)》의 극히 간략한 기록을 이야기로 만든 것이었다. 이 이야기는 후세에 《수호전(水滸傳)》으로 발전했다.

이 책들은 평이한 문언체로 쓰여졌지만 그 속에는 백화의 요소가 많이 섞여 있었다. 그래서 이 책들은 정통적 문인들의 읽을거리가 아니라 그보다는 낮은 수준의 독자를 대상으로 했을 가능성이 크다. 반면에 이 책들에서 전문적 설화인들의 대본의 성격은 그리 두드러지게 나타나지 않는다. 비록 이 책들에서 다루는 내용이 설화인의 연행에서 좋은 소재가 되었음은 분명하지만, 이 책들은 이미 그런 흐름을 벗어나서 득자적인 읽을거리로 나타났다고 생각되는 것이다. 특히 제목에서 알 수 있듯이, 이 책들은 사람들의 관심을 끌 만큼 큰 역사적 사실을 소재로 하고 있다. 그것은 앞에서 이야기한 바 있듯이 이런 사실들이 이야기로 진화하는 데에 많은 이점이 있었음을 보여준다고 하겠다. 다시 말해서 이 작푿들은 역사적 사실을 바탕으로 꾸며낸 초보적 형태의 이야기로서 아직 충분히 성숙되지 못한 글쓰기였다. 그렇지만 그것은 후대의 거대한 작품이 출현하는 물꼬를 텄다고 생각할 수 있다.

이야기의 장편화가 반드시 역사적 사실을 중심으로 하는 이야기를 통해서만 일어났다고 볼 수는 없다. 그렇지만 현재 남아 있는 자료를 중심으로 해서 보면, 이런 계열의 이야기들이 가장 활발하게 장편화의 길을 걷고 있었음은 분명하다. 예를 들어 재자가인(才子佳人)의 이야기는 여전히 화본을 통해서 단편의 이야기로 만들어지고 있었을 뿐 장편화의 길을 걷지는 않고 있었다. 그 외에도 공안과 같은 소재를 중심으로 하는 이야기도 있었을 것이지만 그것들이 아직 장편의 이야기로 정착하지는 못하고 있었다. 이야기의 장편화를 위해서는 다양한 소재를 하나의 줄거리 밑으로 끌어들이는 능력이 있어야 했는데, 원대에는 아직 이것이 충분히 갖추어지지 못했던 것으로 생각된다. 그렇지만 원대의 소설적 흐름의 저 깊은 곳에서는 상당히 많은 흐름이 내부적으로 움직이고 있었다. 그것들이 이 시기에 모습을 드러내지 않고 있었을 뿐이다. 그것은 이 시기에 아직 그런 흐름들이 모습을 드러낼 충분한 사회적 여건이 마련되어 있지 않았기 때문이다.

전체적으로 볼 때에 원대는 연행에서 이야기가 갈라져 나와 읽는 상품으로 정착하기 시작한 시대였다. 그것은 남송대의 화본에서 시작된 흐름이 더욱 속도를 높이는 단계였다. 연행의 이야기는 잡극을 중심으로 하는 연극의 공연으로 발전하였으며, 그 이야기의 내용은 또 다른 갈래를 만들면서 읽는 상품으로 정착되어 가고 있던 중이었다. 송대까지 비교적 덜 분화된 상태에 있던 연행을 통한 문화상품이 본격적으로 분화를 시작하면서 각각의 색깔을 뚜렷이 드러내기 시작한 것이 원대에 나타난 현상이었다. 연행의 흐름은 연극의 공연을 통해 더욱 세련되었으며, 연행되던 이야기는 연행에서 이탈해서 본격적인 읽는 상품을 형성하면서 점차 소설작품에 접근하고 있었다. 이 시기에는 이 두 갈래의 분화가 분명하게 드러나면서도 실제로는 상호 의존적인 관계에 있었다. 연극은 쓰여진 이야기에서 상당한 소재를 취하였고, 또 이야기를 쓰는 사람은 이미 연극으로 공연된 것을 다시 이야기로 각색하기도 하였을 것이다. 그렇지만 이 두 가지의 상품이 대상으로 하는 소비자의 성격은 바뀌고 있었다. 특히 장편화된 이야기가 출현하면서 각 분야의 소비자는 완전히 다른 색깔을 지닐 수밖에 없었다. 원대는 연극과 읽는 이야기라는 두 갈래의 분화가 일어나면서 각각 나름대로의 소비시장을 개척하던 시기였다. 원대에 진행되고 있던 변화의 결실은 명대에 들어서서 폭발적으로 나타났으며, 이런 의미에서 원대는 수증기를 모으면서 커다란 태풍이 형성되어 가고 있던 시기였다고 할 수 있을 것이다.

제8장

소설의 만개(滿開)
— 명 · 청대의 독서시장

명대에 들어서면 중국의 소설적 흐름은 아주 급한 물살을 타게 된다. 한마디로 이 시기는 소설의 만개가 이루어진 시기였다. 그리고 이 때부터 청대에 이르기까지 소설은 중요한 사회적 담론의 하나로 떠올랐다. 그래서 당시, 송사, 원곡 등 각 조대를 대표하는 형식을 이야기하면서 명 · 청소설을 이야기하는 경우도 있을 정도가 되었던 것이다. 그것은 중요한 변화였음이 분명한데, 그런 변화가 명대에 갑자기 일어난 것은 물론 아니다. 그것은 송대와 원대에 꾸준히 쌓여 온 경험이 명대에 이르러 여러 가지 사회적 요건의 성숙과 맞물리면서 소설이 본격적인 모습을 드러낸 것이었다. 그 중에서도 가장 중요한 것은 독서시장의 형성과 이에 따른 관념의 변화였다. 명대에 들어서서는 본격적으로 읽는 상품을 중심으로 하는 독서시장이 형성되었으며 그것을 지원하는 문화자본이 모습을 나타내었다. 이들은 다양한 읽을 거리를 발굴하여 제공하였고 이것이 독서시장을 더욱 팽창하게 만들었다. 이에 따라 명대부터 이야기는 읽는 것이라는 관념이 정착되게 되었다. 이전처럼 공연을 통해 이야기를 제공받는 상품은 여전히 있었지만, 읽을 거리를 통한 이야기는 공연으로부터 독립된 상품으로 등장하였던 것이다.

동시에 명대는 과거의 이야기가 문화자본의 지원 하에 모여지고 편집되어 새로운 상품으로 등장한 시기였다. 그런 상품 중에서 가장 주목할 만한 것은 이전의 화본을 수집하여 부분적으로 개작하고 거기에 화본을 모방한 의화본을 덧붙여 작품집으로 간행한 '삼언(三言)'이라고 본다. 이런 작품집이 출판됨으로써 없어졌을 가능성이 큰 이전의 화본들이 보존될 수 있었다. 그렇지만 더 큰 의미는 그런 작품집을 통해서 연행과의 관련성을 통해 존재하던 화본이 읽는 상품의 시장으로 끌려들어오게 되었다는 점이다. 그렇지만 과거의 이야기가 모여지고 편집되어 새로운 상품으로 거듭나는 것은 화본과 의화본에만 국한된 것이 아니다. 명대에 들어서서 많이 출현한 장편소설도 상당수가 그런 경우에 해당되기 때문이다. 후에 '사대기서'를 논하면서 다시 언급하게 되겠지만 명대의 소설 작품이 등장하는 과정을 보면 우리는 사회적 공인을 받는 소설 문학이 등장하는 데에 있어서 중국 특유의 과정을 발견할 수 있다. 그것은 이전의 이야기들을 수렴하고 그것을 복합적으로 조립하여 새로운 이야기를 만드는 이차작자의 작업과정이었는데, 이런 것은 다른 문화권에서는 찾아보기 어려운, 중국 특유의 소설이 형성되는 과정이었다.

또 명대에는 본격적인 작자가 모습을 드러내고 있었다. 원대에 일어난 관념의 변화를 통해서 이야기를 쓰는 사람이 더 이상 익명으로 남아 있지 않고 실명을 밝히는 관행이 시작되었다고는 하지만, 그런 흐름이 본격화된 것은 명대에 들어서서이다. 이 시기에는 이야기의 편집자와 최종적인 완성자가 실명으로 밝혀졌으며, 아마도 그것이 독서시장에서 상당한 영향력을 행사했던 것 같다. 이런 사람들이 대부분 이차작자였던 것과는 달리 이 시기부터 자신이 직접 이야기를 쓰는 일차작자도 모습을 드러내고 있었다. 백화단편소설을 이야기할 때에 다시 언급되겠지만 '양박'의 주인공인 능몽초(凌濛初, 1580～1644)는 일차작가로서의 소설가였다. 이런 일차작자는 명대에 모습을 드러낸 이후 청대에 이르기까지 지속적으로 증가하고 있었다. 반면에 이차작자는 갈수록 줄어드는 경향을 보였으며, 그것은 소설적 흐름이 완성되어 가는 과정의 중요한 변화를 보여주는 것이었다.

한편 명대에 나타난 중요한 현상 중의 하나는 소설 작품에서 문언과 백화라는 두 가지의 서면어가 섞이기 시작했다는 점이다. 물론 이전의 화본이나 평화에서 순수하게 백화만이 사용된 것은 아니었지만, 문언이 그리 중요한 역할을 하지는 않았다. 그러나 명대에 들어서면 백화로 쓰여진 이야기 속에 섞여 있는 문언체가 단순한 장식이 아니라 나름대로의 중요한 역할을 하는 요소로 변하고 있었다. 경우에 따라서는 문언이 백화를 압도하기도 했다. 이것은 결국 소설의 언어가 점차 통일되어 가는 것을 가리킨다. 다시 말해서 소설은 철저하게 문언이나 백화의 어느 하나만으로 이루어지는 것이 아니라 두 가지의 서면어를 적절하게 배합하여 이루어져야 한다는 관념이 형성되고, 그것을 통해 '소설적 언어'가 확립되어 가고 있었다. 반면에 이 시기에는 백화를 가급적 배제하고 순수한 문언으로 이야기를 쓰는 흐름도 있었다. 따라서 이 시기부터 우리는 서면어를 중심으로 해서 '백화소설'과 '문언소설(文言小說)'이라는 말을 사용할 수 있다. 백화소설은 백화를 기본으로 하면서 문언을 적절하게 배합한 것이고, 문언소설은 백화를 배제하고 문언을 위주로 한 것을 가리킨다. 명·청대의 상황을 전체적으로 보면 대부분의 작품은 백화소설의 모습을 하고 있었다. 그렇지만 과거에는 존재하지 않던 본격적인 문언소설, 다시 말해서 소설 작품을 문언으로 써 낸다는 것도 이 시기에 뚜렷한 모습을 나타내고 있었다. 그것은 곧 소설의 영역이 문언의 세계에까지 확장되는 것을 의미한다. 나아가서 그것은 명·청대의 문인들이 아직 소설 작품을 정통적인 문장으로 인정하지 않고 있었던 상황에서도 소설적 흐름이 시대적 대세를 장악해 나가고 있는 모습을 보여준다.

명·청대의 소설 작품을 보면 이전에 경험되었던 다양한 소재들이 한꺼번에 모습을 드러내고 있음을 볼 수 있다. 중국의 학자들은 이 시기에 나타난 소재를 (1) 역사연의(歷史演義), (2) 영웅전기(英雄傳奇), (3) 신마(神魔), (4) 인정(人情), (5) 풍자(諷刺), (6) 공안협의(公案俠義) 등으로 분류하고 있다.[1]) 이런 소재들은 이전부터 축적되어 온 것인데 특히 명대에 들어와서 소재의 성격이 뚜렷하게 부각되는 작품들이 등장한 것이다. 그런데 중요한 것은 하나의 작품이 하나의 소재에 집중되어 있지는 않다는 점이다. 대부분의 작품에서 이 소재들은 서로 융합하면서 이야기를 이루어 낸다. 따라서 비록 분류는 그렇게 되어 있어도 명대에서부터 소설은 복합적 소재를 통해 이루어지는 양상을 보여주고 있으며, 그런 양상은 청대로 가면 더욱 심화되었다.

그리고 이 시기에는 중국소설사에서 기념비적 작품이라고 할 수 있는 '사대기서'가 등장하고 그것은 청대의 《홍루몽(紅樓夢)》과 《유림외사(儒林外史)》에까지 이어진다. 여기에서 기념비적 작품이라고 하는 것은 전통적 의미에서 볼 때에 소설이 이 작품들에 이르러서 정점에 이르렀다고 보기 때문이다. 만약 서구의 문화적 충격을 겪지 않고 전통적인 소설의 흐름이 지속되었다면 또 다른 정점이 출현했을 가능성도 있을 것이지만, 현재까지의 역사에서 이들 작품들은 전통소설의 정점이라고 볼 만한 요소를 갖추고 있다고 생각된다. 그것은 단순히 유명한 작품이어서가 아니다. 이 작품들에는 '문학적'인 소설의 요소가 있고, 또 소설 문학의 특징인 '소설적 리얼리티'가 성숙되어 있다고 보기 때문이다. 이 작품들을 통해서 전통적 소설의 흐름은 지향해야 할 가치와 방향을 가지게 되었다고 생각할 수 있다.

이번 장에서는 기술(記述)의 편의를 위해 명대에 두드러지게 나타난 문화시장의 양상과 그로 인해 나타난 백화단편소설 및 장편소설, 문언소설 등의 흐름을 검토하고자 한다. 한편 명·청대의 소설적 흐름에서 가장 중요하다고 할 수 있는 '사대기서' 및 《홍루몽》과 《유림외사》에 관해서는 따로 장을 마련하여 보다 구체적으로 기술할 것이다. 이런 기술방식이 두 가지의 흐름을 따로 떨어져 있는 것으로 파악하는 것은 아니다. 두 가지의

---

1) 齊裕焜, 《明代小說史》, pp.18～19.

흐름은 같은 시기에 같은 공간에서 일어나고 있었다. 그리고 그 흐름들은 서로 맞물려 있었다.

1. 문화자본의 대두

앞에서 나는 화본과 장편화된 이야기를 설명하면서 이것이 인쇄술의 도움을 받아 읽는 문화상품으로 나타났음을 언급한 바 있다. 화본이 쓰여지던 당시에 그것이 어느 정도 인쇄되었는지는 알 수 없다. 화본이 오늘날까지 남아 있는 것은 대개 후대에 수집되어 인쇄된 결과이기 때문이다. 그렇지만 《육십가소설》이 간행되었다는 사실로 볼 때에 당시에 쓰여진 화본의 일부가 인쇄되어 판매되었을 가능성은 충분히 있다. 반면에 장편화된 이야기인 《전상오종평화》와 《오대사평화》 등은 인쇄본의 상태로 남아 있는 것으로 보아서, 이런 계열의 이야기가 본격적으로 인쇄되어 배포된 상품이 되고 있음이 분명하다고 하겠다.

그러나 원대나 명대에 인쇄술이 그리 저렴한 기술은 아니었음이 분명하다. 그것은 상당한 비용을 들여야 하는 기술이었다고 생각되는데, 그렇다면 그런 기술이 아무 글에나 적용되었을 것 같지는 않다. 그런 기술은 투자된 비용을 회수할 수 있는 상품에만 적용되었을 것이며, 그렇게 적용될 때에는 상당한 자본이 필요했을 것이다. 왜냐하면 대량배포를 목적으로 책을 만들어 낼 때에는 먼저 상당한 비용이 투자되어야만 했을 것이고, 그 이후에 점진적으로 이윤이 회수될 수 있었을 것이기 때문이다. 물론 이윤의 회수를 전혀 고려하지 않고 인쇄의 비용을 투자하는 경우가 전혀 없지는 않았다. 예를 들어 문인이 부친의 글을 모아 문집을 만들어 인쇄할 경우에는 이윤의 회수를 염두에 두지 않는다. 그것은 그만한 재력을 가진 사람만이 할 수 있는 일이었다. 그렇지만 이야기를 책으로 묶어 내는 것은 다르다. 그것은 철저하게 이윤을 거두기 위해 인쇄술을 적용하는 것이며, 그래서 이야기가 책으로 출판되는 데에는 복잡한 시장의 기제(機制)가 형성되지 않으면 안 된다. 이런 시장의 기제가 본격적으로 형성된 것이 명대였으며, 그것을 형성한 주체가 이 시기에 두각을 드러낸 문화자본이었던 것이다. 이에 따라 명대에는 이야기가 본격적인 읽는 상품으로 변하면서 시장의 구조 속으로 편입되기 시작했다.[2] 이것은 곧 이야기가 본격적인 '소설', 다시 말해서 우리가 오늘날 사용하고 있는 의미로서의 소설로 변화되어 감을 가리킨다.

대부분의 학자들은 문학 작품으로서의 소설과 상품으로서의 소설을 명확하게 구분하려고 한다. 그들은 작품은 작품이고 상품은 상품이라는 자세를 취하고 있다. 특히 우리나라의 학자들은 소설을 문학 작품으로만 볼 것을 원하며, 상품으로서의 소설을 논하는 데에 상당한 거부감을 보이고 있는 것이 사실이다. 그러나 이것은 내가 앞에서 말했듯이 '진실' 그 자체를 외면하는 것이라고 생각된다. 소설에 시장경제의 속성이 있음은 누구나 다 알고 있는 것이며, 그렇다면 문학 작품으로서의 소설과 동시에 상품으로서의 소설을 함께 검토하는 것이 소설과 관련된 '진실'을 찾는 것이다. 물론 소설은 문학 작품으로 읽혀져야 하지만 그렇다고 해서 상품으로서의 소설을 완전히 배제하는 것은 온당하지 못하다. 왜냐하면 어차피 소설이 상품이 되지 못하면 문학 작품도 되지 못하고, 또 문학 작품이 아니면 소설이 되지 못하는 속성을 동시에 가지고 있기 때문이다.

소설은 개인 작가가 구성한 이야기를 얼굴 없는 다중의 독자를 향해 펼쳐 보이는 글쓰기의 매체이다. 그런데 이 다중의 독자는 무작정 작품에 접근하지 않는다. 그들은 상품으로 인식하면서 접근하기도 하고 매력 있는 글로 인식하고 접근하기도 한다. 그러나 독자를 끌어들이는 역학관계에서

2) 사실 이러한 문화자본의 역할은 이 시기 중국 특유의 것이었다고 생각되지는 않는다. 최근 번역된 서적을 보면 유럽의 르네상스 시기에도 중요한 예술품의 탄생에는 상업성을 지닌 자본의 역할이 있었음을 알 수 있다. 리사 자딘(지음), 이선근(옮김), 《상품의 역사 — 르네상스의 새로운 역사》, 서울: 영림카디널, 2003.

이 두 가지의 속성은 함께 작용하는 것이지, 따로 따로 작용하는 것이 아니다. 이런 의미에서 볼 때에 화본에서 시작된 읽는 이야기의 흐름은 이야기가 시장기제 속으로 편입되어 가고 있음을 가리키며, 따라서 그것은 이야기가 점점 더 소설에 접근하고 있음을 가리킨다고 하겠다. 그리고 명대에 들어와서 이야기가 중요한 읽는 상품으로 변화하면서 이야기는 비로소 문학 작품으로서의 소설로도 변화하였다고 보아야 하겠다. 만약에 이야기가 상품화되지 못했다면 그것은 완전한 소설이 되지 못했을 것이라고 나는 생각한다. 그것은 개인적 글쓰기인 '필기'의 차원에 머물렀을 것이지, 문학형식으로서의 소설을 이루지는 못했을 것이다.

문화자본은 이야기의 글쓰기를 본격적으로 시장기제 속에 편입시킨 당사자이다. 그것은 송대와 원대에 조금씩 실험을 하다가 어느 정도 확신을 얻은 명대에는 본격적으로 활성화되기 시작했다. 사실 누가 문화자본을 형성하였으며, 그 자본의 규모가 어느 정도 되었는가 하는 등의 구체적인 정보는 거의 없다. 그렇지만 명대에 들어서서 출판된 소설 작품의 상당수가 출판자나 출판업체를 밝히는 것을 보면, 그런 책의 출판에 비용을 투자하고 그것을 판매하는 주체가 있었음이 분명한 것이다. 이 문화자본이 움직이는 모습을 나는 다음과 같이 추론해 보았다.

당·송시기 이래로 이야기의 글쓰기가 일종의 소비상품이 될 수 있다는 것과 그것이 연행과는 달리 대량복제를 통해서 상당한 이윤을 한꺼번에 거둘 가능성을 가지고 있다는 것에 대해서는 상당한 경험이 축적되어 있었다. 더욱이 문학적 중간층의 확대로 인해서 상품생산의 주체도 상당히 성숙되어 가고 있었다. 그리고 설화, 잡극 등의 대중을 상대로 하는 오락산업의 발달로 인해 문화상품의 공급자들도 어느 정도의 자본을 축적하고 있었다고 본다. 명대에 이르면 이 자본이 어디로 투입될 것인가에 대한 고려가 진행되고 있었다. 이 시기에 문화자본은 새로운 투자대상을 찾고 있었다고 생각된다. 왜냐하면 당시에 유행하던 문화상품에 자본을 다시 투입한다는 것이 자본의 확대재생산을 뜻하지 않기 때문이다. 자본의 규모가 어느 정도에 이르면 그것에 걸맞는 투자대상이 나타나야만 자본의 투입효과가 더 큰 이윤으로 나타나고, 그것이 또 더 큰 자본을 형성할 수 있기 때문이다. 그래서 문화자본은 최대로 성숙된 문화상품의 시장에 내놓을 수 있는 새로운 상품을 찾고 있었으며, 결국 이야기의 글쓰기를 선택하게 된 것이다.

이야기의 글쓰기는 이미 상당한 경험을 축적한 상태에 있었지만 아직 충분히 상품화되어 있지 않았기 때문에 상당한 잠재시장을 가지고 있었다. 화본의 출현 이래로 읽는 시장은 점점 커가고 있었다. 그 시장의 확대 규모는 이전의 공연시장의 확대와는 비교할 수 없는 것이었다. 원대에 이미 공연시장은 거의 포화상태에 이르렀으며, 여기에 비용을 투자할 경우에는 기존시장에 뛰어든다는 위험을 감수해야 했다. 그것은 한정된 시장에서 남의 시장을 빼앗아 오는 것이었기 때문에 투자비용에 비해서 성공 가능성은 낮을 수밖에 없었다. 그러나 쓰여진 이야기를 출판하는 것은 달랐다. 그것은 아직 완전히 성숙되지 않은 시장이었으므로 개척의 여지가 컸다. 노력하기에 따라서는 전혀 없던 시장을 만들어 낼 수도 있었던 것이다. 더욱이 이것은 비용을 투자해서 성공하면 다른 어떤 문화상품에서보다 훨씬 더 큰 이윤을 거둘 수 있는 매력을 지니고 있었다. 그래서 문화자본은 문학적 중간층이 써 내는 이야기에 상업적 가치를 부여하고, 그것을 상품화하는 주체로 나서게 되었던 것이다.

이런 목적을 달성하기 위해서 문화자본이 해야 할 일은 많았다. 누군가에 의해 쓰여진 글을 수동적으로 출판하기만 함으로써 그런 목적이 달성되는 것은 결코 아니었다. 우선 이야기가 상품이 되는 데에 가장 중요한 것은 경쟁력이었고, 그러려면 재능 있는 작자가 필요했다. 특히 여기에서 말하는 작자는 순전히 창의력에 바탕을 두고 새로운 이야기를 만들어 내는 사람을 가리키지 않는다. 중국의 특수한 문화적 상황에서 필요했던 인물은 탁월한 개작(改作)의 능력을 가진 사람들이었다. 왜냐하면 이야기의 유통에서는 새로운 것보다 기존의 이야기를 개작한 것에 더 큰 비중이 두어졌기 때문이다. 그것은 특히 민간계층을 대상으로 하는 읽는 상품에서는 더욱 중요시되는 요건이었다. 그렇기 때문에 문화자본은 가만히 앉아서 누군가가 들고 오는 글을 받는 입장에 있지 않고 직접 나서서 그런 재능을 가진 사람을 찾거나 직접 양성하지 않으면 안 되었다. 이런 의미에서 볼 때에 중국에서의 이른바 '작가의 탄생'은 사실상 문화자본의 주도 하에 이루어진 현상이라고 해도 과언이 아니다. 재능 있는 작가가 스스로 글을 써서 들고 오는 것은 매우 드문 경우였을 것이며, 대부분의 작가는 문화자본의 주도 하에 양성되었다고 보는 것이다. 여기에는 상당한 비용이 투자되지 않으면 안 되었을 것인데, 당시의 문화자본은 그런 능력을 가지고 있었기 때문에 주도적으로 작가를 양성할 수 있었다.

문화자본의 이런 주도적 입장은 곧 문학적 중간층 내에서 상당한 경쟁을 촉발시켰다고 생각된다. 경쟁은 사실상 이미 화본의 시대에 시작된 것이었지만 문화자본이 뚜렷이 그 정체와 역할을 드러낸 상황에서는 그 경쟁이 이전보다 더 치열해졌을 것이 분명하다. 이제 글쓰기는 유력한 문화자본의 인정을 받을 경우에 상당한 경제력을 확보할 수 있는 수단이 되었다. 문화자본의 인정을 받으려면 이야기가 경쟁력을 지니지 않으면 안 된다. 그런데 경쟁력이 있고 없음은 글쓰는 사람들이 판단할 수 없는 것이었다. 그것은 문화자본에 의해 판단되는 것이었다. 그래서 여러 사람들이 글쓰기에 종사하지만 그 중에서 경쟁력이 있는 것을 골라내는 것은 문화자본의 권능에 속했다. 문화자본은 문학적 중간층 내에서는 완전히 하나의 권력이었다. 그렇게 태어난 작가가 문화자본의 자장(磁場)을 벗어날 수 없었음은 당연한 결과일 것이며, 이것이 중국의 소설전통에서 두드러지는 특징의 하나라고 할 수 있다.

문화자본의 역할은 작자의 발굴이나 양성에서 끝나지 않았다. 그들은 쓰여진 글을 인쇄하여 효율적으로 판매하는 역할을 해야만 목적을 달성할 수 있었다. 그렇기 때문에 그들은 인쇄소를 장악하고 판매를 위한 유통망을 구축하지 않으면 안 되었다. 이 부분에 관해서 우리는 그리 많은 자료를 가지지 못하고 있다. 그것은 문화자본 내에서의 작업이었는데 이에 대한 기록은 그리 남아 있지 않다. 최근 일본의 일부 연구자들이 이 문제에 관심을 가지고 연구를 진행하고 있으며 우리는 그 결과를 좀더 지켜보지 않으면 안 된다.[3] 다만 명대에 상당한 숫자의 대본소가 있어서 독자들이 쉽게 이런 책에 접근할 수 있었음은 분명하다. 실제로 서적의 가격은 아직 비쌌으며, 특히 장편화된 작품은 여러 권으로 인쇄되었기 때문에 각각의 독자가 구매한다는 것은 기대하기 어려웠을 것이다. 이에 따라 대본소가 효율적인 공급처의 역할을 했을 것이다.

독자의 입장에서 보면 선택의 폭이 이전보다 훨씬 더 넓어진 동시에 더 저렴한 가격으로 이야기를 소비할 수 있게 되었다고 할 수 있다. 특히 독자는 이전보다 훨씬 더 세련된 이야기를 소비할 수 있게 되었다. 왜냐하면 문화자본 사이에도 경쟁이 촉발되고, 문학적 중간층에서도 경쟁이 일어나면서 이야기가 점점 더 독자의 관심을 끌기 위한 글쓰기로 발전했을 것이기 때문이다. 여기에서 말하는 독자는 민간계층과 문인계층을 모두 포함하는 독자를 말하지만 실제로는 문인 독자가 더 많았을 것으로 생각된다. 왜냐하면 이 시기에도 아직 민간계층에서 글을 읽을 수 있는 사람은 한정되어 있었기 때문이다. 반면에 문인독자는 글을 읽을 수 있고 심지어는 이야기에 비평을 가할 수도 있는 독자군을 형성하고 있었다. 더욱이 그들은 상당한 구매력을 가지고 있었다. 그렇기 때문에 문화자본이 이야기를 출판할 때에는 아무래도 문인독자를 더 염두에 두었을 것으로 생각된다. 이것은 다시 이야기를 더욱 치밀하게 만들지 않으면 안 되는 환경을 조성했을 것이다. 왜냐하면 이야기를 아무리 가벼운 읽을거리로 다룬다 해도 그들은 냉철한 비판력을 가진 독자였기 때문이다. 그들은 문인들끼리 글을 교환해서 읽을 때와 마찬가지로 이야기를 읽으면서 어딘가 모자란 구석이

3) 일본에서 발표된 이 문제와 관련된 자료로는 다음과 같은 것이 있다. 長澤規矩也, 《和漢書の印刷とその歴史》; 大木 康, 《明末江南における出版文化の研究》

있으면 혹평을 가하기 마련이었다. 그리고 이런 문인독자들의 반응이 민간계층의 독자에게 알려지면 그것은 바로 그 이야기에 대한 권위 있는 평가가 되어 버렸을 것이다.

이것은 문학적 중간층에 속해 있던 작가들에게 상당한 부담을 주었을 것이지만, 동시에 더 세밀하게 이야기를 구성하게 만드는 촉진제의 역할도 했을 것이다. 한편에서는 그야말로 가벼운 읽을 거리로서의 작품이 만들어지는 반면에, 다른 한편에서는 문인독자의 호평을 얻을 만한 작품이 만들어지는 계기가 되었던 것이다. 문화자본의 입장에서 보면 문인독자의 호평을 받을 작품을 만드는 것이 매우 필요했다. 그것을 통해서 문화자본은 자신의 가치를 높이고, 그 높아진 가치를 무기로 해서 민간계층을 대상으로 하는 작품을 판매할 수 있었을 것이기 때문이다. 이런 측면에서 볼 때에 문화자본의 대두는 이야기를 소설로 변화시키는 역할 이외에도 소설의 세계를 다변화시키는 역할을 하고 있었다. 다시 말해서 그들의 활동이 애초에는 이윤의 획득을 목표로 한 것이었지만, 결과적으로는 고도의 '문학성'을 지닌 작품이 출현하는 계기를 만들었던 것이다.

문학적 중간층의 작자는 이제 혼자서 글쓰기를 하는 처지가 아니게 되었다. 그들은 문화자본, 인쇄소, 대본소, 그리고 독자로 이어지는 복잡한 네트워크의 한복판에 놓인 상태에서 글쓰기를 하게 된 것이다. 그것은 어느 하나가 먼저 생기고 다음에 다른 요소가 생기는 그런 방식으로 일어난 현상이 아니라, 작자와 독자, 그리고 문화자본의 세 가지 요건이 서로 맞물리면서 폭발적으로 일어난 현상이었다. 이 세 가지의 요건은 어쩌면 명대 이전에 형성되어 서로가 서로를 찾고 있다가, 명대에 들어서서 마침내 짝을 맞추면서 문학적 중간층이 주역이 되는 문화시장을 '만들어 내었다'고 볼 수 있다. 명대 이전 언제 이 요소들이 각각 형성되어 있었는지는 알 수 없지만, 그런 준비기간이 없이 모든 것이 명대에 들어와서 일시에 만들어지고 동시에 기능하기 시작했다는 것은 쉽게 납득하기 어려운 면을 지니고 있다. 앞에서 언급한 바 있듯이 나는 원대에 이미 이런 요소들의 기틀이 놓여지기 시작했다고 생각한다. 특히 문화자본과 그 문화자본이 새로운 시장을 찾아 나서는 경향은 원대에 이미 시작되었다고 볼 수 있다.

문화자본의 대두는 이야기의 글쓰기가 소설적 글쓰기로 전환되는 데에 가장 중요한 자극제가 되었다. 그것은 글쓰기의 목적을 분명히 규정하였을 뿐만 아니라 사실상 글쓰기의 방법도 규정하는 것이나 다름없었다. 이런 규정은 문화자본이 파악한 독자층의 기호를 근거로 설정되었을 것이다. 그렇지만 이것이 반드시 글쓰기의 '통속화'를 의미하지는 않는다는 점에 주의할 필요가 있다. 문화자본의 대두가 문학적 중간층 내에서 경쟁을 유발하였음은 앞에서 언급한 바 있다. 이것이 초기에는 문화자본의 인정을 받을 수 있는 경쟁으로 벌어졌을 것이다. 이것은 개별 작자의 글쓰기 능력을 제고시키는 자극을 불러일으켰으며, 이런 경쟁을 통해서 소수의 작자들이 두각을 드러냈을 것이다. 그런데 이렇게 두각을 드러낸 작자와 문화자본의 관계는 이전과는 달라지게 된다. 일단 경쟁을 뚫고 나타난 소수의 작자들은 그들의 글이 가지는 잠재력 때문에 여러 문화자본의 유혹을 받는 입장에 서게 된다. 그러면 이 작자들은 문화자본에 종속되는 것이 아니라 오히려 우위에 서게 되었을 것이다. 나아가서 이런 작자들은 단순한 매문에 종사하지 않게 되었다. 그들은 이미 다른 작자와는 구별되는 특별한 작자가 되어 있었으며, 그래서 자신들이 원하는 글을 쓰면서 문화자본을 향해 그것을 출판하라고 당당히 요구할 수 있는 입장에 서게 된 것이다. 그들은 문학적 중간층 내에서 상부구조에 편입되며, 문화자본과 독자의 눈치를 살피지 않고 자신이 원하는 방향으로 글을 쓸 수 있게 된다. 이렇게 되면 문화자본과 독자는 오히려 이 소수의 작자에게 묶이게 된다. 그런 작자들은 한 편의 글을 써 놓고 문화자본을 향해 출판을 요구하면서 독자를 향해서는 읽을 것을 강요하게 된다. 이런 작자들이 출현함으로써 중국의 소설전통은 본격적으로 '작가'의 시대에 접어들었던 것이다.

결국 문화자본이 출현하면서 애초에는 그것이 문학적 중간층의 글을 수집하여 출판하는 역할을 맡았지만, 시간이 흐르면서 작가의 탄생을 가능하게 하는 바탕을 마련하였다. 이렇게 탄생한 작가는 단순한 글쓰기가 아닌 '작가의식'으로 무장된 글쓰기의 단계에 들어서게 되었다. 그리고 이런 소수의 작가에 의해서 기념비적 작품이 출현하면서 중국의 소설전통은 질적 도약의 계기를 맞이하게 되었던 것이다. 이렇게 볼 때에 문화자본의 대두는 단순한 시장기제의 형성이 아니었다. 문화자본의 당사자들이 그것을 의도하지는 않았겠지만 결과적으로 그것은 중국의 소설전통이 도약하는 계기를 만들어 내는 사회적 현상의 하나였다고 볼 수 있다.

2. 백화단편소설의 흐름 — 의화본(擬話本): 화본의 수렴과 개작

앞에서 나는 설화(說話)와 설서(說書)라는 두 단어를 구별 없이 사용하여 왔다. 그것은 두 단어가 기본적으로는 이야기를 연행한다는 공통점을 가지고 있기 때문이었다. 그렇지만 원대 이래로 설화에 관한 언급은 줄어들고 설서에 관한 이야기는 점차 늘어가는 것을 볼 수 있는데, 이것은 곧 이야기의 연행이 설화에서 설서로 옮겨가는 것을 의미한다. 이야기도 강사(講史)의 흐름에서 볼 수 있듯이 점차 장편화하였으며, 그래서 예인(藝人)의 재능에 모든 것을 의존하는 것이 아니라 상당한 편폭을 가진 책을 주제로 해서 이야기를 연행하는 것이 더 보편화되었다고 생각된다. 또 많은 이야기가 그 자체로 연행되는 것이 아니라 극본으로 개편되어 연극공연을 통해서 상품화되었던 것으로 보인다.

이런 변화에 따라 이전에 유행했던 화본은 점차 연행의 텍스트로서의 자리를 잃어갈 수밖에 없었다. 그렇지만 그 이야기 자체는 화본이라는 필사기록 또는 인쇄물의 형태로 남아 있었는데, 명대에 들어와서는 이런 이야기들이 모여서 책을 이루면서 읽는 이야기로 모습을 드러내게 되었다. 사실 화본 그 자체도 읽는 이야기의 속성을 지니고 있었지만, 명대의 시장에서 필요한 것은 화본 그 자체가 아니었다. 왜냐하면 화본은 읽는 이야기의 속성을 지니면서도 아직 연행으로서의 설화와 완전히 단절된 것은 아니었고, 그래서 그 속에는 구술연행의 요소가 많이 남아 있었다. 명대에 들어서서는 이것이 완전히 읽는 상품으로 변하면서 그 모습에도 부분적인 변화가 일어났다. 이전부터 전해지던 화본을 완전히 읽는 상품으로 개작한 것도 있었고, 또 읽는 독자를 의식해서 이야기를 쓰면서도 종래의 화본의 요소들을 여전히 살리는 경우도 있었다. 이런 과정을 거쳐서 명대에 나타난 이야기를 일반적으로 '의화본(擬話本)'이라고 부르고 있다. 그것은 화본을 모방해서 만든 이야기라는 의미를 담고 있다.[4)]

송대 이래로 화본이 어떻게 보존되었는지에 대해서는 충분한 자료를 발견할 수 없다. 명대 가정(嘉靖) 연간에 조율(晁瑮)이 편찬한 《보문당서목》을 보면 화본이 작품별로 기록되어 있는데, 이것은 아직 이 작품들이 각각 단행본이나 필사된 원고의 형태로 전해지고 있음을 보여준다. 또 전증(錢曾)이 편찬한 《야시원서목》에도 송대의 사화(詞話) 12종이 각각 1책(冊)으로 기록되어 있는 것으로 보아, 이 작품들도 단행본이나 필사된 원고의 형태로 전해지고 있었을 가능성이 크다. 그런데 명대 후기에 들어서면 이 작품들을 모아서 간행하는 사례가 급증하였다.

그 중에는 우선 《경본통속소설》이 있다. 이 책은 1915년에 무전손(繆荃孫, 1844~1919)이 우연히 발견하여 세상에 알려지게 되었다. 당시 대부분의 사람들이 이 책을 송대에 지어진 원본이라고 생각하였으며, 그 후 수십 년간 연구자들이 그런 견해를 따랐다. 그렇지만 언어학자였던 여금

---

4) 서구의 학자들은 이 의화본이라는 말을 잘못 사용한 것으로 생각하는 경향이 있다. 그들은 의화본도 결국에는 화본이며, 의화본이라는 말을 씀으로써 그것을 애초의 화본과 구별지으려는 것이 잘못이었다고 생각한다. 그래서 그들은 송·원대의 화본을 초기화본으로, 명대 이래의 이야기를 후기화본으로 부르고자 한다. 그러나 나는 그런 용어의 사용이 그리 중요한 문제라고 생각하지 않는다. 의화본이라는 말은 결국 '용어'에 불과하며 중요한 것은 그 단어 자체가 아니라 그 의미를 어떻게 규정하는가에 달려 있다고 생각한다.

희(黎錦熙, 1890～1978)는 1929년에 벌써 이 책에 의심을 품기 시작했고, 이가서(李家瑞)도 1930년대에 그를 이어 이 책을 의심하는 글을 발표했다. 그렇지만 그들의 견해는 다수의 믿음 속에 파묻혀서 빛을 보지 못했다. 이 문제가 다시 거론된 것은 그로부터 30여 년이 흐른 1960년대였으며, 그 후 여러 학자들이 논쟁에 참여하여 결국 《경본통속소설》이 명대에 쓰여진 책이라는 결론이 더 우세하게 되었다. 그래서 오늘날 이 책을 송대의 작품집으로 보는 사람은 드물게 되었고 명대에 이전의 작품들을 옮겨 쓴 것으로 보는 사람이 대부분이다.[5] 그런데 이 책이 위작(僞作)이라는 점은 오히려 그런 책이 명대에 상품가치를 지니고 있음을 보여준다. 그 시기에 화본을 모아 놓은 작품집이 상품가치가 있었기 때문에 그와 같은 위작이 만들어졌을 것이라고 생각하면, 그것은 비록 위작이기는 하지만 당시 독서시장의 상황을 알려 주는 자료라고 볼 수 있을 것이다.

다음으로는 《청평산당화본》이 있다. 이 책은 애초에는 명대의 홍편(洪楩)에 의해 《육십가소설》이라는 책으로 1550년을 전후해서 출간되었는데, 그 안에는 60종의 이야기가 실려 있었다고 한다. 그 원본은 없어져 버렸고 20세기에 들어서서 그 책에 실려 있던 이야기가 일부는 일본의 내각문고에서 발견되었고, 일부는 중국인 장서가 마렴(馬廉)에 의해서 발견되었다. 두 곳에서 발견된 이야기를 합쳐서 중복되는 것을 빼면 남은 것이 29종인데, 이렇게 묶어서 영인한 것을 《청평산당화본》이라고 부르게 되었다. 원본인 《육십가소설》에는 10종의 작품이 한 덩어리를 이루면서 전부 여섯 집(集)이 있었는데 1941년에 대망서(戴望舒)가 이 여섯 집의 제목을 찾아내었으니, 그것은 (1) 우창집(雨窓集), (2) 장등집(長燈集), (3) 수항집(隨航集), (4) 의침집(欹枕集), (5) 해한집(解閑集), (6) 성몽집(醒夢集)이었다.[6] 얼마 후에는 손해제(孫楷第)가 《서호유람지(西湖遊覽志)》

5) 胡從經, 《中國小說史學史長編》, pp.297～299.

6) 戴望舒, 〈跋雨窓欹枕集〉, 《小說戲曲論集》(吳曉鈴 編), p.58.

에 기재되어 있는 《육십가소설》이 바로 《청평산당화본》의 원래 제목임을 발견하였다.[7] 이런 과정을 거쳐서 이 책은 오늘날 송대 화본의 모습을 보여주는 유일한 자료로 간주되고 있는 것이다.

명대 후기에 출현한 가장 중요한 작품집으로는 '삼언양박(三言兩拍)'이 있다. 이 말은 전부 5종의 작품집을 총칭하는 것으로 그 작품집들은 풍몽룡(馮夢龍, 1574～1646)과 능몽초라는 두 명의 중국소설사에서 큰 발자국을 남긴 인물에 의해 만들어졌다. 그들은 다양한 역할을 수행한 사람들이었다. 그들은 작가, 개작자, 편집자의 역할을 함께 하고 있었으며 경우에 따라서는 그들 자신이 문화자본의 당사자로서의 역할도 맡고 있었다. 그들은 중국소설사에서 가장 뚜렷하게 드러나 있는 최초의 문화상품의 공급자였던 셈이다. 사실상 송대 이래의 화본과 명대의 의화본이 오늘날까지 전해지는 것은 이 두 사람의 활동을 통해서 이루어진 것이 거의 대부분이라고 해도 과언이 아니다.

풍몽룡의 생애에 관해서는 그다지 알려진 것이 없다. 그는 오늘날 강소성(江蘇省) 오현(吳縣)에 해당하는, 당시의 소주부(蘇州府) 장주(長洲)에서 태어났던 것으로 알려져 있다. 그곳은 당시 문화시장의 중심지로 알려져 있으며 특히 출판문화의 중심지였다. 그는 20세 전후에 과거시험을 준비하는 제생(諸生)이 되었지만 시험에는 합격하지 못했다. 그가 수녕(壽寧)이라는 작은 고을을 관장하는 낮은 벼슬을 얻은 것은 60대가 되어서였다. 그는 1634년부터 1637년까지 이 직위에 있었으며, 그의 임기가 다 될 때에는 왕실이 외우내환(外憂內患)을 맞아 흔들리고 있었다. 그는 1632년부터 명 왕조의 부흥을 도모하는 지식인들의 모임인 복사(復社)에 참여했을 가능성이 있으며, 만주족의 침략에 항거하는 세력에도 참여했을 가능성이 있다. 그는 73세이던 1646년에 세상을 떠났다. 풍몽룡은 아주 많은 필명을 가지고 있었다. 그는 유룡(猶龍), 자유(子猶), 이유(耳猶)라는 세 가

7) 孫楷第, 《中國通俗小說書目》, pp.89～91.

지의 자(字)와 용자유(龍子猶)라는 호(號)를 사용했을 뿐만 아니라, 묵감재주인(墨憨齋主人), 고곡산인(顧曲散人), 강남첨첨외사(江南詹詹外史), 무원야사(茂苑野史), 녹천관주인(綠天館主人), 농서거사(隴西居士), 가일거사(可一居士), 예장무애거사(豫章無礙居士), 칠락생(七樂生), 평평각주인(平平閣主人), 사노(詞奴) 등의 다양한 필명을 사용했다. 이 필명들은 그의 작품을 가려내는 표지가 된다는 점에서 중요하다.

그는 만년에 벼슬길에 오르기 전까지 주로 아이들을 가르치는 한편 화본과 의화본의 이야기를 개작하거나 직접 쓰면서 지낸 것으로 알려져 있는데, 그것은 아마도 단순한 소일거리나 취미활동이 아니라 중요한 생계수단이었을 것으로 추측된다. 그는 다양한 글을 많이 남겼다. 그가 벼슬길에 오르기 전에 자신의 이름으로 남긴 것을 보면 단편의 시문(詩文)을 제외하고도 80여 편에 이른다. 그 중에는 시사곡(詩詞曲)을 모아놓은 것도 있고, 희곡 작품도 있으며, 문언소설과 백화소설이 포함되어 있다.[8] 이런 면에서 볼 때에 그는 다양한 관심을 가진 문인 지망생이었으며, 문학적 중간층의 전형적인 인물이었다고 생각할 수 있다. 또 그는 전문적인 문화상품의 생산자였다.

소설사의 흐름에서 풍몽룡의 저작 중 가장 중요한 것은 '삼언'이다. '삼언'은 《경세통언》, 《유세명언(喩世明言)》, 《성세항언》의 세 권의 책을 가리킨다. 이 책들에는 풍몽룡이 수집해 놓았던 총 120편의 이야기가 수록되어 있는데, 원래는 40편을 수록한 《고금소설》이 먼저 출간되었다. 이 책의 서문에서 풍몽룡은 자신이 120편의 이야기를 구해 놓았고 그 중에서 40편을 먼저 출판하며 곧 이어 나머지 이야기들도 출판될 것임을 시사하였다. 그렇지만 《고금소설》의 후속편은 출판되지 않았고, 그 안에 들어있던 이야기를 포함한 '삼언'이 출판되었다. '삼언'은 1620년부터 1627년 사이에 모두 출판되었다. 《고금소설》에서 풍몽룡은 이전의 이야기 30

8) 齊裕焜, 《明代小說史》, pp.353～354.

여 편을 수록하였으며 나머지는 자신이 직접 쓰거나 개작한 작품을 수록하였다. 그래서 그는 화본의 보존에 기여한 사람인 동시에 이차작자와 일차작자의 역할을 함께 수행한 사람이었다. 만약 '삼언'이 출간되지 않았다면 오늘날 우리가 알 수 있는 화본의 모습이 크게 달라졌을 것이라는 점에서 풍몽룡의 공헌은 지대한 것이었다.

능몽초는 《박안경기(拍案驚奇)》와 《이각박안경기(二刻拍案驚奇)》를 편찬한 인물이다. 그는 오늘날의 절강성(浙江省) 오흥현(吳興縣)에 있는, 당시 지명으로는 오정(烏程)이라는 곳에서 태어났다. 그는 대대로 유명한 문인의 가문에서 태어났는데, 부친 능적지(凌迪知)는 관직이 대명부통판(大名府通判)에 이르렀으며 저서 7종이 《사고전서총목제요(四庫全書總目提要)》에 수록될 정도의 명사(名士)였다. 능몽초 자신도 이 목록에 7종의 제목을 올려놓았으니, 그의 출신은 문학적 중간층이라기보다는 상류층 문인에 더 가까웠다고 할 수 있다. 그의 집안은 당시 책의 판각으로 유명한 집안이었으며 더욱이 '민판(閔版)'이라는 유명한 판각본을 만들어 낸 같은 고장의 민씨(閔氏) 집안과 대대로 혼인을 맺고 있었다. 그래서 능몽초는 일찍부터 책의 출판이 어떤 것이라는 점을 잘 이해하고 있었을 것이다. 그렇지만 그의 일생은 그리 밝지 못했던 것으로 알려져 있다. 그는 12세에 학교에 들어가서 총명하다는 칭찬을 많이 들었지만 과거 시험에는 계속 낙방했다. 그가 상해의 현승(縣丞)이라는 벼슬을 얻은 것은 55세가 되던 1634년이었다. 그는 이 자리에서 8년간 일하면서 해안경비를 맡았으며, 그 후에는 서주(徐州)의 통판(通判)으로 옮겨서 수리사업을 지휘하였다. 그러다가 1644년에 이자성(李自成)의 반란이 일어나자 성을 지키다가 결국 자살로 생을 마감하고 말았다.

《박안경기》와 《이각박안경기》는 1627년과 1632년에 상우당서방(尙友堂書坊)을 통해 간행되었다. 이 책은 각각 40권 40편으로 되어 있었다고 하는데, 현재까지 전해지는 가장 완벽한 판본인 일본의 내각문고(內閣文庫)에 소장되어 있는 '상우당각본(尙友堂刻本)'에는 78권 78편만이 남아 있다. 능몽초는 서문에서 이 책을 풍몽룡의 영향을 받아 편찬하였음을 밝히고 있는데, 두 사람이 실제로 만났는지 여부는 알 수 없다. 그러나 능몽초는 풍몽룡과는 다른 면을 보여준다. 풍몽룡이 여러 이야기에서 소재를 가져와 합성하거나 개작하는 방식으로 작품을 이루어 낸 반면에, '양박'의 이야기는 거의 대부분 능몽초 자신이 쓴 것으로 보인다. 따라서 '삼언'에는 명대 이전의 화본과 명대에 쓰여진 의화본이 섞여 있었던 반면에, '양박'과 그 이후의 작품집에는 명대의 의화본만이 수록되어 있었다고 할 수 있다. 그래서 능몽초는 이차작자의 역할을 한 것이 아니라 본격적으로 일차작자의 역할을 하기 시작한 인물이었다. 동시에 그는 소설창작에서의 개인작자의 시대를 여는 역할을 하고 있었다. 양박이 출현한 이후에 나온 대부분의 작품집은 작자들이 직접 쓴 이야기를 수록하게 되었던 것이다.

'삼언양박' 이외의 작품집으로는 우선 《형세언(型世言)》이 있다. 이 책은 그 제목만 알려진 채로 400여 년간 실전(失傳)되었다가, 1987년에 서울대학교 규장각에서 발견됨으로써 실체가 세상에 알려진 책이다. 그 이전에는 《환영(幻影)》, 《삼각박안경기(三刻拍案驚奇)》, 《별본이각박안경기(別本二刻拍案驚奇)》 등의 책에 관한 논쟁이 있었는데, 《형세언》이 발견되면서 그것이 이 세 가지 작품집의 조본(祖本)이라는 것이 밝혀지게 되었던 것이다.[9] 《형세언》은 10권 40회로 이루어져 있으며, 현존 판본에 서명을 붙인 작자는 육인룡(陸人龍)으로 되어 있다. 명말의 유명한 출판가이자 작가였던 육운룡(陸雲龍)의 동생이었다는 점 이외에 그의 일생에 관한 것은 거의 알려져 있지 않다. 《형세언》의 출판은 《박안경기》와 비슷한 시기에 이루어졌을 것으로 추정되고 있으며, 그 속에 실려 있는 작품들은 대개 '삼언'의 영향을 받은 것으로 여겨지고 있다. 그런데 《형세언》은 '삼언양박'에 실린 이야기들처럼 이전의 소재를 다룬 것이 아니라 명대의 사회를 직접 묘사하고 있다는 특징을 지니고 있다. 다시 말해서 이 책은

9) 齊裕焜, 《明代小說史》, pp.391～392.

당대(當代)에 관한, 시사성을 갖춘 이야기를 수록하고 있는 것이다. 《형세언》 이외의 작품집으로는 《서호이집(西湖二集)》, 《석점두(石点頭)》, 《환희원가(歡喜冤家)》 등이 있었는데 이 책들도 대부분 개인작자가 쓴 이야기를 수록하였다.

이런 작품집의 존재를 통해서, 그리고 수록된 작품들을 통해서 우리는 읽는 상품으로서의 의화본의 모습을 발견할 수 있다. 동시에 그 모습을 통해서 우리는 화본이 백화체로 쓰여진 소설의 모습을 결정하는 데에 어느 정도 중요한 기여를 했는가를 볼 수 있다. 앞에서 언급하였듯이 의화본이란 말은 글쓰기의 방식에 있어서 화본을 모방했다고 해서 현대에 붙여진 이름이다. 이 작품들은 분명히 읽는 상품으로 쓰여진 것이며, 따라서 연행의 요소가 굳이 개입될 필요는 없었을 것이다. 그럼에도 불구하고 이 작품에서는 화본의 형식적 요소들을 거의 대부분 답습하고 있다. 다시 말해서 이야기를 시작할 때의 입화(入話), 첫 부분과 중간에 끼어드는 시(詩)나 사(詞), 이야기의 맥락을 바꿀 때에 쓰는 상투어 등의 모든 요소가 의화본에도 그대로 나타나고 있는 것이다. 이것은 곧 읽는 것을 목적으로 하는 작품에서도 연행의 기억이 그대로 살아 있음을 의미한다. 다시 말해서 읽는 사람들로 하여금 단순히 줄거리와 장면을 파악하게 만드는 것이 아니라, 이야기꾼이 연행을 할 당시의 분위기를 연상하면서 읽어나가도록 쓰여진 것이 화본과 의화본이었다는 것이다. 소설 작품의 이런 모습은 화본과 의화본에 국한되는 것이 아니었다. 그것은 장편소설에서도 상당 부분 지켜지고 있었다. 그런 모습은 문언소설로 불리는 작품을 제외한 백화체가 주로 쓰이거나 섞여 있는 거의 모든 작품에서 드러나고 있었다.

결국 송대에 만들어진 화본은 그 모습을 청대에 이르기까지의 대부분의 백화소설에서 유지하고 있었으며, 이런 형식적 요소의 유지는 당대(唐代)에 확립된 정형시의 모습이 전통시기 내내 유지되는 것과 평행선을 이루고 있었다고 해도 과언이 아니다. 이것은 결국 문인이건 중간층의 작자이건 간에 중국에서 글쓰기를 하는 사람들이 형식에 대해 가지고 있던 뿌리 깊은 관념을 반영하는 것이다. 형식이 없는 글쓰기는 어떤 뚜렷한 흐름을 이루지 못하는 반면에, 일정한 형식을 공유하는 글은 한 곳에 집중되어 있는 흐름을 이루는 것이 중국의 글쓰기에서 나타난 하나의 전통이었던 것이다. 이런 의미에서 볼 때에 화본과 의화본은 소설적 흐름에 있어서의 정형화의 과정과 모습을 보여준다고 할 수 있다.

소설적 이야기의 수준에서 볼 때에 의화본은 화본에 비해서는 훨씬 더 세련된 이야기로 구성되어 있다고 생각된다. 물론 모두가 성공적이지는 못하지만, 그 중에서 성공적인 이야기들을 보면 줄거리의 구성이나 맥락의 연결이 화본에서보다 훨씬 더 매끄러워졌음을 알 수 있다. 또 등장인물의 개성도 더 뚜렷하게 드러나 있고, 사건과 사건을 연결하는 장치도 우연에 의존하지 않고 필연적인 인과관계를 배치한 곳이 많다. 또 의화본에서 사용된 백화체는 상당히 성숙된 서면어의 모습을 보여주고 있다. 화본에서 쓰인 서면어가 투박한 면이 많았던 반면에 의화본에서는 백화와 문언을 적절하게 배합하는 기술이 상당히 발전되어 있으며, 전체적으로 세련된 글쓰기라는 인상을 주기에 충분하다. 그래서 비록 모습을 모방한 것이기는 하지만 의화본은 더 세련된 작품들이었다. 그것은 소설적 글쓰기라는 측면에서는 커다란 발전의 결과였다고 보아도 충분할 것이다. 다만 이것은 '글쓰기의 기술'의 측면을 강조한 것이라는 점에 유의할 필요가 있다. 이것이 의화본이 화본에서보다 더 큰 문학성을 이루어내었다는 것을 의미하지는 않는다. 세련된 글이 곧 더 높은 문학성을 담보하는 것은 아닐 수 있으며, 따라서 의화본의 문학성에 대해서는 별도의 검토가 필요하다고 생각된다.

의화본을 통해 나타나는 또 다른 중요한 의미는 무엇보다도 개인작가의 탄생에서 발견할 수 있다. 화본은 각각의 작품이 누구에 의해서 지어졌는지 불분명하고, 그래서 그 작자들은 알려지지 않은 집단으로 인식되고 있다. 그리고 그 집단 안에서 한 작품이 여러 사람의 손에 의한 개작의 과정을 거쳐왔다고 생각된다. 그러나 명대에는 이런 집단적 창작과 개작이 개인창작으로 굳어지는 현상을 보여준다. 개인창작은 일차작자의 출현, 다시 말해서 기존의 이야기를 개작하는 작자가 아니라 자신이 직접 이야기를 쓰는 작자의 출현을 가리킨다. 이것을 우리는 본격적인 작가의 탄생이라고 할 수 있는데, 그렇다면 그것은 본격적인 작가에 의한 소설 작품의 출현을 동시에 가리킨다고 할 수 있다. 이러한 개인작가의 출현은 비단 의화본에서만 나타난 것이 아니라 다른 종류의 작품을 통해서도 나타났기 때문에, 그것은 넓게 보아서 명대의 현상이라고 생각할 수 있다.

개인작가의 출현은 단순히 그가 개인적으로 소설 작품을 썼다는 것을 의미하는 데에 그치지 않는다. 그것은 이야기를 글로 쓰는 사람이 이제는 이름을 당당히 밝힐 수 있고, 또 자신의 이름을 걸고 이야기를 쓸 수 있는 상황이 마련되었음을 가리킨다. 그것은 소설적 글쓰기에 대한 사회적 인식이 제고되는 것을 가리킨다. 이와 함께 종래의 이름없는 중간층의 작자들이 이제는 뚜렷한 사회적 존재로 부각되며 나름대로의 사회적 역할을 맡게 되는 것이다. 물론 정통적 문인들 사이에서는 이들이 여전히 중간층의 글쓰는 사람이었겠지만, 그들은 실제로 더 이상 '기술자'가 아니었다. 다시 말해서 그들은 더 이상 수동적으로 글을 쓰는 기능으로 상징되는 사람들이 아니었다. 그들은 자신의 생각을 통해 이야기를 만들고 그것을 세련된 문자언어로 표현하는 예술가의 모습을 점차 형성해 가고 있었다. 우리는 그런 모습을 뒤에 다시 토론할 것이다.

3. 장편소설의 흐름

앞에서 언급한 바 있듯이 명대에 들어서면서 많은 장편소설이 출현하였다. 아마도 이것은 송대와 원대에 꾸준히 축적되어 온 글쓰기가 결실을 맺은 결과였을 것이다. 특히 명대에 들어서서 문화자본의 대두와 본격적인 독서시장의 성숙을 맞아 이런 글쓰기가 표면으로 드러났을 가능성이 있다. 왜냐하면 장편소설은 상당한 비용을 들여야 하나의 작품이 탄생할 수 있는데, 여기에는 문화자본의 역할이 필수적이었기 때문이다. 그런데 문화자본은 만약 독서시장이 충분히 성숙되어 있지 않으면 이 부분에 투자하지 않았을 것이 분명하다. 그래서 많은 장편소설이 출현했다는 것은 독서시장이 충분히 성숙되어 있었음을 증명하는 것이라 생각할 수 있다.

명대에 본격적으로 모습을 드러낸 장편소설의 흐름은 청대까지 지속되면서 사실상 중국의 문화시장을 석권했다고 할 수 있다. 단편소설은 계속 쓰여졌지만 그것은 어디까지나 장편소설의 그늘 속에서 존립할 수 있었다. 아직 잡지와 같은 매체가 없는 상태에서 각각의 단편소설은 생명력이 없었다. 그것들은 의화본에서 본 바 있듯이 작품집으로 묶여짐으로써 생명을 유지할 수 있었다. 그렇기 때문에 장편소설의 출현은 곧 중국의 문화시장에서 소설이 어떻게 생명을 유지하는가에 대한 일종의 모델을 보여준다고 할 수 있으며, 나아가서는 중국 특유의 독서시장의 모습을 보여준다고 할 수 있다. 다시 말해서 읽는 시장이 형성된 이후에는 이야기가 더욱 장편화되지 않으면 안 되는 상황이 벌어졌다고 생각되는 것이다. 그것은 작품을 읽는 독자들이 일정한 길이 이상의 이야기를 선호하였기 때문이다. 초보적인 독자들은 짧은 이야기를 읽으면서 만족할 수 있었다. 그렇지만 독자의 읽는 경험이 축적되고 독자층이 넓어지면서, 그리고 특히 의식 있는 독자가 더 많이 생기면서 그들의 기호에 변화가 생겼다고 보는 것이다. 그들은 자꾸만 더 긴 이야기를 찾고 있었다. 왜냐하면 읽는다는 행위 자체가 흥미를 유발하고 있었으며, 또 이야기가 펼쳐질수록 독자는 더욱 더 그 세계로 끌려들어가는 즐거움을 발견하였기 때문이다. 장편소설이 출현하면서 독자는 읽는 데에 '훈련'되었다고 생각할 수 있으며, 그렇게 훈련받은 독자들은 점점 더 읽는 것으로부터 감각적 '자극'을 추구하였던 것이다. 이런 기호를 맞추기 위해서는 이야기의 전개를 완만히 하면서 더 많은 독자를 끌어들이는 장편소설이 잠깐의 읽음으로 끝나는 단편소설보다 더 인기 있는 문화상품이 되었을 것이다.

그렇지만 장편소설이 단편소설의 흐름과 완전히 별개의 흐름으로 출발한 것은 결코 아니다. 명대 이래의 장편소설을 장회소설(章回小說)이라고 부르는데, 이것은 장편소설의 모습에서 나타나는 특징에 착안한 명칭이다. 그런데 실제로 작품의 모습을 보면 장편소설이 단편소설과는 다른 흐름이 아니라 같은 흐름 속에서의 변용이라는 점을 발견할 수 있다. 장편소설은 일정한 숫자의 회(回)로 구성되는 것이 특징이었으며 그래서 장회소설이라는 이름이 붙여지게 되었다. 이것은 곧 이야기 전체를 단락별로 끊는 것을 의미한다. 어떤 소설도 이야기의 처음부터 끝까지를 끊지 않고 계속해서 전개하는 경우는 없었다. 그리고 각 회의 앞에는 그 회의 내용을 압축적으로 설명하는 제목이 붙었다. 그리고 각 회는 화본이나 의화본에서와 마찬가지로 제시(題詩)로 시작되며 끝날 때에는 시나 사를 통해 그 회의 내용을 압축하면서 끝나거나, 아니면 그 회의 이야기가 다음 회에서는 어떻게 연결되는지를 보라는 권유의 말로 끝나기도 한다. 그리고 여러 회가 연결되어서 하나의 사건을 기술하는 것은 가급적 피하는 경향이 있었다. 한 회에서 일어난 사건은 가급적 그 회에서 마무리짓고, 그 다음 회에서는 또 다른 사건이나 혹은 바로 전의 회에서 기술된 사건의 결과나 또 다른 방향으로의 발전을 기술하는 것이 일반적이었다. 이런 측면에서 보면 장편소설은 커다란 이야기, 즉 상당한 시간과 복잡한 사건이 얽혀진 소설적 공간에서 벌어지는 이야기를 하면서도, 실제로 각 회 하나 하나는 화본이나 의화본과 같은 단편소설의 모습을 하고 있다. 다시 말해서 장편소설은 단편소설을 모아서 커다란 이야기를 꾸려나가는 모습을 보이고 있는 것이다. 그렇기 때문에 글쓰기의 방법에 있어서 장편소설은 단편소설과 완전히 다른 흐름에서 출발한 것은 아니었다.

장편소설이 이런 모습으로 나타나게 된 것은 앞에서 언급한 독자의 성향, 특히 그들의 진화과정과 밀접한 관계가 있었을 것으로 생각된다. 이전의 독자들은 전기나 화본을 읽는 독자를 중심으로 형성되어 있었다. 초기 단계에서 그들은 짧은 이야기에 익숙해 있었다. 그들은 짧은 시간에 이야기를 읽고 그 의미를 파악하면 그것으로 그만이었다. 그 단계에서 짧은 이야기를 읽는다는 것은 곧 정해진 시간에 걸쳐 공연되는 연행을 즐기는 것과 비슷한 형태의 문화상품이었다. 그런데 이야기는 소비재라는 점을 다시 상기할 필요가 있다. 이야기는 자극을 주는 소비재였으며, 자극의 정도에 따라 그 수준이 결정된다. 그렇기 때문에 공연을 통한 이야기나 읽는 이야기 어느 쪽에서도 독자의 경험이 축적됨에 따라 더 큰 자극을 주지 않으면 안 되었을 것이다. 이전과 똑같은 수준의 자극은 상품성을 제자리에 머물게 만들고 결국에는 지루하게 만들었을 것이 분명하다. 자극을 높이기 위해서는 이야기가 좀더 복잡해져야 했으며 그러려면 길이도 늘어나야 했을 것이다. 공연은 이런 수요에 부응하기 어려운 면을 가지고 있다. 왜냐하면 공연을 통해서 제공할 수 있는 이야기의 복잡성에는 한계가 있으며, 자칫하다가는 오히려 소비자들이 이해하지 못하는 부분이 생기는 바람에 이야기에 대한 흥미를 상실할 우려가 있다. 반면에 읽는 상품으로서의 이야기는 이 부분에서 좀더 유연하게 대처할 수 있었다. 그렇지만 한꺼번에 이야기가 길어져서는 안 되었다. 그것은 독자의 읽는 능력을 고려하지 않으면 안 되었는데, 단편소설로 훈련받은 독자에게 갑자기 처음부터 끝까지 한꺼번에 읽어 내려가야만 하는 장편소설을 들이대는 것은 위험한 일이었을 것이다. 아무리 긴 이야기라도 부분 부분을 끊어서 점진적으로 펼쳐내는 것이 필요했다. 그것은 마치 두루마리를 펼치는 것과도 같았다. 한 부분을 보여주고 독자들이 그것에 흥미를 보이면 다음으로 넘어가고 그렇지 않으면 두루마리를 접어 버리는 방식을 채택하는 것이 장편소설이라는 소비재를 제공하는 사람들이 채택한 방법이었다. 물론 읽는 능력이 탁월한 독자는 이야기가 몇 단락에 걸쳐 전개되든 상관 않겠지만 그렇지 못한 독자들도 고려하지 않으면 안 되는 것이 그 시기 문화상품 생산자들의 상황이었다. 장편소설의 모습은 이런 고려를 통해서 이루어졌다고 생각된다. 그것은 각 회에서 조그만 이야기를 다루면서 그 조그만 이야기들 하나하나를 쫓아온 독자들이 스스로 전체의 줄거리를 재구성하게 만드는 방식을 채택하고 있었다. 수준 높은 독자에게는 이것이 충분했다. 수준 낮은 독자는 전체의 줄거리를 완전히 재구축하지는 못하지만 각 회에서 제시되는 조그만 이야기의 자극으로도 만족할 수 있게 고안되었다. 그리고 각 회의 끝에는 항상 독자의 다음 회에 대한 호기심을 자극할 만한 상투어가 삽입되었는데, 그것은 독자를 각 회별로 유인하는 장치였던 것이다.

명 · 청대의 장편소설의 소재는 매우 다양하다. 중국의 학자들이 '중체제비(衆體齊備, 각종 유형의 소설이 모두 갖추어지다)'라는 말을 쓸 만큼 그 소재의 범위가 다양해졌던 것이다.[10] 이 시기의 소설은 뒤에 토론하게 될 일부의 문언소설을 제외하고는 대부분이 백화체로 쓰여졌다. 더 정확하게 말하자면 그 작품들은 백화를 중심으로 하고 문언을 배합하면서 쓰여졌던 것이다. 순수하게 문언체로 쓰여진 작품을 모두 포함할 때에 작품의 소재는 앞에서 언급한 바 있듯이 (1) 역사연의(歷史演義), (2) 영웅전기(英雄傳奇), (3) 신마(神魔), (4) 인정(人情), (5) 풍자(諷刺), (6) 공안협의(公案俠義) 등으로 분류될 수 있다.[11] 또 청대에 들어서면 '재자가인'이라는 전통적 소재가 독립되어 장편소설의 한 흐름을 만들어 내기도 한다. 이것은 한편으로는 명대 이래의 작품들이 특정 소재에 대한 이야기를 구축하는 방식으로 쓰여졌음을 가리킨다. 그것은 소재의 분화가 일어났음을 의미한다. 그렇지만 실제로 이야기의 내부를 보면, 대부분의 작품들은 복합소재의 양상을 보여주고 있다.

다시 말해서 이 시기의 장편소설은 대부분 한 가지의 소재에 집중되어 있는 것이 아니라 내부적으로 여러 소재를 섞으면서 구성되었던 것이다. 예를 들어 오늘날 신마소설로 분류되고 있는 《봉신연의(封神演義)》는 원

---

10) 齊裕焜, 《明代小說史》, p.16.

11) 중국의 학자들은 대개 이런 상투적 분류방식을 선호하는 듯하다. 그러나 우리는 이런 분류에 굳이 얽매일 필요가 없다고 생각한다.

대에 출현한 《무왕벌주평화》를 확장시킨 작품이다. 따라서 이 이야기는 기본적으로는 역사적 사실에 근거한 것임이 분명하다. 그렇지만 《봉신연의》에는 요괴, 요술, 도술 등이 개입되어 있기 때문에 그것이 신마소설로 분류되었을 것이다. 이런 요소들은 역사적 사실을 이야기로 꾸며 낼 때에 흥미를 유발시킬 요소로 개입되었으며, 그에 따라 애초의 역사소설의 의미는 사라지고 신마소설의 의미가 더 두드러지게 나타나게 되었다고 할 수 있다. 이것이 바로 소재의 복합, 혹은 조합(組合)을 통한 이야기의 구성인데, 이런 현상은 장편소설에서 특히 두드러지게 나타났다. 따라서 위에서 언급한 분류는 오늘날 이 시기의 흐름을 이해하기 위한 수단에 불과한 것이지, 결코 당시에 진행되고 있던 상황 그 자체는 아니라고 할 수 있다. 다시 말해서 신마소설을 쓰는 사람이 의도적으로 신마소설을 쓴 것이 아니라 우리가 오늘날 그것을 신마소설로 정의하고 있을 뿐이다.

여기에서 각각의 소재를 모두 설명하고 그에 해당되는 작품을 모두 나열하는 것은 의미가 없다고 본다. 그것은 제유곤(齊裕焜)의 《명대소설사》, 장준(張俊)의 《청대소설사》 등에 구체적으로 기술되어 있다. 여기에서는 이 글의 맥락에 따라 중요한 요소 몇 가지를 중점적으로 살펴보기로 한다.

역사적 사실을 중심으로 하는 작품들은 상당수가 '연의(演義)', 혹은 '통속연의(通俗演義)'라는 말을 제목에 달고 있었다. 이 말은 '진실'이었던 역사적 사실을 이야기로 풀어낸다는 의미를 지닌다고 생각된다. 그것은 역사적 진실을 기본적인 구도로 삼으면서 세부적인 상황의 묘사를 덧붙여서 진실과 허구가 섞인 이야기로 만들어 내는 것을 의미한다. 이런 작품이 만들어지는 기본적인 기제는 이전에 검토한 바 있는 지괴와 비슷하다. 역사적 사실은 각각 '정보'이자 전체적 줄거리에서 이정표의 역할을 한다. 이정표를 단선(單線)으로 이어 놓으면 곧 역사적 사실이 된다. 그런데 이정표와 이정표 사이에는 상당한 공동(空洞)이 놓여 있다. 역사의 줄거리는 실제 일어난 '사실'을 연결해 놓은 것이기 때문에 그 사실의 뒤에 놓여 있는 배경이나 세부적인 계기 등에 관해서는 언급하지 않는다. 그것은 앞의 사건과 뒤의 사건이 점선으로 이어져 있거나 아예 떨어져 있는 모습을 보이며, 사건과 사건 사이의 부분은 공동으로 남게 된다. 그런 공동이 있는 이야기는 건조하기 짝이 없다. 그것은 독자에게 사실이라고 믿기를 강요할 뿐, 어째서 그것이 사실이라는 것을 '설명'하지 않는다. 그렇기 때문에 역사적 사실 그 자체는 소설적 이야기가 되지 못한다. 그런데 소설적 이야기를 쓰는 사람은 그 공동에서 자신의 역량을 발휘할 수 있는 여지를 발견한다. 그 여지를 적절하게 사용함으로써 굳어져 있는 사실이 액화(液化)된 이야기로 발전할 수 있기 때문이다. 대부분의 역사적 사실을 중심으로 하는 이야기는 이렇게 역사적 이정표와 이정표 사이에 놓여져 있는 공동을 소설적 구도로 메움으로써 전체적인 줄거리를 끊어지지 않는 이야기의 흐름으로 바꾸어 놓은 것이다.

이것은 새로운 것이 아니었다. 그것은 이미 강사(講史)의 전통을 통해서 상당한 경험을 쌓아놓은 상태에 있었기 때문이다. 그리고 한 가지의 이야기가 한 번 쓰여지면 그것으로 끝나는 것이 아니었다. 그것은 거듭해서 개작되면서 최종적인 완성을 향해 나아가고 있었다. 그 과정에 개재된 사람들이 누구였는지는 모르지만 상당히 많은 사람들이 개작에 참여했을 것이다. 어떤 사람의 개작을 채택할 것인가 하는 것은 문화자본이 결정하고 있었다. 개작에 참여하는 사람이 모두 상품가치를 높이기만 하는 것은 아니었기 때문이다. 어떤 사람은 개작을 통해 오히려 이야기의 흥미를 감소시켰을 가능성도 충분히 있다. 왜냐하면 그것은 진실과 허구를 절묘하게 배합하지 않으면 안 되는 작업이었는데, 그런 재능을 모든 사람이 갖추고 있는 것은 아니었기 때문이다. 오늘날 우리가 읽고 있는 《삼국연의》는 그런 과정에서 가장 탁월한 개작이 채택된 경우였을 것이다.

초기에는 소재로 사용되는 역사적 사실이 먼 옛날의 잘 알려진 사건들을 중심으로 선택되었다. 원대(元代)의 평화들이 주(周)나라 무왕(武王)이나 춘추시기, 전국시기, 그리고 더 나아가서 삼국시기를 다룬 것이 그런 예라고 할 수 있다. 먼 옛날의 이야기를 다룬다는 것은 가장 잘 알려진 사건을 이야기로 변환시킨다는 의미를 지니고 있다. 그것은 가장 많은 독자에게 관심 있는 소재를 선택한 결과였을 것이다. 그리고 이런 평화나 그것을 개작한 작품들은 대부분 일정한 시간을 설정하고 그 시간적 공간에서 벌어진 역사적 상황을 이야기로 재구성하는 데에 초점을 맞추고 있었다. 이런 이야기에는 움직일 수 없는 역사적 이정표가 촘촘히 자리잡고 있었으며, 따라서 작자가 가지는 영역은 상대적으로 제한되어 있었다.

명대와 청대에 들어서서는 오래 전의 사건뿐만 아니라 극히 최근의 사건을 이야기로 발전시킨 작품도 등장했다. 이런 작품들은 대개 시기적으로 가까운 송대의 영웅을 토대로 시작되었다고 생각된다. 특히 송대에는 서하(西夏), 요(遼), 금(金)과의 전쟁이 지속적으로 전개되었던 시기이며, 그 전쟁의 중심에 있던 장군과 가족들을 소재로 한 이야기가 명대와 청대에 하나의 작은 흐름을 만들어 내고 있었다. 대표적인 것으로는 《양가부연의(楊家府演義)》를 들 수 있으며 그 이후에 《호가장(呼家將)》, 《만화루(萬花樓)》, 《오호평서(五虎平西)》 등이 출현하였고, 청대에 들어서서는 송대의 영웅인 악비(岳飛)를 주제로 한 《설악전전(說岳全傳)》이 출현하였다. 이 작품들은 역사적 사실과 중심인물에 관해 민간에서 전해지던 이야기를 조합한 것이 대부분이었다. 그러나 이런 작품들에서 작자의 영역은 그리 넓지 않았으리라고 생각된다. 그것은 주어진 사실과 민간의 이야기를 조합하면서 만들어졌기 때문에 작자가 해야 할 일은 각각의 이야기를 연결해 주는 장치를 배열하는 정도에 그쳤을 가능성이 크다. 이 작품들은 독자가 알고 있는 사실을 이야기로 꾸몄다는 점에서는 상품의 가치가 있었을지 모르지만, 그 내부를 설계하는 재량권이 제한되어 있었다는 점에서는 아직 위에서 말한 일반적인 경향에 속해 있었다고 생각된다.

그러나 이런 일반적인 경향의 뒤에서 새로운 시도가 이루어지고 있었다. 그것은 역사의 사건을 이야기를 시작하는 빌미로 사용하면서, 그것을 더 큰 이야기로 발전시키는 시도였다. 여기에서 빌미로 사용되는 사건은 사실이지만 그 구체적인 사실은 이야기의 대상이 되지 않는다. 이야기의 대상은 그 역사적 사건을 빌미로 해서 번져나온 '사연'이 되는 것이다. 이런 시도는 송대에 부분적으로 시작되었으며 원대에 상당히 성숙되었고 명대에는 그것이 커다란 작품을 통해서 표면에 등장하였다. 그렇지만 그런 이야기들은 한꺼번에 이루어지지 않았다. 그것은 장기간에 걸쳐 누적된 결과로 이루어져 왔으며 그것이 완성판으로 모습을 드러낸 것이 명대였다.

이 새로운 경향의 좋은 예가 《수호전(水滸傳)》이었다. 이 작품은 《송사》에 아주 간단하게 기술되어 송강(宋江)의 반란과 투항에 관한 사건이 발전한 것이다. 그 발전은 《선화유사》를 거쳐 이루어졌다. 이 작품에서 송강은 36명의 영웅과 함께 반란을 일으켰다가 결국 조정에 투항하였다. 이 36명은 원래 각각의 개인에 대한 이야기를 통해서 알려져 있던 인물이었을 것으로 생각된다. 왜냐하면 송대와 원대에 《수호전》에 등장하는 개별적 인물에 관한 이야기가 연극의 공연 및 설화를 통해서 꾸준히 알려져 왔기 때문이다. 원대 말엽에 거의 완성 단계에 진입했다고 믿어지는 《수호전》은 이런 개별적 이야기를 모으고 새로운 인물을 첨가하면서 마침내 108명의 영웅이 활동하는 이야기로 모습을 드러내게 되었던 것이다.[12] 따라서 그것은 창작의 비중이 훨씬 커진 반면에 애초의 역사적 사실이 이야기에서 차지하는 비중이 줄어드는 것을 의미한다.

이러한 소설 창작의 모습은 《삼수평요전(三遂平妖傳)》에서 찾아볼 수 있다. 애초에 20회로 만들어졌다가 후에 풍몽룡이 40회로 개작한 이 작품은 송대의 사건인 왕칙(王則)의 반란이 일어나고 평정되는 과정을 이야기로 꾸민 것이다. 왕칙의 반란은 역사기록에서는 극히 간단하게 처리된 사건이었으며, 그 반란의 배경에 관해서는 알려져 있는 것이 그리 많지 않다.

---

12) 36명이 108명으로 늘어나는 것은 중국에서 전통적으로 숭배되던, 완성을 의미한다고 믿어지는 3이라는 숫자에 대한 관념의 영향이라고 생각된다. 36명의 3배가 108명이라는 우연적 일치가 이런 추측을 가능하게 하는 것이다.

그런데 이 작품의 작자는 왕칙이 각종 요술을 부리는 사람을 차례로 규합하여 마침내 반란에 성공했다가, 이름에 수(遂)라는 글자가 들어 있는 세 사람의 힘에 의해 그 요술의 힘을 잃으면서 진압되는 이야기로 꾸며내었다. 이 작품은 중국학자들의 분류에 의하면 '신마류'에 들어가 있는데 그것은 이야기의 대부분이 역사적 사실보다는 요술을 얻어 사용하는 것에 집중되어 있기 때문이다. 그렇지만 그 이야기의 빌미는 역사적 사건이었음이 분명하다.

이런 경향은 시간이 흐를수록 점점 더 소설 창작에 있어서 주류를 차지하게 되었다. 그것은 아주 조그만 핵(核)에 커다란 이야기 덩어리를 붙이는 작업이었는데, 그 이야기의 덩어리는 작자의 상상력에 근거한 허구로 이루어졌다. 따라서 작자가 만들어 내는 부분이 점점 더 커지는 반면에 애초에 존재하던 빌미의 비중은 갈수록 줄어들었다. 이 과정에서 작자는 단순히 이야기의 줄거리를 만드는 것이 아니었다. 그는 그 줄거리를 이루어 내는 각종의 요소를 세부적으로 설계하고 또 각각의 요소를 합리적으로 배열하기 위한 연결장치를 고안하지 않으면 안 되었다. 따라서 역사적 사실을 중심으로 하는 이야기가 애초에는 이정표와 이정표 사이의 빈 공간을 메우는 것으로 시작되었지만 그것이 나중에는 극소수의 기본적인 이정표만을 설정하고 그 사이에 놓여 있는 광대한 공간을 채울 이야기를 작자가 모두 '만들어 내는' 것으로 변화하고 있었다. 우리는 뒤에 '사대기서'를 살펴보면서 이런 변화가 생성하는 중국 소설의 진화과정을 다시 한번 검토하게 될 것이다.

'신마'라는 개념은 노신 이래로 중국학자들이 명·청대의 소설에서 나타난 중요한 소재로 간주하지만, 엄격한 의미에서 볼 때에 그것은 소재라고 할 수 없다. 그것은 이야기를 이루는 요소이자 도구에 더 가까웠다. 앞에서 언급한 《봉신연의》와 《삼수평요전》이 주로 신마소설로 분류되고 있는데, 그 이야기의 빌미는 신마 그 자체가 아니라 역사적 사실이었다. 신마라는 개념은 역사적 사실을 이야기로 발전시키는 데에 있어서의 보조적 수단이었을 뿐이다. 이야기 자체가 신적(神的) 세계나 초월적 존재에 초점을 맞추고 있는 경우는 거의 없었다. 대부분의 이야기는 사람을 중심으로 하고 있으며 신적 세계의 초월적 존재는 사람에 대응하는 존재, 더 구체적으로 말하면 사람이 '이용'하는 존재로 등장하고 있기 때문이다. 이런 이야기에서 주로 등장하는 요소는 도사와 도술, 요괴와 요술로 대별(大別)되며 그 이야기의 세계에서 도술과 요술은 결국 사람의 이야기를 풀어 나가는 보조적 장치에 지나지 않는다. 이 시기의 사람들에게 저 너머 어디엔가 존재하는 초월적 세계에 대한 관심은 그리 깊지 않았다고 생각된다. 이것은 앞에서 언급한 바 있는 '신과의 결별'의 결과였을 것이다. 전통시기 중국인이 발휘한 상상의 세계는 인간세계에 집중되어 있었으며, 신마의 존재는 결국 인간세계의 역동력을 증폭시키는 수단으로서만 존재했다고 본다. 그래서 이야기에 등장하는 초월적 존재도 독립된 영역의 존재가 아니었다. 궁극적으로는 그들도 인간세계의 구성원에 지나지 않았다. 그래서 그들의 등장은 '결과적'인 것이었다. 그것은 이야기를 구성하는 과정에서 덧붙여진 요소이지 애초부터 이야기에 빌미를 제공한 것이 아니었다고 생각된다.

명・청대의 소설적 흐름에서 가장 중요한 것은 당시의 사회생활을 중심으로 하는 이야기가 많이 출현했으며, 이런 이야기들이 장편화의 흐름을 타기 시작했다는 점이다. 중국학자들은 이런 흐름을 인정소설(人情小說), 혹은 세정소설(世情小說)이라는 말로 표현하고 있다. 이런 작품에서는 사람이 살아가는 사회, 특히 도시사회에 대한 관심이 증폭되고 있다. 그것은 역사적 사실이나 신마의 요소를 제외한, 현실적인 감각으로 사회의 여러 부분에 관한 이야기를 펼쳐내는 것을 가리킨다. 실제로 현실 사회에 대한 이야기가 명・청대에 처음 나타난 것은 아니다. 그것은 이미 당대의 전기와 송대의 화본을 통해서 상당히 많이 나타났던 이야기였지만, 명・청대에는 그것이 여러 하위 갈래로 나타나고 장편화되면서 본격적인 읽을 거리로서의 소설로 변화하고 있었다. 그것은 오랜 세월에 걸쳐 지속되어 온 초현실 세계에 대한 관심으로부터의 '탈출'의 결과였다. 그것은 앞에서 언급한 바 있는 '관심의 전이'가 더욱 증폭되어 나타난 결과라고 할 수 있다.

현실사회에 대한 이야기는 삶의 다양한 단면(斷面)을 묘사하는 것이다. 보통 사람들에게 있어서 삶은 일상적이며 자신의 주변에 있는 현실 그 자체이기 때문에 특별한 호기심의 대상이 되지 않는다. 현실세계는 모든 사람들이 함께 경험하는 것이기 때문에 그 속에서 호기심을 유발할 이야기를 끌어내는 것은 소설적 흐름의 초기 단계에서는 그리 용이한 것이 아니었다. 그러나 이야기를 만드는 솜씨가 점차 발전하면서, 특히 역사적 사실에 관한 이야기를 통해 상당한 경험이 축적되면서 소수의 작자들이 그런 가능성을 발견하게 되었다. 그들은 현실세계 그 자체가 다양한 이야기를 생성해 내는 바탕이라는 점을 발견하였던 것이다. 그런 발견은 이미 당대에 부분적으로 이루어지기 시작했으며, 송대의 화본에서도 이야기로 성숙되기 시작했다. 특히 당대에 일어난 사건에서 사연으로의 전이는 이런 변화에서 큰 역할을 했음이 분명하다. 그런데 당대의 전기와 송대의 화본(話本)에서 표현된 현실은 삶의 한 구석으로 제한되어 있었을 뿐만 아니라 그 깊이에 있어서도 제한되어 있었다. 전기와 화본에서 표현된 것은 주로 특별한 남녀의 사랑이나 시정에서 흔히 일어나기 어려운 사건을 중심으로 하고 있었다. 그렇기 때문에 그 이야기들은 '특별한' 것이 아니면 독자의 흥미를 유발하는 것이 어렵다는 감각을 전제로 하고 만들어졌다. 더욱이 그들은 현실세계의 삶을 대상이 되는 사건을 중심으로 해서 묘사하고 있었을 뿐 그 내면으로 깊이 들어가지는 못하고 있었다.

명・청대에 나타난 현상은 작자들이 현실세계의 내면으로 깊숙이 들어가면서 단순히 사건을 이야기하는 것이 아니라 그 사건의 세부사항을 정밀하게 이야기하는 것이었다. 여기에서 특히 우리의 관심을 끄는 것은 깊이의 문제이다. 현실세계의 모습은 보기에 따라서 깊이가 달라질 수 있다. 두 사람이 길에서 싸우는 모습을 지나가는 사람이 볼 때에 어떤 사람은 단순히 두 사람이 싸우는가보다 하고 지나가지만 어떤 사람은 왜 싸울까? 하는 생각을 할 것이며, 또 어떤 사람은 싸운다는 행위 자체보다도 두 사람이 침을 흘리거나 핏대를 돋우는 모습에서 재미를 발견할 수도 있다. 그렇기 때문에 현실세계의 모습은 하나이면서도 여럿이 될 수 있는 특징을 가지고 있다. 그 하나를 보이는 대로 묘사하는 것이 당대 전기와 송대 화본의 모습이었다면, 그 여럿 중의 하나 혹은 그 이상을 이런 저런 각도에서 보여줄 수 있는 능력을 가진 사람들이 바로 명 · 청대의 작자들이었다. 그래서 그들은 일반적인 상식을 뛰어넘는 각도에서 현실세계를 묘사하기 시작했다. 그것은 보통의 사람들이 아무런 가치를 느끼지 못하는 소재에서 남다르게 소설적 소재를 발굴해 내는 작업이었다.

그것을 위해서 작자들은 어떤 '충격적 구심점'을 가지지 않으면 안 되었다. 그것은 곧 이야기의 의미를 상징하는 대표적 소재를 설정하고 그 소재의 주변에 다양한 삶의 모습을 포진시키는 전략이었다. 그것은 철저하게 독자를 유인하기 위한 구심점이었지만, 궁극적으로는 예상하지 못한 파급효과를 낳았다. 예를 들어 현실세계에 대한 이야기 중에서 가장 대표적인 것으로 알려진 《금병매》는 서문경(西門慶)의 정점으로 치닫다가 일순간에 몰락하는 일생이라는 구심점을 가지고 있다. 그것은 치부를 위한 부정행위와 엽색행각(獵色行脚)으로 가득 찬 일생이었으며, 그런 일생은 독자의 호기심을 유발시킬 수 있는 좋은 소재였음이 분명하다. 더욱이 그 내부에는 짙은 성애(性愛)의 묘사라는 호기심과 흥미를 증폭시킬 장치를 구비하고 있었다. 그렇지만 《금병매》 전체를 통해 드러나는 의미를 보면 그런 장치나 구심점은 사실상 빌미에 불과하다. 그것은 전체적으로 삶의 한 충격적 단면을 보여주고 있을 뿐이다. 우리는 작자가 애초에 의도한 것이 어느 쪽인지를 단언할 수 없다. 그러나 애초의 의도가 어떤 것이었든 간에 결과적으로는 그것이 단순한 엽색행각이나 치부, 성애 등을 뛰어넘은 어떤 포괄적인 삶의 단면을 보여주고 있음이 분명하다고 하겠다. 명 · 청대의 작자들이 전반적으로 어떤 생각을 하고 있었는지는 불분명하다. 《금병매》는 뒤에서 언급되듯이 기념비적인 작품에 속하며, 따라서 모든 작품이 같은 수준에서 논의될 수는 없다. 그렇지만 이 시기에 뚜렷하게 드러나는 것은 그런 충격적 구심점을 통해서 독자를 유인하면서도 그 뒤에는 분명히 감추어진 의도가 있었다는 점이라고 하겠다. 《금병매》 이후에 나타난 《옥교리(玉嬌李)》, 《속금병매(續金瓶梅)》, 《성세인연전(醒世姻緣傳)》 등의 작품들이 다양한 구심점을 통해서 사회적 현실의 의미를 전달하려 한 작품으로 간주될 수 있다. 이런 구심점은 다양한 하위 갈래의 모습으로 등장하였다. 이런 구심점 중에서 가장 대표적인 것은 애정과 분쟁이었다.

애정은 인류의 보편적인 문학적 소재이다. 중국에서도 일찍이 위・진・남북조 시기의 지괴에서 저승의 여인과 이승의 남자 사이에서 발생한 애정이 이야기로 발전하기 시작했으며, 당대의 전기와 송대의 화본에서는 애정의 이야기가 가장 큰 비중을 차지한다. 심지어 이야기 자체가 애정을 중심으로 하는 것이 아닌 경우에도 애정에 얽힌 사건이 개입되어 있는 경우는 매우 많다. 애정은 사람이 살아가는 곳에서는 언제나 발생하는 것이며, 애정 그 자체가 무조건 이야기로 발전하는 것은 결코 아니다. 보통 사람이 직접 경험하기 어려운, 특별한 애정관계만이 이야기로 발전한다. 그래서 발생한 것이 이른바 '재자가인(才子佳人)'의 이야기이다. 이것은 한 마디로 특별한 남자와 특별한 여자의 사랑을 다룬 이야기를 총칭하는 말이다. 남자는 용모가 준수하고 뛰어난 풍류와 학문적 재능을 가지고 있으며, 여자는 아름다운 용모와 총명한 머리를 가지고 있다. 이런 남자와 여자는 그들의 사랑 이전에 보편적인 선망의 대상이 되는 일종의 잠재적 영웅이다. 그들은 특별한 사람들이며, 그런 특별한 사람들끼리의 사랑은 보통 사람의 사랑과는 다른 특별한 구석이 있을 것이라는 생각이 재자가인의 소재가 이야기로 발전할 수 있는 기본적 요건이다. 이런 이야기에 대한 호기심은 그야말로 보편적인 것이었으며, 대중적인 것이었다. 그렇기 때문에 이런 특별한 인물을 내세운 이야기는 기본적인 구심점에서 이미 대중적 관심을 불러일으키기에 충분한 요건을 가지고 있었다.

당대와 송대를 거쳐 경험을 축적하고 있던 애정에 관한 소설은 청대 초기에 이르러 급격하게 발흥하기 시작했다. 특히 이 시기의 재자가인소설은 과거와 같이 단편으로 쓰여지지 않고 장편으로 쓰여졌다는 특징을 가지고 있다. 이 작품들은 과거와 같이 사랑의 발생과 그에 얽힌 사연을 묘사하는 것이 아니라, 사랑에 의해서 생기는 굴곡과 구체적인 사연이 개입됨으로써 장편으로 쓰여지게 되었다고 본다. 이 시기의 대표적인 작품으로는 《장대류(章台柳)》, 《산수정전(山水情傳)》, 《옥교리》, 《평산냉연(平山冷燕)》, 《옥지기(玉支璣)》, 《호구전(好逑傳)》 등이 있다.

이런 작품들에서 가장 두드러지는 것은 여인의 역할이다. 대부분의 재자가인 소설에서 명목상의 주인공은 남자이지만 실제로 이야기를 이끌어 나가는 주체는 여자 주인공이다. 여인은 대부분 신분이 낮으면서도 총명하며 매사를 냉철하고도 합리적으로 생각하고 대처한다. 반면에 모든 사회적 조건을 구비한 남자는 이야기에서 갈등을 제공하는 주체로 등장한다. 그들은 사랑을 그르치게 만드는 장본인이며, 그것을 통해서 이야기의 굴곡을 제공한다. 그 굴곡을 헤쳐나가는 것이 바로 여자 주인공이다. 따라서 재자가인 소설은 당대 전기에 나타났던 바 있듯이 사회적 신분이 높은 남자의 우매함과 신분이 낮은 여인의 총명함을 대비시키는 상투적 구도를 기본으로 하고 있다. 이것은 결국 여인을 중심으로 하는 또 다른 영웅의 현시이다. 여인은 힘으로 영웅이 되지는 못하지만 총명함으로 영웅이 된다. 그래서 재자가인 소설은 구심점의 측면에서는 남녀간의 애정을 다룬 소설이지만, 내면적으로는 여인의 영웅적 현시를 통한 대리만족을 위한 이야기였다고 할 수 있다. 그것은 가장 대중적인 호소력을 가지고 있었으며 그래서 청대 말엽까지 무수한 재자가인 소설이 쏟아져 나왔다. 거의 모든 작품이 상투적 구도를 벗어나지 않았음에도 불구하고 이런 종류의 소설은 지속적인 인기를 누린 것으로 알려져 있다. 그것은 가장 보편적 소재를 구심점으로 내세우고, 동시에 상투적 구도에 기초하면서 부분적으로만 변형된 이야기였기 때문에 가장 접근하기 쉬운 소설이었다. 특히 그것은 소설을 심각하게 받아들이지 않고 소비재로 인식하는 독자들에게는 매력적인 상품이었으며, 그래서 재자가인 소설은 문학성에 관계없이 지속적인 인기를 유지할 수 있었다.

재자가인 소설이 남녀의 사랑 자체에 초점이 맞추어져 있었던 반면에, 그 사랑의 현실적 내면에 더 깊숙이 들어가는 이야기도 하나의 구심점을 만들어 내고 있었다. 그 구심점은 성애(性愛)의 묘사였다. 모든 사랑은 성애를 수반하게 되어 있다. 누구나 사랑하는 남녀가 성애에 탐닉한다는 것을 미리 상정한다. 그렇지만 그것은 내밀한 행위이며 직접적 기술의 대상이 되지 못해 왔다. 그러나 명·청대에 들어서서 그런 금기가 풀린 것이다. 《금병매》에서 이미 그런 금기가 풀린 이후에 이런 종류의 소설이 대거 출현하였다. 중국학자들은 이것을 '염정소설(艶情小說)'이라고 부른다. 특히 청대에는 연수산인(烟水散人)이라는 전문적 작가가 출현할 정도였다. 이런 소설은 재자가인 소설처럼 애정 그 자체에 초점을 맞추는 것이 아니라 성애에 초점을 맞추고 있다. 따라서 그것은 보기에 따라서 재자가인 소설과는 다른 종류의, 일종의 삶의 기벽(奇癖)한 단면을 구심점으로 하는 작품으로 볼 수도 있다.

나는 이런 소설의 출현이 당시 독서시장의 상황을 보여주는 지표라고 생각한다. 그것은 당시의 독자들이 소설에서 원하고 있던 자극의 정도를 보여주기 때문이다. 그러나 그것은 단순한 자극이 아니었다. 오늘날에도 포르노그래피에 대한 논쟁이 진행되고 있듯이 성애는 항상 논쟁의 대상이 되어 왔다. 그것이 어떤 의미를 던지기 위한 성애의 묘사인가, 아니면 말초적 관심의 충족을 위한 성애의 묘사 그 자체인가 하는 것이 논쟁의 핵심에 있다. 나는 여기에서 그 논쟁에 끼어들 필요를 느끼지 않는다. 다만 염정소설로 불리는 이야기의 출현을 통해서 우리는 이 시기의 이야기가 삶의 어느 구석에까지 접근하고 있는지를 볼 수 있는 것이다. 심각한 접근이건 아니건 간에 그것은 이야기를 통해 삶의 솔직한 모습을 보여주려는 시도였다고 할 수 있으며, 이런 의미에서 염정소설을 현실세계에 대한 묘사의 한 부분으로 간주할 필요가 있을 것이다.

한편 또 다른 중요한 구심점으로 사회 구성원 사이의 분쟁이 모습을 드러내었다. 이것을 중국학자들은 공안소설(公案小說)이라고 부른다. 그것은 법률적 소송의 대상이 된 사건을 풀어나가는 과정을 그린 소설이라는 의미를 지니고 있다. 그렇지만 이것이 소설로 정착하기 이전에는 굳이 법률적 소송에 이르지 않더라도 무엇인가 억울한 것을 밝히거나 혹은 미궁에 빠진 사건을 해결하는 것 모두가 공안의 요소를 지니고 있었다고 할 수 있다. 그런 요소는 지괴류에서 부분적으로 등장했으며, 당대 전기와 송대 화본에서도 나타나고 있었다. 예를 들면 〈착참최녕〉, 〈간첩화상〉 등의 작품에 억울하게 음모에 빠져 죽거나 비참한 상황에 빠진 사람의 원한을 법률적 규명을 통해 풀어주는 이야기가 나온다. 송대에는 정극(鄭克)의 《절옥어감(折獄魚鑑)》, 계만영(桂萬榮)의 《당양비사(棠陽比事)》, 그리고 《명공서판청명집(名公書判清明集)》 등의 송사(訟事)를 다룬 서적이 출현하여 이런 이야기의 소재를 제공해 주고 있었다. 그리고 송대의 연행 중에는 '설공안(說公案)'이라는 항목이 상당한 인기를 끌고 있었다. 그런 요소들이 명대에 들어서면서부터 본격적으로 독립적인 소재를 이루고 글쓰기를 통해서 장편소설로 등장하였으며, 그 흐름이 청대에까지 이어졌던 것이다.

공안소설은 명대의 만력 연간에 특히 많이 출현하였다. 이 시기에 출현한 것을 보면 《포용도판백가공안(包龍圖判百家公案)》 10권 100회(1594년), 《황명제사염명기판공안(皇明諸司廉明奇判公案)》 105편(1598년), 《신민공안(新民公案)》 4권(1605년), 《해강봉선생거가공안전(海剛峰先生居家公案傳)》 4권 71회(1606년), 《상형공안(詳刑公案)》 8권, 《율조공안(律條公案)》, 《법림작견(法林灼見)》, 《명경공안(明鏡公案)》, 《상정공안(詳情公案)》, 《두편신서(杜騙新書)》 4권(1617년), 《용도공안(龍圖公案)》 등이 있다. 이 작품들은 모두 장편소설의 형식을 띠고 있었지만 실제로는 사안

별로 짜여진 단편의 이야기들을 모아 놓은 것이었다. 등장하는 사건은 대부분 민간의 분쟁이나 간통사건, 절도사건 등이었으며 그 사건들은 판관의 지혜를 통해 해결되거나 귀신의 도움을 받아 해결되는 구도를 취하고 있었다. 이 작품들 중에서 유명한 포승(包丞)이 출현하였는데, 그는 정사(正史)에서는 그다지 주목받지 못했지만 민간사회에서는 상당히 추앙을 받았던 인물로 알려져 있으며, 결국에는 이야기의 주인공으로 등장하게 되었던 것이다. 그가 등장한 대표적인 작품은 《포용도판백가공안》과 《용도공안》이었다.

이렇게 사회적 분쟁에 관한 이야기가 대거 출현한 것은 물론 당시의 사회적 상황과도 관련이 있을 것이다. 그렇지만 이런 작품의 출현을 통해서 우리는 명대부터 소설이 점차 현실적인 생활 속으로 파고 들어가는 모습을 발견한다. 역사적 사실을 중심으로 한 작품이나 선망의 대상이 되는 남녀간의 사랑 이야기는 그것 자체로는 흥미로운 것이지만 현실로부터는 상당히 유리되어 있는 것이 사실이다. 그것은 어디까지나 소설적 세계 안에서 벌어지는 일일 따름이다. 그러나 공안소설의 이야기는 소설적 세계에만 머물러 있는 일이 아니다. 비록 그것은 이야기이지만 그런 사건이 현실세계에서는 항상 일어날 수 있는 것이다. 따라서 그런 이야기들은 현실세계와 소설적 세계가 점차 가까워지고 있음을 보여주는 지표라고 할 수 있다. 그리고 소설적 세계에서 보다 현실적인 리얼리티를 구현해 내는 '소설적 리얼리티'가 점차 강해지고 있음을 그것은 보여준다. 우리는 이런 점진적 과정을 '사대기서'를 이야기할 때에 좀 더 구체적으로 논하게 될 것이다.

지금까지 검토한 장편소설의 흐름과 그 이전에 논한 의화본의 흐름을 통해서 명·청시기의 백화를 통해 이루어진 소설적 흐름에서는 다음과 같은 특징을 발견할 수 있다. 우선 전체적으로 볼 때에 대부분의 작품은 상업적 의도에서 쓰여진 것으로 판단된다. 그것은 이 시기의 작품들이 성숙된 독서시장과 그것을 노리고 뛰어든 문화자본의 주도 하에 쓰여졌음을 가리킨다. 이 시기에는 전문적인 작자가 출현하였는데 그 작가들은 대부분 중간층의 작자였으며, 그들에게 있어서 소설 작품을 쓴다는 것은 문화자본을 통해 판매할 상품을 생산하는 것이었다. 반면에 그 작자들은 아직 문학적인 동기를 가지고 있지 않았다. 그들에게 있어서 소설을 쓴다는 것은 독자의 흥미를 불러일으키는 소비재를 공급하는 것이었다. 다시 말해서 이 시기의 작품 대부분은 문학외적 동기에 의해 지어졌고, 그것이 지니는 문학성은 결과적인 현상이었을 것으로 생각된다.

그러나 이렇게 상품을 생산하는 과정에서 소수의 작자들은 자신의 생각을 가지기 시작했을 가능성이 있다. 대부분의 작자들이 상업적 의도를 지닌 문화자본의 요구에 순응하고 있는 사이에 극소수의 작자들이 그런 요구를 받아들이면서도 자신의 생각을 더 반영하려는 생각을 가지게 되었다고 보기 때문이다. 그들의 생각은 오늘날 우리가 사용하는 '작가의식'에 접근하는 것이었다. 그들은 한편으로는 흥미있는 이야기를 만들면서도 그것에 어떤 의미를 부여하려고 노력하였다. 그 노력의 결과는 작품에 따라 다르게 나타났을 것인데, 뒤에 살펴보게 될 '사대기서'가 바로 그런 노력의 결과가 아니었던가 생각된다. 그렇지만 전체적인 흐름의 측면에서 볼 때에 문화자본의 요구에 순응한 대부분의 작자들은 매우 중요한 사람들이었다. 그들은 그 시대의 흐름을 이룬 사람들이었으며, 기념비적 작품이 출현할 수 있는 바탕을 마련해 주고 있던 사람들이었다. 기념비적 작품이라는 것은 저절로, 아니면 혼자서 우뚝 솟아난 것이 절대 아니다. 그것은 무수한 작품들이 축적한 경험을 바탕으로 해서, 그리고 당대(當代)의 독서시장에서 벌어지는 경쟁을 배경으로 해서 나타난 것임이 분명하다. 그렇기 때문에 앞에서 언급한 대부분의 작자들은 당시의 소설적 흐름을 이루어낸 장본인들이었다. 그들이 없었다면 기념비적 작품은 출현할 수 없었을 것이기 때문이다.

4. 문언소설의 흐름

명대에 나타난 또 하나의 현상은 문언소설의 등장이라고 할 수 있다. 문언소설이라는 말은 기본적으로는 이야기가 문언체로 쓰여지는 것을 가리킨다. 그렇지만 그것이 곧 문언소설의 등장을 나타내는 것은 아니다. 명대 이전에도 이야기는 꾸준히 문언체로 쓰여지고 있었기 때문이다. 명대에 들어서서 문언소설이 등장한다는 것은 문언체로 쓰여진 이야기들이 단순한 이야기에 그치지 않고 소설의 성격을 지니기 시작한다는 뜻이다. 다시 말해서 이야기의 글쓰기가 본격적인 소설로 등장하는 것이 명대 이래의 현상이었던 반면에 그 이전에는 그런 글쓰기가 아직 소설로는 등장하지 않았다는 것이다. 이런 현상의 출현에는 두 가지의 요인이 작용하고 있었다고 생각된다.

첫째, 이전의 문언소설에 해당되는 이야기는 그것들이 모여서 독립적인 작품집을 만들어 내지 못하고 있었다. 이전의 이야기들은 대부분 필기의 형식으로 쓰여졌기 때문에 상대적으로 짧았을 뿐만 아니라, 그 이야기들이 어떤 특성으로 개념화될 수 있는지가 분명하지 않았다. 그런데 어떤 특성을 중심으로 하는 작품집이 엮어지면 그 안에 수록된 이야기들은 중심적인 개념을 통해 규정되게 된다. 이렇게 작품집을 편찬한다는 것은 이전의 성격이 애매한 이야기들에 어떤 개념화된 성격을 부여하는 것이다. 우리가 오늘날 문언소설이라고 부르는 이야기들은 대부분 작품집에 수록되면서 소설적 이야기로서의 성격과 생명력을 부여받은 글이었다. 그런 글들은 이전 같으면 특별한 항목을 지정하기 어려운 글로 남아 있었을 것이지만, 명대 이래의 특징은 바로 그런 글들을 놓아 두지 않고 소설이라는 특수 항목으로 끌어들이고 있었다는 점이다. 문언체로 쓰여진 이야기들이 작품집으로 묶여지면서 필기의 영역을 벗어나고 있었던 것이다. 문언체로 쓰여진 이야기들의 작품집이 출현한 것은 앞에서 언급한 의화본의 작품집이 등장한 것과 밀접한 관계가 있다. 백화소설의 작품집이 등장한 것이 이런 이야기를 쓰는 사람들에게도 자극이 되었다고 생각되기 때문이다. 또 그런 현상의 이면에는 문화자본의 보이지 않는 힘이 작용했을 가능성이 있다. 새로운 것을 찾아다니는 문화자본의 속성을 생각하면 이전의 이야기들이 묶여져 출판됨으로써 그 이야기들이 새로운 상품가치를 가지게 될 가능성은 충분히 있었을 것으로 생각된다. 그것은 충분한 구매력을 가지고 있으면서 자신들에게 어울리는 품격을 지닌 상품을 찾고 있던 고급독자를 대상으로 하는 문화상품이었을 것이다. 이렇게 보면 결국 문언소설의 탄생도 독서시장의 기제에서 크게 벗어나지는 않았다고 생각할 수 있다.

둘째, 명대에 들어서면 역사를 소재로 한 이야기들이 강사(講史)의 전통을 벗어나서 읽는 상품으로 등장하게 되는데, 이 과정에서 상당수의 이야기들이 문언체로 쓰여지게 되었다. 이전까지 백화로 쓰여지던 이야기들이 명대에 들어와서 문언체로 쓰이게 되고 특히 상당한 길이를 가진 이야기들이 나왔던 것이다. 그것은 백화체에서 문언체로 서면어가 바뀌는 것을 의미하는데, 이것은 중국소설사에서는 중요한 현상이었다. 왜냐하면 그런 종류의 이야기는 문학적 중간층이 다루는 것이며, 문학적 중간층은 백화라는 서면어를 쓰는 것이 당시의 통념이었다. 백화로 쓰여진 이야기는 정통적인 글쓰기가 아니며 통속적인 오락의 범주를 벗어나지 못하는 것이다. 그런데 그런 이야기가 문언체로 쓰였다는 것은 소설이 문언체의 세계를 잠식해 들어오는 것을 의미한다. 이전까지 어떤 글에 문언체를 사용할 것인가 하는 것이 엄격하게 규정되어 있었던 것을 생각하면 이것은 전통시기 내내 문인들이 지켜오던 영역의 한 부분이 허물어지는 것과 마찬가지였다. 이야기에 문언체가 허용된다는 것은 곧 소설적 이야기가 문인들에 의해서 글쓰기로 인정받는 계기를 만드는 것이나 다름없다. 그것은 곧 소설에 대한 전반적인 관념이 변하고 있는 징후를 보여주는 현상이었다. 명・청대에 일부 문인들이 소설 작품을 대상으로 평점(評點) 작업을 시도한 것은 문언소설의 등장으로 상징되는 소설에 대한 관념의 변화의 결과였다고 할 수도 있을 것이다. 그렇다고 해서 정통적 문인들이 이런 작품을 썼다고 생각하기는 어렵다. 비록 문언체로 쓰여지기는 했지만 그것도 역시 문학적 중간층의 생산품이었을 가능성이 크다. 그것은 문학적 중간층의 범위가 넓어지면서 그 활동영역도 넓어졌고, 그 결과 이전에는 민간계층을 아우르는 상품의 생산에 주력하던 그들이 이제는 문언체를 읽는 사람을 대상으로 하는 작품으로 그 활동영역을 넓힌 것이라고 볼 수 있는 것이다.

그렇지만 역사에 관한 이야기는 문언소설의 극히 일부분에 불과하다. 그렇기 때문에 그런 이야기가 문언소설로 등장한 것이 한편으로는 관념의 변화를 가리키기는 하지만, 문언소설 그 자체는 오랫동안 지속되어 온 문인문화의 연장선상에서 출발한 것이었다. 그것은 이전의 지괴와 전기의 전통을 이어받으면서 거기에 역사의 이야기와 공안 등의 새로운 소재를 첨가하면서 이루어진 것이었다. 그래서 관념의 변화가 한쪽에서 진행되면서도 또 다른 한편에서는 그것이 필기라는 전통에의 회귀라는 의미를 띠고 있기도 했다.

문언소설에서 등장하는 소재는 이전보다 훨씬 다양해졌지만 그 중에서 가장 관심을 끌었던 것은 역시 이전에 유행했던 종류의 이야기인 초현실세계와의 만남에 관한 이야기였다고 할 수 있다. 문체와 이야기의 구조라는 측면에서 볼 때에 그것은 지괴보다는 전기에 더 가까운 모습을 하고 있었다. 그런 작품으로 명대 초기에 구우(瞿佑, 1341～1427)의 《전등신화(剪燈新話)》가 출현하였다. 구우는 전당(錢塘, 지금의 항주시)의 명문 집안에서 태어났으며 어려서부터 재능을 인정받았다. 그렇지만 관운이 좋지 않아 평생 말단 벼슬밖에 하지 못했기 때문에 문인의 꿈을 이루지는 못했으며, 이런 의미에서 볼 때에 그는 포송령(蒲松齡, 1640～1715), 능몽초와 마찬가지로 전형적인 문학적 중간층에 속하는 인물이었다. 《전등신화》는 1378년을 전후해서 쓰여졌다고 알려져 있으며, 전부 4권으로 나누어져 있고 부록 2편을 포함하여 22편의 이야기가 실려 있다. 그 이야기들은 다양한 소재를 보여주고 있으니 〈수궁경회록(水宮慶會錄)〉, 〈수문사인전(修文舍人傳)〉, 〈천태방은록(天台訪隱錄)〉과 같은 초현실세계를 방문하는 이야기가 있는가 하면 〈삼산복지지(三山福地志)〉와 같이 사회적 현실에 대한 묘사를 중심으로 하는 것도 있다. 가장 많은 양을 차지하는 것은 〈취취전(翠翠傳)〉, 〈애경전(愛卿傳)〉, 〈녹의인전(綠衣人傳)〉, 〈금봉채기(金鳳釵記)〉, 연방루기(聯芳樓記)〉 등과 같이 애정에 관한 이야기라고 하겠다. 전반적으로 보아서 《전등신화》의 이야기들은 여러 소재가 복합적으로 얽혀서 만들어진 것이 많다. 초현실세계에 관한 이야기라도 그 안에는 사회적 현실에 대한 관찰이 녹아들어 있음을 볼 수 있다. 이런 점에서 볼 때에 그것은 상당한 지식과 문장력을 갖춘 문학적 중간층의 작품이었다고 할 수 있으며, 특히 좌절한 문인의 의식이 부분적으로 드러나고 있는 작품이라고 생각할 수 있을 것이다.

《전등신화》가 당시에 어느 정도의 독자를 확보했는지에 대한 구체적인 기록은 없지만 그것을 모방한 작품이 등장한 것을 보면 상당한 독자를 확보했다고 생각할 수 있다. 모방작 중에서 대표적인 것으로 이정(李禎, 1376～1452)이 지은 《전등여화(剪燈餘話)》가 있다. 이 책은 5권으로 되어 있으며 22편의 이야기가 수록되어 있는데 상당수가 원명 교체기를 배경으로 한 것이다. 또 조필(趙弼)의 《효빈집(效顰集)》, 도보(陶輔)의 《화영집(花影集)》 등이 있다.

명대의 중후기(中後期)라 할 수 있는 16세기 후반에는 많은 문언소설이 본격적으로 출간되었다. 이 시기에는 문언으로 소설 작품을 쓴다는 것이 비교적 보편화되었으며, 문인들도 그런 작업에 참여한 경우가 많았다. 이 시기에 나온 작품으로는 《전등신화》의 뒤를 이었다고 할 수 있는 소경첨(邵景瞻)의 《멱등인화(覓燈因話)》와 송무징(宋懋澄)의 《구약집(九籥集)》을 들 수 있다. 그리고 당시까지 전해지던 애정에 관한 이야기를 모아놓은 《정사(情史)》가 있다. 이 책은 《정사유략(情史類略)》, 《정천보감(情天寶鑑)》 등의 제목으로 알려져 있는데, '첨첨외사평집(詹詹外史評

輯)'이라는 서명이 붙어 있는 것으로 보아 풍몽룡의 작품으로 생각되고 있다. 그 외에도 명대부터 청대 전기까지에 출현한 문언소설은 무수하며, 여기에서 그것을 다 열거하기는 곤란하다.

그렇지만 명말 청초의 시기에 나온 《요재지이(聊齋志異)》가 중국소설사에서 가장 중요한 문언소설집이라는 점에 많은 학자들이 공감하고 있는 듯하다. 이 작품은 포송령에 의해 쓰여졌다. 그도 산동(山東) 지역의 명문 출신이었지만 부친이 과거에 실패하면서 가세가 기울기 시작했고 그 자신도 과거시험에 합격하지 못하고 일생을 보낸 사람이었다. 그 역시 낙백한 문인관료 지망생의 한 사람이었으며, 그가 《요재지이》를 저술했다는 점은 다시 한번 중국 소설사에 있어서의 작가의 특성을 보여준다고 할 수 있다. 《요재지이》는 보기 드물게 작자의 수고본(手稿本)의 일부가 남아 있으며, 출판된 판본도 다양하다. 1950년대 초에 발견된 수고본은 부분적으로만 남아 있지만 237편의 이야기를 수록하고 있다. 최초의 각본(刻本)은 1766년에 출현한 것으로 알려져 있는데, 이 책은 16권에 431편의 이야기를 수록하고 있었다. 《요재지이》에 수록된 이야기의 범위는 대단히 넓다. 보기에 따라서 이 책은 이전까지 유지되어 온 필기의 전통을 모두 압축했다고 할 수 있을 정도로 소재가 다양하기 짝이 없다. 그리고 상당수의 이야기는 복수의 소재를 조합하는 방식으로 구축되어 있다. 그렇지만 이 책에서도 필기에서 드러난 가장 뚜렷한 두 가지의 소재, 즉 애정과 초현실세계에 대한 관심은 유지되고 있다. 특히 당대 이래로 지속되어 온 사회생활과 초현실세계의 조합이라는 소재는 이 책에서 가장 뚜렷하게 모습을 드러내고 있는 것이다.

《전등신화》에서 《요재지이》에 이르는 흐름이 이 시기의 문언소설의 흐름의 전부는 결코 아니다. 이 흐름은 사실상 오늘날의 학자들이 인위적으로 만든 것이다. 그렇지만 그 흐름에서 우리는 중요한 의미를 포착할 수 있다. 우선 앞에서도 언급한 바 있듯이 소설 작품에 문언이 사용되었다는 것은 문인의 전통적인 글쓰기가 부분적으로 허물어지고 있었음을 가리킨다. 그러나 그것은 표면적인 현상에 불과했다. 그 내면에서는 더 중요한 현상이 진행되고 있었다고 생각되는데, 그것은 소설이라는 글쓰기를 통해서 문인의 문화와 민간계층에서 주도되던 문화시장이 서로 만나고 심지어는 서서히 하나로 통합되는 과정을 밟아가고 있었다는 점이다. 소설이라는 글쓰기의 영역이 문인의 글쓰기와 민간계층의 흥미를 위한 글쓰기를 통합해 나가고 있었던 것이다. 소설은 그런 통합을 이루어 내는 조건을 충족시키고 있었다고 볼 수 있다. 그것은 이천 년 이상 지속되어 온 글쓰기의 관행과 그것에 대한 관념을 크게 바꾸어 놓을 수 있는 현상이었다.

중국의 글쓰기는 이원화된 상태에서 지속되어 왔다. 한편에서는 한대 이래 확립된 문인의 글쓰기가 지속되었고, 다른 한편에서는 송대부터 시작된 문학적 중간층의 글쓰기가 지속되고 있었다. 이 두 가지의 글쓰기는 송대부터 원대까지는 각각 다른 흐름으로 지속되고 있었으며, 각각에 대한 관념도 달랐다. 그러나 명대 초기부터 이런 두 흐름이 서서히 거리를 좁히기 시작했으며, 청대에 이르면 완전히 섞이는 결과를 낳게 되었는데, 그런 큰 흐름의 중간에 바로 문언이 소설창작에 사용되었다는 현상이 놓여 있었다. 문언소설의 등장은 그래서 두 가지의 서면어를 통합하는 계기로 작용했다고 생각된다. 동시에 그것은 민간계층의 문화와 문인의 문화를 상당히 가깝게 끌어당겼다. 소설이라는 매체를 통해서 두 계층 간에 존재하던 감각의 벽이 허물어졌던 것이다. 다시 말해서 소설이라는 영역이 두 계층이 공유할 수 있는 감각의 영역을 만들어 내었고, 그것을 통해서 전통적인 두 흐름의 글쓰기와 그것에 의해 대표되던 계층별 문화가 서서히 하나로 통합되었던 것이다. 20세기 초에 신문학운동이 일어날 때에 서구에서 들어온 문학의 관념이 짧은 기간에 수용될 수 있었던 것은 바로 이런 현상이 이미 진행되고 있었기 때문에 가능한 것이었다. 이런 현상이 진행되지 않았더라면 신문학운동은 대단한 반발에 부딪혔을 것이기 때문이다.

한편 문언소설의 흐름을 보면 이야기의 의미가 달라지고 있음을 발견할 수 있다. 그것은 갈수록 이야기가 사회적 관심을 대변하기 시작했다는 점이다. 이야기는 이제 단순한 흥밋거리의 이야기가 아니었다. 결과적인 것일 수도 있겠지만, 이야기 속에는 사회적 현실에 대한 관심이 다양한 방식으로 표출되고 있는 것이다. 이 점은 단순히 문언소설에서만 드러나는 것이 아니라 잠시 후에 언급할 '사대기서'에서도 상당히 드러나고 있다. 이것은 곧 명·청대의 문화시장에 상품으로 출시된 이야기들이 애초의 목적인 상업성에 반드시 묶여 있지는 않았다는 것을 의미한다. 문화자본의 요구에 의해 지어지는 작품 속에서 우리는 사회적 현실에 상당한 관심을 가지고 있는 작가와 그들의 날카로운 의식을 발견할 수 있다. 나아가서 그들은 자신의 관심을 직설적으로 표현하지 않고 소설적 리얼리티를 통해 우회적으로 표현하는 기술도 지니고 있었다. 문언소설의 흐름에서 우리는 작자들이 이야기를 이야기로만 보지 않고 '의미를 지닌 이야기'로 보는 자세를 발견할 수 있으며, 그것은 이 시기의 작품들이 현대적 의미의 소설작품이 담당하는 사회적 역할과 위상을 지니기 시작하는 것을 의미한다고 보아야 하겠다.

이런 변화의 근저에는 포송령 등의 좌절한 문인들의 직접경험의 투영이라는 요인이 자리잡고 있었다고 할 수 있다. 작자들의 관점에서 볼 때에 이야기는 '남을 위한 이야기'가 아니라 '자신의 이야기'가 되었으며 그래서 자신의 경험을 토로하고 싶은 절실한 욕구가 반영되었을 것이다. 명·청대의 독서시장은 상업성을 중시하는 문화자본에 의해서 주도되었지만, 그 휘하에서 활동하던 작자들은 나름대로 의식의 세계를 구축하고 그것을 통해 자신의 의식을 세상을 향해 펼쳐보이는 경지에까지 도달했던 것이다. 그래서 비록 통속성을 강조하는 것이 문화자본의 속성이었을 것이지만, 그 결과는 사회적 의식의 형성과 그것을 통한 문학성의 성취였다고 할 수 있다.

제 9 장

기념비적 작품의 탄생
— '사대기서'를 중심으로

인류사에서 경이적인 도약은 점진적으로 발생하지 않고, 어느 날 갑자기 발생하는 경우가 많다. 그리고 그렇게 일어나는 도약의 원인과 그것이 일어나고 있다는 사실 자체를 당시를 살아가는 사람들은 느끼지 못하고 있었던 경우가 대부분이다. 도약은 대부분 후세의 사람들이 과거의 역사를 반추하면서 발견한다. 그리고 그 도약의 원인을 추적하면 도약은 어느 날 갑자기 발생한 사건이 아니라 그것을 가능하게 만든 환경이 그 이전부터 꾸준히 만들어져 왔기 때문임을 발견할 수 있다. 그렇지만 환경 그 자체는 도약이 아니었다. 도약은 그 환경을 바탕으로 하면서도 예상하지 못하는 시점에서 일어난 급격한 변화를 가리킨다. 그리고 그 도약은 상징적인 사건에 의해서 일어나곤 한다. 그 상징적인 사건이 일어난 이후에는 모든 것이 한 단계 올라서게 되며, 그것이 느껴질 때에는 그 사건이 도약이었음을 비로소 깨닫게 되는 것이다. 주변환경이 마련되어 있으면서도 그것 자체가 도약을 이루어내지 못하는 것은 변화를 향한 힘이 한 군데로 집중되지 못하고 산만하게 퍼져 있기 때문이다. 반면에 도약이 일어날 때의 상징적 사건은 그렇게 퍼져 있는 힘을 한 군데로 집중시키면서 무서운 힘을 발휘한다. 그 힘으로 인해서 상황이 급변하고, 관념이 바뀌며, 어느 정도의 시간이 지나면 새로운 기준이 설정되어 버린다. 그렇지만 도약은 결코 의도된 것이 아니다. 상당수의 역사적 도약은 우연의 결과였을 가능성이 크다. 그것은 우연히 태어난 인물에 의해 이루어질 수도 있고, 우연히 발생한 사건에 의해 이루어질 수도 있다. 그 도약이 처음 발생할 때에는 그 이후의 결과를 미리 상정한 것이 아니었다. 그런 인물의 출현이나 사건의 발생이 '결과적'으로 도약을 이루어내는 것이다.

전통시기 중국의 소설적 흐름에서도 이런 도약이 있었으니 그것은 15세기에 '사대기서'가 출현한 사건이었다. 잘 알려져 있다시피 '사대기서'는 《삼국연의》, 《수호전》, 《서유기》, 《금병매》의 네 작품을 묶어 부르는 명칭이다. 이 명칭은 후세에 만들어진 것뿐이며 15세기에 이런 명칭이 사용된 적은 없었다. 그 당시 이 네 작품 사이에 어떤 관련이 있었던 것도 아니고, 각각의 작품을 쓴 사람들이 서로 알고 지냈거나 함께 작품을 쓰기로 약속한 적도 없었다. 이 네 작품은 그저 비슷한 시기에 출현했을 뿐이다. 그러나 '사대기서'는 중국의 소설전통에서 하나의 기념비를 이루고 있다. 각각의 작품이 그런 것이 아니라 하나로 묶여지면서 더욱 기념비적인 위치를 확보하게 된 것이다.[1)]

이렇게 네 작품을 '사대기서'라는 이름으로 묶어 검토하기 위해서는 그들이 보여주는 공통점을 고려할 필요가 있다. 이 작품들은 한결같이 상당한 길이를 가지고 있다. 그들 중 세 작품이 100회에 걸쳐 이루어져 있으며 《수호전》은 120회에 이른다. 그것이 어느 정도 긴 것인가를 이해하기 위해서 당대(唐代)에 살았던 수천 명의 시인들이 남긴 작품을 모아 놓은 《전당시(全唐詩)》와 《삼국연의》 한 편을 비교해 보면 단일 작품으로서의 《삼국연의》가 어느 정도로 긴 작품인가를 쉽게 이해할 수 있다. 300여

---

1) 명 · 청시기의 소설적 흐름에 관한 기술은 徐敬浩, 《중국문학의 발생과 그 변화의 궤적》에서 기술된 부분과 중복되는 부분이 많다. 그것은 그 책이 먼저 쓰여졌고, 이 글을 쓸 때에 그 책의 상당 부분을 옮겨오지 않을 수 없었기 때문이다. 이 점에 관해 독자의 양해를 구하고자 한다.

년간에 쓰인 시를 모아놓은 책이 한 작자가 써낸 소설 한 편과 길이가 엇비슷하다는 사실은 곧 이 작품의 작자가 어느 정도의 이야기 구성능력이나 왕성한 필력(筆力)을 가지고 있었는가를 보여주는 단적인 예라고 할 수 있다. 나아가 네 편의 작품을 모두 모아 놓으면 아마도 중국의 문학전통 전체를 통틀어서 이만한 길이를 가진 작품군을 찾기 쉽지 않으리라 생각된다.

또 이 작품들은 비슷한 모습으로 이루어져 있으니, 그것은 네 편이 모두 오늘날 '장회소설(章回小說)'이라고 부르는 형식으로 집필되고 편집되었다는 것을 가리킨다. 이것은 한 작품이 100여 회의 단락으로 이루어지고 있는 것을 말하며, 각 회가 시작될 때마다 시(詩)가 한 수씩 제시된다. 각 회는 그것 자체로 하나의 조그마한 이야기를 이루게 되어 있다. 다시 말해서 한 회를 따로 놓고 이야기를 한다 해도 내부적인 줄거리의 서술에 아무런 문제가 없는 것이다. 물론 이것은 전체의 윤곽을 알고 있다는 것을 전제로 한다. 그러나 윤곽을 모르는 사람이라도 중간의 한 회를 펼치면 그 안에서 전개되는 이야기는 그것 자체로 읽어나갈 수 있게 되어 있다. 이것은 소설적 서사에 있어서의 독립적 맥락을 가리키는 것이다. 각 회의 맥락은 독립성을 가지고 있어서 반드시 앞뒤의 맥락과 연결되어 있지는 않다. 전체적인 이야기는 각 회의 맥락이 합쳐져서 이루어지며, 독자는 반드시 앞부분을 다시 들추지 않더라도 뒷부분의 개별적 맥락을 파악할 수 있게 되어 있다. 서구의 소설에서는 좀체 찾아보기 어려운 이런 서술방식이 명대의 중국에서는 상당히 보편적이었으며, 사실상 '사대기서'의 각 편에서 모두 통용되고 있다고 해도 과언이 아니다. 어떻게 보면 이 작품들은 동일한 주인공을 중심으로 하는 100개 내외의 일화를 기록한 단편이 모여 장편을 이루는 모습을 보인다고도 할 수 있다.

이 네 편의 작품은 모두 백화와 문언을 섞은 서면어로 되어 있다. 그렇지만 두 가지의 서면어를 섞는 비율에는 차이가 있었다. 《삼국연의》에서는 문언체가 두드러지게 나타난다. 《서유기》에서는 문언체와 백화체가

고루 쓰이고 있으며, 《금병매》와 《수호전》에서는 백화가 문언을 압도한다. 그렇지만 《금병매》의 문언체는 《수호전》의 문언체보다 세련되어 있으며, 다른 작품에서는 백화를 써야 마땅할 곳에도 문언체를 쓰는 경우가 자주 발견된다. 이렇게 서면어의 모습이 조금씩 다른 것은 작자가 어떤 사건을 다루는가, 또 그 사건의 속성이 어떤 서면어의 강조를 요구하는가에 달려 있었을 것이다.

한편 이 작품들은 어느 하나도 일조일석에 만들어진 것이 아니며, 또 한 작자의 고립된 작업을 통해서 완성된 것이 아니다. 이 작품들은 모두 전신(前身)에 바탕을 두고 있으며, 그 전신은 다시 가장 최초의 핵심으로부터 발전되어 나온 것이다. 따라서 오늘날 남아 있는 '사대기서'의 작품들은 모두가 장기간에 걸쳐 집단창작에 가까운 진화과정을 거쳐 만들어진 것이다. 이 작품들의 최종적 완성자로 알려져 있는 나관중(羅貫中), 오승은(吳承恩), 시내암(施耐庵) 등은 상징적인 인물에 불과할 뿐, 그들에게 독점적 저작권을 부여할 여지는 없다고 해도 과언이 아니다. 이러한 집단창작에 참여한 사람들은 대부분이 문학적 중간층의 사람들이었다고 생각되며, 시기적으로 그들은 송대부터 명대에 이르기까지 광범위하게 퍼져 있었다. 그렇지만 나관중, 오승은, 시내암 등의 이름이 거론되는 것은 그들이 원대와 명대라는 특수한 시기, 다시 말해서 중간층 작자들이 자신의 이름을 내걸 수 있는 시기에 살았기 때문이다. 만약 명대의 상황이 송대나 원대에 일어났다면 이 작품들의 진화과정에 관련된 사람들의 이름이 살아남았을 가능성이 크다. 그러나 앞에서 언급한 바 있듯이 그런 환경은 명대에 들어서서 비로소 형성되었으며, 그 이전에는 중간층 작자, 혹은 필사자들이 자신의 이름을 내세울 수 없었다. 또 그런 이름이 알려지게 되었다는 것은 '사대기서'의 작품들이 그만큼 독자들에게 널리 알려지는 동시에 깊은 인상을 심어주었다는 것을 가리킨다고 할 수 있다. 전통시기의 독자들은 작자가 문인이 아닌 이상 그 이름을 굳이 기억하려 하지 않았던 경향이 있는데, '사대기서'의 작자들은 그런 관념의 벽을 돌파하기 시작한 것이다.

내가 '사대기서'를 기념비적 작품이라고 부르는 데에는 나름대로의 이유가 있다. 그것이 단순히 대부분의 중국인들이 최고의 작품이라고 부르기 때문만은 결코 아니다. 물론 '사대기서'에 속하는 각각의 작품들이 다른 작품들에 비해서 고도의 소설적 성숙도를 보여준다는 점에 이의를 제기하고자 하는 것은 아니다. 그러나 각각의 작품이 지니는 성숙도는 보기에 따라서 차이가 있을 수 있다. 각각의 작품에 관한 글이 무수히 발표되어 왔지만 성숙도에 관해 문학비평의 차원에서 검토가 완벽히 이루어진 것은 아니다. 중국의 학자들은 주로 통념에 의지하여 이 작품 하나 하나의 우수성을 주장하고 있을 뿐, 어떤 면에서 결함이 있는지를 제시한 경우는 거의 없다. 그렇기 때문에 각 작품이 개별적으로 지니는 성숙도는 앞으로 더 검토되어야 할 여지가 있음이 분명하다. 그럼에도 불구하고 내가 이 작품들을 묶어서 '기념비적 작품'이라고 부르는 것은 이야기의 구성 방식이나 내부의 조밀한 구조 등에서, 다시 말해서 이야기를 꾸며내는 기술에 있어서는 중국 전통시기의 어느 작품도 이들을 따를 수 없다고 생각되기 때문이다. 그것은 문학비평의 차원에서 내려진 평가가 아니라, 이야기를 꾸며 내는 기술이라는 이 글의 맥락에서 내려지는 평가이다. 이 작품들에서 나타나는 치밀함, 합리적 연결 등은 이전의 어느 작품과도 비교하기 어려우며, 따라서 그것은 소설을 만드는 기술에 있어서 최고의 경지에 도달했다고 생각된다. 그것은 하나의 도약이었다. 왜냐하면 비교할 수 있는 대상이 거의 없다는 점에서 볼 때 이 작품들은 갑자기 우뚝 솟아난 것이나 다름없기 때문이다.

또 한 가지 중요한 점은 이 작품들이 전통시기 중국적 상황에서 진행되어 온 정보와 사실에서 출발한 허구적 이야기가 소설로 정착되어 가는 과정을 압축적으로 보여준다는 것이다. 이것은 우연의 결과일 수도 있고, 아니면 내가 그렇게 보려고 하기 때문에 그렇게 보이는 것일 수도 있다. 그러나 나는 이 작품들을 세워 놓고 보면서 원대에서 명대에 이르는 시기에

긴 이야기를 쓰는 사람들이 어떤 진화과정을 거치면서 마침내 우리가 오늘날 소설이라고 부르는 문학적 글쓰기의 단계에 이르는가를 발견할 수 있었다. 그것은 굳은 정보를 액화 상태의 이야기로 녹여 내고, 거기에 다양한 요소를 집어넣어서 정보의 알맹이가 약간 섞인 허구적 이야기를 만들어 내고, 마침내는 완벽한 허구를 만들어 내는 일련의 진화과정을 보여주는 것이다. 이런 의미에서는 '사대기서'의 서로 동떨어진 작자들이 공동작업을 하고 있었다고 생각된다. 그들에게 현실적 공간에서의 교감이나 약속은 없었음이 분명하지만 어떤 공감대가 그 시대에 만들어져 있었고, 각각의 작자들이 그 공감대에 따라 자신의 역할을 수행하였다고 생각되는 것이다. 그 결과로 네 편의 작품은 각각의 진화과정을 보여주는 이정표의 역할을 하게 되었으며, 그 진화과정을 통해서 이전의 이야기를 완전한 소설 작품으로 변환시키는 가교(架橋)의 모습을 보이게 된 것이다.

그 결과로 나타난 것은 이야기의 리얼리티가 소설적 리얼리티로 전환되는 현상이었다. 이야기의 리얼리티라는 것은 이야기에 담긴 내용을 '사실'이라고 여기도록 만드는 제반 장치를 가리킨다. 그것은 애초에 주어진 정보를 증명하며, 동시에 그 정보를 감싸고 있는 이야기가 물 흐르듯하는 맥락을 가지게 하는 배려이다. 그렇지만 이야기의 리얼리티는 사실로부터 결코 자유롭지 못하다. 그것은 어디까지나 사실을 전제로 하고 있으며 그 사실이 사실이게 하는 역할을 하는 것이다. 반면에 소설적 리얼리티는 이야기의 리얼리티를 이어받아 이야기 속에 등장하는 사연이 사실임을 증명하면서도 동시에 그 이야기가 명백한 허구라는 점을 전제로 하고 있다.

소설적 리얼리티는 사실로부터 독립되어 있으면서 이야기를 사실과 평면으로 달리게 만드는 글쓰기의 장치이자 배려이다. 따라서 여기에서는 사실을 증명하려고 하지 않는다. 그것은 사실과 같아 보이는, 그렇지만 실제로는 허구로 짜여진 이야기를 '진술'한다. 그것은 그 이야기가 허구라는 점을 전제로 하고 있다. 중요한 것은 이런 전제가 암묵리에 이루어지는 것이 아니라 공개적으로 이루어지며, 독자는 그러한 전제를 인정해야만 독자가 될 수 있다는 점이다. 소설적 리얼리티를 통해 구성된 이야기를 사실과 연결시켜 읽는 독자는 검증관은 될 수 있어도 소설의 독자가 되지는 못한다. 여기에는 독자로 하여금 그런 전제를 받아들일 수 있도록 유도하고 설득하는 기제가 갖추어져야 한다. 소설적 리얼리티의 구현은 이런 모든 장치가 이루어진 글쓰기를 통해서 비로소 이루어지는 것이며, 나는 '사대기서'가 이런 장치를 갖추었음으로 해서 그 작품들을 기념비적 작품이라고 부르는 것이다. 우리는 이 문제를 뒤에 다시 한번 토론하게 될 것이다.

이제 이 장에서 나는 '사대기서'의 작품들을 개별적으로 관찰하면서 그 특징을 검토하고, 마지막에 네 작품에 관한 종합적인 검토를 시도할 것이다. 여기에서 나는 각각의 작품에 대한 문학비평 차원의 검토에 주안점을 두지 않는다는 점을 미리 밝혀 두고자 한다. 그것은 각 작품을 전문적으로 연구하는 사람들에게 맡겨 두기로 하고 여기에서는 앞에서 언급한 바와 같이 이야기를 만들어 내는 기술과 과정, 그리고 네 개의 작품이 함께 보여주는 소설의 중국적 진화과정을 중점적으로 살펴볼 것이다.

1. 《삼국연의》

《삼국연의》는 원래의 제목이 《삼국지통속연의(三國志通俗演義)》이다. 이 책은 동한(東漢) 말기부터 시작된 삼국 쟁패의 역사를 이야기로 만든 것이다. 그 역사는 진수(陳壽, 233~297)가 편찬한 정사(正史) 《삼국지》에서 기전체(紀傳體)로 기술되어 있었다. 그렇지만 이 시기에 관한 사료는 《후한서(後漢書)》에서도 풍부하게 발견되기 때문에 《삼국연의》가 진수의 《삼국지》를 근거로 해서 쓰여졌다고 단언하기는 어렵다. 또 북송 시기의 사마광(司馬光)이 편찬한 《자치통감(資治通鑑)》에서는 이 시기의 역사를 편년체의 방식으로 기술하였다. 《삼국연의》가 만들어지는 과정에서는 이런 다양한 사료가 모두 도움이 되었을 것이다. 다시 말해서 그 이야기가 《후한서》와 《삼국지》에서 채집된 개별적 사료를 《자치통감》에서 나타난 연대별 순서로 다시 짜 맞추는 작업을 통해 이루어졌을 가능성이 있다고 할 수 있다. 그것은 무수한 역사적 사실의 단편(斷片)을 시간 순서대로 조립하고, 그 조립의 과정에서 작자의 손길을 거쳐 역사와는 다른 소설로 태어난 이야기라고 할 수 있다.

삼국시기의 역사에 관한 이야기는 수대(隋代)와 당대(唐代)에 이미 유행하고 있었던 것으로 생각된다. 그리고 그것이 글쓰기로서의 이야기로 정착한 것이 최근에 일본의 천리도서관(天理圖書館)에서 발견된 《지원신간전상삼분사략(至元新刊全相三分事略)》[2]과 《전상삼국지평화(全相三國志平話)》[3]였다고 알려져 있다.

한편 삼국시기의 이야기는 공연에서도 소재로 사용되고 있었다. 금(金)과 원 왕조의 시기에는 다양한 형태의 '삼국희(三國戱)'가 출현하였는데, 이런 공연에서는 삼국시기의 역사 전부를 공연하는 것이 아니라 한 사건을 끊어서 공연하는 것이 일반적이었다. 원대의 잡극에는 대략 60종의 삼국희가 있었으며 현존하는 것만도 21종이 있다고 한다. 이런 극본은 역사서와 《삼국지평화》를 근거로 했을 것이지만 구체적인 부분에서는 작자의 손길이 움직이고 있었다고 생각된다.[4]

이런 모든 흐름이 결집되어 나타난 것이 《삼국연의》였다고 볼 수 있는데, 그런 결집을 이루어낸 사람이 일반적으로 나관중이었다고 알려져 있다. 나관중은 14세기에 살았던 인물로 알려져 있으나 그의 생애에 관한 자료는 매우 희귀하다. 그가 《삼국연의》를 썼다는 것은 1522년에 판각된

---

2) 이 책은 1294년에 현재의 복건성(福建省) 건구(建甌, 당시 지명으로 建安)에서 판각된 것인데 그 내용은 《全相三國志平話》보다 약간 간략하다고 한다. 齊裕焜, 《明代小說史》, pp.44~45.

3) 《全相三國志平話》는 원대인 1321년경에 복건성의 우씨(虞氏)라고만 알려진 사람이 간행한 것으로 알려져 있다. 이 책은 3권으로 되어 있으며 그림과 텍스트를 병렬시켰다고 알려져 있다.

4) 齊裕焜, 《明代小說史》, p.45.

《삼국지통속연의》에 "晉平陽侯陳壽史傳, 後學羅本貫中編次"라는 서명에 근거한 것일 따름이다. 일반적으로 중국의 학자들은 나관중을 이 책의 작자로 고정시키려는 경향을 보이고 있다. 그러나 서구와 일본의 학자들은 대부분 나관중이 이 책의 최종적 완성에 참여한 인물이지만, 그가 반드시 이 책의 작자로 고정되어야 할 필요는 없다는 의견을 지니고 있다. 그것은 《삼국지통속연의》와 같은 작품이 일차작자가 아닌 이차작자에 의해 적층문학의 형태로 만들어진 것이라면 최종적 작자가 누구인가 하는 것이 그리 중요하지 않다는 생각의 반영이라고 할 수 있다. 다시 말해서 이 책은 집단작업의 결과이지 어떤 개인의 독창적이거나 천재적인 능력에 의한 것이 아니라는 생각을 반영하는 것이다.

《삼국연의》는 3세기에 실제로 벌어졌던 역사적 상황을 소재로 한 이야기이기 때문에 그 시점과 종점은 애초에 정해져 있었다. 그것은 한 왕실이 붕괴되고 삼국정립(三國鼎立)의 시기를 거쳐 진(晋) 왕실에 의해 천하가 다시 통일될 때까지의 상황을 소재로 하고 있었다. 게다가 그런 상황의 전개에서 등장하는 인물과 사건은 역사기록에서 상세하게 기록되어 있었다. 그렇기 때문에 《삼국연의》의 작자가 어떤 새로운 이야기를 쓴 것은 아니었다. 그는 이야기의 기본적인 골격을 가지고 있는 상태에서 시작했을 것이며, 그래서 그의 역할은 부분적인 작업으로 국한되어 있었다. 그의 역할은 역사적 사실을 해체해서 자신의 맥락에 따라 재구성하는 것이었다. 다시 말해서 그는 역사적 상황을 기본적인 뼈대로 삼으면서 자신이 생각한 맥락에 따라 개별적인 '사실'을 채워 나감으로써 당시의 상황을 재구성해 내는 역할을 했다. 이런 재구성은 또 다른 역사가 될 수도 있고 아니면 소설이 될 수도 있는데, 《삼국연의》의 작자는 그것을 소설로 재구성해 내는 길을 선택했다.

중국에는 역사적 사실을 이야기로 꾸며낸 것이 많이 있다. 그럼에도 불구하고 《삼국연의》가 주목을 받는 이유 중 하나는 소재의 절묘한 선택에 있다고 할 수 있다. 이야기로 꾸며진 많은 역사적 사실 중에서 《삼국연의》는 독자의 흥미를 더 많이 끌 수 있는 소재라고 생각되기 때문이다. 그것은 어느 영웅 한 명에 관한 이야기가 아니며, 선한 사람이 악한 사람을 무찌르는 이야기도 아니다. 《삼국연의》가 이야기로 성공할 수 있었던 것은 '삼국정립'이라는 독특한 과도기적 상황을 소재로 선택한 데에 상당한 이유가 있다고 볼 수 있기 때문이다. '삼국정립'은 강자와 약자, 선한 자와 악한 자가 결정되어 있지 않고 상황의 전개에 따라 중심축이 이곳에서 저곳으로 옮겨갈 수 있는, 그래서 지속적인 긴장상태를 유지할 수 있는 상황을 제공한다. 더욱이 '삼국정립'은 중국인들이 전통적으로 숭상하던 '3'이라는 숫자의 의미가 절묘하게 반영되면서 긴장상태를 합리적인 것으로 만들어 주는 역할을 한다. 그래서 《삼국연의》는 소재의 선택에서부터 다른 역사 이야기와는 이미 차별되고 있었다. 그것은 지나치게 많은 영웅이 출현함으로써 산만하게 될 가능성을 배제하는 동시에 서로 대적하는 두 명의 영웅을 내세움으로써 단조로워질 수 있는 가능성도 배제할 수 있는 소재의 선택이었다.

우선 우리는 역사적 사실을 이야기로 꾸며내는 과정을 추적해 볼 필요가 있다고 생각된다. 역사적 사실은 그 자체가 이야기로 성립되지 않는다. 그러기 위해서는 작자의 특별한 손길이 닿음으로써 역사가 이야기로 치환되는 과정을 거치지 않으면 안 된다. 역사적 사실 그 자체는 일정한 이야기의 공간을 제공하는데 여기에는 많은 이정표가 조밀하게 깔려 있었다. 예를 들어 동탁(董卓)이 난을 일으킨 것, 적벽대전(赤壁大戰)에서 조조(曹操)가 대패한 것, 제갈공명(諸葛孔明)이 오장원(五丈原)에서 생애를 마감한 것 등은 움직일 수 없는 사실이기 때문에, 절대 피해 나가거나 왜곡할 수 없는 이정표였다. 그렇지만 이정표와 이정표 사이의 공간은 열려져 있었다. 그 공간은 작자가 그것을 어떻게 채워나가는가에 따라 다른 의미를 지닐 수 있었으며, 《삼국연의》의 작자는 자신의 관점에서 그 공간을 채워나가는 작업을 하였다. 그것은 작자의 창조를 기다리는 미개척의 땅이었으며, 그래서 사실상 무한한 가능성을 지니고 있었다. 《삼국연의》는 결국 이런 공간을 소설적으로 채워 나가는 방식으로 쓰여진 작품이다. 그래서 작자는 이차작자였음이 분명하다. 그러나 이정표와 이정표 사이의 방대한 공간을 채워나간다는 점에서 볼 때에, 그 이차작자의 의미는 송대나 원대의 초보적인 이차작자와는 달랐다. 그는 주어진 역사적 사실에 새로운 의미를 부여하는 창조적 역할을 맡고 있었던, 상당한 재량권을 가진 이차작자였다. 삼국시기의 이야기가 건조한 역사기록을 통해서가 아니라 미끄러지는 듯한 소설로 다시 태어나게 만든 것이 그의 역할이었던 것이다.

그러나 이정표와 이정표 사이의 공간은 아무렇게나 채워지는 것이 아니다. 그것을 메꾸는 기술에 따라 감동적인 이야기가 될 수도 있고 그렇지 못한 이야기가 될 수도 있다. 《삼국연의》가 유명한 작품으로 간주되는 것은 그 공간을 성공적으로 구성해 내면서 전체적인 이야기의 흐름을 만들어 내었고, 그 내부에서 많은 사람들이 공감할 만한 인과관계와 소설적 분위기를 창출하는 데에 성공했기 때문이다. 이런 흐름의 창조는 치밀한 설계에 기반하지 않으면 안 되었다. 그런 설계는 작자의 역량에 달려 있었다.

《삼국연의》에서 발견되는 그런 설계의 결과는 '맥락의 창조'라는 점에서 발견된다. 맥락이라는 것은 이야기를 통해서 점으로만 놓여 있는 이정표와 이정표를 연결해 주는 것이다. 이렇게 되면 이정표와 이정표는 어떤 인과관계에 의해서 하나의 흐름 속으로 끌려들어오게 된다. 본래 역사기록에서 맥락은 외재적으로 표현되지 않는다. 맥락이라는 것은 역사적 사실 자체에 존재하는 것이 아니라 그 사실을 통해 흐름을 재구성할 때에 비로소 만들어지는 것이기 때문이다. 역사기록에서는 각각의 사건들이 고립적으로 제시되기만 할 뿐이며, 읽는 사람이 생각하면서 그 맥락을 추측하게 되어 있다. 탁월한 독자는 그 맥락을 스스로 구성하면서 역사를 읽지만, 그렇지 못한 독자는 맥락을 파악하지 못하고 사건에 관한 단편적 정보를 얻는 것에서 끝나는 것이 역사기록의 특성이다. 그런데 삼국시기의 역사가 《삼국연의》로 쓰일 때에는 원래 있던 역사적 사실에 외재적 맥락이라는 요소가 첨부되었으며, 이것이 바로 작자의 영역이었다.

예를 들어서 적벽대전에 관해 역사기록에서는 평소에 대적 관계에 있던 촉(蜀)과 오(吳)가 위나라 군대의 남진이라는 위기를 맞이하자 힘을 합쳐 위나라 군대를 무찌른 사건이었다고 설명하고 있다. 그렇지만 이것이 작자의 손을 거친 이후에는 상황이 달라졌다. 그 사건은 오와 촉이 흔쾌하게 협조하여 일어난 사건이 아니었다. 그 사건이 일어나기까지에는 제갈공명(諸葛孔明)의 지략, 주유(周瑜)의 욕망, 오국의 내부 사정, 조조의 자만심 등 이루 셀 수 없는 변수가 하나의 오케스트라처럼 엮어졌다. 이런 변수들이 역사기록에서는 선으로 연결된 상태에서 '설명'되지 않았다. 그 결과 적벽대전은 단순히 발생한 사건이 아니라, 여러 조건에 의해서 일어나지 않으면 안 되는 전쟁이 되어 버린다. 그 필연적 과정에서 모든 등장인물은 자신의 역할을 수행하고 있었다. 그래서 적벽대전은 《삼국연의》에서 전혀 다른 분위기를 가진 이야기로 변화했으며, 이것이 바로 작자가 특정 사건에 부여한 맥락에 의해서 '연출한' 결과라고 하겠다.

작자가 엄격한 사실에 새로운 생명력을 부여하면서 그것을 생동감 있는 이야기로 만들어 내는 데에는 이러한 맥락의 부여가 큰 역할을 하였다. 그것은 역사기록에 놓여 있는 각종 이정표들을 하나의 흐름으로 엮어 내는 네트워크였으며, 동시에 서 있는 이정표를 움직이게 만들어 내는 윤활유의 역할을 하는 것이었다. 바로 이런 맥락의 부여가 작자의 영역에서 일어난 창조적 작업이었다고 생각할 수 있다. 맥락의 부여는 원래의 정보에 새로운 의미를 부여하는 작업이었다. 물론 새롭게 태어난 맥락이 절대적인 것은 결코 아니었다. 읽는 사람들은 누구나 스스로 맥락을 구성해 낼 자유를 가지고 있었다. 그렇지만 그것이 아무나 할 수 있는 일은 아니었으며, 특히 치밀함과 설득력을 갖추기 위해서는 상당한 능력과 타고난 재능이 필요했을 것이다. 그 중에서도 당시 정황을 자신의 머릿속에 다시 그려낼 수 있고, 그 정황의 구석구석에 놓여 있는 사항들을 모두 생각할 수 있는 조직력과 상상력은 매우 중요했다. 이러한 조직력과 상상력에 기반을 둔 글쓰기가 《삼국연의》를 쓴 사람의 활동이었으며, 이런 점에서 우리는 이 작품의 문학적 손길을 짐작할 수 있다.

그러나 사건과 사건을 이어주는 네트워크로서의 맥락은 그것 자체로 존재하는 것이 아니다. 왜냐하면 맥락은 움직이는 것인데, 그 배후에는 맥락이 움직이게 추동하는 또 다른 네트워크가 놓여 있기 때문이다. 그것은 등장인물들의 개성이었다. 《삼국연의》에 등장하는 주요인물은 모두 나름대로의 개성을 지니고 있는데, 중요한 것은 그들이 단순히 개성을 지니고 있는 것이 아니라 그 개성으로 말미암아 맥락의 구체적인 부분이 이루어지고 굴러가게 되어 있다는 점이다. 개인의 성격을 설정함으로써 맥락은 그것을 합리화해 줄 수 있는 배경을 확보하게 되며, 그래서 맥락은 더 매끄럽게 구성될 수 있다. 만약 이 개성이 부각되지 않으면 맥락이라는 네트워크가 곳곳에서 허점을 드러낼 수밖에 없었을 것이다. 등장인물의 개성은 독자로 하여금 그 인물들을 살아 있는 인물로 여기게 하는 마력을 지니고 있다. 그 힘을 통해서 독자는 이야기의 맥락 속으로 빨려 들어간다. 독자는 잠시 이야기 속으로 걸어 들어가 등장인물과 같이 생각하고 느끼면서 그 세계에서의 삶을 경험하게 되는 것이다. 결국 맥락이라는 네트워크와 그 배후에서 움직이는 개성의 네트워크는 외면적으로는 역사적 사실을 이야기로 전환시키는 중요한 기제였으며, 내부적으로는 작자가 읽는 독자에게 베푸는 최대의 서비스였던 셈이다. 작자는 독자들이 스스로 땀 흘리면서 해야 할 작업을 대신 해 주는 것이었는데, 그것은 많은 독자들의 반응으로 갚아질 수 있었다. 또 그런 서비스를 해줌으로 해서 작자는 독자를 자신의 내면으로 끌어들일 수 있었으며, 궁극적으로는 자신의 생각을 설득시킬 수 있는 상대자로 삼을 수 있었다. 그리고 결과적으로 동아시아의 많은 독자들이 그에게 설득 당했다.

이렇게 맥락과 인물의 개성이라는 이중(二重)의 네트워크가 설정됨으로 인해서 이야기는 상당한 합리성을 가지게 되었다. 여기에서 합리적이란 말은 모든 사건의 인과관계와 그 사건에 개입된 인물의 역할이 서로 유기적으로 결합하면서 완벽에 가까운 리얼리티를 확보한 전체적 틀을 만들어 내는 것을 의미한다. 좀더 쉽게 이야기하자면, 하나의 사건이 일어났을 때에 그것이 왜 일어나게 되었으며, 어째서 그런 방향으로 사건이 전개될 수밖에 없었는가, 또 그것에 개입된 인물들이 사건이 그런 방향으로 흘러가는 데에 어떤 결정적 역할을 했는가 하는 등의 요소가 읽는 사람들로 하여금 고개를 끄덕이지 않을 수 없게 만드는 것이다. 읽는 사람들이 고개를 끄덕이게 되면 그 이야기 속의 세계는 현실 세계와 친연성이 있는 세계로 바뀐다. 다시 말해서 이야기 속의 세계가 현실에 그만큼 가까워진다. 그리고 읽는 사람들은 이야기 속의 세계를 현실적 세계와 동일시하는 경향을 보이게 되며, 심지어는 그것을 현실로 믿어버리기까지에 이를 수도 있다.

이렇게 될 때에 이야기는 평범한 이야기가 더 이상 아니다. 그것은 오히려 현실세계를 넘어서는 또 다른 상상의 세계를 형성하게 되며, 나아가서는 현실세계보다 더 큰 비중을 가지는 경우도 생기게 될 것이다. 이것이 이야기를 통해 만들어지는 또 하나의 내면적 세계이며, 이것을 만들어 내는 것이 바로 소설적 리얼리티의 구축이었다. 다시 말해서 오늘날 우리가 말하는 소설적 리얼리티가 이야기를 단순한 이야기로 남겨 놓지 않고 현실에 어떤 영감을 던져 주거나, 심지어는 현실세계에 깊은 영향을 끼치는 이야기로 만들어 주는 것이라면, 《삼국연의》에서 나타난 맥락과 인물의 개성이라는 두 가지의 네트워크는 바로 이런 소설적 리얼리티를 구축하는 데에 결정적인 역할을 하였다고 생각된다. 소설적 리얼리티의 성공적인 구축은 독자를 설득하는 데에 있어서 가장 중요한 기제로 작용하였을 것이다.

그러나 맥락과 등장인물의 개성이라는 두 가지의 네트워크가 독자를 설득하는 데에서 종착점은 아니었다. 작자에게 가장 중요한 것은 독자를 설득해서 자신의 생각을 독자의 머릿속에 주입하는 것이었다. 바로 이 점이 《삼국연의》가 가지는 가장 중요한 의미였으며, 동시에 작자가 지니는 의미였다고 할 수 있다. 《삼국연의》에 이르면 작자는 단순히 상업적인 목적을 위해서만 작품을 만드는 기계가 아니었다. 그는 한편으로는 상업적인 목표를 가지고 있으면서도, 또 다른 한편으로는 자신의 관점을 주장하고 싶은 열망을 가지고 있었다고 생각된다. 이런 현상은 이전의 강사(講史)나 설창(說唱)에서 쉽게 찾아볼 수 없는, 명대에 나타난 전혀 새로운 흐름이었다. 그리고 이런 흐름으로 인해서 이 시기의 작자들이 문학적 중간층의 사회적 비중을 확대시켰다고 할 수 있다.

《삼국연의》에서 나타난 가장 중심적인 관점은 역사에서 현실적인 승자였던 위의 정통성을 부정하고 패자였던 촉을 실제적인 정통세력으로 부각시켰다는 점이다. 이것은 역사를 엄격하게 바라보는 역사가들의 관점과는 배치되는 것이었다. 그런 생각은 작자 개인의 생각만이 아니라, 예상되는 독자의 심정이나 정서를 고려한 결과였을 가능성이 크다. 그것은 비극적 영웅이 현실적인 승자보다 더 큰 정서적 지지를 얻는다는 점을 고려한 결과였을 가능성이 있으며, 작자는 그 정서의 방향이 이끄는 대로 이야기의 흐름을 재편성하였고, 그에 따라 등장인물의 개성을 각색하였으며, 다음에는 각색된 개성에 따라 맥락을 재구성하는 방식으로 이야기를 완성했을 것으로 생각된다. 그러므로 이 작품에서 드러난 작자의 의식은 바로 이야기의 시점이자 종점이었다. 사건으로서의 시점과 종점은 표면에 나서는 배우와 같은 역할을 하였으며, 그 배우의 연기를 지시하는 것은 바로 작자의 의식이었다. 이런 의식이 이야기를 통해 드러남으로 해서 이 작품은 단순한 이야기가 아닌 의식이 있는 이야기로 변화하였다. 나아가서 그것은 건조하고 단편적인 역사기록이 흥미 있고 생동감 넘치는 이야기로 변화하고, 마지막으로는 읽는 사람들로 하여금 역사의 의미를 되돌아보면서 깊은 생각에 빠지게 하는 작품으로 변모하는 데 원동력을 제공하였다고 보겠다.

그런데 작자의 이런 의식은 그만이 가지고 있었던 것이 아니었던 동시에 《삼국연의》에 국한되는 것도 아니었다. 그것은 중국인의 전반적인 심리구조의 저변에 자리잡고 있는 기본적 정서에 근거한 것이었으며, 그랬기 때문에 큰 설득력을 얻을 수 있었다. 그 기본적 정서라는 것은 바로 성공한 영웅을 칭송하기보다는 비운의 영웅을 동정하는 정서였다. 중국의 많은 이야기들은 비운의 주인공에 더 큰 애정을 보이고 있었다. 춘추시기의 인물인 오자서(伍子胥)와 남송대의 비운의 장군 악비(岳飛)의 이야기에서 우리는 고난에 빠지거나 실패하고 마는 영웅이 주인공으로 부각되고 있음을 잘 알고 있다. 당대의 전기인 〈곽소옥전(霍小玉傳)〉이나 명대의 의화본인 〈두십랑노침백보상(杜十娘怒沈百寶箱)〉과 같은 작품에서도 배신당한 여인의 모습이 보이고 있는데, 이것도 비운의 주인공을 동정하는 정서의 반영이라고 볼 수 있다. 또 대표적으로 실패한 영웅이라고 할 수 있는 항우(項羽)에게 사마천은 '본기(本紀)'를 부여하는 모험을 감행함으로써 그런 정서를 표현하였으며, 당시의 권력도 그것을 질책하지 않음으로써 그런 정서에 상당히 동조하는 모습을 보여주었던 것이 사실이다. 더 시대를 거슬러 올라가면 《산해경》에서 실패한 영웅으로 볼 수 있는 형천(形天)이라는 신의 모습을 발견할 수 있다. 그는 싸움에 져서 목이 잘려나간 후 젖꼭지가 눈으로 변하고 배꼽이 입으로 변하면서 지속적인 생명력을 유지한 인물이다. 또 그가 방패와 창을 들고 춤을 추고 있는 모습[5]은 그가 결코 완전한 패배자가 아니라는 점을 의미하는 동시에 사람들이 그에게 상당히 동조하고 있었음을 가리킨다고 하겠다. 결국 《삼국연의》에서 노출된 패자에 대한 동정은 중국인의 기본적 정서를 반영하는 것이었다고 생각할 수 있고, 그런 점으로 인해서 그 이야기는 중국인들 사이에서 보편성을 획득하면서 상당한 설득력을 지니게 되었다고 하겠다.

---

5) 《山海經》〈海外西經〉: "形天與帝至此爭神. 帝斷其首, 葬之常羊之山. 乃以乳爲目, 以臍爲口, 操干戚以舞."

이러한 기본적 정서는 단순히 패자를 동정하는 것에 그치지 않고 전편에 흐르는 특별한 분위기를 통해서도 표현되었다. 그것은 제갈공명의 이미지를 통해 조성되는 분위기였다. 이 작품에서 제갈공명은 실제 역사에서보다 훨씬 더 큰 의미를 부여받았으며, 사실상의 주인공으로 등장하고 있다고 생각된다. 그런데 그 주인공은 단순히 이야기 속에 나타남으로써, 혹은 뚜렷한 개성을 가지고 있음으로써 역할을 다 하는 것이 아니다. 주인공은 이야기를 이끌어나가는 역할을 하는데, 그렇게 되기 위해서는 그가 풍기는 분위기가 대단히 중요하다고 생각된다. 《삼국연의》에서 이야기의 중심에 서 있는 제갈공명은 신비스러울 정도의 총명한 두뇌를 가지고 있는 동시에 어떤 일이든지 적절하게 해결할 수 있는 유연한 사고를 지닌 인물이다. 그렇지만 그는 절대로 완전한 인물이 아니며, 그래서 한때 승승장구하던 그도 유비가 죽은 이후에는 쇠락의 길을 걷게 된다. 이렇게 제갈공명이 완전한 인물이 아니라는 점이 바로 그를 둘러싼 분위기를 창출하며, 그것이 독자에게 역사적 사실을 통해서가 아니라 어떤 감성을 통해서 이 작품에 접근하게 만드는 요인이 되었을 것이다.

이런 분위기의 구현은 독자가 작품을 읽어가면서 생기는 '이해'와는 또 다른 효과를 가져왔다고 생각된다. 이해하는 독자는 일종의 감정적 파장을 느낀다. 그것은 자신도 모르게 내면에 감추어져 있던 생각을 일깨우면서 감정적 동요를 일으키게 만든다. 약자에 대한 동정을 수용하지 않는 사람에게는 감정적 동요의 파장이 크게 느껴지지 않지만, 그것에 동감하는 사람에게는 그 동요의 파장이 크게 느껴졌을 것이다. 그는 자신도 그런 생각을 해 본 적이 있음을 확인하거나 새로운 사실을 발견했다는 생각에 젖게 될 것이다. 그렇지만 분위기는 이와는 정반대의 방향에서 독자의 마음에 파장을 일으킨다. 그것은 약자를 동정하는 등의 의미에 동감하는 것과 같은 분별적 사고를 통한 감각적 파장을 던지는 것이 아니라, 이성적으로는 분별할 수 없는, 정체 모를 감각적 파장을 던진다. 그 분위기는 독자를 감싸안게 되고 독자는 무엇인가 형언하기 어려운 감각에 파묻히게 되는 것이다. 그리고 읽기가 끝나면 독자는 그것이 무슨 의미였는가를 파악하는 것이 아니라, 그냥 어떤 느낌을 가지는 것으로 끝난다. 작자의 의식이 던져주는 파장이 의미를 통한 것이라면 분위기가 던져주는 파장은 막연한 이미지의 파장인 것이다. 그런데 그 이미지의 막연함이 독자를 흡인하는 요인이었으며, 그것이 바로 소설적 분위기였다. 그리고 그 분위기는 바로 앞에서 말한 기본적 정서를 '설명'하여 재확인시키는 것이 아니라 느낌으로 확인시키게 되며, 독자는 의식적으로 끌려들어오는 것이 아니라 자신도 모르게 그 분위기에 젖어서 작품세계 속으로 끌려들어오는 것이다.

그런데 이렇게 보편적 정서를 대변하는 의식의 표현 뒤에는 작자 자신의 의식이 숨어 있었다. 그것은 겉으로 드러나지 않고 있어서, 찾아볼 수 있는 사람만 찾을 수 있는 것이다. 그리고 그것은 다양하게 파악될 수 있는 것이지 결코 하나의 모습으로 굳어 있는 의식은 아니다. 실제로 많은 사람들이 이 수수께끼를 풀기 위해서 노력하여 왔는데, 《삼국연의》가 심각한 생각을 유발하는 것은 결국 이런 작자의 의식이 뒤에서 움직이고 있다는 믿음에 의한 것이었다. 나는 작자가 생각한 것을 다음과 같이 풀이하여 보았다.

앞에서 말한 바 있듯이 이야기의 맥락은 등장인물의 개성에 의해서 움직이며, 그래서 역사의 움직임은 결국 사람에 의해서 만들어지는 것이지 결코 미리부터 정해진 규율에 따라 움직이는 것이 아니다. 사람들은 역사를 통해서 과거를 알고 그것을 통해 오늘의 문제를 해결할 지혜를 배운다고 하고 있지만, 실제로 그들이 알아내는 과거는 그 시기의 사건과 그 결과에 지나지 않는다. 역사로부터 배운다는 것은 역사를 움직인 사람들이 무슨 생각을 가졌기 때문에 그런 역사가 만들어졌는가를 배운다기보다는 어떤 상황이 전체적으로 만들어졌으며, 그 상황이 어떻게 종결되었는가를 배우는 것에 치우쳐 있다는 것이다.

그러나 《삼국연의》의 작자는 그런 피상적인 생각을 부정하고 있다. 그에게 가장 중요한 것은 당시에 실제로 벌어진 상황 자체가 아니라, 그 상황에 개입하면서 실제로 행동을 취한 사람들의 머리와 가슴속에서 돌아가던 생각이었다. 바로 그런 생각을 배우는 것이 역사에서 지혜를 얻는 길이라고 그는 생각했던 것이다. 그렇기 때문에 《삼국연의》에서 가장 큰 비중을 차지하는 요소는 인물의 성격과 그것에 따른 행동의 일관성이었다. 성격과 행동이 일관성을 가지지 못하면 그것은 아무런 가치가 없었을 것이기 때문이다. 그에 의하면 역사는 중심인물에 의해서 움직여지며 실제 상황은 그 인물들이 취하는 행동에 의해서 조성되고, 그 결과는 상황이 돌아가는 모습에 따라 결정된다. 그것은 그의 역사에 대한 인식을 의미하는 동시에 그가 사회를 향해서 던지는 날카로운 메시지였다. 그는 단순히 글을 쓴 사람이 아니라 그런 메시지를 던질 수 있는, 어쩌면 그런 메시지를 던지기 위해서 글을 쓴 사람이었을 가능성이 있다. 《삼국연의》가 오랜 세월에 걸쳐 그렇게 많은 독자를 확보하게 된 것은 바로 이런 메시지를 던질 정도의 의식이 있는 작자가 존재했기 때문이라고 할 수 있다. 그로 인해 《삼국연의》는 이미 흥미로운 글쓰기의 범위를 벗어나고 있었다. 그것은 사회를 향해서 작자가 자신의 목소리를 주장할 수 있는 매체로 성장한 글쓰기의 모습을 보여주고 있는 것이다.

2. 《수호전》

《수호전》은 송대에 발생했던 송강(宋江)의 반란사건을 토대로 한, 양산박(梁山泊)에 모여든 108명의 호걸의 이야기이다. 이 작품은 '사대기서'의 작품 중에서 가장 다양한 누적(累積)의 흔적을 보여준다. 이 작품의 완성에는 어느 다른 작품보다도 더 많은 사람들이 개입되었으며, 또 누적의 단계도 그만큼 복잡했다. 이 작품의 작자에 관해서는 많은 논쟁이 있어 왔지만 그 범위는 나관중과 시내암을 벗어나지 않는다. 명대 고유(高儒)의 《백천서지(百川書志)》에서는 이 작품에 관해 "施耐庵的本, 羅貫中編次"라고 기록하였고, 오늘날 남아 있는 명대의 잔본(殘本)에는 "施耐

庵集撰, 羅貫中撰修" 등의 서명이 남아 있다. 시내암이 누구인가에 관해서는 분명한 자료가 없으며 대략 세 가지의 추측이 제기되어 왔다. 최근의 자료를 종합하면 그는 원말 명초에 살았던 인물이었을 가능성은 인정되지만 그 이외의 사항에 대해서는 이론이 분분하다.[6] 그래서 우리는 다만 이 두 사람이 《수호전》의 완성에 어떤 형태로든 개입되어 있었다는 점을 추측하는 데에 그치고 있다.

《수호전》의 기본 소재가 되는 송강의 반란은 선화(宣和, 1119~1125) 연간에 일어난 것으로 알려져 있으며 《송사》에 단편적으로 기록되어 있다.[7] 이 기록들을 종합하면 송강이 36명을 이끌고 반란을 일으켜 상당한 위세를 떨치고 있었는데 관군이 이를 쉽게 진압하지 못하자 조정 한편에서 송강을 투항시켜 방랍(方臘)을 토벌하게 하자는 논의가 있었으며, 결국에는 장숙야(張叔夜)에게 송강이 투항하게 되었다는 줄거리가 형성된다. 이것은 《수호전》의 기본골격에 접근하고 있어서 이 작품이 송강의 반란을 토대로 시작되었음을 확인할 수 있다.

남송시기부터 송강의 반란에 관한 일화는 광범위하게 유포되었으며 설화인(說話人)의 좋은 소재가 되었던 것으로 보인다. 공개(龔開)의 《삼십육인화찬(三十六人畵贊)》에서는 이 사건에 개입된 36명의 이름과 호(號)가 확정되었고, 나엽(羅燁)의 《취옹담록》에서는 그 이야기를 소재로 하는 설화의 제목으로 '청면수(靑面獸)', '화화상(花和尙)', '무행자(武行者)' 등이 기재되어 있다. 그리고 《대송선화유사(大宋宣和遺事)》에서는 처음

6) 齊裕焜, 《明代小說史》 pp.96~97.

7) 《宋史》〈徽宗本紀〉: "淮南盜宋江等犯淮陽郡, 遣將討捕. 又犯東京・江北, 入楚海州界, 命知州張叔夜招降之."; 《宋史》〈張叔夜傳〉: "宋江起河朔, 轉略十郡, 官兵莫敢攖其鋒. 聲言將至, 張叔夜使間者覘所向, 賊徑趨海瀕, 劫巨舟十餘, 載擄獲. 于是張叔夜募死士得千人, 設伏近城, 而出輕兵距海誘之戰. 先匿壯卒海旁, 伺兵合, 擧火焚其舟. 賊聞之, 皆無鬪志. 伏兵趁之, 擒其副賊, 江乃降."; 《宋史》〈侯蒙傳〉: "宋江寇京東, 侯蒙上書言, 江以三十六人橫行齊魏, 官兵數萬無敢抗者, 其才必過人. 今淸溪盜起, 不若赦江, 使討方臘以自贖."

으로 등장인물 중의 양지(楊志), 송강 등에 관한 이야기가 기록되기 시작했다. 특히 여기에서는 《수호전》의 발단이 되는, 송강 등이 충의를 위하여 기의(起義)한다는 예언을 담은 '천서(天書)'의 내용과 장숙야의 투항 권고 및 송강의 투항, 방랍의 반란 진압 등의 이야기들이 출현하였다. 이 책에서 개인에 대한 이야기가 묶여지면서 줄거리를 가진 강사의 이야기로 발전하는 흔적이 드러나기 시작했던 것이다. 한편 이 시기에는 이 이야기를 소재로 하는 연행(演行)인 '수호희(水滸戲)'가 등장하였는데, 애초에는 33종이 있었다고 하나 현재는 6종의 극본이 전해지고 있다. 그 중에는 강진(康進)의 《이규부형(李逵負荊)》, 고문수(高文秀)의 《쌍헌공(雙獻功)》이 포함되어 있는데 여기에서 《수호전》의 영웅은 36명에서 72명으로, 그리고 다시 108명으로 늘어나게 되었다. 그리고 작자가 밝혀져 있지 않은 《노지심희상황화욕(魯智心喜賞黃花峪)》에서는 양산박의 모습이 구체적으로 나타났다. 이런 축적을 거쳐 《수호전》이 마침내 장편소설로 탄생한 것은 원말 명초에 이르러서였다고 알려져 있다.

오늘날 남아 있는 《수호전》에는 다른 어떤 작품보다도 다양한 판본이 있다. 특히 이 책에는 번본(繁本)과 간본(簡本)이 있다. 번본은 이야기를 구체적으로 기술한 것이고 간본은 비교적 간략하게 기술한 것이라고 한다. 번본 중에서 중요한 것으로는 100회본, 120회본, 70회본 등이 있다. 100회본으로는 원문이 보존되어 있는 것으로 1589년에 출판된 《충의수호전(忠義水滸傳)》과 1600년에 용여당(容與堂)에서 간행된 《이탁오선생비평충의수호전(李卓吾先生批評忠義水滸傳)》이 있다. 그 외에 1975년에 발견된 《경본수호전(京本水滸傳)》과 정진탁(鄭振鐸)이 소장했던 《충의수호전》의 잔본(殘本) 8회가 남아 있다. 120회본으로는 명대에 원무애(袁无涯)가 간행한 것이 있는데, 이것은 100회본의 이야기를 기초로 하면서 전호(田虎)와 왕경(王慶)을 정벌하는 이야기가 덧붙여진 것이다. 또 70회본으로는 김성탄(金聖歎)이 100회본을 저본으로 하면서 개작한 것으로 양산박에 호걸이 모두 모여드는 부분까지만을 다루고 있다. 간본으로 중요한 것은 1594년에 쌍봉당(雙峰堂)에서 간행된 《경본증보교정전상충의수호지전평림(京本增補校正全像忠義水滸志傳評林)》과 파리국립도서관에 소장되어 있는 《신간경본전상삽증전호왕경충의수호전(新刊京本全像挿增田虎王慶忠義水滸傳)》의 잔본이 있다. 그 외에도 웅비관(雄飛館)에서 간행된 「영웅보(英雄譜)」본, 「한송기서(漢宋奇書)」본 등이 있다. 이런 간본에서 회목(回目)은 일정하지 않아서, 120회, 115회, 124회 등의 다양한 회목이 있다.

번본과 간본의 관계에 대해서는 다양한 견해가 제시되어 왔지만 아직 어떤 정설이 마련되어 있지는 않다. 번본이 먼저 나오고 간본이 그것을 기초로 해서 나중에 나왔는지, 아니면 간본이 먼저 있었고 그것을 기초로 해서 번본이 쓰여졌는지, 그것도 아니면 번본과 간본이 각각 나왔는지에 대한 쟁론은 아직도 계속되고 있다. 다만 번본과 간본의 존재를 통해서 우리는 이 책이 어느 정도로 독자를 흡인하는 문화상품이었는지를 짐작할 수 있다. 또 그 이야기의 전모는 번본과 간본을 합칠 때에 완전히 파악될 수 있다. 그 이야기는 크게 (1) 비석 밑에 묻혀 있던 정기가 풀리면서 양산박에 108호걸이 모여드는 과정 (2) 산적질을 하면서 관군과 싸움을 벌이다가 조정에 투항하는 과정 (3) 조정의 명령을 받아 요(遼)를 정벌하는 과정 (4) 전호(田虎)의 정벌 (5) 왕경(王慶)의 정벌 (6) 방랍을 정벌하면서 108호걸 중 상당수가 죽거나 다치는 과정 등의 여섯 부분으로 이루어져 있는데, 이 여섯 부분이 모든 판본에 다 나오는 것은 아니다. 보편적인 번본은 (1), (2), (3), (6)으로 이루어져 있지만, 오히려 간본에서 여섯 부분 모두가 기술되고 있다. 그리고 이 두 가지를 절충해서 번본의 (1), (2), (3), (6)과 간본의 (4), (5)를 합쳐서 120회로 구성한 것이 오늘날 우리가 볼 수 있는 가장 완전한 수호 이야기라고 할 수 있다.

이런 이야기의 형성과정만 보아도 《수호전》이 애초의 역사적 사실에서 출발하여 다양한 누적의 과정을 거치면서 내용이 불어남으로써 오늘날 우리가 보는 이야기로 완성되었음을 알 수 있다. 그것은 한편으로는 역사소설의 요소를 띠고 있으면서도 그 내용이 역사적 사실로부터 멀어짐으로써 비로소 이야기로 성립되었다고 할 수 있다.

그런데 이 이야기의 구성에서 역사적 사실에 의해 세워지는 이정표는 그리 조밀하지 않았다. 그것은 송강이 반란을 일으켰다는 점, 그리고 그 반란에 36명의 가담자가 있었으며 마지막에는 그들이 조정에 투항했다는 점뿐이었다. 다시 말해서 이 작품에서는 《삼국연의》에서처럼 이야기의 축을 이루어내는 조밀한 이정표가 애초부터 존재하지 않았다. 작자가 애초에 가지고 있던 자원은 막연하기 짝이 없는 시점과 종점, 그리고 그 사이에 여기 저기 놓여 있는 개별적 인물에 대한 단편적이고도 고립적인 이야기뿐이었을 것이다. 특히 그 개별적 인물에 대한 이야기는 《수호전》을 위해 존재하는 것이 아니었다. 그것은 각각 나름대로의 맥락에 의지한 이야기들이었기 때문에, 그런 이야기들을 선(線)으로 이어 늫는다고 해서 이야기가 성립되는 것이 결코 아니었다. 그러므로 그런 이야기들이 통일된 맥락을 가진 이야기의 한 부분으로 변모되어 통제되기까지는 상당히 창의적이고 치밀한 작가의 조작과 보충이 필요했다.

이렇게 볼 때에 《수호전》의 작자가 이루어낸 것은 《삼국연의》의 작자가 한 것과는 성격이 다르다. 《삼국연의》의 작자는 이미 잘 짜여져 있는 평면을 제공받고 있는 상태에서 그 내부를 보다 짜임새 있게 만들기 위해서 이정표와 이정표를 잇는 맥락을 창조하고 그 사이를 메워 나가면 되었다. 그러나 《수호전》의 작자가 애초에 제공받은 평면은 잘 짜여져 있는 평면이 아니라 몽땅 새로 짜야 하는 평면이었다. 그가 가진 것은 새로 판을 짤 때에 어떻게 시작해서 어떻게 끝낼 것인가 하는 지침에 불과했다. 그렇기 때문에 그가 할 일은 《삼국연의》에서보다 훨씬 많았다. 작자는 시점에서 종점으로 이르는 줄거리를 형성하고 그 줄거리에 등장할 인물을 설정하며, 그 인물이 각각 겪는 일을 만들어 내면서 어째서 그 인물이 일당에 합류하지 않으면 안 되었는가 하는 당위성을 보여주기 위한 연결장치 등을 만들지 않으면 안 되었던 것이다. 특히 등장인물에 있어서 《수호전》의 작자에게는 어떤 인물이 어느 시점에 반드시 등장해야 한다는 것이 정해져 있지는 않았다. 또 어떤 인물이 반드시 어떤 일을 해내야 한다는 것도 정해져 있지 않았다. 모든 것은 그의 재량권에 달려 있었다. 그는 이미 골격이 갖추어져 있는 집을 개조하는 것이 아니라 달랑 주춧돌만 놓여 있는 땅 위에 새로 집을 지어야 하는 입장에 있었다. 그것은 조그만 사실의 덩어리에 조금씩 혹을 붙여나가면서 마침내는 덧붙여진 혹이 원래의 덩어리보다 수십배 이상 커지게 만드는 방식으로 이루어졌던 것이다. 여기에서 조그만 사실의 덩어리, 즉 송강의 반란은 이야기에 빌미를 제공하는 것이지 그것 자체가 이야기의 본체가 아니다. 실제로 작자가 하고 싶었던 이야기는 반란이 아니라 반란에 이르는 과정이나 그 이후였을 것이다. 그래서 그는 한 가운데에 조그만 사실의 덩어리를 놓아두고 좌우로 그 덩어리에 이르는 과정과 이후의 과정을 포진시키는 방식을 사용했다. 그래서 그가 해야 할 일도 많았지만 반면에 그의 의지대로 나아갈 수 있는 여지도 그만큼 넓어졌을 것이다. 《수호전》은 바로 그런 넓은 여지를 자유로우면서도 효율적으로 사용할 수 있는 작자의 능력에 의해서 이루어졌다고 할 수 있다.

《수호전》의 전반부, 다시 말해서 108호걸이 양산박에 모이기까지의 과정은 마치 쇠사슬과 같은 모습으로 전개된다. 왜냐하면 등장인물이 한꺼번에 몇 명씩 등장하거나 혹은 여러 인물이 등장할 수 있는 환경이 미리 설정되어 있는 것이 아니기 때문이다. 대개의 경우 우선 한 사람이 등장하면서 그에 관련된 사건이 진행되다가, 그가 다른 사람을 만나게 되면 그 다음에는 새로 등장한 인물의 사건이 전개되고, 대신에 처음 나왔던 사람은 잠시 묻히게 되는 방식으로 이야기가 전개된다. 물론 앞의 어딘가에서 출현한 인물이 뒤의 다른 인물이 겪는 사건에 등장하는 경우도 있지만, 이야기의 전체적인 전개는 한 인물에 관한 사건에서 다음 인물의 사건으로 연결되는 방식으로 이루어지고 있는 것이다. 일부 인물에 관해서는 기존의 이야기를 채택하기도 했을 것이다. 그래서 각각의 인물에 대한 부분이 모두 완성된 다음에는 그 부분들을 이어나가기 시작하는 방법을 통해 70회 분량을 만들어 내었다고 볼 수 있다. 이런 방식은 108호걸이 양산박에 집결하는 대목에 이르기까지 지속된다. 모든 인물이 집결하면 그 다음에는 그들 전체가 개입되는 사건을 통해 이야기가 전개되는데, 이것은 당연한 귀결이었을 것이다.

전반부에서 보이는 쇠사슬과 같은 모습의 이야기 전개 방식은 중국의 다른 소설 작품에서 찾아보기 어려운 것이며, 이것은 앞에서 언급한 바 있는 작자의 이야기 구성방식과 관련이 있다고 생각된다. 즉 각 인물의 개별적 사건은 그 개인에 국한된 것이지, 108호걸 전체에 직접적인 영향을 끼치는 것이 아니다. 그래서 어떤 의미에서는 각 개인에 관한 이야기는 그것 자체로 하나의 독립적인 이야기를 형성하고 있다. 그것이 합쳐지면서 《수호전》을 이룬 것이 사실이지만, 만약 작자가 원했다면 그것 자체로도 단편소설 하나를 만들어 내기에 충분했을 것이다.

《수호전》의 인물설정과 줄거리의 맥락은 나름대로의 특징을 가지고 있었다. 우선 그 인물들은 미리부터 어떤 인물이어야 한다는 제약이 없었다. 미리 정해져 있던 것은 그런 인물이 있었으며, 송강을 중심으로 하는 집단에 참여했다는 정도에 지나지 않았을 것이다. 그들 개개인의 성격은 오히려 개별적인 이야기가 만들어지고 진화하는 과정에서 덧붙여진 것이었을 가능성이 크다. 한편 애초의 개별적 이야기에서 나타나는 인물의 성격들이 어떤 일관성을 가지고 있었다고 보기는 어렵다. 108명의 호걸이 양산박에 집결하는 데에는 의리라는 명분이 있고 또 호걸끼리 마음이 통했기 때문으로 되어 있지만, 애초에 존재했을 것으로 생각되는 각 인물에 대한 개별적인 이야기에서 등장인물이 반드시 의리를 존중하고 호걸을 존경하는 마음을 가지고 있었다는 보장은 없다. 노지심(魯智深)은 그에 관한 독립적인 이야기에서는 그저 술을 좋아하여 절간을 망쳐놓은 것만으로도 충분한 흥미를 제공했을 가능성이 크며, 그런 개별적 이야기에서 노지심을 굳이 의리를 존중하는 호걸로 그릴 필요는 없었을 것이다. 그러나 개별적 이야기들이 합쳐져서 양산박을 무대로 하는 《수호전》이라는 거대한 이야기를 형성하면서는 상황이 달라졌다. 이 단계에 들어서면 작자가 개별적인 일화를 다루는 입장에 서 있는 것이 아니고 전체적인 맥락을 구성해야 하는 입장에 서 있었기 때문에, 그 맥락에 합리적 근거를 만들지 않으면 안 되었을 것이다. 그 중심에 양산박으로의 집결이 있었고, 그것을 가능하게 하는 것이 송강의 인품이었으며, 그에 대한 의리를 지키고자 하는 명분이 그들로 하여금 양산박으로 향하게 하였던 것이다.

이렇게 볼 때에 우리는 최종적으로 이야기를 완성한 작자의 또 다른 손길을 발견하게 된다. 그는 각 인물에 대한 독립적으로 존재하던 단편적 이야기를 그냥 모아놓기만 한 것이 아니었다. 그는 각각의 이야기를 하나의 줄거리 속으로 편입시키기 위한 맥락을 구성하였다. 그 중에서 중요한 것은 등장인물의 성격과 그 성격으로 인해 양산박에 집결하게 되는 다양하면서도 합리적인 인과관계의 설정이었다고 생각된다. 이것은 애초에 존재하던 맥락이 아니었으며, 또 이야기의 진화과정에서 서서히 만들어져 온 것도 아니었다. 그것은 개별적 이야기들이 합쳐져서 《수호전》 전체의 윤곽이 구상될 즈음에야 비로소 필요성이 제기되었으며, 그래서 최종적인 작자에게 맡겨진 부담이었다. 그리고 그런 맥락은 여러 사람이 오랜 기간에 걸쳐 만들어 낼 수 없는 것이었다. 그것은 그야말로 마지막 순간에 마무리를 할 수 있는 사람의 몫이었으며, 《수호전》의 최종적 작자가 바로 그 마무리를 한 사람이었다.

그런데 그 마무리가 간단한 것이 아니었다. 그것은 아무런 의미도 없는 파편들이 무질서하게 모여 있다가 작자의 손길이 가해지면서 어느 한 순간에 의미 있는 모습을 드러내는 과정을 보여주고 있었다. 그것은 점진적인 변화의 모습이 아니라, 아무 것도 없던 평원에 갑자기 폭발음이 들리면서 버섯구름이 피어 오르는 것과도 비슷한 상황이었다. 그래서 애초에 존재하던 개별적인 이야기는 그리 큰 의미를 지니지 못한다. 그 이야기들은 단편적인 공연의 소재로, 또 특정인물의 일화로 존재하였을 뿐, 특별한 메시지를 제공할 정도의 비중은 갖지 못하고 있었다. 그런데 《수호전》이 최종적으로 완성되면서 그 개별적 이야기들의 집합체는 상당한 의미를 갖게 되었고, 그 속에 편입된 이야기들도 이전에 개별적으로 유통되던 때와는 완전히 다른 의미를 갖게 되었던 것이다. 그것은 단편적인 이야기가 커다란 몸통 속으로 편입되면서 새로운 생명력을 가지는 중국 소설전통의 한 모델을 보여준다고 할 수 있다.

각각의 등장인물에 관한 개별적 이야기들은 일단 《수호전》에 편입된 이후에는 과거와는 다른 위상을 가지게 되었다. 예를 들어 이전에 유통되던 임충(林沖)의 이야기는 임충이라는 특정 인물의 이야기에 지나지 않았다. 그렇지만 임충의 이야기가 《수호전》에 편입된 이후에는 상황이 달라졌을 것이다. 그것은 단순히 호걸인 임충 개인에 관한 이야기를 넘어서서 108영웅의 하나인 임충의 이야기로 변화하게 되었다. 임충의 이야기가 따로 떼어져서 공연장에 올랐을 때에 모든 사람들이 그것을 《수호전》이라는 큰 이야기의 한 부분으로 인식하였기 때문에, 그 반응은 과거의 따로 떨어져 있던 이야기에 대한 반응과는 큰 차이가 있었다고 볼 수 있다. 이것은 집단이 만들어 내는 시너지효과와도 같은 것이었다. 개별적으로는 아무 힘도 없는 사람들이 뭉치면 큰 둑을 만들어 낼 수 있듯이, 이야기도 단편적으로는 별 의미를 지니지 못하지만 여러 이야기가 합쳐지면서 전체적인 맥락을 구성할 때에는 큰 의미를 지니게 되며, 막대한 부가가치를 지니는 문화상품으로 변하는 것이다. 《수호전》의 최종적 완성자는 바로 이런 변화를 이끌어낸 사람이었다.

한편 《수호전》에 등장하는 인물 중에서 가장 중심적인 역할을 하는 사람들은 대개 비슷한 배경을 지니고 있다. 그들은 한마디르 범죄자이다. 대부분 범죄를 저질러 도망하거나 유랑하는 중에 비슷한 처지에 있는 다른 사람을 만나 서로 사정을 이야기하다가 의기투합하게 되고, 그것이 쇠사슬처럼 엮이면서 하나의 중심적인 집단을 만들어나가는 것이다. 이렇게 중심적인 인물들이 범죄자이기 때문에 그들이 양산박에 모여 산적의 무리를 형성하는 것은 상당히 합리적인 설정이었다고 할 수 있다. 만약 선량한 사람들이 모여 산적의 무리를 형성했다면, 그것은 애초부터 성립될 수 없는 이야기였음이 분명하다.

그런데 등장인물이 이런 공통점을 지닌다는 것은 작자가 이야기를 통해서 드러내고 싶은 생각과 관련이 있어 보인다. 죄를 지은 사람을 통해서 그는 죄인에게 핑계를 제공한다. 다시 말해서 그들의 죄는 의도적인 것이 아니라 시대와 사회가 죄를 짓도록 만든 것이다. 고구(高俅)로 대표되는 부패한 관료조직이 죄를 짓게 만들기도 하고, 윤리적으로 타락한 사회가 개인에게 참을 수 없는 분노를 일으키게 해서, 법률과 제도의 관점에서 보면 도저히 용서할 수 없는 죄를 짓게 만드는 것이다. 또 죄를 짓지 않았으면서도 양산박에 합류하는 사람들은 죄인을 동정하는 사람들이며, 그 이유는 바깥 세계, 즉 부패한 관료조직과 타락한 사회에 대한 실망에 있었다. 그들이 호걸을 좋아하는 것은 그 바깥세계로부터 탈출할 수 있는 길을 열 수 있기 때문이었다. 그렇지만 어쨌든 그들은 죄인이거나 죄인의 동조자였으며 다 같이 모여서는 더 큰 죄를 짓는 산적의 무리를 형성하게 되었다. 이제 그들은 개인적 분노에 따라 죄를 짓는 것이 아니라 집단의 의지를 통해서 죄를 짓고 있으며, 죄를 짓는 상대도 개인적 관계에 있는 상대가 아니라 조정과 사회라는 큰 범주로 변하고 있었다. 정통적인 관점에서 볼 때에 이것은 선과 악을 바꾸어 놓은 것이었다. 그것은 죄지은 사람들에게 면죄부를 주면서, 그 죄를 탓하는 사람들을 악인으로 만들어 놓고 있었다. 죄인은 호걸이라는 개념을 통해 선인으로 만들고 바깥세계는 부패와 타락이라는 개념을 통해서 악의 세계로 만드는 것이 작자의 의도였다고 생각되는 것이다. 이런 의도는 적어도 108호걸이 양산박에 집결해서 산적 노릇을 하는 대목까지는 분명하게 드러난다.

그런데 이렇게 선과 악을 바꾸어 놓는 관점이 108호걸이 조정에 투항하는 대목에 이르면 사라지게 된다. 그것은 같은 이야기의 맥락 속에서 일어나는 가치관의 변화였다. 여기에서 우리는 중국인이 전통적으로 가지고 있던 왕실에 대한 생각이 《수호전》과 같은 작품에서도 여전히 막강한 힘을 발휘하고 있음을 발견한다. 그것은 아무리 관료조직이 부패하였다 하더라도 왕실과 그것을 대표하는 황제만큼은 마지막까지 남아 있는 희망의 대상이었다는 점이다. 황제의 결정과 그것에 개입된 가치관은 결코 도전할 수 없는 것이며, 그래서 황제는 최후의 선이다. 그리고 양산박의 무리들도 황제의 권유 앞에서는 생각을 달리하게 되어 있고, 마침내 투항을 결정한다. 그 투항은 명예로운 것이었으며 그 점이 그런 결정을 내리는 명분이 되었던 것이다. 그런데 투항 이후에는 그들이 토적(討賊)에 동원되는 이율배반적인 상황이 발생한다. 다시 말해서 조정은 도둑의 무리를 불러와서는 다른 도둑을 토벌하게 만드는 것이다. 이것은 이전의 선과 악이 뒤바뀐 상태가 원상으로 돌아왔음을 가리키는데, 사실상 앞부분과 뒷부분의 가치관은 정반대라고도 할 수 있다. 그것은 복수의 작자가 개입하여 완성된 작품이 지니는 특징이자 한계였음이 분명하다고 하겠다.

한편 승승장구하던 호걸들이 마지막 부분에서 방랍을 토벌하러 가서는 힘을 잃고 쓰러져 가는 대목에 이르면, 작자의 생각이 또 한 번 바뀌는 것을 발견할 수 있다. 우선 그것은 《삼국연의》에서 목격한 바와 같은 비운의 영웅을 선호하는 정서를 나타낸다. 호걸들이 하나 둘씩 죽음으로 내몰리는 것은 달이 차면 기울기 마련이라는 일반적 정서를 반영한 결과이다. 동시에 그것은 이 호걸들이 애초에 죄를 지었다는 사실로 돌아가는 것을 의미한다. 비록 그들은 핑계 있는 죄인이었고 이후에는 사면을 받았지만, 애초에 그들이 죄를 지은 사람들이었기 때문에 원칙적으로 순탄한 생명을 유지할 수 없다는 식이다. 그래서 이 부분의 작자는 그들의 원죄를 어떤 방식으로든 갚지 않으면 안 된다는 부담감을 느꼈을 것으로 생각되며, 그가 선택한 방법이 죽음에 이르게 하는 것이었다. 그것을 그 호걸의 이미지와 사회적인 의미를 다 같이 살리는 길이라고 여긴 듯하다.

이렇게 볼 때에 《수호전》은 두 가지의 서로 다른 가치관이 얽혀져 완성된 이야기라고 할 수 있다. 지나치게 단순화시킨 도식일지 모르지만 앞부분은 정통적인 가치관에 대한 도전적 의미를 띠고 있는 반면에, 뒷부분은 정통적 가치관으로 되돌아간 것을 의미한다고 볼 수 있다. 이것은 앞에서 말한 바 있듯이, 이 이야기가 오랜 진화과정을 거치면서 이야기를 만드는 주체나 이야기를 소비하는 주체가 변했기 때문에 나타난 현상이었을 가능성이 크다. 즉 앞부분의 이야기는 주로 민간계층에서 구연되던 것을 채택한 것이 많았고, 그래서 애초의 가치관이 상당 부분 투영되어 있었다는 것이다. 이 시기에는 이야기하는 주체가 민간계층에서 소비자를 찾는 중간층의 작자나 공연자였을 것이며, 소비 계층도 민간계층에 국한되었을 가능성이 크다. 그러나 뒷부분에 가면 그 이야기를 문자언어를 통해서 기술하는 사람들로 이야기하는 주체가 바뀌었을 가능성이 있고, 그들이 겨냥하는 소비자도 듣는 독자보다는 읽는 독자 쪽으로 기울어졌을 가능성이 있다. 그런 상황에서 이야기를 쓰는 사람이 읽는 독자의 가치관을 반영하였다고 볼 수 있다. 그것은 민간계층의 소비자에게도 중요했겠지만, 아무래도 사회의 상위계층이 많이 포함된 읽는 소비자에게는 더욱 중요한 요소가 되었을 것임이 분명하다.

《수호전》에 대한 독자의 반응은 상당했던 것으로 전해진다. 이 작품이 금서로 지정되기도 했으나 그 조치가 오래 지속되지는 못했던 사실이 그 인기를 보여준다고 하겠다. 전통시기 중국인들에게 이 작품은, 특히 앞부분의 이야기는 통쾌한 대리만족감을 제공했을 가능성이 있다. 그렇기 때문에 이 작품은 생각하는 독자보다는 통속적인 독자에게 더 큰 반응을 얻었을 가능성이 있다. 다시 말해서 '사대기서'의 다른 작품과는 달리 이 작품은 감각적인 반응을 더 겨냥한 특성을 가지고 있었다. 《수호전》에 포함된 대부분의 이야기는 직설적이며, 특별한 의미를 내포하고 있었던 것이 아니었다. 그것은 어떤 사건과 그에 얽힌 인물들의 모습을 보여주는데, 읽는 사람은 그 내용이 실제로 있었던 것인지 아니면 있을 수도 있는 것을 보여주는 것인지 구분할 필요가 없었다. 왜냐하면 이 작품에서는 작자가 모든 것을 설명하고 있기 때문이다. 그는 호걸, 죄인, 산적, 부패관료, 타락한 사회 등의 모든 모습을 보여주고 있으며, 거기에 개입된 가치마저도 자신의 판단에 따라 보여주고 있다. 독자는 그저 따라 읽으면서 통쾌감이나 울분, 비참함을 느끼면 그만이었다. 그들이 느끼는 것은 이야기의 흐름에 그대로 나타나 있었지, 어떤 우회로를 통해 그것을 느낄 필요가 없었던 것이다.

특히 《수호전》이 가지고 있는 특징은 이전에 일어났던 사건 자체를 그대로 보여주는 것이 아니라는 점에 있다. 이전에 일어났던 사건은 그다지 중요한 것이 아니다. 중요한 것은 그 사건의 배후에 놓여 있는 사연이다. 그런데 그 사연은 미리 정해져 있는 것이 아니며, 독자의 입장에서 볼 때에는 새로운 것이었다. 그렇기 때문에 《수호전》은 '있었을 수도 있는 사연'을 보여주는 것이지, '있었던 사연'을 보여주는 것이 아니었다. 그것은 진실을 보여주는 것이 아니라 진실이었을 가능성을 보여주는 것이며, 따라서 독자와 작자 사이에는 미묘한 심리적 놀이가 전개되었을 가능성이 크다. 다시 말해서 어떻게 그런 사연이 발생하였는가에 대한 작자와 독자의 상상력 경쟁이 전개되었을 가능성이 있는 것이다. 예를 들어 《삼국연의》에서 관우가 등장할 때에는 작자의 생각과 독자의 생각이 온전히 빗나가서는 안 된다. 그렇지만 《수호전》에서 양지(楊志)가 등장할 때에 그는 이런 성격을 가질 수도 있고 저런 성격을 가질 수도 있다. 작자는 나름대로 그를 묘사하고 독자는 또 다른 방향으로 그를 설정할 수도 있다.

이렇게 같은 인물에 대해 서로 다른 생각을 할 수 있다는 가능성 때문에 작자와 독자 사이에는 상상력의 경쟁으로 인한 긴장감이 조성되게 되어 있으며, 그것이 하나의 심리적 놀이를 만들어 내는 것이다. 그런 놀이의 가능성은 이야기가 전개되는 독특한 방식, 즉 꼬리에 꼬리를 물고 인물이 차례로 등장하는 과정에서 가장 선명하게 드러난다. 한 회가 끝나면 독자는 다음에 어떤 인물이 새로 등장할 것인가에 대한 호기심을 가지게 되며, 그 인물이 등장한 다음에는 또 누가 등장할 것인가에 대한 호기심을 가지게 되는 것이다. 작자는 독자의 이런 호기심을 상정하면서 줄거리를 기획

했을 가능성이 크다. 그 순서나 등장인물의 선정은 《삼국연의》에서와는 달리 완전히 작자에게 일임되어 있었다. 그렇기 때문에 작자는 독자의 긴장이 식지 않도록 설계하였을 것이며, 독자는 작자의 의중을 헤아리면서 이야기를 읽어나갔을 가능성이 크다. 그렇게 함으로써 작자는 모든 것을 설명하면서도 실제로는 독자를 휘어잡아 이야기의 세계 속으로 깊숙이 끌어들일 수 있었다. 이것이 바로 《수호전》이 가지고 있던 소설적 기술(技術)이었다. 그리고 그 기술로 인해서 죄인은 의리로 충만한 호걸이 되었으며, 독자는 그들을 통해서 만족감을 느끼고 있었다고 생각되는 것이다.

3. 《서유기》

《서유기》는 당대의 유명한 승려인 현장(玄奘)이 불경을 구하기 위해서 인도로 여행했던 일을 기초로 해서 쓰여진 이야기이다. 따라서 이 이야기도 앞의 두 작품과 마찬가지로 사실에서 출발한 것이다. 현장은 615년에 출가(出家)하였으며, 629년에 장안을 떠나 인도로의 여행을 시작하였다. 그는 상인의 대열에 끼어 국경을 넘고 인도까지 50,000리가 넘는 길을 여행하면서 100여 개의 '나라(國)'를 거쳐 갔다. 그는 645년까지 인도에서 13년을 머물다가 657부의 범문(梵文)으로 된 불경을 가지고 귀국한 것으로 알려져 있다. 그는 자신의 여행을 기록한 《대당서역기(大唐西域記)》를 저술하였는데, 이 책을 통해서 자신의 경험을 독특한 종교적 시각에서 설명하였다. 또 현장의 제자인 혜립(慧立)과 언종(彦悰)이 저술한 《대당대자은사삼장법사전(大唐大慈恩寺三藏法師傳)》에서는 현장의 경험이 과장되고 신비하게 묘사되기에 이르렀다. 그 결과 현장의 여행은 후세 사람들에 의해서 신비스러운 '초현실세계'와의 접촉으로 해석되게 되었고, 당대 말엽부터는 현장의 여행을 묘사하는 《독이지(獨異志)》, 《대당신어(大唐新語)》, 《개천전신기(開天傳信記)》 등의 필기(筆記)가 등장하였다. 《태평광기》 92권에는 그의 신비한 경험에 관한 짧은 이야기가 있는데,

이를 통해서 그의 여행이 어떤 감각으로 해석되었는지를 알 수 있다.[8] 이런 기록들은 아직 이야기로는 발전하지 않고 있었다. 그것은 주로 불교의 교리를 설파하는 데에 초점을 둔 글이었다.

그러나 당대에 속강(俗講)이 성행하면서 그 이야기는 점차 사실에서 벗어나 상상의 세계로 진입하기 시작했으며, 남송시기에 《대당삼장취경시화(大唐三藏取經詩話)》가 출현했다. 여기에서 삼장법사(三藏法師), 후행자(猴行者), 심사신(深沙神), 저팔계(猪八戒)라는 인물이 등장한다. 그리고 이야기는 인도로의 여행이 중심이 아니라 후행자가 휘두르는 법력(法力)에 초점이 맞추어지기 시작한다. 이것은 사실에서 이야기로 전환하는 과정을 가리키는 것이었다. 동시에 삼장법사의 여행은 희곡에서도 다양한 형태로 나타났다. '서유희(西遊戲)'라고 불리는 공연은 한 단락을 공연하거나 전체적인 사연을 간단히 공연하였을 것인데, 원대에는 그 극본으로 오창령(吳昌齡)의 《당삼장서천취경(唐三藏西天取經)》, 작자 미상의 《이랑신취사쇄마경(二郎神醉射鎖魔鏡)》, 《이랑신쇄제천대성(二郎神鎖齊天大聖)》, 양경현(楊景賢)의 《서유기잡극(西遊記雜劇)》 등이 출현하였다. 이 극본

8) 그 이야기는 두 가지로 이루어져 있다. 첫번째 이야기는 다음과 같다. 현장이 인도로 여행을 시작한 직후 길이 험하고 짐승과 마귀가 들끓어서 길을 헤쳐 나가지 못하고 있었다. 그래서 그는 방문을 잠그고 숨어 있었는데 어느 날 흉측하게 생긴 사람 하나가 나타났다. 현장은 개의치 않고 그를 방으로 모셔 가르침을 부탁했는데, 그는 〈다심경(多心經)〉 한 권을 불러주면서 받아 적게 했다. 그 이후로는 지세가 평탄해지고 짐승이나 마귀도 다 숨어 버려서 여행이 순탄해졌다고 한다. 두 번째 이야기는 현장이 여행을 시작하면서 영암사(靈巖寺)라는 절에 들렀을 때의 일이다. 그 절에는 오래 된 소나무가 하나 있었는데 현장이 그 가지를 쓰다듬으면서 부탁했다. "내가 여행하는 동안 서쪽을 향해서 자라주렴. 그러다가 내가 돌아오게 되면 동쪽으로 가지를 돌려주렴." 현장이 떠나자 그 소나무는 서쪽을 향해 가지를 뻗기 시작해서 몇 년 동안 몇 장(丈)이나 자랐다. 그러다가 어느 날 갑자기 가지가 동쪽으로 향했고 이를 본 문인과 제자들이 스승이 오신다고 기뻐했다. 과연 얼마 안 있어 현장이 불경을 가지고 도착했다고 한다.

들 중에는 애초의 이야기인 여행에 초점을 맞추지 않고 귀신, 요마(妖魔)와의 싸움에 초점을 맞춘 것들이 더 많았으며, 손행자(孫行者)를 중심인물로 삼고 있었다. 화본에도 《서유기평화(西遊記平話)》가 있었는데, 이것은 현재 일부분만이 전해지고 있으나 아마도 극본보다 더 다양한 이야기가 수록되어 있었을 것으로 추측되고 있다.[9)]

현장의 여행담에서 시작한 이야기는 거의 천 년에 가까운 세월에 걸쳐 다양한 요소를 흡수하면서 이렇게 변화하였고 그것이 최종적인 모습으로 드러난 것이 소설 작품으로서의 《서유기》라고 할 수 있다. 그리고 그 완성의 손길을 가한 사람이 오승은(1510~1582)이었던 것으로 알려져 있다. 오승은은 관료를 지망하다가 낙백하여 상인으로 전락한 집안의 자손이었으며, 그 자신도 실패를 거듭하다가 60여 세에 이르러 말단 벼슬을 얻었던 사람이다. 그가 《서유기》의 작자라는 점은 20세기에 들어서서 호적(胡適)과 노신의 주장에 힘입어 통설화되었지만 아직도 상당한 쟁론이 진행되고 있다. 그러나 그가 이 작품의 완성에 상당한 기여를 한 인물이라는 점은 부인할 수 없을 것이다.

《서유기》는 다양한 판본으로 알려져 있는데 출판 연도로 볼 때에 가장 이른 것은 1592년에 세덕당(世德堂)에서 20권 100회로 출간된 《신각출상관판대자서유기(新刻出像官板大字西遊記)》가 있다. 흔히 「세본(世本)」이라 불리는 이 책에는 "華陽洞天主人校"라는 서명이 있을 뿐 작자는 밝혀져 있지 않다. 이와 비슷한 시기에 양치화(楊致和)가 편한 《서유기전(西遊記傳)》이 나왔는데 이것을 「양본(楊本)」이라 부르고 있다. 다음에는 10권으로 출간된 《당삼장서유석액전(唐三藏西遊釋厄傳)》이 있다. 이 책에는 "羊城冲懷朱鼎臣編輯", "書林蓮台劉求茂綉梓"라는 말이 붙어 있다. 마지막으로 청대 강희제(康熙帝)의 시기인 1663년에서 1667년 사이에 출간된 《신전출상고본서유증도서(新鐫出像古本西遊證道書)》가 있다. 중

9) 지금까지의 기술은 齊裕焜, 《明代小說史》 pp.228~233을 요약한 것이다.

국의 학자들은 이 중에서 어느 것이 「조본(祖本)」인가에 대해 많은 논쟁을 벌이고 있으나 아직 뚜렷한 결론에는 이르지 못하고 있다.

《서유기》도 애초에는 사실에서 출발한 이야기이지만, 이 이야기에는 애초의 사실에 의해서 주어지는 이정표가 거의 없다. 있다면 그것은 삼장법사가 인도로 여행했다는 사실뿐이며, 그 나머지는 모두 소설적 허구로 이루어졌기 때문이다. 또 《서유기》가 삼장법사의 여행을 소재로 했다는 점에서 볼 때에 이 작품도 《삼국연의》와 마찬가지로 이차작자의 작품임이 분명하다. 그렇지만 그 이야기가 구성된 방식이나 맥락, 그 내용과 사실 사이의 거리 등을 생각할 때 이 작품의 작자는 《삼국연의》보다 일차작자, 즉 창작자에 더욱 접근해 있다고 보아야 하겠다. 이 작품을 완전한 창작으로 보지 않는 이유는 다른 소설적 이야기들이 그러하듯이 그 이야기가 처음부터 작자의 머리에서 출발한 것이 아니라, 《대당삼장취경시화》와 같은 저본을 기초로 해서 완성된 것이기 때문이다. 즉 중국의 소설적 전통에서 뚜렷하게 나타나는 경향인 누적과 확장을 통한 '재구성'의 과정에서 《서유기》도 예외는 아니었다고 생각되는 것이다. 다만 작자의 역할에 차이가 있었다. 그리고 그 작자의 역할이 《서유기》의 생명력을 생성시킨 가장 중요한 요소라고 할 수 있다.

《서유기》가 비록 삼장법사의 이야기를 다루고 있지만, 그 이야기에서 삼장법사는 주인공이 아니다. 그는 마치 무대에 가설된 소도구와 같은 역할을 하고 있거나 아니면 극히 미미한 역을 맡은 조연의 역할만을 하고 있을 따름이다. 이야기의 주인공은 손오공이 맡고 있으며, 비중 있는 조연으로는 사오정과 저팔계가 등장한다. 또 일행이 여행하면서 곳곳에서 부딪히게 되는 수많은 요괴도 중요한 조연으로 등장하는데, 다만 이들은 한 번 출현하면 다음에는 이야기의 뒷전으로 사라지는 경우가 대부분이며, 앞에 나왔던 조연이 다시 등장하는 경우는 드물다. 또 등장인물 가운데에서 이 세상 사람은 극히 적다. 특히 여행이 시작된 이후에는 등장하는 사람이 삼장법사 한 사람뿐이며, 간혹 도움을 주거나 일행을 해치기 위해 사람으로 위장한 신과 요괴가 등장할 뿐이다. 일행은 기본적으로는 땅 위를 걸어서 여행하지만 이야기의 무대가 되는 공간은 땅에 국한되어 있지 않다. 그것은 알려진 천하의 모든 물질적 공간과 상상되는 모든 공간, 즉 천상, 지하세계, 수중의 세계 등을 포함하고 있다.10)

《서유기》는 비록 삼장법사의 여행을 기본 축으로 하고 있지만, 실제 구체적인 내용에 있어서 중요한 것은 여행중에 겪는 사건이지, 결코 그 여행 자체가 아니다. 왜냐하면 여행의 출발과 귀환은 주어진 사실이며 종착점이었기 때문이다. 작자가 그것을 다른 종착점으로 바꿀 수는 없었으며, 그래서 모든 구체적인 내용은 그런 종착점에 이르도록 설계되지 않으면 안 되었다. 이 작품의 작자가 발휘한 재능은 바로 그런 종착점에 이르기까지의 모든 과정을 스스로가 만들어 내면서, 아울러 그 종착점이 바로 그런 과정을 통해서 비로소 가능했다는 것을 증명하였다는 점이다.

바로 이런 점에서 《서유기》의 작자는 《삼국연의》나 《수호전》의 작자보다 더 넓은 소설적 공간을 가지고 있었다고 할 수 있으며, 그만큼 더 왕성한 상상력을 발휘할 수 있었기 때문에 성공적으로 소설적 이야기를 구성해 낼 수 있었던 것이다. 이렇게 넓은 소설적 공간이 마련된 이야기의 구성에서 이정표와 이정표를 이어주는 맥락의 중요성은 비교적 비중을 덜 차지한다. 그것은 어디까지나 작자가 만들어나가는 것이었지, 주어진 이정표에 따라 맥락을 구성해야 할 필요가 없었기 때문이다. 《서유기》의 작자가 꼭 의식해야 했을 이정표는 삼장법사가 인도를 향해 떠났다는 사실과 그가 마침내 고된 여행을 마치고 인도에 도착했다는 사실, 그리고 불경을 구해서 장안으로 돌아왔다는 사실뿐이라고 할 수 있다. 그 이외의 구체적

10) 《서유기》에 등장하는 공간에 관해서는 羅善姬 선생이 연구를 진행한 바 있다. 羅善姬, "古代 中國人의 空間에 對한 理解: '西遊記'에 나타난 이 世界와 저 世界 硏究의 土臺로서", 《中國語文學》 30, 1997; 《西遊記硏究》, 서울대학교 박사학위논문, 2000.

인 내용은 모두 그의 생각에 따라 설정되는 것이었기 때문에, 그는 주어진 이정표에 그다지 신경 쓸 필요가 없었을 것이다. 대신에 그는 설정된 이야기들이 무리를 일으키지 않고 전개될 수 있도록 신경을 써야 했다. 그래서 그의 관심은 주로 등장인물의 개인적 성격과 배경, 능력 등에 더 집중되었다. 《삼국연의》에서 나타난 것처럼 맥락과 등장인물의 개성이라는 이중의 네트워크가 이 작품에서는 그다지 부각되지 않는다. 맥락이 없는 대신 전체적인 이야기는 단편적인 이야기의 집합으로 이루어질 수 있었다. 각각의 이야기는 반드시 앞의 이야기에 구애될 필요가 없이 독립적인 위치를 가질 수 있게 설계되었던 것이다.

《서유기》는 두 갈래의 이야기로 시작되어 얼마 후에 하나로 합쳐지는 구조로 되어 있다. 처음에 나오는 것은 원숭이 손오공이 세상에 나와 천상과 지하를 시끄럽게 하고 벌을 받는 것이며, 그 다음에는 삼장법사가 태어나서 성년이 되어서는 인도로 출발하게 되는 과정이 나온다. 여기에서 삼장법사가 손오공과 저팔계, 사오정을 수행자로 선택함으로써 두 갈래의 이야기가 하나로 합쳐지게 되는 것이다. 이것은 전혀 친연성이 없을 것으로 보이는 두 갈래를 설정하고 필연적인 계기를 통해서 하나로 합치는 기교였으며, 그것을 통해서 작자는 삼장법사 일행의 성격을 규정했다. 사람인 삼장법사가 여행을 하면서 사람이 아닌 수행자를 데리고 간다는 것 자체가 이미 그 여행이 단순히 인간세계를 뚫고 나가는 여행이 아닐 것임을 밝히고 있는 것이다.

이 수행자의 구성은 어떤 의미에서는 매우 엉뚱하고 자의적인, 다시 말해서 독자의 허점을 노린 소설 특유의 흥미롭고 선정적인 설정으로 보일지 모르지만, 사실은 매우 합리적인 면을 지니고 있다. 삼장법사는 잘 알려져 있다시피 불심이 지극한 현자(賢者)로 알려져 있다. 그의 특징은 불경을 구해오겠다는 의지로 대표되고 있지만, 사실 그는 인도로의 험난한 여행길을 나설 자격은 없는 사람이다. 불심 이외의 능력을 거의 갖추지 못해서 세속적인 관점에서 볼 때에는 나약하기 짝이 없는 그에게 인도로의 기나긴 여행은 애초부터 무리였다. 손오공은 이와는 정반대이다. 사람이 아닌 원숭이가 현자를 수행한다는 사실 자체가 애초부터 격이 맞지 않으며, 또 손오공의 성격이 현자를 수행하기에는 부족한 점이 많은 것이 사실이다. 손오공은 비록 관음보살에게 죄를 지은 대가로 돌 속에 가둬졌지만 불가(佛家)에 귀의한 입장은 아니었으며, 그가 이 험난한 여행을 수행해야 할 당위성이 있는 것도 아니었다. 더욱이 손오공은 성격으로 보아 삼장법사와는 도저히 어울릴 수 없는 인물이었다. 신경질을 잘 부리고 심술궂고 다른 사람에게 절대로 관대하지 않는 그는 현자로서의 삼장법사와는 정반대의 인물이었던 것이다. 그렇지만 손오공이 이 여행을 따라나선 것은 그가 지닌 탁월한 능력, 특히 싸움을 잘 하고 위기를 돌파하는 영리함에 있었다. 저팔계도 탐욕스럽고 색을 밝히는 성격이어서 삼장법사와는 어울리지 않지만, 그에게는 저돌적인 용기가 있었으며, 맹목적인 충성심이 있었다. 사오정은 그다지 뚜렷한 성격을 보이지 않고 있지만, 요괴라는 특징이 있어서 이역의 예상할 수 없는 돌발적인 상황에 대응할 능력이 있었다. 그래서 일행은 한 사람의 현자와 세 명의 싸움꾼으로 이루어졌으며, 여기에 삼장법사를 태우고 갈 용마(龍馬)가 합류함으로써 완성되었던 것이다. 일행이 완성되는 과정 그리고 그 구성원 사이의 관계를 보면 오행(五行)이라는 전통적 관념이 작용했을 가능성도 발견할 수 있다. 이와 같은 일행의 구성은 《서유기》에서만 고립적으로 나타나는 것이 아니라 대부분의 모험 이야기에, 심지어는 현대의 소설과 영화에서도 보편적으로 나타나는 설정이라고 할 수 있다. 다시 말해서 《서유기》의 작자는 단순한 상상에 기대어 일행을 그렇게 설정한 것이 아니었다. 그는 가장 많은 사람에게 설득력을 가질 수 있는 보편적 설정을 생각해 낸 것이며, 그것을 통해서 이야기를 가장 합리적으로 이끌어나간 것이다.

어째서 그 설정이 합리적이고 보편적인가? 인도로의 여정은 험난하다. 거기에는 많은 위험이 도사리고 있다. 따라서 연약한 삼장법사가 혼자 여행하는 것은 근본적으로 불가능하다. 그래서 삼장법사는 불심이 깊은 승려를 수행원으로 선발할 수 없었던 것이다. 안전을 위해서는 위험을 뚫고 나갈 전문가가 필요한 것이지, 불심이 깊다고 해서 위험을 뚫고 나갈 수는 없기 때문이다. 이 여행을 위해서는 싸움을 잘 하고 임기응변에 밝은 인물이 필요했으니, 그 요건에 해당되는 인물이 바로 손오공이었다. 불경을 구하러 간다는 이념적 명분과 그 여행이 험난하기 짝이 없다는 현실이 서로 타협한 것이 바로 손오공의 선발이었다. 이런 타협이 이루어진 다음에야 여행은 실질적으로 가능해졌다. 만약 삼장법사가 손오공의 능력은 인정하지만 여행의 성격상 도저히 그를 수행자로 삼을 수 없다고 우겼다면 여행은 실패로 끝났을 것이 분명하다.

한편 삼장법사 일행에게 도움을 주기 위해 등장하는 관음보살이나 적으로 등장하는 각종 요괴들도 성격이 다양하기는 마찬가지이다. 우선 관음보살과 그의 대리인을 보면, 그들은 사실상 전지전능한 존재임에 틀림없다. 그렇지만 그들은 절대로 전면에 나서지 않는다. 그들은 일행이 최대의 위기에 봉착해서 더 이상 스스로 문제를 해결할 수 없을 때에만 도움을 준다. 이것은 우선적으로는 손오공 일행의 능력을 최대한 발휘시키기 위한 설정이기도 하지만, 또 다른 측면에서 보면 관음보살이 지닌 한계를 노정하고 있다고 할 것이다. 즉 그가 모든 일에 개입하게 되면 그의 신비함이 떨어지게 되어 있다. 자신의 위상을 최대한 유지하기 위해서 그는 항상 뒷전에 앉아 있어야 하며, 따라서 전지적인 존재이면서도 나름대로의 성격과 한계를 가진 인물이다. 한편 적으로 등장하는 요괴들은 또 다른 면을 보여준다. 그들은 무조건 악역을 맡는 것이 아니다. 삼장법사 일행을 공격한다는 점에서는 분명히 악역을 맡지만, 그들은 모두 나름대로의 이유를 가지고 있다. 그들 중 일부는 삼장법사가 워낙 불법에 밝고 고결한 사람이기 때문에 그를 잡아먹으면 극락왕생(極樂往生)할 수 있다는 믿음에 빠져 있어서 삼장법사 일행을 공격한다. 또 어떤 요괴는 삼장법사에게 연정을 품는데, 그것은 그와 결혼하면 극락왕생할 수 있다는 믿음 때문이다. 심지어 어떤 요괴는 애초에 일행을 공격할 생각을 갖고 있지 않았는데, 오히려 손오공이 특유의 성질을 부리면서 화를 돋우는 바람에 싸움을 벌이기도 한다.

이것은 민간설화에서 흔히 보이는 선과 악의 분명한 구분, 또 전지전능한 존재와 인간과의 차이에 관한 전형적인 관념이 상당 부분 깨어진 결과라고 할 수 있다. 다시 말해서 이 작품에서 선과 악은 반드시 총체적이고도 절대적인 가치가 아니다. 삼장법사에 의해 대표되는 선은 현실적 세계에서는 우둔함이 될 수 있고, 손오공의 괴팍한 성질은 악이 아니라 삼장법사를 지킬 수 있는 능력이 된다. 또 일행을 공격하는 요괴의 행동도 맹목적인 것이 아니라 나름대로 근거가 있는 행동이며, 그들의 입장에서는 선을 실행하는 것이 될 수 있기 때문에 절대적인 악으로 볼 수 없는 부분이 많다. 그들은 모두 이유 있는 악인이거나 선인이다. 그들은 모두 자신들의 행동에 대한 나름대로의 당위성을 가진 존재였던 것이다.

이런 점에서 볼 때에 《서유기》에서의 등장인물의 설정은 단순히 원숭이와 요괴 등의 등장을 통해 기괴함을 조성하고, 그것을 통해 호기심을 자극하려는 것이 아니었음이 분명해진다. 그것은 통시적인 보편성을 가진 합리적 설정이었으며, 그것을 통해서 작자는 고도의 소설적 리얼리티를 구축하였던 것이다. 동시에 여기에서는 절대적인 가치 관념이 사라지고 있으며, 그것이 더 큰 소설적 리얼리티의 구성에 기여하고 있다. 이 작품의 작자는 세계를 어느 한쪽의 가치를 통해 관찰하고 기술하는 것이 아니었다. 그는 세계를 가치중립적인 시각에서 바라보려 하고 있었다. 물론 삼장법사의 여행이 성공적으로 끝나야 했기 때문에 완전한 가치중립은 불가능했을지 모르지만, 그는 악역을 맡은 인물의 입장도 충분히 고려하는 면을 보여주었던 것이다.

《서유기》에서는 《삼국연의》에서와는 달리 위에서 언급한 등장인물의 설정이 오히려 맥락을 통제한다. 그것은 미리부터 서 있는 이정표가 없었기 때문이다. 즉 각각의 사건이 어떻게 일어나야 할 것이며, 어떻게 발전될 것인가 하는 것이 전혀 정해져 있지 않았다. 사건의 전개는 작자가 정하게 되어 있었고, 그는 등장인물을 대리인으로 삼아서 그들의 행동과 말을 통해 사건을 전개해 나갔다. 사건의 향방이 등장인물의 성격과 행동, 그리고 자극에 대한 그들의 반응에 의해 좌우되었던 것이다. 물론 결말은 정해져 있는 것이었지만 그 결말에 이르기까지의 과정이 정해져 있는 것은 아니었으며, 그 과정을 통제하는 맥락이 등장인물의 역할과 뗄 수 없는 관계에 있었다. 그리고 그 맥락은 긴장의 조성을 통해서 이루어졌다.

이 작품의 특성상 곳곳에 배치된 긴장은 가장 기본적인 요건이었다. 그리고 그 긴장으로 인해 야기되는 사건이 꼬리를 물고 일어나면서 전체적인 맥락을 형성해 내게 되어 있었다. 그런데 이 긴장은 항상 외부로부터의 위협에 의해서만 만들어지는 것이 아니었다는 점에 《서유기》의 특징이 있다. 긴장과 그로 인해 야기되는 갈등, 그리고 사건은 두 갈래로 진행되고 있었다. 그 중 한 갈래는 일행 내부에서 시작된다. 대부분의 긴장은 손오공과 저팔계의 괴팍한 성격에서 시작되지만, 그것을 당연하게 바라본다면 갈등이 일어나지 않을 수도 있는 경우가 많았다. 그렇지만 여기에서는 삼장법사가 중요한 역할을 하고 있다. 그는 언제나 긴장의 원인을 인간의 관점에서만 바라보며, 그래서 잘못된 판단을 하기 일쑤였다. 게다가 비록 현자이기는 하지만 그에게도 상당한 고집이 있었다. 그래서 어려운 길을 가는 일행 내부에서 갈등이 끊임없이 일어나고 있었고, 여기에 요괴가 위협을 가할 때에 긴장과 갈등은 증폭되곤 했다. 두 번째 긴장의 갈래는 외부로부터 오는 것이었다. 이것은 요괴의 출현이나 위험이 많은 지역을 지나게 되는 경우에 일어난다. 이 두 갈래의 긴장은 상보적이었으며, 그 두 갈래가 하나로 합침으로써 사건이 발생하는 것이었다. 그런데 이런 설정은 다른 작품에서는 쉽게 찾아보기 어려운 것이다. 중국의 소설적 흐름이 대부분 단선적인 긴장의 흐름에 의존하는 경향이 있음에 비추어 볼 때에, 《서유기》에서 설정된 두 갈래로 긴장이 조성되고 그것이 전체적인 맥락을 형성한다는 것은 이 작품의 작자가 창안한 것이었으며, 그것이 《서유기》의 소설적 리얼리티를 증폭시키는 데에 크게 공헌했던 것이다.

이렇게 《서유기》의 등장인물의 성격과 역할이 설정되고 그들에 의해 주도되는 이야기의 맥락이 구축된 이면에는 작자의 날카로운 의식이 자리잡고 있었다. 그것은 단순히 이야기를 재미있게 꾸미려는 의도가 아니라, 이야기를 통해서 자신이 가지고 있던 생각을 전달하려는 의도를 내포하고 있다고 보아야 할 것이다. 이것은 《삼국연의》에서처럼 의미 있는 메시지를 전달하는 것에 그치지 않는다. 그것은 이야기를 통해서 자신이 그리고 있던 세계의 의미를 규명하고, 그 의미를 통해서 사람들에게 또 다른 생각의 기회를 주는 것이었다. 《서유기》에서 작자가 독자에게 던지는 의미는 《삼국연의》에서처럼 그렇게 직설적이지 않다. 그는 자신이 설정한 무한대의 세계, 아니면 사람의 머리로 생각할 수 있는 모든 개별적인 세계를 하나로 통합한 거대한 세계를 설정하면서, 그 안에서 벌어지는 일을 기술하고 있을 뿐이다. 그리고 그런 일이 어떤 의미를 가지는가는 독자의 몫으로 남겨 놓았다. 이것이 바로 《서유기》가 독자에게 접근하는 방법이었다. 그것은 생각이 깊은 독자로 하여금 흥미진진한 이야기를 읽어나가면서도 시종 머리를 떠나지 않는 상념에 사로잡히게 만드는 것이었다. 또 단순한 생각을 가진 독자는 그들대로 이야기를 따라가면서 즐기면 그것으로 만족스러울 수 있었다. 어떤 특정의 의미를 주어야 한다는 중압감이 작자에게 느껴지지 않았거나, 아니면 그가 의도적으로 그것을 피하기 위해서 위에서 말한 바 있는 설정을 마련했을 가능성도 있다. 어쨌든 이 작품은 독자에게 상당한 역할을 떠넘긴 것이며, 그래서 작자와 독자 사이에도 미묘한 긴장상태가 생겼다고 할 수 있다. 그것은 종래의 일방적으로 제공하는 작자와 수동적으로 소비하는 독자의 관계를 상당 부분 변화시켰으니, 이제 작자와 독자는 보이지 않는 공간에서 서로 대화하고 때로는 숨바꼭질하는 관계에 놓이게 된 것이다.

이런 관계가 설정되면서 이야기는 더욱 문학성을 띠게 된다. 그것은 독자가 참여하는 공간이 형성되면서 상상력의 영역이 작자 개인의 머리로 국한되는 것이 아니라, 작품을 읽는 독자의 머리로까지 확장되었기 때문이다. 이제 작자는 자신이 기술한 부분에 관해서만 평가받는 것이 아니라, 독자가 그것을 어떻게 해석하는가에 따라 평가받는 비중이 더 커지게 된 것이다. 작품은 작자의 손을 떠나면 더 이상 작자의 전유물이 아니게 되었으며, 독자가 생각하는 바에 따라 새로운 의미가 발생하게 되었고, 그런 현상이 극대화되면서 글쓰기의 유형 자체에도 상당한 변화를 촉진했을 것으로 생각된다. 그렇지만 《서유기》의 작자는 자신의 생각을 분명히 가지고 있었으며, 곳곳에서 그런 생각이 드러날 장치를 세우는 데 게으르지 않았다. 독자 중에 그런 장치의 의미를 포착하는 사람도 있었고 그렇지 못한 사람도 있었으며, 경우에 따라서는 그런 장치가 있다는 것은 발견하였지만 그 의미를 생각할 때에는 크게 오해한 사람도 있었을 것이다. 그러나 작자의 입장에서 보면 그것이 큰 문제가 되지 않았다. 작자는 자신이 던지고자 하는 의미를 이해하는 사람을 위해 글을 썼을 것이기 때문이다. 그 이외의 사람들이 어떻게 생각하는가를 작자는 의식하지 않았다.

이러한 점은 중국의 소설적 전통에서 볼 때에 작자의 위치가 격상되는 계기를 제공했을 것으로 생각된다. 《서유기》의 작자는 이전의 문학적 중간층에서 나타난 사람들처럼 단순히 상품을 제공하고 대가를 받는 서비스 업종의 종사자가 아니었다. 그는 독자들에게 생각할 것을 권유하는 동시에 자신의 생각을 넌지시 제시하면서 동의를 구할 수 있는 선도적 지식인으로 탈변하고 있었다. 특히 이런 권유에 적극적으로 따라온 것은 지식수준이 낮은 민간계층의 독자가 아니라 교육을 받은 문인계층의 독자가 더 많았을 것으로 생각되며, 이런 의미에서 《서유기》의 작자는 비록 문학적 중간층에 속하지만 그의 소설세계에 들어온 사람들에게 있어서는 계층을 초월한 대사(大師)의 역할을 할 수도 있게 되었던 것이다. 이것은 새로운 지적 활동 영역의 개척이었으며, 새로운 사유방식의 개척이었다. 동시에 그것은 이념에 묶이지 않고 세계와 사회를 솔직하게 바라보는 안목을 키우는 역할을 하고 있었다. 그것은 글쓰기를 통해 자유로운 사고방식이 새롭게 만들어지고 있었고, 동시에 그런 사고방식을 통해서 글쓰기를 하는 것이 새로운 지적 활동의 영역으로 형성되고 있었음을 의미한다.

《서유기》의 작자는 비록 직설적으로 의미를 제시하지는 않지만, 곳곳에 배치해 놓은 장치를 통해서 자신이 제시하고자 하는 의미를 암시하였다. 우선 《서유기》에서 펼쳐지는 세계의 모습을 보면 그의 생각이 드러난다. 적어도 이야기 그 자체만 가지고 보면 그는 사람에 관해서만 이야기하는 것이 아니다. 그가 이야기 속에서 설정한 세계는 그야말로 삼라만상을 모두 합친 것이라 해도 과언이 아니다. 저승과 천상, 수궁, 극락 등의 상상이 가능한, 그리고 당시에 사람들의 마음속에 자리잡고 있던 모든 세계가 합쳐진 상태에서 펼쳐진 것이 《서유기》의 세계였다. 그 안에서 사람의 사회는 극히 작은 부분을 차지하고 있었을 따름이며, 사람의 세계는 광활하게 펼쳐져 있는 다른 세계에 둘러싸여 있었다. 그것은 사람이 중심이 되는 세계가 아니라 절대적인 힘을 가진 신들의 세계였다. 이런 총체적인 세계의 존재가 《서유기》의 작자에 의해서 처음으로 만들어진 것은 아니었다. 그런 세계의 존재는 이전의 여러 전적에서 오랫동안 기술되어 왔다. 그렇지만 대부분의 기술은 단편적인 데에 그쳤으며 총체적인 면을 드러내기보다는 일부분을 드러내는 데에 비중을 두었던 것이 사실이다.[11)]

각각의 존재한다고 믿어져 온 세계가 일종의 네트워크를 통해 총체적인 모습을 드러낸 것은 《서유기》에서 처음으로 이루어졌다. 그것은 거대한

11) 예를 들어 지괴에서는 저승이 있다는 사실이 밝혀져 있지만 그것이 어떤 모습으로 존재하는가에 대한 직접적인 기술은 없었다. 또 불교적인 이야기를 보면 지옥이 있다. 그러나 지옥이 이승, 천상의 세계 등과 어떻게 연결되어 있는지는 밝혀져 있지 않다. 당대(唐代)에 들어서면 초현실세계의 윤곽이 부분적으로 드러나기 시작한다. 전기(傳奇)의 작품인 〈유의전〉을 보면 천상의 세계와 용궁, 각 지역의 신(神)의 세계가 연결되어 있는 모습이 드러나며, 〈남가태수전〉에서는 개미나라와 저승이 연결되어 있는 모습이 등장하는 것이다. 그렇지만 이 시기까지도 초현실세계의 모습은 아직 단편적인 데에 그치고 있었으며 완전히 종합화되지는 못하고 있었다.

세계의 모습이었으며, 그 안에서 각각의 개별적 세계가 서로 연결되어 있었다. 용궁, 천상, 극락, 지옥 등이 모두 서로 소통되는 커다란 세계의 부분으로 각각 나타나고 있는 것이다. 세계는 하나였으며 어느 한 구석도 연결되어 있지 않은 곳이 없었다. 그리고 그 세계는 총체적으로 바라볼 때에 진면목이 나타나게 되어 있으며, 그렇게 바라볼 수 있는 인물이 그 세계를 움직이는 원리를 파악할 수 있는 것이다. 부분적 세계만을 바라보는 사람은 그 부분의 원리에 묶여서 전체적인 원리와 흐름을 파악할 수 없게 되며, 그런 사람은 결코 세계를 움직일 수 없을 것이다. 이렇게 볼 때, 총체적인 세계를 바라본다는 것은 단순히 그 모습을 파악하는 것 이상의 의미를 지니고 있음을 발견할 수 있다. 그것은 삼라만상을 움직이는 원리의 추구를 암시한다. 물론 이것은 철학적 사유를 통한 원리의 추구와는 다른 것이다. 그것은 유추를 통한 사유가 아니라 상상하면서, 혹은 감각적으로 느낄 수 있는 세계의 원리이자 질서였다. 《서유기》에서는 이런 원리나 질서가 직접 나타나지 않는다. 그것은 원리와 질서가 움직이는 모습을 보여줄 뿐이다. 그렇지만 그 모습을 통해서 우리는 작자가 가지고 있던 그 세계에 대한 생각을 발견할 수 있는 것이다.

그 세계의 모습에서 우리가 발견할 수 있는 것은 각각의 개별적 세계에 대한 종래의 믿음이 모두 허구였다는 점이다. 이 세계들은 사람들의 머릿속에 엄숙하고 근엄한 분위기로 각인되어 있었으며, 각각 절대적인 힘을 가진 지배자에 의해 통치된다고 믿어져 왔다. 예를 들어 인간의 사회에는 황제가 있고, 하늘에는 옥황상제가 있으며, 지하세계에는 염라대왕이 있다. 이 지배자들은 절대적인 권력을 가지고 있는 동시에 무소불위(無所不爲)의 능력을 가지고 있었다. 그래서 황제는 인간사회의 모든 문제를 풀어나가고, 옥황상제는 천지를 지배하며 염라대왕은 죽음의 세계를 통치하는 것이다. 또 이 지배자들은 무성격의 존재로 믿어져 왔다. 그들은 항상 공평하고 균형 잡힌 감각을 가지고 있어서, 그 세계의 구성원들이 어떤 문제를 일으킬 때에 가장 적절한 방법으로 해결할 수 있다고 믿어져 왔다. 그들은 개인적인 감정이나 욕망을 드러내지 않는 것으로 생각되었으며, 항상 똑같은 자세로 군림한다고 생각되었다. 그렇지만 《서유기》에서는 이런 믿음이 모두 산산조각나고 만다. 개별적 세계의 지배자들도 《서유기》에서는 결국 개인일 따름이다. 그리고 그들은 무성격의 존재가 아니다. 그들은 각각 다른 성격을 가지고 있으며, 그들의 가슴속에도 피가 흐르고 있어서 욕구와 감정이 모두 일어나고 있다. 동시에 그들은 절대 권력자가 아니다. 그들은 보통의 사람들이 믿는 것과는 달리 무소불위의 능력을 가지고 있지 않으며 모두 약점을 가지고 있다. 그래서 손오공이 천궁(天宮)을 침범하여 소동을 일으킬 때에 옥황상제는 벼슬을 주며 그를 회유한다. 또 손오공이 용궁을 침범하여 여의봉을 탈취하면서 용궁을 엉망으로 만들어 놓은 것을 보면 용왕이라고 별 대단한 능력이 있는 것이 아님이 증명된다. 염라대왕도 마찬가지의 수모를 겪었다. 이런 세계에는 절대적인 권력도 없고 절대적인 지배자도 없다. 그 지배자들이 평소에는 각각의 역할을 다 하다가도 손오공과 같은 엉뚱한 녀석이 나타나면 맥을 못 추게 되어 있는 것이 바로 그 세계의 실상이었다.

이렇게 《서유기》의 작자는 종래의 믿음에 과감히 도전하면서 그 세계의 모습에 보다 솔직하게 접근한다. 사람이 사는 세계는, 그리고 온 세상의 모든 생명체가 살아가는 세계는 완전하게 통치될 수도 없고, 어떤 절대적인 힘에 의해서 통치되는 것도 아니다. 세계는 구성원들이 다 같이 살아가는 공간이며, 그 세계에서 무엇이 어떻게 되어야 한다는 절대적인 관념은 존재하지 않는다. 세계는 단지 거기에 존재할 뿐이며, 그 안에서 움직이는 힘의 상호역학에 의해서 순간순간의 모습이 만들어져 가고 있을 따름이다. 물론 태초부터 유지된 일상적 질서는 있었다. 그렇지만 그것이 일상적으로 유지되고 있는 것은 겉모습이었지 결코 실상이 아니었다. 손오공의 출현은 그런 일상적인 질서의 고요함을 깨뜨린 것이지만, 그것이 한 번에 끝난다고 확신할 수는 없다. 제2, 제3의 손오공이 나오지 말라는 법이 없기 때문이다. 이전부터 지속되어 오던 질서는 언제나 깨질 수 있는 가능성을 지니고 있으며, 지금의 모습이 내일이나 모레까지 지속된다는 보장도 없는 것이다. 세계는 마치 살아 있는 생명체와도 같아서 어떤 세계도 완벽하지 않으며, 그 세계의 어떤 인물도 완벽하거나 절대적인 가치를 부여받지 못한다. 개인의 능력과 역할은 상대적일 뿐이며, 그런 상대적인 힘을 절대적인 것으로 오해하는 것이 바로 사람들이라는 것이 《서유기》에서 드러나는 생각이라고 볼 수 있는 것이다.

그렇기 때문에 그 세계에서 중시되는 것은 집단이 아니라 개인이었다. 인간이든 요괴든, 심지어는 옥황상제마저도 결국에는 개인이었으며, 모두들 자신의 개인적 세계와 개인의 역사를 가지고 있다. 앞에서도 말했듯이 그들은 무성격의 존재가 아니라 서로 다른 성격을 가진 존재들이었다. 그렇기 때문에 어떤 상황이 벌어질 때에 각 개인이 반응하는 모습은 서로 달랐다. 심지어 요괴들도 다 살아가는 생명체이며 그들이 삼장법사를 공격하는 것도 다 이유가 있는 것이다. 《서유기》에서는 이런 개인의 세계가 극대화되어 부각되고 있으며, 그것은 모든 개인에게 공평한 기회를 부여하고자 하는 생각을 암시한다. 다만 각 개인에게 부여되는 의미의 중요성에 부분적 차이가 있을 뿐이다. 그 차이는 이야기의 맥락에 의해서 결정되는 것이지, 그 개인이 원래부터 의미를 가지지 않았음을 가리키는 것은 아니다.

이것은 사회의 구성원을 집단주의적 관점에서 바라보던 전통시기 중국에서는 상당히 중요한 의미를 내포하고 있었다. 예를 들어 《삼국연의》에서 수십만의 군대가 동원된 적벽대전이 일어났을 때에 가장 중요하게 부각된 인물은 제갈공명과 주유, 그리고 조조 등의 몇 사람뿐이었다. 그 외의 장수들은 명령에 따라 움직이며, 심지어 조조를 살려주는 관우도 어차피 그렇게 할 수밖에 없는 상황에서 기계적인 반응을 보이게 되어 있다. 이렇게 극소수의 중심인물이 독특한 성격을 부여받은 반면에 대다수의 인물이 기계적으로 움직인다고 생각하는 것이 바로 집단주의적 사고의 결과라고 생각할 때, 《서유기》에서는 그 사고방식이 상당히 개인의 의미를 부각하는 쪽으로 기울어져 있음을 발견할 수 있는 것이다. 물론 모든 개인의 이야기를 부각시킬 수는 없을 터이지만, 적어도 하찮은 개인이 지닌 의미를 좀더 부각시키려는 노력을 기울이는 것은 집단주의적 사고에서의 부분적 탈피라고 할 수 있을 것이며, 우리가 《서유기》에서 발견할 수 있는 것이 바로 이 점이다. 앞에서 설명한 각각의 등장인물이 지닌 독특한 개성이나 겉으로는 절대적 권력을 지닌 듯 보이는 지배자의 실상도 바로 이런 개인중심의 사고와 연관되어 있다. 특히 이런 사고가 집중적으로 발견되는 것이 절대적인 선도 없고 절대적인 악도 없다는 부분에서 발견된다. 선은 그 자체로는 좋은 것이지만 특별한 상황에 이르면 오히려 악이 될 수 있으며, 악도 항상 악이 아니라 어떤 경우에는 선이 될 수도 있다. 이러한 상대적 가치관과 개인에 대한 중시는 서로 밀접하게 연결되어 있다.

《서유기》의 작자는 이런 연결 관계를 통해서 총체적인 세계의 모습과 그 세계 속에서 일어나는 모든 일의 의미를 보여주고 있다. 그리고 이것이 바로 《서유기》가 이야기로서의 소설적 리얼리티를 구축하면서 이룩한 고도의 문학적 성과였다고 생각된다. 작자에게 세계는 다양한 관점에서 관찰할 필요가 있는 대상이며, 그 내부에는 삶의 의미가 구석구석에 깔려 있다. 그에게 있어서 글쓰기는 그 세계 안에서 진행되는 삶의 의미를 최대한 구현하는 것이었으며, 또 그것을 있음직한 모습 그대로 보여주는 것이었다. 나아가 그 있음직한 모습을 통해서 현재 사람이 살고 있는 모습을 다시 한번 돌아보게 할 수도 있었다.

《서유기》의 특징은 있는 모습 그대로를 보여주는 것이 아니라, 있음직한 모습을 통해서 있는 모습을 보게 했다는 데에 있다. 그것이 특징적이라고 할 수 있는 것은 중국에서 형성된 이야기의 전통에서 벗어나 있기 때문이다. 전통시기 중국의 서사적 글쓰기의 흐름은 기본적으로 있는 모습을 그대로 보여주는 데에서 시작되었다. 그리고 어느 정도 이야기의 경험이 축적되면서부터 있는 그대로를 보여주는 것이 아니라 원래의 모습에 살을 붙여 설명하면서 재구성해서 보여주기 시작했고, 그런 경험이 축적되면서 원래 있던 모습보다 어떻게 재구성하는가에 더 비중이 두어지기 시작했던 것이다. 그 예로 들 수 있는 것이 《삼국연의》였다. 그 이후에는 원래 있는 것이 아니라 있을 수도 있는 것을 보여주는 것이 발전하기 시작했으니, 《금병매》와 《수호전》이 그 예라 할 수 있다. 그런데 《서유기》는 그런 흐름에서 벗어나 있었다. 이 작품에서 드러나는 것은 있음직한 이야기가 아니었다. 그것은 있을 수 없는, 아니면 모든 사람이 명백한 허구라고 생각할 만한 이야기를 하면서, 거꾸로 원래의 사실인 삼장법사 일행의 여행으로 돌아가고 있는 것이다. 다시 말해서 허구를 통해서 사실을 증명하는 셈이 된다. 그래서 이 작품에서 동원된 상상의 방식은 다른 작품과는 달랐으며, 동시에 중국의 전통적인 소설의 구성방식과도 궤를 달리하는 것이었다.

4. 《금병매》

'사대기서'의 작품 중에서 《금병매》는 상당히 독특한 작품이다. 우선 이 작품은 이야기가 누적되고 확장되어 재구성되는 정도에 있어서 다른 작품들과는 다르다. 그것도 누적되어 온 이야기의 완성판이라고 할 수는 있지만 그 누적의 정도가 훨씬 덜 하다고 생각되기 때문이다. 이 책은 서적의 형태로 출판되기 이전에 다양한 초본(抄本)이 돌아다니고 있었던 것으로 생각된다. 특히 이 초본은 왕세정(王世貞), 원굉도(袁宏道) 등의 명대를 대표한다고 할 수 있는 문인들에 의해 소장되고 있었는데,[12] 이런 점으로 보아서 그 이야기가 먼저 유행하다가 출판으로 이어졌다고 생각할 수 있다. 이 이야기의 최종적인 완성본으로 생각되는 《신각금병매사화(新刻金瓶梅詞話)》는 1617년경에 출판되었던 것으로 알려져 있다. 이 책은 전체 100회로 되어 있으며 「만력본(萬歷本)」으로 불려진다. 이 책의 서

12) 齊裕焜, 《明代小說史》, pp.270～273.

문에서 처음으로 난릉(蘭陵)의 소소생(笑笑生)이라는 인물이 작자로 거론되었다. 그 다음에 나온 것은 《신각수상비평금병매(新刻繡像批評金瓶梅)》, 혹은 《신각수상금병매(新刻繡像金瓶梅)》이다. 이 책도 100회로 되어 있으며, 「숭정본(崇禎本)」으로 불리고 있다. 만력본과 숭정본은 그 내용이 완전히 같지는 않다. 만력본에서는 무송(武松)이 호랑이를 때려잡는 것으로 이야기가 시작되지만 숭정본에서는 서문경(西門慶)이 10명의 의형제를 모으는 것으로 이야기가 시작된다. 또 만력본은 '사화(詞話)'라고 제목이 붙어 있으며 본문에 시와 사가 많이 들어 있는 반면에 숭정본에서는 시와 사가 없어진 부분이 많다. 청대에 들어서서는 《고학당비평제일기서금병매(皐鶴堂批評第一奇書金瓶梅)》가 출현하였는데, 이 책은 장죽파(張竹坡, 1669～1708)가 평점(評點)을 가하여 출간한 것이다.

《금병매》의 작자에 대해서는 많은 쟁론이 야기되었다. 명대의 문인들은 이 책이 '가정(嘉靖) 시기의 대명사(大名士)'가 썼다고 생각했다. 난릉의 소소생이라는 인물은 그 사람이 신분을 감추기 위해서 쓴 필명에 지나지 않는다는 것이다. 그 이후의 연구자들은 다양한 인물을 작자로 추측하였으니 거론된 인물을 보면 왕세정, 서위(徐渭), 이개선(李開先), 탕현조(湯顯祖), 풍유민(馮惟敏), 심덕부(沈德符), 가삼근(賈三根), 도륭(屠隆), 유수(劉守), 풍몽룡(馮夢龍), 사진(謝榛), 이선방(李先芳), 왕치등(王稚登) 등이 있었다. 그렇지만 이런 인물의 거론이 뚜렷한 증거에 바탕을 둔 예는 거의 없었고 대부분 추측에 불과했다. 이 작품의 전체적 분위기를 볼 때에 상당한 명성을 지녔던 문인이 작자였을 가능성은 그리 크지 않다고 본다.

《금병매》는 《수호전》을 비롯한 민간계층에서 유통되던 다양한 이야기의 요소를 흡수하면서도 그것을 전혀 새로운 이야기로 만들어 낸 것이다. 이 작품에는 《수호전》에서 무송에게 죽음을 당한 반금련(潘金蓮)이 서문경의 애첩으로 등장하는 것으로 보아 《수호전》과 간접적인 관계가 있었음은 짐작할 수 있다. 《금병매》는 그 내용으로 인해서 다양한 해석이 가능한 작품이다. 일반인에게 이 작품이 성애(性愛)의 노골적인 묘사가 부각되는 외설서로 알려져 있지만, 그것은 큰 오해라고 하겠다. 이 책은 보기에 따라서는 불가의 인과응보를 다룬 것으로 해석될 수도 있고, 자연주의적 관점을 나타내는 작품으로 해석될 수도 있다. 그러나 어느 해석도 이 작품을 완전히 설명하기는 어렵다. 《금병매》의 문학적 가치에 관해서는 중국의 학자들보다 서구의 학자들이 오히려 더 큰 의미를 두고 있는 편이다. 서구의 학자들은 이 작품을 1615년에 출판된 《돈키호테》와 비교하면서, 17세기 초엽 이전에 《금병매》와 같이 완전하면서도 세련된 소설은 없었다고 말하고 있다. 다시 말해서 이 작품은 중국의 문학전통에서뿐만 아니라 세계문학의 맥락에서도 거대한 이정표를 이루고 있다는 것이 서구 학자들의 일반적인 견해이다.

《금병매》는 상인이자 권력에 줄을 대어 졸부(猝富)가 된 서문경의 생애를 다루고 있다. 그러나 그것은 서문경의 전기(傳記)가 아니다. 이 작품은 처음 20회를 통해 서문경 집안에 6명의 처를 비롯한 가솔들이 모여드는 과정을 기술하고 있다. 서문경 집안이 완성된 이후에 21회부터 49회까지는 서문경이 각종 수단을 동원하여 부를 축적하고, 정치권력에 줄을 대어 자신이 원하는 모든 것을 이루는 과정이 기술된다. 그러나 49회에 이르면 승려 한 사람이 나타나 미래의 불행을 예고한다. 이 49회와 50회에서 서문경은 승려의 예언을 무시하면서 자신의 파멸을 초래할 씨앗을 뿌리고 있다. 그 다음의 30회에서 서문경의 승승장구는 계속되지만, 다른 한편에서 파멸의 씨앗은 점점 꽃을 피워가고 있으며, 마침내 그의 아들이 죽고, 그가 가장 탐닉하던 이병아(李甁兒)가 죽으면서 자신도 79회에서는 죽음을 맞이한다. 서문경이 죽은 후에는 온 가족과 가솔이 모두 뿔뿔이 흩어지게 되며, 첫번째 부인이 낳은 아들이 결국 49회에 나타났던 승려의 화신에게 귀의하면서 그가 일으킨 가문은 종말을 고하게 된다. 이 이야기는 송 휘종(徽宗)의 재위 기간(1112～1127)을 배경으로 하고 있어서, 서문경의 몰락과 송 왕조의 멸망이 평행선을 달리고 있다.

이 작품에서 우선 주목할 사항은 그것이 '사대기서'의 다른 작품에서처럼 영웅이나 호걸, 혹은 초월적인 능력을 가진 특수한 존재에 관한 이야기가 아니라는 점이다. 그것은 순전히 사람의 이야기이며, 그것도 어떤 특수한 환경에서만 출현할 수 있는 사람이 아니라 시중의 어느 구석에 있을 수 있는 사람의 이야기이다. 그것은 저 세상의 이야기가 아니라 이 세상의 이야기이며, 사실상 16, 17세기의 중국 사회의 모습을 솔직하게 그리고 있는 작품이다. 이 작품은 앞에서 언급한 당 · 송 변혁기를 거친 이후 출현한 사회의 모습이 이야기를 통해 가시화된 것이라고 할 수 있다. 이것이 《금병매》가 '사대기서'의 다른 작품과는 다른 면모라고 할 수 있으며, 이런 초보적인 관찰을 통해서도 《금병매》가 어느 정도로 근대적 의미의 소설에 접근하고 있는가를 짐작할 수 있다.

동시에 이 작품은 처음부터 끝까지 치밀하게 구성되고, 일관성을 지키면서 쓰여졌다는 특징을 지니고 있다. 100회로 되어 있는 이 작품에서 한 회는 대개 두 가지 혹은 서너 가지의 이야기로 구성되어 있다. 그리고 각 이야기는 다른 이야기를 부각시키거나 대조를 이루어내는 효과를 염두에 두고 배열된 것으로 보인다. 또 이 작품 전체는 10회를 한 단위로 하고 있어서, 작품 전체가 어떤 형태의 내면적 구조를 바탕으로 이루어졌음을 암시하고 있다. 이 10회로 이루어진 단위는 각각 공통적인 주제를 중심으로 연결되어 있으며, 앞의 단위에서 뒤의 단위로 넘어가면서 중요한 사건의 발생이나 반전을 도입하는 역할을 하고 있다. 이것은 특히 각 단위의 7번째 회에서 주로 많이 나타나며, 각 단위의 9번째 회에서는 그 전개가 절정에 달하는 것이 일반적이다. 이렇게 반복적으로 나타나는 절정의 분위기는 전체적인 구조의 이면에서 요동치는 파도와 같은 유형을 만들어 내고 있다. 그것은 작자가 얼마나 복잡하면서도 균형 잡힌 구조를 만들어 내려고 애썼는지를 짐작하게 한다. 이 작품은 그래서 전체적으로 한 작자에 의해 일관적으로 이루어진 것으로 생각되고 있으며, 다만 53회에서 57회까지의 부분은 다른 작자의 손을 거쳤을 가능성이 큰 것으로 알려져 있다.[13)]

이것은 '사대기서'의 다른 작품들과 뚜렷이 구별되는 점이다. 다른 작품들은 이전부터 전해지던 이야기들을 재구성하거나, 여러 작자들이 부분 부분을 만들어서 그것을 합친 것이 전체를 이루었을 가능성이 크고, 각 회의 이야기가 상당히 독립성을 가지고 있었던 데에 비해 《금병매》의 각 회는 전체적인 맥락 속의 부분으로 존재하는 것이다. 그래서 《금병매》는 '사대기서'의 다른 어떤 작품보다 이차작자의 작품이라는 성격을 탈피하고 있다고 할 수 있다. 비록 그가 《수호전》에서 언급된 사건을 가지고 와서 이야기의 발단으로 삼고 있기는 하지만, 그 발단 부분 이후의 모든 것은 그가 직접 만들어 낸 이야기이다. 전체적으로 이차작자의 역할이 대폭 줄어든 반면에 일차작자의 비중이 크게 늘어났다고 생각된다. 일차작자로의 역할이 늘어났다는 것은 그만큼 이야기가 작자의 구상과 능력에 의해서 더 많이 통제되고 구축된다는 것을 의미하며, 문학전통의 전체적인 맥락에서 바라볼 때에 본격적인 작가의 탄생을 보여주는 것이라 해도 과언이 아니다. 《금병매》는 어느새 충분히 성숙된 소설문학의 모습을 세상에 보여주고 있었다. 그것은 이미 상업화된 문화상품과 작가의 재능, 그리고 그만이 독특하게 가지고 있던 날카로운 시선과 의식이 조합을 이루면서 출현한 작품이었기 때문이다.

《금병매》에서 나타난 작가의 의식은 여러 측면에서 관찰되어 왔다. 이 작품에서 작자는 한편으로는 송대의 사회를 통해서 명대의 사회를 적나라하게 보여주고 있으며, 다른 한편으로는 등장인물 각자의 내면적 세계를 보여주고 있다고 할 수 있다. 그러나 작자는 직설적으로 어떤 메시지를 전달하지 않는다. 이 작품의 마지막 부분에서 서문경의 가문이 완전히 해체되고 그 아들이 승려의 화신에 귀의하는 것에 착안하여, 일부 연구자들이 이 작품의 궁극적인 메시지가 인과응보에 있었다고 해석한 바 있다. 그러나 그것이 과연 궁극적인 메시지였는지는 분명하지 않다. 그렇게 압축될

---

13) 이 기술은 William Nienhauser Jr.(ed.), *The Indiana Companion to Traditional Chinese Literature*, pp.287～290에 David Roy가 《金瓶梅》에 관해 기술한 것의 일부를 요약, 인용한 것이다.

수 있는 메시지를 위해서 작자가 그렇게 먼 길을 돌아갔어야 했는가 하는 의문이 제기될 수 있기 때문이다. 작자가 곳곳에서 보여주고 있는 구체적 상황에 대한 묘사를 들여다보면, 그가 생각하고 있던 메시지는 복잡하기 짝이 없는 네트워크로 이루어져 있었다고 생각할 수 있다. 그는 사회 구성원 사이의 역학(力學), 집안 식구들의 개성과 내면적 사유 및 감각에 의한 역학과 갈등, 그리고 운명의 흐름 등을 모두 보여준다. 이런 각각의 요소를 떼어서 보면 이 이야기는 큰 의미를 전달하지 않는다. 그것은 단순히 사람들이 살아가는 모습의 단면(斷面)을 모아 놓은 것에 불과하다. 그러나 이런 모든 것이 작품 내에서 각각의 요소들이 서로 결합하여 하나의 네트워크를 이루어 전체적인 이야기의 흐름을 만들어 냄으로써 독자들에게 무엇인가 생각하게 하는 효과를 거두고 있기 때문에, 그가 진정으로 전달하려 했던 메시지는 그리 쉽게 포착되지 않는다. 그것은 마치 공과 같아서 보는 방향에 따라서 서로 다른 이미지를 전달하고 있다. 이 공의 모습을 상투적인 관념으로 정리한다는 것은 작가에 대한 모독이 되어 버릴 가능성이 더 크다.

여기에서 우리는 앞에서 언급한 《수호전》에서 선과 악이 뒤바뀐 것을 생각하면서 이 작품을 들여다볼 필요가 있다. 《수호전》에서 호걸로 표현되는 선은 사실은 법률적으로 악에 해당되는 것이었다. 경위야 어찌 되었건 많은 호걸들이 현실적으로는 죄를 지은 사람들인데, 《수호전》에서는 그들을 미화하며 그들의 입장을 동정하는 입장에서 이야기를 구성했던 것이다. 그러나 《금병매》에서는 이런 선과 악의 대비가 보이지 않는다. 보이는 것이 있다면 서문경의 죽음과 가문의 해체였다고 볼 수 있는데, 이것은 황제와 국가에 의해 대표되는 가치관과는 달랐다. 그것은 인간의 숙명이 궁극적 가치를 결정하는 것이고, 사람의 생애라는 것은 결국 그 수레바퀴의 움직임 끝에 붙어 있는 것에 지나지 않는다는 의미를 보여준다. 이렇게 볼 때에 작자가 어떤 선악의 기준을 가지고 이 작품을 썼다고는 생각되지 않으며, 이것이 《금병매》가 보여주는 가장 중요한 측면이라고 생각된다. 그에게는 선과 악의 기준이 없으며 다만 있을 수 있는 모습을 그냥 보여줄 뿐이다. 그것을 보고 좋고 나쁨을 느끼는 것은 독자의 몫으로 돌아가게 되어 있다. 이런 상황에서 독자는 작자의 세계로 빨려 들어가 자신의 역할을 수행하지 않으면 안 되게 되어 있다. 작자의 입장에서 보면 그것은 기존의 가치관을 제거하고 있을 수 있는 현실적 모습을 보여주기만 하는 것이었다.

이런 몰가치적(沒價値的), 혹은 가치중립적인 세계가 소설 작품에서 구현될 수 있었다는 것은 중국의 사회, 윤리적 환경을 생각할 때에 놀라운 일이 아닐 수 없다. 그것은 수천 년간 지속된 가치관에 대한 대담한 부정이었던 동시에 자신만의 독특한 세계를 구축하는 행동이었다. 작자가 자신의 이름을 밝히지 않고 소소생이라는 필명을 사용한 것은 이런 몰가치적 세계를 노출시키는 것이 당시의 사회 윤리적 차원에서의 저항에 직면할 것이라는 것을 미리 염두에 두었던 때문이라고 생각할 수 있다. 당시의 상식적인 사회 윤리적 가치관에 의거하여 보면, 《금병매》에 등장하는 중요 인물은 모두가 악의 요소를 부분적으로 지닌 인물이라고 해도 과언이 아니다. 그리고 그 등장인물들의 행동도 상식을 벗어나는 경우가 많다. 특히 성행위를 다룬 부분이 상식을 벗어난 구체적인 기술로 이루어져 있기 때문에 이 작품이 색욕(色慾)을 다룬 글이라는 오해를 받았다. 그러나 이것은 작가가 상식을 탈피하려고 의도적으로 만들어 낸 구도였을 가능성이 크다. 어째서 작자가 그런 의도를 가지고 있었을까? 이 질문에 대한 답은 우리가 이 작품에서 읽어 낼 수밖에 없으며, 그 결과는 읽는 사람에 따라서 달라질 수 있다. 그러나 이런 의도를 읽어 낼 수 있다면 이 작품이 가지는 의미를 더 확실히 알 수 있을 것이며, 특히 그것이 문학사의 흐름에서 어떤 위치를 가지는지를 분명히 할 수 있을 것으로 생각된다. 나는 그것을 다음과 같이 읽어 내었다.

상식이라는 것은 엄격하게 이야기하면 그 사회가 만들어 낸 일종의 제약과도 같은 것이다. 특히 글쓰기에 있어서의 상식은 규범적 제약의 성격을 강하게 띠고 있으며, 전통시기 중국에서의 글쓰기는 이런 규범적 제약 하에서 이루어진 것이 대부분이다. 인간이 살아가는 모습은 다양하기 짝이 없지만, 글쓰기의 상식은 이 모든 것을 다 표현하도록 허용하지 않았다. 상식은 인간이 살아가는 여러 모습 중에서 어떤 특별한 부류만을 표현하는 반면에, 어떤 것은 표현하지 않도록 제약을 가하고 있었다. 이 제약 아래에서 사람들은 삶의 아름다운 부분을 주로 강조하는 반면에, 추악한 부분은 굳이 표현하지 않도록 유도되고 있었다. 그것은 문화적 속성이자 집단심리의 한 부분이었다. 그러나 삶은 반드시 아름답기만 한 것이 아니다. 사실 아름답다는 것 자체도 사람들이 그것을 아름답게 이해하기로 약속한 것이지, 아름다움 자체가 원래부터 존재하거나 태생적으로 부여된 의미는 결코 아니다. 예를 들어 꽃을 보고 아름답다고 하는 것은 그렇게 훈련받은 결과이지 꽃 자체가 아름다워서가 아닌 것이다. 꽃은 꽃일 뿐이지, 아름답기 위해서 꽃인 것은 아니다. 그러나 사람들이 그런 약속을 한 이후에는 꽃은 아름답지 않으면 안 되는 것으로 생각되게 되었고, 그래서 사람들이 꽃을 보면 으레 아름답다고 생각하게 되어 있다. 추악하다는 것도 사실은 그런 약속의 결과이다. 사람들이 어떤 것은 추악하다고 생각하게끔 약속을 하였던 것이며, 그래서 그것에 해당되는 행위나 모습을 보면 사람들은 그것을 추악하다고 여기고 있는 것이다. 사람들은 그런 훈련된 생각을 당연하거나 원래부터 그래 왔던 것으로 생각하고 있는데, 그것은 절대 사실이 아니다. 애초에 그런 것은 존재하지 않았다. 다만 사람들이 그런 것을 만들어 낸 것에 지나지 않는다. 그런데 이런 상식을 제거한 상태에서 삶의 여러 모습을 보면 모든 것이 당위성을 지닐 수 있다. 다시 말해서 아름다운 것과 추악한 것을 동일한 평면에 올려놓고 바라볼 수 있다면, 거기에는 아름다운 것과 추악한 것의 구별이 없어질 수 있다. 아름다움과 추함은 그런 의미가 이 동일 평면상에서 지워질 때에 다 같이 현실세계를 만들어 내는 요소가 되어 버리며, 둘 사이에 어떤 가치상의 우열은 없게 된다.

《금병매》의 작자가 가지고 있던 의도의 출발점은 바로 이런 데에 있었다고 나는 생각한다. 그는 인습적 가치를 제거한 상태에서 현실세계를 만들어 내는 요소들을 나열해 보았을 것이다. 그러면 과거에는 상식의 벽 때문에 글에서는 언급되지 못하던 요소들이 그늘을 벗어나 양지로 나올 수 있다. 그렇게 양지로 나온 요소들은 이전에는 보이지 않던 세계의 모습을 보여줄 수 있다. 그리고 그렇게 제시되는 세계는 이전에 묘사되던 세계보다 훨씬 더 생동감을 가지고 있다. 그것은 실제로 움직이고 있는 현실세계의 모습 그 자체이며, 보는 사람이 자신이 보는 것과 피부로 경험하는 두 세계를 동일시할 수 있기 때문이다. 이 과정에서 작자는 현실세계가 반드시 아름다움만으로 충만한 세계가 아님을 자각하게 되었을 것이다. 이것은 중국의 전통에서는 반드시 언급되어야 할 부분이다. 삶에는 아름다운 면도 있고 추악한 면도 있지만, 결국에는 아름다움이 승리한다는 것이 전통사회가 가지고 있던 인식의 패러다임이었다. 인과응보라는 개념도 결국에는 이런 패러다임에 의해 만들어진 결과였다. 그러나 작가는 이것이 고정관념이나 상식에 의한 결과이지, 결코 그 자체가 진실은 아니라는 점을 자각했다고 생각된다. 현실을 있는 그대로 솔직히 받아들일 때에 삶은 아름다움뿐만 아니라 추악함도 같이 가지고 있는 덩어리이며, 실제로 추악함이 아름다움보다 더 자주 목격될 수도 있다. 더욱이 이런 추악함은 사회적 행위로서만 규정되는 것이 아니었다. 삶 그 자체가 같은 추악한 요소, 다시 말해서 사람들이 추악하다고 여기게끔 되어 있는 요소를 이미 포함하고 있는 것이다.

예를 들어 성행위는 부인할 수 없는 현실의 일부이다. 정상적인 사람이라면 누구나 성행위를 경험한다. 그래서 그것을 전혀 언급하지 않을 수는 없다. 그렇지만 그것을 직설적으로 언급하는 것은 추악한 일이었다. 그것은 누구나 인정하면서도 여전히 비밀로 남아 있는 삶의 영역이었다. 그것이 부부간의 행위, 자녀를 출산하기 위한 행위, 사랑하는 사람들끼리의 달콤한 행위 등의 의미를 가지고 있을 때에는 아름다운 것으로 간주되지만,

그것은 결코 성행위의 본질이 아니다. 본질은 행위의 모습과 그것으로 인한 쾌락이나 고통에 있는 것이지, 결코 주어진 의미가 아닌 것이다. 그렇지만 사람들은 본질을 이야기하는 것은 추악하고 의미를 이야기하는 것은 추악하지 않다는 상식을 만들어 내었고, 그것을 통해서 간접적으로 성행위가 삶의 일부임을 표현하고 있을 따름이다.

그러나 《금병매》의 작자는 그런 의미의 부여가 특정의 가치관에 의한 것에 불과하며 결코 현실을 있는 그대로 보여주지 않는다는 점을 강조한다. 성행위는 누구나 하는 것이며, 그 본질은 실제 행위를 벌이고 즐기는 모습 자체이다. 그것이 삶의 진솔한 모습이다. 또 서문경이 돈을 모으기 위해서 뇌물을 바치고, 그것을 통해 더 큰 이권을 쟁취하면서 승승장구하는 모습도 마찬가지이다. 어차피 상인의 목적은 돈을 많이 버는 것인데 거기에 윤리적 가치가 끼어들 여지는 거의 없다. 돈에 눈이 어두운 사람에게는 어떻게 돈을 버는 것이 중요하지 않고, 결과적으로 돈을 얼마나 버는가에 달려 있는 것이 현실이기 때문이다. 돈을 어떻게 버는 것이 중요한지를 생각해 보라는 주문은 윤리적 가치관에 의한 것이지만, 실제로 돈을 벌려고 애쓰는 사람에게는 자신의 목적을 달성하는 데에 거추장스러운 장애물밖에 되지 않는다.

결국 《금병매》의 작가가 의도하고 있던 것은 기존의 상식을 넘어서서 보다 솔직한 현실세계의 모습을 구축하는 것이었다. 그는 추악하건 아름답건 모든 것이 삶의 부분이며, 삶을 솔직하게 표현하기 위해서는 두 가지를 모두 포괄하지 않으면 안 된다고 생각했던 것이다. 그런데 실제로 《금병매》의 여러 장면은 보통 사람의 눈으로 볼 때에 추악한 것으로 가득 차 있는 반면에, 윤리적으로 아름다운 것은 그리 큰 비중을 차지하지 않는다. 이것을 그가 현실세계에서 아름다운 것을 발견할 수 없었다는 것으로 해석해서는 안 된다고 본다. 앞에서 언급했듯이 현실세계에는 아름다운 것도 있고 추한 것도 있다. 바로 여기에서 우리는 작자의 도발적 의식을 발견한다. 그는 다른 사람들이 이야기를 쓸 때에 아름다운 것은 드러내면서 추한 것은 가급적 감추려 한 것을 직시하고 있다. 그것은 중국에서 기나긴 전통을 가지고 있는 관행이었다. 《금병매》의 작가는 그것이 일종의 위선이라고 생각한 듯하다. 현실세계에 대한 이야기는 진실이어야 하며,[14] 그 진실을 보여주려면 기존의 상투적 관념에서 벗어나야 한다는 생각을 가지고 있었던 것이다. 더욱이 아름다움은 의미부여에 지나지 않으며, 그것은 현실의 왜곡되지 않은 모습을 보여줌으로써 읽는 사람이 판단할 문제이지, 작가가 미리부터 그것을 만들어서 보여주어야 하는 것이 아니다. 그는 있는 모습 그대로를 보여주고 싶어했으며, 그 욕구가 바로 《금병매》를 보고 사람들이 기이하게 생각하게끔 만든 것이다. 사람들이 기이하게 생각하는 것은 그것이 상식적인 관행을 벗어나서이지, 결코 《금병매》의 기술이나 묘사 자체가 기이해서가 아니라는 것이 그의 생각이었다.

그런 관점에서 보면 관행적으로 운우지정(雲雨之情)이라는 수사를 통해서 슬쩍 지나쳐 가는 성행위도 구체적인 묘사의 대상이 충분히 될 수 있다. 오히려 그것을 구체적으로 묘사함으로써 작가는 사람의 진정한 모습이 바로 이런 것이라고 주장할 수 있다. 그렇지 않고 수사를 통해 스쳐 지나갔다면 그것은 묘사가 아니라 장식화에 지나지 않는다. 이러한 성행위의 묘사는 독자들에게 상당한 부담을 주는 것이었다. 그 부분을 읽으면서 무슨 생각을 하게 되는지는 각각의 독자에게 달려 있다. 어떤 사람은 수치심을 느꼈을 것이고, 어떤 사람은 "맞아. 삶의 모습은 바로 이런 것이지!" 하고 무릎을 쳤을지도 모른다. 그리고 그는 자신의 모습을 되돌아보거나, 세상에 그런 일이 다 있을 수 있을까 하고 반문하기도 했을 것이다. 이데올로기적 관습에 사로잡혀 있는 사람은 이 작품에 대해 비교적 단순하게 반응했을 것이니, 그들은 이 작품을 외설적이거나 비윤리적이라고 생각하고 말았을 것이다. 그렇지만 의식이 있는 독자, 특히 평소에 여러

14) 여기에서 '진실'이라는 말을 '사실'과 혼동하지 말기 바란다. 여기에서 진실이라는 말은 '있는 그대로'의 의미를 띠기도 하지만 '있을 수 있는 상황의 솔직한 모습'이라는 의미를 띠면서 사용되었다.

이야기를 읽으면서 무엇인가 미진한 감을 느껴왔던 독자는 이 작품을 읽으면서 상당한 혼란에 빠지게 되었을 것으로 생각한다. 그것을 있는 그대로 받아들일 것인가, 아니면 상식에 의거해서 생각할 것인가 하는 것이 그들이 선택해야 할 부담으로 돌아왔기 때문이다. 솔직한 삶의 모습에 관심 있는 독자들은 이 작품을 진지하게 읽어나갔겠지만, 삶이라는 것은 어떠해야 한다는 선입견을 가진 독자는 이 작품에 기이함 이상의 의미를 부여할 수 없었을 것이다. 그것은 독자의 자유였다. 작자는 독자가 어떤 판단을 내리는가에 관심을 두지 않았다고 생각된다. 작자는 동일한 평면의 한쪽 축에서 작품을 제시하고는 돌아섰으며, 그 평면의 다른 한쪽 축에서 독자들은 그 작품을 읽고 자신들만의 생각에 빠지는 것이다. 그것으로 끝이었다. 작자는 독자와 다시 만날 것을 전혀 생각하지 않고 있었다. 그것은 파격이었다. 그러나 그것은 차별성을 부각시킴으로써 관심을 끌기 위한 기술로서의 파격이 아니었다. 그렇게 보기에는 그 파격의 내용이 너무 심각했기 때문이다. 그는 다른 작가들과는 완전히 다른 궤도에 자신을 위치시키고 있었다.

이렇게 《금병매》를 읽어 낼 때에, 우리는 이 시기의 중국인들이 가지고 있던 소설적 리얼리티의 모습이 과연 어떤 것인가를 다시 한 번 생각해 볼 필요가 있다. 앞에서 '사대기서'의 다른 작품들에서 나타난 소설적 리얼리티에 관해 언급한 바 있지만, 그것은 어디까지나 이야기를 구성하는 데에 있어서 작가가 맡았던 역할을 중점으로 한 것이었다. 그러나 《금병매》에서 나타나는 소설적 리얼리티는 차원을 달리하고 있다. 왜냐하면 이 작품에서 읽어 낼 수 있는 소설적 리얼리티는 이야기의 합리적인 전개의 차원을 넘어서기 때문이다. 물론 《금병매》에서도 이야기를 합리적으로 전개함으로써 그 이야기가 있을 수 있는 모습을 보여주는 차원의 리얼리티는 충분히 구현되고 있다고 생각된다.

그렇지만 중요한 것은 그것이 아니다. 《금병매》에서 가장 중요한 것은 작자의 의식이었으며, 그 의식의 방향이 어디로 향하는가에 따라 이야기의 방향도 결정된다. 다시 말해서 이것은 작자가 지닌 기법상의 능력이 아니라 그가 지닌 독특한 의식을 발휘하는 능력의 문제이며, 소설적 리얼리티가 구성될 수 있는 기본 바탕이 바로 그런 의식에 의해서 마련되었다는 것이다. 어째서 작자가 다른 사람처럼 삶의 아름다운 면을 추구하지 않고 추악함을 부각시켰는가 하는 것이 바로 그 의식의 방향을 보여준다. 따라서 《금병매》의 작자에게 이야기는 수단이었지, 그 자체가 목적이 아니었다. 실제 목적은 자신이 삶을 바라보는 눈과 의식을 표명하는 것이었으며, 그것을 서문경의 생애를 통해 가시화한 것이었다. 이렇게 될 때에 이 작품은 이중적인 구조를 지닌다. 겉에는 이야기라는 구조가 있으며, 그 구조의 밑에는 의식의 파장이 자리잡고 있다. 의식의 파장은 관점으로 구성되지만 그 자체가 표현되지는 않는다. 그것은 표면에 놓여져 있는 이야기를 통해 그 모습을 드러낸다. 동시에 작자는 이야기를 읽는 사람이 자신의 의식 속으로 끌려들어오기를 원하고 있다. 어차피 의식은 그 자체로는 표현되지 않으며, 이야기는 기탁의 대상이지 의식 그 자체가 아니기 때문이다.

내가 생각하기에 《금병매》는 이런 작품이었다. 그것은 심각한 의식을 배경으로 해서 만들어진 이야기이며, 그래서 각각의 장면은 의식의 발로이자 가시적 구현이라고 본다. 이런 파악이 이 작품에 지나치게 무거운 의미를 부여할 가능성도 없지 않다. 그러나 그런 의미 부여의 역할이 독자에게 맡겨져 있다는 점이 바로 《금병매》의 특징이다. 그리고 그것이 거두어내는 소설적 리얼리티는 이런 측면에서 볼 때에 오늘날의 소설과 거의 궤를 같이한다고 해도 과언이 아니라고 생각된다. 《금병매》는 비록 고립된 섬으로 존재하지만, 이 시기에 중국인들은 이미 소설 작품, 그것도 심각한 사회의식으로 무장된 세련된 문학 작품으로서의 소설 작품을 경험하고 있던 중이었다.

5. '사대기서'의 의미

위와 같이 '사대기서'의 작품을 읽어 냄으로써 그것들 뒤에 숨겨져 있는 일종의 맥락을 발견할 수 있다. 그 맥락은 우연적인 결과일 수도 있고, 아니면 우리가 그렇게 보려고 하기 때문에 그렇게 보이는 것일 수도 있다. 그렇지만 그 맥락을 통해 중국의 전통사회에서 문학 작품으로서의 소설이라는 글쓰기가 정착되는 과정이 모습을 드러낸다고 나는 생각한다. 물론 그 모습은 애초에 예고되었거나 혹은 네 작품의 작자가 서로 협조해서 드러내기로 약속한 결과는 아니었다. 네 편의 작품을 하나로 묶어서 관찰하는 것부터가 사실은 우리의 의도된 사고의 결과이지, 원래부터 네 작품이 하나로 묶여져 있었던 것은 아니다. 그러나 인위적인 묶음을 통해서 네 작품을 관찰할 때에 우리는 거기에서 '의미 있는 맥락'을 발견하며, 그것을 통해서 중국의 소설문학이 정착하는 과정에 대한 설명의 단서를 발견한다. 그렇게 네 작품을 인위적으로 묶어 볼 수 있는 것은 그것들이 비슷한 시기의 작품들이며, 동시에 그 시기를 장식한 흐름에 속해 있었다고 생각하기 때문이다. 또 그 작품들을 쓴 사람들이 대부분 어느 수준 이상의 교육을 받았고, 비슷한 형태의 글쓰기를 하고 있던 문학적 중간층에 속해 있었다. 그래서 그들의 글쓰기에 있어서는 무엇인가 막연하기는 하지만 공유되는 지향점이 있었다고 생각할 수 있다. 결국 네 작품을 묶어서 관찰할 때에 발견되는 맥락은 그 작자들이 공유하던 지향점의 결과라고 할 수 있는 것이다.

'사대기서'의 네 작품으로 형성되는 맥락은 우선 이야기가 만들어지는 과정, 다시 말해서 '소설적 진화의 과정'을 보여주고 있다. 앞에서 나는 '이정표'에 관해 충분히 이야기한 바 있다. 이 이정표의 개념은 서구의 소설에서는 그리 중요한 의미를 지니지 않지만 중국의 소설전통에서는 상당히 중요한 의미를 가지고 있다. 왜냐하면 지금까지 검토한 바와 같이 소설 작품의 핵심적인 모태인 이야기는 언제나 '사실'과의 관련성을 통해서 존재가치를 확보한 것이 중국적 특성이기 때문이다. 이야기는 사실에서 분화되었거나 혹은 사실 그 자체를 확대하여 만들어졌다는 중국인들의 사고가 뿌리 깊이 작용하고 있었으며, 그래서 이야기를 만드는 사람들은 어딘가에 있다고 생각되는 사실을 배려하지 않으면 안 되었다. 사실에 근거하지 않은, 순수한 공상의 결과물로서의 이야기는 중국인들에게 큰 의미가 없었다. 그것은 아무리 사실과 비슷해도 결국에는 사실이 아니며, 전통시기 중국인들의 사고방식으로는 그것이 '말의 유희' 이상의 것이 되지 못했다. 그리고 그것은 흥미를 유발할 유희가 되지 못했으니, 왜냐하면 그들은 순수한 상상력의 결과물이 현실의 박진감과 사실성을 제공할 수 없다고 생각했기 때문이다. 이야기는 읽거나 듣는 사람이 현실적인 감각을 통해서 납득하고 그 속으로 빠져 들어갈 수 있어야 하는 것이었는데, 중국인들은 순수한 허구를 통해서는 이것이 불가능한 것으로 여겼다고 생각된다. 이야기가 단순히 유희가 아닌 또 다른 의미를 지니기 위해서는 사실과 어느 정도의 관련성을 가지지 않으면 안 된다는 것이 그들의 사고방식이었다. 그랬기 때문에 대부분의 이야기는 사실에 근거해서, 아니면 사실에 근거했다는 주장을 기초로 해서 펼쳐지곤 했다. 예를 들어 도시의 어느 구석에서도 일어날 수 있는 사랑의 이야기를 하면서 주인공이 사는 동네의 이름이나 이야기의 내용과는 별 관계가 없는 그 당시의 중요한 사건을 배치하는 것 등은 바로 그 이야기의 전개가 독자가 실제로 살아가는 바로 그 공간에서 벌어지고 있음을 증명하기 위한 것이다. 그것은 실제로는 허구이면서도 완전한 허구가 아니라는 것을 증명하기 위한 전략이었다. 완전한 상상의 결과임을 전제로 한 작품은 거의 발견되지 않는다고 해도 과언이 아니다. 실제로 그런 작품이 없었다고 단정하기는 어렵지만 있었다고 해도 살아남지는 못했을 가능성이 크다.

'사대기서'의 작품들은 앞에서 살펴본 바와 같이 '사실'이나 '사실이라고 여겨지는 사연'에 기초하고 있다. 그런데 그 사실성의 정도, 그리고 그 사실을 구성하는 이정표의 밀도(密度)는 작품에 따라 차이를 보여주는데,

바로 그 차이가 소설적 진화의 과정을 나타낸다. 그 과정은 《삼국연의》에서 시작되어 《수호전》과 《서유기》를 거쳐 《금병매》에서 완성된다고 할 수 있다. 우선 《삼국연의》에서는 사실 여부의 정도와 이정표의 밀도가 매우 선명하게 드러나고 있다. 그 이야기는 전체적으로 '사실'이다. 그 이야기는 허구가 부분적으로 가미된 사실이다. 그 이야기에서는 사실의 방향을 지시하는 이정표가 조밀하게 깔려 있으며, 사실은 이야기가 잠시라도 그 이정표가 지시하는 방향을 벗어나지 않도록 감시의 눈을 번득이고 있다. 이정표는 사실의 뼈대를 이루고 있으며, 사실은 또 이정표에 의해 이루어지는 선(線)을 감싸고 있다. 그래서 사실은 언제나 이정표의 선을 벗어날 수 없다. 《삼국연의》의 이야기는 바로 그 사실을 재현하는 것이다. 바로 이 재현이 《삼국연의》를 사실이 아닌 소설로 변화시키는 기제였다. 그 이야기는 전체적으로는 사실이었지만 구석구석에 배치된 허구, 아니면 소설적 합리성을 지닌 '설명'을 통해서 소설이 되었던 것이다. 여기에서 그 허구가 사실로 인정되게끔 만든 것이 이야기의 맥락, 인물의 성격, 그리고 분위기 등이었음은 앞에서 언급한 바 있다.

《수호전》에서는 이와는 다른 상황이 발견된다. 여기에서는 사실은 커다란 하나의 개체를 이루고 있다. 그러나 그것은 궁극적인 사실일 뿐 구체적인 사실이 아니다. 다시 말해서 이야기의 시점과 종점은 사실에 근거하고 있지만 그 구체적인 전개방향은 사실이 아니었다. 여기에서는 사실의 뼈대를 이루는 이정표가 아주 드문드문 놓여 있다. 그 정도는 실선(實線)으로 연결하기 어려울 정도였으며, 따라서 사실 그 자체가 이정표에 의해 인도될 수는 없었다. 사실은 저 멀리 떨어져 있는 이정표의 방향만을 확인한 채 이리저리 떠돌아다닐 수도 있게 되어 있었다. 사실이 어떻게 이정표에 도착하는가는 문제가 되지 않았다. 이정표가 사실 그 자체의 구체적인 부분을 통제할 수 있을 정도로 조밀하지는 못했기 때문이다. 그 사실을 정해진 길을 따라서가 아니라 이 길 저 길을 헤매다가 마침내 이정표에 도착하게 만든 것이 《수호전》의 이야기였다. 그렇게 헤매면서 지나친 길이 사실인지 허구인지는 중요하지 않았다. 어떻게든 몇 개의 이정표를 정확하게 통과해서 최종의 이정표에 도착만 하면 그것으로 사실에서 시작한 이야기로서의 요건은 갖추어지는 것이었다. 그것은 이정표 사이의 방랑을 허용하는 여행이었으며, 바로 그 허용된 여행이 《수호전》을 소설 작품으로 만든 기제였다. 그래서 그것은 사실을 전제로 하면서도 실제로는 허구를 통해서 이정표를 연결해 놓은, 다시 말해서 사실의 가공을 통해 재구성된 이야기였다.

《서유기》에서는 몇 개의 이정표조차 보이지 않는다. 여기에서 보이는 것은 현장법사가 인도로 떠나는 시점과 인도에서 돌아오는 종점뿐이다. 그나마 그 시점조차도 사실의 맨 앞에 놓여 있는 이정표가 아니라 중간에 놓여 있는 이정표이다. 이야기는 사실과는 동떨어져서 시작된다. 그것은 어느 시점에서 첫번째 이정표를 슬쩍 거치고 다시 방향을 상실한 상태로 접어든다. 그 후 이야기는 아무런 이정표의 지시도 없이 혼자서 공간을 떠돈다. 여기에는 어떤 사실의 개입도 없다. 그렇게 공간을 떠돌면서도 이야기는 멀리서 깜박이는 등대의 불빛을 보고 항해하는 선박과 같이 일정한 방향을 향해 전개된다. 그것은 사실이 지닌 시점과 종점에 의해 조성된 공간이 있었기에 가능한 것이었다. 그래서 이야기는 공간을 떠돌면서도 궁극적으로는 종점에 접근하고 있으며, 마침내는 종점의 이정표를 찾아낸다. 그런데 《서유기》에서 중요한 것은 이정표를 찾아내는 것이 결코 사실과의 합류를 의미하는 것은 아니라는 점이다. 이것은 이 작품에서의 이정표가 《삼국연의》나 《수호전》에서의 이정표와는 다른 의미를 지니고 있기 때문이다. 《서유기》에서의 이정표는 물질적으로 거쳐가는 점(點)으로서의 이정표가 아니다. 그것은 커다란 공간으로서의 이정표이며, 따라서 이정표 자체가 구체적인 의미를 지니고 있지 않다. 여기에서는 이정표 자체가 이미 사실을 '이용'한 허구이다. 그 이정표에는 사실의 요소가 꼭 들어 있어야 하지만 그렇다고 전부가 사실이어야 할 필요는 없다. 따라서 《서유기》에서는 이정표의 밀도가 훨씬 낮아졌을 뿐만 아니라 그 이정표의 성격도 이미 사실과는 틈새가 벌어져 있었다. 그래서 《서유기》는 '사실을 빌미로 한 허구'의 이야기가 되었다.

《금병매》를 보면 이정표는 거의 사라져 버렸다. 그 이야기는 애초부터 '사실'이 아니다. 그것은 사실일 수도 있는 허구이다. 그렇기 때문에 그 이야기는 애초에 기대면서 출발할 '사실'의 근거가 없었다. 그래서 작자는 이야기를 시작할 때에 어떤 빌미를 필요로 했으며, 그것을 《수호전》에서 나온 무송의 이야기로 잡았다. 다시 말해서 그것은 이미 알려져 있는 이야기를 마치 사실인 것처럼 가장하면서 시작된 이야기였다. 여기에서 무송의 이야기는 실제적인 이정표가 아닌, 가공(架空)된 이정표의 역할을 한다. 그러나 그것은 이야기가 시작되는 것을 가리키는 이정표이지 이야기가 나아갈 방향을 지시하는 이정표는 아니다. 이 작품에서 이야기의 진행 방향은 작자에게 달려 있었다. 거기에는 마지막에 잠시라도 합류해야 할 사실로서의 종점 같은 것도 아예 없었다. 그것은 완전히 허구적으로 만들어진 이야기였다.

이렇게 이정표의 밀도를 통해서 네 작품을 관찰하면 소설적 진화가 어떻게 일어났는가를 발견할 수 있다. 이정표의 밀도를 비교하면 《삼국연의》, 《수호전》, 《서유기》, 《금병매》를 일렬로 세워 놓을 수 있다. 이 작품들이 일렬로 세워질 때에 조밀한 이정표로 짜여진 이야기에서 이정표가 드문 이야기로, 그리고 마지막으로는 이정표가 아예 사라지는 이야기로의 선형(線形)적 변화를 발견할 수 있는 것이다. 그것은 나아가서 이야기가 '굳은' 사실로부터 이탈하는 정도를 가리키는 지표로 작용한다. 처음에는 움직일 수 없는 사실을 재현하는 이야기로 출발한 그 과정이 사실의 가공을 통한 재구성의 단계에 이르렀다가 그 다음에는 '사실을 빌미로 한 허구'의 단계에 이르며 마지막에는 완전한 허구적 이야기에 이르게 된 것이다. 이것은 초보적인 의미에서 사실상 소설적 진화의 완성을 가리킨다고 해도 과언이 아니었다. 그리고 '사대기서'는 그런 진화의 과정을 압축적으로 보여주고 있는 것이다.

이러한 진화의 과정은 단순히 이정표의 밀도를 통한 변화에 의해서만 이루어진 것이 아니었다. 진화는 다중적(多重的)으로 진행되었으며, 그 과정에는 여러 요소가 서로 연계되어 있었다. 소설적 이야기가 만들어지기 위해서는 이정표의 밀도가 옅어지면서 생겨난 구도 상의 빈 자리를 메우는 것이 필요했으며, 그것은 작자의 영역으로 남겨졌다. 고정된 이정표가 줄어드는 만큼 작자의 영역이 늘어나게 되어 있었으며, 위의 진화과정은 이정표가 줄어드는 경향과 작자의 영역이 확대되는 변화가 맞물리면서 모습을 드러내었다고 할 수 있다. 작자의 영역은 곧 이야기를 구성할 때에 작자가 어느 정도의 재량권을 가지고 있었는가를 가리킨다. 그리고 나아가서는 작자가 어느 정도의 자유로운 상상력을 발휘할 수 있는가 하는 것도 포함되어야 한다. 물론 이런 정도가 수치로 계산될 수는 없지만 '사대기서'의 작품들을 관찰하면 그 영역의 크기에 뚜렷한 차이가 드러나는 것은 분명하다. 이정표가 상당히 조밀했던 《삼국연의》에서는 작자의 영역은 상당히 제한되어 있었다. 그는 주어진 사실을 받아 재현하는 소극적 작자의 입장에 놓여 있었다. 그런 입장은 그가 스스로 택한 것이었다. 그는 우선 역사기록에서 나타난 이정표들을 자신의 구도대로 나열하는 데에서 작업을 시작했을 것이다. 그는 유비의 행적을 중심으로 하면서 필요할 때마다 조조와 손권의 행적을 삽입하는 방식으로 역사적 정보를 재배열하였을 것이다. 그렇게 해서 작자는 자신이 원하는 구도에 따라 역사적 사건의 이정표를 재배열하였을 것이며, 그것이 《삼국연의》의 줄거리를 이루게 되었을 것이다. 이 줄거리는 역사기록의 줄거리와 본질적으로는 다르지 않지만 정보들이 재배열되었다는 점에서는 역사적 사실이 소설적 줄거리로 다시 태어난 결과였다. 작자가 가지고 있던 재량권의 상당 부분은 거기에서 끝난다. 왜냐하면 그 이외에 그가 가질 수 있던 재량권은 구축된 이정표와 이정표 사이를 연결하는 맥락과 그 맥락을 이루어내는 세부적인 사항에 그치고 있었기 때문이다. 그에게는 이야기의 방향을 완전히 바꾸거나 돌발적인 반전을 만들어 낼 수 있는 영역이 허용되지 않았다. 그는 주어진 사실에 근거해 구축된 구도를 따라가지 않을 수 없었으며, 그래서 그의 영역은 제한되어 있었다.

이에 비해 《수호전》에서는 작자의 영역이 훨씬 늘어났다. 이 이야기에서는 역사적 사실에 의해 주어지는 이정표의 숫자가 대폭 줄어들었기 때문에 작자는 더 많은 것을 만들어 내지 않으면 안 되었다. 달리 말하면 작자는 더 많은 것을 스스로 만들어 낼 수 있는 재량권을 가지고 있었다. 그는 시점과 종점, 그리고 절대 피해갈 수 없는 중요인물이라는 몇 개의 이정표만을 가지고 있었을 뿐이다. 그리고 중요한 것은 그 이정표를 그가 '사용'할 수 있었다는 점이다. 그것은 작자가 주어진 이정표에 도달하기 위해 세부적 맥락을 구성하는 것이 아니라, 반대로 자신이 만들어 내는 맥락을 통해서 그 이정표에 도달할 수 있음을 의미한다. 여기에서 필요한 것은 이정표에의 도달이 가장 소설적인 합리성, 혹은 소설적 리얼리티를 구현하는 것이었다. 이정표와 이정표 사이에는 넓은 공간이 자리잡고 있었는데 그 공간은 《삼국연의》에서처럼 '세부 사항'을 선(線)으로 이어줌으로써 채워질 수 있는 공간이 아니었다. 그 공간을 채우기 위해서는 또 다른 이야기들이 필요했다. 즉 시점과 종점으로 만들어지는 커다란 이야기, 다시 말해서 개념적 구도가 놓여 있는 공간이 있었지만 그 내부는 텅 비어 있었다. 그 공간에서 일어나야 할 사건이나 인물이 정해져 있지 않았기 때문이다. 그리고 작자가 이 공간에 사건과 인물만을 채워 넣는다면 그것은 건조한 역사기록이나 다름없게 되어 있었다. 그 개념적 구도의 공간을 소설적 이야기로 만들기 위해서는 그 공간에 하부구조(下部構造)를 설치하지 않으면 안 되었다. 《수호전》에서 새롭게 설치되어야 할 하부구조는 사건이나 인물의 설정에 그치는 것이 아니라 그 사건과 인물에 의해 구축되는 '이야기'였다. 다시 말해서 이 작품은 커다란 이야기의 내부를 '세부 사항'이 아닌, '세부적 이야기'로 채워나가면서 이루어진 것이었다. 작자는 그런 모든 이야기를 만들어 내어야 했다. 그렇기 때문에 《수호전》의 작자는 스스로 이야기를 만들어 내면서 궁극적으로는 시점과 종점을 연결하는 역할을 맡고 있었으며, 이런 의미에서 상당히 적극적인 작자의 모습을 보여주고 있다. 그리고 그에게 주어진 영역과 그것을 사용할 수 있는 재량권은 《삼국연의》에서보다 훨씬 더 컸음이 분명하다. 그는 이미 총체적인 이야기를 스스로 '설계'하는 작자의 입장에 서 있었던 것이다.

《서유기》에서 나타난 작자의 영역은 언뜻 보면 《수호전》과 비슷하다고 할 수 있다. 이 작품의 작자도 《삼국연의》에서보다 훨씬 넓은 영역을 가지고 있으며, 재량권도 마찬가지로 늘어났음이 분명하다. 그런데 《서유기》에서는 시점과 종점 자체가 《수호전》에서보다 훨씬 더 유동적이다. 그것이 개념적 구도임은 마찬가지이지만 《서유기》에서는 시점과 종점이 굳게 서 있는 이정표가 아니라 소설적으로 가공할 수 있는 유동적 이정표이다. 여기에서는 이정표를 '사용'하는 데에 그치지 않고 그 이정표를 스스로 설정한다. 다만 작자가 사실을 이정표로 설정했다는 점에서 《수호전》과 비슷할 뿐 그 내용에 있어서는 상당한 차이가 있다. 다시 말해서 이정표를 설정하는 단계에서 이미 작자의 재량권이 확보되어 있었다는 것이다. 또 작자의 영역을 사용하는 방식에 있어서도 《서유기》는 《수호전》과 다르다. 《서유기》의 작자는 이야기의 세계를 기존관념의 틀에서 벗어나게 할 수 있는 자유를 가지고 있었다. 그것은 삼장법사의 이야기를 다룸으로써 가능한 것이었다. 삼장법사의 여행이라는 역사적 사건을 이야기의 빌미로 선택함으로써 그 이야기는 《수호전》의 기본소재가 규정하고 있었던 사람의 세계라는 제약을 벗어날 수 있었다. 이런 의미에서 그는 스스로 이야기의 세계를 선택하는 재량권을 행사하였으며, 그 세계에서 자신의 상상력을 마음껏 발휘할 수 있었다. 이 작품에서 작자는 빌미가 되는 '사실'의 제약으로부터 벗어날 수 있는 주도권을 장악하였으며, 이런 의미에서 그는 《수호전》의 작자보다 더욱 적극적인, 나아가서는 거의 독립적인 작자의 모습을 보여주고 있었다. 그에게 있어서 작자의 영역은 이야기의 거의 대부분이라고 해도 과언이 아니다.

《금병매》에서는 이런 작자의 영역이 극대화되었다. 작자는 처음부터 어떤 사실을 이야기의 빌미로 삼으려고 하지도 않았다. 그는 다만 이야기의 빌미로 무송이 호랑이를 때려잡은 사건을 이용하기만 하는데, 그것은 아마도 독자의 접근이 용이하게 하기 위한 장치였을 것이다. 그것은 사실이 아니라 독자가 익히 알고 있는, 그래서 새로운 이야기의 세계로 들어올 때에 낯익은 인도자(引導者)의 역할을 하는 이야기였을 뿐이다. 여기에는 시점과 종점으로 이루어지는 개념적 구도조차 보이지 않는다. 그런 것을 만들어 내는 것부터가 작자의 영역에 속한다. 따라서 그에게는 애초부터 어떤 제약도 없었다. 그는 이야기의 세계를 설정하면서 스스로 작자의 영역을 만들어 내고 있었으며, 그 영역 안에서는 자신이 제왕과 같은 권한을 누리고 있었다. 그에게는 이야기가 어떤 방향으로 흘러야 하는가를 지시하는 '사실'로서의 이정표가 전혀 없다. 그는 이야기의 세계 전부를 작자의 영역으로 하고 있으며, 그 모든 공간을 스스로의 의지에 의해 만들어 나가고 있었다. 이런 의미에서 《금병매》는 더 이상 이차작자의 작품이 아니었다고 할 수 있다. 그것은 완전한 '창작'이었으며, 나아가서는 작자라기보다는 '작가', 혹은 전문적인 '소설가'라고 부를 수 있는 사회적 인물에 의해서 만들어진 이야기였던 것이다.

이렇게 《금병매》를 통해 일차작자로서의 작가가 탄생한다고 생각할 때에, 그것은 위·진·남북조 시기 지괴에서의 이차작자, 즉 주어진 이야기를 기록하는 단순한 필사자가 아니라 자신의 영역을 활용할 수 있는 이차작자가 탄생한 이후 천여 년의 세월에 걸친 경험의 축적을 통해 최종적으로 나타난 현상이라고 할 수 있다. 중국의 상황에서 전문적인 작가가 탄생하는 데에는 천여 년의 세월이 필요했던 셈이다. 그리고 앞에서 언급한 바 있듯이 작가는 그 긴 세월 동안 꾸준히 진행되어 온 경험의 축적 그 자체에 의해서 탄생한 것이 아니다. 작가는 그 경험을 바탕으로 하면서도 어느 날 그것을 밟고 올라서면서 '갑자기' 나타났다고 생각된다. 그것은 비슷한 시기에 출현한 '사대기서'가 모두 작가의 탄생을 알리는 것이 아니라 유독 《금병매》라는 작품이 그것을 알린다는 점에서도 잘 드러난다. 작가는 충분한 소설적 경험이 축적되어 있었다고 해서, 그리고 그 이외의 사회적 여건이 갖추어져 있었다고 해서 무조건 탄생하는 것이 아니었다. '사대기서'의 작품들은 사실상 모든 조건이 갖추어져 있는 상황에서 만들어졌지만 그렇다고 모든 작품이 작가의 탄생을 알리는 것이 아니었기 때문이다. 작가가 탄생하는 데에는 어떤 특정 개인의 출현, 그리고 그가 그 작품을 구상하게 되는 어떤 계기가 대단히 중요하다. 바로 그런 개인과 계기가 구현되어 만들어진 것이 《금병매》였던 반면에 '사대기서'의 다른 작품들은 그런 개인과 계기를 만나지 못하고 있었던 것이다.

그렇지만 《금병매》를 고립된 작품으로 놓고 보아야 할 필요는 없다. 그 작품은 그 시대의 산물이며, 그 시대에는 일정한 흐름이 있었다고 보아야 할 것이기 때문이다. 다시 말해서 '사대기서'의 작품들은 다 같이 15, 16세기의 중국에서 소설적 관심과 그것을 구현하려는 흐름을 반영하고 있으며, 《금병매》는 결국 그 흐름 안에서 이루어진 작품이다. 그렇기 때문에 이 작품이 철저하게 고립되어 있었을 것으로는 보이지 않는다. 이 작품의 작자는 당시의 흐름을 알고 있었으며, 그 흐름의 속에서 한 발 더 뛰어오른 것뿐이다. 그래서 '사대기서' 안에서는 《금병매》가 작가에 가장 접근한 모습을 보여주지만 이 작품들을 모두 묶어서 볼 때에는 그것이 '출현할 수도 있는' 작품이었다고 볼 수 있다. 왜냐하면 앞에서 살펴본 진화과정에서 나타나듯이 당시의 흐름이 어떤 방향을 향해 달리고 있었던 것이 분명하기 때문이다. 물론 그 흐름이 어떤 규약이나 지시에 의해서 방향을 설정한 것은 아니다. 그러나 그 흐름에는 분명히 어떤 방향이 있었으니 그것은 작자의 영역을 최대로 확대하는 것이었다. 《금병매》는 바로 그런 흐름의 끝에 있었으며, 다른 작품들은 그 바탕을 마련하고 있었던 것이다. 이렇게 볼 때에 도약은 한 작품에 의해 이루어진 것이 아니라 '사대기서'라는 작품군에 의해서 이루어졌다고 보아야 할 것이다.

우리는 여기에서 소설적 흐름과 특정 개인 사이에 놓여 있는 역학관계를 발견하게 된다. 소설적 흐름은 지속적으로 새로운 것을 찾고 있으며,

작자들 중에는 그 흐름을 파악하는 사람도 있고 그렇지 못한 사람도 있다. 그 흐름을 파악하지 못하는 사람들은 저변(底邊)의 인구로 남게 되었을 것이고, 그 흐름을 파악한 사람은 도약의 계기를 만나게 되었을 것이다. 결국 작가의 탄생은 소수의 사람들이 저변의 인구를 디디고 올라서면서 그 흐름에 몸을 담그고 그 안에서 단련되면서 이루어진 것이다. 그런 단련을 통해 어떤 작자는 구심력에 몸을 맡기는 반면에 어떤 작자는 원심력에 몸을 맡긴다. 《삼국연의》의 작자가 구심력에 몸을 맡겼다고 한다면 《수호전》과 《서유기》의 작자는 구심력과 원심력이 팽팽하게 맞서는 상황에서 원심력이 더 강하게 작용하는 상황에 있었다고 생각할 수 있다. 그리고 《금병매》는 완전히 원심력에 몸을 맡기기로 작정한 결과였다. 어쩌면 그것은 스스로 원심력을 만들어 내고자 한 의도의 결과였는지도 모른다. 그래서 네 작품의 작자들 중에서 작가로의 변신은 새로운 세계로의 탈출을 시도하는 사람에게만 일어날 수 있는 일이었다. 반면에 기존의 공간에 발을 담그고자 한 사람에게는 그런 변신이 가능하지 않았다. 그것이 '사대기서'가 지니는 의미의 큰 부분이라고 생각된다.

한편 '사대기서'를 통해서 우리는 또 다른 흐름을 포착할 수 있으니, 그것은 작자의 의식세계에서 일어나는 변화라고 할 수 있다. 소설은 어떤 정황(情況)의 모습을 보여주는 것이다. 그것은 혼자 간직하고 싶은 모습이 아니라 이야기를 통해서 공개함으로써 여러 사람이 공유할 수 있는 모습이다. 그런데 그 모습은 원래부터 있는 것이 아니라 재현되거나 아니면 새롭게 구성된 모습이다. 이렇게 모습을 보여주는 데에 있어서 작자는 주도권을 쥐게 된다. 그는 자신이 원하는 방향대로 그 모습을 보여준다. 그런데 이 보여주기가 단순한 것이 아니었다. 특히 명대와 같이 소설적 경험이 축적된 상황에서는 단순한 그림을 보여주듯 이야기를 할 수는 없게 되어 있었다. 같은 그림을 보여준다고 해도 경험이 축적된 상태에서는, 다시 말해서 충분한 경험과 비판의식을 축적한 독자를 상대로 하는 상태에서는 그 그림이 의미있는 것이 되지 않으면 안 된다. 그 의미는 작자가 구성하여 표출하고 독자의 판단을 기다리는 것이다. 의미를 만들어 낼 수 있는 충분한 준비가 되어 있지 못하다면 의미 있는 그림을 만들어 낼 수 없음은 당연하다. '사대기서'가 명성을 얻은 것은 그 이야기 속에 포함되어 있는 의미가 독자들로부터 충분한 반응을 얻을 수 있었기 때문이었다. 그런데 그 의미는 작자의 의식이 왕성하게 활동함으로써 생성되는 것이며, 이런 측면에서 볼 때에 소설적 이야기에서 등장하는 세계는 곧 작자의 의식이 활동하는 공간이라고 할 수 있다. 그 공간을 수놓은 것은 작자의 의식과 시각이었다. '사대기서'의 작품에서 우리는 그 이야기의 공간을 통해 각각의 작자가 펼쳐놓은 나름대로의 의식과 시각의 방향을 발견할 수 있다. 그리고 그 방향은 전통적 이야기가 소설로 변신하는 중요한 계기를 노출시키는 기제가 되고 있는 것이다.

지나간 시대의 이야기를 소설로 꾸민다는 것에는 어떤 의미가 있는가? 그것은 흘러간 시간이 이루어 내는 거대한 공간 속에 우뚝 솟아오른 산봉우리들을 보여주면서 그 공간을 설명하는 것이다. 지금까지 흘러온 길고 긴 시간 모두를 다 보여줄 수는 없을 뿐만 아니라 별로 의미도 없기 때문에 그 시간의 추이를 보여줄 수 있는 몇 개의 '의미 있는' 산봉우리를 골라 보여주는 것이 바로 역사의 이야기이다. 《삼국연의》는 역사에서 삼국시기라는 산봉우리를 골라 놓은 것이다. 이 산봉우리가 보여주는 것은 그 시기의 의미이며, 동시에 그것은 오늘을 사는 사람에게 과거를 상징적으로 상기시켜 주는 역할을 한다. 그런데 이 산봉우리는 워낙 높은 것이어서 보통 사람들은 그곳에 직접 오를 엄두를 낼 수 없게 되어 있다. 그것이 단순히 지나간 시대를 보여주는 산봉우리여서만이 아니라, 그 산봉우리를 장식하고 있는 인물과 그들이 이루는 세계가 보통 사람들에게는 피부로 다가오는 현실이 되지 못하는 것이다. 그것은 '피안(彼岸)의 공간'이며, 사람들은 그 산봉우리를 멀리서 바라보면서 그 웅장함에 감탄하기만 할 뿐, 자신이 그 세계에 빠져들려고 하지는 않는다.

중국의 소설적 전통에서 대부분의 역사소설, 특히 평화(平話)는 대부분

이렇게 거대한 산봉우리를 보여주고 있었다. 그것이 역사를 이야기로 구성할 때에 적용된 규범의 하나였다. 그런데 《수호전》에서는 그 산봉우리의 모습이 크게 달라진다. 그것은 《삼국연의》에서처럼 아득히 놓여 있는 웅장한 산봉우리가 아니었다. 그것은 가까이 있는 자그마한 구릉과도 같은 것이었다. 그것은 구름이 끼거나 노을이 비칠 때에는 감탄의 대상이 되기도 하지만, 평소에는 그저 대문 밖에서 바라볼 수도 있는 그런 정도의 산봉우리에 지나지 않았다. 그 산에서 벌어지고 있는 일들도 그다지 특별하지는 않았다. 그곳에서는 보통의 사람들이 쉽게 겪을 수 있는 인생의 고뇌가 있었고, 그것을 해결하기 위해서 활발하게 움직이고 있는 삶의 모습이 있었다. 특히 그곳에서 활약하는 인물은 《삼국연의》에서의 인물처럼 정해져 있는, 그래서 특별한 역사적 의미를 지닌 인물이 아니었다. 그들 중 상당수는 이래도 좋고 저래도 좋은 인물이었다. 그래서 사람들은 그 산봉우리를 피안의 공간으로 생각하지 않았다. 그곳은 그저 자신들이 사는 곳보다 조금 높은 곳이었고, 자신들과 비슷하면서도 약간은 다른 구석을 가진 사람들이 활발하게 살아가는 공간이었다. 그렇기 때문에 사람들은 쉽게 그곳에 올라가 보려는 생각을 할 수 있었다. 그 작품의 세계에 빠져 들어간 사람들 중에는 자신이 그 세계의 구성원이라는 착각을 하는 사람도 있었을 것이다.

《서유기》는 다르다. 여기에는 뚜렷한 산봉우리가 보이지 않는다. 그 세계는 무어라고 설명하기 곤란한 공간이다. 이 공간은 상상의 결과이지 결코 피부에 와 닿는 현실적인 공간이 아니다. 여기에서는 특히 시간이 정지되어 있다. 역사를 이야기로 꾸며낸 공간과는 달리 이 공간에서 시간은 아무런 의미도 지니지 않는다. 그것은 마치 공중에 둥실 떠 있는 공간과 다름이 없다. 그렇지만 그 공간에도 삶과 갈등이 전개되고 있다. 그런데 그 삶과 갈등이 시간이 정지된 공간에서 전개되고 있기 때문에 그것은 현실적인 의미를 지닐 수 있다. 그러한 삶과 갈등은 언제라도 재현될 수 있으며, 따라서 독자의 시점에서도 재현될 수 있다는 현실적인 의미를 지닌다. 그 현실적인 의미는 특히 등장인물 사이의 다분히 세속적인 갈등에 의해 증폭된다. 손오공, 저팔계, 사오정 등은 유비나 조조와 같은 특별한 의미를 부여받지도 않았고, 송강이나 양지처럼 호걸이라는 이미지에 고정되어 있지도 않았다. 그들은 자신의 성격대로, 그리고 성질이 돋는 대로 행동하는 인물이었다. 다시 말해서 그들은 일상적인 삶에서 발견되는 그런 성격을 지닌 인물이었으며, 그것이 더욱 《서유기》의 공간을 현실적인 것으로 만들고 있었던 것이다.

그리고 《금병매》에서 우리는 완전히 현실로 다가온 소설적 공간을 발견한다. 그 이야기는 비록 송대의 정황을 다루는 것이지만 실제로 그 시간적인 구분은 의미가 없다. 그것은 살아 있는 현실이며 명대의 사회에서도 얼마든지 일어날 수 있는 일이다. 그것은 《수호전》에서와 같이 반드시 송대라는 시간적 제약에 묶여 있을 필요가 없다. 게다가 여기에 등장하는 인물은 영웅이나 호걸도 아니고 신통술을 부리는 인물도 아니다. 그들은 그저 세속적인 삶을 살아가는, 우리와 다름없는 사람들이다. 《삼국연의》에서 나타났던 웅장한 산봉우리는 《수호전》을 거치면서 나즈막한 구릉으로 바뀌었다가, 《서유기》에서는 봉우리가 없는 공간으로 바뀌고, 《금병매》에 이르면 사람들이 일상적으로 살아가는 평범한 시정(市井)의 세계로 내려앉는 모습을 발견할 수 있는 것이다.

이렇게 소설적 공간이 변모하는 과정의 뒤에는 작자가 어떤 공간을 보여주고 싶었던가 하는 것이 숨어 있었다. 이것을 우리는 작자의 의식이라고 불러도 좋을 것이다. 그 의식은 이야기의 기저(基底)에 자리잡고 있으면서 보여줄 공간과 그것의 성격을 결정하고, 그 모습을 보여주는 방식을 결정한다. 작자의 의식은 이야기를 총체적으로 연출해 내는 기제이며, 공간의 모습은 그 의식의 방향을 보여주는 것이다. 그래서 《삼국연의》의 작자가 시간적으로 떨어져 있어서 독자의 현실과는 직접 맞닿아 있지 않는 '피안의 공간'을 보여주기를 원했다면 《수호전》의 작자는 독자의 세계에 훨씬 더 가까운 공간을 보여주기를 원했을 것이다. 그렇지만 그도 독자의 현실에 접착되어 있는 공간에까지는 진출하지 않고 있었다. 《서유기》의 작자는 감각적으로는 독자의 현실에 바짝 다가와 있으면서도 그것을 보여주는 데에 있어서는 극히 우회적인 방식을 사용하였다. 그래서 그는 닿을 듯하면서도 쉽게 닿지 못하는 세계를 만들어 내었다. 그리고 《금병매》의 작자는 완전히 독자의 현실과 겹치는 공간을 '재현'하였다.

이러한 변모과정은 곧 이야기가 점차 '비현실'에서 현실로 이행하는 과정을 보여준다고 생각된다. 그것은 또 하나의 진화과정이었다. 특히 위·진·남북조 시기에서부터 시작된 필기의 전통을 상기할 때에 그것은 중국의 소설적 전통을 압축시켜 놓은 것이나 다름없었다. 작자가 보여주고 싶은 모습, 다시 말해서 작자의 시각은 애초에 비현실에서 출발하여 점차 현실로 다가서고 있었으며, 그런 과정의 종착점이 《금병매》에서 구현되었던 것이다. 물론 그 현실의 모습이 어느 정도 현실적인가에 대해서는 쟁론의 여지가 있다. 그렇지만 적어도 이런 과정을 통해서 우리는 이야기를 쓰는 사람이 이제는 더 이상 상업적인 목표를 지향하는 문화자본의 의도를 대변하는 것은 아니라는 것을 발견할 수 있다. 작자는 의식을 통해서 더 매력 있는 작품을 만들어 내면서 문화자본의 자장(磁場)에서 벗어나고 있었다. 그것은 오늘날 우리가 작가의식이라고 부르는 심리적 기제와 크게 다르지 않았다고 생각할 수 있다. '사대기서'는 그런 작가의식이 어떻게 형성되었는가를 압축적으로 보여주고 있는 것이다.

이런 작가의식은 이야기에서 소설적 리얼리티가 구축되는 데에 관건이 되었다고 생각된다. 이야기를 단순히 이야기한다고 해서 반드시 소설이 되지는 않는다. 작가의식을 가진 작자는 그런 단순한 이야기를 만드는 것을 목표로 하지 않는다. 그는 소설 속에서 살아 있는 세계를 만들고자 한다. 그런 의지를 가진 사람이 아니라면 우리는 그를 작가로 부를 수 없을 것이며, 그런 의지가 배어 있지 않았다면 우리가 '사대기서'를 기념비적 작품으로 부를 이유가 없을 것이다. 그렇게 하기 위해서는 현실을 치밀하게 관찰하고, 그것의 구현을 위해서 혼신의 노력을 바치려는 의식이 필요하다. 또한 그의 시선이 언제나 삶의 진정한 모습을 주시하고 있어야 한다.

우리는 그런 모습을 주로 《서유기》와 《금병매》에서 발견한다. 왜냐하면 《삼국연의》의 작자는 주어진 이정표 때문에 그렇게 할 수 없었을 것이며, 《수호전》의 작자도 이른바 호걸이라는 중심적 개념 때문에 운신의 폭이 넓지 않았다고 생각된다. 반면에 《서유기》와 《금병매》의 작자는 처음부터 자신의 재량권을 극대화할 수 있는 공간을 구축하기 위한 소재를 발굴한 것이며, 이 때부터 그들의 의식이 활발하게 움직이고 있었다고 볼 수 있는 것이다. 특히 그들은 현실세계에서 의도적으로 미화되는 부분에 주목하지 않고 감추어지기 쉬운 부분에 더 관심을 기울였다. 그것은 그들이 보다 솔직한 현실의 모습을 이야기의 세계에서 구성해 내는 데에 관심이 있었기 때문이다. 그것은 다른 작자들에 비해 매우 어려운 작업을 자청한 것이나 다름없었지만, 그것을 자청했다는 것이 바로 그들이 지닌 관심과 의지에 의한 결과였다. 그것은 그들의 현실세계에 대한 의식과 시각을 보여준다. 그러나 단순히 의식과 시각만으로 소설이 이루어지는 것은 아니다. 그들이 그리는 세계가 솔직한 현실의 모습이 되려면 완벽한 리얼리티의 구현이 필요했다. 그 리얼리티는 이야기의 공간에서의 현실감이지만 동시에 현실세계에서 피부로 느낄 수 있는 현실감으로 언제든지 치환될 수 있어야 하는 것이었다. 그렇지 못하면 이야기의 세계와 현실의 세계는 동떨어질 수밖에 없기 때문이다. 상상력에 의존하면서도 현실의 세계와 동떨어져 있지 않는 이야기의 세계를 구축한다는 것은 고도로 세련된 문학적 기술을 필요로 하는 작업이었을 것이다. 그런 기술이 중국의 소설전통에서는 표면적으로는 그리 드러나지 않고 있다가 《서유기》와 《금병매》에서 돌출적으로 모습을 드러낸 것이다. 그래서 이 두 작품은 중국의 상황에서 소설적 리얼리티가 완성의 단계로 접어들었다는 의미에서 기념비적인 위치에 있다고 할 수 있다.

제10장

청대의 소설적 흐름
—《홍루몽》과 《유림외사》, 그리고 만청소설

앞에서 설명한 '사대기서'를 통해서 압축적으로 드러나는 소설적 진화의 과정은 청대에도 지속되었다고 생각된다. 물론 모든 소설 작품이 이러한 진화과정의 와중에 놓여 있는 것은 아니었다. 청대의 독서시장은 풍성한 통속물로 차 있었으며, 이런 통속물 속에는 앞에서 설명한 진화과정을 거슬러 가는 것도 있었다고 생각할 수 있다. 예를 들어 아영(阿英)이 편찬한 《만청희곡소설목(晩淸戱曲小說目)》을 보면 소설사에서 거의 언급되지 않는 많은 작품이 수록되어 있는데, 그 중 대부분은 제목으로 보아 재자가인의 이야기를 다루는 듯하다.

이런 작품들은 대부분 송대와 원대에 나타난 소설적 흐름의 연장선상에 있었다고 생각된다. 다시 말해서 '사대기서'에 의해서 드러난 소설적 진화과정이 이런 통속물에 반드시 적용되는 것은 아니었다고 보는 것이다. 통속적 소설들은 여전히 감각적 흥미를 겨냥하고 있었으며 그런 작품들의 소비자들은 별다른 생각없이 이야기를 찾는, 다시 말해서 깊이 생각하기 싫어하는 독자들이었을 것이다.

독서시장에서 통속물이 유행했다는 것은 곧 독서시장이 그만큼 넓어졌음을 의미한다. 독서시장이 넓어지는 데에는 대략 세 가지의 경향이 있다고 생각할 수 있다. 우선 작자들 간의 보이지 않는 경쟁을 통해 더 우수하고 심각한 의미를 던져 주는 작품이 생산되면서 의식을 갖춘 고급독자를 확보하는 경향이 있었을 터인데, 이것을 독서시장의 상향적 확장이라고 부를 수 있다. 또 비슷한 수준의 작품을 계속 만들어 냄으로써 기존의 독자를 유지하는 경향이 있었을 것인데, 이것을 수평적 확장이라고 할 수 있다. 마지막으로는 수준이 낮은 독자들을 겨냥하여 그들의 수준에 맞춘 상품을 제공함으로써 상업적 이윤을 추구하는 경향이 있었는데, 이것을 하향적 확장이라고 부를 수 있다. 송대와 원대에 주로 나타난 경향은 수평적 확장이었던 반면에 원대 말엽부터 명대 중엽, 특히 '사대기서'의 출현을 통해 나타난 것은 상향적 확장이었다. 이 때까지 하향적 확장이 어느 정도 일어났는지는 분명하지 않은데 청대에 들어서서는 하향적 확장이 분명하게 드러났던 것이다.

이런 의미에서 볼 때에 소설을 중심으로 하는 독서시장은 명대에 활성화되기 시작했고 청대에 들어서서 완전한 시장구도를 갖추게 되었다고 할 수 있다. 독서시장의 완성 및 활성화에는 다양한 상품을 제공함으로써 더 큰 이윤을 거두려는 문화자본의 손길이 크게 작용하고 있었다. 그것은 청대에 들어서서 소설시장의 시장 확대가 수평적, 상향적 측면에서 한계에 이르렀음을 깨닫게 된 문화자본이 새로운 시장을 개척하기 위해 노력한 결과였다고 생각된다. 그것은 수평적 확장을 통해 이미 확보된 상품을 재가공해서 다른 시장에 내어놓는 것이었다. 그 상품들은 이미 상당한 인지도(認知度)를 누리고 있었기 때문에 그것을 재가공해서 하향적 확장에 사용하는 데에는 큰 무리가 없었기 때문이다. 또 수평적 확장을 통해 다양화된 상품 중에서 어떤 것이 대중적인 인기를 누릴 수 있는가 하는 상품의 선택도 이미 명대의 독서시장에서 상당한 경험이 축적됐기 때문에 비교적 용이했을 것이다. 청대의 소설을 중심으로 하는 독서시장에서는 이런 요인이 작용하면서 통속물이 상당한 비중을 차지하고 있었다.

그런데 시장의 하향적 확장은 역설적으로 고급독자를 겨냥하는 작품의 수준을 더욱 높이는 데에 기여했다고 생각된다. 이전에는 소설이라는 문화상품이 아직 제한된 시장을 대상으로 쓰여지고 있었으며, 그런 상황에서는 작품의 수준 차이가 두드러지게 나타나지 않았다고 생각된다. 그 시기에도 작품 간의 우열은 느껴졌을 것이지만, 그것이 그리 큰 문제가 아니었다. 대부분의 작품은 고급 독자의 인정을 받기 원하면서 쓰여졌고, 그래서 시장이 상향적 확장을 지속하고 있었다. 작품간의 우열은 상향적 확장을 성공시킬 수 있는 새로운 것과 수평적 확장을 이룰 수 있는 익숙한 내용의 작품 사이에서 드러나는 정도였다. 그렇게 드러나는 우열은 그리 절대적인 것이 아니었을 것이며, 그래서 그 시기의 독자들은 어떤 작품이 다른 작품보다 좀더 낫다는 정도의 감각을 가지고 있을 뿐이었다. 예를 들어 《서유기》와 《삼수평요전》을 읽은 독자는 전자가 후자보다 좀더 짜임새 있고 재미있다고 생각했을 뿐, 두 작품에 우열을 두지는 않았을 것으로 생각된다. 그런데 통속물의 시장이 형성되면서부터 상황이 많이 달라졌을 것이다. 이제는 고급독자를 겨냥한 작품과 통속적 독자를 겨냥한 작품 사이에 분명한 차이가 느껴졌을 것이기 때문이다. 이것은 작품의 계층화를 부추겼다. 통속물은 더욱 통속적으로 되고 고급독자를 겨냥하는 작품은 더욱 세련되게 되었다. 그래서 고급 독서물과 통속물 사이의 중간층은 얇아지게 되었다. 이제는 아주 통속적이거나 아니면 철저히 고급스럽지 않으면 소설로 성립되기 어려운 단계로 들어선 것이다. 그리고 고급스러운 것을 지향하는 작품은 더욱더 고급화의 길로 가지 않으면 안 되었다. 이런 역학으로 인해 통속소설의 유행이 반대편에 서 있는 고급작품의 수준을 향상시키는 데에 크게 기여하였다고 생각된다. 청대의 소설을 중심으로 하는 독서시장은 이렇게 개편되어 가고 있었다.

이 과정에서 등장한 것이 청대의 소설을 대표한다고 할 수 있는 《홍루몽》과 《유림외사》였다. 이 두 작품은 만들어진 배경이 다르지만 청대의 가장 심각한 의미를 던져주는 소설 작품으로 간주되고 있다. 특히 이 작품들을 통해서 우리는 이전에 문화상품 제공자의 역할을 하던 문학적 중간층이 빠른 속도로 상향 이동하는 모습을 발견할 수 있다. 다시 말해서 문학적 중간층의 작자들이 청대에 들어서서 더 이상 중간층에 머물러 있지 않고, 문인계층으로부터 상당히 인정받는 또 다른 계층을 형성하는 모습을 발견할 수 있는 것이다. 이를 통해서 청대에는 문학적 중간층과 문인계층이 융합되고 있었다. 전부 다 그런 것은 아니지만 일부의 문인들은 그들을 더 이상 '문공(文工)'으로 간주하지 않고 자신들과 마찬가지로 글쓰기에 종사하는, 그러면서도 자신들이 종사하던 정통적인 글쓰기와는 다른 글쓰기의 영역을 개척한 사람들로 간주하기 시작했다. 동시에 정통적인 문인 신분을 지닌 사람이 소설 창작에 뛰어드는 것도 이 시기에 두드러지게 나타난 경향이었다. 소설은 정통적 문인의 관심권 안으로 자리를 넓혀 가고 있었으며, 문인들도 그런 경향에 전혀 무관심할 수는 없었던 것이다. 이런 상황에서 소설의 작자는 더욱더 문인화(文人化)의 길을 걷게 되었으며, 점차 총체적 의미에서의 지식인 집단의 구성원이 되어 가고 있었다.

특히 여기에서 주목해야 할 것은 청대의 중요한 작품들 중 상당수가 이차작자가 아닌 일차작자에 의해 쓰여졌다는 점이다. 다시 말해서 그 작품들은 이전에 소설이 장기간의 누적을 통해 만들어지던 전형적인 과정을 거치지 않고 단일 작자의 직접적인 창작에 의해 이루어졌다는 점이다. 앞에서 검토한 《금병매》에서 우리는 이미 일차작자의 모습이 완성되었을 가능성을 본 바 있는데, 청대에 들어서서는 그 모습이 더욱 분명해진 것이다. 특히 이번 장에서 중점적으로 토론하려고 하는 《홍루몽》, 《유림외사》, 그리고 만청소설의 중요 작품은 모두 일차작자에 의한 창작품이었다. 이 작품들은 이전에 누구도 해 보지 않았던 이야기를 담고 있으며, 이야기를 만드는 과정에서 어떤 빌미를 사용한 것도 아니었기 때문이다. 소설 창작의 역할이 이차작자에서 일차작자로 넘어가는 것은 곧 소설이 본격적인 문학적 글쓰기의 단계로 들어서는 것을 의미한다. 따라서 청대에 들어서서 우리는 '작가'라는 개념이 더욱 보편화되고 있음을 볼 수 있다.

작가는 이미 존재하거나 다른 사람으로부터 넘겨받은 이야기를 확대하거나 개작하는 사람이 아니라, 스스로가 새로운 이야기를 구상하고 글로 표현하는 사람이다. 이제 중국에서도 필사자나 개작자(改作者), 혹은 집단창작자의 시대가 마무리되고 순수한 개인창작의 시대가 꽃피고 있었다.

1. 《홍루몽》

청대에 출현한 작품 가운데에서 가장 기념비적인 가치를 지니는 것은 역시 《홍루몽》이다. 홍루몽은 중국인들이 가장 많이 읽은 소설 작품으로 알려져 있으며, 동시에 문학계에서도 가장 많은 사람이 관심을 가지고 연구의 대상으로 삼았던 작품이다. 오늘날 세계적으로 '홍학(紅學)'이라는 분야가 설정되어 있는데, 단일작품을 주제로 해서 하나의 분야가 설정된 것은 극히 드문 일이 아닌가 생각된다.[1] 잘 알려져 있다시피 《홍루몽》은 애초에는 《석두기(石頭記)》라는 제목의 80회본으로 알려지기 시작했다. 그것은 애초부터 출간된 것이 아니라 수고본(手稿本)으로 유통되었으며, 시중에서 상당한 가격에 매매되었다고 알려져 있다. 이 수고본에는 '지연재(脂硯齋)', '기홀수(畸笏叟)'라는 서명이 붙은 것이 많다. 이 계통의 수고본은 현재까지 10여 종이 발견되었다. 그 중에는 작자 조설근(曹雪芹, 1719?～1763)이 아직 살아 있던 때에 통행된 것도 있으니, 현재 16회가 남아 있는 《지연재건륭갑술초열재평본(脂硯齋乾隆甲戌抄閱再評本)》이 비교적 일찍 출현한 것으로 알려져 있다. 이 작품은 조설근에 의해서 완성된 것으로 알려져 있는데, 목활자본(木活字本)으로 출간된 것은 1791년이었다. 이것은 조설근이 죽은 지 약 30년 이후이고, 이 작품이 창작되기 시작한 이후 50여 년이 지나서였다. 수고본이 80회에 그치고 있었는데, 정위원(程偉元, 1742?～1818?)과 고악(高顎, 1740?～1815?)[2]이 원래 작품의 끝 부분 40

1) 이와 비교할 수 있는 대상으로는 아마도 셰익스피어의 작품에 관한 연구뿐이 아닌가 생각된다.

회를 발견해서 그것을 편집해 붙임으로써 120회본으로 완성해서 출판했다고 한다. 후세에 이 두 사람은 작자의 의도를 왜곡한 사람으로 비판받기에 이르렀으며, 마지막 40회의 해석에 관해서는 학자들이 이견을 보이고 있는 것이 사실이다. 그렇지만 대부분의 독자들은 120회본을 읽었으며, 그래서 오늘날에는 《홍루몽》 120회가 일반적으로 알려져 있다.[3)]

작자인 조설근의 생애에 관해서는 그리 많이 알려져 있지 않다. 그의 선조는 원래 요양(遼陽)에 적(籍)을 두고 있다가 명대 말엽에 만주로 적을 옮겼다고 한다. 청왕조가 건립되면서 그 집안은 100여 년간 지속되는 흥성기를 맞이하였고, 특히 조설근의 조부는 강희제의 총애를 받았던 것으로 알려져 있다. 그 집안은 권력과 재력, 그리고 문필로 유명한 집안이었다. 그러나 조설근이 5～6세 되던 해부터 집안이 급격하게 몰락의 길을 걷기 시작했다. 조설근은 남경(南京)에서 태어났으며 유년시기에는 부(富)를 경험한 인물이었다. 그렇지만 가세가 기울면서 그의 인생은 험난해졌고, 결국 50세가 채 되기 전에 가난 속에서 일생을 마친 것으로 알려져 있다. 그렇기 때문에 《홍루몽》이 그의 개인적 경험과 그 집안의 몰락에 근거한 것이라는 해석을 내리는 경우가 많다.[4)]

《홍루몽》의 이야기를 어떻게 해석할 것인가, 또 그것이 어떤 의미를 가지는가 하는 등의 문제에 관해서는 다양한 의견이 제시되어 왔다. 그렇

---

2) 이 두 사람은 120회본 《紅樓夢》에 서문을 쓴 사람들이다.

3) 《홍루몽》의 판본과 조설근의 생애에 관해서는 국내에서도 많은 연구가 이루어져 왔다. 金億洙, "紅樓夢版本 硏究", 《論文集》(公州師大) 21, 1983, pp.479～489; 崔溶澈, "曹雪芹 家世考", 《中國論叢》(高麗大 中國硏究會) 1, 1984, pp.91～121; 崔溶澈, "曹雪芹生平考", 《人文論叢》(漢陽大) 10, 1985; 李桂柱, "程甲本紅樓夢攷", 《中國硏究》(韓國外大 中國問題硏究所) 9, 1985, pp.47～76; 崔溶澈, "紅樓夢 初期版本의 硏究", 《人文論叢》(漢陽大) 11, 1986; 崔溶澈, "紅樓夢 後期版本의 硏究", 《人文論叢》(漢陽大) 13, 1987; 崔溶澈, "紅樓夢 現代版本의 硏究", 《人文論叢》(漢陽大) 15, 1988; 崔溶澈, "紅樓夢 續書硏究 (1)", 《中國小說論叢》(중국소설연구회) 1, 1992, pp.189～210.

4) 張俊, 《淸代小說史》, pp.365～371.

지만 이 작품은 관점에 따라서 서로 다른 해석의 여지를 지니고 있다. 이 작품은 직설적으로 어떤 의미를 제시하지 않는다. 그 이야기는 외형상 삼중의 구도를 이루고 있다. 첫째는 이야기의 시작 부분과 끝 부분이 연결된 것으로 공공도인(空空道人)과 돌에 관한 구조이다. 《석두기》라는 제목을 붙이는 근거가 되었을 이 이야기는 돌에 생명력이 부여되고, 그것이 현세에서의 삶의 구현 과정을 거쳐 다시 돌의 상태로 돌아가면서 그 생명의 과정이 지니는 의미를 이야기하고 있다. 두번째는 가씨(賈氏) 집안에 속하거나 관련되는 수백 명의 사람들이 어우러지면서 벌이는 이야기이다. 그것은 한 집안에서 사람들이 살아가는 모습을 그리고 있으며, 그 중에서도 특히 가보옥(賈寶玉)과 설보채(薛寶釵), 임대옥(林黛玉) 세 사람의 관계가 독자에게 가장 중심적인 이야기로 다가온다. 그래서 대부분의 독자들은 가씨 집안에서 일어나는 각종 사건과 인간관계가 《홍루몽》의 근간을 이룬다고 생각하고 있다. 세번째의 구도는 가씨 집안과 외부세계와의 관계를 통해 이루어지고 있다. 가씨 집안은 딸이 왕비로 간택될 정도의 영화를 누리면서 대관원(大觀園)을 이루지만, 실제로 그 집안에는 많은 고민거리가 있다. 그리고 이런 고민은 이야기가 진행되면서 점차 그 집안이 기울어지는 것을 통해 현실로 드러나게 되며, 주인공인 가보옥이 승려가 되어 출가한 이후에는 집안이 완전히 기울어지고 식구들은 사방으로 흩어지게 된다. 《홍루몽》은 이 세 가지의 구도가 서로 긴밀하게 얽혀진 상태에서 이야기를 전개하고 있으며, 그래서 어느 구도를 중시하는가에 따라 작품에 대한 해석 방향이 완전히 달라질 수도 있다. 그것은 종교적인 상징성을 암시하는 이야기로 해석될 수도 있고, 한 집안의 사람들이 만들어 내는 복잡한 인간관계에 대한 이야기로 해석될 수도 있으며, 한 집안이 최고의 영화를 누리다가 마침내는 기울어지고 마는 역사적 교훈을 중심으로 하는 이야기로도 해석될 수 있는 것이다.

한 이야기에 이런 세 가지의 구도가 복합적으로 얽혀 있다는 것은 이 이야기가 특별한 의도를 가지고 지어졌음을 암시한다고 하겠다. 그것은 우선 작자에 의해서 철저히 계획되고 설계된 것임을 암시한다. 동시에 작자가 어떤 이야기를 직설적으로 드러내기보다는 자신이 던지고 싶은 의미를 상당히 우회적으로 드러내고 싶어했다는 점도 생각할 수 있다. 그것은 독자에게 고도의 사유를 요구하는 작품이었다. 특히 이 이야기에는 해설자가 보이지 않으며, 이야기의 줄거리나 의미는 수백 명의 각각 뚜렷한 개성을 갖춘 등장인물이 펼치는 대화, 동작, 행위 등을 통해서 표현되고 있고, 그래서 독자는 그것을 자신의 머리 속에서 재구성해 내야 하는 입장에 놓이게 되어 있다. 그렇기 때문에 실제로 작자가 전달하고 싶은 의미가 무엇이었든 간에 작자와 독자는 고난도의 두뇌게임을 해야만 한다. 이것이 아마도 《홍루몽》과 다른 작품을 구별하게 하는 가장 중요한 요소라고 본다. 특히 앞에서 언급한 바 있는 통속물과 비교할 때에 이런 측면은 매우 중요한 것이다. 그것은 청대의 통속물과 그렇지 않은 소설의 경계를 획정할 수 있는 기준을 암시한다고 할 수 있기 때문이다.

또 다른 측면에서 볼 때에 이 작품에서 드러나는 심리묘사가 특히 중국의 서사적 흐름 속에서 중요한 의미를 갖는다고 생각된다. 앞에서 '사대기서'를 이야기할 때에 나는 명대의 소설 작품들이 점차 사회적 현실과 인간적 현실에 깊숙이 들어감으로써 소설적 리얼리티를 극대화하고 있음을 지적한 바 있다. 이것은 그 이전의 재자가인에 관한 이야기나 지괴의 전통에서 아직 사회적 현실에 대한 관심이 편면적이었던 점에 비해서 볼 때에 커다란 변화였다. 그리고 《홍루몽》은 '사대기서'에서보다 인간의 내면에 더 깊이 들어가고 있다. 다시 말해서 《홍루몽》에서 드러나는 사람의 심리에 대한 관심은 '사대기서'에서는 찾아볼 수 없는 수준의 것이며, 이런 점에서 볼 때 〈사대기서〉와 《홍루몽》이 지니는 상대적 위치를 파악할 수 있다. 《홍루몽》에서 작자는 어떤 인물이 어떤 생각을 하고 있다는 것을 말해 주지 않는 경우가 많다. 그들의 생각, 그리고 내면적인 심리는 등장인물 하나 하나가 뱉어내는 말, 동작, 행위에 의해 드러난다. 그런데 이런 심리가 평면적인 것이 아니라, 극히 내밀한 것이라는 점에 《홍루몽》의 특징이 있다. 모든 등장인물은 어떤 상황에서 자동적으로 반응하게끔 프로그램되어 있는 존재가 아니다. 대부분의 등장인물은 각각 나름대로의 심리상태를 유지하고 있어서 어떤 상투적인 반응을 나타내지 않는다. 그리고 이런 심리상태가 온 집안사람들 사이의 관계를 설정하는 데에 중요한 변수로 작용한다.

《금병매》와 이 작품을 비교할 때에 《금병매》의 등장인물은 대부분 상수(常數)와 같은 존재라고 할 수 있다. 어떤 자극이나 충동에 대해서 일정한 반응을 보이도록 설정되어 있는 것이 상수라고 할 수 있는데, 《금병매》의 작자는 상수를 연결하면서 하나의 상수가 만들어 내는 결과를 또 다른 상수로 연결시키는 방식으로 이야기를 조합하고 있었다. 파락호는 언제나 파락호에 걸맞은 행동을 하게 되어 있었고, 매파는 매파의 역할을 한다. 그들이 예상외의 고민에 빠지고 그래서 파락호나 매파에 걸맞지 않는 행동을 하는 경우는 거의 찾아볼 수 없다. 이에 비해서 《홍루몽》의 등장인물은 대부분 변수(變數)에 해당된다. 그들은 상투적인 인물이 아니며, 어떤 상황에 직면할 때에 고민하는 인물들이다. 이 고민의 과정에서 그들의 머리는 복잡하게 회전하고 그들의 가슴속에서는 독자가 예상할 수 없는 생각이 형성되고 있다. 또 그런 생각은 돌발적인 감정으로 표출된다. 그들의 행동이나 말은 결국 그 고민의 결과로 나타나는 것이다. 그렇기 때문에 그들의 행동은 상투적인 행동이 아니라 각각의 인물이 지니는 복잡한 심리상태의 결과이다.

그것을 대표적으로 보여주는 것이 바로 가보옥의 심리상태라고 할 수 있다. 그는 가씨 집안의 귀공자였으며 총명하기로 이름난 인물이었지만 그에 대한 집안의 평가는 엇갈리는 것이었다. 동시에 그에 대한 뭇 여인들의 시각에도 상당한 차이가 있다. 가보옥은 당연히 모든 사람의 선망에 찬 사랑을 한 몸에 '받게 되어 있는' 그런 인물이 아니었다. 똑같은 가보옥을 두고 어떤 몸종은 조심하라고 당부하면서 거리를 두는가 하면, 다른 몸종은 그와 가깝게 접촉하는 것을 볼 수 있다. 따라서 가보옥에 대한 작자의 시각은 여느 작자와 같이 상투적인 것이 아니었다. 그것은 가보옥이 무슨 생각을 하는가, 누구에게 사랑을 느끼는가 하는 것이 모두 그의 심리상태에 맡겨져 있으며, 작자가 섣불리 재단해서는 안 된다는 것을 의미한다. 가보옥이 비록 부잣집 귀공자이고 또 모든 사람의 시선을 한 몸에 받을 모든 조건을 갖추고 있었지만 그도 역시 한 '사람'이었으며, 그의 내면에는 자신만의 세계가 도사리고 있었다. 그는 자신의 세계를 살아가고 있었지, 결코 가씨 집안에서 규정되는 방식의 삶을 그대로 살아가고 있지 않았다. 가보옥은 그 내부에서 무한한 가능성을 지닌 개인이지 결코 어떤 자극에 일정한 방식으로 반응하는 상투적인 존재가 아니며, 그래서 그가 특수한 상황에서 어떻게 반응하는가는 그 자신의 심리상태에 달려 있을 뿐 어떤 상투적인 규범에 의해서 결정지어지는 것이 아니었다.

이렇게 개인의 내면세계가 그 사람의 외부적 모습과 행동을 결정짓는다는 생각은 중국의 서사전통에서는 새로운 것이었다. 왜냐하면 그 이전의 대부분의 작품에서 등장인물은 대부분 외부로 드러난 모습과 행동으로 결정지어져 왔던 반면에 《홍루몽》에서의 등장인물은 모두 개인화되어 있다. 그들은 어떤 집단의 구성원이 아니며, 그 집단에서 규정하는 성격에 따라 기계적으로 움직이는 존재가 아닌 것이다.

이것은 좀더 설명이 필요한 사항이라고 본다. 예를 들어 《수호전》에 등장하는 호걸을 보기로 하자. 호걸은 호걸로서의 자질과 성격을 갖추고 있기 때문에 호걸이라고 불리며, 《수호전》에서는 이것이 규범적 원칙으로 작용하고 있다. 호걸 하나가 길을 가다가 어떤 사람이 억울하게 매를 맞고 있는 상황을 목격했다고 가정하자. 그러면 그 호걸은 당연히 끼어들어 때리던 사람을 말리거나 심지어는 주먹을 휘둘러 혼내 주고 매 맞던 사람을 구출하였을 것이다. 《수호전》의 맥락에서 그는 그렇게 하지 않으면 안 되게 되어 있다. 왜냐하면 호걸이라는 자질과 성격이 그에게 이미 부여되어 있기 때문이다. 호걸이 호걸이기 위해서는 그런 반응이 필수적이라는 것이 《수호전》의 맥락에 의해 만들어져 있는 규범이다. 따라서 이런 상황에서 그 호걸에게는 어떤 형태의 내면세계도 존재하지 않는다. 그는 이 사건에 개입하였을 때에 어떤 불이익을 당할지 모른다는 고려도 하지 않고, 또 매 맞는 사람이 어째서 매를 맞게 되었는가를 심각하게 생각하지도 않는다. 그는 다만 상황을 목격하고 자신의 직관적인 판단에 따라 약자를 돕게 되는데, 그의 직관적인 판단이라는 것 자체가 이미 그렇게 되도록 결정되어 있는 것이다. 《수호전》의 맥락에서 그 호걸이 약자가 매를 맞는 것을 당연하게 생각한다든가, 아니면 약자를 돕고 싶지만 그렇게 했을 때에 자신에게 불이익이 돌아올까봐 주저한다든가 하는 모습은 전혀 나타나지 않으며 또 나타날 수도 없다. 그것이 《수호전》의 맥락이며 나아가서는 《수호전》에서 등장인물에 부여하는 기계적 규범이다.

이런 규범은 '사대기서'의 다른 작품에서도 여전히 나타난다. 《금병매》의 반금련은 색을 탐하는 여인이며, 그래서 서문경(西門慶)의 유혹을 절대 거절할 위인이 아니다. 손설아(孫雪兒)나 이병아(李瓶兒)가 반금련에게 질투심을 가지는 것은 당연한 결과이지, 그들이 반금련은 으레 그런 여자이니 쓸데없이 질투하지 말자고 다짐하는 것은 있을 수 없는 일이다. 서문경이 기회를 잡았을 때에 그것을 포기하는 법도 있을 수 없다. 도인이 나타나서 장래의 비극을 예언할 때에 그것을 심각하게 생각하였다면 그는 서문경이 아닌 다른 인간이었을 것이다. 이것이 중국의 서사전통에서 드러나는 일관적인 현상이었다. 적어도 명대의 '사대기서'에 이르기까지 우리는 내면에서 심각하게 생각하는 사람의 모습을 보기 어렵다. 예외가 있다면 그것은 당대의 〈앵앵전〉이었다고 생각된다. 〈앵앵전〉에서 주인공 앵앵이 처음 정생의 유혹을 받았을 때에 그를 준엄하게 꾸짖다가 얼마 후에는 스스로 정생을 찾아오는 장면에서 우리는 그녀의 내면에서 이중적인 심리상태가 갈등을 일으키고 있음을 발견할 수 있다. 그녀는 윤리적 규범과 욕망 사이에서 갈등하고 있었던 것이다. 그렇지만 〈앵앵전〉은 드문 예에 속하며, 당대 이래의 서사 전통에서 거의 모습을 드러내지 않고 있었다. 《홍루몽》에서는 바로 그런 내면적 세계가 드러나고 있는 것이다. 그리고

《홍루몽》의 이야기는 개인의 내면적 심리가 서로 접촉하면서 이루어내는 심리적 갈등의 세계라고 해도 과언이 아니다.

이런 등장인물의 내면화와 개인화는 《홍루몽》의 이야기를 이루는 가씨 집안의 상황에서도 부분적으로 드러난다. 가씨 집안은 대관원을 이룰 정도의 부를 자랑하고 있다. 따라서 상투적인 의미에서 보면 그 집안에서의 모든 생활은 풍족하기 짝이 없거나 사치스러운 것이며 그 집안의 부는 쉽게 수그러들지 않게 되어 있다. 그것이 수그러들기 위해서는 핵심인물의 사망과 같은 충격을 거쳐야 하는 것이었다. 그렇지만 《홍루몽》에서는 이런 상투적인 관점이 처음부터 배제되어 있다. 가씨 집안은 부잣집이기는 하지만 그 외면적인 모습과는 달리 내면적인 고민거리를 많이 가지고 있었다. 소비는 날로 늘어가는 반면에 벌어들이는 데에는 한계가 있었으며, 누군가 불치병에 걸리면 치료할 수 없기는 부잣집이라고 예외가 아니었다. 그래서 대관원의 생활은 밖에서 바라보는 모습, 혹은 부잣집은 으레 그러려니 하는 상투적인 관점에서 묘사되지 않았다. 그것은 삶의 일반적인 모습에서 독립되어 있는 특별한 세계가 아니라 일반적인 법칙과 고민이 상존하는 세계였다. 마치 개인에게 나름대로의 심리상태가 있고 고민이 있듯이, 겉으로는 누구나 부러워할 만한 이 집안에도 나름대로의 사정과 고민거리가 있었으며, 그것이 증폭되면서 결국 가씨 가문은 무너지고 마는 것이다. 가씨 집안은 부잣집이라는 상투적 이미지의 고여 있는 물이 아니라 부잣집이면서도 그 안에서 여러 상황이 벌어지고 있는, 그래서 항상 변할 수 있는 이미지의 흐르는 물이었던 것이다.

이렇게 볼 때에 우리는 《홍루몽》에서 다음과 같은 생각을 발견할 수 있다. 사람에게는 겉모습과는 다른 내면세계가 존재하고 있으며, 그 내면세계가 사람의 외면적 행동을 만들어 내는 것이다. 따라서 한 사람의 진실은 외면적 행동에 있는 것이 아니라 그 내면세계에 있다. 사람을 정확하게 파악하기 위해서는 그가 무엇을 하고 무슨 말을 하는가가 중요한 것이 아니다. 그가 무엇을 느끼며 무엇을 생각하는가 하는 것이 더 중요하며, 그것이 그로 하여금 말하고 행동하게 만든다. 따라서 그가 하는 행동이나 말의 근원적 진실은 그 내면에 있다. 또 사람이 만들어 내는 집단의 세계도 마찬가지이다. 그것이 겉으로 어떻게 여겨지는지는 중요하지 않다. 중요한 것은 그 내부에서 어떤 상황이 실제로 벌어지고 있으며, 그 집단을 이루는 개인이 각각 어떤 내면세계를 살아가고 있는가 하는 것이다.

그러므로 《홍루몽》의 작자가 이야기를 통해서 보여주는 것은 삶의 진실한 모습이다. 여기에서 진실한 모습이라는 것이 다른 작자들의 경우에서 보듯이 외면적인 진실에 국한되는 것이 아니라 내면적인 진실, 다시 말해서 궁극적인 모습이다. 그는 삶의 모습이 사람들이 흔히 생각하듯 그렇게 간단한 것이 아니며, 그 궁극적인 모습은 깊숙이 들어가서 삶의 모습을 만들어 내는 원천을 보아야만 이해할 수 있다고 생각한 듯하다. 이러한 그의 '궁극적이고 진실한 모습'에 대한 집착으로 인해서 《홍루몽》은 이전의 어떤 작품에서도 볼 수 없는 소설적 세계를 만들어 내었다. 그것은 작자가 만들어서 보여주는 그런 세계가 아니었다. 작자는 다만 부분 부분만을 보여줄 따름이며, 그 세계의 전체적인 모습은 독자가 재구성하게끔 되어 있었다. 독자는 등장인물의 말과 행동을 보면서 그가 어째서 그렇게 행동하는가에 대해 끊임없이 반문한다. 탁월한 독자는 스스로 등장인물의 내면으로 들어가서 가장 진실한 모습이 무엇인가를 살펴볼 것이고, 그렇지 못한 독자는 등장인물의 외면적 모습을 보면서 만족할 수밖에 없었을 것이다. 이것은 소설적 세계를 완벽하게 구축해서 보여주는 것이 작자의 역할이었던 이전의 전통에 비교할 때에 전혀 새로운 시도였다. 동시에 그것은 사람의 모습, 그리고 삶의 모습에 서사적 전통이 보다 깊이 뛰어 들어가는 시도였던 것이다.

여기에서 발견할 수 있는 것은 '문학성'의 문제이다. 소설의 어떤 부분이 문학성을 담보하는가에 관해서는 많은 논의가 있었지만, 나는 그런 논쟁에 끼어들 생각이 없다. 다만 나는 이것을 작자와 독자 사이에 생겨나는 긴장감의 측면에서 바라보고자 한다. 《홍루몽》의 특징이 작자가 독자에게 이야기를 통해서 자신의 전달하고자 하는 의미를 직설적으로 표현하지 않는 점에 있다고 할 때에, 이 작품을 진지하게 읽는 독자의 마음속에서는 자신의 연상(聯想)에 의한 또 하나의 영역이 발생한다고 생각된다. 독자는 이 작품을 읽으면서 이야기의 세계 속으로 들어간다. 이 때에 그 이야기의 세계와 평행을 이루는 또 다른 세계가 만들어진다는 것이다. 그 세계는 감성적 연상의 세계라고 할 수 있다. 독자는 이야기를 읽으면서 나름대로 또 하나의 세계를 연상하고, 그 연상의 세계 속에서 자신의 생각을 구축해 나간다. 자신을 이야기 속의 등장인물로 치환시켜서 자신의 생각과 느낌에 따라 이야기를 읽어나가는 것이다. 이렇게 되면 이야기는 작자의 것이지만 이야기의 의미는 독자의 것이 되어 버린다. 이것은 이야기의 가장 핵심적인 부분을 감춘 상태에서 표면에 드러난 모습만 보여주기 때문에 가능한 것이었다. 그것은 작자가 사용한 하나의 기법이자 의도였다. 그런 기법이나 의도는 '사대기서'에서는 쉽게 찾아볼 수 없는 것이며, 《홍루몽》에서 독보적으로 나타나는 것이라 할 수 있다. 그것은 독자의 역할을 극대화시키는 기법이었다고 할 수 있다.

나는 이런 의미에서 조설근이 상당한 문학적 의도를 가지고 《홍루몽》을 창작했다고 생각한다. 그는 모든 것이 완비된 상품을 제공하는 사람이 아니었다. 그는 독자에게 자신의 역할을 담당할 것을 요구하고 있었다. 그리고 그것을 이해하는 독자만이 진정한 독자가 될 수 있었다. 진정한 독자는 그 이야기에서 흥미 이상의 것을 발견하게 되며, 그 이야기의 감성적 파동이 마음속에 각인되어 있다가 기회만 있으면 모습을 드러내게 되었을 것이다. 많은 중국의 지식인들이 《홍루몽》에 매료된 것은 이렇게 보이지 않는 심리적 긴장상태가 작자와 독자 사이에 형성되어 있었기 때문이라고 나는 생각한다. 그리고 그 긴장상태는 글쓰기를 통해서 어느 정도의 감성 교환이 가능한가를 보여준다고 할 수 있으며, 그것이 바로 이 작품이 지니는 문학성이라고 생각한다. 《홍루몽》의 중요성은 단순히 그것이 유명하다는 점에서 찾을 것이 아니라 그것이 이루어낸 성과, 다시 말해서 이전까지의 서사전통에서 찾아보기 어려운 관찰의 깊이와 삶의 궁극적 진실에 대한 천착 등에서 찾아야 할 것으로 생각된다.

이렇게 글쓰기를 통해서 사회적 현실, 삶의 사실적인 모습 등에 접근하려는 것은 '사대기서'에서 이미 목격된 바 있거니와, 명·청대의 장편서사에서 나타난 하나의 추세였다. 소설이 장편화하면서 삶의 구체적 모습이 실리는 것은 자연스러운 현상 중의 하나였지만, 구체적인 묘사가 곧 삶의 진정한 모습을 무조건적으로 담보하는 것은 결코 아니었다. 그것은 삶의 현실적이고도 사실적인 모습에 작자가 어느 정도 관심을 가지고 천착하는가에 달려 있었으며, 이런 의미에서 명대와 청대의 작자들은 나름대로의 경향을 비교적 뚜렷이 보이고 있었다. 《홍루몽》은 그런 경향의 연장선상에 놓여져 있었던 동시에 이전의 작자들보다 훨씬 더 궁극적인 모습에 관심을 가지고 있었다고 생각된다. 물론 이 시기의 모든 작자들이 이런 경향에 참여한 것은 아니지만 적어도 중요한 작품들을 통해서 볼 때에, 그리고 사람들의 관심을 끈 작품들을 통해서 볼 때에 그것은 하나의 뚜렷한 경향이었다. 동시에 이런 작품들에 독자의 관심이 쏠렸던 데에는 그런 주제에 대한 관심이 상당히 확산되어 있었다는 것을 의미한다.

2. 《유림외사》

《유림외사》는 대부분의 중국소설사에서 대표적인 '사회소설', 혹은 '풍자소설'로 불리는 장편소설이다. 이 작품은 18세기 전반부에 쓰여졌으나, 현존하는 판본 중에서 가장 이른 것은 1803년에 출판되었다고 한다. 이 작품은 오경재(吳敬梓, 1701～1754)에 의해 쓰여졌는데, 다른 소설 작자들과는 달리 오경재에 관해서는 상당한 정보가 남아 있다. 그는 안휘성(安徽省)의 명망 있는 관료 집안에서 태어났으나 부친의 시대에 이르러 가문이 영락하기 시작했다. 그는 어려서부터 엄격한 교육을 받았으며, 18세에는 수재(秀才)로 뽑혀서 과거시험을 준비하고 있었다. 그러나 얼마 안 되어 부친이 세상을 떠난 다음에는 그의 몰락이 시작되었다. 그는 상당히 자유분방한 성격의 소유자여서 집안을 꾸려나가는 데에 신경을 쓰지 않았으며, 그것을 틈타 친척들이 집안의 재산을 빼낼 때에도 속수무책으로 당할 수밖에 없었다. 33세가 되던 해에 그는 식구들을 이끌고 남경으로 이사했으며 36세에는 과거에 응시했으나 실패하고 말았다. 그 후 그는 수재의 자격조차 버리고 다시는 과거에 응시하지 않았다. 그리고는 얼마 남지 않은 재산을 기울여 집안의 사당을 세우는 일에 몰두하였다고 한다. 1754년에 그는 양주(楊州)로 여행하다가 그곳에서 객사(客死)하고 말았다. 오경재가 그러한 일생을 살았기 때문에 그가 어떤 동기에서 《유림외사》를 지었는가에 대해서 이해할 수 있는 부분이 많다. 그리고 이것은 중국소설사 전체를 통틀어서 드문 경우였다. 대부분의 작자에 관해 충분한 정보가 남아 있지 않은 상황에서 오경재에 관한 정보는 이 시기의 작자들이 어떤 환경에 있었으며, 그들의 생활이 작품의 창작과 어떻게 연결되어 있는지를 보여줄 수 있다는 의미를 지니고 있는 것이다.

《유림외사》는 그 제목이 말해 주듯이 '유림(儒林)'에 관한 이야기이다. 더 구체적으로 말하자면 그것은 유림사회의 겉으로 드러난 모습이 아니라 뒤에 감추어져 있는 이야기라고 할 수 있다. 그 이야기에는 청대 중엽의 유생(儒生)들이 생활하는 모습과 그들에 대한 보통 사람들의 시각이 얽혀져 있다. 그것은 유림이라는 사회를 안에서 바라본 것이 아니라, 안과 밖에서 동시에 바라본 것이라고 할 수 있다. 그래서 그것은 당시의 지식인 사회의 감추어진 이면을 폭로하는 성격을 강하게 지니고 있다. 여기에는 과거시험을 준비하면서 정통적 글쓰기를 제쳐두고 팔고문(八股文)에만 집착하는 유생, 과거에 합격한 사람과 그 주위 사람들이 타락의 길로 들어서는 모습 등이 기술되고 있다. 이것은 그 사회에 있음직한 일을 허구로 꾸며내었다기보다는 실제로 벌어지고 있는 상황의 일부를 허구적 이야기로 재구성한 것이었을 가능성이 크다. 심지어 중국의 학자들은 그 이야기가 실제 인물의 실제 행적을 채록한 것이었을 가능성도 제시한 바 있다.[5] 나는 그 의견에 그다지 동의하지 않으며, 그 이야기는 허구였다고 생각하고 있다. 그렇지만 그것은 실제로 일어나고 있던 상황과 상당히 유사하게 묘사되었으며 그런 의미에서 그 이야기에 폭로의 의도가 다분히 자리잡고 있었다고 생각할 수 있다. 그 폭로가 단순한 흥미를 위한 것은 아니었다고 생각된다. 그것은 세상을 향한 오경재의 불평의 토로이자 외침이었을 것으로 생각되며, 이런 점에서 《유림외사》는 독특한 작품이었다고 생각된다.

《유림외사》가 지식인 사회의 어두운 면을 언급한 첫 번째의 작품은 아니었다. 《성세인연전》, 《요재지이》 등에서도 이미 지식인 사회의 어두운 면을 들추어 낸 이야기들이 있었다. 그렇지만 이 작품들에서는 지식인 사회의 어두운 면이 일종의 보조적인 소재로 사용되었던 반면에 《유림외사》에서는 그것이 중심적 소재로 자리잡고 있다. 오경재는 의도적으로 유림을 향해 비판의 화살을 날렸던 것이다. 한 사람의 지식인이 자신이 속한 집단에 대해 비판을 하는 것은 있을 수 있는 일이지만, 그 비판을 소설을 통해서 한다는 것은 중국의 상황에서는 특이한 일이었다. 그것은 한편으로는 지식인 사회의 부분적 와해를 드러내는 상징적 사건이었지만, 또 다른 한편으로는 소설이라는 글쓰기가 이전에 실험되어 본 적이 없는 새로운 용도로 등장한 것을 가리킨다. 이것은 당시의 지식인들 사이에서 일어나고 있던 소설이라는 글쓰기에 대한 관념의 변화와 맞물려 있었다. 이제 소설은 단순히 이야기를 쓰는 글쓰기가 아니었다. 그것은 이전에 문인들이 시와 문장을 통해서 수행하던 기능의 일부를 담당하기에 이르렀다는 것을 나타낸다. 이런 의미에서 볼 때에 《유림외사》는 소설의 사회적 참여, 특히 지식인 사회에 대한 비판을 중심으로 하는 소설적 흐름의 중요한 이정표였다. 그것은 이전까지 우회적으로만 표현될 수밖에 없었던 지식인

5) 何澤翰의 《儒林外史人物本事考略》이 그런 의견을 보여주고 있다. 이 책 이외에도 중국에서는 《유림외사》의 '本事'에 관한 연구가 여러 가지 출판되었다.

사회에 대한 비판의 욕구가 표면에 모습을 드러낸 첫 번째 경우였다고 할 수 있을 것이다.

《유림외사》는 이야기를 구성하는 방식에 있어서 독특한 면을 보여준다. 이 이야기에는 고정된 주인공이 없다. 각각의 이야기에서는 새로운 인물이 등장해 그 부분에서의 주인공을 맡는다. 그렇기 때문에 전체적인 일관성을 가진 줄거리도 없다. 그것은 옴니버스의 형태를 가진 이야기이며, 단편적인 이야기 여러 개가 모여서 이야기 전체를 만들어 내고 있다. 그렇지만 여러 이야기가 모여 있다고 해서 이 작품을 단편소설집으로 생각할 수는 없다. 왜냐하면 그 안에 모여 있는 이야기가 각각 다른 방향으로 움직이는 이야기가 아니기 때문이다. 외형적으로 보면 각각의 이야기는 서로 떨어져 있지만 그것은 모두 일정한 방향을 향하고 있다. 모든 이야기가 지식인 사회의 어두운 면이라는 중심을 향해 수렴되고 있는 것이다. 그래서 그 이야기는 전체적으로 중심의 핵을 향해 모여드는 부채꼴의 구도를 가지고 있으며, 그런 구도를 통해서 《유림외사》라는 제목의 의미를 구현하고 있다. 이것은 중국의 소설적 흐름에서는 매우 독특한 기법이었으며, 또한 새로운 실험이었다고 생각된다. 다시 말해서 이야기에는 처음부터 끝까지 일관적으로 흐르는 줄거리가 있어야 한다는 일반적인 통념에서 이 작품이 벗어나 있는 것이다.

이것은 앞에서 언급한 바 있는 사회적 현실에 관심을 둔 소설적 글쓰기의 흐름에서 중요한 의미를 지니고 있다고 생각된다. 사회는 거대한 개체이며, 그것의 전체적인 모습을 보여주기 위해서는 다양한 전략을 필요로 한다. 그리고 대부분의 작자들은 몇 사람의 등장인물이 살아가는 모습을 보여주면서 그것에 사회의 모습이 '묻어나게' 만드는 방법을 사용하였다. 《금병매》, 《홍루몽》에서 나타난 것이 바로 그렇게 묻어난 사회의 모습이었으며, 등장인물은 그렇게 사회의 모습이 묻어나게 만드는 매개 역할을 하였던 것이다. 오늘날 사용되고 있는 전선(電線)에 비유하면 등장인물은 한가운데에 들어있는 동선(銅線)이었고 사회의 모습은 그것을 둘러싸고 있는 외피(外皮)에 해당된다고 할 수 있다. 외피는 동선이 있는 한 모습을 드러낼 수 있지만, 또 다른 한편으로 생각해 보면 그 외피는 동선이 지나가는 방향으로만 모습을 드러낼 수 있을 뿐이다. 그것은 등장인물의 생애와 맞닿아 있는 사회의 단면(斷面)에 불과한 것이지 결코 전체적인 모습은 되지 못한다. 그 등장인물의 발걸음이 미치지 못하는 공간에 놓여 있는 사회의 모습은 전혀 감지되지 못하기 때문이다. 《유림외사》에는 그런 동선이 없다. 이 작품에서 등장하는 것은 등장인물 한 사람을 둘러싼 사회의 모습이다. 그것은 한 점을 둘러싼 외피라고 할 수 있다. 《유림외사》에는 그런 점이 여러 개 놓여져 있으며 따라서 그 점들을 둘러싼 외피도 여러 개 놓여져 있다. 그리고 그 여러 개의 외피는 각각의 중심이 되는 인물을 따라 이곳저곳으로 돌아다니고 있다. 따라서 이 작품에서 보여지는 사회의 모습은 한 사람의 경험을 통해 이루어지는 선(線)을 따라 나타나는 단면이 아니라 이곳저곳에서 '채집된 단면'이라고 생각된다.

이것은 독자에게 새로운 경험을 제공한다. 한 사람의 경험을 통한 이야기를 읽을 때에 독자는 그 사람의 경험을 쫓아가기만 하면 그 이야기에서 드러나는 사회의 모습을 파악할 수 있었다. 독자는 친절한 안내자의 안내를 받으면서 등장인물이 경험하는 사회의 구석을 살펴보게 되어 있으며, 따라서 그다지 큰 수고를 들이지 않고도 여행을 따라갈 수 있다. 그렇지만 《유림외사》의 독자는 하나의 모습을 파악하다가 갑자기 또 다른 모습에 맞닥뜨리게 된다. 여기에는 친절한 안내자가 없다. 오경재는 매우 무뚝뚝한 안내자로 등장해서 이곳저곳을 보여주기만 한다. 그러면 독자는 여기저기에서 맞닥뜨렸던 사회의 모습을 머릿속에서 합치면서 커다란 그림을 그리지 않으면 안 되게 되어 있다. 그 그림은 독자가 직접 그려야 하는 것이지 작자가 미리 그려서 독자가 바라보게끔 하는 것이 아니다. 그것은 마치 오늘날의 퍼즐 게임과도 비슷한 유희의 성격을 띠고 있었으며, 작자와 독자 사이에는 그 그림을 어떻게 그릴 것인가에 대한 긴장감이 조성되고 있었다고 생각된다.

이러한 심리적 게임에서 작자가 의도한 주제는 중요한 이정표가 된다. 그것은 작자가 이야기를 구성하기 위한 이정표가 아니라 독자가 각각의 이야기를 읽으면서 사회의 모습을 짜 맞추는 데에 도움이 되는 이정표이다. 내가 앞에서 말한 '중심의 핵을 향해 모여드는 부채꼴의 구도'는 바로 이런 이정표 때문에 가능한 것이었다. 작자는 지식인 사회의 추악한 면이라는 핵을 끊임없이 화두로 던지면서 각각의 이야기를 진행하고, 독자는 산만하게 이야기를 읽어 나가다가도 어느 틈에 그 화두를 발견하게 된다. 그러면 이야기는 단순한 이야기가 아니라 뼈 있는 이야기로 바뀌고 만다. 이렇게 이야기를 바꾸어 주는 것이 작자가 일관적으로 생각하고 있던 주제였으며, 그것이 독자에게 언제나 방향을 정하게 하는 이정표가 되었던 것이다. 그것은 이야기를 통해서 작자가 설정한 주제나 그가 지니고 있던 의식을 슬며시 드러내는 작품이 아니었다. 그것은 주제와 그것을 표명하고 싶은 의식이 선행되고, 그것을 구현하기 위해 이야기를 구성하는 방식으로 창작되었던 것이다. 그래서 이 작품은 중국의 소설적 흐름에서 작가의식이 어느 정도로 선명하게 모습을 드러내었는가를 살피는 데에 중요한 지표가 된다. 작가의식은 이제 이야기를 통해 간접적으로 모습을 드러내는 것이 아니었다. 이제는 작가가 뚜렷한 의식을 가지고 있음으로 해서 이야기가 만들어지는 것이다. 그것은 작가의 의식이 바로 이야기를 구성하는 동기가 되었음을 가리키며, 그런 의미에서 《유림외사》는 작가의 보다 적극적인 자세를 상징적으로 보여주는 예라고 할 수 있다.

이런 작가의 모습은 만청(晩淸)시기의 견책소설(譴責小說)이 등장하는 데에서 중요한 역할을 했다. 이 계열의 작품은 치열한 작가의식에 의해 동기가 유발되지 않았으면 나타날 수 없는 속성을 지니고 있었다고 해도 과언이 아니다. 또 서구의 충격을 통해 형성된 신문학(新文學)의 흐름에서도 작가의식은 가장 중요한 창작의 동기를 유발하는 요소였음이 분명하다. 이런 의미에서 볼 때에 《유림외사》는 이야기의 모습은 전통시기의 것을 답습하고 있었지만 그 내면의 기제는 신문학의 흐름에 이미 맞닿아 있었다고 해도 과언이 아니라고 생각된다. 그것은 단순히 소설 작품을 통해서 사회적 현실에 대한 관심을 표명한 것이 아니라, 현대적인 의미에서 볼 때 소설 작품의 가장 중요한 원동력이 되는 작가의식이 청대 후기에 이미 형성되고 있었다는 것을 보여주는 것이었다.

3. 지식인의 반응 — 개작과 평점(評點)

지금까지 기술된 바와 같이 명·청시기에는 많은 소설 작품이 등장했으며, 특히 청대에 이르면 소설이 지식인들 사이에서도 암묵적으로 인정받는 글쓰기로 정착되었다고 본다. 이 시기에는 '사대기서'와 《홍루몽》 등의 기념비적 작품들이 출현함에 따라 문인들 사이에서도 소설에 대한 보이지 않는 관심이 증대되고 있었다. 이런 작품들은 흥미위주의 문화상품의 범주를 벗어나서 글쓰기의 한 분야를 이루어 나가고 있었다. 그리고 문인들은 이런 글쓰기에 나름대로의 반응을 보이기 시작했다. 그렇지만 그들이 소설이라는 개념을 가지고 반응을 보인 것은 아니었다. 그들은 포괄적 의미에서의 글쓰기라는 관점에서 이들 작품에 반응을 보이기 시작했으며, 그래서 오늘날 우리가 소설이라고 부르는 글쓰기의 모든 부분이 그들의 관심권 안에 포함되지는 않았다. 편의상 오늘날의 분류대로 이 시기의 소설을 백화단편소설, 문언단편소설, 장회소설 등으로 분류할 때에 지식인들이 관심을 보인 것은 장회소설이었다. 반면에 의화본을 중심으로 하는 백화단편소설에는 그리 관심이 없었다. 그것은 시장을 겨냥한 상품에 불과했을 뿐 주목할 만한 글쓰기의 영역에는 포함되지 않았다. 또 문언단편소설은 장기간에 걸친 필기의 전통을 통해 그들이 이미 익숙히 알고 있는 것이었으며 그래서 새삼스럽게 관심을 표할 필요가 없었다. 이 시기의 문인들이 가장 주목한 것은 장회소설이었으며, 그것을 소설로 인식한 것이 아니라 새로운 형태의 글쓰기로 인식했다는 점이 주목할 만한 일이라고 하겠다. 그것은 이전의 문인문화에서는 찾아볼 수 없었던 새로운 유형의 글쓰기로 인식되었던 것이다.

소설은 전체적으로 전통시기의 문인들에게 있어서 새로운 글쓰기였지만 그 중에서도 장회소설은 특별히 새로운 것이었다. 이것을 이해하기 위해서는 전통시기 문인들의 글쓰기가 지니는 속성을 검토할 필요가 있다. 전통적인 글쓰기는 넓게 보아서 경서의 주석과 그에 대한 의견을 개진하는 문장, 역사의 서술, 시와 사의 창작 등으로 나누어 볼 수 있다. 이런 글쓰기가 지니는 속성 중의 하나는 정통적인 교육을 받은 문인들은 그런 글을 쓸 수 있다는 것이 기본적 전제로 깔려 있었다는 점이다. 물론 모든 문인들이 이런 글을 다 쓸 수 있는 것은 아니었다. 또 쓴다고 해도 수준에는 많은 차이가 있었음이 분명하다. 그렇지만 분명한 것은 문인의 반열에 올라온 사람들은 누구나 이런 정통적 문장을 쓸 수 있는 잠재력을 지니고 있었다는 점이다. 어떤 글을 쓰는가 하는 것은 선택의 문제였다. 그러나 소설은 달랐다. 그것은 글을 안다고 해서 누구나 쓰는 것이 아니었으며, 특히 장회소설은 아무나 쓸 수 있는 것이 아니었다. 그만한 길이의 이야기를 쓴다는 것 자체가 특별한 능력을 요구했고, 나아가서 그만한 길이의 이야기를 글로 풀어낼 수 있다는 것도 특별한 능력을 요구하는 것이었다. 장회소설은 글을 배운 사람 중에서 소수의 사람들만이 이루어 낼 수 있는 것이었지, 결코 글을 배운 모든 사람이 그것을 이루어 낼 수 있는 잠재력을 지닌 것은 아니었다. 그것은 남다른 재주를 가진 사람이 쓸 수 있는 글이었는데, 여기에서 말하는 재주라는 것이 문인들이 일반적으로 생각하는 재주와는 달랐다. 이런 의미에서 볼 때에 장회소설은 당시의 문인들에게 있어서는 전혀 새로운 글쓰기였던 동시에 혼돈스러운 글쓰기였다. 정통적인 입장에서 보면 그것은 단순히 이야기일 뿐이지만 그만한 길이를 가진 이야기가 글로 쓰여졌을 때에 그것을 글이 아니라고 무시할 수만은 없는 상황이 벌어졌기 때문이다. 그것은 당시의 글쓰기에 대한 기존관념을 흔들고, 글쓰기에 대한 가치관을 바꾸어 놓고 있었다.

이에 대한 문인사회의 반응은 다양했다. 상당수의 문인들은 그런 작품을 읽으면서도 그것을 글쓰기의 한 부분으로 인정하는 데에는 소극적이었다고 생각한다. 그들은 수동적 소비자의 입장을 선택했다고 보는 것이다. 그들은 이 작품들을 정통적인 글쓰기의 한 부분으로 생각하지 않고 문화상품의 하나로만 생각했으며, 그래서 소비재의 하나로만 간주했을 가능성이 크다. 그 중에는 그 작품들의 가치를 인정하면서도 그런 특별한 글쓰기의 영역에 감히 개입하지 못하고 멀리서 바라볼 수밖에 없는 사람도 있었을 것이다. 반면에 소수의 문인들은 적극적으로 이 새로운 글쓰기를 정통적 글쓰기의 영역으로 끌어들이려고 하였다고 생각된다. 그런 시도는 개작과 평점이라는 또 다른 형태의 글쓰기로 나타났다. 개작과 평점은 따로 진행되는 작업이 아니었다. 그것은 평점을 하면서 이야기를 개작하는 것이었으며, 개작은 평점의 결과에 따라 이루어졌다. 이 개작과 평점의 과정을 보면 당시의 문인들이 장회소설에 대해 어떤 시각을 가지고 있었는지를 알 수 있다.

명・청시기의 소설은 애초부터 인쇄되어 출판되지 않았다. 그 작품들은 애초에는 수고본(手稿本) 혹은 초본(抄本)의 형태로 소수의 문인들 사이에서 유통되다가 인정을 받으면서, 특히 문화자본이 그것을 상품화할 수 있다는 확신에 도달하면서 비로소 인쇄본으로 탈바꿈하게 된 것이다. 그렇기 때문에 작품 하나가 인쇄본으로 출간된다는 것은 당시의 문화시장에서는 '사건'이었다. 작품이 출판될 때에 문인들이 축시(祝詩)를 써서 말미에 붙이거나 서문, 발문(跋文)을 쓰는 경우도 왕왕 있었다. 《요재지이》와 《경화연(鏡花緣)》의 인쇄본에는 축시가 붙어 있었으며, 그 이외에 문인들이 이름을 밝히지 않으면서 썼던 서문이나 발문은 그 수를 헤아리기 어려울 정도이다. 그런데 애초의 수고본이 아직 출판 단계에 이르기 전에 문인들 사이에서 유통될 때에는 읽는 사람들이 그 수고본의 행간에 자신의 의견을 적어 넣었는데 이것이 바로 평점이었다. 평점은 김성탄(金聖歎) 등에 의해서 시작되어서 청대의 문인들 사이에서 유행하는 글쓰기가 되었다고 알려져 있다. 그리고 그 수고본이 인쇄되어 출판될 때에는 평점으로 쓰여진 부분까지 인쇄되었던 것이다. 또 이 과정에서 작품이 개작되었다. 개작은 이야기의 전체를 대상으로 하는 것이 아니라 부분에 국한되었지만, 《수호전》에서처럼 120회에서 뒤의 50회를 삭제하고 70회만 남겨서 출판하는 방식의 개작도 있었다. 따라서 개작은 출판을 위해서 원고를 최종적으로 손질하는 것을 의미했다.

그런데 이 시기에는 한번 출판된 것이 정본(定本)으로 굳어지는 것이 아니었다. 똑같은 수고본이 중복되어 출판되는 경우도 있었고, 같은 이야기를 적은 다른 수고본이 각각 다른 출판사에 의해 출판되는 경우도 있었다. 이 때에 개작의 범위와 수준은 출판하는 당사자에 따라 달라졌다. 그래서 같은 이야기라도 여러 종류의 판본이 출현하였으며, 그 판본들에서 이야기의 윤곽은 같았지만 세부적인 면에서는 차이가 있게 되었다. 《요재지이》는 청대에 들어서서 20여 종의 판본이 있었다고 하는데, 그것은 작자인 포송령이 죽은 이후에 이루어진 일이었다. 그래서 평점은 독자들이 수고본을 읽는 과정에서 형성된 글쓰기였으며, 개작은 그 수고본을 인쇄하여 출판하는 과정에서 원고를 완성한다는 의미를 지니고 있었던 것이다.

평점과 개작은 다른 문명권에서는 보기 힘든 글쓰기의 형태였다. 그것은 중국의 문인들이 소설 작품에 대해 어떤 시각을 지니고 있었는지를 잘 보여주는 글쓰기였다고 할 수 있다. 평점은 장회소설에서만 나타난 고립된 행위가 아니라 전통적인 글쓰기의 한 지류(支流)였다. 우리는 전통시기 중국의 문인들이 '술이부작(述而不作)'의 정신에 따라 경서에 꾸준히 주석을 붙여온 사실을 잘 알고 있는데, 평점은 본문에 주석을 붙인다는 점에서 이와 유사한 글쓰기였다고 할 수 있다. 개작도 경서의 재편집 과정에서 드러난 행위였다. 예를 들어 주희(朱熹)가 원래 《예기(禮記)》에 들어 있던 부분을 뽑아내어서 《대학(大學)》과 《중용(中庸)》이라는 독립된 책으로 만든 것도 개작이라고 할 수 있다. 그러나 평점과 개작은 아무 글이나 대상으로 할 수 없었다. 그것은 작자가 분명히 알려져 있지 않은 글을 대상으로 하는 것이지, 작자의 실체가 알려져 있고 그 작자의 의도가 분명하게 나타나 있는 글은 대상이 되지 않았다. 경서는 성인이 쓴 것이지만 그 작자가 알려져 있지 않았으며 시간의 흐름에 따라 그 의미를 당대적(當代的)으로 해석해야 할 필요가 있기 때문에 주석을 붙인 것이다.

그러나 장회소설에 대한 평점은 경서의 주석과는 다른 의미를 띠고 있었다. 장회소설에 평점이 가해진 것은 대부분의 작품이 익명이나 필명으로 쓰여졌기 때문이다. 《홍루몽》처럼 작자의 실명이 알려진 경우에도 조설근의 내력이 분명하지 않았기 때문에 평점의 대상이 될 수 있었다. 평점은 주로 서사기법을 평가하거나 의미를 풀이하는 내용으로 되어 있었다. 그래서 독자는 이야기를 읽으면서 동시에 그 평점을 따라 읽게 되어 있었다. 그것은 이야기를 '정확'하게 읽어나갈 수 있도록 마련된 '독법(讀法)'으로 마련된 것이었다. 그 내면에 깔려 있는 논리는 다음과 같다. 즉 장회소설의 작자는 자신의 의도를 직설적으로 드러내지 않은 채 일종의 게임을 하고 있다. 그래서 그것을 읽는 독자는 각각 다른 의미를 스스로 '만들어' 낼 수 있게 되어 있다. 그러나 의미가 그렇게 마음대로 만들어질 수 있어서는 안 된다. 의미는 '정확하게' 도출되어야 하는데, 그러기 위해서는 가장 탁월한 독자 하나가 모든 독자가 정확한 의미 파악에 도달할 수 있도록 도와주어야 한다. 그런 도움을 주기 위해서 고안된 것이 평점이었다. 또 도움을 주는 탁월한 독자가 보기에 '잘못 쓰여진' 부분이 있으면 그것을 바람직한 방향으로 고쳐져야 했는데 그것이 개작이었다. 따라서 평점과 개작은 작품에서는 드러나지 않는 의미를 '생성'시키는 동시에 독자들의 이해를 어떤 일정한 방향으로 '통제'한다는 의미를 지니고 있다. 평점을 붙인 사람들은 그것을 통해서 자신들이 또 다른 창작자임을 주장하고 있었다. 왜냐하면 이야기 자체는 의미를 전달하는 매체일 뿐이며 이야기는 의미가 생성됨에 따라 비로소 완성되는 것이기 때문이다.[6] 그것은

---

6) Huang, Martin W., "Author(ity) and Reader in Traditional Chinese *Xiaoshuo*

전통적 유가의 엘리트 의식이 소설 작품을 대상으로 발동된 결과라고 할 수 있으며, 나아가서는 소설을 단순히 이야기로 보지 않고 어떤 의미의 전달체계로 파악한 결과라고 할 수 있다.

소설에 대한 평점과 경서의 주석은 독자의 이해를 돕고, 실질적으로는 그들의 이해를 특정 방향으로 고정시키려는 의도를 지닌 점에서는 비슷한 면을 지니고 있었다. 그러나 경서의 주석은 '진정한 의미'를 파악하기 위한 것이다. 그것은 '오해'를 막기 위한 것이었다. 그렇지만 소설의 평점은 오해를 막기 위한 것이 아니라 '정신적 부패'를 막기 위한 것이었다. 다시 말해서 소설의 독자들이 이야기를 읽으면서 가지게 되는 다양한 감성적 반응과 연상의 결과가 의도되지 못한 방향으로 흐를 경우에 정신적인 부패가 일어나서 심각한 사회적 문제를 초래할 수 있다는 것이다. 그런 부패를 막기 위해서는 가장 바람직한 해석을 '유도'함으로써 독자가 엉뚱한 연상이나 감성적 반응을 일으키지 않도록 해야 한다. 그래서 소설의 평점은 경서의 주석보다는 더 교육적인 의미를 지니고 있었다고 할 수 있다.

이런 태도는 당시의 문인들이 소설을 이야기의 매체로 보지 않고 글쓰기의 매체로 파악했음을 보여준다. 전통시기의 중국에서 모든 글쓰기는 의미를 전달하는 매체이자 행위였다. 의미가 없는 글은 글이 될 수 없었다. 그런데 소설에서는 이야기 이외에는 의도된 의미가 밝혀져 있지 않다. 의미가 분명하지 않으면 글이 될 수 없는 상황임에도 불구하고 소설이 쓰여지고 읽혀지고 있음은 부인할 수 없는 '사실'이었다. 그것은 문인들에게 상당히 곤혹스러운 상황을 가져다주었다고 생각된다. 그것을 정상적인 글로 인정하거나 부정하는 어느 쪽도 어려운 상황에 그들이 놓이게 되었기 때문이다. 그래서 그들은 소설을 글쓰기의 한 부분으로 인정하면서 그것을 자신들의 문화 속으로 끌어들이는 쪽을 택했고, 그 기제가 바로 평점과

Commentary," *Chinese Literature: Essays, Articles, & Reviews* 16, 1994, pp. 41～67.

개작이었다. 그들에 의하면 이야기 자체는 의미를 실어 나르는 매체이지, 그것 자체가 글쓰기로 성립되지는 못한다. 작자는 이야기를 썼지만 그 속에는 의미가 숨어 있으며, 그런 의미의 파악이 가능할 때에만 그 이야기는 글쓰기로 인정받을 수 있다. 그래서 감추어진 의미는 새롭게 생성되지 않으면 안 된다. 그리고 의미가 생성된 이야기는 글쓰기로 인정받게 된다. 그런데 이 새롭게 인정되는 글쓰기의 주체는 평점자이지 원래의 작자가 아니다. 평점과 개작을 한 사람들은 이야기의 의미를 통제하고 부분적으로 수정하면서 '새로운' 읽을거리를 제공하는 또 다른 '이차작자'가 되었던 것이다.

평점과 개작 그 자체는 중국의 문인문화 특유의 산물이었다고 할 수 있다. 그러나 거시적인 흐름에서 볼 때에 그것은 또 다른 형태의 '복고'에 해당되는 것이었다. 앞에서 기술해 왔듯이 이야기를 글로 써내는 것이 날이 갈수록 사회적 관심을 끌어가고 있었던 것은 분명한 사실이었다. 이야기의 글쓰기는 풍부한 상상력과 현실세계에 대한 관심을 접합시키면서 오늘날 우리가 생각하는 '문학성'을 증대시키고 있었다. 오늘날 과거를 되짚어 보면 그것은 분명한 흐름이었으며, 당시에도 그런 흐름은 상당히 감지되고 있었음이 분명하다. 그렇지만 그 시기의 문인들은 그런 흐름을 어떻게 개념화해야 할지를 모르고 있었다. 그들에게는 이 새로운 흐름을 전통적인 사고방식으로 돌아가서 개념적으로 규정하는 이외의 선택이 없었다고 생각된다. 그들에게는 의미를 전달하는 체계로서의 글쓰기라는 개념 이외에는 다른 가능성이 보이지 않았을 것이다. 결국 그들은 이야기의 흐름이 아닌 글쓰기의 흐름에서 소설을 바라보게 되었으며, 그런 개념을 구현한 것이 평점과 개작이었다. 여기에는 소설이 '수준 낮은 글'이라는 생각도 개재되어 있었다. 그것은 더 세련되게 '지도 받아야 하는 글'이었으며, 동시에 잘못된 부분이 있다면 옳은 방향으로 고쳐도 괜찮은 그런 글이었다는 생각이 개재되어 있었다는 것이다. 그러한 개념화는 사실상 소설적 전통에서 나타나는 흐름에는 역행하는 것이었다. 소설은 문학적인 방향으로 흘러가고 있었으나 문인들의 관념은 경학적 글쓰기의 측면에 고정되어 있었던 것이다.

평점이 찍혀진 소설은 1920년대에 들어서서 '신문학(新文學)'이라는 새로운 글쓰기의 개념이 형성되면서 배척되기 시작했다. 이 시기부터 소설은 평점을 모두 삭제하여 출판되었다. 1990년대에 들어서서 부분적으로 평점이 복원된 소설이 출판된 것으로 알려져 있으나 20세기의 독자들은 평점이 없는 소설의 원문을 읽어 왔다. 그것은 독자의 자유를 의미하는 것이었으며, 나아가서는 문학 작품의 개성적 이해를 가능하게 하는 것이었다. 이에 따라 작품에 대한 해석은 더욱 다양해질 수 있었으며, 실제로 20세기에 등장한 다양한 연구성과는 작품들에 접근하는 다양한 방법을 보여주고 있다. 이것이 평점과 개작을 무시하는 것을 의미하지는 않는다. 평점과 개작은 전통시기 중국의 문화적 사유를 보여주는 좋은 사례이기 때문에 그것을 폄하할 필요도 없고, 그렇다고 의도적으로 높은 가치를 부여할 필요도 없다. 우리는 다만 그것이 청대의 문인들이 소설을 어떻게 생각했으며, 또 그것을 통해서 중국이라는 사회가 어떤 문화적 속성을 가지고 있었는가를 이해할 수 있다면 그것으로 만족할 수 있다.

평점과 개작을 통해 우리는 그것이 문인의 엘리트 의식이 새로운 글쓰기의 흐름에 대응한 결과였으며, 여기에서 문인의 문화는 삶의 모든 것을 설명할 수 있다는 의식이 뿌리 깊게 자리잡고 있었음을 볼 수 있다. 그것은 나아가서 아무리 새로운 흐름이라도 전통적인 사유의 틀 안에서 설명할 수 있다는 의식을 보여주기도 한다. 동시에 평점과 개작은 독자를 개성적 주체로 인정하지 않고 집단적 사유체의 구성원으로 생각하고 있음을 보여준다. 그 논리에 의하면 독자는 개별적으로 존재하지 않는다. 독자는 평점을 통해 규정된 동일한 의미를 공유하는 집단으로만 존재하는 것이다. 평점자가 아닌 평범한 독자는 그 의미를 받아들일 뿐, 스스로 의미를 생산할 수 없는 수동적 집단의 이름없는 구성원일 따름이다. 평점과 개작은 보통의 독자를 그런 모습으로 상정한 문인들의 엘리트 의식에 의한 글쓰기였던 것이다.

그런데 또 다른 측면에서 보면 평점과 개작은 문학적 중간층과 문인이 점차 하나의 통일된 문화계층을 이루어 나가는 과정을 보여주는 현상이라고 할 수 있다. 물론 전통적인 문인 계층과 이야기의 작자로 이루어지는 문학적 중간층은 그대로 존재하고 있었다. 그렇지만 소설이라는 영역에서는 작자와 평점자가 공동으로 작품을 완성하고 있었으며, 이런 의미에서 소설의 영역은 이 두 계층의 사람들이 같은 관심사를 중심으로 공존하는 영역을 이루고 있었다. 소설이라는 영역은 그래서 계층 간의 격차를 허물어뜨리는 역할을 하고 있었다. 소설을 이야기로 생각하든, 교정이 필요한 글쓰기로 생각하든 간에 그들은 다 같이 이 영역에 들어와서 같은 관심사를 공유하고 있었기 때문이다. 전통시기에 이렇게 두 계층을 같은 관심사로 묶어줄 수 있었던 것은 희곡과 소설 밖에 없었다고 해도 과언이 아니며, 이런 측면에서 희곡과 소설로 대표되는 서사문학이 중국의 문화사에서 지니는 의미를 발견할 수 있을 것이다.

4. 만청시기의 소설

1840년에 아편전쟁이 발발하여 중국이 처참하게 패배하면서 중국의 역사는 새로운 단계로 접어들기 시작했다. 이전까지 세계의 다른 부분을 향해 거의 닫혀있다시피 하면서 스스로의 삶에 빠져 있던 중국이라는 개체가 이 전쟁을 계기로 세계를 향해 열리게 되었기 때문이다. 그것은 세계에 중국 이외의 강력한 힘을 가진 나라가 있다는 것을 깨닫게 된 사건이었다. 중국은 이제 홀로 살아가는 존재가 아니라 세계의 다른 나라와 함께 살아가는 존재가 되었다. 중국은 '유일한(The Only One)' 세계가 아니라, '여럿 중의 하나(One of the Many)'인 세계가 되었던 것이다. 이것은 삼천 년 이상 지속된 중국의 역사에서 처음 맞이하는 경험이었다. 그런데 그 경험이 결코 유쾌한 것이 아니었다는 점이 중요하다. 아편전쟁으로 인한 본격적인 개방은 중국이 스스로 개척한 것이 아니라 서구의 열강에 의해 강요된 것이었으며 중국은 수세에 놓여 있었다. 그래서 전쟁의 여파는 외부 세계에 대한 신선한 호기심을 부추긴 측면보다는 중국의 열등함을 드러내는 충격의 측면이 훨씬 더 강했다. 이것은 중국사회를 동요시키기 시작했으며 그 이후에 벌어진 일련의 사건들은 그런 동요를 더욱 심하게 만들었던 것이다.

중국의 세계로 향한 개방을 상징하는 아편전쟁은 이런 동요의 출발점이었을 뿐만 아니라 상당한 기간에 걸친 과도기의 시작이었다. 여기에서 과도기라는 말은 중국이 세계를 경험하면서 '유일한 세계'로서의 전통적인 모습을 탈피하고 '여러 문명권의 하나'로 다시 태어나기까지의 과도기를 가리킨다. 그렇지만 이 과도기가 역사학계에서 운위되듯이 청조(淸朝)가 멸망하면서 끝났다고 생각되지는 않는다.

내가 말하고 싶은 과도기는 현대적 국가의 성립에 이르기까지의 과도기가 아니라 문화적 체질이 전통적 색채를 벗어나기까지의 과도기이다. 나는 이 과도기가 아편전쟁 시기에 시작되어 2004년인 지금도 진행되고 있으며, 현재의 시점에서는 언제 끝날지를 예측할 수 없다고 생각한다. 이 기간에 청조의 멸망, 민국 정부의 탄생, 군벌간의 투쟁, 공산정권의 수립 등은 마치 한대와 당대 사이에 위치한 위·진·남북조 시기에 여러 왕조가 명멸했던 것과 유사한 모습을 띠는 것으로, 청조의 멸망이 곧 과도기의 종언을 가리키는 것은 아니라고 생각되기 때문이다. 아편전쟁에서부터 청조의 멸망에 이르는 시기를 당대와 송대 사이에 끼어 있는 오대(五代)시기와 비슷하다고 생각하기는 곤란하다. 그것은 중국 사회가 세계를 향해 개방된 이후 아직까지도 나름대로의 질서, 특히 정치적 질서뿐만 아니라 사회경제적인 질서가 완전히 확립된 단계에 이르지 못하고 있다고 생각되기 때문이다. 또 나아가서 중국인의 문화적 정체성도 아직은 완전히 확립되어 있지 않다고 생각된다. 그것은 아직 서구적 가치를 존중하면서 중국적 가치를 추구할 것인가, 아니면 중국 특유의 가치를 창조할 것인가에 대한 검토와 논쟁이 진행되고 있기 때문이다. 그러나 어떤 형태이든 새로운 가치가 확립되어 있지 못한 것은 사실이다. 중국은 1840년 이래로 청조의 멸망에 이르는 기간에 전통문화의 쇠퇴를 경험하였고 그 후에는 새로운 사회를 건설하기 위한 여러 가지의 실험을 진행해 오고 있는 중이다. 공화국의 탄생이나 사회주의 체제, 그리고 최근의 개혁개방 이후의 사회주의와 자본주의가 위태롭게 섞여 있는 체제의 출현 등은 사실상 모두 '실험'에 해당된다고 보아야 할 것이기 때문이다. 그 중에서 어느 하나도 장기간에 걸쳐 가치를 인정받을 수 있는 것은 아직 없었다. 그래서 현재의 중국은 아편전쟁 이래로 진행되어 온 과도기적 상황에 여전히 놓여 있다고 보는 것이다. 이 과도기의 종언은 먼 훗날 역사가들이 정리할 몫이 될 것이 분명하다.

이렇게 1840년 이래의 역사를 읽어내는 관점은 소설적 전통의 검토에도 적용될 수 있다고 생각된다. 대부분의 소설사가들은 만청시기의 소설은 전통적 흐름에 속해 있는 반면에 신문학시기 이래의 소설은 현대적 흐름에 속한다고 생각하고 있다. 그들은 전통소설과 현대소설은 완전히 다른 글쓰기를 이루고 있으며, 그래서 현대소설을 다루는 데에는 전통소설을 다루는 것과는 다른 방법론이 동원되어야 한다고 생각하고 있다. 그것은 전통과 현대 사이에 놓여 있는 일종의 단절을 염두에 두고 있는 인상이 짙다. 나는 이런 관점에 찬성하지 않는다.

나는 전통소설과 현대소설이 일정한 공존기간을 거치면서 변화하는 과정에서 나타난 두 개의 다른 모습을 가진 글쓰기일 따름이라고 생각한다. 내가 이 글에서 한대의 이야기에서부터 소설적 글쓰기라는 화두를 등장시킨 것은 신소설에 의해서 대표되는 본격적 소설문학에 이르는 기나긴 진화의 과정을 설명하기 위한 것이었으며, 그 과정에서 만청시기의 전통소설은 신소설이 발생하기 직전의 단계였다고 생각된다. 그것은 상당히 소설적으로 성숙되어 있었던 단계였다. 다시 말해서 사회적인 흐름으로서의 소설적 상상력과 그것에 의한 글쓰기는 충분히 성숙되어 있었다고 보아야 하겠다. 그 단계가 없었다면 아무리 서구의 충격이 강했다고 해도 신소설이 그 짧은 기간에 모습을 드러냈을 수가 없는 것이다. 따라서 전통소설과 현대소설은 아편전쟁 이래의 과도기적 상황에서 접합되어 있었다. 그런 접합에서 가장 큰 요인은 역시 세계로 향한 중국의 개방이라는 과도기적 상황이었다. 특히 그 접합과정에서 가장 중요한 요인으로는 '순수문학'이라는 개념이 정립된 것이라고 할 수 있다. 그것은 서구의 충격을 통해 얻어진 개념화의 현상이었는데, 그 개념이 인식되면서부터 이전에도 지속되어 왔던 글쓰기로서의 소설에 새로운 의미가 부여되고 그런 의미를 구현하기 위한 글쓰기로서의 소설이 시작되었다고 보는 것이다.

중국소설사에서 만청시기를 논할 때에 그 시기는 대개 1890년대 중반부터 1920년대에 이르는 기간을 가리킨다.[7] 그것은 이 시기에 논의할 만한 소설 작품이 대량으로 쏟아져 나왔을 뿐만 아니라 그런 작품들의 발표매체가 되는 신문과 잡지가 봇물을 이루었던 시기이기 때문이다. 그러나 이것이 1840년부터 1890년에 이르기까지의 시기에 중국의 소설적 흐름이 침묵을 지켰다는 것을 의미하지는 않는다. 이 시기에도 대중적 시장을 겨냥한 소설은 꾸준히 쓰여져 왔다. 그렇지만 그런 작품들은 사회적 주목의 대상이 되지 못했으며 심각한 담론의 대상이 되지도 않았다. 그 작품들은 그저 시장에서 풍성하게 흘러 다니고 있었을 따름이다. 반면에 우리가 1890년대 이래의 소설을 만청소설이라고 따로 분류하는 것은 이 작품들이 상당한 담론을 일으켰을 뿐만 아니라 상당한 사회적 반응을 야기하였기 때문이다. 다시 말해서 이 작품들은 단순히 문화상품의 차원에서 시장에 나온 것이 아니라 심각한 담론의 텍스트로 시장에 나온 것이며, 그래서 지식인들 사이에서는 주목의 대상이 되었다고 할 수 있다.

---

7) 만청시기는 일반적으로 신해혁명이 일어날 때까지를 가리킨다. 다만 나는 만청시기의 흐름이 신해혁명 이후에도 부분적으로 남아 있으면서 새로운 글쓰기의 흐름과 공존하였다고 생각하기 때문에 그 시기를 1920년 때까지로 기술하고 있다.

대부분의 중국소설사에서 만청시기의 소설은 노신이 '견책소설(譴責小說)'이라고 이름 붙인 일군(一群)의 작품으로 대표되고 있다. 견책소설은 당시의 시대적 상황을 폭로하면서 누군가를 질책한다는 의미를 지니고 있다. 그러나 이것이 만청소설은 곧 견책소설이라는 의미로 이해되어서는 안 될 것이다. 왜냐하면 이 시기에는 많은 사람들이 왕성하게 작품활동을 하고 있었으며, 그 작품의 범위는 견책소설의 범위를 훨씬 넘어서는 것이었다. 아영(阿英)이 편찬한 《만청소설사(晩淸小說史)》를 보면 이 시기에는 다양한 소설이 발표되고 있었다. 그 중에는 견책소설과는 정반대로 보일 수도 있는 연애소설이 상당히 많았다. 그리고 그가 편찬한 《만청희곡소설목》에 기록된 제목들을 보면 실제로는 남녀간의 사랑에 관한 작품들이 압도적으로 많았음을 볼 수 있다. 이것은 곧 한편에서는 견책소설이 쓰여져서 지식인들 사이에서 주목을 끌면서도, 사회의 다른 한편에서는 그런 심각한 의미를 배제한 대중적 읽을거리가 시장을 휩쓸고 있었음을 의미한다. 다시 말해서 이 시기의 독서시장은 심각한 의미를 던져주는 작품과 대중적 흥미를 겨냥하는 통속적 작품이 공존하고 있었으며, 이런 의미에서 볼 때에 견책소설은 당시의 현실에 깊은 관심과 우려를 가지고 있던 지식인들 사이에서 주로 통용되는 '그들만의 소설'이었을 가능성이 크다고 보겠다.

견책소설이 만청소설을 대표하게 된 것은 이 작품들이 당시의 많은 작품들 중에서 가장 심각한 의미를 던지고 있는 것으로 인정받았기 때문이라고 생각된다. 이 시기에 가장 주목받았던 작품으로는 《관장현형기(官場現形記)》, 《이십년목도지괴현상(二十年目睹之怪現象)》, 《문명소사(文明小史)》, 《노잔유기(老殘遊記)》, 《얼해화(孼海花)》 등을 들 수 있다. 이 작품들은 모두 서구의 충격이 시작된 이래 날로 변화하는 중국 사회의 부패상을 폭로하는 것을 주된 내용으로 하고 있다. 이 작품들은 사회와 그 사회를 이끌어 나가는 사람들이 얼마나 부패했는가를 보여주면서 그들이 개혁의 대상임을 주장하고 있었다는 면에서, 극히 정치적인 성향을 띠고 있었다. 그러나 그 성향이 완전히 새로운 것이었다고는 할 수 없다. 이 작품들이 띠고 있는 성향은 사실상 '사대기서'와 《홍루몽》, 그리고 《유림외사》로 연결된 전통시기의 소설적 서사들이 지닌 사회적 현실에 대한 주목이라는 흐름의 연장선상에 있다고 보아야 할 것이다. 그러나 이 작품들에서 드러나는 강렬한 비판은 《유림외사》를 훨씬 넘어서는 것이었다. 이 작품들에서 드러나는 정치적 성향은 풍자를 통해 국외자의 입장에서 당시의 사회적 현실을 바라보는 것이 아니다. 그것은 사회적 현실에 직접 뛰어들어 무엇인가를 개혁하고픈 작자들의 심정을 표출하는 글이며, 이런 측면에서 볼 때 이 작품들은 이미 전통시기를 뛰어넘은 만청시기의 절박한 상황에서 만들어진 것임이 분명하다.

전체적으로 만청시기의 소설을 살펴볼 때에 가장 두드러지는 특징은 거의 대부분의 작품들이 '당시(當時)'의 상황을 소재로 다루고 있다는 점이다. 예를 들어 아영이 《만청소설사》에서 정리한 것을 보면 의화단의 난으로 인한 경자사변(庚子事變), 미국 정부의 중국인 노동자를 억압하기 위한 화공금약(華工禁約)의 영향, 입헌운동(立憲運動)에 대한 논쟁 등 만청시기 특유의 사건들이 여러 작품들에서 직접 다루어지고 있었다. 이것은 전통시기의 소설과는 상당히 다른 모습이었다. 전통시기의 소설에서는 작자가 직접 경험하는 시대를 다루는 경우가 드물었기 때문이다. 예를 들어 《금병매》에서는 명대의 사회를 염두에 두고 있지만 이야기 속의 시대를 송대로 설정하였던 반면에, 만청소설의 상당수는 작자가 살아가던 그 시기의 사건과 정서를 그대로 이야기 속에 반영하는 방식으로 쓰여졌던 것이다. 다시 말해서 만청소설의 이야기는 어떤 시대이건 일어날 수 있는 그런 사건을 소재로 한 것이 아니라 그 시기에만 일어난 '특수한' 상황을 소재로 했다는 점에서 전통시기의 소설적 흐름에서 벗어나 있었다고 보아야 할 것이다.

이러한 글쓰기의 모습이 등장한 데에는 이유가 있다. 우선 주목해야 할 것은 소설이라는 글쓰기의 목적이 달라졌다는 점이다. 많은 사람들이 이미 지적한 바 있듯이, 이 시기의 지식인들은 서구문화의 영향에 따라 소설이 정치적인 목적을 위한 글쓰기로 활용될 수 있음을 발견하고 있었다. 그 발견은 1897년에 엄복(嚴復, 1853～1921)과 하수경(夏穗卿, 1865～1924)이 《국문보(國聞報)》에 발표한 〈본관부인설부연기(本館附印說部緣起)〉라는 글에서 처음으로 구체화되었다. 1898년에는 양계초(梁啓超)가 〈역인정치소설서(譯印政治小說序)〉를 《청의보(淸議報)》 제1책에 발표하였고, 1902년에는 〈논소설여군치지관계(論小說與群治之關係)〉를 《신소설(新小說)》 창간호에 발표함으로써 더욱 심화되었다. 그들은 한결같이 소설이 민중을 계도하여 새로운 정치질서를 창출하는 데에 유용한 도구라고 믿고 있었다. 이에 따라 소설은 전통시기에 문인들의 글쓰기인 시와 문장을 대체하는 새로운 글쓰기로 등장하고 있었다고 해도 과언이 아니다. 만청시기의 견책소설은 대부분 이런 개념적 발견을 배경으로 하면서 쓰여졌다고 할 수 있다. 그 작품들은 대부분 당시의 특정 사건이나 상황을 이야기를 통해 폭로하면서 정치적인 의미를 전달하는 데에 주안점을 두고 있었다. 그들에게 있어서 이야기는 단순히 이야기가 아니라 정치적 의미를 전달하는 도구였던 것이다. 그리고 많은 사람들이 이것을 소설의 사회적 지위가 크게 높아졌음을 나타내는 현상이라고 해석하고 있다.

그러나 나는 그것이 단순히 소설의 지위가 격상되었다는 차원에서 이해되어서는 안 된다고 생각한다. 이 작품들이 상당히 저널리즘적 경향을 띠고 있었음을 간과해서는 안 될 것이기 때문이다. 앞에서 이 작품들이 '당시'의 사실을 이야기로 구성했음을 강조한 것은 바로 이런 글쓰기의 모습을 염두에 둔 것이었다. 견책소설은 당시 진행되고 있던 상황을 이야기로 구성해 낸 다큐멘터리(Documentary)의 성격을 강하게 띠고 있었다. 그것은 저널리즘과 문학의 중간쯤에 위치하고 있었지, 순수한 의미에서의 소설은 아니었다고 생각된다. 소설이라는 글쓰기의 방식은 외피(外皮)이자 도구였을 뿐이며 실제로 노리는 것은 상황과 사실에 대한 정보와 감상(感傷)이었다. 그것은 《서유기》나 《금병매》, 《홍루몽》 등에서 목격된 문학적 감성이 상대적으로 축소되고, 사실의 폭로와 그로 인해 야기되는 직설적 울분이 더 강조되는 글쓰기였다고 생각된다. 그것은 어떻게 정의되든 간에 '문학성'을 목표로 한 글쓰기에서는 상대적으로 멀어져 있었다고 생각되는 것이다. 그런 현상은 특히 이 작품들이 대부분 당시 유행이 되어 버린 신문과 잡지에 연재되는 형식으로 발표되었기 때문에 더욱 두드러지게 나타났다. 다시 말해서 이 작품들은 전통적 관념이 서구적 저널리즘을 만나면서 등장한 글쓰기였다. 그리고 이런 글에서 무엇인가 보고하거나 폭로한다는 생각이 이야기를 구성한다는 생각을 압도하고 있었다. 이런 작품에서 보고하거나 폭로하지 않으면 이야기는 의미가 없게 되어 있었다. 그리고 그 보고나 폭로는 특정의 사건이나 상황에 대해서 보통의 사람들이 인식하지 못하는 의미를 일깨워주거나 알려주는 의미를 띠고 있었다. 소설이라는 글쓰기는 그런 목적을 위한 매체였지, 그 자체가 의미 있는 글쓰기는 아니었던 것이다.

앞에서 언급한 바 있듯이 견책소설은 광범위한 계층의 주목을 받은 작품은 아니었다. 그것은 중국의 현실적 상황에 우려를 가지고 있던 사람들에게만 주목의 대상이었다고 생각된다. 이 작품에 주목한 사람들은 당시의 지식인 중에서도 일부에 그쳤을 가능성이 크다. 그 독자들이 이 작품을 정치적인 의미로 읽어 내었는지, 아니면 문학적인 의미로 읽었는지는 분명하지 않다. 그러나 우리가 주목할 만한 일은 이 시기에 이미 왕국유(王國維)와 같은 소수의 지식인들 사이에서 현실적 상황과 반드시 연계되어 있어야 할 필요는 없는, 순수한 정신적 영역에 대한 성찰이 이루어지고 있었다는 것이다. 견책소설이 출현하던 그 시기는 이른바 글쓰기에 대한 패러다임이 새롭게 정립되어 가는 과정에서 조심스러운 탐색이 진행되고 있던 시기였다. 글쓰기가 반드시 국가와 사회의 이념을 구현하기 위한 목적을 전제로 해야 한다는 전통적인 생각은 여전히 지식인의 사고방식 속에 자리잡고 있었지만, 일부의 지식인들이 그것에 부분적인 회의를 표명하고 있었기 때문이다. 이것은 이미 명대에 출현한 성령설(性靈說)에 의해 공개적인 담론의 대상이 된 적이 있었지만, 전통시기 내내 아직 하나의 뚜렷한 흐름을 형성하지는 못하고 있었다. 그러나 만청시기에 들어서면 이 문제에 관한 새로운 생각을 가진 사람들이 조금씩 나타나고 있었으며, 왕국유는 그 중에서 가장 잘 알려진 사람이었다. 그렇지만 그런 움직임은 어디까지나 조심스러운 탐색에 지나지 않았다. 그것이 본격적인 담론의 대상이 된 것은 1920년대에 이르러서였으며 만청시기는 아직 그 단계에 도달하지 않고 있었다.

견책소설에서 발견할 수 있는 것은 바로 전통시기의 글쓰기에 대한 패러다임이 일종의 변형된 모습으로 나타나고 있었다는 점이다. 그것이 정치적인 의도를 띠고 있었다는 것은 곧 작자들이 글쓰기를 통해서 국가와 사회를 유지하는 데에 기여하고 싶어했음을 의미하는 것이기 때문이다. 다만 그들이 생각하고 있던 것은 전통적인 글쓰기인 시와 문장 등을 통해서는 더 이상 그것이 불가능하다는 점이었다. 강렬한 비판과 계몽의 의지를 가진 그들에게 있어서 전통적인 글쓰기는 너무 유약한 것으로 보였을 가능성이 있다. 그들에게는 몰락하고 있는 중국의 현실을 직시하기 위해서 더 강력한 자극제가 될 수 있는 글쓰기가 필요했을 것이며, 그런 자극제를 소설이라는 글쓰기에서 발견했을 가능성이 있다고 하겠다.

이것은 두 가지의 의미를 동시에 가지고 있었다. 그것은 한편으로는 《수호전》, 《금병매》, 《유림외사》 등에서 드러난 현상인 글쓰기가 사회적 현실에 대해 관심을 표명하는 매체로 등장하는 흐름의 연장선상에 있다. 만청시기의 견책소설은 그런 관심을 더욱 증폭시키면서 더 자극적인 방법으로 그것을 표현해 낸 결과라고 할 수 있다. 그것은 사회적 현실을 소설적 리얼리티를 통해 표현하는 명대 이래의 흐름을 더욱 선명한 모습으로 만들어 내었다는 의미를 띠고 있다. 이런 흐름 속에서 글쓰기는 고립적이고 은둔적인 행위가 아니라 사회적 현실에 직접 참여하는 행위였으며, 견책소설은 가장 강렬한 의지를 표출하고 있는 것이었다. 특히 오늘날 우리가 견책소설이라는 항목을 설정하면서 많은 작품을 그 안에 집어넣을 수 있는 것은 이 시기의 작자들이 어떤 공통적인 관심사에 대한 글쓰기를 공유하고 있었음을 의미한다. 이것은 중국의 소설전통에서 하나의 모델을 만드는 효과를 가져왔다고 할 수 있다. 예를 들어 이전의 재자가인류가 비교적 광범위한 의미에서의 흥미를 노린 것이라는 점에 비교할 때에, 견책소설은 특정의 관심사를 목표로 하는 상당히 치열한 글쓰기의 모습을 보여주었다고 할 수 있는 것이다.

그렇지만 또 다른 측면에서 볼 때에 견책소설은 《금병매》와 《홍루몽》에서 나타난 흐름, 즉 소설적 글쓰기를 통해서 인간의 내면으로 깊이 들어간다는 흐름에서는 벗어나 있음을 발견할 수 있다. 견책소설에서 보이는 것은 인간의 내면이 아니라 사회적으로 드러난 외면적 성향에 대한 주목이다. 여기에서는 인간의 섬세한 내면을 들여다볼 정신적 여유를 발견하기 어렵다. 따라서 《홍루몽》에서 나타난 심리적 내면에 대한 성찰과 그것의 문학적 표현과 같은 것을 견책소설에서 기대할 수는 없었다. 결국 견책소설은 《홍루몽》에 의해 고도로 축적되었던 역사적 경험이 더 이상 확산되지 못하고, 중국의 소설적 흐름이 다시 사회적 현실에 대한 직설적 관심으로 돌아서는 모습을 보여주었던 것이다. 그것은 글쓰기에 대한 전통적 관념으로의 회귀라고 볼 수 있다. 달라진 것은 그들이 소설적 글쓰기를 주된 도구로 사용했다는 점에 불과했다.

한편 견책소설을 통해서 우리는 작자계층의 변화를 볼 수 있다. 그 작자들은 송대 이래 배양되어 온 '문학적 중간층'을 벗어나고 있었다. 그들은 견책소설을 단순히 문화상품으로 시장에 내어놓은 사람들이 아니었다. 그들은 심각한 정치적, 사회적 고려를 전제로 해서 이야기를 구성한 사람들이었으며, 그래서 더 이상 중간층이라는 명칭을 그들에게 부여할 수는 없을 듯하다. 그들은 이미 과거의 중간층과 상층의 문인들이 융합한 결과로 태어난 새로운 지식인 집단을 형성하고 있었다. 그들의 사회적 지위를 보면 여전히 중간층이라는 명칭을 부여할 만하지만, 실제로 그들이 추구하던 것은 중간층의 열망을 훨씬 뛰어넘는 것이었음이 분명하다. 그래서 우리는 이 작품들을 통해서 전통적 문인들과 소설적 글쓰기를 주로 하는 사람들이 이제 융합하기 시작하고 있음을 발견한다. 그들은 만청시기를 장식한 당대(當代)의 논객이었으며 소설가였다. 그리고 그들은 이른바 선도적 지식인으로 자처하고 있었으며 독자들도 그렇게 생각하고 있었다. 그렇지만 그들은 어떤 우월적인 지위를 획득하지 못했다. 그들은 당시에 주목받는 논객이었지만 뚜렷한 흐름이나 지도적 이념을 형성하지는 못하고 있었다. 그들은 고민하는 세대였지만 그 고민을 표출해 낼 효과적인 매체를 개발하지 못하고 있었으며, 나아가서는 그 고민의 표출을 통해 어떤 가시적인 성과를 거두지 못한 불운의 세대였다. 그들은 감성적 불만의 분출구를 소설에서 발견하였지만 그 이상의 돌파구는 찾지 못하였던 것이다.

그러한 상황에는 이유가 있었다. 그것은 견책소설의 작자들의 개방되는 사회를 바라보는 시각이 전통적인 가치관에 상당히 종속되어 있었기 때문이라고 생각된다. 그들은 여전히 전통적인 문인의 위치를 생각하는 사람들이었으며, 따라서 글쓰기도 그 관념적 범주를 벗어나지 못하고 있었다. 그렇기 때문에 그들의 작품에서 중시되는 것은 문학적으로 잘 짜여진 이야기가 아니었다. 그것은 사실과 그것이 지닌 의미의 제시 및 폭로에 그치고 있었다. 그들이 거둔 효과는 그런 사실과 그 의미가 있다는 것이었지만, 그것으로 인해서 독자가 깊은 생각에 빠지게 하는 데에는 성공하지 못했다는 것이 나의 생각이다. 다시 말해서 그것은 보여주는 것일 뿐, 함께 생각하면서 또 다른 세계로 이행할 수 있는 가능성을 열어주는 매체는 되지 못했던 것이다.

여기에서 우리는 서사적 글쓰기에 대한 전통시기의 뿌리깊은 관념을 다시 발견한다. 그것은 이야기를 글로 쓸 때에 어떤 방식으로든 사실과 깊은 연관관계를 맺지 않으면 안 된다는 생각이었다. 그것은 완전한 허구가 만청시기까지도 충분히 성숙되지 못하고 있었음을 가리킨다. 《서유기》와 《금병매》에서 나타난 풍부한 상상의 세계는 그것 자체로는 한 종류의 글쓰기였지만 소설적 글쓰기의 전범(典範)이 되어 있지는 않았다. 《서유기》와 《금병매》는 소설적 글쓰기에서 나타날 수 있는 많은 유형 중의 하나였을 뿐이며, 그것이 가장 중요한 것은 결코 아니었다. 문인계층에 융합된 작자들에게 있어서 사라지지 않고 있던 관념은 이야기란 사실에 기대어 써야 한다는 것이었다. 견책소설은 이런 관념이 가장 극대화된 것이라고 해도 과언이 아닐 것이다. 견책소설과 비슷한 시기에 출현한 신문학에서 사실과 허구의 완전히 분리를 통한 글쓰기가 규범적으로 자리잡았다는 점을 생각할 때에 우리는 견책소설의 작자들이 전통적 글쓰기의 가장 끝자락에 놓여 있었음을 발견할 수 있다. 그 끝자락은 이미 과거의 유물이 되어 버린 시와 문장에서뿐만 아니라 가장 첨단의 글쓰기인 소설에서도 여전히 남아 있었다.

전통의 뿌리는 또 다른 측면에서도 나타난다. 그것은 이 시기의 문인들이 결과적으로 새로운 정치적 엘리트의 길을 밟아나가기 시작했다는 점이다. 물론 이것은 견책소설의 작자에 의해 완성된 과정이 아니라 그 후 수십 년간에 걸쳐 진행되는 과정이었지만, 견책소설의 작자들은 그 과정의 한복판에 있었다. 다시 말해서 문학적 중간층에서 시작된 소설적 글쓰기가 만청시기에 이르면 정치적 엘리트를 지망하는 사람들의 글쓰기로 변모하고 있었음을 보여준다. 특히 중간층과 문인이 융합하여 형성되는 새로운 지식인 계층이 정치적 엘리트 계층을 형성하게 된 것이다. 물론 그들은 실제로 권력을 장악하는 엘리트가 아니라 권력을 비판하는 엘리트였다. 그렇지만 그러한 생각으로 인해서 대중적 문화상품으로 출발한 소설도 결국에는 정치적 비판을 위한 도구가 되었던 것이다. 이것은 단순히 '문학적 부패'나 '문학의 현실참여'와 같은 개념으로 파악될 문제가 아니다. 그것은 중국 지식인의 문화적 속성을 반영하는 것이었다. 그리고 그런 속성은 만청시기의 작자들만이 가지고 있는 것이 아니었다. 그런 속성은 오늘날의 중국 지식인 사회에서도 여전히 모습을 드러내고 있기 때문이다. 견책소설의 작자들은 작품을 통해 '비판적 정치엘리트'라는 개념을 형성해 나가고 있었으며, 그것은 그 후의 중국사회에서도 지속적으로 확대되어 가고 있었다고 생각된다.

제11장

글을 맺으며

지금까지 나는 노신이 1930년대에 깔아 놓은 멍석 위를 더듬으면서 숨고르기를 시작으로 해서 내 나름의 놀이를 즐기다가 여기에 도착했다. 이제는 지금까지 즐겨온 놀이를 끝내고 멍석을 접어야 하겠다. 나는 신문학시기의 작품을 내 놀이에 포함시키고 싶지 않다. 왜냐하면 그것은 아직 미완(未完)의 과정을 거쳐 가는 중이라고 생각되기 때문이다. 서구의 소설적 문법을 토대로 실험을 거듭하고 있는 과정이며, 앞으로 어떤 방향을 잡을지는 상당한 시간에 걸쳐 관찰할 필요가 있다고 생각된다. 그래서 나는 신문학시기 이전까지의 중국의 소설적 흐름에 관해 가지고 있는 포괄적인 생각을 밝히면서 노신이 펼쳐놓은 멍석을 접고자 한다.

이 글에서 내가 의도했던 것은 전통시기 중국의 소설적 흐름이 어떻게 발생하고 어떤 과정을 거쳐 성숙되었는가를 관찰하는 것이었다. 내가 가지고 있던 기본적인 전제는 오늘날 우리가 목격하고 있는 중국의 소설문학이 전적으로 서구의 충격을 받아 새롭게 탄생한 글쓰기만은 아니라는 것이었다. 소설적 글쓰기는 이야기에서 흥미를 발견하고 그것에 대한 호기심을 가지고 있는 사회적 심리에 의해서 시작된 기나긴 여정의 결과일 따름이다. 그것은 동양과 서양을 막론하고 사람이 사회를 이루며 살아가는 상황에서는 보편적으로 나타난 것이라고 나는 생각하였다. 그렇기 때문에 전통시기 중국의 사회에서도 소설적 흐름은 어떤 형태로든 존재해 왔을 것이라는 생각이 나의 출발점이었다. 그렇지만 두 세계 사이에서 소설적 흐름이 보편적이라는 결론이 내려지기까지의 과정, 다시 말해서 두 세계에 보편적인 형태로서의 소설적인 전통이 만들어지고 그것이 현재까지 지속되고 있다는 확신에 이르는 길은 서로 달랐음이 분명하다. 두 세계에서 같은 동기, 혹은 비슷한 사회적 의미를 지닌 글쓰기의 전통이 유지되어 왔으면서도 그것을 바라보는 눈이 서로 달랐으며, 우리는 이렇게 다른 점을 먼저 파악할 필요가 있다.

사람의 모든 행위가 처음 행해지는 그 순간에 그것이 무슨 행위라는 개념이 정립되는 것은 결코 아니다. 사람은 그저 본능에 따라, 혹은 습관적으로 어떤 행위를 하였을 따름이며, 그것이 무슨 행위이고 어떤 의미를 지니는가 하는 것은 훨씬 뒤에 이루어진 것으로 생각된다. 소설적 글쓰기도 마찬가지였다고 나는 생각한다. 서구와 중국이라는 두 세계에서 소설적 글쓰기는 일찍부터 자리를 잡아나가고 있었음이 분명하다. 다만 그런 글쓰기를 소설이라고 규정함으로써 소설을 소설이 되게끔 만든 것은 서구에서 먼저 시작되었다. 그들은 소설이라는 글쓰기가 시작된 지 얼마 안 되어 "이것을 소설이라고 부르기로 하자" 하고 규정하면서 그 이후에는 그런 규정에 따라 글쓰기를 진행시켰던 것이다. 반면에 중국에서는 그런 개념의 정립이 이루어지지 않았다. 중국인들은 이야기를 글로 쓰는 행위를 고도로 발전시켰으면서도, 그것을 무엇이라고 규정해야 할지에 대해서는 상대적으로 무관심했다고 할 수 있다. 그런 무관심의 배경에는 중국 특유의 글 쓰는 행위에 대한 엄격한 관념이 도사리고 있었음이 분명하다. 개념의 규정이 서구에서 먼저 이루어지고 20세기 초에 중국에 소개됨으로써 중국의 지식인들은 비로소 자신들이 지금껏 해 오던 행위가 소설적 글쓰기라는 것을 발견하게 되었으며, 이 때부터 소설에 관한 모든 담론이 서구의 개념을 중심으로 하지 않을 수 없게 되었다. 그래서 오늘날 중국 소설에 관한 논의가 상당히 서구적 문법에 사로잡혀 있는 상황이 전개되고 있다. 그렇지만 이것 자체에 너무 반발할 필요는 없다고 나는 생각한다. 지난 한 세기에 걸쳐 중국의 소설적 전통을 설명하는 데에 동원되었던 서구의 개념을 하루아침에 폐기하는 것이 불가능하거니와, 애초에 중국에서 분명히 개념화되지 못했던 것이 서구의 도움을 받아 개념화되었다면 그것이 전혀 도움이 되지 않는 것도 아니기 때문이다. 다만 우리가 경계해야 할 것은 모든 분석이나 이해의 틀에 있어서 서구의 소설적 문법에 지나치게 기대는 점이다.

소설이 소설이게 한 것은 분명히 서구에서 시작되었지만, 현재의 소설이 어떻게 해서 이루어지게 되었는가 하는 문제에 있어서는 중국의 자료가 더욱 분명한 모습을 보여준다. 서구의 역사, 특히 오늘날 우리가 목격하고 있는 근대국가 이후의 역사는 수세기에 지나지 않으며, 이 시기는 문자기록으로 확인할 수 있는 중국의 역사에 비교하면 극히 짧은 시간에 지나지 않는다. 서구에서의 개념화는 그 짧은 시간 동안의 경험을 토대로 한 것이다. 그렇기 때문에 서구에서 소설의 전통을 논의할 때에는 원초적인 문제, 다시 말해서 사람들이 어떻게 이야기를 글로 써서 마침내 그것을 소설이라는 개념으로 정의하게 되었는가를 설명하지 않는다. 그들에게는 그런 자료가 거의 남아 있지 않다. 그들은 다만 어느 시기의 어떤 작품으로부터 본격적인 소설의 전통이 시작되었으며, 그것이 어떤 사람의 어떤 작품을 거쳐 발전과 변화를 거쳐 왔는가를 설명할 따름이다. 그들은 어째서 사람의 사회가 소설이라는 글쓰기를 받아들이게 되었는가에 대해서 설명할 수 있는 자료를 가지고 있지 못한 것이다.

그러나 중국의 상황은 완전히 다르다. 내가 이 글에서 관찰해 왔듯이 중국에서는 문자의 사용이 보급되던 시기부터 벌써 이야기가 기록되기 시작하였고, 그 이후 글쓰기를 통한 이야기의 생명력이 증식되는 과정을 파악할 수 있었다. 나아가서 그것이 사회적 행위로서의 글쓰기로 정착되고 마침내는 우리가 소설이라는 이름을 부여하기에 충분한 글로 탄생하는 과정과 그 과정에 개입된 여러 가지 사회적 요소들을 파악할 수 있었다. 이것은 사실 소설의 분야에만 국한되는 것이 아니라 모든 글쓰기의 영역에서 가능했던 일이다.

이러한 관찰을 통해서 우리는 중요한 것을 발견할 수 있다. 그것은 서구의 소설적 문법이 적용되는 시간적 범위 이전에 소설적 글쓰기가 인간 사회에서 어떻게 점진적으로 모습을 갖추어 나왔는가 하는 문제에 대한 어떤 보편적 모델을 제시할 수 있다는 점이다. 다시 말해서 지금까지는 서구의 경험이 중국의 전통을 설명하는 데에 사용되었지만, 이제는 거꾸로 중국의 경험을 통해서 서구의 지식인들이 아직 설명하지 못하고 있는 범위로 추론을 넓혀 갈 수 있는 가능성을 열 수 있다는 것이다. 물론 이런 가능성은 그리 쉽게 열리지 않을 것으로 생각된다. 이 글에서 제시된 사항들은 더욱 깊은 검토를 필요로 하며, 그런 검토가 충분히 이루어진 이후에 서구와 동아시아 사이의 화법의 접근, 관점의 통일 등을 거쳐야 중국의 경험이 서구의 담론에 도움을 주고 그것을 통해서 인류의 보편적인 소설진화론을 끌어낼 수 있을 것이다. 지나친 욕심이라고 생각되지만 만약 나의 글이 그런 과정의 시초에 위치할 수 있다면 그것으로 이 글의 목적은 충분히 달성된다고 본다.

이 글에서 나는 극히 제한된 범위의 자료를 토대로 추론을 전개하였다. 이 추론을 반박할 자료가 얼마든지 널려 있음을 나는 잘 알고 있다. 그럼에도 불구하고 이런 추론을 감행한 데에는 내가 다룬 자료가 중국의 이야기의 흐름에 있어서 가장 중요한 부분에 해당된다고 생각했기 때문이다. 물론 여기에 노신이 깔아 놓은 멍석이 가장 중요한 길잡이를 했음은 부인할 수 없는 사실이다. 이런 추론을 근거로 해서 보면 중국에서는 이야기가 몇 단계를 거치면서 현재의 소설로까지 '진화'해 왔다고 생각된다. 초기에는 교훈을 던져 주기 위한 이야기가 있었고 그 다음에는 개인의 경험을 주로 다루는 글쓰기가 성행하였으며, 이것은 이미 발생한 사건이나 상상 속의 사건을 '설명'하는 서사적 글쓰기로 발전하였다고 생각된다. 나는 이것이 지나치게 도식적인 발상이라는 위험성을 무릅쓰기로 하였는데, 그것은 위험성을 무릅쓰지 않는 한 어떤 설명도 할 수 없다고 생각했기 때문이다.

그런데 이런 엉성한 도식을 통해서 발견할 수 있는 것은 중국의 소설적 글쓰기가 애초부터 '문학적'이지는 않았다는 점이었다. 이것은 앞에서 언급한 서구적 문법을 염두에 둔 것이다. 다시 말해서 서구에서는 "소설은 문학 작품이며, 따라서 문학적이지 않으면 그것은 소설이 아니다"라는 도식이 성립되어 있고 동아시아 학계에서도 이런 도식을 받아들이는 사람이 많다. 적어도 중국의 경험을 볼 때에 이 도식은 맞지 않는다고 나는 생각한다. 중국의 소설적 글쓰기는 '문학적'이지 않은 목적을 가지고 시작되었으며, 그것이 '문학성'을 띠게 된 것은 결과적인 현상이었다. 소설의 문학성은 원래의 목적을 달성하는 보조수단으로 동원된 '기술'이었다고 나는 생각한다. 특히 문화자본의 영향권에 놓여 있던 많은 작품들에서 이런 기술이 발휘되었으며, 그래서 나는 중국의 소설적 진화 과정에서 가장 강력한 기폭제로 작용한 것이 사회경제적 동기였다고 본다. 당대(唐代)에는 정치권력이 그 역할을 했고 송대(宋代) 이후로는 상업적 동기에 의해 형성된 문화자본이 그 역할을 했다고 생각하는 것이다. 따라서 중국에서는 "소설은 글쓰기이며, 문학적이면 좀더 효율적인 글쓰기가 될 수 있다"라는 도식이 정착되어 있었다고 볼 수 있다. 이런 도식은 19세기 말에 발생한 서구의 충격 앞에서 와해된 것처럼 보이지만, 그것이 중국의 특수한 사회적 체질을 바탕으로 한 것이기 때문에 뿌리째 흔들렸다고 보기는 어렵다. 앞에서 언급한 바 있듯이 신문학시기 이후의 소설의 흐름을 아직 더 관찰해 봐야 한다고 한 것은 이런 도식을 염두에 둔 것이다. 중국의 소설가들이 과거의 도식으로 돌아갈지, 아니면 서구의 문법을 따라 전혀 새로운 전통을 창출해 낼지는 앞으로 상당 기간이 지난 후에야 비로소 파악할 수 있는 것이며, 따라서 이 글에서 논의의 대상이 되지는 못한다.

마지막으로 한 가지 생각을 밝히면서 이 글을 맺고자 한다. 나는 중국의 사회가 송대 이래로 중요한 체질적 변화를 거쳐 왔음을 강조한 바 있다. 또 이야기가 본격적인 서사적 글쓰기로서 변모하는 것도 이러한 체질적 변화의 결과였음을 주장한 바 있다. 그 변화는 서구 사회에서 근대사회의 탄생과 맞먹는 중요한 변화였고, 그렇게 변화한 체질은 현재까지도 유지되고 있는 듯하다. 2004년 현재의 중국 사회를 어떤 눈으로 바라볼 것인가에 대해서는 다양한 견해가 있을 수 있지만, 나는 지난 몇십 년 사이에 송대 이래로 형성되어 온 중국의 체질이 근본적으로 변하고 있다는 의견에 그리 공감하지 않는다. 현재의 중국은 겉으로는 서구의 문물을 받아들이고 이를 통해 세계화의 길을 걸어가지만, 실제로 그 사회를 움직이는 기제에는 송대 이래의 사회적 체질이 강력하게 작용하고 있다고 보는 것이다.

만약 그렇다면 중국의 소설적 흐름도 그 체질을 반영할 가능성이 크다. 좀더 구체적으로 말하자면, 문학 작품으로서의 소설보다는 이야기로서의 소설이 더 큰 부분을 차지할 가능성이 있는 것이다. 서구적인 문법에 따른 문학 작품은 일부의 독자만을 확보하는 데에 그칠 가능성이 있으며, 독서 시장의 상당 부분은 문학성을 의도하지 않는 이야기가 잠식할 가능성이 있다. 오히려 문학성을 의도하는 작품은 상당한 정치적 색채를 띨 가능성을 전혀 배제할 수 없다. 그것이 중국적 체질 하에서의 문학성을 담보하는 가장 중요한 길이라고 생각되기 때문이다. 이것은 단순한 예측에 불과하다. 이런 예측이 어느 정도 정확할지는 나도 모른다. 그것은 아마 한 세기 이후의 연구자들이 밝힐 문제가 되리라. 우리나라에서 중국에 관한 연구가 본격적으로 시작된 지 반 세기 이상이 지난 지금 우리는 거시적인 관찰을 통한 미시적 파악에 힘을 기울이지 않으면 안 된다는 생각을 전하면서 이 글을 맺는다.

참고문헌

葛賢寧, 《中國小說史》, 臺北: 中華文化事業出版委員會, 1956.
顧頡剛, 《秦漢的儒生與方士》, 香港: 一新書店, 1978.
郭延禮, 《中國近代飜譯文學槪論》, 漢口: 湖北教育出版社, 1998.
郭箴一, 《中國小說史》, 臺南: 粹文堂, 1963.
國家文物局古文獻研究室, 《馬王堆漢墓帛書》, 北京: 文物出版社, 1980.
金槿, 《여씨춘추》, 서울: 민음사, 1993~1995.
______, 《한자는 중국을 어떻게 지배했는가 — 漢代 經學의 해부》, 서울: 민음사, 1999.
金文經, 《삼국지의 영광》, 서울: 사계절, 2002.
金寅浩, 《巫와 中國文化와 中國文學》, 대구: 중문출판사, 1994.
金長煥, 《서경잡기—서한사회에 대한 132편의 견문록》, 서울: 예문서원, 1998.
______, 《세설신어》 상 · 중 · 하, 서울: 살림출판사, 1996, 1997, 2000.
金長煥 · 趙寬熙 · 崔 桓(共著), 《중국소설의 이해》, 서울: 도서출판 서울, 1994.
김종범, 《중국 도시의 이해》, 서울: 서울대학교출판부, 2000.
金學主, 《中國古代文學史》, 서울: 민음사, 1983.
______, 《中國文學史》, 同和出版公社, 1983; 1985; 新雅社, 1989.
______, 《중국문학사》, 서울: 신아사, 1989.
______, 《중국문학의 이해》, 서울: 신아사, 1993.

______, 《중국 고대의 가무희》, 서울: 민음사, 1994.
金學主 · 李東鄉(共著), 《中國文學史》, 韓國放送通信大學 出版部, 1986.
金學主 · 丁範鎭(共著), 《新稿中國文學史》, 汎學圖書, 1974; 學研社, 1982.
金浩東(譯), 《동방견문록》, 서울: 사계절, 2000.
羅善姬, "古代 中國人의 空間에 對한 理解: '西遊記'에 나타난 이 世界와 저 世界 研究의 土臺로서", 《中國語文學》 30, 1997.
______, 《西遊記研究》, 서울대학교 박사학위논문, 2000.
魯迅, 《中國小說史略》, 民國叢書 61, 北新書局 1932년판 (영인본).
譚正璧, 《中國小說發達史》, 上海: 光明書局, 1935.
大木 康, 《明末江南における出版文化の研究》, 廣島大學文學部紀要 第50卷 特輯號, 1991.
동양사학회 편, 《도시와 역사》, 서울: 서울대학교출판부, 2000.
藤野岩友, 《巫系文學論》, 東京: 大學書房, 1969.
聞一多, 《神話與詩》, 北京: 中華書局, 1956.
______, 《聞一多全集》, 北京: 三聯書店, 1982.
傅斯年, 《傅孟眞先生集》, 臺北: 聯經出版公司, 1980.
傅惜華, 《宋元話本集》, 上海, 1955.
北京大學 中文系(編), 《中國小說史》, 北京: 人民文學出版社, 1978.
謝國楨, 《明代筆記叢談》, 上海: 上海古籍出版社, 1981.
徐敬浩, "漢書藝文志 諸子略 小說家 小考", 《중국인문과학》 2, 1983, pp.135~162.
______, "고대 중국의 人殉과 人牲의 초보적 검토", 《중국인문과학》 5, 1986, pp.133~170.
______, "志怪의 소설적 가능성에 대한 검토", 《中國學報》 30, 1990, pp.31~50.
______, "中國小說의 發生과 初期儒家思想", 《중국어문학》 15, 1990, pp.5~30.
______, "中國小說의 起源에 대한 再檢討", 《魯城崔完植先生頌壽論文集》, 1991, pp.1~24.
______, "중국문학의 발생과정에 관한 고찰: '문학적 규범'과 '문학적 경험'을 중심으로", 《중국문학》 22, 1994, pp.1~32.
______, "中國文學의 발생과정에 대한 고찰", 《中國文學》 22, 1995, pp.1~32.

______, 《산해경연구》, 서울: 서울대학교출판부, 1996.

______, "고대 중국에서의 소설적 서사의 형성과정—저승사자의 이야기를 중심으로", 《동양학》 28, 1998, pp.191~218.

______, "소설적 서사의 형성과정에 관한 검토—귀신과 저승을 중심으로", 《중국의 문학과 언어, 2》, 서울: 신아사, 1999, pp.309~330.

______, "중문학—소설", 《한국의 학술연구》, 서울: 대한민국학술원, 2001, pp.72~77.

______, 《중국문학의 발생과 그 변화의 궤적》, 서울: 문학과지성사, 2003.

徐復觀, 《兩漢思想史》, 香港: 中文大學出版社, 1975.

서울대학교 동양사학연구실(편), 《강좌중국사》, 서울: 지식산업사, 1989.

蘇秉琦, 《中國文明起源新探》, 北京: 三聯書店, 1999.

小川環樹, 《中國小說の研究》, 東京: 岩波書店, 1968.

孫楷第, 《中國通俗小說書目》(修訂本), 北京, 1957.

송영배, 《중국사회사상사》(증보판), 서울: 사회평론, 1998.

심재훈, 《갑골문》, 서울: 민음사, 1990.

阿英, 《晩淸小說史》(影印本), 香港: 香港中華書局, 1973.

安正燻, 《고대 중국의 소설 관념과 기원에 대한 연구 - 고대의 목록서에 보이는 역사와의 관련성을 찾아서》, 서울대학교 석사학위논문, 1997.

梁庚堯, 《宋代社會經濟史論集》, 臺北: 允晨文化, 1997.

梁啓超, 《中國近三百年學術史》, 臺北: 華正書局, 1979.

양종국(譯), 《배움의 가시밭길: 송대 중국인의 과거생활》(원저자: John W. Chaffee), 서울: 신서원, 2001.

梁會錫, 《中國戲曲》, 서울: 민음사, 1994.

吳禮權, 《中國筆記小說史》, 上海: 商務印書館, 1993.

吳曉鈴(編), 《小說戲曲論集》, 北京, 1958.

吳曉鈴・范寧・周妙中, 《話本選》, 北京: 人民文學出版社, 1959.

王彬, 《禁書、文字獄》, 北京: 中國工人出版社, 1992.

王瑤, 《中古文人生活》, 香港: 中流出版社, 1973 (영인본).

______, 《中古文學思想》, 香港: 中流出版社, 1973 (영인본).

______, 《中古文學風貌》, 香港: 中流出版社, 1973 (영인본).

______, 《中國新文學史稿》, 上海: 新文藝出版社, 1954.
姚福申, 《中國編輯史》, 上海: 復旦大學出版社, 1990.
袁珂, 《中國古代神話》, 上海: 商務印書館, 1951.
______, 《中國神話傳說》, 北京: 中國民間文學出版社, 1986.
袁珂 · 周明(篇), 《中國神話資料萃編》, 成都: 四川省社會科學院出版社, 1985.
劉國鈞, 《中國古代書籍史話》, 北京: 中華書局, 1972.
游國恩, 《楚辭論文集》(影印本), 香港: 文昌書局, 1963.
劉成淮, 《中國上古神話》, 上海: 上海文藝出版社, 1988.
劉葉秋, 《歷代筆記概述》, 臺北: 木鐸出版社, 1980.
______, 《古典小說筆記論叢》, 天津: 南開大學出版社, 1985.
尹乃鉉, 《中國의 原始時代 - 社會性格의 變遷을 中心으로》, 서울: 단국대학교 출판부, 1982.
尹乃鉉 · 金翰奎 · 金忠烈 · 劉仁善 · 全海宗, 《中國의 天下思想》, 서울: 민음사, 1988.
李劍國, 《唐前志怪小說史》, 天津: 南開大學出版社, 1984.
李來宗, "筆記의 概念에 관한 몇몇 문제에 대하여", 《대동한문학》 8, 1996, pp.141～162.
이성규, 《中國古代帝國成立史硏究: 秦國 齊民支配體制形成》, 서울: 일조각, 1984.
李秀雄, 《敦煌文學과 藝術》, 서울: 건국대학교출판부, 1990.
李澤厚, 《中國古代思想史論》, 北京: 人民出版社, 1985.
任訪秋(編), 《中國近代文學史》, 開封: 河南大學出版社, 1988.
林鉉洙, 《商代 時間觀의 종교적 함의: 甲骨文에 나타난 紀時法과 祖上系譜 및 五種祭祀를 중심으로》, 서울대학교 종교학과 박사학위논문, 2002. 8.
張俊, 《淸代小說史》, 杭州: 浙江古籍出版社, 1997.
長澤規矩也, 《和漢書の印刷とその歷史》, 東京: 吉川弘文館, 1953.
錢基博, 《現代中國文學史》(增訂本), 香港: 龍門書店, 1965.
錢存訓, 《中國古代書史》, 香港: 香港中文大學 出版部, 1975.
丁範鎭(譯), 《중국소설사략》, 서울: 凡學圖書, 1978.

鄭在書, 《不死의 신화와 사상—산해경, 포박자, 열선전, 신선전에 대한 탐구》, 서울: 민음사, 1994.
鄭振鐸, 〈明淸二代的平話集〉, 《中國文學論集》, 上海: 開明書店, 1934.
齊裕焜, 《明代小說史》, 杭州: 浙江古籍出版社, 1997.
趙寬熙(譯), 《중국소설사략》, 서울: 살림, 1998.
趙景深, 《中國小說叢考》, 濟南: 齊魯書社, 1983.
조영록(共譯), 《중국과거제도의 사회사적 연구》, 서울: 동국대학교출판부, 1987 (원서명: Ho, Ping-ti. *The Ladder of Success in Late Imperial China, Aspects of Social Mobility, 1368～1911*, Columbia University, 1962.).
鍾敬文, 《鍾敬文民間文學論集》, 上海: 上海文藝出版社, 1985.
朱耀廷, 《中國古代人才觀》, 北京: 新華出版社, 1993.
______, 《新中國的考古發現和研究》, 北京: 文物出版社, 1984.
中國社會科學院 考古研究所 編, 《西安半坡》, 北京: 文物出版社, 1963.
______, 《新中國的考古發現和研究》, 北京: 文物出版社, 1984.
陳登原, 《古今典籍聚散考》, 上海: 商務印書館, 1936.
陳汝衡, 《說書史話》, 北京: 作家出版社, 1958.
車培根, 《中國前近代言論史》, 서울: 서울대학교출판부, 1984.
何玆全, 《中國文化六講》, 新竹: 國立淸華大學人文社會學院思想文化硏究室, 1997.
何澤翰, 《儒林外史人物本事考略》, 上海, 1957.
한경구 · 임봉길(共譯), 《정치인류학》, 서울: 일조각, 1995 (원서명: Lewellen, Ted C., *Political Anthropology: An Introduction*, Bergin & Garvey Publishers, 1983).
玄珠(沈雁氷), 《中國神話硏究ABC》, 上海: 世界書局, 1929.
胡士瑩, 《話本小說槪論》, 臺北: 丹靑圖書有限公司, 1983.
胡適, 《胡適文存》, 臺北: 遠東圖書公司, 1953.
胡從經, 《中國小說史學史長編》, 上海: 上海文藝出版社, 1998.
胡秋原, 《古代中國文化與中國知識份子》, 臺北: 學術出版社, 1978.
候忠義 · 劉世林, 《中國文言小說史稿》, 北京: 北京大學出版社, 1993.

Armstrong, Nancy, *Desire and Domestic Fiction: A Political History of the Novel*, Oxford: Oxford University Press, 1987.

Bartlett, Beatrice S., *Monarchs and Ministers: The Grand Council in Mid- Ch'ing China, 1723 ~1820*, Berkeley & Los Angeles: University of California Press, 1991.

Bergere, Marie-Claire, *The Golden Age of Chinese Bourgeoisie, 1911 ~1937*, tr. by Janet Lloyd, Cambridge: Cambridge University Press, 1989.

Biggerstaff, Knight, *The Earliest Modern Government School in China*, Ithaca, NY: Cornell University Press, 1961.

Birch, Cyril(ed.), *Studies in Chinese Literary Genres*, Berkeley: University of California Press, 1974.

Birch, Cyril, *Scenes for Mandarin: The Elite Theater of the Ming*, New York: Columbia University Press, 1995.

Bodde, Dirk, "Myths of Ancient China," *Mythologies of Ancient World*, ed. by Samuel Noah Cramer, New York: Doubleday & Company, Inc., 1961.

______, *Chinese Thought, Society, and Science: The Intellectual and Social Background of Science and Technology in Pre-modern China*, Honolulu: University of Hawaii Press, 1991.

Buxbaum, David C. & Mote, Frederick W. (eds.), *Transition and Permanence: Chinese History and Culture, A Festschrift in Honor of Dr. Hsiao Kung-ch'uan*, Hong Kong: Cathay Press, 1972.

Chan, Albert, *The Glory and Fall of the Ming Dynasty*, Norman: University of Oklahoma University Press, 1982.

Chang, Chung-li, *The Chinese Gentry: Studies on their Role in Nineteenth Century Chinese Society*, Seattle: University of Washington Press, 1955.

Chang, Kwang-chih, *Early Chinese Civilization: Anthropological Perspective*, Cambridge: Harvard University Press, 1976.

______, *Shang Civilization*, New Haven & London: Yale University Press, 1980.

______, *Art, Myths, Ritual: The Path to the Political Authority in Ancient China*, Cambridge: Harvard University, 1983.

______, *The Archaeology of Ancient China*, New Heaven & London: Yale University Press, 1988.

Chow, Rey (ed.), *Modern Chinese Literary and Cultural Studies in the Age of Theory: Reimagining a Field*, Durham: Duke University Press, 2000.

Chu, Tung-tsu, *Local Government in China under the Ching*, Cambridge: Harvard University Press, 1962.

Connery, Christopher Leigh, *The Emprie of the Text: Writing and Authority in Early Imerial China*, Lanham, Maryland: Rowmans & Littlefield Publishers, 1998.

Creel, Herrlee G., *Origins of Statecraft in China: The Western Zhou Empire*, Chicago: University of Chicago Press, 1970.

Crossley, Pamela Kyle, *Orphan Warriors: Three Manchu Generations and the End of the Qing World*, Princeton: Princeton University Press, 1990.

Crump, J. I., *Chinese Theater in the Days of Kubilai Kahn*, Tucson, Arizona: The University of Arizona Press, 1980.

Dawson, Raymond (ed.), *The Legacy of China*, London: Oxford University Press, 1972.

De Meyer, Jan A. M. & Engelfriet, Peter M. (eds.), *Linked Faiths: Essays on Chinese Religions and Traditional Culture in Honour of Kristofer Schipper*, Leiden: E. J. Brill, 2000.

DeWoskin, Kenneth J., "The Six Dynasties *Chih-kuai* and the Birth of Fiction," ed. by Andrew Plaks, *Chinese Narrative: Critical and Theoretical Essays*, Princeton: Princeton University Press, 1974.

Durrant, Stephen W., *The Cloudy Mirror: Tension and Conflict in the Writings of Sima Qian*, Albany: State University of New York Press, 1995.

Eberhard, Wolfram, *Social Mobility in Traditional China*, Leiden: E. J. Brill, 1962.

______, *The Local Cultures of South and East China*, tr. by Alide Eberhard, Leiden: E, J, Brill, 1968.

Edwards, Louise P., *Men and Women in Qing China: Gender in the Red Chamber Dream*, Leiden: E. J. Brill, 1994.

Elman, Benjamin A., *From Philosophy to Philology: Intellectual and Social Aspects of Change in Late Imperial China*, Cambridge: Harvard University Press, 1990.

Elman, Benjamin A. & Woodside, Alexander (eds.), *Education and Society in Late Imperial China, 1600～1900*, Berkeley: University of California Press, 1994.

Endicott-West, Elizabeth, *Mongolian Rule in China: Local Administration in the Yuan Dynasty*, Cambridge: Harvard University Press, 1989.

Esherick, Joseph W. & Rankin, Mary Backus (eds.), *Chinese Local Elites and Patterns of Dominance*, Berkeley & Los Angeles: University of California Press, 1990.

Fairbank, John King (ed.), *Chinese Thought and Institutions*, Chicago: University of Chicago Press, 1957.

Farquhar, David M., *The Government of China Under Mongolian Rule: A Reference Guide*, Franz Steiner Verlag Stuttgart, 1990.

Feuerwerker, Albert, *Studies in the Economic History of Late Imperial China: Handicraft, Modern Industry, and the State*, Ann Arbor, Michigan: Center for Chinese Studies, University of Michigan, 1995.

Fogel, Joshua A. & Zarrow, Peter G. (eds.), *Imagining the People: Chinese Intellectuals and the Concept of Citizenship, 1890-1920*, London: M. E. Sharp, 1997.

Franke, Herbert, *China Under Mongol Rule*, Hampshire, Great Britain: Variorum, 1994.

Gregory, Peter N., *Sudden and Gradual: Approaches to Enlightenment in Chinese Thought*, Honolulu: University of Hawaii Press, 1987.

Habermas, Jurgen, *The Structural Transformation of the Public Sphere: An Inquiry into a Category of Bourgeois Society*, tr. by Thomas Burger, Cambridge: MIT Press, 1989.

Hanan, Patrick, *The Chinese Short Story: Studies in Dating, Authorship, and Composition*, Cambridge: Harvard University Press, 1973.

Hanan, Patrick, *The Chinese Vernacular Story*, Cambridge: Harvard University Press, 1981.

Hansen, Chad, *Language and Logic in Ancient China*, Ann Arbor, Michigan: University of Michigan Press, 1983.

Hansson, Anders, *Chinese Outcasts: Discrimination and Emancipation in Late Imperial China*, Leiden: E. J. Brill, 1996.

Harrell, Paula, *Sowing the Seeds of Change: Chinese Students, Japanese Teachers, 1895～1905*, Stanford: Stanford University Press, 1992.

Hawkes, David, *Ch'u Tz'u: The Songs of the South*, Oxford: Clarendon Press, 1959.

______, *Classical, Modern, and Humane: Essays in Chinese Literature*, Hong Kong: Chinese University Press, 1989.

Hegel, Robert E. & Hessney, Richard C. (eds.), *Expressions of Self in Chinese Literature*, New York: Columbia University, 1985.

Hok-lam Chan, & de Bary, Wm. Theodore (eds.), *Yuan Thought: Chinese Thought and Religion Under the Mongols*, New York: Columbia University Press, 1982.

Holzman, Donald, *Immortals, Festivals and Poetry in Medieval China: Studies in Social and Intellectual History*, Brookfield, Vermont: Ashgate, 1998.

Hsiao, Kung-chuan, *A Modern China and a New World: K'ang Yu-wei, Reformer and Utopian, 1858～1927*, Seattle: University of Washington Press, 1975.

Hsu, Cho-yun, *Ancient China in Transition: An Analysis of Social Mobility, 722-222 B.C.*, Stanford: Stanford University Press, 1965.

Huang, Chin-shing, *Philosophy, Philology, and Politics in Eighteenth-Century China: Li Fu and the Lu-Wang School under the Ch'ing*, Cambridge: Cambridge University Press, 1995.

Huang, Chun-chieh. & Zurcher, Erik (eds.), *Time and Space in Chinese Culture*,

Leiden: E. J. Brill, 1995.

Huang, Martin W., "Author(ity) and Reader in Traditional Chinese *Xiaoshuo* Commentary," *Chinese Literature: Essays, Articles, & Reviews* 16, 1994, pp.41～67.

Huang, Martin, *Literati and Self-Representation: Autobiographical Sensibility in the Eighteenth-Century Chinese Novel*, Stanford: Stanford University Press, 1995.

______, *Desire and Fictional Narrative in Late Imperial China*, Cambridge: Harvard University Press, 2001.

Hung, Eva & Hegel, Robert E. (eds.), *Paradoxes of Traditional Chinese Literature*, Hong Kong: The Chinese University Press, 1994.

Huters, Theodore. & Wong, R. Bin, & Yu, Pauline. (eds.), *Culture & State in Chinese History: Conventions, Accommodations, and Critiques*, Stanford: Stanford University press, 1997.

Idema, W. L., *Chinese Vernacular Ficton: The Formative Period*, Leiden: E. J. Brill, 1974.

Johnson, David & Nathan, Andrew J. & Rawski, Evelyn S. (eds.), *Popular Culture in Late Imperial China*, Berkeley & Los Angeles: University of California Press, 1985.

Karlgren, Bernard, "Legends and Cults in Ancient China," *Bulletin of the Museum of Far Eastern Antiquities*, No. 18 (1946).

Keenan, Barry C., *Imperial China's Last Classical Academies: Social Change in the Lower Yangzi, 1864～1911*, China Research Monograph 24, Institute of East Asian Studies, University of California, Berkeley, 1994.

Keightley, David N., *The Origins of Chinese Civilization*, Berkeley: University of California Press, 1982.

Lee, Sherman E. & Ho, Wai-kam, *Chinese Art Under the Mongols: The Yuan Dynasty (1279～1368)*, Cleveland: Cleveland Museum of Art, 1968.

Levi-Strauss, Claude. *The Savage Mind*. University of Chicago Press, 1966.

Levy, Andre, *Chinese Literature: Ancient and Classical*, tr. by William H.

Nienhauser, Jr., Bloomington: Indiana University Press, 2000.

Levy, Dore J, *Ideal and Actual in the Story of the Stone*, New York: Columbia University Press, 1999.

Lewis, Mark E., *Writing and Authority in Ancient China*, Albany: State University of New York Press, 1999.

Li, Wai-yee, *Enchantment and Disenchantment: Love and Illusion in Chinese Literature*, Princeton: Princeton University Press, 1993.

Liberman, Sally Taylor. *The Mother and Narrative Politics in Modern China.* Charlottesville: University Press of Virginia, 1998.

Lo, Winston W., *An Introduction to the Civil Service of Sung China: with Emphasis on Its Personnel Administration*, Honolulu: University of Hawaii Press, 1987.

Loewe, Michael, *Ways to Paradise: The Chinese Quest for Immortality*, London: George Allen & Unwin, Ltd., 1979.

______, *Chinese Ideas of Life and Death: Faith, Myth and Reason in the Han Period*, London: George Allen & Unwin, Ltd., 1982.

______ (ed.), *Early Chinese Texts: A Bibliographical Guide*, The Society for the Study of Early China & the Institute of East Asian Studies, University of California, Berkeley, 1993.

______, *Divination, Mythology, and Monarchy in Han China*, Cambridge: Cambridge University Press, 1994.

Lu, Hsiao-feng, *From Historicity to Fictionality*, Stanford: Stanford University Press, 1994.

Marsh, Robert M., *The Mandarins: The Circulation of Elites in China, 1600～1900*, New York: The Free Press of Glencoe, 1961.

Maspero, Henri, *China in Antiquity*, tr. by Frank A. Kierman, Jr., Amherst: University of Massachusetts Press, 1978.

McDaugall, Bonnie S., *The Introduction of Western Literary Theories into Modern China, 1919～1925*, Tokyo: The Center for East Asian Cultural Studies, 1971.

McMahon, Keith, *Misers, Shrews, and Polygamists: Sexuality and Male- Female Relations in Eighteenth-Century China*, Durham: Duke University Press, 1995.

McMullen, David, *State and Scholars in T'ang China*, Cambridge: Cambridge University Press, 1988.

Mote, Frederick, *Intellectual Foundation of China*, New York: Alfred A. Knopf, Inc., 1971.

Mou, Sherry J. (ed.), *Presence and Presentation: Women in the Chinese Literati Tradition*, New York: St. Martin's Press, 1999.

Needham, Joseph, *Science and Civilization in China*, Cambridge: Cambridge University Press, 1959.

Nienhauser, William H. Jr. (ed.), *Critical Essays on Chinese Literature*, Hong Kong : The Chinese University Press, 1976.

______ (ed.), *The Indiana Companion to Traditional Chinese Literature*, Bloomington: Indiana University Press, 1986.

Paul, Diana Y. *Philosophy of Mind in Sixth-Century China*. Stanford: Stanford University Press, 1984.

Plaks, Andrew (ed.), *Chinese Narrative: Critical and Theoretical Essays*, Princeton: Princeton University Press, 1974.

______, *Four Masterworks of the Ming Novel*, Princeton: Princeton University Press, 1987.

Pollard, David (ed.), *Translation and Creation: Readings of Western Literature in Early Modern China, 1840~1918*, Amsterdam & Philadelphia: John Benjamin's Publishing Co., 1998.

Powers, Martin, *Art and Political Expression in Early China*, New Haven: Yale University Press, 1991.

Prusek, Jaroslav, *The Origins and the Authors of the Hua-pen*, Prague: Oriental Institute in Academia, Publishing House of the Czechoslovak Academy of Sciences, 1967.

Pusey, James Reeve, *Lu Xun and Evolution*, Albany: State University of New York, 1998.

Rickett, Adele Austin (ed.), *Chinese Approaches to Literature from Confucius to Liang Ch'i-ch'ao*, Princeton: Princeton University Press, 1978.

Roddy, Stephen J., *Literati Identity ad Its Fictional Representations in Late Imperial China*, Stanford: Stanford University Press, 1998.

Rolston, David L., *How to Read Chinese Novel*, Princeton: Princeton University Press, 1990.

______, *Traditional Chinese Fiction and Fiction Commentary: Reading and Writing Between the Line*, Stanford: Stanford University Press, 1997.

Rushton, Peter H., *The Jin Ping Mei and the Nonlinear Dimensions of the Traditional Chinese Novel*, Lewiston, NY: Mellen University Press, 1994.

Saussy, Haun, *The Problem of Chinese Aesthetic*, Stanford: Stanford University Press, 1993.

Schneider, Laurence A., *Ku Chieh-kang and China's New History: Nationalism and the Quest for Alternative Traditions*, Berkeley: University of California Press, 1971.

Schwartz, Benjamin, *The World of Thought in Ancient China*, Cambridge: Harvard University Press, 1985.

Shahar, Meir & Weller, Robert P. (ed.), *Unruly Gods: Divinity and Society in China*, Honolulu: University of Hawaii Press, 1996.

Shahar, Meir, *Crazy Ji: Chinese Religion and Popular Literature*, Cambridge: Harvard University Press, 1998.

Sommer, Matthew H., *Sex, Law, and Society in Late Imperial China*, Stanford: Stanford University Press, 2000.

Struve, Lynn A. (ed. & tr.), *Voices from the Ming-Qing Cataclysm: China in Tigers' Jaws*, New Haven: Yale University Press, 1993

Tsai, Shih-shan Henry, *The Eunuchs in the Ming Dynasty*, Albany: State University of New York Press, 1996.

Twitchett, Denis, *The Writing of Official History Under the T'ang*, Cambridge: Cambridge Unviersity Press, 1992.

Waley-Cohen, Joanna, *Exile in Mid-Qing China: Banishment to Xinjiang, 1758～1820*, New Haven: Yale University Press, 1991.

Wang, Aihe, *Cosmology and Political Culture in Early China*, Cambridge: Cambridge University Press, 2000.

Wang, Jing, *The Story of Stone: Intersexuality, Ancient Chinese Stone Lore, and the Stone Symbolism of Dream of the Red Chamber, Water Margin, and The Journey to the West*, Durham: Duke University Press, 1992.

Watson, Burton, *Ssu-ma Ch'ien, Grand Historian of China*, New York: Columbia University Press, 1958.

Widmer, Ellen & Chang, Kang-i Sun (eds.), *Writing Women in Late Imperial China*, Stanford: Stanford University Press, 1997.

Willard J. Peterson, Andrew H. Plaks, Ying-shih Yu. (ed.), *The Power of Culture: Studies in Chinese Cultural History*, Hong Kong: The Chinese University Press, 1994.

Wu, Yenna, *The Chinese Virago: A Lterary Theme*, Cambridge: Harvard University Press, 1995.

Yang, Mayfair Mei-hui (ed.), *Spaces of Their Own: Women's Public Sphere in Transitional China*, Minneapolis: University of Minnesota Press, 1999.

Yu, Anthony C., *Rereading the Stone: Desire and the Making of Fiction in Dream of the Red Chamber*, Princeton: Princeton University Press, 1997.

Zeitlin, Judith T., *Historian of the Strange: Pu Songling and the Chinese Classical Tale*, Stanford: Stanford University Press, 1993.

찾아보기

ㅊ

저자 약력

서경호(徐敬浩)
1952년 서울출생
서울대학교 문리과대학 중어중문학과 및 동 대학원 졸업
香港中文大學 및 臺灣師範大學에서 수학
미국 하버드대학 동아시아언어문화학과에서 박사학위 취득
서울대학교 인문대학 중어중문학과 교수
현재, 서울대학교 자유전공학부 교수

저서: ≪산해경연구≫ (서울대학교출판부, 1996)
≪중국문학의 발생과 그 변화의 궤적≫ (문학과지성사, 2003)
≪(소설)자메이카≫ (이크, 2010)

중국소설사

초판 1쇄 발행 2004년 12월 24일
초판 3쇄 발행 2016년 3월 1일

지은이 서경호
펴낸곳 서울대학교출판문화원
펴낸이 성낙인

출판등록 제15-3호

주소 (08826) 서울 관악구 관악로 1
대표전화 02-880-5252 | **팩스** 02-888-4148
마케팅팀(주문상담) 02-889-4424, 02-880-7995
이메일 snubook@snu.ac.kr
홈페이지 www.snupress.com

ISBN 978-89-521-1827-1 93820

2006 대한민국학술원 우수학술도서